O DIREITO
INTRODUÇÃO E TEORIA GERAL

JOSÉ DE OLIVEIRA ASCENSÃO
Professor Catedrático da Faculdade de Direito de Lisboa

O DIREITO
INTRODUÇÃO E TEORIA GERAL

O título das edições anteriores desta obra foi:
O Direito. Introdução e Teoria Geral. Uma Perspectiva Luso-Brasileira

13.ª Edição
REFUNDIDA

6.ª Reimpressão da edição de Março/2005

ALMEDINA

O DIREITO – INTRODUÇÃO E TEORIA GERAL

AUTOR
JOSÉ DE OLIVEIRA ASCENSÃO

EDITOR
EDIÇÕES ALMEDINA, SA
Rua Fernandes Tomás n.ᵒˢ 76, 78, 80
3000-167 Coimbra
Tel.: 239 851 904
Fax: 239 851 901
www.almedina.net
editora@almedina.net

DESIGN DE CAPA
FBA

PRÉ-IMPRESSÃO | IMPRESSÃO | ACABAMENTO
G.C. – GRÁFICA DE COIMBRA, LDA.
Palheira – Assafarge
3001-453 Coimbra
producao@graficadecoimbra.pt

Outubro, 2011

DEPÓSITO LEGAL
222801/05

Os dados e as opiniões inseridos na presente publicação
são da exclusiva responsabilidade do(s) seu(s) autor(es).

Toda a reprodução desta obra, por fotocópia ou outro qualquer
processo, sem prévia autorização escrita do Editor, é ilícita
e passível de procedimento judicial contra o infractor.

Biblioteca Nacional de Portugal – Catalogação na Publicação

Ascensão, José de Oliveira, 1932-

O direito : introdução e teoria geral. – 13ª ed. refundida, 6ª reimp. - (Manuais universitários)

ISBN 978-972-40-2443-1

CDU 340
378

A ANGOLA,
MINHA TERRA

PREFÁCIO À 13.ª EDIÇÃO

A partir desta edição cessa a dupla índole, brasileira e portuguesa, desta obra.

Fazemo-lo com pena. Não obstante a crescente aproximação dos juristas brasileiros e portugueses nestas últimas décadas, são raros os estudos que confrontam os sistemas jurídicos dos dois países. A presente obra, surgida em tempo ainda de considerável desconhecimento mútuo, procurou preencher, no seu âmbito, esta lacuna. Por ela, muitos juristas brasileiros tiveram oportunidade de conhecer as bases do Direito português, tal como gerações de juristas portugueses se puderam iniciar no Direito brasileiro.

Razões práticas, como as relativas à dimensão crescente da obra, forçam-nos a deixar por aqui o anterior projecto. A partir de agora, só a realidade portuguesa será contemplada; tal como a próxima edição brasileira só contemplará o sistema respectivo. As referências ao direito do outro país serão consideravelmente abreviadas e limitar-se-ão, salvo necessidade particular, a simples notas.

Temos pena. A origem comum dos sistemas jurídicos e a mentalidade jurídica tão próxima dos povos convidavam ainda a outros aprofundamentos e a novas descobertas recíprocas.

Não desistimos de o tentar empreender, como temos feito aliás em vários outros sectores. Mas deixou de constituir objectivo específico deste livro.

O próprio título é alterado. A versão brasileira passará a designar-se *Introdução à Ciência do Direito*. E a versão portuguesa perde o subtítulo *Uma Perspectiva Luso-Brasileira*.

Prosseguirá o trabalho de aprofundamento e de actualização face à tão meteórica variação dos fundamentos jurídicos e do circunstancialismo global dos dois países.

Resta-nos em qualquer caso a esperança que a semente de conhecimento e reflexão mútuos que foi lançada continue a germinar e se robusteça como património comum.

ADVERTÊNCIAS

– No final do texto figuram, como apêndice, as disposições mais frequentemente utilizadas do Código Civil português.

– Os dados bibliográficos completos de todas as obras citadas no texto estão no Índice Bibliográfico final. Nas citações só se designa o autor e se identifica sumariamente a obra em causa.

– Nesta edição, as notas que versam especificamente a ordem jurídica brasileira surgem em itálico, para facilitar a apreensão da sua referência

– As disposições legais citam-se; só se reproduzem quando for necessário analisar o texto para efeitos de interpretação. Pressupõe-se portanto que o leitor consulta a legislação que estiver em causa.

PARTE I

INTRODUÇÃO AO ESTUDO DO DIREITO

TÍTULO I
PRELIMINARES

1. Introduzir ao Direito

I – Da realidade "Direito" tanto se pode dizer que é conhecida de toda a gente como que é desconhecida do homem comum.

Mesmo o leigo, por mais iletrado, consegue orientar-se na percepção do fenómeno jurídico. Recorda antes de mais os seus direitos, o que lhe é devido e o que deve observar para com os outros; menciona juizes, advogados, escrivães; pensa em tribunais e prisões. Nada disto vem a despropósito, pelo que podemos dizer que mesmo este leigo terá do Direito uma noção muito mais aproximada do que de Astronomia, ou Biologia, ou até Física, se nestas não for também particularmente versado.

Mas quando se passa da noção corrente à compreensão precisa, verificamos pelo contrário que só os especialistas ou as pessoas cultas sabem o que é o Direito. Da Medicina ou da Agronomia pode-se dar uma noção, assente na experiência, que resiste longamente: do Direito não. O Direito surge-nos logo como uma realidade abstracta, que transcende os exemplos com que o queiramos captar. O Direito não está em Abel ter transferido uma coisa a Bento, não se esgota na descrição deste facto social: tem um prolongamento que vai para além dele. A passagem da pré-compreensão, para usar um termo muito em moda, para o conhecimento exacto é já obra da Ciência do Direito.

É muito ilustrativo desta abstracção do Direito o facto de o juízo sobre a vocação do candidato a estudos jurídicos ter de ser sempre formado com base em matérias que em si não são jurídicas, não são Direito: são a filosofia, a história, a literatura e a expressão linguística. E por isso também é tão difícil a cada candidato formular antes do curso uma noção correcta das tarefas que vai enfrentar.

O aluno chega aos estudos jurídicos com a convicção de que estudar Direito é aprender leis. Verificará que, não obstante a multiplicação das leis, o conhecimento das leis é meramente instrumental duma formação

14 O Direito. Introdução e Teoria Geral

específica, e só essa torna possível encontrar a solução correcta dos casos concretos.

II – Procurando pontos sólidos de abordagem do fenómeno jurídico, recorremos a duas noções que pertencem à linguagem comum, mas que por outro lado terão de ser longamente trabalhadas para revelarem toda a sua riqueza de conteúdo. São as noções de ordem e de prudência.

O Direito é uma ordem da sociedade. Uma ordem e não a ordem, repare-se, porque na sociedade outras ordens operam. O nosso estudo deve ser uma iniciação à ordem jurídica da sociedade.

O Direito é um domínio muito vasto. Foram-se por isso desenhando dentro dele algumas partes ou divisões, que se chamam os Ramos do Direito – Direito Administrativo, Direito do Trabalho, Direito Criminal... Mas agora pretendemos considerar em conjunto toda essa ordem da sociedade que designamos Direito e não apenas ramos particulares deste.

Nomeadamente, não nos restringiremos ao chamado "Direito Civil", de que depois teremos oportunidade de falar longamente. As matérias de que se ocupam as disciplinas universitárias destinadas à Introdução à Ciência do Direito foram historicamente desenvolvidas no âmbito do Direito Civil. Hoje está porém assente que o transcendem e se referem a toda a ordem jurídica.

A nossa análise deve-nos pois levar à compreensão dessa ordem objectiva, nos seus elementos permanentes. Pretendemos realizar uma introdução ao Direito que desemboque numa teoria geral do fenómeno jurídico, propedêutica à análise dos ramos particulares.

III – Mas por outro lado, há que entender o Direito como *prudência.* O Direito é também a arte ou virtude de chegar à solução justa no caso concreto. E de facto, dirige-se em última análise à solução de casos concretos.

O Direito não é uma ordem estática e acabada. É antes dinâmica, porque necessariamente se manifesta na acção. E também a acção jurídica, como toda a acção, deve ser comandada pela prudência – a *prudentia* romana ou a *phronesis* dos gregos.

Prudência não é segurança, está mais próxima da sabedoria[1]. O seu sentido esteve obnubilado no Direito que se quis "positivo" dos dois últi-

---

[1] Distinguir-se-ia todavia a *sophie*, como virtude especulativa e a *phronesis*, como virtude prática: cfr. Gauthier / Jolif, *L'éthique à Nicomaque*, I, pág. 269, nota. Cfr. também Tércio Sampaio Ferraz, *Introdução*, 2.2.

mos séculos. Mas a noção é constitutiva da própria palavra *jurisprudência*. O pensamento prudencial foi um modo de pensamento autónomo, desenvolvido pelos jurisconsultos romanos, e que está na base do que é ainda hoje o maior período da história jurídica da humanidade. E o espírito da prudência foi prosseguido pelos juristas medievos.

Se a noção da ordem nos ocupará longamente, por ela nos aparecer como prévia, não esqueceremos nunca que ela integra necessariamente a prudência e só esta traz a chave da solução justa. Nenhum Direito vivo pode deixar de ter como ponto de referência culminante a solução do caso.

O Direito aparece-nos assim à partida como uma dialéctica da ordem e da prudência.

Ou então, procurando já uma síntese, diremos que o Direito tem por fim a solução prudente dentro da ordem. O que se tornará compreensível ao chegarmos ao momento decisivo da solução do caso.

2. As ciências auxiliares do Direito

I – Uma Introdução à Ciência do Direito pode realizar-se das mais diversas maneiras. Basta o exame das obras publicadas sobre o tema para nos demonstrar que ela tem sido entendida segundo perspectivas que quase variam de autor para autor – encontramos introduções que são pura Filosofia do Direito, outras que são antecipação do estudo de ramos do direito em particular, outras de teor sociológico ou histórico, sem faltarem todas as modalidades de orientações eclécticas.

Quer dizer, o carácter propedêutico que se deve reconhecer a uma introdução a todo o Direito agrava mais uma certa indefinição que se encontraria de todo o modo na determinação do seu âmbito.

II – Procurando fixar uma posição, comecemos por perguntar: esta introdução é jurídica ou extrajurídica? Quer dizer, devemos considerar que esta disciplina introduz ao Direito através de matérias que precedem o estudo do Direito, como a história, a economia, a sociologia, a filosofia, ou pelo contrário representa já um momento duma ciência especializada desse Direito, ordem da sociedade?

Há que atender a um e a outro aspecto. Devemos englobar tudo o que propedeuticamente for adequado, mesmo que tenha carácter não jurídico. Mas, por outro lado, a introdução só será conseguida se através dela se chegar a uma sólida implantação no campo jurídico – portanto, se lograr

16   *O Direito. Introdução e Teoria Geral*

conduzir-nos à compreensão e à prática da Ciência do Direito, só interesseiramente se detendo aqui e além em ciências afins.

Esta ponderação já reduz a extensão desmesurada que poderíamos ser tentados a outorgar a uma exposição que pretendesse ocupar-se de todas as ciências auxiliares do Direito.

III – Outra consideração, esta de índole pragmática, reduz ainda mais este campo. Há várias ciências auxiliares do Direito que são habitualmente objecto de consideração especial nos planos de estudos jurídicos, como a Filosofia, a História, a Economia e a Ciência Política. É natural pois que nos limitemos a menções remissivas.

3. Matérias de índole jurídica

I – *As noções jurídicas fundamentais*
Como dissemos, há aspectos da Ciência do Direito que terão de ser eles próprios ministrados neste estudo introdutório.

Todos os autores estão de acordo que é nesta disciplina que cabem as grandes noções gerais, prévias a todo o estudo particularizado de ramos do Direito, sobre a ordem jurídica e sobre as regras jurídicas através das quais a ordem se traduz. Por exemplo, o estudo geral da interpretação da lei é prévio ao estudo da interpretação da lei fiscal, que já pertence ao ramo especializado do Direito Fiscal ou Tributário.

Mas mesmo no que respeita a este núcleo essencial surge uma restrição de ordem prática. Não podemos desconhecer a indispensável conjugação deste estudo com o Direito Constitucional, que se ocupa necessariamente de muitas das questões gerais da ordem jurídica e respectivas regras. E assim podia acontecer que aqui estudássemos a formação da lei, atentos ao problema da génese das regras jurídicas, e ali se estudasse a formação da lei, a propósito das funções do Estado, por exemplo.

Considerações de economia didáctica recomendam que reduzamos ao mínimo as interferências. Para isso omitiremos quanto possível a análise do facto político-social, que não pode deixar de ser objecto daquela disciplina, e a análise da instituição Estado, quer na sua constituição e essência, quer mesmo no seu funcionamento. Não devemos porém esquecer que uma introdução verdadeira à Ciência do Direito supõe o contributo daquelas matérias, pelo que o ideal será que o estudioso progrida paralelamente no conhecimento destes temas gerais.

II – *Os ramos do Direito*

E deverá incluir-se nesta introdução o estudo dos vários ramos ou divisões do Direito – Direito Processual, Direito Internacional, Direito das Obrigações, etc.?

Há quem assim o tenha entendido, descendo até a antecipações ou a descrições minuciosas de matérias que têm o seu lugar próprio noutros passos dos planos de estudos jurídicos. Isso seria certamente um exagero.

Mas pode conceber-se o estudo dos ramos do Direito de maneira diversa. Haveria que procurar surpreender as linhas fundamentais da cada matéria ou instituto, que dêem a chave da sua compreensão. Assim, o estudioso ficaria preparado para integrar os conhecimentos que lhe seriam depois sucessivamente ministrados.

Tentaremos neste espírito uma breve apresentação. Mas observamos que ela é didacticamente mais justificada em relação àqueles ramos do Direito que só costumam ser especificamente ensinados na fase terminal dos planos de estudo do Direito.

4. As situações jurídicas

I – Esta introdução e teoria geral deveria englobar a análise das situações jurídicas (ou relações jurídicas, a seguir a apresentação técnica mais corrente).

Partindo de uma noção simples, diremos que as regras se concretizam em situações jurídicas. A regra, necessariamente abstracta, sobre responsabilidade do dono por danos causados por animais, projecta-se historicamente quando um animal causa um dano em condições correspondentes às descritas na lei. Daí resulta uma *situação jurídica concreta*; é esta que se tem em vista quando se fala habitualmente em situação jurídica apenas.

As situações jurídicas não podem ser estudadas no seu conteúdo específico, pois então teríamos de novo o estudo de toda a ordem jurídica.

Mas devem sê-lo nos seus elementos constantes. Pode traçar-se um esquema que ficará em condições de ser aplicado, qualquer que seja o caso concreto que se defronte. Assim, toda a situação jurídica tem um ou mais sujeitos, tem um objecto, exprime-se em poderes e vinculações que são o seu conteúdo, é dinamizada por factos.

18   *O Direito. Introdução e Teoria Geral*

II – O estudo das situações jurídicas tem efectivamente carácter introdutório; e estaria por isso em condições de constituir outra parte desta disciplina. Mas aqui temos de nos submeter a uma limitação mais radical ainda que as anteriores. Essa matéria é objecto da Teoria ou Parte Geral do Direito Civil, ministrada também na fase inicial do curso do Direito. A função daquela disciplina é também muito de Teoria Geral do Direito, apesar de na sua epígrafe vir limitada ao Direito Civil[2].

Vamos por isso limitar drasticamente as nossas considerações sobre as situações jurídicas[3]. Limitamo-nos a algumas noções sobre o facto jurídico. Mas não examinaremos o seu conteúdo comercial, administrativo, sucessório ou outro, porque isso pertence ao estudo dos ramos do Direito.

5. O facto jurídico

I – O elemento dinamizador da ordem jurídica é o *facto*. Os factos alteram as situações existentes, provocando efeitos de direito. Facto jurídico é por isso todo o facto que produz efeitos de direito.

A noção de facto jurídico é vastíssima. Mesmo um facto natural ascende à categoria de facto jurídico se produzir efeitos de direito. Assim, o nascimento de uma criança é um facto jurídico, como o é a tempestade que fez naufragar o navio.

A modalidade mais importante dos factos jurídicos é todavia a dos *actos jurídicos*. O acto jurídico é um facto humano e voluntário.

II – Dentro dos actos jurídicos distinguem-se ainda numerosas categorias, consoante o critério que for utilizado.

O acto legislativo, a que faremos longamente referência a propósito das fontes do direito, é um acto jurídico.

É acto jurídico o acto administrativo. Os seus pressupostos e eventuais vícios são objecto de uma vasta análise no domínio do Direito Administrativo.

---

[2] Ao contrário do que aconteceu com a disciplina de Introdução, a Teoria Geral não foi ainda autonomizada em relação ao Direito Civil. Ela é de certa forma complementada na disciplina de Direito Administrativo, para o Direito Público.

[3] A essa matéria é dedicado o nosso *Direito Civil – Teoria Geral*.

É acto jurídico a sentença judicial, estudada particularmente no Direito Processual. Por isso há que analisar a sua incidência sobre as situações preexistentes.

III – *Autonomia privada*
É particularmente importante o que respeita aos actos praticados no exercício da autonomia privada. Nem todas as consequências jurídicas ditadas pela regra resultam da mera verificação de fatos do mundo exterior; muitas vezes dependem precisamente de uma manifestação de vontade dos sujeitos nesse sentido. Se Vicente convenciona com Xavier que este tomará a seu cargo a exploração de um restaurante do primeiro, em determinadas condições de tempo e contra a remuneração ajustada, o contrato vale porque as partes assim o quiseram, e com o conteúdo por estas estipulado. O seu acordo é disciplina criada pelas partes mas integra-se na ordem jurídica. Por isso se diz que estas gozam de autonomia.

Chama-se *negócio jurídico* a um acto, pelo qual as partes escolhem elas próprias os efeitos jurídicos a que ficarão subordinadas. A lei acolhe quanto possível estes efeitos queridos pelas partes. Isto é assim porque um dos princípios fundamentais das ordens jurídicas que, com a nossa, exprimem a mesma civilização, é o da autonomia privada.

6. Bibliografia sumária

I – Além do Índice Bibliográfico final, daremos indicações bibliográficas nos lugares pertinentes ao longo da nossa exposição.

Mas convém preliminarmente indicar algumas obras de índole genérica que o leitor possa consultar, quando quiser iniciar o exame de uma matéria sobre a qual não tenha indicações bibliográficas especiais.

A reflexão jurídica é necessariamente crítica. O jurista não deve evitar o debate nem pode confundir polémica com maledicência. As faculdades críticas são despertadas antes de mais pelo confronto das várias opiniões expendidas a respeito do mesmo tema.

Recordamos que as indicações bibliográficas completas, destas como de todas as obras referidas no texto, estão no Índice Bibliográfico final.

II – São as seguintes as obras portuguesas cuja consulta mais frequente se justifica:

20   *O Direito. Introdução e Teoria Geral*

A. Santos Justo – *Introdução ao Estudo do Direito*, 2.ª ed., Coimbra Editora, 2003.
F. Pires de Lima / J. Antunes Varela – *Código Civil Anotado*.
Fernando J. Bronze – *Lições de Introdução ao Direito*, Coimbra Editora, 2002.
Inocêncio Galvão Telles – *Introdução ao Estudo do Direito*.
J. Baptista Machado – *Introdução ao Direito e ao Discurso Legitimador*.
L. Cabral de Moncada – *Lições de Direito Civil*.

III – Indicaremos ainda algumas obras de autores estrangeiros que mais longe levaram o estudo científico do direito:

Claus-Wilhelm Canaris – *Pensamento Sistemático e Conceito de Sistema na Ciência do Direito*[4].
Enneccerus/Nipperdey – *Allgemeiner Teil des Bürgerlichen Rechts* (há tradução castelhana duma edição anterior).
Francesco Carnelutti – *Teoria generale del diritto* (há tradução portuguesa duma edição anterior)
Franz Wieacker – *Privatrechtsgeschichte der Neuzeit*[5].
Herbert L. A. Hart – *The concept of law* (há tradução portuguesa, com o título *O Conceito de Direito*, editada pela Fundação Calouste Gulbenkian).
Karl Engisch – *Einführung in das juristische Denken* (há tradução portuguesa, com o título *Introdução ao Pensamento Jurídico*, editada pela Fundação Calouste Gulbenkian).
Karl Larenz – *Methodenlehre der Rechtswissenschaft*[6].
Miguel Reale – *Lições Preliminares de Direito*.
Ronaldo Dworkin – *O Império do Direito* (tradução brasileira), Martins Fontes, 1999.
Tércio Sampaio Ferraz Júnior – *Introdução ao Estudo do Direito*.

---

[4] Há tradução portuguesa, com Introdução de Menezes Cordeiro, 1991.

[5] Há tradução portuguesa, com o título *História do Direito Privado Moderno*, editada pela Fundação Calouste Gulbenkian.

[6] Há tradução portuguesa da 6.ª edição, com o título *Metodologia da Ciência do Direito*, 3ª ed., Fundação Calouste Gulbenkian.

IV – Aliás, basta o enunciado desta bibliografia para ilustrar o que dissemos acima, quanto à diversidade de modos de abordar os temas que são o nosso objecto.

Algumas destas obras são filosóficas, outras são exclusivamente jurídicas, outras têm um tom sociológico. Em certos casos focam-se exclusivamente os problemas gerais, noutros há um imediato direccionamento ao Direito Civil, e numerosas outras vias alternativas se percorrem. De todo o modo, na progressão dos temas introdutórios pretende-se chegar à Teoria Geral do Direito, ou da ordem jurídica objectiva.

TÍTULO II
A ORDEM JURÍDICA

CAPÍTULO I
A ORDEM SOCIAL

7. Natureza social do homem

I – *O Direito como fenómeno humano e social*
É inegável a dificuldade suscitada pelo carácter muito abstracto do objecto do nosso estudo. Temos de introduzir ao Direito, mas o Direito, como dissemos, não é nada que possa ser atingido só através da experiência e os pontos de apoio escasseiam: a pré-compreensão precisa de ser cientificamente comprovada e as noções científicas são complexas e controvertidas.

Temos todavia dois pontos de partida seguros: o Direito é um fenómeno *humano* e *social*.

a) O Direito não é um fenómeno da Natureza, mas sim um fenómeno humano, implicando necessariamente o factor espiritual. Coisas e animais podem ser contemplados pelo Direito, como objectos, mas não se relacionam em termos de Direito, nem o Direito estabelece para eles regras de conduta. Há, sim, regras sobre condutas humanas referentes a coisas ou animais, o que é muito diverso. É verdade que se tornou hoje moda falar nos *direitos dos animais*, mas devemos entender como uma maneira divertida de chamar a atenção para as condutas dos homens em relação aos animais; pois, se se pretender que constitua uma categoria jurídica, é pura insensatez.

b) Sendo um fenómeno humano, o Direito não se dirige ao homem isolado, é um fenómeno social: há uma ligação necessária e constante entre Direito e sociedade. Por isso se diz que *ubi ius ibi societas*.

II – O *"estado de natureza"*

Vamo-nos deter um pouco nesta noção de sociedade, que surge logo que encetamos a reflexão sobre o direito.

A sociabilidade verifica-se qualquer que seja o estádio civilizacional que se atravesse: nomeadamente, não depende da evolução da técnica. E porque se trata de uma determinante da sua natureza se diz que o homem é um *animal social*. Isto continha-se já na afirmação de Aristóteles de que o homem é um animal político, visto de que político provém de *polis*, cidade. O homem tem pois necessariamente de se congregar em cidades, em agrupamentos, para assegurar a sua subsistência e a realização dos seus fins.

É certo que nos séculos XVII a XIX foi muito corrente a afirmação de que o estado social teria sido precedido por um estado de natureza, em que o homem viveria isolado dos seus semelhantes, livre de toda a vinculação permanente. Desse estado, de felicidade ou de sofrimento, consoante a orientação dos autores, ter-se-ia transitado, mediante um acordo entre os homens chamado "contrato social", para a agregação em sociedades.

Tal estado de natureza ou é tido como um período historicamente determinado ou como uma hipótese lógica. Em Rousseau, por exemplo, encontram-se afirmações que conduzem num e noutro sentido, enquanto para Kant o estado de natureza seria meramente suposto. De todo o modo, estes autores assentavam as suas construções no facto de, cronológica ou ao menos logicamente, a sociedade ter sido precedida por um estado de natureza.

III – Todas estas hipóteses são de repelir, porque contrariadas, quer pelos dados históricos, quer pela consideração da natureza do homem. A sociabilidade é inata ao homem, e por isso desde os primórdios vemos este vivendo em comunidade. Perante a adversidade da natureza primitiva o gregarismo era até fortíssimo, pois era condição da subsistência do homem: a sociedade primitiva era tendencialmente totalitária. As tendências anti-sociais, que em medida desigual existem em todos os homens, são largamente compensadas pelo instinto social, que os aproxima.

No plano espiritual, o facto está prenhe de consequências. Viver é necessariamente conviver: a realização dos fins superiores do homem passa pela colaboração com os outros.

Por o Direito só se verificar em sociedade, o fenómeno social aparece-nos desde logo como condicionante do fenómeno jurídico.

8. Ordem social e ordem da natureza

I – Mas há muito mais do que esta ligação como que exterior, que faria com que o fenómeno social fosse unicamente pressuposto do fenómeno jurídico. Isso se nos desvelará através da análise da ordem social. Toda a sociedade importa necessariamente uma ordem[7]: importa pois a conjugação de vários elementos, a demarcação das posições relativas destes, para a obtenção de um fim ou função comum. A determinação das características necessárias da sociedade adapta-se ponto por ponto a estes requisitos. A ordem de uma sociedade pode ser perturbada por crises, mas persiste e tende para a normalização – com maiores ou menores alterações – pois sem ordem sociedade nenhuma lograria subsistir.

Procurando analisar esta ordem, observamos em primeiro lugar que a ordem é. A ordem é uma realidade: não material, mas nem por isso é menos um dado objectivo. A sociedade não é pois apenas uma soma de indivíduos, porque há ligações espirituais entre eles que lhe são essenciais. É um facto que há uma ordem na sociedade norte-americana: quer se diga que essa ordem é irracional ou modelar, reconhece-se em todo o caso que essa ordem existe. A ordem é um dado imediato da observação sociológica.

II – Mas se essa ordem é um facto, a ordem social não será afinal uma manifestação da ordem natural? E as leis por que se traduz não serão afinal leis naturais?

O estudo das ciências da natureza permite ir desvendando sucessivamente uma ordem maravilhosa que rege todo o Universo. Essa ordem explica o fenómeno botânico da floração como explica o equilíbrio dos organismos animais: surge-nos no infinitamente grande, nas relações entre galáxias, tal como no infinitamente pequeno, na complexidade de cada átomo. Essa ordem, como toda a ordem, exprime-se por leis: química, da astronomia, da genética...

A ordem natural é realmente um facto, tal como a ordem social; mas não se pode pensar que haja identificação entre uma e outra.

A ordem natural é uma ordem da necessidade: tem de existir tal qual, as suas leis não são alteráveis. O relacionamento das espécies zoológicas só conhece adaptações quase imperceptíveis, fruto da influência de outras

---

[7] Este é também o ponto de partida de Ehrlich, *Grundlegung der Soziologie des Rechts*, págs. 17-18 e segs..

26 *O Direito. Introdução e Teoria Geral*

leis naturais e não de uma opção dos membros do grupo animal. A ordem existente no interior da colmeia é um prodígio. Há uma abelha-mestra, mas nunca pode haver mais que uma, pelo que quando nasce uma nova rainha a rainha-mãe deixa a colmeia com um grupo de abelhas. Há uma maravilhosa afinação do instinto, mas a ordem criada é uma ordem fatal. Por isso dizemos que é uma ordem da necessidade.

Em posição semelhante a esta ordem natural está a ordem lógica, em que se costumam integrar a ordem ou ordens matemáticas e até as filológicas. Quando se diz que o quadrado da hipotenusa é igual à soma dos quadrados dos catetos exprime-se uma ordem fatal e universalmente válida. Também esta lei tem como característica essencial a inviolabilidade.

Pelo contrário, a ordem social, servindo-se ou tendo a sua base na ordem da natureza, não é uma ordem da necessidade, mas da liberdade. A possibilidade fáctica de o homem se lhe subtrair é da sua própria essência: existe, mas pode ser afastada. Propõe-se à vontade do homem, e pode justificar-se pela sua racionalidade, mas não se impõe cegamente. O homem mantém a liberdade de se rebelar contra ela, podendo chegar a alterar os equilíbrios existentes ou até a revolucionar a ordem social.

Por outro lado, só as sociedades humanas estão sujeitas à *tradição*. Cada ser, cada geração, consegue comunicar às gerações subsequentes o saber adquirido, enriquecendo a ordem social. Este elemento especificamente cultural não tem correspondente nas ordens naturais: a experiência de cada animal morre com ele[8]. Mesmo as transformações biológicas das espécies são fenómenos de natureza distinta[9].

III – É certo que há autores que, em posição radicalmente diversa da tomada pelos contratualistas, que viam na sociedade um contrato, desenvolveram as chamadas *teorias organicistas*. Sobretudo no dealbar da ciência sociológica, nos meados do século XIX, chegou-se, por influência do positivismo, a generalizações apressadas. As sociedades foram comparadas a organismos naturais, e os mais ousados levaram o símile ao ponto de encontrar cérebro, estômago e outros órgãos no corpo social! Por força destas teorias, a ordem social apareceria como uma ordem natural, uma ordem da necessidade.

---

[8] "Só o homem", escreveu com beleza Hobbes em *Human Nature*, "soube encontrar um remédio para esse defeito que é o esquecimento".

[9] O homem é pobre de instintos (como animal é extremamente desprovido) mas em compensação tem uma capacidade de adaptação quase ilimitada. Cfr. Rehbinder, *Einführung*, § 1.

A conclusão semelhante haveriam de chegar as *doutrinas deterministas* na explicação do evoluir da sociedade. Afinal, esta seria comandada por leis inexoráveis, e a liberdade humana não passaria de aparência. Estas explicações estão hoje abandonadas. No que respeita às teorias organicistas, o seu esquema grosseiro levou a um descrédito tal da Sociologia que só penosamente se dissipa. Quanto às posições deterministas, elas tendem a evoluir para o reconhecimento de uma margem de opção dos membros da sociedade. Acentua-se, o que é correcto, que a situação em cada momento histórico está condicionada por elementos não voluntários, mas aceita-se que efectivamente resulta sempre de uma escolha entre várias possibilidades. É quanto basta para que se não possa considerar a ordem social uma ordem da necessidade.

IV – Na progressão, verificamos que, se a formação das sociedades pode ser considerada a consequência da actuação das leis naturais relativas ao comportamento, já as formas históricas de sociedade representam, não um facto natural, mas um fenómeno de cultura, porque resultam da mediação da liberdade do homem[10].

Ordem da necessidade de um lado, ordem da cultura do outro, eis a diferença decisiva. Diferença que se comunica às leis que exprimem uma e outra ordem. As leis naturais são marcadas pela característica da inviolabilidade. Se um cientista consegue em seu laboratório chegar a um resultado oposto ao enunciado de uma lei natural, não se pode dizer que essa lei natural foi violada, mas muito simplesmente que foi desmentida. Tratava-se de uma pretensa lei; a sua falsidade foi demonstrada. Pelo contrário, as leis culturais, pelas quais se exprime a ordem social, traduzem constâncias mas não fatalidades. O homem pode rebelar-se contra elas; e pode até alterá-las directamente, como veremos ao tratar da componente normativa da ordem social.

9. Grupo e sociedade

I – *O grupo*

A análise técnica da categoria "sociedade" cabe particularmente à Sociologia, e não pode ser desenvolvida neste lugar. Basta-nos referir brevemente a noção de grupo, que aí é essencial.

---

[10] Cfr. B. Rehfeldt, *Einführung in die Rechtswissenschaft*, 1, II.

28   *O Direito. Introdução e Teoria Geral*

Nem todo o aglomerado é um grupo. Se um grande incêndio faz juntar milhares de curiosos, temos uma multidão, um complexo com formas específicas de comunicação que provocam até reacções comuns; mas os indivíduos não se propõem formas conjugadas de actuação e não há por isso um grupo, em sentido técnico.

O grupo supõe uma *finalidade* comum. Ainda não conjuga por exemplo os que acorrem a uma feira, querendo comprar ou vender. Digamos que há então finalidades individuais *n* vezes repetidas, apenas. O grupo pressupõe uma finalidade colectiva, que é servida pela colaboração dos membros; integra contributos individuais para um objectivo de conjunto.

Verificando-se este elemento, há um grupo. Mas os grupos podem ser estáveis, ou pelo contrário efémeros ou ocasionais. Aqueles que espontânea e colectivamente vão em socorro das vítimas duma inundação propõem-se finalidades comuns: o elemento de colaboração é patente. Mas falta o mínimo de estabilidade, que permitiria aliás que se passasse a utilizar o conceito, mais comum na Ciência do Direito, de sociedade.

Podem os grupos ser também formais ou informais[11]. O grupo pode sacrificar a sua espontaneidade e adoptar um estatuto, um "regimento", que represente o suporte jurídico da sua actuação. É particularmente de grupos formais que o Direito se ocupa. Já os grupos informais, como os grupos de pressão ou *lobbies*, são objecto da atenção, por exemplo, da Ciência Política.

II – As sociedades gerais

Com isto estamos desembocando na noção de sociedade, que como dissemos interessa muito em especial a nossa disciplina.

Particularmente importantes são as chamadas sociedades gerais, que abrangem a generalidade dos fins humanos.

A família, quadro imprescindível da conservação e propagação da espécie, terá sido a primeira forma social. Mas já contém em si em embrião a sociedade civil. Terá sido mesmo em resultado de uma evolução da autoridade familiar, provocada pelo progressivo crescimento da família ou famílias primitivas e pela insuficiência da estrutura existente para ocorrer a novas necessidades, que se formou o Estado, elemento característico das sociedades gerais de hoje.

---

[11] Para uma introdução à sociologia dos grupos, cfr. Eisermann, *Allgemeine oder "reine" Soziologie*, pág. 65.

Este passo permite-nos aliás a identificação, entre as sociedades gerais, da sociedade civil ou política.

Quando se fala em sociedade sem mais qualificativos refere-se a sociedade civil, sociedade perfeita, que abrange sem subordinação a nenhuma outra uma generalidade de finalidades dos seus membros. Todo o indivíduo se integra naturalmente numa sociedade civil; e estas são numerosas, tanto quanto os Estados, pelo menos. Sociedades definidas são por exemplo a coreana (não obstante a separação política), a húngara, a australiana...

III – *As sociedades menores*
No seio da sociedade civil podem distinguir-se ainda muitas sociedades menores, gerais ou especiais. Representam da mesma forma uma conjugação de pessoas para a prossecução de fins. Mas esses fins são limitados a um ou outro objectivo que o homem se pode propor na convivência. Prosseguem-se assim fins culturais, económicos, beneficentes, etc., com limitações locais, pessoais ou outras; e essas sociedades podem ainda ser naturais ou resultantes de uma voluntária associação.

Assim como não pode dispensar a sociedade civil, o homem não pode dispensar também estes corpos menores. Num ponto de vista da sua própria realização, eles surgem-lhe como um intermediário necessário. O homem só se enriquece e realiza espiritualmente, como dissemos, com a colaboração.

IV – Enfim, assim como há sociedades menores que a sociedade civil também há sociedades paralelas e sociedades maiores. Destas últimas são exemplo as sociedades universais, como a Igreja Católica e a Comunidade Internacional.

10. As componentes fáctica e normativa da ordem social

I – Vamos dar um novo passo no conhecimento da ordem social. Dissemos que a ordem social é: é um facto cultural que há ordem social. Mas podemos agora distinguir nela dois momentos distintos.

Em toda a ordem social há ingredientes ou ordenações de mero facto e ingredientes éticos ou normativos.

Uma realidade diz-se normativa quando só se compreende do ponto de vista da norma, do dever ser. Não se cifra numa mera descrição, antes se dirige a orientar a conduta humana, pautando o processamento desta.

30 O Direito. Introdução e Teoria Geral

Uma ordem normativa é necessariamente uma ordem de condutas humanas. Mas a inversa não é verdadeira: nem todas as ordens de condutas humanas são normativas.

II – *Elementos de facto*

Há em toda a sociedade elementos de mero facto, que contribuem para a ordem social, sem que possuam qualquer índole normativa.

A ordem dos povos nómadas do deserto não pode deixar de se basear num conjunto de regularidades de facto que asseguram a sobrevivência num meio hostil. Mas se considerarmos uma sociedade evoluída como a dinamarquesa, por exemplo, vemos que ela também repousa (mesmo excluída já a sua base naturalística) sobre numerosas relações de facto, alheias a qualquer consideração de dever ser. Assim acontece com os equilíbrios que se formam entre grupos sociais de pressão, que são independentes de toda a consideração normativa. Assim acontece com muitas relações entre várias estratos sociais tão pouco éticas que podem até ser eticamente reprováveis – o que respeita ao tratamento e segregação das pessoas idosas, por exemplo. À ordem do ser da sociedade dinamarquesa pertence que essas pessoas sejam afastadas do convívio da população activa, o que tem consequências (entre outras) na conformação do grupo familiar, na estrutura da habitação e até na política de assistência social – em que a Dinamarca é aliás pioneira.

É sobretudo essa ordem do ser da sociedade que a sociologia procura exprimir através das suas leis. Por isso nos diz que, num agregado em condições tais e tais, estes ou aqueles elementos tendem a preponderar; que terminada uma guerra se dá uma expansão da natalidade; e assim por diante.

Essas leis não têm verificação fatal. Não o dizemos por poderem estar mal formuladas (o que acontece frequentemente, dada a grande dificuldade de determinação dos factores decisivos e a impossibilidade de experimentação), mas por não serem leis naturais, devendo contar-se com a possível insurgência da vontade do homem. Todavia, como se baseiam em padrões de comportamento vigentes em determinado meio, o desvio individual não tem previsivelmente significado. É com base nas condutas normais, expressas em grandes números, que a lei é formulada.

III – *Elementos normativos*

Nenhuma ordem social se esgota porém nesta ordem do ser. Entram necessariamente na sua composição também considerações de dever ser.

A Ordem Social   31

Não se pode dizer só que é assim; em relação a certo sector da ordem social teremos de dizer que o seu sentido só se apreende como um *dever ser assim*. A convivência humana é uma realidade, que assenta em considerações de dever ser.

Na ordem social encontramos uma bipolaridade, ou uma tensão, entre ser e dever ser, que nos vai acordando para a complexidade do fenómeno jurídico.

A ordem normativa é por um lado um fato. A realidade de ser participada em medida mais ou menos vasta pelos seus membros integra o próprio ser da sociedade como ordem que é. Por outro lado exprime um dever ser, ínsito na sua específica realidade, e como tal é entendida pelos seus destinatários.

Daqui retiramos já uma primeira conclusão: a ordem normativa é um ser, efectivamente, mas um ser que tem o sentido de um devido, dum dever ser[12]. Nenhuma combinação de causas e efeitos é susceptível de absorver em si a riqueza das ordens normativas.

Toda a ordem normativa é uma ordem violável, no sentido atrás indicado. Pode o homem adequar ou não a ela a sua conduta; tal rebelião, enquanto se não propagar no todo social, não põe em causa a vigência da regra. Como toda a realidade deôntica, a conduta prevista é proposta aos membros da comunidade, mas não é uma conduta fatal.

11. A ordem técnica

I – Previamente ao exame da ordem normativa, devemos determinar o sentido da chamada ordem técnica. Integrará a ordem normativa ou representa ainda um elemento de fato na ordem global da sociedade?

A ordem técnica é a ordem do agir do *homo faber*, dominando a natureza de modo a obter bens que esta não oferece espontaneamente. A técnica representa hoje um sector muito vasto e em crescimento constante, e implica também uma ordem de condutas. Se considerarmos por exemplo uma instalação nuclear, logo vemos a refinada ordenação que a racionalidade técnica implica.

---

[12] Cfr. sobre esta matéria Larenz, *Metodologia*, págs. 270 e segs. (272).

II – *A lei técnica*

Como toda a ordem, a ordem técnica exprime-se por leis, que traduzem o encadeamento das condutas, necessário para a consecução dos objectivos em vista. Dir-se-á: se quiseres obter ácido sulfúrico, deves misturar este e aquele ingrediente, nestas condições... Se quiseres construir um motor Wankel deves proceder assim e assim... A técnica pode aliás expandir-se a outros domínios, em condições ao menos semelhantes: fala-se numa técnica da cirurgia, da execução musical, da cinematografia, etc..

O *dever*, que está ínsito na formulação das leis técnicas, pode induzir a pensar que estas são ainda leis éticas, por exprimirem um dever ser. Mas não é assim. A eticidade não se satisfaz com uma referência formal a um dever, antes tem de traduzir-se numa qualquer forma de imperatividade. Ora as leis técnicas não têm imperatividade: a sua própria formulação condicional o demonstra, pois se começa sempre por "se queres"[13]. Caso o sujeito não queira obter aquele resultado, não violou nenhum dever.

O sujeito pode pois desinteressar-se da aplicação da lei. É o contrário do que acontece na autêntica lei ética, em que o destinatário da norma está necessariamente implicado nela, queira ou não queira: o desinteresse representa pois rebelião.

III – Não admira que seja assim. A lei técnica, bem vistas as coisas, traduz-se sempre numa outra expressão da lei natural, que o homem captou e cuja aplicação lhe faculta o resultado desejado. A aparência de normatividade da lei técnica desfaz-se se a transpusermos para uma formulação meramente objectiva, o que é sempre possível. Em vez de se dizer: se queres obter ácido sulfúrico deves... pode-se dizer simplesmente: juntando tal e tal obtém-se ácido sulfúrico. A referência enganosa ao *dever* perde-se completamente. Ficou só a lei natural, ou a partir dela a descrição do processo causal que o homem utiliza se quiser. Vê-se pois que a normatividade é aparente, e que a ordem técnica não pertence à ordem normativa da sociedade.

Afastemos pois estes elementos meramente fácticos que concorrem para a ordem social mas que não conformam uma ordem verdadeira de dever ser.

---

[13] Pode porém – mas isso é já fenómeno diferente – o conteúdo da regra técnica ser assumido por uma verdadeira ordem ética. O trabalhador deve respeitar as regras técnicas, não por estas terem imperatividade, mas por força da regra moral que lhe impõe a perfeição da obra e por força da regra jurídica que lhe impõe o cumprimento do contrato de trabalho.

12. As instituições

Passamos às ordens normativas em sentido próprio.

I – A ordem, conformadora da posição relativa dos membros é constituinte de todas as sociedades, da sociedade civil como das restantes. As relações sociais não podem ser arbitrárias; o arbítrio, alastrando, decomporia a sociedade. Mas o que representa o elemento essencial de toda a sociedade, e constitui o fundamento profundo da ordem existente, são as instituições que lhe são próprias.

Uma sociedade não pode ser confundida com uma mera justaposição de indivíduos. O município de Santarém não são os habitantes de Santarém, um destacamento de fuzileiros não equivale aos fuzileiros que de momento o integram, uma associação de socorros a náufragos não são as dez pessoas que a compõem... A individualidade dos membros actuais pode até ser considerada o menos importante. Eles podem variar quase ilimitadamente – e de facto constantemente variam.

O que caracteriza e portanto distingue cada uma destas sociedades são as ligações que existem entre os seus membros. Não são evidentemente nexos materiais; e também não são de ordem psíquica, se bem que tenham reflexo na consciência. São uma realidade, mas de índole cultural. Elas unificam os participantes numa nova unidade[14].

Deve-se-lhes dar a designação de instituição. Advertimos porém que tal designação é ambígua, porque de instituição se fala normalmente num sentido derivado para designar um órgão ou uma colectividade. Fala-se de instituições públicas, de instituições de assistência...[15]. Tal acepção, de momento, nada nos interessa.

II – Também na acepção em que aqui a utilizaremos, a palavra "instituição" não é estranha, note-se, à linguagem corrente. Quando se diz que há que "defender as nossas instituições" é este o sentido utilizado: referem-se os elementos espirituais que fazem a ligação e a vida da comunidade,

---

[14] Nas sociedades voluntárias as instituições preexistentes de que os membros tenham participado tendem a prolongar-se, mas sofrem as transformações próprias do período de implantação social.

[15] Além de numerosas outras acepções, em que avulta a de aspecto ou sector da ordem jurídica objectiva. Uma obra clássica de Guilherme Moreira denomina-se justamente: "Instituições de Direito Civil". É uma acepção em regressão, que deve efectivamente ser evitada.

não evidentemente os órgãos ou colectividades que se formaram na sociedade. Quando se brada: "O Flamengo é uma instituição!", necessariamente atribui-se-lhe mais que a característica de colectividade, pois isso já o é toda a agremiação desportiva. Quando se diz que a propriedade e o trabalho são instituições fundamentais das nações civilizadas é especificamente este sentido que se utiliza. Quando se fala enfim nas instituições dos povos primitivos, parece claro que não são apenas as formas de organização destes que se têm em vista.

Este sentido técnico de instituição é até o sentido originário. Partindo dele se terá passado a designar preferentemente certas instituições, como a instituição real, os municípios, as misericórdias, etc., tendo-se desembocado depois no sentido de órgão ou colectividade acima assinalado.

III – Instituição designa, etimologicamente, o que *está* numa sociedade, o que permanece para além da evolução; por isso faz a unidade dos seus membros. Unidade que se prolonga no tempo em identidade: a sociedade é considerada a mesma ainda que todos os seus membros antigos tenham sido substituídos, e os actuais orgulham-se dos méritos dos predecessores e sentem-nos como próprios.

As instituições são pois realidades objectivas, porque não dependem dos estados psíquicos dos membros, e por isso são supra-individuais; mas não têm existência própria. Não são também meras entidades subjectivas, embora só permaneçam se participadas pelas pessoas que são os seus suportes. Vivem enquanto essas significações objectivas encarnam nos indivíduos que são a matéria da sociedade e através da sua adesão as mantêm em vida.

IV – *A teoria da instituição*
Tivemos de fazer este desvio e utilizar o termo ambíguo "instituição". É que há alguns anos desenvolveu-se, em sede filosófico-jurídica, a teoria da instituição, da qual se tiraram consequências no plano da estruturação do sistema jurídico.

Na origem destas correntes estará principalmente Hauriou. A noção de instituição deste autor, obscura embora, é aquela que melhor apreende esta realidade complexa. Dentro de uma orientação idealista, definia a instituição como "uma ideia de obra ou empreendimento que vive e perdura no meio social". Outros adeptos desta teoria, e os mais conhecidos, são Renard, Delos e Santi Romano, embora haja também diferenças entre eles.

A Ordem Social   35

Para o que nos interessa agora, não devemos de facto esquecer que a vida social não se descreve só de modo naturalístico, reduzindo-se a fenómenos naturais ou psíquicos. Compõem-na também sentidos, relações, valores – elementos de ordem cultural que são tão reais como os outros. Esses elementos, de que os indivíduos participam, dão afinal a essência de cada sociedade. Por eles a massa de indivíduos forma a unidade de ordem que é a sociedade; são eles que permitem que esta permaneça íntegra no tempo para além da variação dos seus membros[16].

A ordem social funda-se pois em instituições: pode exprimir-se por regras, mas essas devem corresponder às instituições sociais. No decurso deste livro, teremos mais de uma vez necessidade de assinalar esta permeabilidade das regras sociais pelas instituições[17].

V – Exemplifiquemos. Dissemos atrás que quando se fala das instituições dos povos primitivos se referem as instituições em sentido próprio.

Suponhamos então que um etnólogo observava uma comunidade tribal de Moçambique. Que apontaria ele como instituições? Observaria que os membros considerariam a natureza como animada – e isso seria uma instituição. Observaria por exemplo que a sucessão se processa por linha feminina exclusivamente – e a consideração da linha feminina como a linha segura para determinar a ligação familiar seria uma instituição. Observaria a ligação dos filhos aos pais durante toda a vida – e essa estrutura familiar seria uma instituição. Observaria que a maioridade se atingiria com a iniciação – e isso seria outra instituição. Observaria o regime de propriedade – colectiva, rotativa ou singular – e incluí-lo-ia entre as instituições. O poder monárquico traduziria a instituição real. O espírito militar, a convicção de que o guerreiro representa o ideal masculino, seria outra instituição.

---

[16] Cfr. José H. Saraiva, *Lições*, n.os 28 a 31. Sobre a repercussão das instituições sobre as pessoas, cfr. Fernando Bronze, *Lições*, 106 e segs.

[17] Por curiosidade, aditaremos uma citação de um economista prestigioso, F. Perroux: "As instituições são quadros duradouros de acção, regras duradouras do jogo social e dos hábitos colectivos, por oposição a actos ou acontecimentos sucessivos e descontínuos.

Essas regras do jogo social, porque não existe sociedade espontaneamente harmónica nem plenamente reconciliada, são também armistícios sociais; entre grupos nascem das lutas passadas; preparam novas. A sua modificação é mais lenta que a doutras variáveis económicas": *Economia e Sociedade*, págs. 143-144.

36   *O Direito. Introdução e Teoria Geral*

13. A evolução social

I – A ordem social fundada nas instituições permite a identidade e a duração da sociedade.

Mas as instituições, se bem que acordem uma ideia de permanência, não são imutáveis. Antes, variam sempre; por vezes muito lentamente, como acontece ainda hoje com comunidades isoladas do exterior, por vezes com grande rapidez, como é próprio da sociedade em que nos integramos. Nesta, as estruturas tradicionais são progressivamente afectadas e transformadas, quando não destruídas, pelo contacto com formas de vida diferentes. O resultado é sempre a invasão e o predomínio dos elementos mais técnicos.

II – A própria evolução social é hoje orientada e controlada do exterior, através do domínio das técnicas adequadas. O facto tem para nós o maior significado, até por o Direito ser por excelência o instrumento capaz de provocar mudanças na sociedade.

Mesmo assim, não suponhamos que todos os tipos de actuação são possíveis em cada sociedade. Devem-se respeitar os tempos de evolução desta, sob pena de ineficácia, ou pelo menos da produção de resultados contraproducentes. É mais fácil destruir uma comunidade do que fazê-la evoluir.

Mas seria erróneo buscar aqui alimento para uma qualquer contraposição entre ordem e progresso social. A ordem de que falamos não é uma arrumação exterior ou uma realidade estática, é a observação dum facto social que é compatível com todas as formas, mesmo as mais tumultuosas, de evolução. Por isso nos limitamos agora a verificar que há uma ordem em toda a sociedade, sem adiantarmos qualquer julgamento sobre a valia dessa ordem ou sobre a necessidade de específicas mutações sociais.

III – Já tem interesse chamar a atenção para a diversidade de ingredientes que podem compor a ordem social, até porque isso releva para observações posteriores centradas directamente sobre o fenómeno jurídico.

As ordens tradicionais das comunidades perdem as suas origens nos tempos, e são caracterizadas por uma coesão profunda dos seus membros. As suas instituições são muito duradouras.

Mas a intervenção da civilização técnica leva a uma desagregação. Desenvolvem-se aglomerados urbanos em que o povo se transforma em massa[18]. O lugar que pertencia às instituições é em grande parte ocupado pelos *slogans* como representação mental unificadora. Os vínculos sociais afrouxam e o elemento voluntário, em lugar do elemento histórico, passa a desempenhar o papel predominante na génese das normas.

Isto significa também que em tais sociedades a ordem social, embora unitária, é desigualmente participada e surgem sectores menores, com características específicas ou diferenciadas. Esta observação terá muita importância, até para o que adiante se dirá sobre as *fontes do Direito* (no sentido de modos de formação e revelação de regras jurídicas).

IV – *A regra escrita*

A ordem exprime-se por regras, mas não postula a existência dum corpo escrito de regras. A ordem social já se apresentava com o mesmo significado antes do aparecimento da escrita, e as instituições continuam hoje operantes, levem ou não à formulação de regras escritas. Assim, prolongando o exemplo anterior, verifica-se que em comunidades tribais de Moçambique os indivíduos só são considerados adultos depois de terem ido trabalhar nas minas de ouro de Joanesburgo. Mesmo com a sua sequela de aspectos negativos, a ida às minas de ouro aparece pois como uma instituição – e isto independentemente de qualquer redução a escrito deste dado social.

14. A redução do Direito ao facto. Empiristas e realistas

I – O Direito surgiu-nos, num primeiro momento, como um facto. Mas pouco a pouco, sem renegarmos essa base de facto, vamo-nos apercebendo de uma outra dimensão, essa normativa, que faz integrar o Direito entre as ciências normativas.

Uma observação prévia tem de ser feita. Semelhante enquadramento não é universalmente aceite. Certas escolas propugnam a caracterização do Direito como uma mera ciência de factos sociais. Prescindindo de antecedentes mais remotos, estão nesta posição os "empiristas" do século passado e os vários "realistas" deste século. Todo o Direito se resumiria ao estudo de factos[19].

---

[18] Veja-se a brilhante síntese de J. Vallet de Goytisolo, em *Sociedad de massas y Derecho*.

[19] Veja-se a exposição de algumas destas orientações em Bodenheimer, *Ciência*, págs. 125 e segs..

II – *Empirismo*

De harmonia com a corrente geral de pensamento em que se integra, tudo se resumiria a um encadeado de factos, que funcionariam como causas e efeitos. O Direito não escaparia a esta regra. Nas relações sociais encontraríamos a causa das relações jurídicas e a ciência do Direito limitar--se-ia a apurar a expressão desta resultante directa dos fenómenos sociais.

As explicações empiristas só poderiam porém prevalecer se se desconhecesse a autonomia relativa do fenómeno jurídico. A base social é de facto fundamental, pois tem um carácter condicionante das formações jurídicas. Mas condicionante não equivale a determinante. O afastamento das posições deterministas que já realizámos (*supra*, n.° 8 III), deixou aberto um campo à liberdade do homem, que constrói a história entre várias alternativas possíveis. Assim o Direito deixa de ser um reflector passivo dos factos para ele próprio se transformar em motor de transformação social.

É este aspecto, este *a mais* que caracteriza o Direito e vai além dos factos preexistentes que o empirismo não consegue explicar. O reducionismo que o marca deixa de fora justamente o aspecto essencial do Direito como propulsor da mudança social, e não apenas como produto desta.

Além das antecipações, pode haver desfasamentos ou distorções na transposição dos factos ou realidades sociais em elementos da ordem normativa. Nada disto pode ser explicado pela observação empírica, pois resulta da autonomia relativa do fenómeno jurídico[20].

III – *Realismo*

O empirismo foi continuado ou fortalecido pelos vários realismos contemporâneos.

O realismo jurídico norte-americano vai ao ponto de reduzir toda a regra a uma mera previsão da maneira como o juiz decidirá aquele caso. A regra é pois um facto, precedendo outro facto futuro.

O realismo jurídico escandinavo, de Hagerstrom, Olivecrona, Lunstedt e Alf Ross, retoma estes postulados e da mesma forma desmonta o direito em puras relações de causa e efeito, mas é tecnicamente mais profundo.

---

[20] Cfr. em Baptista Machado, *Introdução*, págs. 44 e segs., a crítica da teoria da força normativa dos factos. Ronald Devorkin, *O Império do Direito*, interrogando-se sobre o que é o Direito, faz uma crítica rigorosa dos entendimentos do direito como questão de facto, em que engloba o que chama as teorias semânticas do direito e as positivistas (págs. 3 e segs.). A leitura oferece a dificuldade de as categorias em que se funda serem as das escolas anglo-americanas, que não coincidem com as dos autores de orientação romanística.

Noções como regra, justiça e até direito ou obrigação não têm sentido, pois a explicação realista passa muito bem sem elas[21].
Qualquer destas posições é porém insuficiente. Conceber a regra como uma previsão da decisão do juiz deixa por explicar justamente o essencial – qual é o critério que impele o juiz, pois seria contraditório pretender que ele se baseie numa previsão do que ele próprio vai decidir... A ciência do Direito não se reduz a receitas imediatistas para advogados.

Também o realismo escandinavo, com as suas conexões de causas e efeitos, tem de prescindir do especificamente jurídico, afinal – o que permite transcender os factos para chegar à afirmação de um dever. A integração duma lacuna, portanto a resolução dum caso concreto que não é contemplado por nenhuma regra jurídica, supõe um raciocínio que está para além de toda a seriação de causas e efeitos. Supõe pois um dever ser; ultrapassa a descrição do facto.

Só assim é possível a distinção dos fenómenos jurídicos e dos restantes fenómenos. Para saber o que é jurídico precisamos de um critério, e é mediante este que chegamos à solução de casos concretos. A eliminação da norma ou, mais vastamente, de todo o elemento *deôntico* (de dever ser) levaria a tornar impossível distinguir as seriações jurídicas de causas e efeitos das restantes seriações[22]. Por isso dizemos que há um transbordar do Direito em relação ao facto, e esta doutrina não consegue captar todo o sentido daquele.

E como se dá este transbordar do Direito em relação ao facto? É o que veremos de seguida, ao estudar a ordem jurídica como ordem normativa.

15. Modalidades: ordens do trato social, religiosa, moral e jurídica

I – *A ordem do trato social*
A ordem normativa da sociedade é uma ordem complexa. Entram na sua composição ordens diferentes, que traduzem aspectos também diferentes do *dever ser*, inerente à vida em sociedade. Mas os povos primitivos não

---

[21] Cfr. os artigos de Olivecrona, *Law as fact*, e de Lundstedt, *Law and Justice: a criticism of the method of Justice*, em "Interpretations".

[22] Jori, *Il concetto di norma*, 72, nota que a meditação directa do dever ser não cabe nos quadros desta explicação. De facto, a análise abstracta duma norma legal, por exemplo, *maxime* duma norma que nunca tenha tido qualquer aplicação, não pode deixar de ser considerada jurídica – mas escapa à estreiteza desta doutrina.

40   *O Direito. Introdução e Teoria Geral*

separavam estes sectores, pois todo o elemento normativo se lhes apresentava com a mesma justificação. A subcategoria mais pobre é representada pelo que se vai designando a ordem do trato social.

Com a expressão "trato social", que é estranha à linguagem comum, pretende-se traduzir a palavra alemã *Sitte*. Fala-se também em regras de cortesia ou de civilidade[23], mas estas designações, sendo embora mais acessíveis, são mais restritas. Os autores alemães têm acentuado muito a existência de uma ordenação social destinada a tornar a convivência mais fluida e mais agradável, mas que não é tida como uma ordem necessária à conservação e ao progresso sociais. É expressa pelos usos ou convencionalismos sociais, subdistinguindo-se ainda sectores específicos, como os relativos à cortesia, à moda, às práticas profissionais...

Muitos destes usos formam-se no interior de um círculo social. Por exemplo, o advogado que propõe uma acção pessoalmente dirigida contra um colega deve comunicar-lho previamente, ao menos se for mais velho.

A violação destes usos provoca reprovação social e até sanções sociais difusas, como por exemplo a segregação de quem é considerado inconveniente. Se é de uso em determinada comunidade que a partir do pedido de casamento o noivado não seja quebrado, quem procedeu em contrário terá de defrontar a reacção social que consiste na reprovação do seu comportamento e possivelmente no seu afastamento de centros de convívio social. Não põe todavia em causa nenhuma regra jurídica da comunidade.

Um bom exemplo é dado pela reacção que provoca a falta de uso de gravata no foro, em audiências ministeriais, em recepções...

Não se observando estas regras a convivência torna-se mais difícil mas a comunidade não fica em perigo[24].

As regras de trato social podem todavia em condições especiais ganhar um certo reflexo jurídico, como mais tarde veremos.

A ordem do trato social tem o mesmo sentido objectivo dum "ser devido" e por isso é verdadeiramente uma ordem normativa – o que deixa todavia espaço para a discordância pessoal. Difere da ordem jurídica pelo carácter necessariamente inorganizado da sua génese, pela convicção generalizada de não respeitar a aspectos essenciais à conservação e progresso sociais e, enfim, pela ausência de coercibilidade organizada. Pelo contrá-

---

[23] Cfr. P. Soares Martinez, *Filosofia do Direito*, 324.

[24] Neste sentido Enneccerus, *Parte general*, I, 28, I, 2, que acrescenta que ao indivíduo caberia, em última análise, escolher entre submeter-se à regra e arrostar as consequências da violação desta.

rio, como veremos, na ordem jurídica as formas de criação intencional são muito relevantes, há a convicção da sua indispensabilidade e a coercibilidade, se bem que nem sempre se verifique, é-lhe natural.

Pode é distinguir-se dentro das ordens normativas as éticas e as não éticas. Dificilmente a ordem do trato social pode ser qualificada como ética, porque se basta com a conformidade exterior. Não tem a componente valorativa que está implícita na qualificação duma ordem como ética. E consequentemente, as regras por que esta ordem se exprime não deveriam ser consideradas como imperativas.

Evitaremos porém a qualificação das ordens religiosa, moral e jurídica como éticas, dada a ambiguidade que esta qualificação envolve.

II – *A ordem religiosa*

É uma ordem normativa que assenta num sentido de transcendência. Ordena as condutas tendo em vista a posição do homem perante Deus.

O sincretismo primitivo manifestava-se pela atribuição dum halo sagrado a toda a norma, nomeadamente ao Direito (e reciprocamente, pela juridificação de regras religiosas). Foi a frase de Cristo: "Dai a César o que é de César e a Deus o que é de Deus" que marcou um momento de ruptura na história. Todavia, essa ruptura só produziu plenamente frutos no âmbito de influência do cristianismo; e está até nos nossos dias na origem de antíteses graves com o islamismo.

A ordem religiosa é em parte intra-individual: como na zona relevantíssima em que ordena cada pessoa a Deus. Mas repercute-se também na ordem social enquanto, com a mesma finalidade, ordena condutas exteriores de membros da sociedade. Nas suas manifestações superiores esta ordem é meramente instrumental: destina-se a preparar ou a tornar possível a ordem definitiva, que não é já deste mundo.

Através da história, tem variado muito a relevância efectiva da ordem religiosa. Em todo o caso, mesmo após a autonomização da ordem religiosa, esta sempre influenciou de algum modo a ordem social[25]. Não há sociedade cuja ordem não reflicta de alguma maneira este elemento[26].

---

[25] Cfr. sobre esta matéria Paulo Otero, *Lições*, I, 6.3.

[26] Da ordem religiosa se separam os ordenamentos de comunidades religiosas: cfr. Santos Justo, *Introdução*, n.º 2.2. É exemplo destas o Direito Canónico, pelo menos em grande parte. Considerá-lo-íamos antes um Direito institucional, por ser o Direito que rege uma instituição, a Igreja Católica, dentro da visão de um pluralismo de ordens jurídicas.

42   *O Direito. Introdução e Teoria Geral*

III – *A ordem moral*

É uma ordem de condutas, que visa o aperfeiçoamento da pessoa, dirigindo-a para o Bem. Dela poderíamos dizer o mesmo que dissemos da ordem religiosa: em grande parte é intra-individual. Dirige-se ao aperfeiçoamento do indivíduo, não da organização social.

Todavia, qualquer que seja a posição que se adopte quanto à fonte da norma moral, esta acaba por se repercutir sobre a ordem social. Surge uma *moral positiva*, que representa o conjunto de regras morais, ou aceites como tal, que vigoram numa sociedade. Essas regras determinam comportamentos e relações sociais em medida necessariamente vasta, pois o aperfeiçoamento individual só se realiza na participação social. Assim, também elas compõem a ordem ética da sociedade. Os comportamentos sociais não podem ser compreendidos se ignorarmos as convicções morais imperantes.

Aliás, toda a ordem moral, mesmo que de não generalizada aceitação, aspira à transformação da ordem social, fazendo banir dela elementos nocivos ao aperfeiçoamento dos seus membros ou, dito positivamente, tenderá a fazer implantar as condições favoráveis para tal.

Teremos oportunidade de focar de novo esta ordem quando a distinguirmos da ordem jurídica.

IV – *A ordem jurídica*

Esta pauta os aspectos mais importantes da convivência social e exprime-se através de regras jurídicas. Como veremos, os valores cuja prossecução visa são a justiça e a segurança.

Dada a importância que ela reveste para nós, será necessário aprofundar seguidamente os seus aspectos.

CAPÍTULO II
A ORDEM JURÍDICA COMO ORDEM IMPERATIVA

16. Imperatividade

I – Afastando a ordem do trato social, temos as ordens religiosa, moral e jurídica. Estas são caracterizadas pela imperatividade. As suas regras exprimem um dever ser que nada tem de condicional, não é uma mera descrição dum processo desencadeado por um acto humano ou facto da natureza, não é também uma espécie de conselho – intenciona em absoluto realizar-se.

Por isso se fala em ordens éticas. Basta-nos porém dizer que são caracterizadas pela *imperatividade*. A expressão "imperatividade" destina--se a traduzir esta exigência incondicionada ou categórica de aplicação, exprimindo assim a essência dessas ordens. A consciência dos sujeitos capta este sentido último.

Queremos aliás acrescentar que esta imperatividade, este sentido do dever, é próprio de cada ordem por si. Não se pode supor que uma ou mais ordens emprestam imperatividade às restantes; por exemplo, que a ordem moral dá imperatividade a uma ordem jurídica que por si é neutra. Interessa é o próprio sentido objectivo de cada ordem, imprescindível para a compreendermos como tal.

Está fora do nosso objectivo determinar as razões por que as pessoas, na esmagadora maioria dos casos, obedecem às normas jurídicas. Podem fazê-lo por medo, ou por interesse; tal como podem fazê-lo com o sentido do cumprimento de um dever moral. De facto, a moral reforça a imperatividade da ordem jurídica, ao considerar a obediência às autoridades políticas, fora dos casos de grave deturpação da ordem natural, um dever moral. Mas este é um aspecto diverso, que não é condicionante da imperatividade da ordem jurídica.

II – Pode-se pretender exprimir esta característica recorrendo à distinção kantiana do imperativo em categórico e hipotético. Dir-se-ia que no Direito se encontram imperativos categóricos e nunca hipotéticos[27]. Mas deste modo incorre-se em grandes ambiguidades.

Por um lado resultariam da própria filosofia em que aquela distinção se apoia. Mas há também um sentido em que é correcto qualificar as normas jurídicas como hipotéticas; no sentido de que só se aplicam se se concretizarem as hipóteses que elas próprias prevêem[28]. É um aspecto que também examinaremos ao analisar a regra jurídica[29], mas que, como é natural, nada tem que ver com a imperatividade da ordem jurídica enquanto tal.

A conclusão em que assentamos defronta dificuldades vindas da possível formulação das regras. Afirmando-se: "Se não perdoardes aos homens, tão-pouco vosso Pai vos perdoará os vossos pecados" (S. Mateus, VI, § 15); ou determinando-se: "Se a letra (de câmbio) contém assinaturas de pessoas incapazes de se obrigarem... as obrigações dos outros signatários nem por isso deixam de ser válidas"[30], a condicional por que se inicia qualquer destes preceitos poderá fazer supor a hipoteticidade da regra.

Na realidade, há aqui um imperativo verdadeiro e próprio: a condicionalidade é que é aparente. Com uma simples transposição poderemos afastar a aparência e desvelar o imperativo oculto. De facto, os preceitos poderiam ser formulados dizendo-se que se devem perdoar as ofensas dos outros, ou que a existência numa letra de assinaturas que não vinculam não prejudica a eficácia das restantes; a que se seguiria, quando fosse o caso, a cominação da sanção correspondente à inobservância. A situação é pois inversa da que se verifica na regra técnica.

III – Designando este atributo, como se faz correntemente, por "imperatividade", devemos estar prevenidos contra possíveis confusões derivadas do uso da palavra.

O facto de se dizer que uma ordem ética é imperativa poderia entender-se como significado que ela se traduz em todos os casos por imperativos: que toda a regra é um imperativo.

---

[27] Cfr. Engisch, *Introdução*, págs. 26-42; Dabin, *Théorie*, n.° 52.

[28] Isso leva justamente um jurista de base kantiana, como Cabral de Moncada, *Lições*, I, pág. 19 e nota 1, a negar que haja imperativo categórico, por entender hipoteticidade neste sentido particular.

[29] *Infra*, n.° 284.

[30] Art. 7 da Lei Uniforme sobre Letras e Livranças.

A *Ordem Jurídica como Ordem Imperativa* 45

Quando adiante estudarmos a regra jurídica veremos que não é assim[31]. Há regras que, participando da imperatividade que é característica da ordem jurídica, consistindo portanto num dever ser, não representam todavia imperativos, tomadas por si. A imperatividade que aqui nos ocupa é somente a imperatividade própria da ordem normativa no seu conjunto, não a de cada regra em particular.

17. Direito objectivo e direito subjectivo

I – Recorde-se que empreendemos toda a análise anterior instigados pela necessidade de apurar o que é o Direito. Uma vez assente que o Direito é fenómeno social, passámos ao estudo da sociedade, observámos a ordem que em toda a sociedade se encontra, individualizámos enfim dentro desta uma ordem jurídica.

Segue-se a verificação de que Direito é palavra ambígua[32]. O uso corrente não dá por esta ambiguidade, fundado numa efectiva origem comum de todas as acepções. Mas a reflexão logo nos faz descobrir, mesmo sem termos de recorrer desde já a precisas definições, sentidos muito diversos.

II – Deixaremos de lado certos entendimentos que, filiados embora nesta raiz fundamental, são espúrios e não terão qualquer utilidade no desenvolvimento posterior.

Assim, quando se diz que pela utilização de certa obra intelectual se têm de pagar *direitos* de autor, para significar as quantias que o titular do direito de autor pode reclamar; ou quando se diz que uma mercadoria foi passada aos *direitos*, querendo-se significar que indevidamente se subtraiu ao pagamento dos impostos fixados nas pautas alfandegárias – utiliza-se uma acepção sem qualquer valia técnica, muito embora tenha já deixado as suas marcas na lei. Como esta acepção só aumenta a ambiguidade com que nos debatemos nesta matéria, deveria com toda a vantagem ser posta de lado. De todo o modo, não tem interesse para nós.

III – Fixando-nos nas acepções nucleares da palavra "direito", logo se apresenta a distinção fundamental do direito em:

---

[31] *Infra*, n.os 285 e 286.

[32] Sobre a diversidade terminológica no Direito em geral cfr. Paulo Otero, *Lições*, I.1, 1.3. Sobre as origens históricas cfr. Sebastião Cruz, *Ius. Derectum (Directum)*.

46 *O Direito. Introdução e Teoria Geral*

– objectivo
– subjectivo.

Confrontemos as expressões "Direito das Sucessões" e "direito de suceder". É nítido que se utiliza a palavra "direito" em sentidos diversos, se bem que relacionados. O Direito das Sucessões é uma realidade objectiva: está-se mais perto da ideia de uma ordenação da vida social. Pelo contrário, o direito de suceder é uma realidade subjectiva; refere-se necessariamente a um sujeito dado para significar que ele goza de uma certa posição favorável.

A distinção torna-se muito clara se perguntarmos qual o ponto de vista de um sujeito perante aquelas realidades. Pode-se dizer que Joaquim tem direito de suceder a Jerónimo, mas não que Joaquim tem o Direito das Sucessões... O Direito das Sucessões é uma realidade que não se encerra na titularidade de ninguém; não é subjectiva.

Ambos os sentidos são inteiramente correctos e técnicos. A ambiguidade resulta só da inexistência de palavra diferenciada para os exprimir, que ocorre aliás em quase todos os idiomas. Mas em inglês o direito objectivo é designado por *law* e o subjectivo por *right*; também na língua chinesa *fa* designa apenas o direito objectivo. É um recurso meramente pragmático.

Para mitigar a ambiguidade, escreveremos nesta parte deste livro *Direito* para designar o Direito objectivo e *direito* para designar o direito subjectivo.

IV – *Relação entre as duas acepções*
Há uma prioridade, pelo menos lógica, do momento objectivo sobre o subjectivo[33]. Podemos falar também de uma derivação do direito subjectivo do objectivo. Se Joaquim tem o direito de suceder é porque, de harmonia com o Direito das Sucessões, tal prerrogativa lhe é conferida. Por isso se compreende que estudemos em primeiro lugar o direito objectivo.

Mas o direito subjectivo não deixa também de interessar à Teoria Geral. O direito subjectivo é efectivamente uma dessas situações concretas, resultantes da aplicação duma genérica previsão normativa[34]. Abstraindo embora do conteúdo, infinitamente variável, dos direitos subjectivos, cabe-

---

[33] Veremos mais tarde que essa prioridade foi invertida pelo jusracionalismo.

[34] A lei regula o direito de propriedade; António tem um concreto direito de propriedade.

A *Ordem Jurídica como Ordem Imperativa* 47

ria aí descrever os traços essencialmente constitutivos dessa situação. Mas essa matéria tem sido no essencial deixada para a Teoria ou Parte Geral do Direito Civil[35].

18. Direito objectivo e ordem normativa

I – Ocupemo-nos agora em exclusivo do Direito (objectivo). Nem toda a ambiguidade se dissipa ainda. Podemos distinguir três acepções principais, pois Direito pode ser entendido como:

– justiça
– ordem normativa
– ciência.

No primeiro sentido, usa-se a referência à ordem normativa para afinal focar o que deveria ser o objectivo principal desta – a justiça. Falaremos do tema quando examinarmos o fundamento da ordem jurídica.

Entre as duas restantes acepções há uma intercomunicação muito visível. Quando dizemos: "O Direito não é uma Matemática!", contrapomos duas ciências, o Direito e a Matemática; mas o Direito ou a Ciência do Direito é a ciência que estuda o Direito, ordem normativa, segundo um método próprio.

Derivadas destas surgem outras acepções, mas têm menos interesse. Quando se diz que "Direito venceu Agronomia por 3-0", utiliza-se uma acepção possível. Direito significa a própria escola onde se estuda o Direito. Mas resulta de mera e dispensável simplificação de expressões como Departamento de Direito, Faculdade de Direito ou outras[36].

II – Ficam-nos pois propriamente os sentidos de ordem normativa e ciência, entre os quais não temos de fazer opção. Basta-nos saber que o

---

[35] *Supra*, n.º 2.

[36] Quanto à utilização de Direito para significar uma disciplina académica, é compreensível. O militar que, em curso para promoção, segue uma disciplina de Direito Internacional Público, dirá que "estuda Direito" para significar que se prepara para essa disciplina. É claramente um significado menor: a disciplina passou a ser designada, como é natural, pela própria denominação do objecto de que se ocupa. Este significado é pois subsidiário em relação aos dois primeiros e não nos interessará, salva a eventualidade de uma ou outra referência às disciplinas académicas.

48 *O Direito. Introdução e Teoria Geral*

objectivo da ciência é a própria ordem normativa. Numa disciplina em que se introduz ao estudo do Direito, introduz-se pois ao estudo dessa ordem normativa.

Sendo assim, se a acepção de Direito que nos aparece em primeiro plano é a de ordem normativa, segue-se perguntar se Direito e ordem jurídica não se identificam, afinal.

19. Direito e ordem jurídica

I – A ordem jurídica é uma realidade muito mais englobante que as regras pelas quais ela se traduz. A utilidade da expressão está justamente em nos permitir fixar a ordem em si, e esta é mais que um aglomerado de regras jurídicas.

Bastará esta especificação para distinguir ordem jurídica e Direito? Cremos que não, porque também o Direito é para nós mais que uma série de regras.

Em posição oposta, sustentam as orientações normativistas que "Direito" e "regras jurídicas" se confundem praticamente. A introdução à Ciência do Direito resolver-se-ia por isso na introdução à regra jurídica.

Mas pelo menos a unidade seria quebrada com esta dissolução em elementos isolados. O Direito nunca poderia ser só regra ou série de regras, teria pelo menos de ser um complexo destas, uma unidade global. Não é por o Direito se traduzir por regras que podemos permitir que uma visão dispersa faça perder o sentido do conjunto.

Sendo assim, se quer o Direito quer a ordem jurídica representam mais que simples agregados de regras, não serão afinal a mesma coisa? Ou "Direito" deixará de fora outros elementos que estão implícitos na noção de ordem jurídica? Mas que elementos, afinal?

II – Examinando as posições adoptadas por autores que ultrapassam a visão atomista das regras, encontramos uma grande variação. Por exemplo, para Barbero, a ordem jurídica é um complexo de regras, instituições e órgãos[37]. Para Miguel Reale, "o ordenamento é o sistema de

---

[37] *Sistema*, I, n.° 1. Mas devemos fazer duas advertências. Os autores italianos falam mais em "ordenamento" que em ordem, e, como sempre, a existência de palavras diversas impele a formação de acepções diversas também. Por outro lado Barbero fala em "instituição" em sentido que nos parece impróprio, e que de todo o modo é distinto do utilizado atrás.

normas jurídicas *in acto*, compreendendo as fontes do Direito e todos os seus conteúdos e projecções"[38]. E encontramos muitos outros entendimentos[39].

Há como se vê uma grande variação, que no limite será já terminológica, ou de opção individual, pelo que não pretenderemos resolvê-la na totalidade.

III – Dada a posição que adoptamos, entendemos ordem jurídica como uma noção englobante em que se inscrevem:

– as instituições
– os órgãos
– as fontes do Direito[40]
– a vida jurídica ou actividade jurídica[41]
– as situações jurídicas.

Todos estes elementos compõem o tecido que é a ordem jurídica global duma sociedade.

Pode estranhar-se que não incluamos justamente as regras jurídicas. Mas as regras, ou o complexo normativo, *não são a ordem jurídica mas expressão desta*, como melhor teremos oportunidade de acentuar mais tarde.

E o que entender por Direito?

Quando se fala de Direito pode-se referir a mesma totalidade, porque o Direito é necessariamente sistema ou ordem[42]. Neste sentido, Direito e ordem jurídica equivalem-se.

Mas pode-se também tomar Direito como a expressão da ordem jurídica. Essa expressão é dada justamente pelas regras. Neste sentido o Direito seria o complexo normativo que exprime a ordem jurídica total.

---

[38] *Lições Preliminares*, pág. 190.

[39] Assim, para L. Pinto Coelho, "As normas que disciplinam as relações sociais, as próprias relações disciplinadas pelas normas, os processos técnicos de realização ou de aplicação das normas, constituem, no seu conjunto, a Ordem Jurídica": *Introdução*, n.º 8. Pelo contrário, M. Gomes da Silva chama Direito ao que Pinto Coelho chama ordem jurídica, e descobre nele aproximadamente os mesmos elementos que denomina ordem jurídica objectiva, ordem jurídica subjectiva (ou seja, a ordem concreta formada pelas regras e pelas situações por elas enformadas) e a vida jurídica (o esforço constante da ordem jurídica objectiva para enformar a subjectiva): *Esboço*, n.º 21, pág. 149.

[40] Veremos *infra*, n.º 21, qual o sentido técnico rigoroso desta expressão.

[41] Entendida dinamicamente como a série de processos de realização da ordem normativa no seio da sociedade. Cfr. nt. 40.

[42] Cfr. Castanheira Neves, *Unidade*, págs. 95-96.

50   *O Direito. Introdução e Teoria Geral*

Este último sentido torna-se mais relevante nos estudos de Direito, que fatalmente se realizarão com alguma abstracção da vida jurídica e das situações concretas. O sistema normativo, como condensado da ordem global, acaba por surgir em primeiro plano como objecto do ensino.

Esta é a realidade que se tem normalmente em vista quando se fala em Direito objectivo. Excluem-se as situações jurídicas que, no seu aspecto concreto, são atributos dos sujeitos. Elas comporão assim a ordem jurídica, como realidade histórica, mas não o Direito objectivo.

IV – Mas de todo o modo, não é incorrecta nenhuma destas acepções. A segunda segue a tendência linguística de considerar a ordem jurídica algo de mais amplo que o Direito. De harmonia com o que dissemos, falaremos neste título predominantemente em ordem jurídica, e nos títulos seguintes predominantemente em Direito[43].

20. As regras jurídicas

I – Antecipando embora noções, faremos por conveniência didáctica algumas observações sumárias sobre as regras jurídicas que exprimem, como dissemos, a ordem jurídica.

Este modo de expressão, que é a regra jurídica, ficará melhor esclarecido através de uma análise estrutural[44].

Numa regra jurídica distinguem-se sempre dois elementos:

– previsão
– estatuição.

Estes são designados também *antecedente* e *consequente*, mas estas designações são menos expressivas, pois só indicam a posição relativa dos dois elementos. Nada adiantam quanto ao seu significado intrínseco.

Em toda a regra jurídica se prevê um acontecimento ou estado de coisas e se estatuem consequências jurídicas para o caso de a previsão se verificar historicamente. À previsão de cada regra se chama a *factispécie*, no

---

[43] Isso não impede que na prática, quando não for necessário distinguir, usemos com relativa indiferença as duas formulações. A questão revela-se primacialmente semântica.

[44] Sobre a análise lógica da regra jurídica cfr. Lourival Vilanova, *Lógica Jurídica*, págs. 86 e segs..

seu sentido de figura ou modelo dum "facto"[45]. A estatuição é o efeito jurídico (por exemplo, a obrigação de indemnizar) que a norma associa à verificação da factispécie (por exemplo, a danificação de coisa alheia). Mas os textos normativos podem ser formulados na ordem inversa. Assim, o art. 88 do Código de Processo Civil brasileiro dispõe que "é competente a autoridade judiciária brasileira quando...". A descrição dos casos constitui a previsão, e a estatuição é a competência atribuída à autoridade judiciária brasileira, mas começa-se por indicar a estatuição.

II – *Factispécie*
Vamos deixar de lado os efeitos jurídicos, que terão de ser considerados em lugares futuros da nossa exposição. Diremos agora algumas palavras sobre a factispécie.
A palavra que usamos é um neologismo.
1) Falam alguns em "tipo legal". A expressão é equívoca, pois traz confusão com a teoria do tipo, como processo de concretização, de que falaremos mais tarde. Há também tipos de efeitos jurídicos, por exemplo, o que bastaria para se banir a designação.
2) A expressão "hipótese normativa" não seria incorrecta, mas é de difícil generalização.
3) Recorre-se a expressões estrangeiras consagradas: seja o alemão *Tatbestand*, seja o italiano *fattispecie*.
4) Enfim, outros consideram preferível o latim medieval *factispecies*.
Não vemos motivo para não aportuguesar a palavra, falando simplesmente em factispécie.

21. A expressão "fontes do Direito"

I – Já tivemos de referir as *fontes do Direito*. Antecipando de novo noções, vejamos do que se trata.
A ordem jurídica é uma realidade histórica. À regra jurídica que a exprime deve corresponder uma génese, historicamente ocorrida. Quais são então os modos de formação ou manifestação da regra jurídica? É este o tema que é tradicionalmente designado pela expressão "fontes do Direito".

---

[45] Sobre este fenómeno elaborou Miguel Reale a sua teoria dos modelos jurídicos: *O Direito como Experiência*, págs. 161 e segs..

52 *O Direito. Introdução e Teoria Geral*

Aceitamo-la por ser consagrada, mas advertimos que não é particularmente feliz. E isto quer na utilização da palavra *fonte*, quer na utilização da palavra *Direito*.

II – *Fonte*

Fonte representa antes de mais uma imagem, e de tal vastidão que se adapta a várias realidades jurídicas. Efectivamente, de "fontes do Direito" tem-se falado e pode-se falar nos seguintes sentidos:

a) – *histórico*

Têm-se em atenção as origens históricas dum sistema e as influências que sobre ele se exerceram. Assim se dirá que o Direito Romano é fonte do nosso Direito.

b) – *instrumental*

São os documentos que contêm os preceitos. Assim, as Tábuas da Lei; ou os volumes das Ordenações do Reino; ou os exemplares dos jornais oficiais. É um sentido que tecnicamente reveste muito pouco interesse.

Alguns falam em fontes *iuris cognoscendi*, que se contraporiam às fontes *iuris essendi*, ou fontes em sentido técnico-jurídico. A desaparição das primeiras não atinge a subsistência da regra, como realidade ideal que se liberta do veículo que serviu à sua revelação. Mesmo que, após publicada uma lei num jornal oficial, desaparecessem todos os exemplares, a lei continuaria a existir, enquanto de algum modo pudesse ser provada.

c) – *sociológico ou material*

Poderíamos falar ainda de um sentido sociológico ou material de fonte do Direito.

Será o circunstancialismo social que provocou determinada norma. Assim, pode dizer-se que o aumento do parque automóvel, a crescente potência dos motores e a consequente multiplicação dos acidentes foram as fontes das actuais leis rodoviárias.

É uma acepção pouco aconselhável. Não há uma derivação directa da norma a partir da circunstância social, pelo que é inconveniente falar em fonte. Por outro lado, para esse sentido podemos recorrer às expressões "causas", "antecedentes" e "occasio legis", reduzindo-se assim a equivocidade de "fonte do direito". A relevância desta acepção só aflorará quando tratarmos da interpretação das leis[46].

d) – *orgânico*

São os órgãos competentes para a produção de regras jurídicas. Serão fontes do Direito uma autarquia, uma assembleia legislativa, um tirano...

É um sentido que interessa especialmente, como se vê, ao Direito Público[47]. Em si é evidentemente possível, como os anteriores e outros ainda, que não chegámos a referir, mas afasta-se do sentido técnico-jurídico da expressão e traz por conseguinte uma ambiguidade inútil. Fazemos esta prevenção expressa porque o encontramos por vezes confundido com o sentido seguinte, que é o que particularmente importa.

e) – *técnico-jurídico ou dogmático*

São os modos de formação e revelação das regras jurídicas, para utilizar uma expressão que fez carreira. Ficamos agora com esta ideia geral, e logo fixaremos o seu rigoroso conteúdo, discutindo embora a formulação empregada.

III – *Fonte do Direito*

Não só a referência à "fonte", dada a sua demasiada plasticidade, é ambígua. Também merece reparo a segunda parte: fonte do Direito.

Na realidade, o que se abrange sob esta epígrafe não é todo o Direito. É exclusivamente o Direito objectivo – mais precisamente, as regras jurídicas que o exprimem. O Direito é muito mais vasto, se entendido como ordem jurídica (*supra*, n.º 19 III), pelo que tomada à letra a expressão "fonte do Direito" abrangeria também as instituições. Abrangeria até os contratos e outros actos jurídicos, pois destes derivam preceitos individuais que vinculam as partes. Tudo isto cabe no sentido amplo de Direito.

Por isso, a expressão "fonte do Direito" é imprópria. Utilizamo-la porque é corrente, mas sempre com ressalva dos esclarecimentos que ficam feitos. Fala-se em fonte do Direito para exprimir a realidade que tem o sentido de criar ou revelar normas jurídicas.

---

[46] Então será também esclarecido o sentido de *occasio legis*.

[47] Portanto, aos ramos de Direito que regulam a constituição e funcionamento do Estado e outros entes públicos, como se verá adiante.

54 *O Direito. Introdução e Teoria Geral*

22. A formação e a revelação das regras

I – É mister aprofundar a noção provisória de que partimos. Diz-se que as fontes do Direito são modos de formação e revelação de normas jurídicas... Mas há autores para quem as fontes do Direito são só modos de revelação, e outros para quem elas são só modos de formação de normas jurídicas.

Assim, para Cabral de Moncada, as fontes do Direito são, não modos de formação, mas modos de revelação ou manifestação das normas jurídicas – modos como o Direito aparece[48].

No pólo oposto, podemos situar autores que chegam a combater o conceito de fonte do Direito, pois o que lhes interessa é só o aspecto da formação da norma. Como todo o efeito jurídico resulta da intervenção de factos, dizem, as fontes do Direito não são mais do que os factos jurídicos de que resultam normas – e são factos como quaisquer outros. Para referir a subespécie dentro do domínio vasto dos factos jurídicos, basta falar em *factos normativos*. A consideração desta categoria só seria esclarecida se se deixasse de trabalhar com metáforas, como a de fonte[49]. Isto mostra que para estes autores o que interessa é a formação, e não a revelação da norma.

II – Esta discrepância alerta-nos para uma ambiguidade que se oculta na definição corrente de fontes do Direito.

1) Quando se fala em *revelação* tem-se em vista a manifestação exterior, que pode ser o texto da lei, a conduta no costume, e assim por diante. A regra, objecto ideal, revela-se nos factos[50].

2) Quando pelo contrário se fala em *formação* tem-se em vista o facto de que derivam regras (o acto legislativo, por exemplo). E assim, atender-se-á também a aspectos da génese da norma, que estão ausentes no primeiro sentido. Por exemplo, englobar-se-á ainda o parecer da comissão parlamentar, que também pertence ao processo de formação da lei.

---

[48] *Lições*, I, n.º 14.

[49] É a orientação adoptada por Dias Marques, *Introdução*, n.º 45.

[50] Isto não é a mesma coisa que aceitar uma materialização da regra, confundindo-a por exemplo com o documento em que ela vem contida. Este representa, como vimos no número anterior, uma mera fonte instrumental, que pode desaparecer sem se atingir a regra.

A Ordem Jurídica como Ordem Imperativa 55

III – Procurando exprimir uma tendência de facto, diremos que ao privatista (portanto, ao cultor do chamado "Direito Privado") interessa mais o primeiro sentido: procuram-se as regras tais como elas se revelam, e sem ter em particular conta o seu processo de formação. A fonte é pois vista como a resultante final, e não como um processo.

Pelo contrário, o publicista (o cultor do Direito Público) atenderá mais ao modo de formação das leis em si, e por isso falará de fontes do Direito atendendo a factos e até preferivelmente a tipos de actividade de certos órgãos. E como a lei é também um efeito de Direito e os efeitos derivam dos factos, a referência a facto normativo é irrepreensível.

A nossa análise é genérica, não assenta na visão publicista nem na visão privatista, e por isso não se nos impõe, no plano dos princípios, nenhuma opção entre estes dois modos de considerar as fontes do Direito.

A produção normativa faz-se sempre com base em regras sobre processos de produção jurídica que compõem, elas próprias, o ordenamento. Portanto, todo o facto normativo – a fonte, no sentido de modo de formação – pressupõe a aplicação de uma regra sobre a produção jurídica. Por exemplo, o decreto-lei é fonte do direito porque há uma regra sobre a produção jurídica que o determina, regra essa cuja fonte é a Constituição.

Um estudo completo desta matéria levar-nos-ia a examinar todos os pressupostos desta produção normativa, e nomeadamente a validade dos actos normativos. Mas por razões pragmáticas não iremos além do que já ficou dito. Basta-nos dar por suposta a validade formal dos actos normativos e concentrarmo-nos na observação daquele mínimo que é a existência dum certo conteúdo normativo no acto.

Esta atitude deriva do facto de as disciplinas de Direito Público não poderem deixar de empreender o estudo dos factos normativos, nos seus múltiplos aspectos. Embora este estudo seja de Teoria Geral, podemos por razões de economia deixar-lhes esse domínio. Portanto, atenderemos à fonte no seu sentido de modo de formação de regras jurídicas, mas só o faremos enquanto estiver directamente em causa o carácter de "portador de regras" de semelhante fonte e não os factos normativos tomados em si.

IV – Natural é pois que na nossa análise refluamos mais para o segundo sentido, de fonte do Direito como o modo de revelação da norma jurídica. A fonte será o elemento que contém a regra. É a interpretação, como veremos mais tarde, que permite extrair a regra desse dado. Pois o que mais interessa não é o acto, categoria histórica, mas o preceito que dele emana.

56 *O Direito. Introdução e Teoria Geral*

Repetimos porém, antes de nos embrenharmos no aspecto que primacialmente nos ocupará, que nada tem de errado o outro sentido, de fonte do Direito como processo de formação de regras jurídicas[51].

23. O Direito, ordem necessária. O despotismo

I – Podemos considerar característica da ordem jurídica a sua indispensabilidade: o Direito é imprescindível em toda a sociedade.

Nesta análise, partimos da consideração de que o Direito é sempre um fenómeno social. Afirma-se: *ubi ius ibi societas*. Mas o que dissemos permitiu-nos verificar que a sociedade não é apenas uma condicionante exterior do Direito. Com igual segurança podemos fazer a afirmação inversa: *ubi societas ibi ius*. O Direito está no âmago de toda a ordem social.

De facto o homem aspira à ordem. Em qualquer grupo que se forme[52], mesmo acidental, logo se esboça uma ordenação de condutas.

Por isso, não encontramos sociedade sem Direito. Pode a determinação deste dentro da ordem ética global da sociedade suscitar historicamente dificuldades, ou por estar confundido na vida familiar, ou porque toda a ordem reveste carácter sacral, ou por qualquer outra razão. Mas o Direito lá está, estruturando a sociedade, de tal modo que se o Direito faltasse isso significaria a dissolução daquela sociedade.

E isto é, foi e será sempre assim, pois fora da ordem jurídica só restaria a alternativa da anarquia ou do despotismo[53].

II – *O despotismo*

Em abstracto, poderia pensar-se este como modo de o homem, aglutinado pela tendência denominada *affectio societatis*, subsistir sem ordem jurídica. Toda a sociedade estaria dependente da vontade perpetuamente variável de um só.

---

[51] Como nada tem de errado, acrescentamos, unificar numa teoria geral do facto jurídico os factos normativos e os restantes factos jurídicos, ou, mais em geral, aproximar as fontes das regras jurídicas e as fontes dos preceitos individuais. Por exemplo, também no negócio jurídico privado há um acto – modo de revelação dum preceito negocial. Há pois também uma manifestação que contém um vínculo ou dever e deriva de um facto histórico. E é até curioso observar que o Código Civil faz frequentemente assentar o negócio jurídico, não propriamente no acto, mas na declaração negocial – quer dizer, não tanto no modo de formação como no modo de revelação dos preceitos negociais.

[52] No sentido já fixado *supra*, n.º 9 I.

[53] Encontram-se interessantes observações neste sentido em Bodenheimer, *Jurisprudence*, n.º 41, e Vallet de Goytisolo, *Desaparición del derecho*.

A *Ordem Jurídica como Ordem Imperativa*   57

Tal como de anarquia, é muito difícil apresentar algum exemplo de despotismo no estado puro. As chamadas "monarquias absolutas" não eram despóticas. Dava-se uma indesejável concentração de todo o poder político nas mãos do monarca; mas essa concentração não se fazia à custa da ordem social, que era respeitada, pois no fundamental se considerava fora da órbita do político. Só se abalou esta fronteira quando se chegou ao chamado "despotismo iluminado". Mesmo então, o déspota agiria em nome de uma ordem superior, de carácter racional, que se exprimiria por regras – o que é justamente o inverso de um abandono à arbitrariedade.

Na verdade, um puro despotismo, em que a arbitrariedade se sobrepusesse totalmente à ordem normativa, só é imaginável em hipóteses de loucura do déspota, e isto enquanto ele se pudesse impor fisicamente. O puro despotismo, afastado da ordem, equivale de facto a um voluntarismo desconexo: à loucura. Caso não fosse momentâneo, o seu resultado seria a desagregação da comunidade, tal como na pura anarquia.

24. A anarquia

I – A outra alternativa (sempre em abstracto) seria a anarquia.

Períodos de anarquia surgem por vezes na vida de uma sociedade. Alguns são mesmo da história recente, como em certas situações criadas pela retirada abrupta duma potência colonizadora. Mas não se poderá apontar um estado puro de anarquia sem que isso signifique também a extinção da sociedade em causa.

Mesmo em momentos de grande perturbação da vida social, que são ditos de anarquia, quase todos os sectores da ordem social subsistem e continuam a orientar as condutas, pois a sua vivência não é eliminável da consciência dos membros. A pretensa anarquia limita-se ao vazio do poder político. Mas não implica a anarquia pura, a que melhor se chamaria *anomia*, e que consistiria no vazio do Direito. Só certos aspectos, normalmente ligados ao uso da força para alcançar determinados objectivos, são postos em causa. Na ordem estatal, isso verifica-se porque se assiste à impotência do aparelho estatal de coerção. Mas mesmo nestes termos limitados, nenhuma sociedade suporta a anarquia duradouramente, caso contrário ela importaria a sua destruição[54].

---

[54] É o que, aos nossos olhos, se verificou na Bósnia: uma sociedade foi agonizando. Hoje assiste-se a uma penosa e fragmentada reconstrução.

58   *O Direito. Introdução e Teoria Geral*

II – Mas não se poderá dizer que a ordem jurídica é necessária, sim, mas justamente em consequência de uma má estruturação social? Nomeadamente, que o progresso, eliminando esses aspectos negativos, irá tornando desnecessária a superestrutura jurídica, até se chegar à sua extinção definitiva?

Posições desta ordem têm sido efectivamente defendidas, por Rousseau, por exemplo[55]. Têm um pressuposto comum: o homem é naturalmente bom, ou pelo menos está evoluindo nesse sentido. Por isso poderá chegar-se a uma situação em que o homem e a circunstância social dispensem o travejamento de dominação da ordem jurídica.

Dividem-se porém esses autores quanto às razões que poderiam ter levado à "anormal" formação da ordem jurídica. Elas residiriam:

– no próprio facto, lamentável, da constituição da sociedade civil
– em certas estruturas históricas de exploração
– no facto de não se ter dado ainda a plena evolução da natureza humana.

De todo o modo, a anarquia seria sempre a meta a atingir.

Na realidade, não se comprova que qualquer afastamento dum condicionalismo social possa conduzir no sentido da abolição do Direito. Por exemplo, não se pode dizer que é a miséria que provoca a necessidade do Direito, pois a sociedade da abundância, que nalguns casos se atingiu já, mostra que esse facto nem sequer actua no sentido de uma redução da criminalidade.

Nem se demonstra que a alteração de condições sociais tenha algo que ver com estados criminógenos individuais – estados passionais, por exemplo – que radicam na natureza do homem e em nada se explicam como um derivado de situações históricas.

III – Mesmo abstraindo destes aspectos, é definitivo ser a ordem necessária em qualquer sociedade, tanto fazendo que sejam boas como más as pessoas que dessa ordem participam. É necessária em qualquer sociedade muito simples, como é necessária na complexíssima sociedade industrial: tem de se demarcar o lugar de cada um, para que com a integração se alcance o objectivo comum. A regra da vida social é justamente o Direito. Este estabeleceria, mesmo se os homens fossem perfeitos, a distribuição das habitações, os horários de trabalho, as regras da circulação,

---

[55] Cfr. *supra*, n.º 7 II.

A *Ordem Jurídica como Ordem Imperativa* 59

do abastecimento dos mercados, e assim por diante. Poderia desaparecer o Direito Penal, caso as premissas fossem verdadeiras; não desapareceria nunca a ordem jurídica.

Só temos a antevisão destas situações em comunidades unidas por uma grande comunhão espiritual, como as comunidades monásticas. Mas justamente aí é patente que a Regra, fielmente observada, é um elemento essencial da sua existência e coesão. E é escusado dizer que na Regra assenta a ordem jurídica dessas comunidades.

Isto permite-nos comprovar o carácter fatal da ordem jurídica em toda a sociedade. É tão necessária como a ordem ética, de que é aspecto indissociável.

25. Direito e Estado

I – O Direito é uma ordem da sociedade, e não uma secreção do Estado.

Temos evitado falar de Estado, pois logo de princípio dissemos que convinha deixar esta entidade mais ao Direito Constitucional, para evitar duplicações. Mas este é o momento em que a referência directa se torna indispensável, pois está em causa, não só a relação entre Direito e Estado, como a pretensa identificação das duas noções.

Para muitos autores, Direito e Estado estão de tal modo entrelaçados que o Direito apareceria como uma espécie de epifenómeno. A sua origem seria necessariamente estatal.

Esta posição está muito ligada ao positivismo, e na verdade é fácil adivinhá-la nas referências que a este faremos[56] a propósito da chamada exclusividade da ordem jurídica.

O positivismo, na vertente que desembocou no normativismo, foi levado, na sua busca da pureza metodológica, a afastar do campo do Direito tudo o que não se reduzisse à "forma" essencial da norma jurídica. Por este caminho se vão repudiar fontes do Direito, como o costume, que repousam num visível entrelaçar de ser e dever ser. O Estado, fonte da coercibilidade, deveria ser colocado na origem de todo o Direito.

II – Este despojamento não basta ainda. A doutrina acaba por ser colocada perante um dilema: o fenómeno jurídico é a regra caracterizada:

---

[56] *Infra*, n.os 332 e segs..

60 O Direito. Introdução e Teoria Geral

– pela sua proveniência estatal?
– pela sua efectiva aplicação pelos órgãos estatais?

No primeiro sentido, atende-se à especificidade do dado e à previsão da coerção, independentemente do destino prático dessa regra. Estudar-se--ão então, com olímpica profundidade, leis de há séculos que nunca foram revogadas mas que ninguém aplica – nem os particulares, nem os órgãos públicos.

No segundo sentido, tem de se decair um tanto do próprio pressuposto da doutrina, pois já não basta o decretado dever ser. O critério está antes numa forma de ser, na aplicação efectiva pelos tribunais e outros órgãos públicos. Mas nunca se poderia chegar à afirmação de que o Direito é o que se pratica na vida corrente, pois então o Direito passaria a ser apresentado como fato e não já como norma, e desembocar-se-ia numa das formas de realismo que referimos atrás.

Em ambos os casos se poderá falar todavia de uma estatalidade do Direito: quer por este ser o que emana do Estado, quer por este ser o que é aplicado como tal por órgãos que se integram no Estado.

III – Esta via pode conduzir a um extremo. Se devemos abstrair dos elementos de facto, a própria distinção entre o Direito e Estado perde sentido, porque todo o jurídico consiste em normas. A chamada "Escola Pura do Direito", ou Escola de Viena, procede a uma total identificação: Direito e Estado são a mesma coisa, só assim podendo o Estado ser integrado na ordem jurídica[57].

26. A pretensa estatalidade do Direito

I – Estas doutrinas (que são aliás credoras dum considerável aperfeiçoamento conceitual trazido à ciência jurídica) são hostilizadas por correntes mais modernas.

O que dissemos sobre a ordem jurídica não deixará a ninguém dúvidas sobre a posição que adoptamos. Para nós, o Direito é o que está na sociedade, não o que é produzido pelo Estado.

Sem dúvida que em toda a sociedade (que é por natureza organizada) surgem entidades em posição de supremacia.

---

[57] Ver por todos a *Teoria Pura do Direito*, de Kelsen.

A supremacia traduz-se também na faculdade de declarar o que é o Direito. Essa declaração pode ser feita com generalidade – não apenas para um caso concreto mas para todos os casos que surgirem.

Porém, se essas declarações não se integrarem efectivamente na ordem social, não chegam a poder ser consideradas Direito, como melhor veremos ao examinar as fontes do Direito.

E esta posição ainda se confirma se recordarmos o que acabamos de dizer, sobre a existência de Direito nas sociedades infra-estatais e supra-estatais. Então é evidente que a pretensa estatalidade do Direito não tem sentido. Pode até ter havido uma recepção parcial da ordem de uma sociedade pela ordem civil (estatal), que isso não significa que essas regras tenham deixado de fazer parte da ordem da sociedade menor, ou que não devam nela ser integradas as regras que não recebam tutela estatal.

Particularmente relevante é o tema no que toca ao Direito Internacional Público. Em si, é verdadeiro Direito, Direito da comunidade internacional, e não perde essa natureza pelo facto de não ser reconhecido por algum Estado, ou ser inclusivamente combatido por ele.

II – Não haverá então qualquer fundo de verdade na doutrina da estatalidade da ordem jurídica?

Apenas este: podemos dizer que hoje em dia, relacionadas entre si apenas pela ordem jurídica internacional, nos surgem em pé de igualdade uma pluralidade de ordens jurídicas estatais. Cada ordem jurídica corresponde pois a uma sociedade geral, unificada por um mesmo poder político – por mais distintas que sejam, por outro lado, as ordens jurídicas parcelares (de índole local, ética, religiosa, etc.) que se divisem no interior daquela.

Isto poderá pois significar que às sociedades gerais perfeitas, agregados globais resultantes do sentido gregário do homem, correspondem ou tendem a corresponder hoje unidades estatais. A estatalidade seria portanto apenas referível a estas ordens jurídicas.

Mas até neste limitado âmbito tal correspondência, a existir, tem um sentido que não deve ser exagerado. Dizer-se "ordem jurídica estatal" não significa que o fundamento da validade dessa ordem jurídica esteja no Estado a que corresponde, ou que todas as regras que traduzem aquela ordem jurídica sejam criadas pelo Estado, mas unicamente que o âmbito daquela ordem jurídica é demarcado pelo Estado a que corresponde.

Não esqueçamos por outro lado que ainda hoje há grupos que vivem sem subordinação a qualquer Estado, mesmo em zonas sobre as quais um Estado afirma e vê internacionalmente reconhecida a sua soberania.

62 *O Direito. Introdução e Teoria Geral*

III – Se o significado teórico desta referência à estatalidade não é pois grande, já o é o significado prático. Na realidade, o nosso estudo versa quase exclusivamente a ordem jurídica estatal, no sentido acima assinalado. Quase exclusivamente, pois em outras disciplinas, como o Direito Internacional Público e o Direito Municipal, devemos considerar ordens extra-estatais; e outras referências surgirão no decurso desta obra.

Mas o nosso objecto precípuo é de facto a ordem jurídica unificada pelo Estado[58]. Ressalvada a existência daquelas outras situações, não se estranhará que seja àquela que primariamente nos refiramos, salvo advertência específica em sentido contrário.

27. Imperatividade e sanção

I – Já falámos da imperatividade[59]. Com ela se liga a categoria sanção. Sanção é uma consequência desfavorável normativamente prevista para o caso de violação de uma regra, e pela qual se reforça a imperatividade desta. Em todas as ordens normativas há sanções, embora a sua índole varie profundamente de caso para caso.

Nem toda a regra é necessariamente assistida de sanção. Pode haver regras não sancionadas. Mas a existência de sanções é natural consequência da imperatividade. Até na ordem religiosa surgem sanções, terrenas ou ultraterrenas[60].

Pelo contrário, na ordem técnica nada encontramos a que corresponda a qualificação de sanção. Só pode falar-se de sanção quando certo dever ser não é respeitado: mas vimos que a ordem técnica não é assistida de eticidade, logo não é imperativa[61].

II – Justamente a cominação de sanções gerou em certos sectores a convicção de que a ordem jurídica não seria também imperativa. O sujeito, colocado perante as consequências previsíveis da sua actuação, optaria entre a omissão da conduta proibida ou a sujeição às consequências. Pelo menos a ordem jurídica (ainda que o raciocínio fosse generalizável a outras ordens normativas) revestiria assim uma condicionalidade plena. Nesta

---

[58] Ou Estados, em ordens jurídicas federais, como a brasileira.

[59] *Supra*, n.º 16.

[60] *Supra*, n.º 15.

[61] A estatuição de sanções cabe a quem pode pôr a norma. Mas também os particulares podem estipular sanções em seus negócios jurídicos.

A Ordem Jurídica como Ordem Imperativa   63

posição dir-se-ia que a regra contém um *imperativo hipotético*, em todos os sentidos da expressão[62].

Se bem que seja difícil apresentar aspectos concretos em que um e outro entendimento cheguem a resultados divergentes, em todo o caso esta posição representa uma tal deformação do dado jurídico que nos parece logo dever, só por isso, ser rejeitada. A partirmos de semelhante pressuposto, a construção científica da realidade jurídica, que fizéssemos depois, estaria sujeita às maiores distorções.

A ordem jurídica não se cifra num catálogo de condutas que se apresentam à disposição dos destinatários, de tal modo que estes, pesando as consequências (confrontando a dor de ser punidos se roubarem com a dor de se privarem das coisas alheias, por exemplo), escolham indiferentemente o que mais vantajoso se lhes apresente. Implica antes uma pretensão de aplicação incondicional. Ao próprio fenómeno jurídico, dado objectivo de que partimos, pertence a característica de a prossecução dos fins visados pela regra não ser confiada ao alvedrio dos sujeitos, ao contrário do que sucede com a norma técnica. É com esse sentido intrínseco que é captável pelos destinatários[63]. Só assim se pode compreender que uma típica sanção jurídica, a pena, tenha como seu sentido intrínseco e fundamento a reprovação da violação cometida.

III – Parsons acentuou muito fortemente a noção de *controlo social*. Um mecanismo de controlo social é um processo motivacional em um ou mais agentes, individualmente considerados, que contraria uma tendência para o desvio da actuação esperada[64]. Porque a adequação dos comportamentos não é espontânea[65].

Pode-se tender a dar a esta noção um lugar central no Direito, apresentando-a até como a explicação da sanção de regras isoladas[66]. Mas assim distorcer-se-ia a visão da ordem jurídica, pois o ponto de partida deve estar na ordem natural e comunitária de cooperação, e não no elemento logicamente subsequente, conquanto indispensável, do controlo social.

---

[62] Sobre a contraposição do imperativo categórico ao hipotético, cfr. *supra*, n.º 16 II.

[63] Há desvios em certos ilícitos meramente oportunisticos, que se têm desenvolvido demasiado nos últimos tempos mas que devem ser restringidos.

[64] Parsons, *The social system*, pág. 206.

[65] *Ibid.*, pág. 31.

[66] Neste sentido Cláudio e Solange Souto, *Sociologia do Direito*, págs. 3 e segs..

28. Sanções jurídicas

I – É muito importante o estudo das sanções, até para se entender o que significa a coercibilidade. Como a coercibilidade desemboca sempre na susceptibilidade da aplicação de sanções, pela força se necessário for, começaremos por estudar as sanções jurídicas para passar depois à coercibilidade.

Acabámos de ver que a sanção está ligada à imperatividade. Toda a regra, jurídica ou outra, pode ser assistida por uma sanção, que reforça a sua imperatividade. A sanção é sempre uma consequência desfavorável que atinge aquele que violou uma regra. Mas as sanções jurídicas distinguem-se profundamente das outras, e daí a necessidade de as estudarmos em especial.

Em si, a sanção não é um facto. Como consequência desfavorável, a sanção é um efeito jurídico, conteúdo de uma regra jurídica cuja previsão é a violação de uma regra de conduta.

A sanção implica pois sempre a entrada em vigor de novas regras[67], denominadas regras sancionatórias. Estas são regras subordinadas e complementares das regras principais, que actuam no caso de aquelas não terem sido observadas. Assim, quando se diz que o funcionário que revelar segredos públicos a pessoa não autorizada será demitido, temos uma regra principal:

o funcionário não deve revelar segredos públicos a pessoa não autorizada;

e uma regra sancionatória, cuja previsão é a violação daquela primeira regra:

se o fizer, será demitido.

A sanção é pois a estatuição de uma regra sancionatória[68].

A regra sancionatória pode ser por sua vez sancionada. Repete-se o esquema: entra em acção uma nova regra sancionatória, cuja previsão é a violação da primeira regra sancionatória.

---

[67] Como certeiramente observou Thon, *Norma giuridica*, a págs. 15, nomeadamente. É uma obra clássica sobre toda esta matéria.

[68] Sobre a estrutura da regra jurídica cfr. *supra*, n.º 20. Também se poderá chamar sanção à própria regra sancionatória, mas esta terminologia não é recomendável em termos de clareza.

A Ordem Jurídica como Ordem Imperativa

II – As várias espécies de sanções não se distinguem entre si por traços estruturais, ou por representarem específicas figuras jurídicas: distinguem-se pela função que desempenham. Propõem-se sempre impor uma consequência desfavorável em reacção à violação duma regra, mas podem ter finalidade:

– compulsória
– reconstitutiva
– compensatória
– preventiva
– punitiva[69].

Estudaremos pois sucessivamente cada uma destas modalidades. Mas note-se desde já que a existência de diferentes tipos de sanções não significa que elas se excluam na sua aplicação. Várias sanções podem cumular-se em reacção a uma só violação. Um homicídio pode pôr em acção por exemplo sanções compensatórias (indemnização por danos não patrimoniais), preventivas (cassação de licença de porte de arma) e punitivas (prisão).

Por outro lado, há uma figura de qualificação duvidosa e à qual outorgaremos por isso um lugar à parte: a *ineficácia do acto ilícito*. Mas como, a nosso ver, não representa uma sanção, só a referiremos brevemente a seguir[70].

III – *Sanções premiais*
Neste tema da sanção cabe uma referência ao que alguns chamam as "sanções premiais"[71].

Aos actos das partes podem corresponder, em vez de consequências desfavoráveis, prémios ou vantagens. Este tipo de reacção tem interessado autores modernos. Fala-se mesmo num Direito Premial, a este dedicado.

Não desenvolveremos este tema, cuja integração no capítulo da sanção nos não parece susceptível de levar ao esclarecimento da sanção como meio de reforçar a imperatividade da norma.

---

[69] Sobre tipos de sanções de Direito Público, integrados ou não nesta classificação, cfr. Paulo Otero, *Lições*, I, 4.6.4 e segs..

[70] *Infra*, n.os 34 e seguintes.

[71] Cfr. por exemplo, Miguel Reale, *Lições Preliminares*, págs. 74-76.

66 *O Direito. Introdução e Teoria Geral*

IV – Ainda preliminarmente, há outro aspecto que nos não interessa tanto, mas em que está implicada também a coercibilidade. A ordem jurídica não actua só após a violação consumada; pode prever também intervenções, pela força se necessário for, para prevenir ou evitar violações das regras. Temos então aquilo a que se chama a *tutela ou protecção coactiva preventiva*[72].

29. Sanções compulsórias

I – Iniciando o estudo das modalidades de sanções que referimos, comecemos pelas sanções compulsórias: aquelas que se destinam a actuar sobre o infractor da regra para o levar a adoptar, tardiamente embora, a conduta devida. Não deixa de ter havido infracção, mas procura-se chegar à situação que resultaria da devida observância da regra (se abstrairmos do factor tempo) através do próprio comportamento do infractor.

Na generalidade dos casos, se uma pessoa não cumpre aquilo a que se vinculou continua obrigada, mas não se recorre à força para impor o comportamento que não foi praticado voluntariamente. Procura-se atingir um resultado final quanto possível semelhante, por intermédio doutras sanções, mas prescindindo-se da colaboração do faltoso. Mantém-se assim o antigo princípio: *nemo ad factum praecise cogi potest* (ninguém pode ser coagido a fazer alguma coisa).

Mas nem sempre assim acontece. Em certos casos reage-se ao ilícito não cumprimento através de meios destinados a infligir um sofrimento ou uma privação ao faltoso, de modo a forçá-lo a cumprir.

II – As sanções compulsórias não são frequentes.

Da prisão por dívidas não temos já mais do que resíduos. Antigamente quem não cumprisse uma dívida era preso até que o pagamento fosse realizado. Essa situação desapareceu em geral, mas razões particulares continuam a justificá-la aqui e além.

Consideremos as chamadas *dívidas de alimentos* – ou seja, aquelas em que alguém é obrigado a contribuir para a manutenção de outrem. Suponhamos que o pai, condenado à prestação de alimentos a seus filhos menores, se omite. Poderá ser preso, até que pague. A finalidade compulsória da prisão evidencia-se na circunstância de esta cessar logo que a pen-

---

[72] Cfr. Paulo Cunha, *Introdução*, n.os 16 e seguintes.

A *Ordem Jurídica como Ordem Imperativa* 67

são alimentícia for paga. O que interessa não é pois castigar o infractor, mas conseguir que a obrigação seja cumprida afinal.

Em Portugal, numa importante alteração, o art. 829-A do Código Civil[73] criou genericamente a figura da sanção compulsória de carácter pecuniário, salvo para as obrigações que exigem especiais qualificações técnicas do devedor. A requerimento do credor, o tribunal condenará o devedor inadimplente ao pagamento de uma quantia pecuniária por cada dia de atraso no cumprimento ou por cada infracção[74]. Há a curiosidade de as quantias assim cobradas serem repartidas em partes iguais entre o credor e o Estado[75].

III – O *direito de retenção* oferece-nos outra hipótese de sanção compulsória, diversa da prisão por dívidas.

Nos casos normais, ninguém pode recusar a entrega de coisa alheia alegando que o dono não pagou o que devia. Se o meu vizinho esquecer em minha casa um relógio de ouro, eu não posso recusar entregá-lo alegando que ele anteriormente me pedira quinhentos euros emprestados e não mos pagou.

Mas em certos casos a retenção da coisa alheia torna-se possível: quando há uma certa relação entre a causa da dívida e a detenção do objecto. Assim, aquele que tem em seu poder, de boa fé, coisa alheia, na qual fez beneficiações, pode recusar-se a entregá-la ao titular dela enquanto não for indemnizado das despesas feitas (art. 754 do Código Civil). Quem não é dono pode reter para compelir o dono a pagar. Temos então uma hipótese de direito de retenção.

Também neste caso a sanção é um meio compulsório, pois a restituição deve fazer-se logo que a dívida seja satisfeita.

IV – Vários outros casos haverá. Certos juros de mora ou agravamentos fiscais têm essencialmente uma função compulsiva, estimulando pela sua desproporção o sujeito a pagar quanto antes.

---

[73] Introduzido pelo Dec.-Lei n.º 262/83, de 16 de Junho.

[74] *No Brasil, o próprio art. LXVII da Constituição proíbe a prisão civil por dívidas, salvo para o depositário infiel ou para quem, estando obrigado a contribuir para a manutenção de outrem (a prestar portanto o que se chama alimentos) se omitir. O art. 733 do Código de Processo Civil regula esta hipótese.*

[75] O n.º 4 do mesmo artigo impõe também como sanção compulsória juros de 5%, que correrão automaticamente a partir do trânsito em julgado da sentença que condenar no pagamento em dinheiro.

68   *O Direito. Introdução e Teoria Geral*

30. Sanções reconstitutivas

I – A forma normal de reacção da ordem jurídica à inobservância da norma é a imposição da reconstituição em espécie – *in natura* – da situação a que se teria chegado com a observância. Fala-se também em reposição ou restauração natural.

Nalguns casos esta reacção aparece-nos como evidente. Se Fernando, abusivamente, invade pela força um prédio de que Gabriel é possuidor e nele se instala, a maneira normal de reagir a esta situação está na expulsão de Fernando, entregando-se de novo o prédio a Gabriel. Reconstitui-se pois a situação que existiria se não tivesse havido violação, o que representa a vitória da ordem jurídica sobre a desordem.

É tão importante parece reconstituir essa situação que vão surgir por vezes consequências à primeira vista surpreendentes. Suponhamos que Gabriel é um possuidor formal, ou seja, é alguém que exerce poderes sobre o prédio como se fosse seu titular, sem o ser na realidade; e que Fernando é o proprietário verdadeiro. Pois mesmo assim, se Fernando usar da força para recuperar o seu prédio, a ordem jurídica, tomando em conta que ele violou a regra que proíbe a cada um fazer justiça por suas próprias mãos, sanciona a violação através da reintegração natural: tira-lhe o prédio e entrega-o a Gabriel. De nada valerá a Fernando protestar a sua propriedade. Tem primeiro de abrir mão do prédio, e só depois poderá fazer valer em juízo o seu direito. Assim se leva até ao fim a lógica da reconstituição da situação violada[76].

II – *Execução específica*

O mesmo acontece no domínio do Direito das Obrigações, pelo menos quando for possível a execução específica. Antecipando embora noções, vejamos do que se trata.

Na base da figura chamada direito de crédito ou obrigação está o dever de realizar uma prestação em benefício de outrem, o credor. A prestação consiste em princípio numa conduta do devedor. Exemplo: Abel deve entregar um mapa a Bento, Manuel deve cavar a vinha de Nuno, etc..

---

[76] O Acórdão do STJ de 12 de Outubro de 1973 (BMJ, n.º 210, pág. 107) decidiu que, em caso de acidente de viação, é ao responsável pelo acidente que cabe mandar proceder à reparação do veículo sinistrado, caso o proprietário deste se não oponha, o que representa uma nova manifestação do princípio da restauração natural.

Suponhamos que o devedor não cumpre. Nem por isso o credor perde o direito à prestação. O devedor continua vinculado a realizá-la, enquanto ela for possível. Por isso o credor pode exigir judicialmente essa prestação. Com a realização, pelo devedor ou por terceiro, o direito de crédito satisfaz-se.

Se a prestação consiste na entrega de coisa determinada que se encontra em poder do devedor, a solução é palmar: o credor pode requerer em juízo, após tornado certo o seu direito, que a coisa lhe seja entregue. Para isso o credor deverá primeiramente, em princípio, obter através do processo declarativo a condenação do devedor à entrega da coisa, pois a sentença dá a máxima certeza ao direito.

Se o devedor ainda então não cumprir, o credor recorre ao processo executivo ou execução[77], que se destina justamente a dar realização efectiva ao direito declarado. A mandado do tribunal, a coisa é retirada ao devedor e entregue ao credor.

III – Se a prestação a que o devedor se obrigou consiste na realização dum facto, já é mais difícil chegar à execução específica, portanto à realização duma prestação igual à devida. Essa realização é mesmo impossível quando a prestação tem por objecto uma actividade com características pessoais – por exemplo, a prestação de serviços no âmbito duma profissão liberal. Mesmo assim, o legislador levou tão longe quanto possível o princípio da execução específica.

1) – Prestação de facto negativo

Se a prestação consiste em não fazer uma determinada obra e o devedor a realiza, mas for possível desfazê-la, a obra será desfeita pelo devedor ou à custa dele (art. 829 do Código Civil).

2) – Prestação de facto positivo fungível

Se a prestação é de facto mas esse facto é fungível, ou seja, pode ser realizado por outras pessoas, além do devedor (a reparação de uma casa, por exemplo), o credor tem o direito de requerer que o facto seja realizado por terceiro à custa do devedor.

Como se concretiza esta previsão da lei, de que o facto se realize "à custa do devedor"? Na normalidade dos casos, perante o não pagamento

---

[77] Sobre este, cfr. *infra*, n.° 200 II.

70 *O Direito. Introdução e Teoria Geral*

pelo devedor, através da venda judicial de bens deste, realizada em processo de execução.

Arnaldo não cumpre uma obrigação mas tem bens livres. Uma vez tornado certo o direito do credor e instaurada a acção executiva, requer-se a apreensão judicial dos bens. Esses bens irão depois à praça[78] para que com o produto da venda se obtenha a quantia necessária à satisfação do custo da actividade requerida.

3) – *Obrigação de contratar*

Modernamente, deu-se uma evolução ainda mais ousada.

Se alguém se tiver obrigado a celebrar certo contrato e faltar à promessa pode o credor, nos casos normais, obter sentença que funciona como sucedâneo da declaração de vontade da outra parte (art. 830 do Código Civil). Tudo se passa depois como se houvesse contrato e a parte faltosa fica vinculada como se tivesse dado o seu consentimento, para ele. Pode hoje haver pois vínculos "contratuais" não fundados em consentimento directo.

IV – *Indemnização específica*

Examinámos hipóteses que são de execução específica, pois o credor recebe o próprio bem devido. Mas pensamos que ainda há uma sanção reconstitutiva nos casos de indemnização específica. Em sentido amplo, a indemnização (que focaremos especificamente a seguir) abrange tudo aquilo que há direito a receber em consequência de se ter sofrido um dano que outrem deve reparar.

A lei dá preferência à indemnização específica, sempre que não houver motivo para a afastar[79].

Aqui temos mais um caso em que se dá a reconstituição da situação, ainda que pelo recurso a um bem equivalente. Recorrendo a uma imagem, diremos que há esta reconstituição sempre que a fotografia final da situação seja idêntica àquela que se obteria se não tivesse havido violação da regra. Mesmo que isso só se obtenha com um bem igual ao devido, em todo o caso o lesado pela violação é reconduzido à situação em que devia

---

[78] De facto, a forma normal de liquidação do valor é a venda em hasta pública.

[79] É o que resulta do art. 566/1 do Código Civil, que só prevê a indemnização em dinheiro quando a reconstituição natural não for possível.

A Ordem Jurídica como Ordem Imperativa 71

ficar. Por isso dizemos que há uma sanção reconstitutiva: dá-se a reconstituição natural de que faláramos[80].

31. Sanções compensatórias

I – Doutras vezes a reconstituição natural ou não é equitativa, ou não é atingível, ou não é sanção suficiente da violação havida[81]. Utiliza-se então (ou utiliza-se também) uma sanção compensatória. Com esta não se procura chegar a uma identidade da fotografia final com a que se verificaria se tivesse havido observância da regra; antes se visa constituir uma situação que, embora diferente, seja todavia valorativamente equivalente à primeira. Neste sentido há ainda uma reintegração, mas já não há uma reconstituição da situação anterior.

A sanção compensatória opera sempre através de uma indemnização de danos sofridos. Consoante a natureza do dano assim podemos distinguir várias modalidades. A indemnização pode-se destinar a cobrir:

– a falta do próprio bem devido
– outros danos patrimoniais
– danos não patrimoniais.

II – *A falta do próprio bem devido*
Muitas vezes, como vimos, a reconstituição natural da situação é impossível ou, por qualquer razão, não é praticável no caso concreto.

Suponhamos que Abel, pintor famoso, se comprometeu a pintar o retrato duma filha de Bento; mas falta arbitrariamente ao prometido. Não é possível a reintegração natural, pois não se admite a coacção física do pintor à execução do quadro; e evidentemente que se não consegue chegar a um bem igual ao devido, pois nada é igual à obra daquele pintor, com a sua marca pessoal. Então busca-se uma compensação. O pintor será condenado a pagar uma quantia que representa a tradução em dinheiro da própria vantagem de que Bento se viu privado.

---

[80] Não nos interessa agora examinar se, nos casos em que não se consegue obter a prestação *devida* pelo credor, mas sim a prestação executada por terceiro, haverá na realidade indemnização específica.

[81] Há uma previsão expressa no art. 566 do Código Civil.

III – *Outros danos patrimoniais*

Os danos sofridos pela violação da norma vão com frequência além da falta do próprio bem devido. Por isso, esses danos podem não ser totalmente cobertos pela reconstituição natural.

Para o verificarmos, basta atentar nas hipóteses em que alguém deixa de lucrar em consequência do facto de certa prestação não ser realizada no momento devido, sendo obtida apenas tardiamente.

Mário, construtor, comprometeu-se a entregar a Noémia um prédio no dia 1.º de Janeiro de 2000. Uma grande empresa está interessada nesse prédio a partir dessa data, e oferece por ele uma renda avultada. Afinal, Mário só três meses depois entrega o prédio, e por esse facto a empresa desinteressa-se e Noémia só consegue locar o prédio a outra entidade em piores condições.

A fotografia final da situação é idêntica à que teríamos no caso de haver cumprimento pontual: Noémia tem o prédio que Mário se comprometeu a entregar. Esta aparente coincidência só se verifica porque a fotografia suprime o factor tempo. Mas este é na realidade essencial. Mário não estava só obrigado a entregar, estava obrigado a entregar no dia 1.º de Janeiro. Não o fazendo, violou a obrigação.

Desta violação resultam prejuízos, que tomam aqui a configuração técnica de *lucros cessantes*. Por um lado porque durante três meses Noémia não recebeu nada pelo prédio; por outro, porque o que daí por diante recebe é inferior ao que podia ter recebido se tivesse havido cumprimento por parte de Mário. Este tem pois de indemnizar os prejuízos que para Noémia resultaram do não cumprimento do contrato[82].

Em casos como este, em que não obstante a situação final ser igual à devida há para o credor danos patrimoniais, é forma de sanção da violação de regra o dever de os indemnizar. E o mesmo acontece se o equivalente da prestação não cobrir todos os danos sofridos.

IV – *Danos não patrimoniais*

Para ilustrar a última modalidade de danos que acarretam sanção compensatória, figuremos uma hipótese radical. Francisco, conduzindo desastradamente um automóvel mata Fernando, filho de Firmino. Suponhamos que nenhuns danos patrimoniais daqui resultam para Firmino, ou de todo o modo foram reparados. A figura da indemnização parece que nada mais pode produzir: nenhum dinheiro poderá pagar a perda de um filho.

---

[82] Dentro do condicionalismo legal, que não pode ser aqui esmiuçado.

A Ordem Jurídica como Ordem Imperativa

Mas, não havendo uma possibilidade de ajuste pecuniário, em todo o caso desde há tempo se admite a reparação por danos morais, pessoais ou não patrimoniais (como preferimos dizer)[83]. Francisco deverá pagar a Firmino uma quantia, determinada pelo juiz na ausência de acordo, para compensar de certa maneira o desgosto por este sofrido. Atribui-se conscientemente um bem doutra espécie, por se considerar que mais vale esta reparação muito tosca do que coisa nenhuma.

A reparação dos danos não patrimoniais é pois mais uma forma de sanção, pela qual se pretende (embora só de modo muito grosseiro ou aproximado) atribuir uma compensação do prejuízo sofrido.

32. Sanções punitivas

I – A pena consiste numa sanção imposta de maneira a representar simultaneamente um sofrimento e uma reprovação para o infractor. Já não interessa reconstituir a situação que existiria se o facto se não tivesse verificado, mas aplicar o castigo previsto ao violador.

Compreende-se que a pena corresponda às violações mais gravosas da ordem jurídica. Mas é importante uma observação. Se bem que quando se fala de pena se tenha em vista normalmente a *pena criminal*, ela não esgota todas as categorias de penas existentes.

II – Há verdadeiras *penas civis*, sanções previstas fora do direito criminal e até independentemente da prática de qualquer acto criminoso.

Suponhamos que Artur, com o fim de vir a beneficiar da sucessão de Braz, engana o autor da sucessão e mediante esse engano o leva a fazer, a revogar ou a modificar um testamento, ou lhe impede qualquer desses actos. Morto o autor da sucessão, aparentemente é Artur quem deve ser chamado a suceder. Mas repugnaria que alguém pudesse beneficiar de tal torpeza.

A lei dispõe então que aquele que praticou aqueles factos é indigno e como tal será afastado daquela sucessão[84]. Assim se castiga a infracção cometida, independentemente da reconstituição duma situação afim da que existiria se infracção não tivesse havido. Trata-se efectivamente de

---

[83] *O princípio está solidamente assente também hoje no Brasil, pois a Constituição (art. 5 V e X) deu oportunidade a que se revissem as objecções que infundadamente se lhe opunham.*

[84] Arts. 2034 e seguintes do Código Civil.

74 *O Direito. Introdução e Teoria Geral*

uma pena civil visto que, ao contrário do que acontece com as restantes sanções civis, tem função repressiva[85].

E outras penas não criminais ainda existem, como por exemplo a pena disciplinar, que corresponde às infracções disciplinares (como as praticadas por funcionários contra a disciplina administrativa).

33. Sanções preventivas

I – *Medidas de segurança*
Muitas vezes a sanção tem finalidade preventiva.

Reage-se à violação duma regra jurídica, e por isso há verdadeira sanção; mas a finalidade da sanção é prevenir violações futuras, cujo receio a anterior prática do ilícito justifica.

A situação é clara no caso das *medidas de segurança*. A quem pratica factos previstos na lei penal podem-se aplicar providências desta ordem. Não têm função punitiva: função punitiva tem a pena, enquanto que aqui a função é evitar a prática futura de crimes que concretizem a tendência para delinquir que o passado do agente revela.

Seja o caso da interdição do exercício de profissão. O agente pode ser condenado pelo facto praticado mas, além disso, ser-lhe também aplicada a medida de segurança de interdição do exercício da profissão, quando houver o receio de que na actividade profissional venha a manifestar-se a tendência para a prática de factos daquele índole.

Há também medidas de segurança privativas da liberdade. Em Portugal, porém, estas só são previstas para inimputáveis (arts. 91 e seguintes do Cód. Penal).

II – Noutros quadrantes da ordem jurídica surgem situações com fins análogos. Assim, nas dívidas a prestações, todas as prestações devem ser imediatamente pagas logo que o devedor faltar ao cumprimento de uma delas[86]. Porquê? Porque o devedor se revelou indigno da confiança que o prazo de pagamento implica. A sanção estabelecida tem função preventiva – quer evitar ao credor os maiores danos que resultariam de ele ter de esperar pelo vencimento de cada prestação, e só então a poder reclamar de um devedor que lhe não merece confiança.

---

[85] Veja-se a este propósito o nosso *Responsabilidade e pena civil*.
[86] Art. 781 do Código Civil.

A Ordem Jurídica como Ordem Imperativa   75

Podem ainda ser incluídas entre as sanções preventivas:

1) a inibição do exercício da tutela às pessoas que tenham praticado factos ou incorrido em situações cuja índole faz temer justamente um mau exercício do cargo;

2) a inabilitação para o exercício de funções públicas em consequência da prática de certos factos delituosos;

3) em geral, todas as sanções em que se visa primariamente uma garantia contra a prática dum acto ilícito[87].

34. Valores negativos do acto jurídico

I – Aproveitamos esta oportunidade para referir os valores negativos do acto jurídico e caracterizá-los perante a noção de sanção.

Vimos[88] que o acto jurídico, particularmente na sua modalidade de negócio jurídico, é uma manifestação da autonomia privada.

Porém, nenhuma ordem jurídica, por mais liberal que seja, pode aceitar todas e quaisquer estipulações das partes. A autonomia privada tem limites.

Estes limites podem respeitar aos mais variados aspectos: aos sujeitos (por exemplo, os loucos não podem contratar), ao objecto (por exemplo, os bens do domínio público estão excluídos da disposição pelos particulares), ao conteúdo (a propósito de cada contrato – compra e venda, locação, empreitada... – a lei indica as cláusulas que não são admitidas), à forma (exige-se por vezes uma forma especial, como a escritura pública) e assim por diante.

Suponhamos que as partes violaram algum destes limites à autonomia privada. O acto é desconforme à lei. Qual a consequência?

A consequência normal é justamente a ineficácia do acto jurídico: a lei considera-o inadequado para produzir os efeitos que o seu autor ou autores tinham em vista. Mas há uma pluralidade de consequências possíveis, o que cria complexidade.

---

[87] Observemos que também aqui surgem hipóteses duvidosas. Por exemplo, a dissolução da pessoa colectiva que se afastou dos seus fins é uma sanção punitiva? Ou pelo contrário não será antes (considerando-se que o "castigo" duma pessoa colectiva não tem sentido) uma sanção preventiva?

[88] *Supra*, n.º 5 II.

II – *Ilegalidade*

Podemos dizer genericamente que o acto é ilegal ou antijurídico. Isso ainda nada elucida sobre a consequência que dessa ilegalidade deriva.

Mas a mera ilegalidade tem já por si significado jurídico. Assim, a irregularidade de uma oposição ao exercício do direito permite a acção directa; a detenção ilegal de coisa alheia é a base da reivindicação; e assim por diante[89].

III – *Ilicitude*

A ilicitude representa uma qualificação fundamental. Mas não se suscita com a mera desconformidade à lei. Supõe uma posição subjectiva do agente, negativamente valorada pela ordem jurídica.

Essa posição negativa traduz-se no dolo ou na negligência. Se o agente se não encontrar numa destas situações poderá ter actuado desconformemente ao previsto pela ordem jurídica, mas não praticou acto ilícito.

O acto ilícito ocupa lugar central na responsabilidade civil, proporcionando a indemnização de perdas e danos; e na responsabilidade criminal, pois só é crime a acção tipicamente ilícita.

IV – *Ineficácia*

O acto desconforme pode ser *ineficaz*. O acto é ineficaz quando é inadequado para produzir os efeitos que o seu autor ou autores tinham em vista.

A ineficácia não se confunde com a ilicitude. É certo que, na normalidade dos casos, um negócio ilícito é ineficaz. Mas pode um acto ser ilícito e todavia ser eficaz, como pode um acto ser lícito e ser ineficaz. Vemos assim que o critério da qualificação é diferente num caso e noutro.

Temos de nos limitar a estas noções gerais, passando agora a estudar especificamente a ineficácia.

35. Modalidades de ineficácia

I – Neste ponto torna-se necessário recorrer a uma classificação, pois a noção geral de ineficácia – a não produção dos efeitos a que o acto se dirige – irá concretizar-se em várias modalidades de actuação.

---

[89] Cfr. o nosso *A ilicitude em Direito Penal e em Direito Civil.*

Distinguem-se três tipos de ineficácia (em sentido amplo), por ordem decrescente de gravidade:

– a inexistência jurídica
– a invalidade
– a ineficácia em sentido restrito.

II – *Inexistência*

A *inexistência jurídica* corresponde àqueles casos mais graves em que verdadeiramente se pode dizer que para o direito não há nada. Não há sequer uma base que permita afirmar-se que existiu um acto, inválido que fosse.

Consideremos o casamento. Compreende-se que dada a delicadeza e a complexidade dos pressupostos deste acto surjam casos em que se possa falar num casamento inválido, cabendo à lei determinar se há nulidade ou anulabilidade. Noutros casos, porém, nada há e antes se deve falar em inexistência do casamento. É o que acontece se faltou a declaração de vontade de um ou de ambos os nubentes ou se o "casamento" foi contraído por duas pessoas do mesmo sexo. Nestes casos há um nada jurídico do qual nenhum efeito pode derivar, ao contrário do que acontece nos casamentos inválidos[90].

III – *Invalidade*

Dá-se a *invalidade* quando a lei considera o próprio acto, que deveria ser fonte dos efeitos, sem valor. Caracterizemo-la sumariamente.

Pode revestir duas modalidades: a nulidade e a anulabilidade, consoante a gravidade relativa do vício ou defeito do acto. O acto anulável produz efeitos como se fosse válido, mas pode ser destruído, ao passo que o acto nulo é ineficaz desde logo. E isto porque a nulidade corresponde a vícios de maior gravidade.

Desta distinção de base derivam importantes consequências no regime das situações. A *anulabilidade* é como que deixada na disponibilidade daquele cujo interesse tutela: se quiser invoca-a, mas se não quiser não a invoca. Se não a invocar o vício sana-se, a partir de certo prazo, e o acto é considerado válido para todos os efeitos. Nem os outros sujeitos, nem

---

[90] É a solução expressa do direito português (art. 1628 *c* e *e*), embora o CC não mencione a categoria da inexistência. Sobre os graves problemas que a categoria da inexistência suscita cfr. o nosso *Direito Civil – Teoria Geral*, II, n.ºs 194-196. Cfr. também *infra*, n.º 159 II.

78   *O Direito. Introdução e Teoria Geral*

sequer o juiz, podem suprir a passividade do interessado, fazendo actuar a invalidade. Se pelo contrário o interessado quiser impor a anulabilidade, deve promover a pronúncia judicial.

Um exemplo de anulabilidade: a que atinge o acto praticado pelo menor, com a finalidade de proteger esse menor. Pode ser arguida pelo próprio menor após cessada a incapacidade. Mas não sendo arguida, a anulabilidade sana-se[91].

Pelo contrário, a *nulidade*, como em princípio visa proteger um interesse público, actua desde o início, independentemente da declaração judicial, e não se sana com o decurso do prazo. Se o juiz verificar a presença de uma nulidade não anula o acto, declara-o nulo; e pode fazê-lo se respeitar ao processo, mesmo que as partes não tenham pedido essa declaração.

O acto celebrado contra disposição injuntiva de lei é em regra nulo, e não anulável. Se as partes celebram um contrato de compra e venda dum imóvel do domínio público, o acto é nulo e pode a todo o tempo ser declarado tal em juízo, oficiosamente ou a requerimento de qualquer interessado[92].

IV – *Ineficácia em sentido restrito*

Da invalidade se distingue a *ineficácia em sentido restrito*. Muitas vezes a lei não considera inválido o acto que não observou os requisitos legais, mas impede que ele produza todas ou parte das consequências que se destinava a produzir. Há então uma mera ineficácia, total ou parcial[93].

36. Valor negativo e sanção

I – Estes valores negativos constituem sanções?

Há quem o afirme[94]; mas também há quem o negue, como faz Thon, para quem o acto das partes pertenceria ao mundo dos meros factos. Não

---

[91] A qualificação da anulabilidade como ineficácia está sujeita a um entendimento particular desta. O acto anulável produz provisoriamente efeitos. Se o acto for anulado, os efeitos são retroactivamente destruídos. Pelo contrário, se o vício se sana, esses efeitos tornam-se definitivos.

[92] Cfr. também *infra*, n.º 299 II; e, com o devido desenvolvimento, o nosso *Direito Civil – Teoria Geral*, II, n.ºs 197 e segs..

[93] Sobre esta matéria cfr. o nosso *Direito Civil – Teoria Geral*, II, n.ºs 192 e 193, nomeadamente.

[94] Assim Paulo Cunha e Barbero, este no *Sistema*, 1, n.º 5 *b*.

A Ordem Jurídica como Ordem Imperativa   79

violaria nenhum dever; apenas, não atingiria o nível de relevância perante a ordem jurídica[95].

Em particular, cremos que a inexistência, pelo menos quando o é por natureza, seria sempre irredutível à categoria da sanção. Não há sequer o mínimo que possa ser considerado exercício de autonomia. Tudo se limitaria pois à verificação de que nada há que seja reconhecível pela ordem jurídica.

II – Nos restantes casos, verifica-se que para as soluções afirmativas podem confluir orientações de base opostas.

Os positivistas, perante a dificuldade de reduzir todas as normas a imperativos, procuram deduzir o imperativo da qualificação da invalidade como sanção; se há uma sanção, isso significa que havia um imperativo.

Mas quem pelo contrário acentue a autonomia privada como fonte última da juridicidade do acto, considerará o valor negativo sanção de um acto em princípio eficaz – uma excepção àquela potência normativa da vontade.

Nenhuma destas posições nos parece de aplaudir.

III – O fundamento da juridicidade do negócio jurídico é a autonomia privada. Esta impõe-se ao Estado, como momento constituinte da pessoa; não é um favor da lei.

O acto autónomo destina-se a criar efeitos. Para isso, tem de ter relevância na ordem jurídica geral. Dentro da concepção de uma pluralidade de ordenamentos jurídicos e de fontes de juridicidade, as pessoas criam o seu ordenamento, mas nenhum ordenamento exclui os outros: o ordenamento autónomo terá de ter relevância perante os outros ordenamentos. Os ordenamentos são secantes: não se absorvem, mas devem integrar-se.

Nenhum ordenamento menor é soberano, seja o privado, sejam os outros. Há pelo contrário contradição entre autonomia e soberania. Por isso é necessária a integração recíproca.

O facto de um ordenamento ser relevante para outro ordenamento não tira a autonomia do *título* de que se parte. O negócio continua a ter o seu título na autonomia privada. Mas há que conciliar esta com as finalidades comuns. Mais do que limites da autonomia privada há que falar na integração desta nesse ordenamento mais amplo. As várias autonomias ficam assim enriquecidas com o carácter institucional do ordenamento

---

[95] *Norma*, n.º 4.

80 *O Direito. Introdução e Teoria Geral*

global. E este não é o Estado, é uma unidade personalística e dialéctica de sentido.

IV – Por isso a invalidade não é sanção.

Se a invalidade demarca o patamar da relevância, ela demarca o que se integra ou não na ordem jurídica global.

Assim acontece desde logo com o acto incompleto. Tecnicamente é nulo, mas nada há a reprovar, apenas não se atingem os pressupostos de relevância na ordem global.

Assim terá de acontecer também porque o acto negocial, embora fundado na autonomia, terá uma modelação final de efeitos resultante do ordenamento de conjunto. Os efeitos finais não são já necessariamente os queridos, mas aqueles que correspondem ao acto, atenta a integração no ordenamento maior.

A invalidade é apenas um aspecto deste momento necessário de integração. A invalidade não implica necessariamente um desvalor. Mesmo quando há contradição com uma regra, a apreciação é meramente objectiva, sem incluir como tal nenhuma reprovação do sujeito.

A invalidade exprime a denegação da relevância, como momento necessário da integração entre os ordenamentos.

Se o acto, além de inválido ou ineficaz, for ilícito, é sujeito às sanções correspondentes; mas estas têm como fundamento específico a própria ilicitude.

Eis porque em definitivo pensamos que o reconhecimento à autonomia do carácter de fundamento do negócio jurídico não implica que a invalidade seja concebida como sanção de uma autonomia mal exercida[96].

37. Noção de coercibilidade

I – Tendo averiguado quais são as sanções jurídicas, vejamos agora se a coercibilidade é característica da ordem jurídica.

O que é a coercibilidade?

Coercibilidade não é o mesmo que coacção. Seria erróneo caracterizar a ordem jurídica como uma ordem de coacção e mais ainda, pretender que é pela coacção que as regras jurídicas se aplicam. Teríamos então de perguntar: quem coage o coactor?

---

[96] No mesmo sentido, no seguimento de Hart, Sampaio Ferraz, *Introdução*, 4.2.1.

A *Ordem Jurídica como Ordem Imperativa*   81

O Direito aplica-se porque o homem tende naturalmente para a ordem; portanto, a coercibilidade não é a coacção, será quando muito a susceptibilidade do exercício da coacção[97].

Pelo contrário, na esmagadora maioria dos casos a observância da regra faz-se voluntariamente. Nenhuma sociedade subsistiria se tivéssemos a ameaça e a compulsão na origem de toda a aplicação dos seus preceitos.

II – Mas coagir para quê? Define-se muito frequentemente a coercibilidade como a *susceptibilidade de aplicação coactiva da regra*. Talvez isto valha para os meios de tutela preventiva, destinados a evitar a violação da regra. Mas nem sempre há meios de tutela preventiva, e de todo o modo a pedra de toque da coercibilidade há-de sempre colocar-se nos casos em que, perante uma efectiva violação duma regra jurídica, se pergunta se surge de qualquer maneira autorizado o recurso à coacção. Seria então insuficiente dizer que a coercibilidade é a susceptibilidade de aplicação coactiva da regra.

Basta pensar que frequentemente a regra violada não pode ser aplicada, mesmo coercivamente – quer dizer, não se pode reconstituir a situação que existiria se ela tivesse sido voluntariamente cumprida. Se se praticou um homicídio, todos os esforços da ordem jurídica serão impotentes para reconstituir a situação que se verificaria se a regra tivesse sido observada – não se pode dar vida a um morto.

Vamos mais longe. Do exame das sanções jurídicas atrás realizado resultou já que só num caso elas conduziam à aplicação futura da regra violada pelo infractor: no caso das sanções compulsórias, que são todavia escassas, como dissemos. Em todos os outros casos a ordem jurídica não visa uma aplicação, mesmo tardia, da regra. Até quando procura reconstituir a situação que existiria se violação não tivesse havido, isso não quer dizer que essa reconstituição passe pela imposição da regra: passa, sim, pela aplicação da sanção.

III – Vimos (*supra*, n.º 28 I) que, juridicamente, a sanção consiste na estatuição duma regra jurídica, cuja previsão é a violação de outra regra.

---

[97] Veja-se a interessante observação sociológica conduzida por Ehrlich, *Grundlegung*, págs. 50 e segs., demonstrando por um lado como é grande o significado das formas sociais de coerção, por outro como é limitado o significado de coercibilidade a cargo do Estado. E vai no mesmo sentido afinal Max Weber, apesar de considerar a coercibilidade característica do direito, pois demonstra que não é pela coacção, mas pela interferência de outras ordens normativas, que a regra jurídica é eficaz: *Economia y sociedad*, II, pág. 325.

82   *O Direito. Introdução e Teoria Geral*

A sanção pode actuar automaticamente, através de uma mera transformação do mundo jurídico. Assim, a destruição dum bem alheio cria o dever de indemnizar; certos factos delituosos têm como consequência a perda de direitos ; e assim por diante. Nestes casos, a aplicação (entrada em vigor) da regra sancionatória é automática, pelo que seria deslocado falar de coercibilidade.

Mas pode a violação da regra jurídica levar à aplicação duma sanção com expressão física: expulsar, destruir, apreender, deter... Por exemplo, se alguém ocupa imóvel alheio deve desocupá-lo. Se não o fizer, a infracção desta segunda regra tem uma sanção de ordem física: o imóvel é desocupado pela força, expulsando-se o transgressor.

É nestas hipóteses, quando a sanção prevista tem expressão física, que a sanção se liga à coercibilidade. Assim se confirma aliás que a sanção reforça a imperatividade (ou normatividade) da ordem ética em causa.

IV – Acentue-se que, mesmo sendo violada a regra, a coercibilidade consiste sempre na susceptibilidade de aplicação coactiva da sanção.

E isto porque, mesmo após a violação efectiva da regra, nem sempre a coacção funciona. Basta pensar em todos aqueles casos de criminosos que ficam impunes, por exemplo, porque a polícia foi impotente para determinar a identidade do ofensor ou para o capturar. Apesar destes casos, mantém-se a susceptibilidade da aplicação coactiva da sanção. A regra em si é munida de coercibilidade, é susceptível dessa imposição – muito embora em casos específicos a aplicação coactiva da sanção não venha efectivamente a concretizar-se.

V – Diremos pois que a coercibilidade consiste, não na susceptibilidade de aplicação coactiva da regra, mas na *susceptibilidade de aplicação coactiva final de sanções com expressão física*, se as regras forem violadas.

38. Ordens jurídicas sem coercibilidade

I – Definido o que seja a coercibilidade, verificaremos se ela pode ser considerada característica da ordem jurídica. A nossa opinião é fundamentalmente negativa. Para a justificarmos, temos de distinguir o que se passa na ordem jurídica do Estado e nas outras ordens jurídicas.

As ordens jurídicas estranhas ao Estado são em geral destituídas de coercibilidade, quer sejam de âmbito menor quer de âmbito maior que este.

II – *Ordens de âmbito menor*

Nestas raramente surge a utilização da força para imposição duma sanção. Em numerosos casos, nas agremiações culturais ou desportivas, por exemplo, essa coacção está inteiramente excluída. As sanções que se estabelecerem aceitam-se ou não, mas quando não forem voluntariamente acatadas – o pagamento duma multa, a restituição do emblema, etc. – esbarram com um obstáculo praticamente insuperável.

É certo que esta conclusão não deve ser exagerada. Por vezes a ordem jurídica comum empresta a sua força para a realização de certas finalidades destas ordens menores. Assim, o sócio que foi excluído poderá ser impedido pela força pública de participar na assembleia geral; outras determinações são relevantes perante a ordem jurídica do Estado e podem ser judicialmente actuadas.

Mas, como dissemos já, relevância não significa absorção; nem o facto de a ordem jurídica comum emprestar os seus órgãos de coacção para a realização de certas finalidades significa que a própria ordem jurídica menor passe a ser assistida de coercibilidade. Além disso, há sempre um sector muito vasto destas ordens jurídicas que não atinge o nível da relevância perante a ordem jurídica estatal, e que por si é definitivamente destituído de coercibilidade[98].

Uma observação sociológica mostra-nos que o homem, integrado em inúmeros círculos sociais, sofre as mais variadas formas de coerção. Em certos casos, como na relação com menores, os meios de coerção ocupam um vasto domínio.

III – Nalguns casos pode-se ainda ir mais longe. Formam-se meios de coerção organizada paralelos e concorrentes dos meios do Estado em ordens jurídicas menores. Assim acontece em comunidades que mantêm escasso intercâmbio com o exterior, comunidades tribais ou mesmo comunidades locais de outra ordem, fortemente arreigadas e com grande coesão dos seus membros. Veja-se a excelente obra de A. Jorge Dias, *Rio de Onor*, que analisa uma manifestação muito significativa verificável na província portuguesa de Trás-os-Montes. Aplica-se e aceita-se a justiça local; se necessário, recorre-se à força para vencer as resistências. Veja-se também a nossa *Água Branca – Pesquisa de um Direito Vivo*, fruto do trabalho de campo que coordenámos em Água Branca, Alagoas.

---

[98] Note-se a coincidência desta visão institucionalista com a de Szabo, na obra colectiva, *Introduction aux droits socialistes*, págs. 35-38, a propósito das regras sindicais.

84   *O Direito. Introdução e Teoria Geral*

Estes fenómenos, mesmo que nos casos extremos permitissem chegar à afirmação de que algumas dessas ordens menores são assistidas de coercibilidade, não são em todo o caso generalizáveis. Sempre pesariam mais todas as outras hipóteses.

Temos pois de concluir que as ordens jurídicas infra-estatais não se caracterizam pela coercibilidade.

39. Ordens supra-estatais

I – Quanto às ordens supra-estatais, temos desde logo o *Direito Canónico*. É um direito sábio e experiente, que desempenha grande papel na regência duma sociedade vasta e dispersa como é a Igreja Católica, e que tanto influenciou historicamente o Direito Português, e através deste o Direito Brasileiro. Todavia, é em absoluto destituído de coercibilidade.

II – No que respeita ao *Direito Internacional Público*, a análise é mais difícil. A este não repugna a coercibilidade, mas ela será quando muito incipiente.

Nos tempos modernos, com a mundialização de muitos problemas, tem-se assistido a tentativas de organização da comunidade internacional e ao estabelecimento de formas específicas de sanção como a boicotagem, e até a sanções militares. Todavia, para além da indefinição dos meios e do mau funcionamento das instituições, a força sobre a qual repousa a imposição da sanção é a força dos Estados que compõem a comunidade internacional. Como esses Estados só emprestam a sua força para o que for do seu interesse, é difícil distinguir a chamada "imposição de sanções internacionais" da própria prossecução da política das grandes potências sob a capa de deliberação internacional. Pelo menos, é seguro que a uma grande potência nunca se impôs nada pela força – e as grandes potências violam o Direito Internacional com maior facilidade do que as outras, por estarem certas da impunidade.

Fora deste caso, restam as clássicas sanções do Direito Internacional – e em derradeira instância a guerra. Mas a situação é de natureza semelhante à da justiça privada entre os indivíduos, de que falaremos em breve. O que diz aplicar uma sanção tanto pode realizar o Direito como violá-lo. Quem consegue ter êxito é sempre o mais forte, e só por acaso será o mais justo.

A Ordem Jurídica como Ordem Imperativa 85

Por isso, pode dizer-se que quem viola o Direito Internacional sujeita--se normalmente a sanções, que podem levar até à guerra. Mas isso só terá significado como manifestação de coercibilidade na hipótese invulgar de a vítima ser o mais forte e o infractor o mais fraco. Ouvimos dizer sem sobressalto que invocando o Direito Internacional a U.R.S.S. invadiu o Afeganistão e os Estados Unidos invadira Granada. Ficaríamos estupefactos se tivesse acontecido o inverso. Portanto, também aqui só encontramos formas de coerção muito rudimentares

Que concluir? Abstraímos neste momento da visão negativa que temos do Direito Internacional Público como ramo do Direito: será matéria a versar mais tarde. Em qualquer caso, não se pode afirmar com generalidade que a ordem internacional é uma ordem munida de coercibilidade, pois não há geral susceptibilidade de aplicação coerciva das sanções. Pode comparar-se, como alguns fazem, a evolução da ordem internacional à evolução das ordens nacionais; pode dizer-se que a coercibilidade corresponde ao grau de amadurecimento das sociedades, e que numa sociedade em estruturação a coercibilidade é sempre incipiente. O símile pode ser verdadeiro ou não, mas para o que nos interessa nada adianta quanto à caracterização de qualquer ordem jurídica pela coercibilidade.

Portanto, há normas internacionais que não têm sanção; e mesmo quando há sanção ela não pode ser coactivamente imposta. Também por aqui se confirma que a ordem jurídica não é sempre coercível.

III – De todos estes exemplos, tirados de ordens jurídicas não estatais, concluímos que a coercibilidade não é um fenómeno constante. Nestas, podem surgir manifestações de coercibilidade, mas é o contrário que é o normal.

40. A coercibilidade nas ordens jurídicas estatais

I – Mas, sabe-se, a coercibilidade tem sido frequentemente associada à estatalidade do direito. Verificámos atrás que, se a estatalidade não é característica necessária da ordem jurídica, há todavia ordens jurídicas que podemos designar como estatais. A coercibilidade será característica destas últimas?

Para nós, a questão deve ser resolvida desta maneira:

a) a coercibilidade não é mesmo então característica de cada regra jurídica tomada por si;

86   *O Direito. Introdução e Teoria Geral*

b) a coercibilidade é todavia uma característica das ordens jurídicas estatais.

Vamos desenvolver estas afirmações.

II – *Regras jurídicas sem sanção*
A coercibilidade não é característica de cada regra jurídica, tomada por si, por duas razões:

– porque há regras jurídicas que não têm sanção
– porque há regras jurídicas cuja sanção não pode ser coactivamente imposta.

Versamos agora o primeiro aspecto. Há certas regras em que a sanção falta pura e simplesmente. Sirvam de exemplos as regras que estabelecem os deveres fundamentais que ligam os membros da família – dos cônjuges entre si, dos pais para com os filhos, dos filhos para com os pais... Assim, a lei estabelece que os cônjuges estão reciprocamente vinculados pelos deveres de fidelidade, coabitação e assistência, e estes aspectos são de facto essenciais para a ordem jurídica, devendo estruturar a própria família. Porém, a sanção de eventuais violações é praticamente inexistente ou, se quisermos, só existe em casos extremos – nas hipóteses de adultério ou de recusa de alimentos, por exemplo. Não se pode pensar porém que o dever de fidelidade consiste em não cometer adultério e o dever de assistência se resume à prestação dos alimentos... Todos eles têm um conteúdo muito mais vasto, mas falta sanção para as restantes formas de violação[99].

Porquê? Porque a ordem jurídica estatal conhece as suas limitações; sabe que a força representa um instrumento demasiado grosseiro, e que intervenções mais frequentes seriam destrutivas da família, porque ameaçariam introduzir constantes reivindicações jurídicas no seu seio. Isto seria negador da verdadeira ordem familiar, cujo ideal é ser uma ordem de complementaridade e amor, fundada numa intimidade não prejudicada por intromissões de estranhos.

Por isso o direito recorre a formas de protecção indirecta da família e só intervém directamente quando o nível das violações dos deveres fami-

---

[99] O art. 1895/2 do Código Civil prevê um dever dos pais em relação aos filhos, mas expressamente determina que não pode ser judicialmente exigido. Estamos próximos da figura da obrigação natural, de que falaremos a seguir.

A *Ordem Jurídica como Ordem Imperativa* 87

liares atinge extremos incomportáveis. Quando, por exemplo, o tratamento dos pais para com os filhos toca as raias da crueldade ou do abandono, ou quando o comportamento dos filhos para com os pais se processa na violência.

Apesar de tudo, essas regras jurídicas são essenciais para a compreensão do ordenamento jurídico da família e até para a sua relevância perante a ordem estatal. São pois verdadeiras regras jurídicas, embora não tenham coercibilidade[100].

III – *Sanções que não podem ser coactivamente impostas*

Mas dissemos também que a coercibilidade não pode ser considerada característica de toda a regra jurídica porque há regras jurídicas que têm sanção, mas em que esta não pode ser coactivamente imposta.

Há pouco, quando definimos coercibilidade, caracterizámo-la pela susceptibilidade em última análise de aplicação coactiva de sanções com expressão física. Essa aplicação é autorizada por outras regras, que atribuem esse poder funcional ao órgão público detentor da força.

Mas as regras sancionatórias, dissemos também, podem igualmente não ser respeitadas. O ente administrativo, por exemplo, pode não realizar o que está dentro das suas funções. Isto mostra que a regra sancionatória carece por sua vez de ser sancionada: a infracção desta provoca a intervenção de uma regra sancionatória de segundo grau. Por força desta temos, na generalidade dos casos, que uma entidade superior à primeira deve aplicar, pela força se necessário for, uma sanção à entidade que violou a regra.

Por sua vez, essa entidade superior pode também não cumprir, pelo que é necessária nova regra sancionatória prevendo esse caso; há regras sancionatórias doutras regras sancionatórias. Vai-se assim subindo sucessivamente, até que no limite se encontram os órgãos supremos de soberania. São eles quem está encarregado, em última análise, de fazer cumprir o direito.

E se o não fizerem?

Pode ainda haver regras sancionatórias reagindo a essa situação. O que não existe certamente, por definição, é uma entidade superior que aplique, pela força se necessário for, uma sanção.

---

[100] Mesmo autores que têm pontos de partida diversos chegam por vezes a esta conclusão. Afirma Paulo Cunha, *Introdução*, pág. 85, que, pela simples circunstância de serem legais, estas normas entram, inequivocamente, no mesmo regime das restantes regras jurídicas, quer quanto à validade quer quanto a muitos outros aspectos que formam o seu regime. Não serão considerações suficientes por si, mas trata-se em qualquer caso de uma convergência na solução que nos apraz registar.

88 *O Direito. Introdução e Teoria Geral*

Assim, se a maioria, dentro das câmaras legislativas, se afastar das suas funções e desrespeitar a Constituição ninguém estará em condições de lhe aplicar coercivamente uma sanção. Podem práticas dessa ordem suscitar um desagrado generalizado. Terão eventualmente consequências desfavoráveis, como não se lograr a reeleição – mas pode a entidade em causa não pretender a reeleição, ou pode tratar-se de órgão não electivo, como um tribunal supremo. De todo o modo, o resultado eleitoral não é sanção de quem violou o direito nem prémio de quem o respeitou. Pode nos casos extremos falar-se de rebelião. Mas nada disso é uma sanção jurídica.

Na realidade, não há maneira de resolver o eterno problema de saber quem guarda o guarda. O Estado tomou para si, praticamente, o monopólio da coacção; nenhuma sanção lhe poderá ser imposta pela força. Por exemplo, se o Estado é condenado a pagar uma indemnização, nem por isso é possível usar da força para executar a sentença, pois quem detém a força é justamente quem está obrigado a pagar.

Portanto, pelo menos as regras reguladoras da actividade dos órgãos supremos de soberania podem não ser assistidas de sanção; e ainda que o sejam, esta não pode ser coercivamente imposta.

IV – Obrigação natural
Citam-se outras hipóteses que teriam o mesmo significado. A mais importante é a das *obrigações naturais*. Designam-se assim obrigações cujo devedor não pode ser compelido ao pagamento; mas se voluntariamente pagar realiza um pagamento verdadeiro, e não pode exigir a restituição (art. 403 do Código Civil).

São exemplo dívidas emergentes do jogo. O jogo, consoante os casos, é proibido, legalizado ou tolerado. São as hipóteses de jogo tolerado e respectivas dívidas (como as resultantes de jogos de cartas em recinto familiar) que estão em causa nesta hipótese.

V – Concluímos que, mesmo tomando uma por uma as regras estabelecidas, não encontramos sempre a coercibilidade. As regras não são pois jurídicas por terem coercibilidade: são jurídicas por se integrarem na ordem jurídica. Esta caracterizar-se-á por outros traços, diferentes do da coercibilidade.

Porém, se a coercibilidade não caracteriza cada regra estatal por si, já nos parece que ela caracteriza a ordem jurídica estatal em globo. O Poder tem necessariamente a função de garantir a ordem jurídica da sociedade,

A Ordem Jurídica como Ordem Imperativa 89

defendendo-a de elementos anti-sociais. Organiza-se pois todo um sistema de coacção. A diferença de situações anteriores está em o monopólio da coercibilidade ser praticamente assegurado pelo Estado.

Portanto a ordem jurídica estatal é hoje em dia uma ordem coerciva porque, globalmente tomada, é assistida pela coacção.

Isto nos impõe um rápido exame dos meios de tutela jurídica existentes.

41. Meios de tutela jurídica

I – Historicamente, o Estado tende a chamar a si a jurisdição. Nos dois últimos séculos atinge-se a especialização da função jurisdicional, como função do Estado. Criam-se os tribunais, como órgãos imparciais e especializados, incumbidos do exercício dessa função[101].

Jurisdição, etimologicamente, designa a tarefa de dizer o Direito. A essa acresceria segundo outros a função de executar ou tornar efectivo esse direito.

A partir disso, diz-se que se evoluiu historicamente de um sistema de justiça privada para um sistema de justiça pública. De início, se *A* atacava *B*, a ofensa seria colectivamente sentida pelo grupo de *B*, que procuraria tirar desforço sobre *A* – provocando pelos mesmos motivos a reacção do grupo de *A*. Isto seria a justiça privada.

Este esquema, porém, pouco nos interessa. Porque aqui se descreve só um aspecto das relações dos grupos ou sociedades entre si. Ficamos a saber que a forma última de solução desses conflitos era a guerra. Mas o que interessa mais não é o que se passaria no exterior, mas o que se passava no interior das comunidades. Nos litígios que surgissem entre os seus membros, haveria alguma zona que se pudesse considerar entregue à justiça privada?

Deve desde logo excluir-se que no princípio tenha havido só justiça privada.

Ao poder político tem sempre de caber a imposição de sanções pelas violações de regras que atinjam o próprio corpo social. Temos por isso de distinguir as vinculações consideradas de interesse fundamental, que o Poder tomou sempre sobre si, assegurando-as e sancionando-as pela força

---

[101] Mas nos últimos tempos, por influência exterior, há um movimento contrário, que apela para a arbitragem e para meios extra-judiciais de solução de conflitos.

90   *O Direito. Introdução e Teoria Geral*

se necessário for, e os conflitos de interesses entre particulares. Só estes últimos terão estado em certa fase abandonados à justiça privada.

Supõe-se que sempre houve um poder supremo na sociedade. Mesmo que as primeiras sociedades tenham sido as sociedades familiares, prévias ao aparecimento do Estado, em todo o caso existe nessas sociedades a autoridade familiar, a quem incumbe já manter a coesão do grupo.

Certamente, as formas de coerção seriam diversas das actuais. A sanção específica terá sido a *perda da paz*, que equivaleria a uma condenação à morte por falta do amparo social: ao infractor era recusada a integração na comunidade, pelo que todas as agressões passavam a ser permitidas. Na dureza das condições da época, isso representava a eliminação virtual daquele sujeito.

II – Vamos até mais longe. A justiça privada é incompatível com as condições da sociedade primitiva.

Neste domínio tudo é conjectural. Mais do que em dados históricos, os autores escudam-se na lógica e em argumentos tirados dos chamados primitivos actuais[102]. Logicamente, é de supor que a extrema coesão imposta às comunidades primitivas para poderem subsistir as levasse a reagir às manifestações de indisciplina social, tomando como ofensas feitas a todo o grupo a infracção praticada contra um dos seus membros. Esta relevância pública implicaria que a reacção fosse a perda da paz.

Só com o aligeirar da coesão social terá surgido a figura do litígio privado. Certas categorias de litígios foram abandonadas aos membros do grupo, que os resolveriam utilizando os meios de que dispusessem – em última análise, a força física. O agressor ficaria sujeito a sofrer pelo mal que praticara: "Que o crime seja vingado pelo crime, que o que fere seja ferido! É a mais antiga das leis!", proclama o coro na tragédia Coéforas, de Ésquilo.

Neste contexto, a formulação do princípio da equivalência dos males, apesar da sua ressonância bárbara, representou um progresso. Estabelecia-se que a vingança não podia ultrapassar o mal sofrido. Portanto, recorrendo à imagem, dir-se-á que aquele que arrancou um olho não fica intei-

---

[102] Neste sentido, veja-se o relato muito elucidativo de Nelson de Sousa Sampaio, *Sociedades sem juízes*. É sua premissa que, se o juiz é órgão do Estado, só surge após a constituição deste. Semelhante proposição deve entender-se referida a órgãos formais de solução de conflitos jurídicos. Isto porque mesmo antes do aparecimento do Estado há já poder ou autoridade nos grupos sociais, e as entidades revestidas de poder terão entre as suas funções a de dirimir litígios surgidos no interior do grupo.

A Ordem Jurídica como Ordem Imperativa 91

ramente à mercê do ofendido, mas unicamente sujeito a que um olho lhe seja arrancado.

Neste domínio logo nos ocorre o Talião. Mas note-se que o Talião pode não representar a medida da vingança privada, mas sim da vingança pública, quando for esta que estiver em causa. Assim se passava na formulação mosaica (*Êxodo*, 21, 24; *Levítico*, 24, 20), pois a reacção que aí se prevê é uma reacção pública.

A vingança comunica-se facilmente à família. Esta extensão é aliás indispensável quando a falta cometida consistiu na privação da vida do sujeito. É necessário que os familiares tomem sobre si a vingança. O fenómeno deixou traços bem visíveis em instituições actuais, como a *vendetta*[103].

III – Em qualquer das suas formas, e mesmo com os abrandamentos que os anos foram trazendo, o sistema de justiça privada é sempre mau. Por um lado, porque fica dependente da força: a justiça satisfaz-se ou não consoante, casualmente, o ofendido ou seus familiares tiverem ou não a força suficiente para a impor. Por outro lado, como ninguém é bom juiz em causa própria, todos terão a tendência de sobrestimar os agravos sofridos e de minimizar os efectivamente praticados. Gera-se pois a luta e a insegurança permanentes no seio da comunidade.

É por isso que desde o princípio vemos os órgãos públicos procurar intervir, encetando o caminho que teria como meta o monopólio dos meios de coerção por parte do Estado[104]. Esta evolução, que está prestes a consumar-se, passou por múltiplas fases.

Ela processa-se desde um momento inicial, em que a coesão do grupo não admitia litígios no seu interior; passa por uma fase intermédia, em que esse litígio é admitido; a que se segue a fase actual, em que o Estado tende para universalizar a justiça pública, eliminando a perturbação que é representada pela justiça privada.

IV – Tão-pouco se pode dizer que o Estado guarda hoje o monopólio da coercibilidade.

---

[103] Veja-se uma descrição das formas de justiça privada no início da nacionalidade portuguesa e das maneiras como se procurou reagir contra elas em Marcelo Caetano, *Direito Português*, n.ºs 70 e segs.. Mas qualifica a legítima defesa como vingança legítima.

[104] É pois adequado dizer-se que a ordem jurídica se caracteriza, logo desde o estádio mais incipiente, pela "organização da sanção": cfr. Miguel Reale, *Lições Preliminares*, págs. 74-76.

92   *O Direito. Introdução e Teoria Geral*

É certo que se foi estabelecendo uma organização sucessivamente mais complexa para assegurar a observância da regra jurídica na comunidade. Vários órgãos estatais participam hoje dessa função, dos quais os mais importantes são os órgãos judiciais. Mas da própria proclamação do princípio da justiça pública resulta que há ainda formas de justiça privada, como teremos ocasião de verificar de seguida.

42. A justiça privada

I – É princípio do direito moderno o de que a ninguém é lícito o recurso à força com o fim de realizar ou assegurar o próprio direito, salvo nos casos e dentro dos limites declarados na lei[105].

Do próprio enunciado do princípio resulta já que há casos, residuais embora, em que as formas de autotutela são admitidas. Nestes casos os particulares podem actuar *manu militari* a fim de defender os próprios direitos.

Certas hipóteses estão historicamente ultrapassadas. Assim, não interessa falar hoje de uma tutela privada preventiva, para além daquela que se exprime pela legítima defesa contra agressão iminente.

Outras foram já incidentalmente referidas. Assim, o direito de retenção[106] representa uma forma de autotutela, pois o interessado aplica uma sanção à sua conta e risco, sem que o litígio tenha sido dirimido por um órgão imparcial[107].

II – *Desforço*
O mero desforço, o castigo do infractor pela vítima ou por terceiro, não é admitido.

Excepcionalmente, admite-se a reacção contra uma violação já consumada, com a finalidade de reconstituição da situação anterior. Assim acontece na tutela da posse. Se o possuidor for turbado ou esbulhado por outrem da coisa possuída, poderá manter-se ou restituir-se por sua própria força, contanto que o faça logo[108]. A expressão *logo* é tomada directamente das Ordenações do Reino, que regeram Portugal e Brasil, e exprime

---

[105] É o texto do art. 1 do Código de Processo Civil.

[106] *Supra*, n.º 29 III.

[107] Podendo por isso ser responsabilizado se não tiver afinal razão. Encontra-se uma longa lista de providências atribuíveis à autotutela em Vicente Ráo, *O Direito*, n.º 204.

[108] *Cfr. o art. 1210 § 1.º do Código Civil brasileiro.*

A Ordem Jurídica como Ordem Imperativa 93

o carácter não diferido (embora não necessariamente imediato) da reacção. Portanto ao possuidor turbado ou esbulhado, mesmo tendo possibilidade de recorrer à autoridade pública, é reconhecido o poder de reagir contra a violação por suas próprias forças.

III – Os restantes meios têm como pressuposto comum o carácter subsidiário, pois só são concedidos para ocorrer às insuficiências da autoridade pública. Podemos distinguir:
– o estado de necessidade
– a legítima defesa e o direito de resistência
– a acção directa.

43. Manifestações

I – *Estado de necessidade*
Característica do estado de necessidade é a reacção sobre a esfera jurídica de outrem por quem está ameaçado por um perigo que não resulta de agressão daquele. Com isto se distingue da legítima defesa, que é necessariamente a reacção contra a agressão alheia, actual ou iminente. Por exemplo, aquele que para escapar às chamas arromba a porta de habitação contígua, agiu em estado de necessidade[109].
Por força do estado de necessidade permite-se destruir ou danificar coisa alheia para afastar, do agente ou de terceiro, um perigo actual, ou até mesmo atingir bens pessoais.
O estado de necessidade tem muita importância em Direito Penal. Este aplica-se sempre que a acção praticada corresponde (o que acontece na generalidade dos casos) à descrição legal dum crime – dano, introdução em casa alheia, etc...
Por outro lado, o prejuízo provocado em estado de necessidade deve ser indemnizado, pelo agente ou até por outras pessoas.

II – *Legítima defesa*
A legítima defesa, ou defesa privada, é uma imposição da ordem natural. Nem se vê que em estado algum da evolução da sociedade possa

---

[109] O estado de necessidade evidencia que a autotutela é mais ampla que a reacção coerciva contra a violação do direito. O estado de necessidade não pressupõe a violação dum direito.

94   *O Direito. Introdução e Teoria Geral*

ser dispensada. Por mais aperfeiçoados que sejam os meios de tutela pública, esta modalidade da justiça privada haverá necessariamente de manifestar-se. Se alguém é atacado por outrem em lugar ermo não é concebível que lhe seja proibido reagir ao agressor, com a consideração de que só o Estado pode usar da força para impor o direito.

Sendo este o seu fundamento, logo se compreende que a legítima defesa tenha hoje praticamente apenas um carácter subsidiário: só é admitida quando não for possível recorrer à autoridade pública[110]. A legítima defesa representa pois um resíduo, embora importante. Corresponde àquelas agressões que os meios de tutela pública são impotentes para neutralizar.

Paradoxalmente, esse resíduo está em expansão, acompanhando a insegurança que cresce nas nossas sociedades[111]. Paralelamente, crescem as formas de justiça privada: os esquadrões da morte, a contratação de grupos que vivem à margem da ordem comum para realizar de facto o que os meios oficiais são impotentes para fazer, etc...

III – *Pressupostos*

Uma segunda limitação é quase tão importante como a anterior: só se admite a legítima defesa perante agressão ilegal, injusta ou ilícita[112] de outrem. É a ilegalidade desta que justifica que o agredido, defendendo-se, agrida por sua vez, com o fim de obstar a que o mal se consume.

Diz-se ainda que a agressão deve ser *actual*. Mas como actual se deve considerar também a agressão iminente.

Não há agressão apenas nos casos em que o agente ameaça de qualquer forma a integridade física do ofendido. A agressão pode-se dirigir contra a pessoa ou o património do defendente ou de terceiro. Basta que alguém tenha infringido a ordem jurídica e que quem reaja prossiga o fim de impedir a consumação da agressão.

Há pois legítima defesa:

– pessoal e patrimonial
– própria e alheia.

---

[110] Com uma excepção na legítima defesa contra imputáveis (portanto, contra pessoas capazes de entender e querer normalmente os seus actos), em que não é imposta ao agredido uma fuga humilhante.

[111] Haverá que ponderar que se assim acontece perante a poderosa sociedade industrial avançada é porque a insegurança é mais propícia ao lucro que o seu contrário.

[112] Cfr. o nosso *Ilícito pessoal e responsabilidade civil*.

Enfim, é essencial à legítima defesa a *necessidade ou racionalidade* dos meios de defesa[113]. O prejuízo causado pelo acto não deve ser manifestamente superior ao que resultar da agressão. Assim, não se compreenderia que o guarda matasse a tiro o garoto que furtasse laranjas do pomar; ou que o facto de alguém injuriar outrem permitisse a este anavalhá-lo mortalmente.

Este requisito tem de se medir em concreto. Não implica uma equivalência material absoluta entre o acto pretendido pelo agressor e o praticado pelo defendente. Se Rafael, para se defender de um ladrão que o assalta tem como único instrumento uma arma de fogo, embora podendo o disparo ferir o ladrão mais gravemente do que este o faria ou até matar, mesmo assim o meio é adequado.

Estes exemplos mostram-nos já que os casos mais importantes de legítima defesa nos surgem em matéria de Direito Penal.

Podemos em conclusão dizer que a defesa é legítima quando concorrem os pressupostos seguintes:

1.º – Agressão ilegal.
2.º – Em execução ou iminente.
3.º – Contra a pessoa ou património do agente ou de terceiro.
4.º – Sendo impossível recorrer à força pública.
5.º – Havendo necessidade/racionalidade na defesa.

IV – *Direito de resistência*

Representa essencialmente uma manifestação da legítima defesa. O cidadão tem o dever de obedecer à autoridade legitimamente constituída. Mas esse grave dever não se estende àquelas ordens que violam os direitos individuais. Neste sentido, o art. 20 da Constituição política portuguesa dá a todos o direito de resistir a qualquer ordem que ofenda os seus direitos, liberdades e garantias[114].

Reside aqui um dos pontos estratégicos na conquista do difícil equilíbrio entre a pessoa e o poder, no seio da sociedade.

---

[113] Vamos proceder como se houvesse identidade nas duas qualificações, por não podermos aprofundar os graves problemas que este requisito suscita.

[114] A este *resultado se chega com o princípio constitucional brasileiro de que "ninguém será obrigado a fazer ou deixar de fazer alguma coisa senão em virtude da lei"* (art. 5 II).

96   *O Direito. Introdução e Teoria Geral*

V – *Acção directa*
É uma figura cuja autonomia é proclamada recentemente[115].

Pela acção directa permitem-se actos como a apropriação, destruição ou deterioração duma coisa alheia ou a eliminação duma resistência irregularmente oposta.

É uma previsão de larga generalidade. Admite-se desde que seja indispensável, pela impossibilidade de recorrer em tempo útil aos meios coercivos normais, para evitar a inutilização prática do direito. Em todo o caso, exige-se expressamente a racionalidade dos meios empregados.

Parece que a acção directa deve ser concebida como um tipo de maior amplitude que a legítima defesa ou o estado de necessidade. Mesmo hipóteses que não sejam abrangidas por aqueles podem encontrar ainda justificação na acção directa.

VI – Subsistem portanto ainda alguns casos de justiça privada que mantêm relevância perante a complexa orgânica do Estado actual[116].

44. Características da ordem jurídica

I – Um tema que tem ocupado grandemente a doutrina é o da caracterização da ordem jurídica. Tradicionalmente, teve-se em vista sobretudo a distinção da ordem jurídica e da ordem moral, e só subsidiariamente doutros aspectos da ordem normativa da sociedade.

Confunde-se por vezes a caracterização da ordem jurídica e da regra jurídica: aspectos como a *generalidade* e a *abstracção* podem ser característicos da regra jurídica, mas não são da ordem jurídica. Por isso só

---

[115] Cfr. o art. 336 do Código Civil, bem como o nosso estudo referido na nota 108.

[116] Podemos falar ainda de uma *justiça privada das comunidades*, que não referimos especificamente por estar fora da ordem jurídica estatal e até em oposição às suas regras. Encontramos resíduos que ainda não foram absorvidos pelo monopólio, não só para declarar regras jurídicas, como até para impor pela força as sanções que elas prevêem (*supra*, n.º 38 III).

Estas formas estavam em regressão. Por vezes são toleradas ou ignoradas pela ordem jurídica estatal, mas na maior parte dos casos são activamente combatidas. O tempo trabalha contra elas, dada a facilidade das comunicações e a crescente integração social, que fazem o reforço permanente do poder central.

Recorde-se enfim o que dissemos já sobre a ordem internacional (*supra*, n.º 39 II). Pode-se dizer que o que aí se encontra são ainda fundamentalmente formas de justiça privada.

serão considerados quando tratarmos da regra jurídica, como expressão de aspecto singular da ordem jurídica[117].

II – *Heteronomia*
Fala-se com frequência da heteronomia da ordem jurídica, que se contraporia a uma pretensa autonomia da ordem moral. A aceitação desta característica depende do modo como ela for entendida.

Se se pretender que a moral é criação do sujeito e o Direito não é, há uma caracterização incorrecta da moral. Já a ordem jurídica é de facto irrecusavelmente heterónoma.

Se se pretender que a moral é autónoma porque a sua manifestação passa através da consciência do sujeito, e o Direito não, a caracterização pode ser aceite para a moral e é também verdadeira no direito. Mas se essa definição for entendida como a necessária imposição do que é jurídico por uma entidade colocada *super partes*, já haverá que levantar reservas. Recorde-se nomeadamente o que atrás dissemos sobre a relação entre Direito e Estado.

Enfim, se se caracteriza a autonomia pela adesão da consciência, que existiria necessariamente na moral e não no Direito, está-se apontando para um elemento verdadeiro, o da espontaneidade no cumprimento do acto moral. Mas essa caracterização já se esgotara ao falarmos da coercibilidade do Direito e da incoercibilidade da moral.

III – O estudo anterior já nos permitiu apurar que a necessidade e a imperatividade podem ser apontadas como características da ordem jurídica, mas isso porque são próprias de toda a ordem "ética".

Pelo contrário, a estatalidade e a coercibilidade revelaram-se como falsas características do Direito. Mais tarde verificaremos o mesmo ao falar da exclusividade.

45. Exterioridade

I – A última grande pretensa característica que resta examinar, por ter importância para a distinção entre a ordem jurídica e a ordem moral, é a exterioridade.

---

[117] *Infra*, n.os 287 e 288.

98 *O Direito. Introdução e Teoria Geral*

Tem sido longamente debatida a exterioridade como pretensa característica da ordem jurídica. Ela surgiu sobretudo pela preocupação de distinguir Direito e Moral, que dominou autores como Tomásio e Kant. A exterioridade traria um critério muito simples, imediatamente apreensível, que permitiria uma separação nítida.

Faz-se então a distinção rígida entre o lado interno e o lado externo das condutas humanas. O Direito respeitaria ao lado externo, não invadindo o foro íntimo de cada um; a moral limitar-se-ia ao lado interno.

Assim, nada interessariam ao Direito as más intenções que se não traduziam em acto; nem as motivações, possivelmente de todo calculistas, que conduzem o sujeito a obedecer à regra. Pelo contrário, a moral não se satisfaz com uma observância exterior, exige a intenção e mais ainda – condena o que quis e praticou uma má acção mas condena também o que a quis e só por circunstâncias exteriores não a chegou a praticar.

II – No seu radicalismo – que todavia é conatural a esta formulação – a doutrina da exterioridade é incorrecta. É falsa a demarcação de compartimentos estanques e a caracterização operada, quer do Direito, quer da moral.

No que respeita ao Direito, basta que recorramos a um exemplo para que a relevância da intenção se torne patente.

Se o lado exterior fosse suficiente, bastaria a descrição, a cinematografia das condutas, digamos assim, para que logo se pudesse indicar quais as consequências jurídicas que lhes estariam ligadas.

Suponhamos então que Luís dispara sobre João, matando-o.

O filme está completo – nada mais é necessário para descrever a sucessão exterior da conduta e do resultado. Não obstante, o significado que terá para o Direito variará completamente consoante o coeficiente anímico que animou Luís.

1) Luís pode ter disparado por inesperada crispação resultante de ataque cardíaco. Há aqui um facto dum homem mas não uma acção humana. A acção envolve necessariamente a dependência da vontade, e aqui a vontade de Luís é irrelevante. Tudo se passou como se uma causa natural tivesse provocado aquele efeito.

2) João pode ter-se atravessado inesperadamente à frente de Luís, tornando fatal aquele resultado. Se Luís o não podia evitar, houve acção de disparar, mas não acção de matar.

3) Luís pode ter disparado intencionalmente para matar João.

A Ordem Jurídica como Ordem Imperativa 99

4) Luís pode ter disparado desleixadamente, não se certificando se vinha alguém a passar. Não o animava o fim de matar mas a acção era evitável, porque sujeita ao domínio da sua vontade. Temos então a figura da negligência.

As consequências jurídicas são diferentíssimas. O que é decisivo, afinal, é anímico do sujeito. Um estado anímico não é directamente observável e por isso a sua determinação implica com frequência uma actividade complexa de prova. Utilizam-se os indícios existentes, mesmo que exteriores à prática do facto, como o comportamento anterior e posterior do agente, as declarações deste, etc. De todo o modo a prova é possível e o juiz pode formar uma convicção.

Para os nossos fins, nunca nos interessa o aspecto processual da prova. Partimos do princípio de que a prova está realizada. São considerações que pertencem afinal ao que se chama o foro íntimo que decidem da consequência, que vai desde a irresponsabilização pura e simples à condenação máxima.

Logo, o lado interno interessa, e muito, ao Direito.

III – Inversamente, também a actuação exterior tem importância para a moral. Basta pensar que a acção reprovável e efectivamente realizada consubstancia um grau mais forte de violação da regra que a mera disposição ou consentimento íntimos; pior do que desejar a morte de outrem é provocá-la efectivamente. Por seu turno, o cumprimento da regra moral não se satisfaz com as boas intenções que o povo diz que enchem o inferno. Não basta tencionar visitar doentes, a regra moral só se satisfaz se se põe em prática essa intenção[118].

Eis por que dizemos que a distinção radical entre um lado externo e um lado interno não pode ser aceite[119].

IV – Todavia, despojada do seu radicalismo, esta caracterização encerra um elemento muito útil, pois nos assinala os pontos de partida divergentes do Direito e da moral.

O Direito tem como ponto de partida o lado externo da existência. Visa efectivamente estabelecer uma ordem projectada no exterior. O que acontece é que essa ordem é uma ordem humana: assenta no homem tal qual este é, portanto sem poder abstrair da sua essência espiritual.

---

[118] Salvo se concorrer um facto impeditivo, é claro.
[119] Neste sentido Enneccerus, *Parte general*, § 28 I 1.

O Direito. Introdução e Teoria Geral

Frequentemente será necessário iluminar as condutas pela consideração da vontade; mas a mera intenção, não traduzida em actos, carece de relevância jurídica. O mero delito de convicção é juridicamente inadmissível; no Direito, só as manifestações da convicção podem estar em causa.

Pelo contrário, a moral assenta numa ordem espiritual do sujeito, e por isso os aspectos exteriores surgem só como complementares. Uma mera exterioridade nunca pode, pois, ter o sentido de uma actuação moralmente positiva ou negativa.

Eis portanto tudo o que encontramos de útil na caracterização do Direito pela exterioridade: ela indica-nos um ponto de partida, oposto ao ponto de partida interno próprio da moral.

E isto já nos impele para uma distinção do Direito e da moral, em consonância agora com as diversas finalidades, de uma e de outra ordem. É o tema que focaremos a seguir, encerrando este capítulo.

46. Direito e moral. Critérios de distinção insuficientes

I – O que até agora dissemos já nos permitirá traçar a distinção da ordem jurídica e da ordem moral?

Numerosos critérios têm sido apresentados. Alguns são insustentáveis, outros trazem aspectos verdadeiros, mas não bastam por si para a distinção.

II – *Mínimo ético*
No primeiro caso está aquela orientação que caracteriza o Direito como um mínimo ético.

Diz-se: nem tudo o que a moral ordena é prescrito também pelo Direito, pois este só recebe da moral aqueles preceitos que se impõem com particular vigor. É um mínimo em relação à moral, mas um mínimo cuja observância se reclama com um máximo de intensidade.

Direito e moral surgem-nos assim como círculos concêntricos. A área mais ampla da moral representa um núcleo que é acolhido e garantido pelo direito, porque imprescindível à vida social.

Esta concepção é passível de muitas críticas, mas uma há que basta para que a devamos desde logo arredar. Porque mais do que uma distinção do Direito e da moral, ela implica a atribuição de carácter moral a toda a regra jurídica.

Porém, a imensa maioria dos preceitos jurídicos é, sob o ponto de vista moral, neutra. As regras sobre a abertura das câmaras legislativas, sobre os

A Ordem Jurídica como Ordem Imperativa   101

uniformes dos militares, sobre as férias judiciais, são meramente organizativas. Podem variar em amplíssimos limites, podem ser consideradas convenientes ou inconvenientes, mas taxá-las de morais ou imorais levar-nos-ia à beira do ridículo.

Na realidade, a coincidência ou pretensa coincidência da regra moral e da regra jurídica só se dá num sector muito restrito, sobretudo no domínio penal. Podemos ler números e números de jornais oficiais sem encontrar alguma coisa que possamos afirmar que coincida com uma regra moral.

Se as regras jurídicas não têm pois necessariamente conteúdo moral, é escusada qualquer consideração ulterior sobre uma teoria que concebe o Direito como uma ordem da mesma natureza que a moral – como um mínimo ético.

III – *Coercibilidade*

Outros distinguem Direito e moral pela coercibilidade, que assistiria à primeira ordem e não à segunda.

Esta última afirmação é verdadeira: a regra moral é incoercível, porque nenhum poder exterior pode impor que os homens sejam melhores. Quando práticas imorais provocam reacção da sociedade, isso significa que a regra moral foi acolhida noutra ordem normativa, e não que ela se tornou por si coerciva. Neste domínio mais não se pode fazer do que criar condições exteriores que favoreçam uma correcta formação moral das pessoas.

Mas já a afirmação de que o direito se caracteriza pela coercibilidade não é verdadeira, como vimos[120]. Há ordens jurídicas, ou sectores da ordem jurídica, sem coercibilidade. Aqui o critério falha. Só vale negativamente, permitindo-nos dizer que onde houver uma ordem com coercibilidade não teremos uma ordem moral – a ordem estatal, por exemplo, necessariamente que não é uma ordem moral. Mas não nos fornece elementos positivos para a demarcação da ordem jurídica.

IV – *Bilateralidade*

Também a bilateralidade, de que por vezes se fala, e que se deve adequadamente traduzir pela sociabilidade, como veremos ao tratar da regra jurídica[121], fornece um elemento, mas que é vago. Não vale a pena analisá-lo de maneira distinta da própria exterioridade.

---

[120] *Supra*, n.os 38 a 40.
[121] *Infra*, n.° 289.

102 O Direito. Introdução e Teoria Geral

47. Distinção do direito e da moral

I – Fica-nos esta característica, a exterioridade, no sentido em que a conseguimos apurar. Direito e moral têm pontos de partida diferentes: um assenta no lado exterior, outro no lado interior das condutas humanas.

Por que acontece assim? Porque os fins visados pela ordem moral e pela ordem jurídica são diversos. A ordem moral é uma ordem das consciências, pretende o aperfeiçoamento dos indivíduos, orientando-os para o bem. Se canaliza também a actividade dos indivíduos para a própria transformação das condições sociais fá-lo instrumentalmente, sempre como via para conseguir aquela finalidade primeira.

Pelo contrário, o Direito pretende ordenar os aspectos fundamentais da convivência, criando as condições exteriores que permitam a conservação da sociedade e a realização pessoal dos seus membros. O Direito porém não pode nem pretende arcar directamente com esta realização pessoal, e por isso ele não assenta na ordem interna das acções humanas.

As condições exteriores que a ordem jurídica pretende criar bem podem ser designadas pela expressão tradicional *bem comum* – que é o bem duma sociedade e simultaneamente o bem das pessoas que vivem nessa sociedade[122].

Não há bem comum se não se instaurar numa sociedade a justiça e a segurança. Estas duas finalidades são pois normalmente apresentadas como os valores a que o Direito tende. Tudo o que porém acorde considerações de valor, e nomeadamente a posição exacta dos dois aludidos fins, será especificamente examinado em capítulo posterior.

II – Pensamos que tendo em conta a diversidade de fins conseguiremos chegar a uma satisfatória distinção, não só das ordens normativas, como até das regras do Direito e da moral singularmente consideradas.

Tomemos o exemplo classicamente apontado de confluência entre a regra moral e a regra jurídica: a regra que prescreve não matar. Haverá uma mistura de direito e moral? Haverá uma regra só? Serão regras diversas?

Seguimos esta última posição. Mesmo que o conteúdo de ambas as regras seja rigorosamente idêntico (e uma resposta afirmativa supõe uma justaposição perfeita das condições de aplicação da regra numa e noutra ordem), em todo o caso o conteúdo não é decisivo para a distinção. Pode

---

[122] Para aplicações desta noção, cfr. *infra*, n.º 339 III.

A Ordem Jurídica como Ordem Imperativa 103

haver regras diversas, embora com formulação idêntica, na moral e no Direito.

Para a moral, a proibição do homicídio surge como exigência da ordem de amor que condiciona o aperfeiçoamento de cada pessoa.

Para o Direito, basta a consideração de que a ordem social seria impossível se a vida dos seus membros não fosse respeitada. E na realidade, a estruturação da regra no seio de cada ordem, os seus pressupostos, as excepções (causas de justificação ou de exclusão de ilicitude), o sistema de sanções, etc., tudo isso marca a especificidade de cada domínio.

III – Uma última questão respeita às relações entre as duas ordens: pergunta-se se, e de que maneira, elas se vão repercutir uma na outra.

Certos autores não se contentam com a afirmação de que o Direito não deve contradizer a moral. Indagam ainda, positivamente em que medida o Direito deve consagrar as soluções da moral.

Deve-se aplaudir a afirmação duma "não beligerância" das duas ordens. Um acto imoral pode ser permitido pelo Direito, mas não imposto por este. Mas quando se passa à alegada aceitação pelo Direito de preceitos morais parece-nos que se está de novo a desconhecer a diversidade de essência das regras, na qual assentámos.

Contudo, na generalidade dos casos, falando-se numa recepção da moral pelo Direito, está-se apontando algo de muito diverso. Os autores preocupam-se em afirmar a subordinação da ordem jurídica, historicamente vigente, a certas regras fundamentais cuja validade não depende já do que efectivamente se pratica no seio da sociedade; ou, quando não a superioridade, pelo menos a relevância de tais normas.

Mas então o problema é outro: é o do fundamento da ordem jurídica. Não basta, para captar a essência do Direito, a consideração do facto; não basta ainda a consideração da estrutura normativa. É indispensável também a justificação última daquela ordem, pois só assim saberemos definitivamente como se caracteriza o Direito.

Dada porém a complexidade deste tema, só o examinaremos após a análise introdutória das várias ciências que estudam o Direito, e nomeadamente da Filosofia do Direito. Estas serão objecto do capítulo seguinte.

TÍTULO III
CIÊNCIAS QUE ESTUDAM O DIREITO

CAPÍTULO I
NOÇÕES GERAIS

48. Ciências que estudam o Direito e Ciência do Direito

I – Partimos de um dado, a ordem social, e procurámos de várias formas detectar elementos que têm relevância para a caracterização dessa ordem. Teremos uma primeira aproximação do que seja o Direito. Passamos agora à consideração do *estudo* do Direito. Interessam-nos algumas noções fundamentais sobre o estudo científico do Direito.

Mas o Direito, elemento da ordem social, pode ser estudado sob uma pluralidade de pontos de vista, e pode portanto ser objecto duma pluralidade de ciências[123].

O que não admira, pois as ciências distinguem-se pelos seus objectivos e pelo método que utilizam, mais do que pelo objecto sobre que versam.

II – Isto nos permitirá distinguir uma Ciência do Direito, que é a ciência que estuda o Direito utilizando o método jurídico, e várias ciências gerais, com os seus métodos próprios, que podem também versar sobre o Direito, dando origem a capítulos especiais dessas ciências. A Filosofia do Direito, por exemplo, é um capítulo da Filosofia e não da Ciência do Direito.

Esta distinção não corresponde à que se faz entre a Ciência do Direito e as ciências auxiliares do Direito. Auxiliares do Direito são numerosas ciências, mesmo que não estudem especificamente o dado jurídico. A Medicina Legal, por exemplo, é uma ciência auxiliar do Direito tão im-

---

[123] Cfr. sobre a matéria deste capítulo J. H. Saraiva, *Lições*, § 5.

106 *O Direito. Introdução e Teoria Geral*

portante que costuma ser de frequência obrigatória nos estudos de Direito, e todavia não tem por objecto o Direito. Também a Linguística ou a Física podem ser auxiliares do Direito[124]. É evidente que não nos podemos ocupar especialmente de todas as ciências auxiliares do direito.

Por razões didácticas, porém, a Ciência do Direito só será considerada no final do título seguinte.

III – Rehbinder distingue três modos de abordar o fenómeno jurídico: pode pesquisar-se a sua justiça, a sua normatividade e a sua facticidade. Corresponderiam como ciências a Filosofia do Direito, a Ciência do Direito e a Sociologia do Direito. O A. chega a falar da *tridimensionalidade* do Direito a este propósito[125], expressão que mais tarde analisaremos.

A colocação tem interesse. Há porém ainda outras ciências auxiliares que estudam o dado jurídico, como passamos a ver.

49. Outras ciências que estudam o Direito

I – Limitando-nos às outras ciências que estudam o direito, podemos distinguir várias maneiras de encarar o dado "ordem jurídica".

A ciência que o considera mais lateralmente é a Política Legislativa. Esta estuda o Direito, sim, mas sob perspectivas de reforma. A situação actual interessa-lhe só como ponto de partida para alicerçar a situação futura. O Direito vigente não surge pois como o objectivo desta ciência mas como a circunstância das soluções que elabora.

II – Das outras ciências, a que encara o Direito com maior pobreza é a Sociologia do Direito. No estudo dos factos sociais, a Sociologia depara com uma ordem fáctica na sociedade, e isso lhe desperta interesse suficiente. Não poderá, é certo, esquecer o sentido normativo que também é elemento desse dado social, e portanto a relevância muito especial que naquela ordem o Direito assume. Só que esse sentido normativo é para a Sociologia do Direito mais um critério exterior de demarcação dos factos que vai ter em conta, que propriamente uma delimitação intrínseca. Referi--la-emos adiante, bem como a Etnologia Jurídica.

---

[124] Por isso podem peritos ser ouvidos em juízo, quando um litígio se baseia em factos que respeitem a estas ciências.

[125] *Rechtssoziologie*, § 1 I 1.

Noções Gerais 107

III – Para as outras ciências que estudam o Direito o elemento normativo aparece já como um momento essencial da análise que realizam. Mas podemos dizer que nelas o dever ser é mais objecto de observação que de elaboração. Todas elas procuram antes de mais o Direito já não na nudez do dado social, mas também ainda não no seu significado próprio: antes se opera como que uma recepção. Essas ciências estudam a ordem jurídica tal como a ciência jurídica a revela. Não procedem por sua conta a elaborações autónomas desse dado. Assim acontece com a Filosofia do Direito, o Direito Comparado[126] e a História do Direito.

A Filosofia do Direito deve atender às soluções positivas, fazendo nomeadamente a sua crítica. Mas não é função da Filosofia do Direito descobrir ela própria essas soluções, nem para isso tem os instrumentos adequados. Pode o filósofo do Direito ser simultaneamente cientista jurídico, e isso tornará menos visível a distinção das duas operações; mas em si ela é radical. A Filosofia surge como que em momento posterior à Ciência do Direito, pois trabalha sobre os elementos que esta lhe fornece. Isso não nos deve aliás levar a esquecer que noutro sentido ela é prévia, pois controla e fundamenta os próprios materiais com que o cientista trabalha.

O mesmo se passará com a História do Direito. O historiador deverá dizer que isto ou aquilo foi tido como Direito, e não dizer o que deveria ter sido tido como Direito, por correcto entendimento dos princípios fundamentais da ordem jurídica em certo tempo vigentes.

IV – Devemos fazer uma ligeira introdução a todas estas disciplinas. Mas não é idêntica a atenção que lhes poderemos outorgar.

Da Política Legislativa, da Sociologia do Direito e da Etnologia Jurídica não daremos mais que rápidos apontamentos, nos números seguintes.

A Filosofia do Direito deve ser aqui introduzida nos seus aspectos gerais. Dada a sua função propedêutica, dedicar-lhe-emos capítulo à parte. O mesmo acontecerá com o Direito Comparado.

Finalmente, a História do Direito, de tão grande significado para a formação dos juristas, não pode deixar de merecer também uma atenção especial da nossa parte, mas sem a pretensão de suprir as disciplinas históricas introdutórias. No capítulo seguinte caberia ocupar-nos da História do Direito.

---

[126] Cfr. *infra*, n.º 71.

108 O Direito. Introdução e Teoria Geral

50. Política Legislativa

I – A ordem jurídica é ilimitadamente aperfeiçoável. Basta o simples evoluir das circunstâncias para obrigar dia a dia a rever as soluções alcançadas. A Política do Direito, ou Política Legislativa, estuda as formas de melhorar essa ordem jurídica através da legiferação.

Em si, é um mero aspecto da política, como arte do bem comum. Não referimos esta, porque noutras disciplinas do Curso de Direito a Ciência Política é necessariamente considerada. Limitamo-nos à Política Legislativa.

Se alguém faz um projecto dum novo código ou duma lei, faz obra de Política Legislativa. Mas muitas vezes as considerações de Ciência do Direito e de Política Legislativa entremeiam-se no mesmo trabalho. O jurista, até no exercício prático, ao referir determinada solução como vigente, expõe também a sua maneira de ver sobre os méritos ou deméritos dessa solução.

II – Para exprimir estes pontos de vista diversos o jurista dirá então que faz uma apreciação *de iure constituendo*, a que se opõe a apreciação *de iure constituto*: ora se está a fixar qual o direito que deve instituir-se, ora qual o direito que é. No mesmo sentido se usa também a contraposição entre as expressões *de iure condendo* e *de iure condito*.

A fidelidade ao direito efectivamente existente leva muitas vezes à discrepância entre estas duas abordagens: dir-se-á por exemplo que a previsão de um prazo nas locações residenciais não tem já sentido e deveria ser suprimida. Como se vê, é um domínio em que as opções do observador têm grande relevo.

A consideração das finalidades e interesses práticos é essencial na interpretação das fontes existentes, como veremos. Mas há um limite nas potencialidades da fonte que não pode ser ultrapassado. Indo além dele, qualquer afirmação só pode respeitar ao Direito a constituir.

III – Certos juristas têm uma exagerada propensão para confundir o que pertence à Política Legislativa e o que pertence à Ciência do Direito. Deixando-se levar pelos seus desejos, acabam por considerá-los quase sempre como efectivamente consagrados pelo Direito vigente.

Esse excesso conduziu à reacção para o extremo oposto. Sobretudo a chamada "teoria pura do direito" quis pôr termo à confusão metodológica[127],

---

[127] Cfr. logo o n.º 1 da *Teoria Pura do Direito*, de Kelsen.

Noções Gerais 109

e por isso os seus cultores se abstêm nos seus trabalhos de toda e qualquer consideração de Política Legislativa.

Mas este extremismo também não é aceitável. A confusão metodológica não está em a mesma pessoa, quiçá no mesmo trabalho, fazer considerações de uma e de outra ordem; está antes em fazer passar os resultados duma ciência para a outra, e nomeadamente em tomar as conclusões obtidas pelo prisma da reforma legislativa como soluções efectivamente vigentes. O problema é o da objectividade científica. O jurista pode ter uma posição quanto ao direito que deve vigorar mas deve abandonar todo o preconceito quando se trata de indicar qual o direito que vigora[128].

Sob reserva desta atitude de probidade intelectual, é muito útil que o jurista não deixe de contribuir para a formação da opinião sobre a valia das soluções vigentes, até porque dificilmente alguém estará em tão boa posição como ele para essa função. A opinião assim formada virá a ter poderosa influência nos movimentos de reforma posteriores, contrariando a rotina que leva a que o Direito vigente se mantenha, só por ser o vigente...

Para além disso, há ainda a crítica do Direito, como momento da Ciência do Direito, de que falaremos depois.

51. Sociologia do Direito

I – A Sociologia do Direito é uma das "sociologias especiais" que se desenvolveram modernamente. Devemos ser particularmente cautos na delimitação do seu objecto.

Tudo no Direito é de molde a ocupar a Sociologia: o desinteresse de Comte pela nossa matéria só se explica pela visão deturpada que tinha do Direito. Já Durkheim procede a uma análise extensa do Direito.

Mas a observação de certos fenómenos ou meios jurídicos caberá antes a ramos especiais do que à Sociologia Jurídica geral. Assim, a análise da actividade dos órgãos judiciais permite-nos estudos muito interessantes sobre o comportamento das partes, das testemunhas ou dos juizes, levando a ter em conta, por exemplo, factores de erro ou de desvio que não resultam da mera visão normativa do processo; mas temos então a Sociologia Judiciária. O estudo dos meios prisionais leva-nos a conclusões

---

[128] Por outro lado veremos, ao tratar da interpretação, que o acerto da solução é um dos elementos a sopesar quando se procura o sentido juridicamente vinculativo de uma fonte do Direito.

110   *O Direito. Introdução e Teoria Geral*

muito importantes sobre os seus frequentadores, a influência de uns sobre outros, a repercussão de métodos diversos de internato por parte das autoridades, etc.: mas antes se falará de Sociologia Prisional.

II – Quanto ao núcleo da Sociologia do Direito, deparamos com dificuldades na sua determinação, até em consequência do carácter universal do fenómeno jurídico. Se o Direito é ordem social, e se essa ordem existe em todas as sociedades, sociedade alguma pode ser estudada sem que se tenha em conta o fenómeno jurídico. Reconhecendo este facto, um dos nomes mais ilustres da sociologia em geral e da sociologia jurídica em particular, Max Weber[129] não experimentou grandes dificuldades, porque partiu de uma visão normativista do Direito. Viu-o como dever ser, não como facto: reduziu-o a uma ordem que aspira simplesmente à correcção intrínseca dos seus preceitos. Assim, teria de ser conduzido a contrapor esta ordem só normativa à ordem só fáctica que a sociologia revela.

No pólo contrário está Ehrlich, a quem Max Weber se opõe. Este considera amplamente a incidência do momento fáctico no conceito de Direito[130]. Resta saber se ele próprio não terá caído no exagero inverso.

Mas se o Direito, como pensamos, é antes de mais uma ordem da sociedade, não se poderá pôr em dúvida a própria admissibilidade da Sociologia do Direito? Estudar o Direito, para a Sociologia, não será fazer Sociologia pura e simplesmente, uma vez que, repetimo-lo, em toda a sociedade o Direito irrompe?[131]

III – Pensamos que, se é certo que há Direito em toda a sociedade, não é menos certo que nem toda a ordenação social é uma ordenação jurídica. Este é ponto de partida essencial.

---

[129] *Sociologia do Direito*, integrado em *Economia e Sociedade*. Ver também o capítulo sobre "A Economia e as diversas ordens".

[130] Cfr. *Grundlegung*.

[131] São inúmeras as variações entre os autores, que escapam a uma possibilidade de enumeração integral. Arnaud / Fariñas, *Introdução à Análise Sociológica dos Sistemas Jurídicos*, afirmam a complementaridade absoluta dos métodos (págs. 19-20), mas distinguem da Sociologia do Direito a Análise Sociológica dos Sistemas Jurídicos (12-13). Rehbinder parte da doutrina da *tridimensionalidade* do Direito (*Rechtssoziologie*, § 1.I.1.), noção que tão importante se irá revelar a seguir, mas entende-a como originando três ciências separadas: a Filosofia do Direito ou Ciência do Valor; a Dogmática Jurídica ou Ciência da Norma; e a Sociologia Jurídica ou Ciência da Experiência. Não é o nosso entendimento, pois como veremos encontramos no Direito os três momentos, do facto, norma e valor.

Noções Gerais 111

O sociólogo estuda o facto social. Estudando-o, não pode deixar de ser impressionado por certas regularidades, e é mesmo esse o objecto principal da sua atenção. É também um dado social, a que não pode deixar de atender, que há certos factos que têm o sentido objectivo de um dever ser, ou pelo menos que se repercutem com tal sentido na consciência dos membros da colectividade. Poderá falar então em factos normativos, ou em regularidades que traduzem ordens normativas. Dentro destes o sociólogo distinguirá segundo o seu critério próprio – que não tem de coincidir com o critério da Ciência do Direito – os factos jurídicos.

O que quer dizer que há desde logo uma contraposição a fazer, entre as regularidades jurídicas, de um lado, e todas as restantes regularidades e situações sociais. É o caminho seguido por Gurvitch, por exemplo[132].

Para isso, têm de se evitar posições extremistas e estéreis. Como seria supor que o Direito é um mero reflexo de situações sociais, que acompanha *pari passu* aquelas; a verdade é que o Direito tem uma autonomia relativa, e por isso vemos regras subsistirem inalteradas em situações políticas e sociais muito diversas. Mas seria igualmente incorrecta a posição contrária, consistente em supor que o Direito é um mundo *a se*, que se rege pelos seus tempos próprios de evolução, desligado da situação social.

IV – Há por outro lado que ter presente que a regularidade das condutas que a observação sociológica revela permite-nos desvelar trechos da ordem jurídica, mas está longe de abranger todo o Direito. A necessária intervenção, no Direito, das categorias do ser, dever ser e valor suporta facilmente esta conclusão. A observação de regularidades entre as condutas respeita à base indispensável do "ser" de toda a ordem jurídica, mas nada nos diz sobre o "dever ser" e sobre o "valor". Alcançará que esse ser tem um sentido de um *devido*, mas não poderá abranger já uma visão normativa, crítica.

Assim acontece se se pretende que certas formas do ser são uma deturpação do que deve ser, logo não são afinal jurídicas.

Exemplifiquemos estes princípios através do enunciado de várias manifestações.

---

[132] Cfr. no *Traité de Sociologie*, publicado sob a direcção de Georges Gurvitch, II, *Problèmes de sociologie du droit* (págs. 173 e segs.). Ver também Cláudio e Solange Souto, *Sociologia do Direito*, págs. 12 e segs..

a) A observação social diz-nos como se procedeu nos casos em que se aplicaram as regras, mas é por natureza impotente para nos dizer como se deve proceder em *casos que não tiveram verificação histórica*, mas podem vir a tê-la. No caso limite de haver uma lacuna, portanto uma hipótese que não está contemplada nas fontes do Direito existentes, só se saberá como se deve proceder considerando o dever ser da ordem jurídica, e ultrapassando portanto a mera observação de facto.

b) A observação social é opaca à temática do *fundamento* da ordem jurídica. Diz-nos que se procede assim, mesmo nos casos em que tal prática representa uma violação grosseira da ordem essencial da comunidade. A observação das regularidades das condutas nunca nos revelará se há elementos da ordem jurídica que fogem ao arbítrio do legislador.

c) Mais globalmente: não se pode dizer que o objecto da Sociologia do Direito é o Direito. É o que se pratica como Direito, mesmo que seja afinal o não-Direito: a categoria da validade é-lhe alheia[133]. Toma o Direito como facticidade sentida como dever ser, e não como ordem que deve ser.

V – Assentes estas premissas, observemos que continua a ser muito vasto o campo que no Direito interessa à Sociologia.

1) A própria relação entre a ordem jurídica e a estrutura social global pode ser vista por numerosos ângulos. O sociólogo não tem de se limitar ao presente, procura as regras de evolução através do exame de sistemas históricos. Nem se limita a um sistema dado, como faz o cientista do Direito, e por isso terá a tendência para comparar situações emergentes de ordens jurídicas diversas.

2) O sociólogo indagará também das maneiras como o Direito se revela (é o problema jurídico das fontes do Direito, que referiremos em breve) e contraporá necessariamente a formação espontânea e a formação intencional. Notará por exemplo que hoje a formação intencional do Direito substitui em grande parte a formação espontânea, que noutras épocas chegou a ser exclusiva, e não terá dificuldade em ligar o facto a exigências da sociedade de produção e consumo em que vivemos.

3) Enfim, indagará dos pressupostos das próprias doutrinas jurídicas e dos instrumentos técnicos com que trabalha a ciência jurídica, verificando também aí regularidades, formas de justificação em condições sociais

---

[133] Cfr. Rehbinder, *Rechtssoziologie*, nt. 3.

Noções Gerais 113

dadas e até motivações, talvez inconscientes, mas que se sobrepõem a uma aparente neutralidade[134].

VI – A Sociologia Jurídica tem grande importância, não só para a Política Legislativa, como para a própria Ciência do Direito. Se o direito é uma ordem da sociedade, é preciso conhecer a sociedade para conhecer o Direito. A fórmula legal, por exemplo, não pode ser vista como algo de isolado e que tem em si um sentido perfeito, mas como uma base cujo sentido só será plenamente captado através do confronto com dada situação social.

Por isso, a Sociologia do Direito é objecto de interesse crescente por parte dos juristas. Aliás, são normalmente juristas os seus cultores[135].

52. Etnologia Jurídica

I – Tem também importância a Etnologia Jurídica.

Se a Etnologia, que possivelmente se identificará com a Antropologia Cultural[136], é a ciência que estuda o homem como ser cultural, a Etnologia Jurídica estudará o Direito como manifestação cultural do homem. Terá sobretudo importância na revelação de formas jurídicas de povos ou meios primitivos.

Não se entenderam ainda os autores quanto à demarcação da Sociologia Jurídica e da Etnologia Jurídica. É um tema que não necessitamos de debater. Observemos apenas que a Etnologia Jurídica tende a limitar-se ao estudo de sociedades tradicionais, considerando costumes, cultura e formas de vida[137].

---

[134] Gurvitch atribui ainda à Sociologia do Direito o estudo do papel dos juristas na sociedade (*ibid.*, págs. 176-177).

[135] Há obras de juristas brasileiros modernos sobre este tema. Cfr. Machado Neto, *Sociologia*, e Cláudio Souto, *Fundamentos*.

[136] Cfr. A. Jorge Dias, *Ensaios Etnológicos*, págs. 1 e segs..

[137] Como nessas sociedades o direito é praticamente todo costumeiro, o estudo das práticas jurídicas quase se confunde com o próprio estudo da ordem jurídica. Não há então o factor de diferenciação representado pela lei, com o seu conteúdo não redutível ao facto. Mesmo nestes casos, porém, não deixa de se verificar o transbordar do Direito em relação ao facto, que assinalámos atrás.

114   *O Direito. Introdução e Teoria Geral*

II – Em Portugal desenvolveram-se alguns estudos de Etnologia Jurídica de muito interesse, em geral referidos às populações dos antigos territórios ultramarinos.

Noutros casos, os dados jurídicos surgem no seio de pesquisas etnológicas de ordem geral. São primorosos os estudos de A. Jorge Dias sobre Vilarinho das Furnas e Rio de Onor, povoações do Minho e de Trás-os-Montes.

III – No Brasil, nós próprios tivemos oportunidade de conduzir uma pesquisa pioneira neste domínio. Coordenámos um grupo de alunos do mestrado da Faculdade de Direito do Recife que se deslocou a Água Branca, cidade do Estado de Alagoas. Durante dez dias misturámo-nos com a população, auscultando a sua prática jurídica.

Os resultados da pesquisa constam do livro *Água Branca – Pesquisa de um Direito Vivo*[138]. Nos múltiplos sectores do Direito considerados vimos desenhar-se uma ordem, sentida e vivida como Direito, que se afasta, e até frequentemente contrasta com o Direito oficial. E todavia, está solidamente implantada, e tem até as suas formas próprias de definição.

As ordens locais variam de caso para caso. Outras pesquisas terão de ser conduzidas para apurar qual o direito do povo. No Rio de Janeiro, por exemplo, Boaventura de Sousa Santos desenvolveu pesquisa análoga sobre a ordem imperante nas favelas.

Cabe à Etnologia Jurídica esta indispensável função de revelar o direito vivo, quebrando a auto-suficiência do foro, que é cego à vida autêntica das populações.

---

[138] Universidade Federal de Pernambuco, 1978. Cfr. ainda os nossos "Direito dos juristas e direito vivo" e "Pesquisa de um direito vivo".

CAPÍTULO II
HISTÓRIA DO DIREITO

SECÇÃO I
CARACTERIZAÇÃO

53. Generalidades

I – Dissemos já que, entre as ciências que estudam o Direito, a História do Direito merece tratamento autónomo. Impõe-se, como introdução ao Direito, realizar uma análise inicial dos seus problemas.

Começamos pela História do Direito, em si tomada. Seguidamente caberia examinar dois ramos desta que revestem importância especialíssima como antecedentes do direito actual: a História do Direito Romano e a História do Direito Português. Não o poderemos fazer, por não caber nos limites desta obra, no respeitante à História do Direito Português.

II – A História do Direito visa reconstituir as ordens jurídicas que vigoraram no passado. O estudo do Direito de povos desaparecidos é História do Direito, como é História do Direito o estudo de épocas jurídicas passadas de povos actuais. A História do Direito é a parte da História que estuda a realidade "ordem jurídica".

O objecto da História do Direito é pois verdadeiramente o Direito. Simplesmente, esse Direito não é tomado na totalidade das suas perspectivas, como acontece na Ciência do Direito, mas é antes de mais encarado como um facto. É um facto que em certas épocas históricas foi assim a ordem jurídica. Facto que só é captável se tivermos em conta o sentido normativo intrínseco que o anima, e permite distingui-lo dos restantes factos sociais – mas em todo o caso facto.

O historiador do Direito, como tal, não terá que indagar qual o Direito que deveria ter vigorado em certa época e lugar. Deve relatar, simplesmente, o que aí foi tido e efectivamente vigorou como Direito.

116   *O Direito. Introdução e Teoria Geral*

Adoptando outra qualificação, diremos que lhe não interessa o Direito *válido*, mas simplesmente o Direito *vigente* – ao menos num dos sentidos da expressão "Direito vigente". A crítica do Direito praticado não o ocupará como historiador.

54. Conteúdo da História do Direito

I – Mas esta referência ao Direito como objecto da História do Direito é ainda insuficiente. É necessário fazer uma distinção subsequente. Como trechos da História do Direito podemos distinguir:

– a história das fontes
– a história das instituições
– a dogmática.

II – *História das fontes*
A noção de fonte do Direito foi já antecipada[139]. Das várias acepções de fontes do Direito interessam-nos, neste estudo histórico, duas:

1) *instrumental*. É indispensável que o historiador conheça os instrumentos ou monumentos (em sentido técnico) que revelem o Direito existente na época em causa.
2) *técnico-jurídica*. Pertence à História do Direito indicar quais os processos pelos quais se inovava Direito em épocas jurídicas passadas – costume, lei, jurisprudência...

III – *A história dos institutos jurídicos*
Cabe seguidamente à História do Direito indicar quais os institutos jurídicos que vigoraram, conjugando e harmonizando entre si as várias regras jurídicas que se apuram. O historiador do Direito procede à exegese das fontes e à interpretação ou determinação correcta das regras, tornando possível uma exposição sistemática do conjunto. Assim, ficaremos a saber qual o direito sucessório babilónico, qual o regime tributário nas províncias romanas, e assim por diante.

---

[139] *Supra*, n.os 21 e 22.

IV – *Dogmática*

Pertence ainda à História do Direito elevar-se à dogmática[140] do material jurídico que vai reconstituindo. Só a dogmática permite reconstituir a unidade que é própria de toda a ordem jurídica.

Betti sustentou a licitude de aplicar a Direitos históricos as categorias dogmáticas actuais. Por exemplo, a Teoria Geral do Direito, desconhecida dos romanos, poderia ser utilizada para enquadrar o material romano. É provável que tenha razão, apesar das fortes oposições que suscitou, enquanto a dogmática não trair o conteúdo da ordem passada e se limite a expô-lo. Muito forte há-de ser todavia a tentação, uma vez que a dogmática hodierna assenta no Direito actual, de transpor para o Direito antigo os conteúdos a que essa dogmática corresponde. Isto seria já procedimento ilegítimo.

V – O que transcende sem dúvida a História do Direito é a consideração das ordens jurídicas passadas como se fossem Direito actual. Dominaria o objectivo de extrair delas elementos que não foram visíveis aos olhos dos homens do tempo, procurando a solução de situações novas ou construindo institutos a que os juristas antigos se não elevaram. Mesmo que tenha por base fontes do passado, esta tarefa inovadora poderá caber à Ciência do Direito, que trabalha e reformula dados actuais, mas não à História do Direito, que apenas reconstitui ordens jurídicas que já não vigoram.

Contrariam aparentemente esta posição exemplos de épocas passadas em que se utilizavam fontes históricas para a cobertura de necessidades coevas. Para não irmos mais longe, temos as sucessivas revivescências do Direito Romano, nas quais os estudiosos analisaram e desenvolveram os textos romanos, chegando a resultados muito afastados já daqueles que se havia revelado aos juristas romanos.

Mas não há contradição. O que acontecia era que o Direito Romano vigorava então como Direito actual. As fontes romanas integravam-se no sistema de fontes dessas sociedades, e por isso avisadamente procediam os autores ao valorizá-las plenamente, e tirar delas consequências que haviam sido insuspeitadas para os romanos. Mas ao fazê-lo não procediam como historiadores do Direito (não obstante a solidez e a extensão dos seus conhecimentos históricos) mas como cientistas do Direito, ocupados em retirar do tesouro das fontes coisas velhas e novas. Pelo contrário, o histo-

---

[140] Sobre o significado desta tarefa constitutiva do método jurídico, cfr. *infra*, n.º 233.

118   *O Direito. Introdução e Teoria Geral*

riador reconstitui a ordem que vigorou, e tudo o que acrescentar é uma mancha na pureza do seu método.

É muito peculiar o que aconteceu no período de influência iluminista, com o *usus modernus pandectarum*: as pandectas, as fontes romanas, vão ser estudadas, não propriamente com o fito da reconstituição do Direito Romano, mas sim com o da adaptação às necessidades próprias da época. A isto se chama a Pandectística. A tendência terá tido uma intonação nacionalista e costumeira por parte da Escola Histórica, e racionalista mais estrita por parte dos juristas ortodoxos, que atribuem uma presunção de racionalidade ao Direito Romano, justamente pelo facto de ele ser aplicado pelas nações civilizadas. Em todo o caso, o Direito Romano é sujeito sem rodeios a um uso moderno, tendente a que se tire dele tudo o que interessa, mas se declare caduco o restante.

55. A função explicativa da história

I – Rigorosamente, isto e só isto é a História do Direito: culmina e encerra-se com a reconstituição duma ordem jurídica passada. Mas a maneira como se realiza esta reconstituição exige alguns esclarecimentos.

Não cabe à História do Direito descrever estaticamente o que foi o Direito dum povo. É necessário ainda que ela explique esse Direito, valorizando os factores que conduziram a sua dada situação, porque todo o Direito evolui. Para isso o historiador do Direito deve ser sensível à mudança das instituições e às consequentes alterações de regras jurídicas que aquela provoca. Como o Direito é uma ordem da sociedade, é necessário valorar todos os elementos relevantes na sociedade para apreender devidamente a ordem jurídica.

A História do Direito não é portanto um ramo divorciado da história geral duma sociedade; é antes o ramo dessa história geral que se destina à reconstituição da ordem jurídica. O facto de haver uma autonomia relativa na evolução da ordem jurídica (pois seria primário supor que toda a transformação jurídica é uma repercussão duma vicissitude económico--social) não autoriza em caso nenhum que o Direito se estude sem se considerar a sociedade em que se integra.

II – Nesta preocupação de explicar globalmente certa ordem jurídica passada, a História do Direito não pode deixar de se interessar pela própria ciência jurídica da época em causa. Esta, com as orientações, os métodos

História do Direito 119

e até as modas que a influenciam em cada período histórico, acaba por ser um elemento constitutivo essencial da ordem jurídica total. Como tal, deve ser conhecida para que possa conhecer-se também devidamente a ordem jurídica que vigorou.

III – O objecto da História do Direito é a ordem jurídica que efectivamente vigorou em épocas passadas, e não as leis que então existiram.

É evidente que há interesse em saber quais os textos que foram promulgados como lei: isso está implícito na referência ao estudo das fontes do Direito. Mas às fontes do Direito só se recorre para se chegar ao conhecimento da ordem que vigorou na sociedade. Por isso perde importância o estudo de leis que não chegaram a obter repercussão. O historiador do Direito anotará que se quis transformar a sociedade no sentido *A* ou *B*; mas anotará também que, efectivamente, o Direito da sociedade foi outro, e é este último que é definitivamente o seu objectivo.

56. Método da História do Direito

I – Como em toda a tarefa histórica, o historiador do Direito que o for verdadeiramente deverá proceder antes de mais à recolha dos documentos que elucidem quanto à situação em épocas passadas – as fontes, no sentido instrumental há pouco enunciado. Só através das fontes os factos históricos se podem revelar. Esta recolha das fontes exigirá nomeadamente, com grande frequência, a busca paciente em arquivos públicos ou colecções particulares. Esta pesquisa é sobretudo necessária no que respeita a épocas anteriores à descoberta da imprensa, em que todo o documento é obra laboriosa, como exemplar único ou um dos sempre escassos exemplares.

II – Sobre as fontes recolhidas deve em seguida realizar-se a crítica histórica[141]. É necessário saber o que genuinamente resulta dessas fontes.

Em primeiro lugar ocorre realizar a *crítica externa* do documento. É necessário apurar se o documento é efectivamente original. Ainda que o não seja, isso não quer dizer que não tenha valor. Pode ser uma cópia coeva, ou mesmo uma cópia posterior que traduza fielmente o conteúdo do documento original.

---

[141] Cfr. sobre esta matéria Marcello Caetano, *História*, n.º 6.

120 *O Direito. Introdução e Teoria Geral*

Mesmo quando a cópia não é fiel pode de qualquer forma trazer-nos luz sobre o documento original. Pode acontecer por exemplo que, comparando várias cópias de épocas distintas e apurando o que cada época adulterou no texto, possamos reconstituir a versão original, ou conseguir uma ideia muito aproximada.

III – *Interpolações*

A este propósito nos surge a querela das interpolações, que na História do Direito ganha grande significado. Vamos supor que temos notícia duma lei da época romana clássica cujo teor nos é desconhecido; e que, numa compilação mais recente, surge um texto assinalado como sendo o dessa lei. Não podemos sem mais aceitar que o texto seja verídico.

Como veremos, foi frequentíssima a alteração subsequente de textos antigos. Muitas vezes se procedeu à compilação das leis em vigor, algumas das quais muito antigas, para consolidar Direito vigente. Mas essa compilação não era fiel. O compilador alterava-as no que parecesse necessário para eliminar contradições, ou adaptar as leis ao sistema da época, ou a novas necessidades sociais. E muitas vezes as leis antigas só são conhecidas através das compilações posteriores, nas quais sofreram deformações.

As alterações introduzidas no texto originário, seja qual for a sua justificação, recebem o nome de interpolações. A interpolação pode detectar-se de muitas maneiras. Pode consistir em aditamento que não jogue gramaticalmente com o resto do texto; pode a parte modificada referir-se a institutos desconhecidos na época anterior; pode contrariar a versão já constante de documento comprovadamente anterior; e assim por diante. É uma tarefa que exige pois um grande domínio dos instrumentos com que se realiza (a filologia, por exemplo), mas simultaneamente uma grande imaginação que permita reconstituir a primitiva formulação dos dados retocados.

A pesquisa das interpolações é hoje um passo obrigatório na História do Direito. Infelizmente, apesar dos grandes progressos conseguidos, frequentemente levanta muitas dúvidas sobre as fontes existentes, para deixar depois magras certezas sobre a versão autêntica.

IV – Após a crítica externa, passa-se à crítica interna. Perante um determinado texto, é necessário apurar o seu sentido. Temos então a hermenêutica. Mas mesmo depois de captado o sentido, o historiador tem de defrontar o problema da credibilidade da declaração. O autor do docu-

História do Direito 121

mento pode ter mentido; ou pode ter querido dizer a verdade e todavia estar em erro sobre os factos.

V – Por tudo isto, e pela própria insuficiência das fontes, o historiador terá muitas vezes de trabalhar sobre hipóteses sem fundamentação documental – ou por dedução, ou pela aplicação àquela situação do que foi apurado para situações análogas.

Todas as conclusões assim obtidas serão necessariamente provisórias, sujeitas como estão a todo o momento à confirmação ou à refutação documental.

57. Importância da História do Direito

I – A História do Direito, como ramo da História, tem a importância que a História tem. Por isso, não ocorre aqui determo-nos em considerações que pertencem à História em geral.

Particularmente, tem uma importância grande para a *compreensão da ordem jurídica actual*.

O Direito integra uma sociedade que tende a manter-se una e idêntica através dos séculos, não obstante a sua permanente evolução. Há pois uma continuidade na ordem jurídica, que lhe permite perdurar, muitas vezes quase intocada, não obstante comoções políticas ou catástrofes sociais. A revolução, de longe em longe, substitui trechos largos da ordem jurídica, mas não lhe faz perder a identidade.

Isso significa que, no Direito que vivemos, há um volumoso lastro que provém directamente de épocas passadas e que se mantém ainda hoje, ou

a) porque tem justificação intrínseca, ou

b) porque representa uma opção histórica que não há necessidade de pôr em causa, ou

c) por mera inércia, embora seja na realidade obsoleto.

O jurista de hoje não poderá ter consciência da sua própria ordem jurídica se não lhe conhecer a história. Em relação a problemas singulares é por vezes pura e simplesmente impossível apreender a disciplina jurídica enquanto se não conhecer a razão histórica que determinou uma disposição em dado sentido.

122   *O Direito. Introdução e Teoria Geral*

II – *História do Direito Romano*
Concretamente em relação à ordem jurídica brasileira, esta não poderá ser conhecida, a nível científico, sem se conhecer o Direito Romano e o Direito Português anteriores.

O Direito Romano, porque as bases do nosso Direito nos foram legadas pelo génio jurídico romano. A nossa maneira de ver o Direito, as evidências pré-críticas de quem se abeira pela primeira vez desta disciplina, esboroam-se com grande frequência quando entramos em contacto com sistemas jurídicos mais distantes. Verificamos então que as soluções só parecem evidentes porque os juristas romanos as souberam moldar, com impressiva clareza, de tal modo que ainda hoje vivemos do seu contributo.

O Direito Romano foi vigente em território português; e foi-o não apenas no tempo do domínio romano como em várias épocas posteriores. Ao seu sabor formaram-se os juristas e moldaram-se as soluções.

O Direito Romano ficou a ser coluna constitutiva do Direito actual, e assim elemento essencial para a compreensão de todo o sistema.

III – *História do Direito Português*
Quanto à importância da História do Direito Português, ela deriva de representar o antecedente comum imediato das ordens jurídicas portuguesa e brasileira, além de outras ordens jurídicas espalhadas pelo mundo. Nada mais, em rigor, seria preciso dizer.

Uma ordem jurídica pode morrer; pode ser erradicada, pela dispersão dos seus suportes, por exemplo[142]. Mas é impossível criar uma ordem jurídica a partir do nada. As ordens jurídicas actuais têm o seu passado, mais rico ou mais débil, mais puro ou mais mesclado, mas em todo o caso presente na estrutura actual.

Que dizer então da ordem jurídica portuguesa de hoje, que prolonga sem alterações bruscas uma ordem jurídica velha de muitos séculos? Esta forjou-se certamente no contacto com outras sociedades, mas também em considerável afastamento dos centros europeus dominantes, o que lhe permitiu uma evolução mais autónoma. Como é possível conhecer o direito de hoje sem atender a esta corrente que vem de trás, que penetra a ordem jurídica actual e que tende constantemente a projectar-se no futuro?[143]

---

[142] É o que se chama a "limpeza étnica". Assim aconteceu na Silésia e noutras províncias alemãs anexadas pelas potências vencedoras, em 1943-45, cujos habitantes foram expulsos e substituídos por novas populações.

[143] *Pelo que respeita no Brasil, onde o mesmo direito era fundamentalmente aplicado, a independência não trouxe a ruptura dos traços dominantes da ordem jurídica*

História do Direito 123

IV – A História do Direito tem ainda importância pré-legislativa. Muito frequentemente, a resposta dada no passado a certos problemas pode ser ainda a resposta que hoje se impõe. A solução constante do Direito Romano, integrada numa estrutura jurídica idêntica à nossa nos princípios gerais e fundada no génio romano – não é exagero repeti-lo – é ainda muitas vezes a mais simples e a mais directa. A solução dada pelo Direito Português antigo, reflectindo a maneira de ser da mesma comunidade e a raiz do Direito vigente pode ser, se não houver alteração fundamental das circunstâncias, a mais adequada hoje.

Compreende-se por isso que quando se trata de renovar a lei se devam ter em especial consideração os precedentes históricos. Há que atender cuidadosamente àquelas soluções que foram consagradas pelo tempo, fugindo-se a toda a mutação precipitada daquilo que provou já a sua capacidade de dar resposta aos problemas. O manuseio expedito da máquina de fotocópia é a vergonha dos legisladores actuais.

---

vigente. A paulatina diversificação dos elementos constituintes não impediu a manutenção de leis seculares, que deram o tónus ao desenvolvimento da nova ordem jurídica. O exemplo mais elucidativo é-nos dado pela permanência do direito constante das Ordenações do Reino até à entrada em vigor do Código Civil em 1917 – já muito depois da revogação destas em Portugal.

Pode aliás dizer-se que o Direito brasileiro foi mais sensível que o português contemporâneo ao elemento histórico. Com grande frequência encontramos nele um espelho mais fiel das orientações tradicionais que no Direito Português. Nem a influência actual de algumas soluções norte-americanas altera significativamente esta situação. Vejam-se, sobre estes temas, Braga da Cruz, A formação histórica, e Limongi França, Manual, vol. I, particularmente a págs. 114 e segs..

SECÇÃO II
HISTÓRIA DO DIREITO ROMANO[144]

58. Fontes do Direito Romano. O costume

I – O processo mais simples de abordar o Direito Romano é-nos dado pela análise das fontes do direito próprias deste. Empregamos aqui a expressão "fonte do direito" no seu sentido técnico, portanto como modo de formação e revelação de regras jurídicas[145].

II – *Costume*
O Direito Romano, como todos os antigos direitos, teve uma base inicialmente costumeira.

Durante toda a sua multissecular vigência, os juristas romanos continuaram a referir o costume como fonte do direito. Um texto de Juliano filia mesmo o valor do costume no consentimento do povo, fundamento último da obrigatoriedade de todas as regras. O consentimento era expresso pelo voto no caso das leis e *rebus ipsis et factis* no caso do costume.

Para a obrigatoriedade do costume exige-se uma longa duração, que nunca foi todavia expressa em termos quantitativos. Exige-se ainda a racionalidade do costume. Pelo contrário, não se supõe a prévia aplicação judicial deste.

59. Leis

I – Dentro das leis é essencial a distinção entre *leges rogatae* e *leges datae*. As *leges rogatae* provêm de uma assembleia, as *leges datae* de um

---

[144] Nesta secção seguimos sobretudo a orientação de Raúl Ventura, no seu *Manual de Direito Romano*. Cfr. também as obras de Max Kaser, Grosso, Guarino, José Carlos Moreira Alves, Sebastião Cruz e Sílvio Meira, referidas na bibliografia final.

[145] Cfr. *supra*, n.os 21 e 22.

126 *O Direito. Introdução e Teoria Geral*

magistrado. Note-se todavia que a iniciativa da *lex rogata* cabe exclusivamente ao magistrado; e inversamente, que na *lex data* o magistrado tem de possuir uma autorização legislativa para a emitir.

O *plesbiscitum*, inicialmente contraposto à *lex*, pode ser considerado uma modalidade desta. As *leges* emanavam dos comícios, que podiam ser das cúrias, das centúrias e das tribos[146]; o plebiscito resultava do concílio da plebe. Pelo menos a partir de 286 a.c. os plebiscitos tiveram força obrigatória geral, apesar de nos concílios só participar a plebe. As leis romanas são conhecidas pelo nome do magistrado que as propõe e pelo objecto da lei: *lex Atilia de tutore dando, lex Iulia de adulteriis...*

É muito célebre a Lei das XII Tábuas, ainda que o texto não seja directamente conhecido e sobre o seu significado persistam as maiores dúvidas. Representou uma codificação inicial, referente praticamente a todos os ramos do direito, que serviu de ponto de referência para o desenvolvimento posterior.

II – As leis, note-se, tiveram mais influência no Direito Constitucional, no Processo, etc. Pouco atingiram o Direito Privado, fundado nos *mores maiorum*.

Talvez por isso, as leis nem sempre eram acompanhadas de sanção. E sob este ponto de vista estabeleceu-se uma classificação das leis que chegou até aos nossos dias:

a) *lex imperfecta* – era destituída de sanção;

b) *lex minus quam perfecta* – estabelecia sanções para os transgressores, mas os actos violadores da lei eram válidos;

c) *lex perfecta* – cominava a invalidade dos actos praticados em violação;

d) *lex maius quam perfecta* – trazia simultaneamente a invalidade do acto e outras sanções.

Note-se que este último termo da classificação é da lavra dos juristas medievais.

---

[146] Sobre estas, cfr. *infra*, n.° 65 II.

História do Direito 127

60. Senatusconsultos

O Senado é uma antiga assembleia romana. Era constituído, desde a época em que as notícias se tornam seguras, por antigos magistrados. A partir de Augusto, a pertença ao Senado passa a depender cumulativamente da pertença a uma classe social, a *ordo senatorius*, e do exercício duma magistratura.

O Senado não tinha funções propriamente legislativas. Para além de atribuições que não nos interessam aqui, como as respeitantes ao erário público, tinha funções consultivas. Dado o seu prestígio, os magistrados consultavam porém sempre o Senado.

A resposta deste denomina-se *senatusconsulto*.

Com a decadência dos comícios, os senatusconsultos, sem alteração de nome, tomaram feição deliberativa. No tempo de Augusto, o senado exerceu indubitavelmente funções legislativas. Assim substitui de facto as restantes assembleias e torna-se no supremo órgão colegial de Roma.

É interessante ser o *senatusconsulto* uma fonte verbal do direito, pois a redução a escrito, que efectivamente se fazia, não condicionava a sua validade, nem mesmo a sua eficácia.

O fortalecimento do poder imperial provoca o esmaecimento da estrela do Senado. A sua intervenção passa a reduzir-se à aclamação das propostas formuladas pelo imperador.

61. Constituições imperiais

Com Augusto entra-se num novo regime, conhecido por "principado". Formalmente, mantêm-se os órgãos republicanos; mas ao *princeps* são atribuídos poderes que cabiam a esses órgãos, e que com o tempo se consolidam em novas instituições. Há pois a formação de uma instituição monárquica numa organização republicana. Só gradualmente as formas republicanas se desvanecem.

Com Diocleciano passa-se do principado à monarquia absoluta.

São constituições imperiais todas as fontes provindas do imperador. Revestiram formas muito variadas, e de início não foram atribuídas a um poder normativo genérico do imperador, mas explicadas caso por caso, com aproveitamento de institutos antigos. Assim, os edictos do imperador fundam-se na atribuição ao imperador dos poderes de magistrados que têm competência para publicar edictos. Os decretos eram decisões judiciais,

128   *O Direito. Introdução e Teoria Geral*

fundadas nos poderes judiciais do imperador e aplicáveis a outros casos. Os rescritos eram respostas a consultas sobre questões controversas. E assim por diante.

Certo é que todas estas manifestações foram depois atribuídas a uma *lex de imperio*, que fundaria unitariamente o poder normativo do imperador.

62. Respostas dos jurisconsultos

I – A actividade dos jurisconsultos designou-se em Roma jurisprudência, num dos sentidos da palavra, diverso aliás do sentido hoje prevalentemente utilizado. Reveste-se de grande importância, dada a dificuldade do conhecimento do direito, impregnado como estava de grande formalismo.

A actividade dos jurisconsultos foi de início casuística. Formulado um problema, real ou suposto, os jurisconsultos davam a solução. Não enunciavam uma regra, que exige já um grau superior de abstracção. Todavia, a solução dada para um caso valeria quando surgisse outro caso integrável na mesma categoria.

Para além desta tarefa fundamental os jurisconsultos auxiliavam as partes na prática de actos judiciais ou extrajudiciais, ou participavam nos conselhos das autoridades, ou exerciam o ensino. Mas só as resposta nos interessam neste estudo das fontes do direito.

A influência prática das respostas dos jurisconsultos sempre foi grande. Mas com Augusto surge o *ius publice respondendi*: a certos juristas é atribuída a *auctoritas*, de modo que as suas respostas vinculam a decisão. Se houver diversidade de opiniões o juiz é porém livre de optar.

Um passo evolutivo será dado pela Lei das Citações, dos imperadores Valentiniano III e Teodósio II, de 426. As obras dos grandes juristas Papiniano, Paulo, Gaio, Ulpiano e Modestino são confirmadas e declaradas em geral vinculativas. Se houver divergência, prevalecerá o maior número; se houver empate, prevalece a opinião de Papiniano; não havendo opinião de Papiniano, o juiz decide livremente.

Em época posterior, atribui-se valor análogo às opiniões doutros jurisconsultos.

II – Com isto a jurisprudência nos surge indiscutivelmente como fonte do direito. Se a resposta do jurisconsulto só valesse para o caso concreto, haveria criação do direito para o caso concreto, haveria um comando individual; mas não haveria uma fonte do direito, pois não se formava uma regra jurídica. A vinculação por respostas anteriores indicia outra situação, pois a resposta vale já então para todos os casos do mesmo género. Foi isto que aconteceu, pelo menos após a Lei das Citações.

Compreende-se por isso o grande relevo dado então às obras dos jurisconsultos, quer sejam colectâneas de respostas a consultas, quer livros em que se faz já a exposição abstracta e sistemática das regras jurídicas, como as *Institutiones* de Gaio.

Note-se que as respostas dos jurisconsultos são uma fonte do direito mediata ou subordinada. Elas não inovam dentro da ordem jurídica, como o pode fazer uma lei, mas dizem qual o direito compatível com o sistema de fontes existentes. O mesmo acontece hoje em dia com as figuras de jurisprudência com força obrigatória geral, como teremos ocasião de ver.

63. Edictos dos magistrados

I – Certos magistrados romanos tinham poderes para determinar os termos em que se deveriam solucionar os litígios. Nessa categoria avultam muito particularmente os pretores.

É elucidativa a relação entre o *ius civile* e a actuação do pretor. O pretor não alterava o sistema do *ius civile*, que se mantinha intocado. Mas através das providências que concedia, permitia que se atingissem efeitos que o *ius civile* não contemplava, ou impedia a verificação de certas consequências do *ius civile*. Com isto se temperaram, em nome da *aequitas*, algumas das consequências mais negativas do formalismo do antigo direito, e se tornou possível a evolução sem afrontar o velho corpo do *ius civile*.

O pretor actuava para os casos concretos. Mas surgindo casos semelhantes, natural era que fossem resolvidos como o haviam já sido os anteriores.

II – Este modo habitual de proceder foi-se consolidando através dos *edictos*, que eram o processo normal de comunicação dos magistrados romanos com o povo.

No início do seu mandato o pretor publicava o *edictum perpetuum*, no qual anunciava a maneira como exerceria os seus poderes. Como é natural, várias das providências adoptadas são tomadas dos *edictos* dos anteriores pretores, embora o pretor não estivesse vinculado pelas práticas até então seguidas.

130   *O Direito. Introdução e Teoria Geral*

Assim, o pretor tinha a faculdade da *dare actionem*, permitindo que alguém obtivesse judicialmente certo resultado, não possibilitado pelo *ius civile*. Publicada essa intenção no *edictum perpetuum*, ninguém estava vinculado; mas os interessados ficavam informados de que podiam beneficiar daquela providência. Se a requeressem, o pretor dava a acção, permitindo a obtenção daquele resultado. Se a não requeressem, o *ius civile* conservaria o seu império e à sua luz devia ser decidido o litígio. Quer dizer que o *ius civile* opera automaticamente, enquanto o poder do pretor só opera mediante providências especiais de protecção outorgadas caso por caso. Pelo contrário, o pretor podia também *denegare actionem*, impedindo que se atingisse o resultado que seria lícito segundo o *ius civile*.

Só muito tempo depois se reconheceu que a actuação do pretor acabara por criar um novo sistema normativo, o *ius honorarium*, que se justapunha ao *ius civile*, sem com ele se confundir.

A situação é muito semelhante à que se desenvolveu séculos mais tarde no Direito britânico. As soluções da *equity*, fundadas em considerações de equidade, foram colocadas em paralelo, quando não em contradição, com o sistema de *common law*, sem todavia arredar aquele sistema[147]. Deste iremos falar quando examinarmos os grandes sistemas de direito contemporâneo[148].

III – A actividade normativa do pretor entrou em decadência com a centralização imperial das fontes do direito. Adriano publica o seu *Edictum Perpetuum*, texto único que todos os magistrados devem adoptar para o futuro, e só o imperador poderá alterar. Estanca-se assim esta fonte autónoma do direito.

Mas é curioso observar que os próprios imperadores vão obter resultados semelhantes através da *cognitio extra ordinem*[149]. Pode o imperador, mediante a sua *auctoritas*, mandar sujeitar à sua apreciação judicial casos que não lhe estavam submetidos. A repetição de providências desta índole acabará por trazer para o campo do direito novos institutos. Assim acontecia com o fideicomisso, disposição que alguém fazia para depois da morte baseado apenas na *fides* daquele a quem se dirigia. Augusto determinou aos magistrados que outorgassem tutela à disposição, favorecendo os beneficiários, e assim surgiu um novo instituto jurídico.

---

[147] Procede a um confronto dos dois fenómenos Raúl Ventura, *Manual*, n.os 59 e 60.

[148] *Infra*, n.os 80 e 81.

[149] Cfr. Raúl Ventura, *Manual*, n.º 74.

64. O *Corpus Iuris Civilis*

I – O carácter disperso das fontes romanas determinou a elaboração de algumas colecções.

Mas foi só em Bizâncio, por obra do imperador Justiniano, que viram a luz as mais importantes compilações, que em conjunto receberam o nome de *Corpus Iuris Civilis*. O facto, que seria já importante por si, é adicionalmente relevante por muitos dos textos clássicos só serem conhecidos através da versão justinianeia.

Justiniano, se bem que grande admirador dos clássicos, preocupou-se com o estado disperso e desactualizado das fontes do direito. A compilação é obra de uma comissão presidida por Triboniano. Mas essa compilação não tem mera finalidade de reconstituição histórica, mas antes de consolidação do direito vigente. O próprio Justiniano manda alterar os textos clássicos onde for necessário, muito embora eles continuem formalmente atribuídos aos seus autores originais. São por isso frequentíssimas as interpolações[150] no *Corpus Iuris Civilis*.

II – Esta obra é constituída por:

– Digesto
– Código de Justiniano
– Institutas.

Há ainda uma selecção oficial de constituições publicadas pelo próprio Justiniano no decurso dos trabalhos de compilação. Lateralmente, há também as *Novellae*, que são constituições emanadas do próprio imperador Justiniano após o Código, mas que só foram objecto de compilações não oficiais e posteriores.

O Código é uma colecção de constituições imperiais. As Institutas são uma exposição sistemática do direito destinada aos estudos jurídicos; mas por outro lado são por si direito vigente, pois têm autoridade vinculativa na solução de casos correntes.

III – O "Digesto", surgido em 533 (também chamado "Pandectas", por derivação da designação grega), é a mais importante obra deixada. Contém trechos de obras de jurisconsultos, desigualmente seleccionadas, e pertencentes sobretudo a Paulo e Ulpiano.

---

[150] Recorde-se o que sobre estas dissemos *supra*, n.º 56 III.

132   *O Direito. Introdução e Teoria Geral*

O "Digesto" cita-se normalmente pelo uso da inicial D acompanhada de quatro números, que indicam a colocação do trecho, e do nome do autor em causa.

Assim, Papiniano, D.1.1.7.1 refere o texto de Papiniano publicado no "Digesto", livro I, título 1, fragmento 7, parágrafo 1.

65. Períodos do Direito Romano

I – A periodificação é uma necessidade histórica, se bem que nunca seja demais acentuar a sua artificialidade. Mormente quando aplicada ao direito, não deve fazer esquecer que a vida jurídica dum povo é contínua.

Podemos, com Raúl Ventura, distinguir no Direito Romano três fases:

1) período do Direito Romano quiritário;
2) período do Direito Romano nacional;
3) período do Direito Romano universal.

II – *Período do Direito Romano quiritário*
Roma desabrocha e constitui o seu sistema jurídico como Estado- -cidade. Esta circunstância caracteriza o primeiro período do Direito romano.

Antes da formação da cidade existiam, como grupos menores que eram simultaneamente entidades políticas, as famílias, as gentes e as tribos, por ordem crescente de extensão. Com a consolidação do poder estatal o exercício de funções políticas por estes entes deixa de se justificar. As tribos desaparecem logo na época dos reis e as gentes perdem significado durante a república. Só fica a família, porque corresponde a outras necessidades, mas despida das suas prerrogativas políticas originárias.

O direito do período inicial não é escrito. A ele se referem os juristas subsequentes quando falam nos *mores maiorum*, nos quais fundam as instituições vigentes. Ao *ius* atribui-se o fundamento de representar a tradução escrita desses *mores*; mas os *quirites*, os cidadãos, encontravam o fundamento daquele em princípios religiosos, mais que em considerações de autoridade política.

O direito era extremamente formalista. As fórmulas que davam valor aos actos tinham de ser rigorosamente observadas, e as palavras sacralmente repetidas, sem o que o acto não seria válido.

Essas fórmulas eram exclusivamente conhecidas dos patrícios, que dominavam assim a vida jurídica da comunidade. Só provavelmente em consequência das lutas sociais que se desenvolveram elas se tornaram públicas e se passou ao direito escrito. A tradição posterior atribui essas leis aos primitivos *reges*, mas tal tradição é apenas manifestação da tendência geral de imputar a pessoas determinadas os factos cuja origem histórica é desconhecida.

III – *Período do Direito Romano nacional*

A expansão de Roma trouxe um grave problema jurídico. O direito existente, fundado nos *mores maiorum*, era sagrado e inalterável; mas as necessidades práticas eram muito diversas. O génio jurídico romano vai actuar de maneira a conciliar estas duas exigências contraditórias.

1) Por um lado a interpretação dos jurisconsultos dará toda a maleabilidade possível aos princípios normativos vigentes, permitindo-lhes abranger sectores a que formalmente eram estranhos.

2) Por outro lado, o pretor actua baseado numa justificação diversa da das antigas leis. Ele não criava aparentemente lei; mas o seu *imperium* permitia-lhe desviar-se das regras existentes em casos concretos, como vimos.

3) Para além disto, a criação do *ius gentium*, de que falaremos depois, permite a expansão do Direito Romano ao domínio até então não regulado juridicamente das relações entre os cidadãos e os estrangeiros, ou entre os estrangeiros entre si.

IV – *Período do Direito Romano universal*

No último período da história jurídica romana assiste-se, no capítulo das fontes, a uma progressiva passagem do direito criado pelo imperador, da segunda linha (pois o *princeps* actuava através das instituições existentes, que formalmente ocupava), para o domínio praticamente exclusivo das constituições imperiais. É também nessa altura que o *ius honorarium* se revela como um verdadeiro sistema normativo, muito embora não se tivesse chegado à sua fusão formal com o *ius civile*.

Estamos na época em que o poderio de Roma se estende a quase todo o orbe conhecido de então. À sombra desse poderio assiste-se à expansão do Direito Romano. Mas a expansão teve por contrapartida a admissão de substanciais alterações no corpo do Direito Romano; ao ponto de alguns autores autonomizarem um último período, a que chamam da decadência.

A vida jurídica das províncias não se apagou com a conquista romana. Para além das leis romanas de aplicação estrita a uma ou mais províncias, subsistiram regras locais, mesmo que combatidas pela legislação oficial.

134 *O Direito. Introdução e Teoria Geral*

Com o tempo estas transformaram o Direito Romano clássico. Forma-se assim o Direito Romano vulgar. Já o *Corpus Iuris Civilis*, por exemplo, combina a recepção do vulgarismo nas leis do império com uma tentativa do retorno possível ao classicismo.

É característica também dessa época a influência cristã, que se tornou muito nítida, sobretudo quando o cristianismo foi adoptado como religião oficial. Os institutos e princípios contrários ao novo espírito foram sendo alterados. A compilação de Justiniano contém já a marca cristã, como elemento diferenciador em relação ao espírito clássico.

66. *Ius civile* e *ius gentium*

I – É própria dos romanos uma distinção fundamental entre Direito civil e Direito das gentes. A compilação justinianeia, em trecho muito conhecido, acrescentou um novo termo, *ius naturale*, para fazer corresponder esta classificação fundamental à concepção cristã da lei eterna (que foi traduzida por *ius naturale*), lei natural e lei humana.

II – *Direito das gentes*
Quando hoje vemos habitualmente os estrangeiros recorrer a juízos nacionais e serem-lhes aplicadas leis internas, o facto surge-nos como perfeitamente natural. Difícil por isso é conceber que antigamente a situação foi inversa. Aplicava-se o princípio da personalidade do direito. O direito era exclusivo dos cidadãos, como o eram os atributos políticos ou a religião. A solução por órgãos judiciários dos litígios privados pressupunha a cidadania dos litigantes.

Mas, desde que os contactos pacíficos se intensificam, necessárias se tornam regras que disciplinem esses contactos. E, efectivamente, surgem esporadicamente preceitos dessa índole. A evolução vai-se consolidar com o aparecimento de um magistrado especial, o *praetor peregrinus*, que tem jurisdição nos conflitos em que intervêm peregrinos (estrangeiros).

III – Elabora-se então um processo muito mais simples que o que estava estabelecido para os litígios que se desenvolviam exclusivamente entre cidadãos romanos e que era, sabemos já, marcado por grande formalismo.

O aparecimento do *praetor peregrinus* não significa que se tivesse admitido a aplicação das leis estrangeiras. O pretor vai anunciando quais

História do Direito 135

as regras que aplicará, e com isso formula um direito próprio, também romano, restrito àquelas situações. Na medida em que o litígio não estivesse coberto por nenhuma regra anteriormente formulada, era de supor que o litígio se resolvesse pela equidade. Mas a zona coberta por previsões especiais vai aumentando.

É o direito assim formado que é chamado o "Direito das gentes". Este direito regula as relações comerciais que se não processem exclusivamente entre romanos.

IV – Como é natural, na elaboração do Direito das gentes tiveram influência, como modelos, institutos que vigoravam em cidades da época – e antes de mais as próprias regras romanas. Mas o Direito das gentes simplificou muitas dessas regras, aproveitando a sua substância mas dispensando o formalismo imposto nas relações entre cidadãos romanos.

A influência prática do Direito das gentes acaba por ultrapassar o círculo das relações com peregrinos. Com o tempo puderam ser reguladas por ele as próprias relações entre os romanos, beneficiando assim do menor formalismo. O Direito Romano conta então com dois ramos, um o *ius gentium*, outro o *ius civile*, este último reservado a cidadãos romanos.

V – O *ius gentium* é direito positivo romano. Mas os juristas romanos sentiram a necessidade de o justificar, e na sua justificação acabam por identificar o Direito das gentes e o Direito natural. O Direito das gentes seria aquele que a razão humana constituiu entre os homens, e o que é sempre bom e justo. É compreensível de facto que um direito que reja as relações entre os vários povos faça recordar o Direito natural. Na concepção que os romanos haviam recebido sobretudo dos estóicos, será a comunidade de natureza que permitirá esta comunicação do direito[151].

67. As pessoas no Direito Romano

I – A capacidade de direito, ou seja, a capacidade de ser titular de poderes e vinculações, não era reconhecida pelo Direito Romano a todas as pessoas.

---

[151] Tal não impede porém que dentro da expressão *ius gentium* devamos distinguir o Direito natural e o Direito das gentes em sentido restrito. Este é direito vigente, e nenhum direito vigente, por mais que respeite as exigências da natureza das coisas, se pode confundir com o Direito natural.

136   *O Direito. Introdução e Teoria Geral*

Os *escravos* eram objectos, ainda que a sua condição humana surgisse por vezes à superfície e impusesse desvios na lógica do sistema. Podiam todavia passar à categoria de libertos mediante a manumissão. Ficavam então homens livres, ligados embora por vínculos recíprocos de assistência moral e material aos seus *patroni*.

II – *Cidadania*

Outro condicionamento fundamental da capacidade era a cidadania. As excepções vieram primeiro em benefício dos habitantes do Lácio: ao lado da cidadania surgiu então a noção de latinidade. A intervenção do pretor peregrino permitiu mais um passo muito importante, como sabemos. Mais tarde, a Constituição de Caracala de 212 concedeu a cidadania romana a todos os súbditos romanos.

III – Finalmente, a capacidade jurídica privada era excluída para aqueles que não fossem *sui iuris*, quer dizer, que estivessem sujeitos ao poder de um *pater familias*. Só paulatinamente esta situação foi atenuada ou abandonada.

É interessante verificar aqui como funcionou o espírito de adaptação dos romanos, que lhes permitiu, mantendo as fórmulas antigas, alcançar resultados jurídicos novos. A partir de certa altura começou a admitir-se a *emancipatio*. Como se estabelecia que a *manus* (ou seja, o poder do *pater familias*), cessava se este vendesse o filho três vezes, a regra foi aproveitada para permitir a emancipação: o *pater* praticava três vezes o acto formal da *mancipatio*[152], e em consequência cessava a *patria potestas*. Com isto o familiar deixava de ser *alieni iuris*, adquirindo a capacidade de direito.

68. Tendências actuais do estudo do Direito Romano

I – O Direito Romano deixou em todos os países de ser direito actual. Afastadas pois as preocupações de adaptação a necessidades actuais, regressa-se à tarefa propriamente histórica da sua reconstituição.

Mas esta reconstituição traz graves dificuldades. Como se disse o Direito Romano conhece-se sobretudo através das compilações justinia-

---

[152] A que se seguia a manumissão pelo outro contraente, previamente combinada, que fazia voltar o filho à *patria potestas*, o que permitia ao *pater* mancipá-lo de novo.

História do Direito

neias, e estas contêm as interpolações que se achou bem introduzir para adequar direito clássico à situação de Bizâncio. O trabalho sobre os textos tornou-se um trabalho de considerável apuro técnico, em que se recorre a ciências auxiliares, como a filologia, para detectar a interpolação. Mas torna-se menos acessível e mais incerta a base sobre a qual se operará a reconstituição do corpo do Direito Romano.

II – Mesmo não contando com essa complexidade, muito diversas têm sido também as avaliações do mérito do Direito justinianeu. Obra da decadência para alguns, o Direito justinianeu tem todavia o apuro técnico e a coerência que permitiram a sua revalorização. A caça às interpolações não é tudo, pois o próprio Direito justinianeu tem interesse suficiente, e justifica por si ser estudado.

O jurista tem pois aí excelente base para realizar a tarefa de reconstituição de uma ordem jurídica passada que, como dissemos, é objectivo geral da História do Direito.

Em termos paralelos se põe o problema da valia do Direito Romano vulgar. Se só lateralmente interessa aos estudiosos do Direito Romano em si, o vulgarismo tem todavia uma importância fundamental na passagem para o estudo dos direitos europeus. Adoptado pelos invasores bárbaros, veio a constituir o travejamento das ordens jurídicas que então se formaram. O genuíno Direito Romano só fará sentir a sua influência nas sucessivas recepções que posteriormente se verificaram.

III – Para além da lição de tradição, coerência e ductilidade que o Direito Romano oferece ao longo de toda a sua história, e para além dos ensinamentos que nos dá sobre as origens do nosso direito, o Direito Romano tem ainda de notável o enlace que logrou sempre realizar entre as construções doutrinárias e a vida jurídica.

Não foram os romanos juristas abstractos. Até o estudo descarnado de grandes categorias jurídicas pouco os interessou. Mas não foram também meros práticos do Direito, que solucionassem empiricamente os casos que surgiam, sem atender ao conjunto.

Trabalhando sobre casos, tiveram a sensibilidade de que estes se situavam num sistema e elaboraram as categorias jurídicas necessárias à integração do material normativo. Souberam encontrar na solução de cada caso a integração no conjunto. O Direito Romano permanece assim como obra exemplar, indispensável à autêntica formação do jurista.

SECÇÃO III
HISTÓRIA DO DIREITO PORTUGUÊS[153]

---

[153] Esta matéria é omitida nesta edição.

CAPÍTULO III
SISTEMAS ACTUAIS DE DIREITO

BIBLIOGRAFIA: Ver as obras de ZWEIGERT/KÖTZ, SCHNITZER, RENÉ DAVID, LOSANO, AGOSTINI, CASTRO MENDES (Direito Comparado) e FERREIRA DE ALMEIDA (Introdução ao Direito Comparado), referidas na Bibliografia geral; e ainda o nosso *Parecer sobre "O ensino do Direito Comparado"* do Doutor Carlos Ferreira de Almeida.

69. O significado do Direito Comparado

I – Aqueles que vêem no direito uma emanação do Estado chegam por vezes à proclamação da exclusividade como característica do Direito[154]. O reconhecimento ou outorga da juridicidade pelo Estado limitar-se-ia a uma só ordem jurídica.

Semelhante caracterização é desde logo deformadora duma visão realista das coisas. A experiência ensina-nos, pelo contrário, que há uma riqueza de ordens jurídicas, que se cruzam a vários níveis, se relacionam ou se ignoram, mas não se excluem.

O estudo duma ordem jurídica em particular deve pois ser precedido de algumas considerações sobre as ordens jurídicas exteriores ou estrangeiras à ordem jurídica em causa. Só assim lograremos, mediante esse pano de fundo, situar devidamente a ordem jurídica que nos interesse.

II – *Funções*

A Comparação dos Direitos, a que se chama Direito Comparado, oferece grandes contributos, que podemos reduzir fundamentalmente a três:

1) Em ordem ao conhecimento do nosso próprio Direito

A Ciência do Direito tem a lucrar muito com estes ensinamentos. Se o legislador se inspirou em leis estrangeiras, o conhecimento dessas leis

---

[154] Cfr. *infra*, n.° 332.

142   *O Direito. Introdução e Teoria Geral*

favorece a compreensão da lei nacional[155]. Assim acontece, no mais alto grau, quando o legislador se remeteu servilmente ao modelo alheio. Frequentemente aparecem trechos legais que por si não fazem sentido, e que só se iluminam quando se descobre que são uma transposição duma fórmula vigente no estrangeiro, melhor ou pior traduzida.

Mas em qualquer caso o conhecimento de doutrinas alheias em condições culturais semelhantes é muito útil à Ciência Jurídica. Os grandes temas científicos são frequentemente comuns, ou porque derivam da natureza das coisas ou porque reflectem um dado normativo análogo. A meditação das soluções praticadas em países de grande vitalidade científica proporciona-nos oportunidades de compreensão do nosso próprio sistema e de progresso.

2) Por referência à Política Legislativa

O conhecimento da vida jurídica de países estrangeiros alarga o horizonte de quem realiza estudos legislativos. Desde que quem o fez tenha a capacidade de captar o enquadramento dessas soluções na sociedade em que nasceram e de verificar consequentemente se elas correspondem a condições análogas – nomeadamente se são enquadráveis na técnica jurídica geral do país de destino – elas permitem reduzir os riscos da actividade legislativa. Este aspecto é muito relevante em épocas de transformação tumultuosa da ordem social, com a inerente alteração rápida da ordem jurídica voluntária da sociedade[156].

Não se pode porém supor que pertence ao próprio Direito Comparado a formulação de novas regras. Isto foi já defendido por estudiosos deste ramo, particularmente no que respeita a regras destinadas a vigorar em mais de um país: haveria um Direito Comparado dogmático[157]. Mas o Direito Comparado é indutivo, enquanto a formulação de regras supõe sempre uma política. Esta pertence já à Política Legislativa, que não perde essa natureza por se referir ao meio internacional. O Direito Comparado é meramente instrumental para esse fim.

---

[155] Por exemplo, um estudo aprofundado do actual Código Comercial português, que é de 1888, implica conhecimento do Código Comercial italiano de 1882, ao tempo vigente, em que aquele largamente se inspirou.

[156] E também de alteração tumultuosa da ordem jurídica, como a resultante de movimentos de integração. É também então que é particularmente nítido o perigo da mera tradução da lei que serviu de modelo.

[157] Portanto, que formularia o direito que deveria ser aplicado. Cfr. Arminjon, Nolde e Wolff, *Traité*.

Sistemas Actuais de Direito 143

3) Função de teor ou conhecimento

O Direito Comparado não se esgota nas funções práticas[158]. O Direito Comparado vai-se impondo como uma ciência autónoma, que utiliza como método próprio o método comparativo. Tem também uma finalidade de teor, como todas as ciências. Realiza o estudo comparativo dos direitos, tomado por si, e quer os seus resultados sejam ou não utilizados depois pela Política Legislativa, pela Ciência do Direito ou por outras ciências ainda.

70. Caracterização

I – Discutem-se os limites do Direito Comparado no que respeita a sistemas do passado. Porque o Direito Comparado pode, mesmo então, pretender realizar a comparação de Direitos. Mas aí necessariamente se cruza com a História do Direito, cujo objecto são justamente os sistemas jurídicos passados.

É certo que neste campo se pode falar de um ponto de bifurcação da História do Direito e do Direito Comparado, ambos pretendendo estar no seu domínio específico de indagação. Mas haverá sempre a diferença de métodos. Diremos que mesmo então o Direito Comparado recebe da História o material para análise.

Por razões práticas, teremos porém deixar de lado tudo o que não sejam sistemas actuais.

II – O Direito Comparado pretende levar-nos ao conhecimento dos Direitos estrangeiros. Mas esses Direitos são muitos, tantos como os Estados, pelo menos[159].

Seria impossível estudá-los um por um e aliás semelhante estudo ameaçava confundir-se com o que é realizado pela Ciência Jurídica. Na realidade, estudar Direito estrangeiro não é ainda fazer Direito Comparado.

O que há de específico no Direito Comparado é o uso do método comparativo. Por este os elementos retirados de várias ordens jurídicas são

---

[158] A lista destas funções práticas poderia ser grandemente ampliada. Cfr. por exemplo Zweigert/Kötz, *Einführung*, § 2.º.

[159] Na realidade, mesmo não considerando as ordens supranacionais, verificamos que um Estado pode englobar várias ordens jurídicas; e que necessariamente as engloba quando integra Estados não soberanos.

144 *O Direito. Introdução e Teoria Geral*

comparados, assinalando-se semelhanças e diferenças. Chega-se assim, pela determinação dos traços essenciais, à demarcação de agrupamentos, que por sua vez nos permitirá a determinação dos sistemas jurídicos contemporâneos.

A posse das linhas orientadoras fundamentais dum grupo de direitos permite ao jurista vencer as grandes dificuldades que provoca sempre um embate com um Direito alheio. As dificuldades são tanto maiores quanto mais afastado do sistema do observador for o Direito com que se confronta.

III – *Terminologia*

A designação, note-se, é inadequada. Falar-se em "Direito" leva a supor que se está perante um ramo da ordem jurídica, que enfileiraria ao lado do Direito Constitucional, do Direito das Obrigações, do Direito Agrário...

Não se passa assim: o Direito Comparado não representa nenhum ramo da ordem jurídica, mas simplesmente uma ciência que estuda o Direito utilizando o chamado método comparativo.

Melhor seria por isso designarmos esta disciplina Comparação de Direitos. Mas a designação "Direito Comparado" está consagrada e por isso, feita essa ressalva, não vale a pena esgrimir contra palavras.

71. Conteúdo do Direito Comparado

I – Cabe à própria ciência do Direito Comparado precisar antes de mais os conceitos e pressupostos em que se baseia. Foi o que fizemos até agora.

Aqui se colocam nomeadamente as questões metodológicas. A este propósito, limitamo-nos a uma observação.

Diremos que o sentido normativo do *Direito*, tal como objecto do Direito Comparado, se esboroa consideravelmente. Há uma grande diferença em relação ao tratamento do dado jurídico que é realizado pela Ciência do Direito.

II – O que representa Direito, ou Ordem Jurídica, para o Direito Comparado, é algo que reveste um acento diverso do que seja Direito em termos de Ciência do Direito.

Em termos de Ciência do Direito, o Direito surge, como se verá, como facto, norma e valor. Por isso poderemos sempre contrapor um

Sistemas Actuais de Direito 145

Direito que é a um Direito que deve ser, invocando uma normatividade em oposição ao que realmente é praticado.

Diferente é a visão em termos de Direito Comparado. A componente fáctica ocupa aí seguramente um plano muito mais significativo.

Não cabe ao comparatista colocar-se perante as ordens jurídicas que examina na posição de cientista do Direito. Não lhe cabe nomeadamente afirmar que algo deve ser assim ou doutro modo, contra o entendimento dos intérpretes que o trabalham.

Deve antes tomar esse Direito como realidade histórica, e reconstituí--lo apenas para o efeito de o poder confrontar com outros Direitos.

Se deparar uma lacuna, não deve integrar essa lacuna como pensa que deveria ser, mas como os juristas desse país o fariam, colocados naquela situação.

Por isso, o comparatista não tem de ser um cientista de todos os Direitos que confronta, o que tornaria aliás impossível a sua tarefa. Deve ter a capacidade de recolher os dados e reconstituir as ordens em causa, mas como tarefa preparatória em relação à comparação, que é a sua função específica.

A inobservância deste princípio cria, a nosso parecer, o risco de um entendimento deformado de toda esta disciplina.

72. Macrocomparação e microcomparação

I – No domínio específico de intervenção do Direito Comparado há que distinguir duas grandes tarefas: a macrocomparação e a microcomparação.

A *macrocomparação* consiste na determinação dos grandes sistemas jurídicos ou, como metaforicamente se diz, das famílias de Direitos. Procura-se fazer os agrupamentos justificados pela índole das ordens jurídicas em presença, que permitam o aprofundamento dos traços respectivos.

A delimitação dos sistemas jurídicos permite também a comparação entre sistemas, que é um modo ulterior de aperfeiçoar o conhecimento destes.

A este propósito há que examinar a problemática geral das influências entre sistemas jurídicos[160]. Estudar nomeadamente os fenómenos de recepção de textos legislativos e suas consequências.

---

[160] Ou interacção de sistemas jurídicos.

146   *O Direito. Introdução e Teoria Geral*

II – Temos por outro lado a *microcomparação*. Esta representa aliás a essência do Direito Comparado, uma vez que a macrocomparação ainda participa de um certo carácter instrumental.

A microcomparação é a comparação de institutos jurídicos ou, numa formulação mais ampla, dos conteúdos de ordens jurídicas singulares.

Pode fazer-se entre ordens jurídicas que participam do mesmo sistema ou, com mais dificuldade, entre ordens jurídicas pertencentes a sistemas jurídicas diferentes.

As dificuldades são potenciadas pela não correspondência dos institutos. Assim, o sistema de *writs* não corresponde ao contencioso administrativo romanístico. A microcomparação averigua como o mesmo problema substancial recebe solução em ordens jurídicas diferentes.

A microcomparação representa assim a essência do Direito Comparado, permitindo o trânsito entre ordens jurídicas diferentes.

Como supõe porém noções básicas sobre os institutos jurídicos, não estaríamos em condições de a praticar nesta Introdução ao Direito. Limitamo-nos a deixá-la assinalada como tarefa.

73. A determinação de sistemas jurídicos

I – A repartição de todas as ordens jurídicas em sistemas é tarefa que está longe de ter chegado a resultados satisfatórios. Ainda nos encontramos naquele estádio em que cada autor manifesta a sua própria orientação, sem haver sequer correntes formadas.

Primeiro, os comparatistas limitavam a sua visão aos sistemas de base europeia. Assim, falavam de um sistema francês ou latino, de um sistema anglo-saxão, de um sistema germânico, de um sistema eslavo... A multiplicação dos contactos e a universalização dos problemas permitiu ultrapassar este europocentrismo e suscitou classificações a nível verdadeiramente mundial.

Mas com que critério? Muitos foram ensaiados, como a raça, a língua, a religião, a origem histórica...[161]. Mas os resultados são em geral desanimadores.

Por isso se multiplicam também os critérios mistos. Combinam-se vários elementos, de modo que o que se torna decisivo é mais a homogeneidade do resultado que a segurança do critério. Mas uma classificação

---

[161] Cfr. A. Schnitzer, *Vergleichende Rechtslehre*, vol. I, págs. 133 e segs..

Sistemas Actuais de Direito 147

que não obedeça a um critério uniforme não pode ser considerada uma classificação científica.

II – René David propusera a discriminação das várias ordens jurídicas atendendo à ideologia que as anima.

Assim, o autor distinguira cinco sistemas de direito: 1) ocidental; 2) soviético; 3) muçulmano; 4) hindu; 5) chinês.

As dificuldades são reconhecidas pelo próprio René David, que já mais de uma vez modificou posteriormente o seu critério. Actualmente refere-se, de modo vago, aos "elementos, mais fundamentais e mais estáveis, graças aos quais se podem descobrir as regras, interpretá-las e determinar o seu valor"[162]. Conclui pela existência das famílias jurídicas romano--germânica, de *common law* e dos direitos socialistas, mas admite ainda um resto, que abrangeria outros sistemas. Esta repartição é indefinida e tem escasso valor científico, por não assentar num critério rigoroso.

74. Critério adoptado: as civilizações

I – Supomos porém que no critério da ideologia há um elemento de verdade muito importante. Devemos procurar descer ao que na essência caracteriza os sistemas jurídicos, para além de diferenças que superficialmente podem impressionar, como as de técnica jurídica, mas que não são tão significativas. Porém, o critério deve ser completado.

A ideologia não é algo que paire sobre a vida social, deve pelo contrário encarnar nesta, orientá-la, conduzi-la à ordem que lhe corresponde. Só então molda um sistema jurídico – quando a ideologia se tornou a alma duma ordem social, pois esta contém necessariamente uma componente jurídica.

Ora, uma ideologia que encarnou na vida social é uma civilização. São as civilizações o elemento de base distintivo das sociedades e portanto das formas de Direito. Estas dão-nos o critério mais indicado para distinguir substancialmente os sistemas jurídicos.

II – Mas ao lado dos povos civilizados há os povos não civilizados ou primitivos. Também estes têm Direito.

---

[162] *Les grands systèmes*, n.º 16.

148 *O Direito. Introdução e Teoria Geral*

Efectivamente, se bem que sejam muito variados os entendimentos dos termos "cultura" e "civilização", parece poder dizer-se que, se todo o povo tem uma cultura, nem todo o povo atingiu a civilização. A civilização pressupõe, não só o que se chama uma cultura superior, mas um desenvolvimento de formas técnicas de vida social, portanto uma correspondência entre o desenvolvimento interior e o desenvolvimento exterior. Por isso os monumentos (no sentido corrente do termo) só são deixados pelas civilizações. Tendencialmente, os Direitos civilizados coincidem com os Direitos escritos, mas houve Direitos civilizados não escritos.

Isto significa que a distinção se deve fazer antes de mais entre Direitos primitivos ou não civilizados e Direitos civilizados; e subsequentemente se devem abrir subdistinções no interior de cada categoria.

III – Esta maneira de ver tem a grande vantagem de permitir abranger quer os sistemas actuais quer os sistemas passados.

Em cada época haverá grupos ou famílias de povos primitivos que facilitarão a localização exacta da ordem que estiver directamente em causa.

No que respeita aos Direitos civilizados temos desde logo uma preciosa delimitação do objecto de análise. As civilizações erguem-se como balizas do fundo dos tempos, e todas elas trazem fatalmente um Direito diferenciado. Temos a civilização assírio-caldaica, a civilização maia, a civilização chinesa...

75. Os Direitos primitivos

I – O estudo das ordens jurídicas dos povos primitivos actuais pertence sobretudo à Etnologia. Correspondem a formas de vida culturalmente muito diferenciadas das do observador, pelo que desafiam os quadros mentais deste.

As classificações ou agrupamentos de direitos primitivos far-se-ão de harmonia com os conhecimentos ministrados pela Etnologia. Haverá que distinguir por exemplo os Direitos tradicionais da Melanésia, os direitos bantos, os direitos dos povos da região árctica... É uma classificação que não podemos empreender aqui.

O estudo histórico dos Direitos primitivos é particularmente dificultado por estes povos deixarem poucos vestígios, o que está ligado ao escasso desenvolvimento técnico que lhes não permitiu a transformação da natureza ambiente. Faltam os monumentos. Muito do que se afirma sobre

Sistemas Actuais de Direito 149

estes resulta de projecções ou ilações sempre falíveis, a partir do conhecimento dos primitivos actuais.

II – Aparentemente, como todo o território habitado está dividido em Estados e cada Estado se enquadra numa civilização, não haveria sequer lugar para o estudo dos Direitos primitivos.

Na realidade, os povos primitivos subsistem ainda, por vezes sem sofrerem contacto ou influência dos Estados a que correspondem, como em vastas zonas da Nova Guiné, noutros tolerados ou combatidos pelos Estados que exercem a soberania. A pluralidade de ordens jurídicas leva a que devamos considerar, para além das ordens jurídicas estatais, estes Direitos primitivos.

III – A situação é muito relevante nos novos países independentes do chamado Terceiro Mundo.

Aí, para além do sistema jurídico herdado do colonizador, há sistemas tradicionais que não podem ser ignorados.

A dualidade de sistemas impõe-se na administração da justiça. Ou se reserva para as autoridades tradicionais essa administração, ou se designam juízes que têm unicamente por função resolver conflitos à luz do Direito tradicional. Em poucos casos se julgou ter chegado a altura de superar a dualidade dos sistemas judiciários.

Qualquer que seja a atitude perante os Direitos tradicionais, e mesmo que seja de hostilidade, os novos Estados não podem prescindir do conhecimento destes Direitos como pressuposto de qualquer política que visem prosseguir.

76. Os Direitos civilizados

I – Actualmente, que sistemas jurídicos civilizados encontramos?

A aplicação do critério suscita uma grande dificuldade. As diferenças entre civilizações cada vez se esbatem mais. Fala-se numa convergência de civilizações, mas a expressão é eufemística: a verdade é que civilizações tradicionais, muitas vezes de carácter sacral, estão a ser invadidas e destruídas por elementos espúrios, vindos da civilização ou das civilizações que se originaram na Europa.

Estes elementos são em geral culturalmente pobres, de ordem essencialmente técnica. Mas afirma-se como lei histórica, que aqui teria plena

150   *O Direito. Introdução e Teoria Geral*

verificação, que nos contactos intercivilizacionais a civilização mais técnica prevalece sobre qualquer outra, mesmo que possuidora de valores mais refinados (Toynbee).

II – Hoje há civilizações que atingem um grau tal de decadência que não justificam já que falemos de um sistema próprio. É este desde logo o caso do *sistema chinês* tradicional. O advento do regime comunista impôs-lhe formas estranhas, com orientação por vezes incompatível com a sua própria essência. Perdeu pois autonomia, e os traços que deixou, no continente ou em territórios adjacentes, não estruturam já um sistema global.

O mesmo diremos do *sistema hindu*, pois a civilização em que se apoiava desagregou-se, de modo que as formas jurídicas deixaram de a exprimir. Para além da coexistência com vários outros sistemas tradicionais, deu-se em pontos vitais a intromissão de elementos exógenos, que provocaram uma inversão de sinal. Muitas formas de vida se mantêm, como o sistema de castas, mas mais peso têm outras, relacionadas com a organização política (o sistema de partidos, por exemplo) ou com a vida económica (como a sociedade anónima), incompatíveis com a civilização existente. Estas alcançaram a preponderância, mau grado os protestos ou as boas intenções. Deixa por isso de se justificar que se fale de um sistema hindu como dum termo autónomo da classificação.

O *sistema muçulmano* está sujeito a pressões análogas. Mas supomos que aí há uma mais visível subsistência dos quadros tradicionais, que conseguem assimilar elementos estranhos sem perda da sua individualidade. Isto pode derivar de muitos factores.

1) Por um lado, a civilização que lhe está na base é mais pobre que as anteriormente referidas. Isto permite-lhe ser menos vulnerável, adaptando-se à invasão de elementos técnicos sem tensões mortais.

2) Por outro lado, há a indistinção estabelecida entre Religião e Direito, na regra deixada por Maomé, e que mais ou menos formalmente vai sendo conservada. O livro sagrado, o Alcorão, contém também as regras jurídicas fundamentais. E como essa religião se vai mantendo, mesmo que à custa de pactos sucessivos com elementos espúrios, ela vai sustentando o sistema jurídico que lhe está associado. Cremos por isso que ainda se pode falar com utilidade de um sistema muçulmano[163]. Revivescências políticas recentes confirmam-nos neste ponto de vista.

---

[163] Pelo contrário, em Israel, a repristinação de algumas formas de vida judaica típica está longe de bastar para que se demarque um sistema israelita.

77. Sistemas em confronto

I – Restariam pois os sistemas:
– ocidental
– soviético
– muçulmano.

Vamos examiná-los sucessivamente, com excepção do que respeita ao sistema muçulmano. Como este é menos relevante para nós, temos de limitar-nos às vagas referências que lhe fizemos[164].

Por outro lado surgem figuras mistas. É um fenómeno muito mais fácil de observar no mundo contemporâneo que em épocas passadas, dada a comunicação actual das formas civilizacionais. Isto não impede que o nosso interesse se concentre na definição dos sistemas em si, não nos preocupando essas ordens em que elementos de sistemas diversos se combinam, em proporções muito variáveis.

II – O critério da civilização defronta por todo o lado este problema do esbatimento de contornos, próprio da situação contemporânea. A liquidação da União Soviética e outras grandes transformações em curso acentuaram-no significativamente. Sistema ocidental e soviético representam formas de vida típicas da sociedade industrial avançada; e num mundo em que, perigosamente, vai deixando de haver alternativa, desaparece também a base duma pluralidade substancial de sistemas jurídicos[165].

Poderíamos interrogar-nos também sobre a eventual configuração de um sistema, próprio dos países pertencentes à antiga União Soviética[166]. É problema que não podemos abordar.

III – Há que reconhecer porém que tudo está hoje em crise.

Sistema ocidental e sistema soviético são originários de uma civilização comum, a que estão intrinsecamente ligados. Para se encontrar a civilização correspondente ao sistema soviético teria se apontar a civilização que o sistema prometia para seu epílogo.

---

[164] Cfr. o estudo de Carlos Ferreira de Almeida, *Direitos islâmicos e "direitos cristãos"*.

[165] Tudo é atribuído à globalização – como se esta tivesse força justificativa geral da história presente.

[166] E eventualmente de países próximos, como a Mongólia.

O sistema socialista ou soviético (esta última é a designação mais frequente) assenta numa ideologia mais unitária que a do sistema ocidental. A ideologia marxista, com os seus aditamentos, os seus desvios, as suas heresias, tem todavia um núcleo claramente demarcável. Esta ideologia incarnou pela primeira vez com a revolução russa de 1917. Não admira por isso que a ordem jurídica da antiga União Soviética, por ser a mais madura, ocupe uma posição especial neste quadro.

Depois de anos de difícil consolidação deu-se a expansão do sistema para novas zonas – o leste da Europa, a China e outros pontos do sudeste asiático, Cuba...

IV – A derrocada do sistema
Viveu-se depois o movimento contrário. Globalmente, o sistema soviético esboroou-se. Pelo que se assiste ao paradoxo de um sistema que se definia pelo futuro – a sociedade sem classes – passou a ser definido pelo passado – a sociedade soviética.

Há que colocar seriamente a questão da subsistência do sistema socialista[167]. Alguns países podem-lhe ainda ser referidos, com maiores ou menores desvios. Por isso mantemos a referência ao que caracterizou o sistema no passado, como paradigma orientador.

O Direito chinês representa porém, como dissemos, um caso peculiar, pelo que será referido à parte.

78. Sistema ocidental

I – É aquele em que nos integramos. Merece pois exame prioritário.

1) O sistema ocidental assenta na herança grega
Pela primeira vez na história da humanidade o gregarismo afrouxa. O homem é considerado com um interesse novo, diferente do característico das formas de vida mais aglutinadoras anteriormente existentes. Interesse que viria depois a desabrochar no respeito pela pessoa humana, quando se dá a intervenção do cristianismo. Esse respeito pode ter sofrido ocasos, ou pelo contrário ter sido mal entendido, degenerando em individualismo; mas não deixa de ser um quadro de referência essencial.

---

[167] Assim faz por exemplo Denis Tallon, *Existe-t-il encore un système de droit socialiste?*, 413.

2) O cristianismo

A mensagem grega, transitando através do império romano, atingiu todos os países que compunham este. Recebeu depois o segundo elemento ideológico fundamental: o cristianismo. À sua luz se forjou na Europa, no longo cadinho da Idade Média, uma civilização nova. É certo que, sobretudo hoje, são flagrantes os desvios que se verificam em relação ao espírito cristão, mas este não deixa de representar um elemento constitutivo, indispensável para a definição desta civilização.

3) O capitalismo

Sobrepõe-se depois uma estruturação de índole materialista, o capitalismo, altamente favorecida pelo desenvolvimento técnico conseguido a partir da "revolução industrial". O capitalismo tem também o seu espírito. Sendo muito diverso do espírito cristão, é avassalador. Não pode deixar de ser tomado em conta para a definição da base ideológica actual da civilização ocidental.

Esta base é pois ideologicamente tripartida.

II – Após esta descrição, necessariamente perfunctória, da civilização ocidental, passamos à descrição do sistema jurídico que lhe corresponde.

É logo essencial destrinçar dois subsistemas. Com efeito, a base civilizacional que assinalámos chega a uma estruturação diferente consoante a técnica jurídica que num ou noutro caso for adoptada. Os mesmos problemas de fundo podem ser servidos por formas muito diversas.

É por isso de uso distinguir um sistema continental, ou de direito civil (os britânicos opõem os países de *civil law* aos países de *common law*) ou de direito escrito, ou romano-germânico, a um sistema anglo-saxão ou de *common law*. Nós falamos nos subsistemas:

– romanístico
– anglo-americano.

Na verdade, é um elemento essencial do primeiro subsistema assentar no Direito Romano, ao contrário do que acontece no sistema anglo-americano. A designação corrente de sistema continental não só é pouco expressiva por si[168], como a expansão a vastas zonas doutros continentes tornou o continente europeu uma fracção reduzida no conjunto.

---

[168] Além de ter sido posta em crise pela cisão comunista do leste europeu, que só agora está sendo recuperado.

154   *O Direito. Introdução e Teoria Geral*

Na designação do segundo subsistema procuramos assinalar o significado que para ele apresenta hoje o direito norte-americano.

79. Subsistema romanístico

I – *Base romanística*
Este ramo penetra a América Latina, as zonas de África que não pertencem ao sistema muçulmano ou ao subsistema anglo-americano e várias zonas da Ásia. Vejamos quais as suas características.

A derivação do Direito Romano é um elemento fundamental, donde retirámos a própria designação: o direito de todos estes países assenta no Direito Romano.

Note-se que isto não significa que em todos os casos se tenha feito sentir a presença física das legiões romanas, ou que o Direito Romano se tenha de outro modo propagado no tempo do império. Há regiões, como a Escandinávia, em que isso de nenhum modo aconteceu. Noutras podemos falar até numa erradicação do Direito Romano, após a invasão bárbara. O que é fundamental é que o prestígio do Direito Romano acabou por o levar a prevalecer sobre os elementos indígenas das ordens jurídicas desses países, quer tenham ou não estado directamente submetidos ao domínio romano.

Nos primeiros, em que os países mediterrânicos se incluem, operaram-se através dos séculos sucessivas recepções do Direito Romano, que foram tão importantes para a romanização da sua ordem jurídica como a marca deixada directamente pelos romanos.

Mesmo em países como a Alemanha, em que a influência directa foi geograficamente limitada[169], o sistema hoje é profundamente romanista. Os elementos germanistas, que alguns autores tentam por vezes exaltar, representam um resíduo em confronto com os romanistas. Este facto funda o maior elogio que se pode dirigir ao génio jurídico romano.

II – *Valor da lei*
As chamadas fontes do direito, portanto os modos como o direito se revela, são consideradas de maneira semelhante nos vários países deste sistema.

---

[169] A fronteira do Império Romano englobava as actuais zonas sul e oeste da Alemanha, mas excluía as zonas norte e oriental. Curiosamente, mas não casualmente: englobava a zona hoje predominantemente católica e excluía a zona hoje predominantemente protestante.

Sistemas Actuais de Direito 155

A lei ocupa indiscutivelmente o lugar cimeiro: ao ponto de em todos os países ter surgido a tendência de confundir direito e lei.

O costume, que tem sempre relevância, quer se lha reconheça teoricamente quer não, ocupa na prática um lugar modesto.

A jurisprudência, portanto a resultante das decisões dos tribunais, surge como um elemento subordinado à lei. É certo que modernamente tem havido tentativas para a revalorizar, mas não parece poder-se ultrapassar a afirmação de que a jurisprudência é fonte mediata do direito. Há evidentemente desvios, como veremos; mas basta-nos agora caracterizar o sistema em geral.

III – *Técnica científica*
Enfim, a técnica de tratamento do material jurídico é análoga. Essa técnica atinge neste sistema um apuramento máximo.

Desde logo, deveríamos anotar que os quadros e divisões da própria lei se assemelham fundamentalmente de país para país.

O labor posterior dos juristas acentuará essas parecenças. Assentes no Direito Romano, congregarão as várias regras em institutos semelhantes; demarcarão os mesmos ramos de direito; chegarão à formulação de princípios fundamentais análogos; e até as categorias auxiliares, indispensáveis para o enquadramento do dado jurídico, como os conceitos de direito subjectivo, relação jurídica ou acção penal, são praticamente comuns. O direito é visto na sua racionalidade sistemática, ultrapassando o empirismo das regras.

Por tudo isto, o jurista de um destes países, uma vez prevenido contra algumas diferenças que podem falsear as suas observações, está em condições de analisar tecnicamente o dado jurídico de outro país do mesmo subsistema, em condições análogas às do jurista desse país. A comunidade da formação que recebeu, e pela qual se adaptou ao sistema, revela-se um elemento mais significativo que a diversidade resultante de um conteúdo eventualmente dissemelhante das regras.

80. Subsistema anglo-americano: a formação

I – O Direito Romano vigorou nas ilhas britânicas, mas foi completamente erradicado da Inglaterra pela invasão dos anglo-saxões. Estes foram depois politicamente dominados pelos normandos. Com a progressiva integração destes dois povos foi-se formando um direito próprio, que

156 *O Direito. Introdução e Teoria Geral*

não foi globalmente sensível à influência do Direito Romano, apesar de múltiplos pontos de contacto históricos. Sobre esta matéria veja-se o nosso estudo *As fontes do direito no sistema jurídico anglo-americano*.

O direito era inseguro. Aos órgãos com funções judiciárias coube assim um largo papel na determinação das regras. Na decisão judicial passou a radicar a certeza do direito. Mas essa decisão não foi justificada por um autónomo poder de criação do juiz, mas por corresponder a um pretenso direito comum dos povos de Inglaterra – o *common law*.

Esse direito seria costumeiro, na descrição teórica. Os juizes deveriam resolver baseados nele e a força das decisões judiciais tinha o seu fundamento na presumida correspondência da decisão ao direito comum.

Com a expansão britânica o *common law* transplantou-se depois à América do Norte e a todas as regiões que constituíram o império britânico. Terá sofrido distorções ou contágios, mas permaneceu o elemento preponderante. Actualmente, a América do Norte tornou-se outro pólo do sistema.

Valendo-se da preponderância internacional do direito norte-americano, tem havido tentativas, também da parte norte-americana, de erradicar sistemas doutros países substituindo-os por um sistema de *common law*. Sempre sem êxito. Um sistema de *common law* é um produto histórico, que não consente transplantação. Nesse aspecto, está em clara inferioridade perante o sistema romanístico.

II – É fundamental uma visão própria das *fontes do direito*, e nomeadamente da jurisprudência.

Como veremos, em Portugal, salvo casos excepcionais, nenhum juiz está vinculado por uma decisão proferida noutro processo, mesmo que provinda de um tribunal superior. O juiz é independente na sua maneira de dizer o direito. Assim acontece em todos os países do sistema romanístico.

Pelo contrário, no sistema anglo-americano a jurisprudência ocupa uma posição proeminente. As decisões judiciais formam nestes países a base de toda a ordem jurídica.

E isto porque no sistema anglo-americano funciona a regra do precedente (*precedent rule*). O precedente fixado pelos órgãos judiciários superiores é vinculativo para os inferiores: terão de decidir os casos futuros da mesma maneira.

III – A formação desta regra terá sido gradual. Pouco a pouco, porém, os julgadores habituaram-se a decidir conforme os outros já tinham feito.

Sistemas Actuais de Direito 157

Não se esqueceu a fundamentação costumeira do sistema, e até se afirmava que a sentença não conforme ao *common law* deveria ser corrigida. Mas na prática chegou-se a uma estratificação dos modos de decidir.

Note-se que a regra do precedente, tal como hoje se encontra, é de formulação recente. Os intérpretes modernos cansaram-se da referência constante a um "direito comum" que em si era incognoscível, a não ser justamente através das decisões judiciais. Com isto se terá convertido um direito costumeiro em direito jurisprudencial, muito embora os estudiosos do sistema estejam longe de se encontrar de acordo sobre este ponto. Aliás, quando não há precedentes, como no Direito Constitucional britânico, é evidente a manutenção do carácter costumeiro.

IV – No século XVI tornou-se patente que o conjunto das decisões judiciais não satisfazia as necessidades práticas. Então o chanceler, que possuía certos poderes jurisdicionais que exercera em cooperação com outras entidades, ganhou autonomia. Decidia os casos que se lhe apresentavam segundo a equidade, considerando o que se revelava justo para o caso concreto. A sua solução prevalecia sobre a solução de *common law*. Graças a esta sobreposição elaborou-se um novo leque de soluções, que eram praticamente mais satisfatórias.

Aconteceu porém que também os juizes da *equity* foram sensíveis ao fascínio do precedente, e passaram a resolver casos análogos sempre da mesma maneira. Portanto, a própria *equity* encarquilhou num certo número de soluções fixas.

Hoje, apesar da interpenetração dos dois sistemas, ainda se distinguem formalmente soluções de *common law* e soluções da *equity*. Nos Estados Unidos a contraposição perdeu interesse, pois os mesmos órgãos aplicam os dois sistemas normativos; mas na Inglaterra ainda se não atingiu o ponto final da evolução.

81. O funcionamento

I – Na sua pureza, o precedente só funciona perante as decisões de tribunais superiores: os órgãos inferiores estão vinculados pelas decisões daqueles.

No século XIX, porém, atingiu-se em Inglaterra o máximo de rigidez do *stare decisis*. A Câmara dos Lordes, que funciona como o mais alto tribunal[170], considerou-se autovinculada pelas suas decisões. Com isto se criou o princípio de vinculação pelo precedente do próprio tribunal superior que o emitira. Em 1966, porém, a Câmara declarou-se liberta desta autovinculação, no que foi seguida pelos outros tribunais superiores.

Em todo o caso, os precedentes, quer do próprio tribunal, quer de tribunais paralelos, têm uma valia que, apesar de não ser tabelada, é muito grande. Podemos dizer que vinculam, excepto se se encontrar uma boa razão em contrário. Isto confirma a fisionomia do direito anglo-americano como um direito de precedentes.

Para além da própria dificuldade da descoberta de decisões que se apliquem àquele caso, é necessário examinar toda a decisão para extrair dela o princípio que lhe está ínsito, ou a *ratio decidendi*. Da *ratio decidendi* se distinguem os *obiter dicta*, que são considerações que não fundam directamente a decisão[171].

A determinação do precedente é tarefa delicada. O precedente nem é a decisão do caso, que é individual, nem uma declaração abstracta de direito. O que interessa é a *ratio decidendi*, ou o princípio de direito que está ínsito naquela decisão. Por isso, vencida a grande dificuldade da descoberta de decisões que se relacionem com o caso, é necessária muita finura para determinar a máxima de decisão contida no alegado precedente. O precedente, como regra, é inseparável do caso concreto em que foi emitido. Há que "abstrair" essa regra com base na decisão, como fonte, de cada vez que estiver em causa.

Note-se todavia que os juízes anglo-americanos evitam excessiva rigidez na apreciação da identidade entre o caso já decidido e o novo caso. Buscam mais o princípio que anima a decisão que a fórmula por que se exprimiu. A fórmula não tem o significado correspondente no sistema romanístico ao texto da lei; pode mesmo ser corrigida em decisões posteriores, procurando-se assim consagrar com maior felicidade o princípio que lhe está subjacente. Um hábil jogo de distinções permite por outro lado trazer alguma maleabilidade à aplicação do precedente[172].

---

[170] Não nos impressionemos pelos nomes. A Câmara dos Lordes, como tribunal, pouco tem que ver com a Câmara dos Lordes, como assembleia legislativa.

[171] Sobre estas matérias cfr. Bodenheimer, *Jurisprudence*, n.º 67; F. Bronze, *Continentalização*, nomeadamente a págs. 199-204.

[172] O recurso ao precedente não elude a problemática da lacuna. Cfr. o nosso *Interpretação da lei*.

Sistemas Actuais de Direito 159

II – A compreensão do sistema só será porém completa se atendermos ao papel que a lei nele desempenha.

Nenhuma sociedade actual pode viver sem a certeza e o poder de transformação que à lei estão inerentes. Por isso, também o sistema anglo-americano assiste à proliferação das leis (*statutes*). Mas aí, ao contrário do que se passa no sistema romanístico, a lei tem uma função auxiliar – completa e esclarece o sistema do Direito comum como que do exterior, não representando ela própria a base do sistema. Se bem que hoje em dia já não possa ser seriamente tomada como condição de validade da lei a conformidade dela com o direito comum, como se pretendera, em todo o caso este continua a representar o fundo comum que se aplicará sempre que uma lei não regular especialmente uma situação[173]. Ao contrário do que acontece no sistema romanístico, em que os princípios gerais se fundam antes de mais nas leis.

Que razões justificarão este grande predomínio da jurisprudência sobre a lei? Ele deriva, não só do empirismo do povo britânico, como da desconfiança que ele mantém em relação à lei. A lei aparece-lhe como a arma preferida dos tiranos, enquanto que a estruturação de um conjunto estável de princípios lhe traz a melhor barricada contra as arbitrariedades do Poder.

É curioso observar que, no continente europeu, preocupações semelhantes levaram a soluções diametralmente opostas. A lei, com a sua generalidade, é exaltada. A definição de princípios que esta traz limita o Poder, que terá de se orientar por uma ordem já determinada.

III – Por força de todas estas razões, a técnica jurídica diverge profundamente nos dois sistemas. Também no subsistema anglo-americano há uma dogmática, que erigiu a multiplicidade de dados num sistema. Mas opera por caminhos por vezes de todo alheios aos romanísticos. Efeitos económicos-sociais normalmente muito próximos vão ser obtidos por técnica distinta.

1) Desde logo: surgem institutos para os quais se não encontra um correspondente no sistema romanístico. Assim, o *trust*, pelo qual alguém transmite a outrem uma verdadeira propriedade, mas para que este a aplique a uma função no interesse alheio, é desconhecido entre nós: a distinção

---

[173] Portanto, a lei resolve categorias específicas de casos, mas os princípios gerais resultam do *common law*.

160 *O Direito. Introdução e Teoria Geral*

entre *ownership e property* não corresponde às nossas concepções; o *copyright* não é o mesmo que o nosso Direito de Autor, e assim por diante.

2) Também os ramos ou divisões do Direito não são idênticos. As grandes divisões da ordem jurídica podem obedecer a critérios muito diversos.

3) Enfim, aqueles instrumentos de análise e construção próprios da dogmática, que temos referido, variam também consideravelmente.

Por isso, o jurista do sistema romanístico, que se sente quase em sua casa quando se transfere para outro país do mesmo sistema, fica desorientado quando colocado perante o sistema anglo-americano. Não são só as soluções, é toda a estrutura geral que lhe é estranha. Tem por isso de realizar um esforço penoso de adaptação, transcendendo quadros que sempre lhe haviam parecido evidentes.

Mais uma razão todavia em reforço da importância do estudo do Direito Comparado, pois este permite o diálogo e o intercâmbio que a base substancial de ambos os grupos, a civilização ocidental, justifica e os interesses práticos reclamam.

IV – O sistema anglo-americano vigora em todos os países em que foi politicamente imposto, pelo Reino Unido ou pelos Estados Unidos, **e apenas nesses**. Não é um sistema susceptível de recepção. Ou se criou a forma de vida propícia à formação judicial de um *common law* ou não; o sistema não pode ser objecto de opção. Ao contrário do sistema romanístico, que pela sua clareza tem sido objecto de recepção em países que nunca estiveram politicamente submetidos, como o Japão.

82. Direitos dos países da África negra

I – A independência dos países africanos fez-se em geral sem quebrar a continuidade do direito. Os órgãos judiciais continuaram a aplicar as mesmas regras, as vinculações internacionais em geral mantiveram-se. Isto significa que os novos países se conservaram dentro do ramo em que a colonização os integrara – o subsistema romanístico ou o subsistema anglo-americano, consoante os casos[174].

Confirma-se assim que a estrutura jurídica fundamental adere muito profundamente aos povos, e está imune à generalidade das mutações polí-

---

[174] Cfr. *Allot's Judicial*; Gonidec, *Les droits africains*.

Sistemas Actuais de Direito

ticas. Até nos raros casos em que houve alterações de fronteiras a estrutura jurídica não se ressentiu. Assim, nos Camarões realizou-se a federação dos Camarões orientais, que tinham estado sob tutela francesa, e dos Camarões ocidentais, que tinham estado sob tutela britânica. Um supremo tribunal serviu de cúpula às jurisdições; mas cada território manteve o seu próprio sistema normativo[175].

II – Todavia, esta integração no sistema ocidental não pode ser afirmada sem ter em conta outros elementos muito significativos. É que influências diversas se fizeram também sentir.

Por um lado, há a influência do sistema muçulmano, que a partir do norte se enraizou nos países que foram atingidos pelo islamismo, criando uma ordem paralela mais ou menos profunda.

Por outro lado, e sobretudo, há que contar com os Direitos tradicionais.

Estes tinham subsistido em toda a parte, ao lado do direito civilizado instituído pelo colonizador. O sistema jurídico era pois dualista, acompanhando o dualismo das sociedades a que correspondia. Quer tivesse sido ignorado, quer combatido, quer respeitado, sofreu influências profundas do direito com o qual foi confrontado; mas manteve a sua caracterização fundamental como um direito comunitário, essencialmente costumeiro, complementado por regras que se ditavam e conservavam oralmente.

Quando dizemos que estes países se integraram no sistema ocidental estamos pois a considerar o sector oficial. Resta saber qual a articulação com este sector tradicional.

III – O Direito que unifica os novos Estados é necessariamente o direito evoluído: a própria categoria "Estado" é estranha ao Direito tradicional.

Perante a realidade inegável do Direito tradicional, foi em todos os casos necessário abrir-lhe um lugar. Mas a atitude em relação a esse direito varia profundamente. Olham-no uns com favor, como manifestação da maneira de ser pré-colonial; olham-no outros com suspeita, sobretudo quando pretendem superar a divisão tribal através de uma rápida unificação. Prevalece todavia a hostilidade, porque com dificuldade se admite o contra-poder representado pelas estruturas tradicionais.

---

[175] Os subsistemas resistiram à imposição brusca e exterior de regras colectivistas, ou à actual imposição de regras destinadas a provocar a homogeneização dos mercados a nível mundial, que são alheias à real situação desses países.

162   *O Direito. Introdução e Teoria Geral*

O dualismo reflectiu-se no sector judiciário. Em geral, foi necessário criar, ao lado dos órgãos que julgam segundo o Direito civilizado, outros que julgam segundo o Direito tradicional, como dissemos há pouco[176].

IV – A tendência é a da unificação do direito.

Apontam nesse sentido formas de unificação do sistema judiciário realizadas em certos países. Mas é evidente que assim se não supera a diversidade dos Direitos. O sistema judiciário passa a ser o único, mas o mesmo órgão aplica, ora Direito civilizado, ora Direito tradicional.

A unificação que importa é aquela que se fará através das próprias regras. Mas essa não pode ignorar a diversidade das formas de vida. O Direito é também instrumento de transformação da sociedade, mas não pode, sob pena de violência e de ineficácia, deixar de respeitar os tempos de evolução do meio a que se destina[177].

A forma mais rica de unificação seria aquela que realizasse a síntese dos valores dos dois sistemas coexistentes. Essa síntese não tem sido em geral conseguida. É necessária uma grande imaginação e finura jurídica para legislar, resolvendo necessidades novas, e respeitar, não as regras do Direito tradicional, que para isso são totalmente inadequadas, mas o espírito deste. Não tem contudo sobrado o tempo para esta harmonização criativa.

83. Sistema socialista ou soviético

I – Antes da implantação deste sistema a maioria dos países pertencia ao subsistema romanístico do Direito. Mas na Rússia a estruturação jurídica fora sempre fraca. A legislação e a doutrina jurídica eram pouco evoluídas e a aplicação do Direito realizava-se de modo semelhante ao vigente nos países ocidentais antes da Revolução Francesa – sem a distinção nítida da função judicial, nomeadamente.

II – Por ser global, o sistema soviético já por si se prestava mais a ser estudado atendendo antes àquilo para que tende que àquilo que é, porque em lugar nenhum se chegou a um ponto de equilíbrio na evolução. Já fizé-

---

[176] Cfr. *supra*, n.º 75 III, a propósito dos novos países independentes do Terceiro Mundo.

[177] Cfr. *supra*, n.º 13 II.

ramos a prevenção de que nestes casos se assiste a um fenómeno até certo ponto inverso do que caracteriza as civilizações orientais. Havia a tormentosa busca de novas formas civilizacionais.

Assistiu-se à rápida imposição de um sistema diverso do existente, que implica uma arquitectura própria da vida social e portanto um novo Direito. Por força desta ideologia, dá-se a estruturação da produção em termos colectivistas, o que desde logo altera radicalmente as relações sociais. Implica designadamente que o Estado se converta num potente aparelho de coacção, sem o que essa estrutura se tornaria impossível. Surge por isso a "ditadura do proletariado", como consequência necessária da organização que se pretende. Nas afirmações dos teóricos ela representaria porém solução transitória, pois estaria destinada a apagar-se, até se chegar à definitiva instauração do comunismo. E até nos últimos tempos se afirmava que ela teria sido superada pelo "governo de todo o povo".

III – Procurando caracterizar a ordem jurídica resultante, há um traço fundamental a acentuar. O Direito não surge aqui como uma ordem a que o Estado se submeta, segundo o modelo do Estado de Direito. É antes uma realidade inseparavelmente associada ao Estado. Para além de discussões teóricas sobre a valia e significado do Direito este é em qualquer caso um instrumento nas mãos do Estado, que no Estado socialista serviria a construção do comunismo[178].

Por isso, os princípios gerais orientadores do Estado soviético influem constantemente, como elementos activos, no tratamento do material jurídico. O jurista destes países deve interpretar e aplicar a lei não apenas à luz de princípios que resultem do próprio ordenamento, como nos países ocidentais, mas desde logo à luz de princípios políticos.

A matéria da integração das lacunas[179] oferece-nos um exemplo elucidativo. Nos direitos ocidentais vão-se em geral buscar ao próprio sistema jurídico os princípios gerais cuja aplicação permitirá conseguir uma solução nova. Mas no sistema soviético segue-se declaradamente uma orientação diversa. As lacunas devem ser integradas de harmonia com os princípios gerais do direito e com os princípios da política[180]. O fim do direito tem assim um papel activo e condutor, que é desconhecido nas ordens jurídicas ocidentais.

---

[178] Cfr., por exemplo, *Principes du droit soviétique*, págs. 18-19.

[179] Estudaremos esta matéria *infra*, n.os 243 e segs..

[180] Cfr. Dekkers, *Introduction*, pág. 16.

84. Fontes e conteúdo do sistema soviético

I – *Fontes do Direito*[181]
No sistema das fontes do Direito a lei ocupa um primado que representa praticamente um exclusivo.

Na verdade, é a lei o instrumento usado para realizar a função coerciva que o Estado se atribui.

O costume não é reconhecido. Na prática ele actuará sempre; até nos períodos de liquidação revolucionária das fontes existentes a ordem jurídica (salvo a do poder) teve base essencialmente costumeira[182]. Mas um tribunal não admitiria a invocação frontal dum costume.

A Jurisprudência como tal não cria normas. É certo que os tribunais superiores podem emitir directrizes vinculativas das instâncias inferiores, e portanto indirectamente dos cidadãos, sobre o modo de julgar, independentemente da solução de casos concretos[183]. Nessa altura porém os tribunais actuam como órgão legislativo ou administrativo e não como órgão judicial.

À doutrina não cabe qualquer papel normativo.

II – *A legalidade*
Este primado da lei necessita de ser compreendido na sua integração histórica e nos termos do sistema[184].

Nos anos que seguiram a revolução russa atravessou-se uma situação de grande insegurança jurídica[185]. A estruturação subsequente não se fez sem desvios. A ordem singular da autoridade ganhou o lugar proeminente, a proclamação abstracta da lei tornou-se, como no Estado do século XVIII, um modelo que "deveria" ser seguido. Isso dificultou particularmente o conhecimento do Direito vigente nestes países. O jurista ocidental, por formação, procurava as leis; mas o Direito, aqui mais que em qualquer outro caso, não se capta sem o conhecimento dos factos.

A ânsia de estabilidade é todavia muito grande, e fez-se sentir através de um acento progressivamente mais forte da noção de "legalidade socialista". O qualificativo que se acrescentou implica para os ocidentais

---

[181] Cfr. *Introduction aux droits socialistes*, págs. 89 e segs..

[182] Cfr. Orlando, *Metodo*, págs. 59 e segs..

[183] Esta figura é referida por Castanheira Neves em *Assentos*.

[184] Cfr. sobre esta matéria Hazard e Shapiro, *The soviet legal system*, parte I.

[185] A alegação da "legalidade revolucionária" não explica a repetição de manifestações anárquicas ou arbitrárias.

Sistemas Actuais de Direito 165

que é alguma coisa menos que a legalidade; para o jurista destes países significaria todavia alguma coisa mais, pois não só se reconheceria a legalidade formal como se dariam as condições práticas para o seu exercício. De todo o modo, a evolução para a legalidade acentua-se. Na Rússia, esta representa como que uma inovação, não o esqueçamos, porque antes da revolução havia pouca firmeza nas leis e nas jurisdições[186].

III – *Conteúdo*

Há muitos institutos jurídicos diversos dos ocidentais. Mais significativo ainda, há institutos cuja designação faz supor coincidência com institutos ocidentais mas que na realidade têm conteúdo diverso[187].

A evolução permitiu tirar do princípio da legalidade socialista sempre novas consequências, que voltaram a aproximar as doutrinas jurídicas desses países das doutrinas ocidentais.

É elucidativo neste movimento o que se passou com a aplicação analógica da lei penal. No sistema romanístico é considerada um dos pontos-chave da defesa do cidadão a garantia de só poder ser condenado pela prática de facto previamente previsto na lei, com exclusão de toda a analogia. Pelo contrário, as leis soviéticas permitiam também a punição por factos análogos aos previstos na lei. No pós-estalinismo, porém, a analogia foi de novo proibida, o que é um sintoma desta reabilitação da legalidade.

A sucessão por morte foi proibida com a Revolução de 1917. Foi porém restabelecida posteriormente, e a tendência foi no sentido de uma ampliação gradual do seu âmbito de aplicação.

A propriedade individual de bens de produção fora sucessivamente restringida aos bens necessários para o exercício do artesanato, pequenas explorações agrícolas e comércio de retalho, mas em posição desfavorecida[188]. Não assim em relação a outros bens, e nomeadamente casas de habitação não própria. A tendência última foi porém no sentido de uma

---

[186] Pelo contrário, nos restantes países do leste europeu a imposição do sistema defrontou uma consciência da legalidade muito mais acentuada. Por isso o anseio da legalidade correspondeu aí a uma tendência autónoma e a busca de uma estruturação jurídica começou a bem dizer desde a primeira hora. O fenómeno foi particularmente visível na antiga República Democrática Alemã.

[187] Cfr. René Dekkers, *Introduction*, págs. 11 e segs..

[188] Cfr. sobre esta matéria Stoyanovich, *Le régime*; Johnson, *An introduction*, págs. 105 e segs..

166   *O Direito. Introdução e Teoria Geral*

reampliação do seu domínio, acompanhando o retorno espectacular da empresa privada.

No campo da aplicação da lei, os tribunais de camaradas, de criação tardia, procuram, sobretudo através da conciliação, sanar os pequenos litígios, inserindo-os no meio em que se produziram.

85. Direito Chinês

I – Dada a importância e o significado da China justifica-se uma referência especial. Mas as fontes de que dispomos, para além das legais, são escassas, pelo que nos teremos de limitar a observações parcelares, que podem até não estar actualizadas.

A ausência de dados representa desde logo um reflexo da muito particular concepção chinesa do Direito.

Ao contrário do que aconteceu com os países socialistas que referimos anteriormente, a China não arranca do sistema romanístico do Direito. Tradicionalmente vigora uma concepção que acentuava os valores da moderação e da concórdia e levava a considerar uma vergonha o recurso a juízo. Sustentada pelos filósofos confucionistas, era radicalmente oposta à rigidez das leis. Por isso se fala numa contraposição do Direito (*fa*) ao *li* dos filósofos[189].

O Direito era assim essencialmente costumeiro e a solução dos litígios era remetida sobretudo à equidade. Nem a escola dos legistas, conselheiros dos imperadores, nem a introdução de um Código Civil e de outras leis, já neste século, alteraram significativamente a situação, pois os elementos de sentido contrário predominaram sempre.

II – O triunfo comunista representou em certo sentido um triunfo histórico dos legistas e do seu sentido activo de transformação social. Surgem novas leis, nomeadamente as constituições políticas, a lei sobre o casamento (de 1950) e algumas leis agrárias.

Mas ao contrário do que se passa nos países socialistas europeus só muito recentemente se chega à consagração do princípio da legalidade. Pensa-se poder dispensar o direito, que é apenas a arma da ditadura sobre os contra-revolucionários. Só em casos extremos, se após uma longa paciência e o uso de órgãos de conciliação para o efeito instituídos se não

---

[189] Cfr. Gilissen, *Introdução*, 109.

Sistemas Actuais de Direito 167

conseguir chegar à solução do diferendo, haverá o recurso a órgãos judiciais.

A cisão com a U.R.S.S. só fez apressar e consolidar esta orientação. Algumas diferenças poderemos todavia anotar em relação ao Direito dos países socialistas até agora considerados. Na sequência da tomada do poder não se deu uma apropriação dos bens de produção pelo Estado tão radical como noutros países[190], porque o grupo vitorioso se apresentava como a coligação de várias orientações. Isso teve consequências na estruturação jurídica daí resultante.

Com a revolução cultural, pretendeu-se abolir radicalmente todas as formas de propriedade privada dos meios de produção existentes. Até as Faculdades de Direito foram suprimidas durante longos anos. A aplicação judicial do Direito reflectia apenas as orientações variáveis da política[191].

A consulta da bibliografia nestes sistemas é aliás dificultada por ao jurista ser atribuída uma função educativa, o que lhe faz perder objectividade e contribui frequentemente para esconder a feição do sistema.

Por outro lado, resulta do que dissemos no capítulo das fontes que o costume não surge como fonte do Direito.

III – Hoje, porém, a marca da revolução cultural está ultrapassada.

A China praticou resolutamente a abertura ao exterior. E isso representa uma mudança, não apenas em relação a décadas de comunismo, mas em relação a uma situação milenar, pois sempre a China tendera a viver fechada sobre si.

A abertura ao exterior privilegia a componente económica. E a grande actividade legislativa que se segue é principalmente influenciada por essa abertura: a China precisa dos instrumentos que lhe permitam competir no plano internacional. O novo direito legislado chinês é por isso prevalentemente Direito da Economia. Mas não é só. Nomeadamente, é agora que se lançam os grandes códigos. Não está porém à vista a elaboração de um Código Civil. Avança-se por uma pluralidade dispersa e fre-

---

[190] Cfr. Tsien Tche-Hao, *La République*, nomeadamente a págs. 56 e segs. e 329 e segs..

[191] Vê-se de onde derivava a grande dificuldade de conhecimento do Direito Chinês. Fora a observação local, não encontrávamos as fontes com que habitualmente se trabalha. Até à abertura ao exterior poucas leis tinham sido produzidas; não havia resenhas de jurisprudência, pois as sentenças não eram publicadas; não havia doutrina, pois quase não existiu produção sobre Ciência do Direito.

168 *O Direito. Introdução e Teoria Geral*

quentemente contraditória de leis avulsas, completadas por Regulamentos, que são igualmente fontes formais de direito.

De todo o modo, a China dispõe hoje duma legislação escrita moderna, contraposta à que precedentemente vigorava e criando certamente zonas de atrito.

Com isto se dá quer a valorização do princípio da legalidade, que representa outra grande inovação, quer um interesse nascente pelos estudos jurídicos.

O apelo à iniciativa privada e a política de reformas em curso, mesmo quando o sentido destas é polémico, deixa profundas marcas no campo do Direito.

Neste aspecto há analogia com a evolução que detectámos noutros países de sistema socialista. Mas há simultaneamente uma aproximação do sistema romanístico do Direito, que é aquele de que o sistema chinês, no seu funcionamento, está mais próximo. De todo o modo, a China segue uma evolução própria, não havendo modelos preexistentes a que se submeta.

CAPÍTULO IV
FILOSOFIA DO DIREITO

ADVERTÊNCIA: a partir deste capítulo deixamos de usar maiúscula quando referimos o direito objectivo, como ordem jurídica, porque o leitor já tem condições para o não confundir com o direito subjectivo.

86. Conteúdo da Filosofia do Direito

I – O direito é realidade particularmente adequada a ser objecto da reflexão filosófica. Desde o início vemos os filósofos debruçarem-se sobre temas jurídicos; não para conhecer o direito vigente, pois essa função é a da Ciência do Direito, mas para especular sobre os grandes problemas que a ordem jurídica levanta.

Assim, em nome do direito, um homem é preso, levado a juízo, condenado, expia uma pena. Mas pode um homem julgar outro homem?, pergunta o filósofo, a quem a descrição da situação não contenta. Justifica-se que se apliquem penas? Porquê? Para quê? À filosofia compete responder às interrogações últimas que o direito suscita[192].

Entre os cultores da Filosofia do Direito em Portugal salientamos Cabral de Moncada, Castanheira Neves, João Baptista Machado e Fernando Bronze; no Brasil Miguel Reale, Lourival Vilanova, Tércio Sampaio Ferraz Júnior e João Maurício Adeodato[193].

II – Através dos tempos, não têm sido os mesmos os temas que têm sido apresentados como objecto da Filosofia do Direito.

---

[192] A Filosofia do Direito não se insere frequentemente entre as disciplinas que integram os currículos oficiais de direito, o que dissemos já que representa uma grave lacuna.

[193] Impossível passar em revista tantos outros cultores, que têm produzido obras de muito mérito. Cfr. por exemplo o livro de ensaios de Souto Maior Borges, *Ciência Feliz*.

170 *O Direito. Introdução e Teoria Geral*

Após a meditação grega, a consideração do conteúdo da ordem jurídica ocupou um lugar praticamente exclusivo. Dentro da perspectiva de uma filosofia moral, desenvolvem-se os estudos sobre a estrutura e as regras do direito que deve vigorar.

Com a escola racionalista do Direito natural, o campo do filósofo do direito hipertrofia-se, à custa da subordinação do cientista do direito às suas conclusões sobre as leis racionais. Pelo contrário, com o kantismo e o positivismo dá-se uma redução radical do âmbito da Filosofia do Direito, que passa a concentrar-se praticamente na Epistemologia, na mesma situação que a Filosofia de qualquer outra ciência.

Prolongando e aprofundando estas linhas, o neo-kantismo centra a sua análise nos pressupostos fundamentais da Ciência Jurídica. Para Stammler, por exemplo, este estudo ocupa o lugar primário.

Orientações posteriores ultrapassam esta limitação, considerando que todo o direito é necessariamente realização de valores. Temos a intervenção da Filosofia dos Valores, na primeira metade deste século, que enriqueceu muito o arsenal da Filosofia do Direito. Para alguns o núcleo da disciplina passa a ser a discussão e determinação dos valores, muito em particular da justiça, e a crítica da realidade vigente à luz desses valores.

A Lógica Jurídica é objecto de estudos muito significativos[194]. Também a teoria da linguagem jurídica passou a ser uma espécie de tema da moda em certos meios jusfilosóficos, tal como a retórica.

Actualmente, as indagações de ponta revelam uma influência profunda da fenomenologia e correntes afins[195].

III – Muitas orientações actuais renunciam à análise do próprio conteúdo material da norma jurídica. Mas isso não significa que essa análise tenha sido banida da Filosofia do Direito.

As doutrinas jusnaturalistas, embora tenham sofrido com a derrocada da escola racionalista do Direito natural, tiveram sempre os seus cultores. No pós-guerra viveu-se mais uma revivescência do Direito natural, que reviu os seus fundamentos e voltou a disputar lugar cimeiro na Filosofia do Direito.

Pensamos efectivamente que o tema do próprio fundamento da ordem jurídica é prioritário. Mas toda a unilateralidade é descabida. A observa-

---

[194] Uma introdução à problemática desta encontra-se na monografia de Lourival Vilanova, *Lógica Jurídica*.
[195] Cfr. *infra*, n.° 97.

Filosofia do Direito 171

ção histórica foi-nos revelando sectores que representam capítulos necessários desta disciplina. Não existe porém entre os autores consenso quanto à divisão ou sistemática fundamental a adoptar[196].

87. A História da Filosofia do Direito

I – Uma exposição de inegável interesse e grande valia pedagógica, tendo em conta uma introdução à Ciência do Direito como a que realizamos, seria a da História da Filosofia do Direito. Porque a consideração da génese histórica permite melhor situar os temas e melhor os compreender, por evidenciar a alternativa histórica que representaram[197].

Essa exposição levar-nos-ia porém longe de mais, ameaçando desequilibrar a proporção das matérias versadas. Por isso, vamo-nos limitar a rápidos apontamentos sobre aquele tema que, dissemo-lo já, pode ser considerado nuclear na meditação jusfilosófica – o tema do fundamento do direito. Porque pela posição adoptada em relação a ele se caracterizam as épocas históricas.

II – O debate sobre o fundamento foi até há pouco centrado no Direito natural, ou *jusnaturalismo*. O tema nasce com a própria Filosofia do Direito. À sua volta têm laborado todas as grandes correntes filosóficas, e em muitas épocas ele foi mesmo tomado como o núcleo da Filosofia do Direito.

Há um predomínio dos períodos em que o Direito natural foi cultivado, mas também encontramos eclipses do pensamento jusnaturalista. Por isso se fala no "eterno regresso" do Direito natural. Aos períodos de negação, em que a doutrina de ponta afirma a superação do problema, opõem-se períodos de domínio do Direito natural.

Este passado histórico é extremamente elucidativo para a compreensão da problemática do Direito natural. Começaremos por isso, muito brevemente embora, por referir os grandes traços das várias orientações[198].

---

[196] Miguel Reale, por exemplo, fala-nos numa parte geral, constituída pela Ontognoseologia Jurídica, e em partes especiais, dedicadas à Epistemologia Jurídica, à Deontologia Jurídica e à Culturologia Jurídica: *Filosofia do Direito*, vol. II, n.os 122 e segs..

[197] Para orientações como a hegeliana ela é mesmo elemento constitutivo essencial do próprio tema. A dimensão histórica está necessariamente ínsita em toda a solução.

[198] Sobre esta matérias históricas consultar as seguintes obras: G. Del Vecchio, *Lições de Filosofa do Direito*, vol. I; L. Cabral de Moncada, *Filosofia do Direito e do*

172   *O Direito. Introdução e Teoria Geral*

88. A antiguidade

I – É comum a várias civilizações a noção de uma ordem universal que rege todas as criaturas. Essa ordem pode ser concebida de maneira mais fatalista, como o *tao* chinês, ou de maneira mais intelectualista, como o *logos* grego, ou de outras formas ainda. De todo o modo, ela concorre no sentido do estabelecimento, de um limite ao arbítrio humano.

II – Tendo em conta o pensamento grego, ponto de partida da nossa civilização e do qual deriva a contribuição mais decisiva para o nosso tema, podemos considerar que a aceitação implícita e não crítica duma ordem superior, própria dos pré-socráticos, vai ser quebrada pelos sofistas, o que lhes dá pelo menos o mérito de iniciarem o debate filosófico do tema. O relativismo próprio desta escola leva-a a descrer da existência de princípios de validade universal. A diversidade de concepções parece-lhes argumento decisivo – o homem seria a medida de todas as coisas.

É em grande parte no contraponto desta orientação que nos surgem os nomes veneráveis de Sócrates, Platão e Aristóteles, todos eles acentuando a existência de leis não escritas de validade universal. Contrapunham as leis transitórias humanas às leis eternas, mais valiosas que aquelas. Aristóteles, por exemplo, em trecho embora não inteiramente unívoco, fala-nos do que é natural e do puramente legal na justiça e no direito: e diz-nos que "nem tudo é variável, e pode distinguir-se com razão na justiça civil e política o que é natural e o que não é"[199].

A tragédia grega fez-se eco desta orientação. Em trecho de Sófocles, merecidamente célebre, ouvimos Antígona responder a Creonte, que a increpava por ter transgredido o seu decreto, que seguira as leis não escritas dos deuses, que merecem maior observância[200]. Note-se a unificação

---

Estado, vol. I; Welzel, *Naturrecht*; Truyol y Serra, *Compêndio de História da Filosofia do Direito*; Wieacker, *Direito Privado Moderno*; Larenz, *Metodologia*; Arthur Kaufmann, *Theorie der Gerechtigkeit*.

[199] *Ética a Nicómaco*, livro V, cap. VII. Cfr. Eduardo Bittar, *Curso de Filosofia Aristotélica*, § 14, que versa sobre esta obra.

[200] Eis a resposta de Antígona: "Não me foi intimado [o decreto] por Zeus; nem a Dike [a Justiça], que coabita com os deuses subterrâneos, estabeleceu essa lei entre os homens. Tão-pouco creio que as tuas ordens tenham tanta força, sendo tu um simples mortal, de modo a poderem derrogar as leis não escritas e inconcussas dos deuses. Porquanto não são apenas de hoje nem de ontem, mas vigoram sempre e ninguém sabe quando é que elas aparecem.

Ora, eu não devia expor-me a sofrer castigos dos deuses por transgredi-las, com medo da petulância dum varão" – *Antígona*, trad. do Padre Dias Palmeira.

da lei natural e da lei divina, própria do primitivo sincretismo das ordens normativas da sociedade, que tivemos já ocasião de assinalar.

III – Roma acolheu a herança grega. Várias escolas filosóficas oriundas da Grécia tiveram aqui a sua repercussão.

Todavia, a que alcançou maior audiência foi a *escola estóica*, que aliás também reclama para si o legado de Sócrates. Ora os estóicos defendiam como ideal moral a liberdade, conseguida à custa da subjugação das paixões, que permitia ao homem viver segundo a lei natural. É mesmo dentro desta orientação que o contributo romano se torna verdadeiramente significativo.

Os jurisconsultos romanos aceitam quase como evidência esta ordem natural, e daí a sua distinção entre o *ius naturale*, o *ius gentium* e o *ius civile*. O Direito natural exprime a ordem universal da natureza. As divergências entre o Direito natural e o Direito positivo não fizeram os romanos desanimar nesta sua concepção, antes lhes serviram de estímulo para as procurar transcender[201]. O Direito natural, mais que doutrina, torna-se aqui instrumento de juristas práticos, no seu esforço incessante de realização do direito.

89. A filosofia cristã pré-renascentista

I – Nesta filosofia, em que podemos distinguir fundamentalmente a patrística e a escolástica, vão-se prolongar e aprofundar orientações contidas já na herança clássica.

Mas há numerosos contributos originais ou mesmo desvios a assinalar.

Paredes-meias com a Teologia, este pensamento coloca na origem de toda a criação a lei eterna, que vive em Deus. Mas a maior parte dos autores não pensou que esta lei excluísse qualquer ordem objectiva para além da ordem da fé. S. Tomás de Aquino, numa análise que, neste ponto como em muitos outros, é prototípica, fala-nos na lei natural, como *participatio legis aeternae in rationali creatura*[202]. O homem participa por sua razão da lei eterna[203].

---

[201] Cfr. Del Vecchio, *Lições*, págs. 65 e segs..

[202] *Suma Teológica*, 1-2, q. 91, a. 3. Apresenta uma colectânea de estudos jurídicos em perspectiva tonista M. E. Bigotte Chorão, *Temas Fundamentais do Direito*.

[203] O pensamento deste autor fica esclarecido com o seguinte texto, que se encontra

174   *O Direito. Introdução e Teoria Geral*

Estes autores não sentiam maior necessidade que os antigos de distinguir na lei natural o direito e a moral; antes, esta lei é comum a ambas as ordens. A orientação, que já criticámos, está em parte na origem das reacções subsequentes[204].

A Escolástica foi além do mero enunciado dos princípios gerais. Procurou concretizar esses princípios, analisando em particular os institutos impostos pela lei natural[205].

II – A este propósito pôs-se o problema da inalterabilidade da lei natural. S. Tomás distingue na lei natural princípios primários e princípios secundários. Estes já são como que conclusões derivadas daqueles. Seriam também em geral imutáveis; mas S. Tomás fala, em trechos de difícil interpretação, da adição de matérias e da existência de impedimentos à aplicação da lei natural[206].

Estará aqui, justificadamente ou não, a base da distinção futura entre Direito natural primário e secundário, que é própria do pensamento neotomista, por exemplo. Diremos, procurando o que nos parece a formulação mais apurada, que só o primeiro é válido em absoluto, ou seja, em todos os tempos e em todos os lugares. O direito de defesa contra agressões ilegais ou a indispensabilidade de uma autoridade social seriam princípios absolutos, alheios a circunstancialismos históricos.

Pelo contrário, já dependentes desses circunstancialismos surgiriam aplicações variadas dessas regras. Seriam ainda Direito natural porque, naquelas particulares condições, as imporia a natureza do homem e da sociedade. As actuais relações de trabalho, por exemplo, são permeadas por numerosas exigências de Direito natural, que pressupõem um condi-

---

no mesmo lugar da *Suma Teológica*: "Também os animais irracionais participam a seu modo da razão eterna, como a criatura racional. Mas a criatura racional participa dela intelectual e racionalmente; por isso a participação da lei eterna na criatura racional chama-se com propriedade lei, pois a lei é algo próprio da razão, como já dissemos. Mas as criaturas irracionais não participam racionalmente da lei eterna; por isso só pode falar-se de lei por semelhança".

[204] Esta filosofia experimentou dificuldades particulares na conciliação do que seriam as exigências naturais antes e depois do pecado original. Na realidade, esta preocupação era estranha a uma consideração filosófica do Direito natural, que só se pode fundamentar na natureza humana tal como a encontra. Foi abandonada em épocas posteriores.

[205] Veja-se por exemplo a classificação que faz S. Tomás de Aquino, *Suma Teológica*, 1-2, q. 94, a. 2, dos preceitos da lei natural, e o estudo aprofundado que seguidamente dedica a esses preceitos.

[206] *Suma Teológica*, 1-2, q. 94, a. 5 e a. 4.

Filosofia do Direito

cionalismo económico-social bem determinado, próprio da sociedade industrial avançada. Elas seriam impensáveis na organização artesanal medieva ou num agregado tribal.

III – Da lei natural deriva por sua vez a lei humana; pois o conhecimento natural dos princípios gerais não é suficiente para descer até à disciplina de situações mais específicas. A lei humana estabelece pois disposições particulares[207]. Mas como a lei humana deriva da lei natural, se nalgum ponto se aparta desta já não será lei, mas uma corrupção da lei[208].

Com isto surge a querela da posição a adoptar perante o que se chamou a *lei injusta*. Abandona-se a atitude socrática de ilimitada obediência às leis, mas não se subestimam também as graves perturbações que um desrespeito à lei, real ou pretensamente injusta, viria trazer[209]. Por isso, embora a lei não obrigue em consciência, a atitude a tomar variará consoante essa lei:

Violar um bem divino – neste caso deve ser desobedecida.

Violar um bem meramente humano – se se não puder evitar o escândalo ou outro maior mal resultante da sua desobediência, deve ser acatada[210].

Por outro lado, os autores medievos desenvolvem o tema do *direito de rebelião*, ele próprio fundado no Direito natural.

Se bem que preferissem a resistência passiva, não excluíram também a resistência activa. Esta surgiu-lhes mesmo como a maneira de pôr termo a uma situação tirânica, que tivesse tornado a ordem jurídica, globalmente tomada, violadora do Direito natural.

A questão tem sido retomada posteriormente, normalmente em termos análogos[211]. As soluções são em geral imprecisas, o que não admira, pois se trata de um dos pontos em que a justiça e a segurança têm exigências de sentido oposto. Não cremos também que seja esclarecedora a referência indiscriminada à "lei injusta", que tanto pode traduzir a mera incon-

---

[207] *Suma Teológica*, 1-2, q. 91, a. 3. S. Tomás usa também o conceito romano de Direito das gentes, cuja relacionação com o de Direito natural oferece dificuldades.

[208] *Ibid*, q. 95, a. 2.

[209] Cfr. Truyol y Serra, *Fundamentos*, n.º 27.

[210] S. Tomás de Aquino, *Suma Teológica*, 1-2, q. 96, a. 4.

[211] Cfr. por exemplo Del Vecchio, *Lições*, vol. II, págs. 390 e segs.. Encontra-se entre nós uma retomada desta problemática em Bigotte Chorão, *Justiça*, em "Temas Fundamentais".

veniência duma solução positiva, à luz da justiça, como uma autêntica violação do Direito natural.

Em compensação, a preocupação de evitar um mal maior, que tão decisiva foi nas considerações dos juristas medievos, parece-nos continuar a ser uma peça fundamental neste debate.

90. A descrença na razão

I – Na Escolástica, a capacidade da razão de descobrir a ordem verdadeira foi fortemente acentuada.

Mas no ocaso desta desenvolvem-se correntes que de uma forma ou de outra a põem em causa. O nominalismo, com a redução das substâncias a meros nomes, é pouco propício à afirmação da validade de uma ordem objectiva. E o voluntarismo, deixando de colocar a razão em primeiro plano, faz perder a base sólida sobre que se haviam arquitectado as sumas escolásticas.

II – Com a reforma, chega-se a uma negação muito mais radical.

Para Lutero, a natureza humana está radicalmente corrompida pelo pecado original. O homem não tem assim a capacidade de pelas suas luzes chegar a uma ordem verdadeira.

Só a graça de Deus, iluminando os escolhidos através da fé, lhes permite conhecer um caminho; mas este funda-se na Revelação e não na razão. O Direito natural é abandonado, não havendo um fundamento racional que limite o poder dos Príncipes.

O Direito natural passa assim a ser cultivado só da parte católica. E acusa uma revivescência com a Contrareforma, com nomes como Vitória e Suarez.

III – Mas o Renascimento trouxe novas oposições às concepções tradicionais. O humanismo leva a encarar de mau grado barreiras à vontade do homem. Na sequência, encontramos posições que podem ir até a uma negação, ao menos prática, do Direito natural.

Entre estas é característica a de Hobbes. O pessimismo radical deste autor quanto à natureza humana leva-o a defender o Leviatão, o Estado sem quaisquer limites, pois só ele poderá fazer reinar a paz. Depois de ter sido celebrado o contrato social todo o direito é a vontade do Estado, são as leis. O Direito natural esboroa-se perante esta concepção totalitária do poder político.

91. O advento do racionalismo

I – Todavia, a posição não é característica da época. Esta encontra-se antes num contemporâneo de Hobbes, Hugo Grócio, que marca a transição para o que se chama "a escola racionalista do Direito natural". O Direito natural não é abandonado, é paradoxalmente exacerbado, mas numa perspectiva diversa.

Grócio aceita a existência de Deus, mas não funda o Direito natural em Deus: diz expressamente que o Direito natural subsistiria ainda que Deus não existisse. O Direito natural funda-se antes na razão humana, cuja autonomia é assim proclamada. O Direito natural é um produto da razão humana, fruto da capacidade criadora desta. A exaltação da razão torna-se como que o pano de fundo da escola.

Houve sempre porém uma linha jusracionalista que continuou a encontrar em Deus o fundamento do Direito natural. Essa linha subjaz à constituição norte-americana.

II – Novos passos neste caminho são realizados por Locke. Opondo-se a Hobbes, concebe o estado de natureza como dominado já por direitos naturais dos indivíduos: a liberdade, o direito ao trabalho e à propriedade. Para melhor assegurarem esses direitos os indivíduos criam o Estado: encontramos aqui a doutrina individualista do *contrato social*, que já conhecemos[212] e que se torna um lugar obrigatório na época. Se é certo que com esse contrato os indivíduos renunciam a parte dos seus direitos, também é certo que a função do Estado é justamente a de defendê-los – e aqui temos todas as premissas do Estado liberal. Para Locke o poder está desta maneira limitado pela lei natural.

Do ponto de vista do Direito natural, Locke é sobretudo importante em dois aspectos:

1) Por um lado, aparece nele claro o que vai ser uma característica do Iluminismo: o assentar o Direito natural nos direitos naturais dos indivíduos. A isto levavam preocupações individualistas vindas da Renascença. Atendia-se primeiro ao indivíduo, e nele se encontravam necessariamente direitos: direitos e não deveres, note-se.

Estes direitos originários, que poderiam aparecer como limites à actividade do Estado, eram em todo o caso prévios ao Direito natural tomado

---

[212] Cfr. *supra*, n.º 7 II e III.

178 *O Direito. Introdução e Teoria Geral*

por si. As situações jurídicas subjectivas seriam anteriores à regra. Por isso se desenvolvem posteriormente as declarações de direitos, que chegam até hoje. Quanto ao Direito natural, ele não é um pressuposto, como os direitos naturais, é posteriormente criado pela razão, tendo em conta nomeadamente esses direitos que estão gravados nos indivíduos.

Esta inversão da posição do direito objectivo e do direito subjectivo foi mais tarde muito combatida, pois todo o direito subjectivo pressupõe um título objectivo em que se funde. Ela é todavia característica da escola.

2) A outra grande contribuição de Locke está em ter passado, da exposição dos princípios, para a construção dum sistema concreto de Direito natural. Como seria fundado na razão, pretendia validade universal. Locke fê-lo no respeitante ao Direito Constitucional.

III – Essa vai ser a tendência da época. Muito completo e conhecido é o *De iure naturae et gentium* de Pufendorf. Teve também repercussão a obra de Cristiano Wolff.

92. Caracterização e crítica

I – Aparentemente, reencontrar-se-ia aqui o mesmo ambiente que orientara as sumas escolásticas. Mas a realidade era muito diversa, porque eram diversas, quando não opostas, as bases sobre que se trabalhava.

1) Se além tudo se reconduzia à lei divina, aqui era divinizada a própria razão. O escolástico atribuía muito valor à razão, que permitia descobrir a ordem da natureza e a correspondente lei. Para o racionalista, porém, a razão devia criar essa mesma lei. Por isso se fala em jusracionalismo: o Direito não deriva da natureza, não há um jusnaturalismo, deriva da razão, verdadeira potência criadora. E a razão é um ente abstracto: não são as concretas razões dos indivíduos, é uma divinizada Razão Humana.

2) Para o escolástico, só se podiam atribuir à lei natural os grandes princípios relativos à ordem social. Para o racionalista, pelo contrário, a razão individual está em condições de construir, sem depender da análise do circunstancialismo ambiente, sistemas completos de ordenação social, para os quais se reivindicará validade universal. Se as civilizações passadas os não seguiram é porque estavam erradas.

O sistema é pois rigorosamente anti-histórico, e conduz à desvalorização dos elementos tradicionais, que por si nenhum valor possuem e só serão respeitados se passarem pelo crivo da racionalidade abstracta.

Filosofia do Direito 179

A consciência destes pressupostos é indispensável para se compreender como se fez a extensão às colónias das leis das respectivas metrópoles, sem nenhuma adaptação sequer aos condicionalismos locais. O movimento repercutiu-se naturalmente na legislação portuguesa, mas é notável que esta, nomeadamente a relativa ao Brasil, chegue a uma regulação específica que vai muito além das tendências da época.

II – Estas doutrinas tiveram consagração política por duas vias.

Por um lado, através do *despotismo esclarecido*. Neste, o soberano sentia-se liberto da ordem tradicional porque age em nome da Razão. Recorde-se nomeadamente que a mais célebre lei do Marquês de Pombal se denomina a Lei da Boa Razão.

Por outro, e com mais relevância, através do *liberalismo* e de outros movimentos derivados da Revolução Francesa. Para esta contribuíram autores que não referimos particularmente, como Montesquieu e Rousseau, por a obra destes não ser importante no capítulo do Direito natural.

Surgem então as declarações de direitos, as alterações radicais da ordem jurídica (nomeadamente através da codificação) e as transposições legislativas de uns países para os outros. Tudo isto se fundava na concepção vigente do Direito natural. Assim, logo com o liberalismo temos as constituições políticas, os restantes códigos, como veremos no capítulo respectivo, e as importações legislativas (recordem-se os decretos de Mouzinho da Silveira, em Portugal, logo que vitorioso o liberalismo, decalcando a orgânica administrativa francesa).

Estas correntes entraram em colisão histórica entre si. Isso influenciou até o debate posterior As contraposições entre liberalismo e absolutismo, democracia e tirania, e assim por diante, fazem-se muito mais tendo em vista as formas despóticas que precederam o liberalismo que a monarquia tradicional, que escapava a esses quadros.

III – Entre os muitos outros aspectos desta doutrina há três que, por não terem sido posteriormente retomados, podemos afastar desde já.

1) É impossível pretender que todos os traços da vida jurídica dum povo sejam moldados de forma imperativa pelo Direito natural. Todas as outras escolas distinguem na grande massa das regras jurídicas um núcleo de princípios que se fundam na natureza. Já as regras comuns são ditadas pela técnica, pela oportunidade ou são produto de circunstâncias puramente casuais, sem que seja natural ou antinatural proceder de uma maneira ou doutra.

180   *O Direito. Introdução e Teoria Geral*

Aliás, as considerações que nos levaram a afastar a teoria do mínimo ético[213] (nomeadamente a irrelevância ética e o carácter meramente técnico da maioria das regras jurídicas) servem também para ilustrar o que dizemos. Se considerarmos as leis sobre transportes, comunicações electrónicas e assim por diante, raramente encontraremos um preceito a que possamos atribuir um fundamento absoluto de validade, porque fundado na natureza.

2) Não é correcto pretender que o Direito natural é *criado* pela razão humana.

A razão tem a função preciosa de instrumento para descobrir um direito impresso na natureza, mas não é a fonte. A posição da escola só se compreende se a relacionarmos com a sua muito particular visão da razão humana, e caduca quando esta deixa de se impor. Pode-se aliás imputar a esta distorção o facto de se ter retirado ao Direito natural uma base segura, o que facilitou o seu repúdio puro e simples por correntes posteriores.

3) Enfim, como orientação geral, podemos dizer que, seja no que for que as correntes modernas se aproximem da problemática substancial do Direito natural, elas podem ser qualificadas como *minimalistas*, contra o maximalismo da escola racionalista. Ou seja, o Direito natural será concebido sempre como um círculo muito restrito de princípios, abandonando--se de vez a inflação que caracterizou o jusracionalismo.

93. Escola histórica

I – Outras orientações se sucederam, a que não fazemos referência específica, ou porque não são representativas, ou porque a sua influência se volta a fazer sentir em épocas mais recentes. Assim, não referiremos as posições de Kant e de Hegel, apesar da genealidade que as caracteriza, porque as suas revivescências as trazem necessariamente à baila na consideração da situação deste século.

II – Tem porém importância a escola histórica, surgida no início do século XIX e à qual está ligado o nome do grande jurisconsulto alemão Savigny. Está relacionada com vários historicismos que irromperam na época, e também com o romantismo.

---

[213] *Supra*, n.º 46 II.

Filosofia do Direito 181

À frialdade da razão opõe esta escola o elemento, carregado de emotividade, do espírito do povo. O direito deveria ser um produto espontâneo do espírito do povo, que se exprime essencialmente pelo costume. O primado que se tendia a atribuir à legiferação, e nomeadamente a codificação, foi duramente atacado pelos adeptos da escola.

Esta orientação geral, facilmente se vê, é incompatível com um Direito natural como o jusracionalista, nimbado de intemporalidade e de a-historicidade: pelo contrário, representa justamente uma reacção contra esta visão rígida. Aceita-se efectivamente um direito ideal, mas este seria dado pela alma de cada povo, revela-se nas suas criações históricas e varia com os tempos e com os lugares.

Perde-se assim a unidade do Direito natural, dissolvida numa pluralidade de ideais jurídicos. Estes podem ser até incomunicáveis entre si, se se contesta a própria unidade de razão humana. Savigny, porém, acentua a natureza comum da humanidade e o fim comum de todo o direito[214].

III – A escola histórica representa uma reacção ao racionalismo de tal modo radical que vai cair no extremo oposto. A subserviência perante um espírito do povo, que acaba por ser não menos imaginoso e não menos deificado que a razão humana contra a qual se reagia, ameaça trazer a impossibilidade de crítica da situação historicamente existente e a consequente sujeição ao que efectivamente existe.

Neste aspecto, tem sido justificadamente observado que a escola histórica é uma das responsáveis pela situação a que no século passado se chegou, de enclausuramento no direito vigente, sem preocupação pelos princípios materiais estruturadores do ordenamento jurídico. Note-se todavia que só nos seus entendimentos extremistas contribuiu para esta evolução.

94. Positivismo

I – Uma raiz mais directa desta situação, pelo menos nos países latinos, encontra-se no positivismo.

Como orientação metodológica geral, o positivismo parte de uma premissa que em si é de natureza metafísica – a condenação ou o repúdio de toda a metafísica.

---

[214] *Traité*, vol. 1, § 15.

182 *O Direito. Introdução e Teoria Geral*

Esta escola repercutiu-se na Ciência do Direito com o chamado "positivismo jurídico". Como facilmente se adivinha, o tema do Direito natural foi dos mais atingidos. Este foi enfaticamente repudiado. Do dualismo que caracteriza outras épocas históricas: Direito positivo, como o direito que efectivamente vigora, e Direito natural, como um direito com um fundamento ideal de validade – só restará o primeiro termo. Só esse é positivo, e nada mais interessa ao positivismo jurídico.

II – Mas embora o positivismo seja uma reacção às escolas dominantes, também é importante observar que representa menos uma antítese que uma metamorfose do jusracionalismo. Em França, nomeadamente, essa evolução foi muito clara.

1.ª fase – Nos quadros do *puro jusracionalismo* afirma-se que a razão humana pode elevar-se à determinação do sistema jurídico ideal. Surgem os enciclopedistas e os tratadistas de Direito natural, indicando como os povos se devem reger.

2.ª fase – Sendo assim, não há nada que se oponha a que esse sistema ideal, unitário dada a unidade da razão, seja reduzido a escrito e posto a vigorar como lei, substituindo a imperfeita ordem histórica da sociedade e facilitando aos cidadãos pautar por ele a sua conduta. A orientação vê o seu triunfo facilitado pelo estado de grande confusão de fontes do direito reinante. Entra-se numa segunda fase, que coincide com a dos trabalhos de codificação. Manifesta já esse espírito a elaboração das constituições políticas e das declarações dos direitos do homem. Nascem os grandes códigos: foi sobretudo célebre o *Code Civil* de Napoleão (1804), saudado como autêntica *raison écrite*. É uma vitória histórica, mesclada embora com o desgosto de logo se verificar não ser politicamente possível fazer vigorar a mesma lei em todas as nações.

3.ª fase – Logicamente, a veneração tributada à razão abrangerá o fruto desta razão – as leis que a exprimem. E nesta idolatria o jurista remete-se à *exegese* das leis. Ao contrário do que fazia até aí, o estudioso não tem já que indagar qual a ordenação racional da vida social: pode tranquilamente limitar-se à análise e esclarecimento daquelas disposições em que o racional ficou compendiado. O jurista torna-se servo da lei porque é antes de mais um servo da razão, e esta está plasmada na lei.

4.ª fase – Um passo mais e cai-se no *puro positivismo*, que se integra na escola geral de pensamento reinante. Se a atenção dos juristas está já limitada ao direito escrito, não será um inútil ornamento essa referência constante a um Direito natural que se não vê nem experimenta? O dado, o

Filosofia do Direito 183

fenómeno, é no direito a regra positiva, que ombreará com os factos a que se dedicam as restantes ciências. Fora da regra nada há que possa merecer a atenção da Ciência Jurídica.

III – Esta evolução implica por sua vez que se alterem as orientações metodológicas. Passa-se da exegese a um apuramento dogmático que, dissemos já, foi em si muito valioso. Mas deixou de haver verdadeiramente filosofia, pois apenas haveria espaço para uma Teoria Geral do Direito. O pressuposto fundamental do isolamento do dado jurídico positivo mantém-se e é ele, e não uma orientação metodológica determinada, que caracteriza a escola[215].

Variam porém as orientações sobre o que se deve entender por Direito positivo. Pode considerar-se tal:

– o que é observado efectivamente na sociedade
– o que é imposto pelos órgãos públicos
– o que o Estado proclama como direito.

Nestas duas últimas modalidades, em particular na última, o critério do direito já não se encontra em considerações de ser, mas de dever ser: não se atende à ordem que é, mas à ordem que deve ser[216].

IV – O positivismo jurídico foi a manifestação, dentro da ciência jurídica, do positivismo como corrente geral do pensamento. Também aqui se procurou purificar a ciência de toda a contaminação metafísica. Pareceria que em consequência o direito seria relegado para uma qualquer espécie de sociologismo. Mas o que se passou foi até certo ponto o inverso.

Buscando-se a especificidade do fenómeno jurídico encontrou-se esta no dever ser, na regra. O estudo do direito terá de fazer-se na mais absoluta pureza normativa, e será também metajurídica toda a consideração de índole fáctica. Referências à ordem social, à repercussão efectiva da regra, à política legislativa, são enfaticamente banidas. O direito tem de se limitar à consideração normativa, estuda regras. Estas são reconhecíveis por

---

[215] Veja-se ainda o que dizemos sobre o exclusivismo, *infra*, n.° 332.

[216] Cfr. em Robert Alexy, *El Concepto y la Validez del Derecho*, a pluralidade de posições positivistas, todas por definição assentes na exclusão de relevância da correcção material, mas distinguindo-se consoante recorrem, exclusivamente ou em medidas diferentes, aos elementos da eficácia social e da legalidade conforme ao ordenamento. Cfr. também Santos Justo, *Introdução*, 22.2.2.

184 *O Direito. Introdução e Teoria Geral*

uma característica formal, particularmente pelo elemento exterior da coerção ou coercibilidade[217].

95. Kantismo

I – Logo no dobrar do século XIX para o século XX se deu uma revivescência do kantismo, que foi baptizada como neokantismo[218]. Na Alemanha tornou-se a corrente filosófica dominante.

Como é natural, a filosofia kantiana repudia em absoluto o Direito natural tal como o apresentava o racionalismo. A impossibilidade de conhecer a "coisa em si" não permite fundar na natureza nenhuma lei de validade universal.

Pressupostos de valia absoluta só se poderiam encontrar nos princípios éticos formais orientadores da acção, através do imperativo categórico. Se pudermos querer a conduta mesmo que ela se convertesse em lei geral do comportamento, teremos assegurada a sua correcção. Todavia, isto só se consegue através de relativismo dos fins concretos da acção, pois os sujeitos podem conceber condutas diversas como lei universal de comportamento.

Kant, todavia, atribui validade *a priori* a um conteúdo material: a própria pessoa.

II – Nos neokantianos encontramos a tendência para alargar este núcleo.

Devemos referir antes de mais *Stammler*. O autor coloca expressamente o problema do Direito natural, que defende como aquele cujo conteúdo corresponde à natureza. Não porém à natureza do homem, porque todas as observações neste campo estão historicamente condicionadas, mas à própria natureza do direito[219]. É através do conceito de direito que se vai avançar, de modo eminentemente formal. A consideração da condicionalidade e da variabilidade históricas leva-o depois a falar, supomos que bastante impropriamente, de um *Direito natural de conteúdo variável*. A expressão tem de tempos a tempos sido retomada.

---

[217] Sobre a crítica do positivismo ao Direito natural, cfr. *infra*, n.º 108.

[218] Recorde-se que anteriormente não havíamos falado de Kant, reservando a referência para este momento em que a sua influência é mais próxima.

[219] *Die Lehre von dem richtigen Rechte*, págs. 82 e segs..

Filosofia do Direito

Todavia, o retorno a conteúdos materiais também aqui se faz sentir. Nomeadamente, trabalha Stammler com a noção da "comunidade pura". Esta, se bem que deva ser dada também *a priori*, representa contudo um núcleo material, que transcende o formalismo a que, pelos seus próprios princípios, se deveria limitar.

III – Na mesma linha temos *Radbruch*, cuja obra *Filosofia do Direito* teve tradução portuguesa da autoria do professor Cabral de Moncada, e por isso se tornou muito conhecida, aliás justificadamente. Tenta este superar o formalismo através da demarcação de constelações fixas de posições a que chama o individualismo, o transpersonalismo e o transpersonalismo cultural, cremos que de modo não inteiramente feliz. Mas o relativismo mantinha-se e Radbruch limita-se a apresentar estas posições sem se sentir autorizado a fazer uma opção. Note-se todavia que em Radbruch esta atitude não foi a definitiva, e o autor acabou por encontrar na *Natur der Sache* (natureza das coisas) o ponto fixo de referência[220].

IV – Outro superamento de posição se encontra em *del Vecchio*. Se bem que na sua obra se registem traços do neokantismo, que também lhe deu o ponto de partida, culminou numa adesão ao Direito natural: "é também sempre possível deduzir da natureza humana, absolutamente considerada, o princípio do dever e do direito, ínsito na essência da pessoa e válido universalmente para além dos factos e acima deles"[221].

Em Portugal, Cabral de Moncada, que mais de uma vez meditou o tema, assenta também num Direito natural de conteúdo variável, que funda em Suarez, Stammler e del Vecchio[222], ainda que nos pareça reflectir sobretudo as posições de Stammler. Fala também de um Direito natural positivado, que existiria em cada ordem jurídica[223].

---

[220] Arthur Kaufmann, *Rechtsphilosophie*, 4.II, prefere todavia falar de uma posição intermédia entre positivismo e jusnaturalismo.

[221] *Lições*, vol. II, pág. 376.

[222] *Filosofia*, vol. II, págs. 298-307.

[223] É patente a modéstia dos resultados que na melhor hipótese se apresentam no estudo *A caminho de um novo Direito Natural*; mas o título era para o autor interrogativo, e não afirmativo. Mais do que Direito natural parece aderir a um "ponto fixo" de ordem formal (cfr. *infra*, n.º 99).

186   *O Direito. Introdução e Teoria Geral*

96. Hegelianismo

I – Assim como de Kant se transitara para Hegel, assim, numa analogia histórica, se transitou a partir da década de 20 do neokantismo para o neo-hegelianismo.

Hegel edificou um grandioso sistema filosófico, em que se encontra também a referência ao Direito natural, sobre o qual o próprio Hegel publicou escritos. Em todo o caso não se deve esquecer que o Direito natural tem aqui uma fisionomia específica diversa da que se encontra em qualquer outro contexto.

É certo todavia que Hegel se propôs indagar o direito filosófico, o desenvolvimento do direito a partir do conceito (parágrafo 3.º), o que não permitiria a confusão com o direito positivo. Este estaria sujeito à contingência e poderia assim uma lei ser "em seu conteúdo, diferente do que o direito é em si". Uma regra legal pode não ser racional[224]. Quer dizer, o progresso fatal da ideia, próprio desta filosofia, não exclui a verificação da aparência histórica, logo não exclui também uma dualidade: Direito natural – Direito positivo, quando o "direito abstracto" não é reflectido no dever ser historicamente verificado.

II – O hegelianismo é pois nessa medida compatível com um jusnaturalismo, na afirmação da objectividade e na fixação dos conteúdos materiais.

Esta tendência continua a aflorar no neo-hegelianismo. Em correntes que é uso designar como idealistas[225] encontramos mesmo uma maior aproximação da visão tradicional do Direito natural[226].

97. Fenomenologia e correntes afins

I – São hoje muito importantes correntes fenomenológicas, existencialistas e outras afins, que encontram em Kirkegaard o precursor comum.

Estas correntes acatam do kantismo o cepticismo quanto a qualquer discurso sobre a realidade exterior, cuja apreensibilidade é posta em causa.

---

[224] *Filosofia do Direito*, 212.

[225] Cfr. Wieacker, *Direito Privado*, 30.

[226] Cfr. por exemplo Larenz, em *Wegweiser*, embora haja que anotar mais tarde uma inflexão no pensamento deste autor.

Podem ser todas caracterizadas pela redução da análise aos dados imediatos da consciência – embora depois se dividam na caracterização do que sejam estes dados imediatos da consciência. Esta análise chega a um aprofundamento extraordinário. Abre-se, em Heidegger e outros, a uma ontologia. Estas orientações não podem ser entendidas como marcadas por um subjectivismo, que antes representa uma possível deformação. A vulnerabilidade deste seria grande, se tomado na sua pureza. Se todo o valor é o valor da consciência então teriam o mesmo significado o sacrifício sublime pela vida alheia e o homicídio praticado por um fanático: não haveria possibilidade de distinguir, pois não haveria nenhuma bitola objectiva das acções. Por isso pode notar-se uma tendência para enriquecer os sistemas com conteúdos materiais.

II – No direito, estas correntes coincidem no repúdio da ordem normativa a que o positivismo reduzira o direito. A norma é um esquema abstracto, sem vida; e o mesmo há que dizer da norma de Direito natural. O concreto encontra-se no momento da aplicação do direito – a solução do caso. Aí, haveria uma aplicação constitutiva, como defende Castanheira Neves, criadora do direito no caso concreto[227]. O direito revelar-se-ia na acção[228].

Nas suas versões mais significativas estas correntes ultrapassam todo o arbítrio e abrem-se a uma objectividade[229]. Mas nunca chegarão a um enunciado de regras de agir.

---

[227] Castanheira Neves, *Metodologia*, 18 e segs., acentuando que o direito é sempre criação, põe a hipótese de a legislação ser entendida como realização do direito em abstracto e portanto formando uma unidade com a decisão concreta (que entende como judicativa) que a prolongaria. Mas repudia esse entendimento, acentuando as diferenças. "A intencionalidade prescritivo-legislativa convoca a *política do direito*..."; à metodologia jurídica em sentido estrito só cabe a afirmação em concreto da validade do direito (23).

[228] Recordamos a este propósito Frosini, *Struttura*, 25-26, que defende que o Direito é estrutura da acção, pelo que ao menos no resultado é coincidente com estas orientações. Com isto o autor vai ao ponto de contestar que o direito seja um fenómeno social. Mas, por mais interessante que seja este recurso à noção de estrutura (ver ainda págs. 14-15 e 72-76, por exemplo), na realidade o direito não é estrutura da acção, mas da sociedade. A acção tem uma estrutura finalista própria, de que brotam até manifestações jurídicas, mas que está muito longe de englobar todo o direito.

[229] E também em autores como Castanheira Neves e Fernando Bronze, a um sentido ético e uma visão do Direito como obra a realizar. Escreve Castanheira Neves que "o direito não é um objecto que nos seja dado de qualquer modo e em qualquer parte, é uma Ideia em realização, um problema e uma tarefa que nos compete": *Lições*, 19.

188   *O Direito. Introdução e Teoria Geral*

Todavia, se o Direito natural não for concebido como uma massa fixa de regras, à maneira jusracionalista, mas como uma ordem que permite em cada caso actualizar a regra aplicável à situação, como teremos ocasião de sustentar, criam-se pontes entre as orientações e a diferença torna-se relativa.

III – A índole da escola leva a centrar a análise na pessoa. Este enfoque torna-a aberta à admissão dos direitos humanos. Com esta base, pode pela reflexão chegar a afirmações normativas essenciais que, embora por via diferente, estão na linha de conclusões de autores que se centram directamente na natureza das coisas.

Isso não impede que o reducionismo do objecto da análise, característico da escola, se mostre de certa maneira menos ajustado a uma análise essencial.

Nomeadamente, a limitação à pessoa como dado da consciência e aos direitos da pessoa leva a um desvio, que se traduzirá num "individualismo", pese embora aos pressupostos dos autores. O objecto da análise é o sujeito actuante; não é o mais propício à consideração da sociedade em que o homem se situa e perante a qual se coloca o problema do direito essencial. Tal como o acento nos direitos do homem é deformador na descoberta do equilíbrio que só surge do complexo dos direitos e dos deveres[230].

IV – Perguntaríamos se na realidade esta nova anteposição dos direitos do homem não traz uma nova distorção, como outras que a antecederam.

No séc. XVIII, a dedução do Direito natural dos direitos do homem levou à explosão individualista que já referimos.

No século passado, o liberalismo acentuava exclusivamente os direitos, trazendo consigo o individualismo e a ausência de sentido social que o caracterizaram.

Neste século, a redução da análise aos direitos da pessoa parece, não obstante a densidade ética de muitos dos seguidores desta corrente, mais propícia a uma visão individualista que a uma apreensão do tecido social na sua totalidade.

---

[230] Sobre a menor adequação desta orientação à realidade intersubjectiva do direito cfr. o nosso *Parecer* sobre o "Relatório" de concurso do Doutor Fernando José Bronze, nomeadamente o n.° 7.

Filosofia do Direito 189

A crítica é aliás generalizável. Estas correntes não estão equipadas em termos de poderem compreender as estruturas sociais objectivas e todos os factos que interessam ao direito por si, e não pelo seu reflexo ao nível da consciência do sujeito actuante.

98. O nosso tempo

I – O pós-guerra assistiu a uma revivescência do Direito natural[231]. Posições tolerantes perante o arbítrio do Poder, como o decisionismo de Carl Schmitt, provocaram reacção. Sobretudo, a imagem de abusos políticos reforçou a convicção de que havia regras fixas que não podiam ser postergadas. Não se pode assistir impassível ao extermínio dos judeus na Alemanha, à expulsão de um milhão de árabes da Palestina, e assim por diante...[232]

Nas pesquisas de ponta modernas em matéria de Direito natural encontramos uma tendência comum que deve ser acentuada, e que reconduz o Direito natural à historicidade que é marca da nossa época: a ligação estreita do fundamento do direito a uma dada situação histórica. Este aspecto é acentuado por contraposição ao jusracionalismo. Vimos que a indiferença desta escola ao tempo e ao espaço está na origem do descrédito em que incorreu, quase logo a seguir ao seu triunfo histórico[233].

Arthur Kaufmann, como outros, procurou uma ontologia relacional, em que o homem não é apenas o observador exterior, mas está necessariamente implicado: as relações pessoais são o fundamento e a matéria da ordem jurídica. Aí haveria que procurar a Justiça e a Ideia do Direito, expressões que usa em paralelo[234].

---

[231] Em Inglaterra é importante a posição de Hart, *Conceito de Direito*, com a sua franca abertura ao problema do conteúdo essencial do direito. O facto é significativo por o autor ser o mais eminente sucessor da escola analítica inglesa, émula do positivismo jurídico.

[232] Mesmo da parte protestante (evangélica), em que o pessimismo radical deprecia as valências da natureza humana e não outorga confiança à razão, encontramos partidários do Direito natural, como E. Brunner.

[233] Entre os estudiosos do Direito natural estão Erich Wolff, *El problema del derecho natural* e H. Henkel, *Einführung in die Rechtsphilosophie*, §§ 35 e 36. Em crítica às tentativas de fundar na *Natur der Sache* um sentido superior ao direito positivo, cfr. Orlando de Carvalho, *Critério e Estrutura do Estabelecimento Comercial*, págs. 846-865.

[234] *Analogie und Natur der Sache* e mais tarde em *Theorie der Gerechtigkeit*, particularmente a págs. 41-42.

190   *O Direito. Introdução e Teoria Geral*

II – Mas o ambiente foi-se paulatinamente alterando. O neo-liberalismo hoje imperante cria um ambiente desfavorável a preocupações desta ordem.

As análises tendem a recair sobre aspectos como a linguística, a tópica e a retórica, que conduzem a uma formalização que é normalmente a antecâmara do formalismo puro e simples.

Podemos falar por isso de um retorno sob novas vestes do positivismo. Não parece porém suficientemente diferenciado para merecer apreciação distinta da que fizemos anteriormente.

III – Nomeadamente, é necessário termos presente a tensão que, desde a filosofia grega, se coloca entre a verdade e a opinião – a doxa.

Coube aos sofistas representar pela primeira vez a filosofia da opinião. Tudo é relativo, pelo que deixam de interessar objectivos, fundamentos ou conclusões, para nos limitarmos à análise dos argumentos, nos termos da dialéctica então desenvolvida. Como sempre acontece em épocas cépticas, o que interessa já não é propriamente a filosofia, mas o filosofar.

Coube a Sócrates repor o predomínio da verdade. Mas a divisão das orientações estava lançada, e daí por diante vemos a oscilação histórica entre umas e outras posições, não obstante a variação das escolas.

As tendências funcionais e pragmáticas da nossa época encontram na tópica e na retórica um abrigo acabado. Não interessa a busca longa e tormentosa da verdade, da qual na realidade se descrê. Basta que, do confronto dos argumentos, uma das posições sobreleve a outra. Não se resolve nada, soluciona-se tudo, por armistícios locais que não são sustentados por uma visão do conjunto. Por isso a lógica, a linguagem, a retórica, quer dizer, a panóplia dos elementos formais volta a ocupar o primeiro plano para grande número de estudiosos. A doxa pretende também, ela própria, erigir-se em sistema – mas em sistema que prescinde da verdade.

IV – Esta atitude penetra estudos de Filosofia do Direito actuais. Assim, João Maurício Adeodato faz uma análise muito rica de uma problemática substancial, por referência a Hartmann. Mas no final há como que uma desistência. Aceitara todas as aporias que se foram revelando no percurso, mas para depois concluir que a ontologia não consegue penetrar na dimensão axiológica do Direito[235].

---

[235] *Filosofia do Direito*, 213.

Filosofia do Direito 191

Diríamos que era possível ir muito mais longe – como faz por exemplo Heidegger, a partir de pressupostos bem mais exigentes. Mas à Ciência do Direito não cabe envolver-se no debate gnoseológico. Não pode ficar dependente de soluções definitivas em domínios filosóficos onde, por natureza, não há soluções definitivas. É seu pressuposto a cognoscibilidade da realidade social. Cabe-lhe, com essa base, prosseguir na ponderação da questão básica, que é a do conteúdo justo.

V – Sem a referência a uma verdade como o ponto de encontro que se procura, o diálogo é ocioso e o convencimento a que se chegue é gratuito: é uma reacção psicológica oca.

A doxa torna-se uma paixão, em que se banham os *happy slaves*, fortes do não saber. Mas assim a Filosofia deixou de dar apoio à ordem jurídica. Esta não pode ser concebida como algo de meramente arbitrário, pois há ínsito nela um sentido de Justiça que lhe é constitutivo: sem este, a ordem jurídica é pura coerção.

Mesmo a redução de todas as proposições a hipóteses, que estão disponíveis enquanto não surgir fenómeno que leve a rejeitá-las[236], é própria das ciências exactas e inadequada ao Direito.

O ser enquanto tal não é uma questão gramatical[237]: ao menos a própria consciência pessoal é uma realidade irrecusável. Pode-se chegar a partir daí à pessoa como conteúdo e às exigências da própria personalidade.

A busca da solução justa não se compadece com composições formais. Assim, perante a pena criminal, o Direito pressupõe a culpa ética: doutro modo, a aplicação do castigo reduzia-se a cinismo[238].

Vamos por isso, na continuação, participar com humildade do esforço infindável para descortinar os sentidos da ordem jurídica; tendo a noção de que tudo é provisório, mas que o relativamente melhor é melhor que a aceitação ou a antitética negação de tudo. A verdade total é racionalmente inatingível; mas a crítica e o diálogo permitem ficar mais próximos dela[239].

---

[236] Cfr. sobre este debate Pawlowski, *Introduzione*, 58 e *passim*, a propósito do "racionalismo crítico".

[237] J. Maurício Adeodato, *Filosofia*, pág. 217.

[238] Cfr. Rehbinder, *Einführung*, § 10 VI.

[239] Neste sentido Karl Popper, que acentua como o diálogo e a crítica podem levar a eliminar erros das nossas posições e a torná-las assim mais correctas que as anteriormente assumidas: cfr. *A Lógica das Ciências Sociais*.

TÍTULO IV
CARACTERIZAÇÃO DA ORDEM JURÍDICA

CAPÍTULO I
O VALOR DA ORDEM JURÍDICA

99. A busca de pontos fixos que fundem a ordem jurídica

I – Até agora procurámos avançar no conhecimento do fenómeno jurídico tomando como ponto de partida o aspecto de mais fácil análise – porque mais imediato – que é dado pela integração da ordem jurídica na ordem social. O direito apareceu-nos assim como uma realidade normativa, sim, mas historicamente condicionada, portanto em permanente evolução.

Isto significará a contingência de todo o direito e, mais ainda, a arbitrariedade ou casualidade das suas soluções? Para além da limitação que é dada por este "dever ser" ter de lograr ser socialmente actuante, nenhuma outra há? O direito não englobará afinal algum outro aspecto que se revele como critério de apreciação desta ordenação socialmente efectiva, ou que seja até determinante dela?

As orientações são tantas e estão tão dependentes de pressupostos filosóficos gerais que o tema se revela o mais difícil neste domínio das noções fundamentais. Vamos abordá-lo evitando toda a discussão sobre os pressupostos filosóficos duma ou outra posição e procurando nós próprios dar respostas quanto possível independentes de uma dada concepção do mundo, embora tenhamos bem consciência que no limite isso não é realizável.

II – Nesta nova ordem de problemas, serão particularmente frutuosas as considerações anteriores sobre a História da Filosofia do Direito.

É difícil encontrar epígrafe ajustada a este tema. Em edições anteriores faláramos no *valer* da ordem jurídica. A palavra é sugestiva e delimita

194 *O Direito. Introdução e Teoria Geral*

suficientemente o tema. Mas preferimos abandoná-la, para evitar qualquer confusão com a validade, que corresponde ao dever ser. Do facto, o que está em causa é a justificação última da ordem jurídica. Não poderá ser confundida com a justificação ainda formal que prevalentemente é abrangida na referência à *validade*. A fundamentação a que nos referimos é a fundamentação substancial. Falaremos, neste sentido, no *valor* da ordem jurídica, assim contrapondo ao ser e ao dever ser[240].

É uma terminologia convencional e só com esta advertência a usamos. Nomeadamente, vamos para além da fundamentação axiológica, ínsita normalmente na referência ao valor.

III – De maneira geral tem-se procurado ancorar o direito em pontos fixos (para retomar a terminologia já utilizada em capítulo anterior) que devam ser imperativamente recebidos. São pontos fixos porque fundam a ordem jurídica e escapam ao arbítrio humano. Mas não só as concepções divergem muito quanto à sua natureza, como o fundamento que eles conferem à ordem jurídica também é visto diversamente. Há doutrinas que outorgam uma justificação absoluta a toda a ordem jurídica, praticamente, enquanto outras procuram penosamente orientar-se para aspectos muito mais limitados.

De muitas maneiras esta busca de pontos fixos se faz sentir. Assim, autores houve que procuraram os mesmos resultados numa recondução do direito à moral. Esta é a orientação de Ripert[241] e de Dabin[242]. Mas já indicamos atrás as razões por que cremos necessário manter distintas estas ordens normativas.

Orientações menos remotas renunciam em geral a construções globais e sistemáticas, que variam consoante os seus pressupostos. Assim, um autor que citámos já, Reinach, procurou indicar os fundamentos aprioristicos do direito: proposições com validade universal que correspondem à essência dos vários elementos que fenomenologicamente considera[243]. Welzel, por seu turno, julgou encontrar uma base sólida naquilo que procuramos traduzir por estrutura lógico-real (*sachlogische Struktur*): uma

---

[240] Fernando Bronze, *Lições*, 150-151, contrapõe aos "critérios prescritos" o fundamento em que eles materialmente se baseiam, e parte para uma larga indagação dos referentes axiólogos que permitem que a ordem seja reconhecida como ordem de direito.

[241] Veja-se o seu estudo sobre *La règle morale*.

[242] *Théorie générale*.

[243] *Los fundamentos aprioristicos*.

O Valor da Ordem Jurídica 195

acção, por exemplo, é uma acção, definida pela categoria ontológica da finalidade, e o legislador pode ligar-lhe os efeitos jurídicos que entender, mas não regulá-la de modo que desconheça a sua estrutura, pois esta é preliminar a toda a proposição jurídica[244].

Outros autores, particularmente germânicos, tendem a considerar o fundamento sob a referência à *ideia do direito*. É uma orientação de extrema complexidade filosófica, que nos levaria longe do nosso objectivo[245].

Foi muito importante o contributo trazido pela consideração dos valores, que merece um exame muito em particular. O *valor* é aqui entendido restritamente, e não na acepção ampla usada na epígrafe deste capítulo.

100. Os valores

I – A filosofia do século XX encontrou nos valores um objecto de meditação novo, se não na matéria, ao menos na forma sistemática com que o encarou. Foi esta aliás uma das saídas encontradas para a esterilidade em que caíra grande parte da filosofia, acantonada fundamentalmente ao problema gnoseológico, por implicação do neokantismo.

Prestou-se atenção ao facto de todos nós constantemente valorarmos, constantemente depararmos com objectos valiosos, constantemente falarmos de valores. Da meditação destes temas nasceu uma corrente, certamente multiforme, a que se dá a designação de Filosofia dos Valores.

A meditação sobre o valor tem originado as posições mais diversas. Há quem considere o valor como um mero fenómeno psicológico, há quem afirme a relatividade dos valores. Mas não são estas as posições dominantes. Pode-se concebê-lo como um ente objectivo, com uma essência própria, que não se exprimiria nem pelo ser nem pelo existir, mas pelo valer, justamente. Paralelamente, afirma-se a absolutidade do valor, contra a pretendida relatividade.

---

[244] *Naturrecht und materiale Gerechtigkeit*, págs. 196-198. Numa interessante coincidência para quem se move noutras coordenadas, cfr. Carnelutti, *Teoria*, por exemplo a págs. 110 e 113-114.

[245] A. Kaufmann, *Rechtsphilosophie*, 10.I, exprimindo alguma reticência, considera consensual que a ideia do direito é o valor máximo do direito, e que este valor máximo é a justiça. Passa a considerar a justiça. Parece-nos uma forma de anular a categoria ideia do direito.

II – Qual porém a essência deste ente objectivo? À volta do tema afadigam-se os estudiosos, que vão desde a sua consideração como categoria ôntica autónoma até a, pelo contrário, considerar que o valor é apenas uma qualidade dos seres valiosos que o suportam. Mas este aspecto está fora da nossa indagação[246].

De todo o modo, os autores chegaram à determinação de numerosas espécies de valores, desde os valores vitais aos valores religiosos. Essa multiplicidade suscita agrupamentos e depois hierarquizações, por mais penosa que seja a elaboração destas. Um valor de nível inferior deverá nomeadamente ser sacrificado para a consecução dum valor superior.

A cultura surge-nos como realização de valores. O direito, realidade cultural, é necessariamente sensível aos valores. Como? Alguns afirmam mesmo um valor "direito", mas não é muito fácil perceber esta metamorfose dum ser, normativo embora, em valor.

Ficamos portanto nas posições correntes: há valores próprios do direito. E com isso reencontramos a doutrina tradicional, que atribuía ao direito a função de realizar a justiça e a segurança. Aqui temos dois valores jurídicos. A sua grande importância leva a que os refiramos em especial.

101. Justiça

I – A palavra *justiça* é equívoca. Significará por vezes a actividade dos tribunais ("a justiça é lenta..."); também abrange mesmo outros órgãos que com aqueles cooperam ("o agressor foi entregue à justiça"). A justiça foi tida também como atributo divino, num sentido que perpassa nomeadamente o Antigo e o Novo Testamento[247]. É frequentemente encarada, ainda hoje, como virtude total, soma de todas as outras virtudes.

Mas é também já muito antigo o entendimento mais restrito que interessa especialmente ao direito, segundo o qual a justiça pressuporia o contexto social para se verificar: teria por objecto relações. Por isso se diz que a alteridade ou bilateralidade é característica própria da justiça, da mesma forma que se diz do direito[248].

---

[246] Cfr. sobre todos estes problemas Max Scheler, *Der Formalismus in der Ethik*; N. Hartmann, *Ethik*; e a exposição clara de Hessen, *Filosofia dos Valores*, cuja obra tem tradução portuguesa.

[247] Cfr. Joaquim das Neves, *A justiça dos homens e a justiça de Deus*.

[248] Cfr. por exemplo G. Del Vecchio, *La giustizia*, pág. 85 (há tradução portuguesa).

O *Valor da Ordem Jurídica* 197

Isto assente, continuam a ser inseguros os entendimentos da justiça. Tomemos a definição de Ulpiano: *Iustitia est constans et perpetua voluntas ius suum cuique tribuendi*. Esta não é aceitável, porém, se quisermos referir a justiça em si; refere antes a vontade justa, ou seja, um elemento subjectivo, uma virtude. Não é isso que respeita ao direito.

II – Também desde os gregos se afirma que justiça é *igualdade*. Aristóteles continua, desenvolve e critica a teoria pitagórica que, dada a exaltação do número em que assentava, concluía neste sentido, mas vem ele próprio a ficar influenciado por ela. Esta identificação da justiça com uma entidade quantitativa traz um inevitável empobrecimento da figura[249].

Na realidade, as dificuldades derivam de a justiça ser na sua essência um valor. Ora os valores são mais susceptíveis de serem intuídos e ilustrados com o seu modo de aplicar-se do que de serem racionalmente descritos.

Por outro lado, podemos dizer que para todos os entendimentos, salvo para o positivismo, a lei não é o direito, antes, o direito preexiste à lei. Ora, o direito seria função da justiça. A justiça seria a causa do direito. Daí derivaria a consequência, acentuada para a Idade Média por Ruy e Martim de Albuquerque, de justiça e direito possuírem a mesma natureza[250].

III – Por isso, para muitos o objecto da Filosofia do Direito seria a indagação do direito justo. Para Arthur Kaufmann, a Filosofia do Direito é a teoria da justiça[251]. De fato, princípios fundamentais do direito deverão incorporar as valorações à luz da justiça.

Não procedemos porém a uma identificação, porque cremos que princípios de observância absoluta ultrapassam as valorações segunda a justiça, ou por abrangerem também outros valores, ou por terem um conteúdo material que o valor justiça é insuficiente para captar.

Sobretudo, há que resistir a toda a pretensão de identificar direito e justiça. O direito ultrapassa muito o domínio do justo. O direito é antes de

---

[249] Daí que se distingam critérios formais e materiais de Justiça. Cfr. por exemplo Paulo Nader, *Introdução*, n.º 55. Perelman, *Ética e Direito*, 53, observa que, para que a Justiça formal não seja uma fórmula vazia fora do direito positivo, é necessário eliminar a arbitrariedade das regras a aplicar: isso refere-se ao conteúdo, e não já à forma.

[250] *Direito Português*, n.º 29, numa secção dedicada especificamente à justiça (n.os 23 a 29).

[251] *Rechtsphilosophie*, 1.I. Cfr. também nomeadamente Santos Justo, *Introdução*, 2.5., citando Sebastião Cruz.

198　　　*O Direito. Introdução e Teoria Geral*

mais ordem, ordenação; e a ordenação duma sociedade, adequada ou não, é em grande parte neutra perante o valor justiça.

Se condicionássemos o direito à justiça, poucas ordens jurídicas subsistiam. A ordem internacional é injusta; e injusta é a maioria das ordens nacionais. Estranho resultado o de negar o direito na generalidade das ordens "jurídicas".

Dizemos isto, embora aceitemos que compõem o direito princípios com exigência absoluta de observância. Mas os pressupostos de um não--direito, de uma ordem ilícita, são diversos dos da mera inobservância da justiça. Funcionam em casos ou situações-limite e implicam no julgamento muitos outros critérios, além da justiça.

102. Manifestações

I – Desde a Antiguidade se procura demarcar especificações da justiça, ou seja, manifestações desta figura sempre unitária. É básica a meditação de Aristóteles sobre estas matérias, que foi completada depois pelos escolásticos, por Leibniz e por numerosos outros autores.

Distingue Aristóteles dois termos[252]:

1) *Justiça distributiva*, que é a que preside à distribuição das vantagens entre todos os membros da comunidade.

Aqui não pode haver quinhões iguais, pois tem de se olhar ao mérito das pessoas que recebem. Por influência dos matemáticos, chama a esta situação proporção geométrica.

De todo o modo, é claro que a justiça comanda aqui a desigualdade dos resultados. Se, por exemplo, a todas as pessoas que desempenham cargos oficiais se atribuem por sistema condecorações idênticas, está-se a praticar uma injustiça substancial, pois foi muito diversa a dedicação, o zelo e a inteligência com que cada um serviu.

2) *Justiça comutativa ou sinalagmática*

Era designada por Aristóteles reparadora e repressiva. É a que preside às relações dos indivíduos entre si. As pessoas apresentam-se em pé de igualdade, e essa igualdade deve ser salvaguardada pelo direito. Abrangeria quer as relações negociais, quer as derivadas de actos ilícitos.

---

[252] Cfr. *Ética a Nicómaco*, livro V, *Teoria da Justiça*.

O Valor da Ordem Jurídica

Aristóteles fala então em proporção aritmética. Perante um crime, por exemplo, o juiz iguala o proveito de um e a perda de outro através da pena. Eis outro ponto em que as interferências matemáticas pouco ajudam, e que aliás a seguir o próprio Aristóteles sentiu necessidade de corrigir[253].

3) Justiça geral ou legal

A elaboração posterior acrescentou uma terceira modalidade, a justiça geral: é a que preside às relações entre os indivíduos e a comunidade, mas desta vez no tocante aos encargos exigidos àqueles, que devem ser repartidos equitativamente por todos.

Aqui, uma igualdade de prestações, como a que aparecia nos impostos de capitação e se manifesta ainda hoje nos impostos indirectos, representa uma injustiça substancial. Deve-se tomar em conta a posição de cada um. Assim, perante os encargos com a defesa, por exemplo, é justo que uns peguem em armas, outros façam serviços auxiliares, outros contribuam financeiramente, outros nada tenham a fazer...

De novo a justiça impõe a desigualdade de situações[254].

103. Segurança

I – Também a segurança é um valor, e também ela nos aparece como objectivo do direito. É referida de longa data, mas não tem provocado uma elaboração tão grande como a justiça; em parte por que não necessita, em parte porque se sente que a segurança é um valor hierarquicamente menos elevado que a justiça.

Mas isso não quer dizer que seja dispensável. Quando falamos em ordem social, falamos implicitamente em justiça e em segurança. Sem segurança a ordem não existe ou é imperfeita, o que inquina a possibilidade de realização total dos fins da sociedade e das pessoas que a compõem.

---

[253] Sobre a insuficiência da teoria aristotélica, fundada como é no princípio da igualdade, uma vez que nada nos diz sobre o que deve ser considerado igual ou desigual, cfr., no termo de uma profunda análise sobre a justiça na filosofia ática, Tércio Sampaio Ferraz, *Direito e Justiça*, 1.6.1, *in Estudos de Filosofia do Direito*, 5.

[254] Sobre a noção de justiça legal cfr. Dabin, *Théorie*, n.os 235 e segs., e J. Leclercq, *Leçons*, I, n.os 42 e segs. Fernando Bronze, *Lições*, 36 a 49, traça uma interessante correlação entre uma tripartição de ramos do direito, valores que avultam em cada categoria e modalidades de justiça (comutativa, legal ou distributiva) que se afirmam em cada linha.

II – Justiça e segurança

O drama está em que a justiça e a segurança, embora caminhem normalmente a par, podem em certos casos ter exigências não coincidentes. Pode falar-se de uma repetida confrontação dos dois valores, cabendo à Política resolver em cada caso. Com frequência será necessário sacrificar a justiça por amor da segurança, ou sacrificar a segurança por amor da justiça, ou sacrificar ambas parcialmente[255].

Estes sacrifícios são inevitáveis. Se se prosseguir cegamente a justiça, sem atender à segurança, a instabilidade da vida social anulará as vantagens idealmente obtidas. Se pelo contrário se prosseguir a segurança sem atender à justiça caminhar-se-á para formas de opressão ou de embotamento que tornam a ordem social daí resultante uma carapaça da força. Deve-se atender na solução ao grau hierarquicamente superior da justiça, mas nem um nem outro valor podem ser ignorados.

104. A busca de um critério suprapositivo

I – Não obstante os passos importantes que se dão com a consagração e a análise destes pontos de apoio fixos, muito em particular a justiça, tudo isto representa ainda só um trecho da questão do fundamento da ordem jurídica. Pois tudo o que até aqui dissemos pode ser concebido como critério formal, mas não como critério material de decisão jurídica. Se nenhuma solução é necessária por si arriscamo-nos – e a história tem demonstrado como é fundado este receio – a cair no subjectivismo quando se trata de formular ou apreciar as regras jurídicas, acabando os critérios formais por se revelar escassamente operantes.

O campo de incidência destes valores revela-se pois mais restrito do que se poderia supor. É certo que eles nos permitem, com as restrições indicadas, apreciar casos concretos e julgar até as próprias regras vigentes – mas muitas vezes não nos permitem prosseguir na racionalização através da formulação de critérios para a solução de casos[256].

---

[255] Sobre a pluralidade de entendimentos de segurança cfr. Castanheira Neves, RLJ, 104, 261-1. Sobre numerosos aspectos da segurança jurídica e respectiva crise, cfr. Paulo Otero, *Lições*, 5.3.1. e segs. Sobre a relação entre a justiça e a segurança cfr. Santos Justo, *Introdução*, § 16.

[256] E isto mesmo sem cair na frequente redução da justiça à igualdade formal, que Arthur Kaufmann denuncia: *Rechtsphilosophie*, IX. Aliás, vai-se generalizando o entendimento que a justiça não pode alhear-se do conteúdo, porque uma justiça formal pode revelar-se injusta: cfr. por exemplo Santos Justo, *Introdução*, n.º 14.2.

O Valor da Ordem Jurídica 201

II – Para além disso, os critérios formais calam perante situações de grande importância ou perante soluções paralelamente enunciadas. Daremos um exemplo tirado de um tema actual, para demonstrar que até situações que naturalmente nos parecem condenáveis podem não encontrar solução na referência à justiça: a discriminação racial.

Poderemos condená-la em nome da justiça? E se, de harmonia com certas orientações, se fizer a discriminação sem colocar nenhum dos grupos em posição inferior, consoante o *slogan* "separados mas iguais", que os defensores do sistema invocam? Com essa igualdade não se violaria a justiça, mas não deixaria de haver violação dos princípios essenciais sobre a dignidade e a comunhão humanas. Só poderemos vencer este bloqueio se for lícito tirar uma resposta substancial da consideração das situações em si.

Ilegitimamente se tem procedido por vezes de maneira diversa, retirando da invocação da justiça a definição dos direitos da pessoa, por exemplo: a não ser que por justiça material se signifique justamente a ordem natural.

Há que atender bem a esta possibilidade, sem estarmos empenhados em questões de palavras.

III – É a este problema que, dando outro passo em frente, procura responder a fundamentação de soluções materiais na natureza das coisas. Para além da multiplicidade das posições históricas, parece que podemos encontrar nestas sempre um denominador comum: a defesa da validade objectiva de certas soluções, elas próprias subtraídas à subjectividade dos agentes sociais. Com isto se afasta o abono à arbitrariedade na definição das regras pelo Poder.

Notemos desde já que não se afasta a divergência na ordem do conhecimento, pois esta representa uma margem irredutível da condição humana. Nenhuma teoria conseguirá evitar que o que para um autor se apresenta como uma exigência fundamental não o seja já para outro. Mas é em torno de um núcleo objectivo que a meditação se desenrolará.

105. A "natureza" e o "Direito natural"

I – Procurando uma orientação neste embrenhado em que estão em causa alguns dos aspectos básicos da condição humana, perguntamos antes de mais: o que é a natureza a que se faz apelo na expressão "natureza das coisas"?

202   *O Direito. Introdução e Teoria Geral*

Sabemos já que alguns responderam que era simplesmente a natureza do direito. Quanto a nós, isso seria, para utilizar uma expressão de Leonardo Coimbra, como suspender uma candeia da sombra dum prego. O Direito natural reclama uma referência objectiva à natureza das coisas, e a natureza do direito surge só como um elemento desse conjunto.

O interesse actual pelo ambiente ainda fez ressaltar mais a ordem impressionante do mundo animal e, para além disso, a de todo o cosmos.

Que relevo tem essa ordem para o Direito natural?

Praticamente nenhum, para além da base muito geral que nos é dada pela observação de que o direito se insere também necessariamente nessa ordem.

De facto, por natureza pode entender-se o reino da necessidade, a camada ôntica cega a valores que se rege pelas leis da causalidade. A entender-se assim, o Direito natural seria um aspecto das chamadas "ciências da natureza". Exprimir-se-ia por leis imutáveis e fatais, que traduziriam as regularidades entre fenómenos.

Semelhante conceito de natureza não pode porém estar inerente ao Direito natural, pois com tal base este não seria direito. Dissemos já que a violabilidade é essencial à ordem jurídica, e o Direito natural não está subtraído a esta condição.

II – O homem, ligado por necessidade à natureza, é também o único ser que se não pode definir como parte da natureza. O homem só se pode definir por contraposição à natureza. Pode tomar até atitudes de rebelião contra ela[257].

Mas o homem também tem seguramente uma natureza: a natureza humana. O que é, neste sentido, a natureza[258]?

É a essência dum ser, que se revela através das suas características. O Direito natural apoia-se na natureza das coisas, no sentido de que está ínsito na essência das coisas.

Fala-se em natureza das *coisas*, mas que coisas? Esta expressão tradicional pode trazer dificuldades, levando a pensar nos objectos materiais. Mas não é assim. A expressão "natureza das coisas" é generalizadora. O Direito natural exprime uma ordem que está na essência de toda a criação.

---

[257] Veja-se a aplicação paradoxal que Vercors faz desta ideia, em *Les animaux denaturés*.

[258] Abordando esta interrogação, Erick Wolff, *El problema del derecho natural*, distingue nove acepções de natureza, que teriam sido todas defendidas e teriam relevância para este tema.

O Valor da Ordem Jurídica 203

Assim, o Direito natural corresponderá à essência da "natureza" física, pois também se apoia na ordem da necessidade, ou ao menos está em consonância com ela. Mas corresponde antes de mais à natureza da sociedade, fenómeno cultural, e do homem como elemento primário da sociedade. Quando se fala em Direito natural apela-se para uma ordem que está na essência (natureza) destes seres.

III – Voltemos ao ponto nuclear da natureza do homem, e da sociedade por que esta se exprime.

Fala-se de natureza racional do homem, com o que se referencia acima de tudo a natureza espiritual deste.

O homem tem fins próprios, que o contrapõem à natureza exterior.

Será natural o que conduza o homem à realização dos seus fins. Para isso ele baseia-se na natureza exterior, mas não se lhe subordina.

A ordem aqui é uma ordem de liberdade. E teria de ser assim, pois que se trata de direito, e o direito pressupõe a liberdade, até na susceptibilidade de violação.

Toda a invocação da natureza das coisas implica a admissão de uma realização espiritual do homem, pela prossecução de fins próprios. A ordem que deve ser é a que torna possível aquela realização.

106. A ordem natural como ordem social concreta

I – Após este esclarecimento, vejamos como a questão se pode, quanto a nós, equacionar.

O nosso ponto de partida continua a ser o estabelecido desde o início: o direito é um dos aspectos da ordem total da sociedade[259]. Todo o direito postula a existência da sociedade. Não pode haver direito independente de uma concreta sociedade, e isso vale igualmente para a ordem essencial que se designou Direito natural.

---

[259] É também ponto de partida de Fechner, *Rechtsphilosophie*, pág. 202. O autor realiza uma investigação sobre a ontologia do direito, que o conduz a uma tomada de posição jusnaturalista (págs. 22 e segs., por exemplo), não redutível embora a outra corrente. Mas esta ausência de caminhos feitos, este refazer constante da visão do Direito natural, é típica do tempo que vivemos. Cfr. também Arthur Kaufmann, *Analogie*, pág. 8.

204   *O Direito. Introdução e Teoria Geral*

Sendo assim, todo o direito é positivo. *O Direito natural ou é positivo ou não é direito, afinal*[260].

Parece um paradoxo, mas para evitar confusões temos de chamar imediatamente a atenção para a ambiguidade da qualificação do direito como positivo. Mesmo entre os positivistas há pelo menos três entendimentos diferentes da positividade, como tivemos ocasião de verificar[261]. Nenhum desses é porém o sentido que deve ser afinal retido.

A positividade marca, como disse Miguel Reale, o momento da actualização histórica[262].

II – O dilema pode pois ser assim formulado: o chamado "Direito natural" ou é direito ou não é direito. Se não é direito, teremos de procurar algures a sua essência. Se é direito, é ainda direito positivo. Não pode haver uma dualidade, Direito positivo e Direito natural, há um único direito, ordem da sociedade, e esse não pode receber senão a qualificação de positivo. Se o Direito natural for direito será uma das determinantes da ordem positiva daquela sociedade.

O Direito natural é, quanto a nós, direito, porque é direito positivo. Dizemo-lo porque direito é a ordem válida da sociedade; e o direito positivo é direito válido, porque não há direito sem validade[263].

Ora, o Direito natural, ou os princípios impostos pela ordem natural, integram necessariamente a ordem da sociedade; representam uma ordem imanente na sociedade, uma ordem que corresponde a uma sociedade histórica, às determinações reais que a caracterizam. Apenas, não é necessariamente a ordem observada de facto na sociedade, mas a ordem essencial, a ordem que deve ser observada.

Até aqui falámos só das regularidades de condutas que tinham o sentido de um dever ser. Agora encontramos o que podemos designar como o *dever ser do dever ser* da sociedade: uma ordem imanente na sociedade

---

[260] Veja-se um apontamento neste sentido em Welzel, *Naturrecht*, pág. 163; mas não seguimos o autor na sua afirmação de que o Direito natural se teria de resignar a ser uma teoria do direito justo.

[261] *Supra*, n.º 94 III.

[262] Em *Graduação e positividade do Direito*, "Estudos", págs. 45-47. Já nos parece porém inaceitável a ligação entre positividade e soberania que o autor faz em *Estrutura e fundamento da ordem jurídica*, "Estudos", pág. 30, n.os 281 e 282.

[263] Direito positivo, Direito válido, Direito objectivo ou até Direito simplesmente (quando se quer referir deste modo a ordem normativa da sociedade) são para nós a mesma coisa.

O *Valor da Ordem Jurídica* 205

que vale quaisquer que sejam as concepções e as condutas que se verifiquem, porque é exigida pela natureza da sociedade e do homem, que nela se integra mas nela não se dissolve. Por isso a distinção que fizemos entre a norma e o valor é meramente de grau, pois a questão é sempre de dever ser[264].

III – *Monismo ou dualismo do ordenamento jurídico*
Autores há que afirmam o Direito natural como um modelo ideal, contraposto ao Direito positivo. Haveria assim um dualismo, contrastante com o monismo dos positivistas[265].

Do que acabamos de dizer resulta que o nosso entendimento é monista. Há um só direito, porque o chamado Direito natural é na realidade o próprio núcleo do Direito positivo. Nomeadamente, dissemos há pouco que a ordem natural contém em si o fundamento de validade de todo o direito.

Com efeito, a ordem natural não paira indiferente sobre as opções humanas. Exprime directamente um dever ser, pois tem a mesma imperatividade que vimos que caracteriza tudo o que é jurídico. Por isso, no Direito natural se inscrevem os quadros em que deve assentar todo o Direito positivo. Se surgem fontes que contrariam os imperativos do Direito natural as regras nelas contidas são inválidas. Pensamos até que se uma estrutura social se afasta em globo da estrutura natural, é a ordenação jurídica correspondente que deve ser considerada inválida.

É neste sentido que dizemos que todo o direito é positivo: porque o direito positivo tem de respeitar, sob pena de invalidade, os princípios impostos pela ordem natural.

107. A ordem que é

I – Entendemos Direito positivo, que tem no núcleo a ordem natural, como o direito que deve ser observado porque a ordem *é*. O ser deu-

---

[264] É diferente a posição de Godofredo Telles Júnior. Define este Direito natural como "o Direito positivo das sociedades cujo bem comum é meio para a consecução dos bens soberanos do homem": *Filosofia do Direito*, II, n.º 122. O Direito natural surge para este autor como uma qualificação do direito vigente, não como uma ordem que se impõe por si.

[265] Cfr. neste sentido, por exemplo, J. M. Leoni Lopes de Oliveira, *Introdução ao Direito*, 6.11; tal como, se bem interpretamos, Francisco Amaral, *Direito Civil – Introdução*, pág. 46 e I. Galvão Telles, *Introdução*, I, n.º 12; II, n.ºs 120 e 121.

206 *O Direito. Introdução e Teoria Geral*

nos o ponto de partida, mostrando-nos o facto da ordem jurídica. Depois, verificámos que nesse facto havia o sentido de um *dever ser*. Agora encontramos um ser mais profundo, a ordem que essencialmente *é* em determinada sociedade. Ela vale por si, logo deve ser, mesmo que a prática dela se afaste.

Deste ser essencial temos aliás consciência na própria linguagem do dia-a-dia. Dizemos incondicionalmente que "o homem é livre", e com isto apontamos para uma realidade mais funda, que se não deixa afastar mesmo perante a evidência histórica da existência de homens não livres[266]. Nesta realidade em que se impõe por si reside o necessário fundamento do valor de todo o direito. Na ordem normativa nele estruturada se conjugam definitivamente o ser, o dever ser e este valor ou fundamento último da ordem jurídica.

II – Sendo assim, a ordem natural (expressão que preferimos a Direito natural) está muito longe da intemporalidade e da ahistoricidade do modelo jusracionalista. O que nos surge em primeiro plano é justamente a variabilidade da ordem natural. Se ele é a ordem duma sociedade, cada sociedade terá a sua; e a ordem natural de hoje não é igual à ordem natural de ontem.

É evidente que, se há afinidades entre as sociedades, nomeadamente se coexistem no mesmo tempo e na mesma civilização é de supor que haja largas semelhanças entre a ordem essencial que a uma e outra corresponde. Mas nunca poderemos asseverar à partida, sem um conhecimento e uma ponderação aprofundadas da circunstância de cada sociedade, que há identidade neste núcleo fundamental.

---

[266] Este pensamento "bidimensional" é excelentemente retratado por Marcuse (*O Homem Unidimensional*, pág. 133) do qual transcrevemos os seguintes trechos: "O carácter subversivo da verdade impõe ao pensamento uma qualidade imperativa. A lógica concentra-se em julgamentos que são, como proposições demonstrativas, imperativos – o predicativo "é" implica um "deve". Este estilo de pensamento contraditório e bidimensional é a forma íntima não apenas da lógica dialéctica, mas também de toda a Filosofia que se preocupe com a realidade. As proposições que definem realidade afirmam algo verdadeiro que não é o caso e negam a sua verdade. O julgamento afirmativo contém uma negação que desaparece na forma proposicional (S é P). Por exemplo, "virtude é conhecimento"; "justiça é aquele estado no qual todos desempenham a função para a qual a sua natureza é melhor apropriada"; "o perfeitamente real é perfeitamente conhecível"; *verum est id, quod est*; "o homem é livre"; "o Estado é a realidade da Razão". Para que essas proposições possam ser verdadeiras, o verbo "é" declara um "deve", um "desiderato".

III – Historicidade não se confunde aliás com historicismo. Encontramos por vezes formulações, talvez relacionadas com a de Savigny, para as quais o Direito natural seria uma ordem imanente na sociedade, sim, mas unicamente com o sentido de excluir intervenções arbitrárias por parte do Poder na ordem histórica da sociedade. Mas é necessário ir além, pois mesmo formas não intencionais de criação do direito, como o costume, podem trazer violação desta ordem essencial.

A mera consideração da ordem efectivamente vigente numa sociedade não permite superar esta contingência. Para isso, é necessário elevarmo--nos à ordem que, pela natureza das coisas e não por razões de facto, deve ser respeitada.

108. Objectividade e relativismo

I – Recordemos agora aqueles argumentos que, dos sofistas aos positivistas, foram utilizados contra o Direito natural. Antes de mais o da variabilidade dos direitos históricos.

Esta variabilidade, enquanto respeitante a instituições sem carácter natural, não inquina decerto a objectividade da ordem natural; já sabemos que a ordem jurídica varia necessariamente com a sociedade em que se integra. Mas dentro da concepção que defendemos mesmo a variabilidade da ordem natural é da essência desta, e não uma deficiência na formulação da teoria.

Mais ainda: o reconhecimento da variabilidade não significa que tiremos nem uma linha à objectividade. Em cada circunstância histórica há uma ordem que se impõe essencialmente, que deve ser seguida, porque é reclamada pela essência daquela sociedade. A essa ordem natural podem os homens elevar-se. Nunca haverá uma completa concordância, porque o domínio do espiritual não conhece respostas já acabadas. Mas a objectividade desse domínio é o pressuposto mínimo de todo o diálogo. Sem objectividade seria ridículo falar em diálogo, pois este não seria mais que choque de subjectividades que funcionam em comprimentos de onda diversos. O Papa João XXIII exprimia esse sentido, de uma objectividade em que todos nos podemos encontrar, ao dirigir as suas encíclicas a todos os homens de boa vontade.

208 *O Direito. Introdução e Teoria Geral*

II – A crítica do positivismo ao Direito natural foi insistente e chegou até aos nossos dias[267]. Podemos referir como argumentos mais importantes os seguintes:

1) O argumento derivado da vigência, actual ou em épocas passadas, de instituições em contradição com o Direito natural. Assim, a escravatura ou a poligamia, apesar de tidas por incompatíveis com o Direito natural, são praticadas por alguns povos.

2) O argumento relativista derivado da pluralidade de concepções sobre o Direito natural. Assim, há quem defenda que a propriedade privada é de Direito natural, enquanto outros sustentam que o colectivismo é que o é.

Estes argumentos não são mais convincentes.

Haver instituições, como a antropofagia ou os sacrifícios humanos, que abertamente contrariam a lei natural, nada prova. O "Direito natural" é necessariamente um direito: logo, é um dever ser e não um ter de ser, uma ordem normativa e não uma ordem fatal. É portanto essencialmente violável. Mas, assim como a violação de uma lei positiva atinge a eficácia mas não a validade da regra, também as violações da ordem natural significam que este não se impôs ainda efectivamente, mas não o negam. Como fizeram os romanos, só podemos tirar daí estímulo para fazer coincidir a ordem efectiva com a ordem natural.

Não significa mais a segunda objecção. A ordem natural não é oferecida ao homem, sem mais; antes, ele tem de se elevar a ela pelo seu próprio esforço, como a toda a realidade do domínio do espírito. Pode assim haver divergências entre vários observadores, pois o homem está sujeito ao erro e, mais ainda, à unilateralidade. Mas essas divergências situam-se no plano do conhecimento, não prejudicando a objectividade da lei natural a que esses vários observadores procuram chegar.

É também a objectividade que torna possível a superação das divergências, ainda que mais tarde outras se vão suscitar. A ordem natural nunca se encerra num catálogo. Temos de nos aproximar dela por um esforço sempre renovado, a que são convidados cada homem, cada sociedade e cada geração.

---

[267] Cfr. por exemplo Hans Kelsen, *Positivisme juridique et doctrine du droit naturel*, pág. 141. Repete o autor que do facto se não pode tirar o direito, mas não tem em conta os aprofundamentos feitos pela doutrina moderna sobre o tema.

109. A ordem do ser valioso

I – A afirmação da ordem natural repousa em última análise na concepção de que a vida nasce complexa. A análise e a abstracção são indispensáveis para nos permitir avançar no conhecimento da realidade, mas o pensamento não pode contentar-se com elas; no final, vai ser necessário reconstituir a complexidade do dado vital.

O próprio ser é valioso. Tem em si sentido, que não depende de uma atribuição feita pelo observador.

Toda a ordem natural pode ser reconduzido a um pressuposto muito simples: *mais vale ser do que não ser*. Aceitando-se a afirmação de que o ser é valioso, está-se em condições de aceitar tudo o resto. No que é de certo modo uma concretização, poderá acrescentar-se: *mais vale a vida que a morte*[268].

Tudo depende desta imposição do ser. O ser valioso é a base de toda a ordem natural.

II – O ser é ordenado, e não caótico. Todo o direito postula uma ordem; a ordem natural também.

Já dissemos que o direito se integra na ordem normativa da sociedade. Da mesma forma, o chamado Direito natural integra-se na ordem natural da sociedade. A ordem é racionalmente apreensível.

III – Mas poderemos traduzir através de regras essa ordem essencial da sociedade?

Na realidade, não temos mais do que aplicar à ordem jurídica natural o que aplicámos já à ordem jurídica geral.

Suponhamos que, apreciando uma situação histórica à luz da ordem natural, emitimos um juízo sobre o direito que lhe corresponde.

Se esse juízo for generalizável – o que acontece sempre que a situação for já de si caracterizada pela generalidade –, esse juízo tomará a feição de uma regra. Como veremos adiante, regra é um juízo que exprime um aspecto da ordem jurídica; e tem como característica necessária e suficiente a generalidade. O facto de o observador estar permanentemente sujeito ao erro e à unilateralidade não retira ao seu juízo a estrutura de uma regra jurídica.

---

[268] E ainda, mas arrisca-se a ser uma repetição enfática, *mais vale tudo do que nada*; e também, possivelmente, *mais vale o amor que o ódio*.

210 O Direito. Introdução e Teoria Geral

As regras não compõem por si a ordem jurídica, não são elementos constantes desta[269]. As regras são apenas modos de expressão da ordem jurídica, actualizados pelo intérprete consoante as suas finalidades, como teremos ocasião de ver[270].

Da mesma forma, é sempre possível ao intérprete formular regras que exprimam a ordem natural. Não obstante, esta é ordem, e não complexo de regras. A regra exprime-a, mas não é constitutiva dela[271].

Talvez este modo de ver nos dê uma ponte para sectores que desconfiam do carácter demasiadamente normativista do Direito natural[272].

Assentamos num postulado da coincidência dum sentido subjectivo e dum sentido objectivo da acção humana, ambos fundados nessa ordem essencial[273]. Mas sendo assim, e se a insuficiência dos meros critérios formais ficou já demonstrada, porque nos não elevaremos à formulação das regras que devem presidir à actuação humana, muito embora essas regras sejam dependentes da situação histórica duma comunidade?

Afirmamos pois que também este sector da ordem objectiva da sociedade pode ser racionalmente detectado e formulado através de regras, não se limitando a proporcionar a solução atomística de casos concretos.

110. Direito natural e observância efectiva

I – Se o Direito natural é verdadeiro direito, se é ele que compõe basicamente a ordem jurídica da comunidade, a lei ou a ordem que o violam não são direito, são mera aparência fundada na força.

---

[269] *Supra*, n.º 19 III.

[270] *Infra*, n.º 281.

[271] Não há porém fontes do Direito natural, no sentido restrito em que delas falámos atrás. O dever ser natural só pode resultar de uma valoração da ordem natural no seu conjunto, sem ter apoio em modos individualizados de formação e revelação.

[272] Estão em causa particularmente as orientações que descrêem da possibilidade de se ultrapassarem os dados imediatos da consciência (*supra*, n.os 97 e 98).

[273] Eles encontram-se necessariamente entrelaçados, pois só pelo jogo de ambos tem significado o actuar humano; mas, como nota Welzel, não é possível inferir um do outro: *Naturrecht*, pág. 196. Como poderemos falar, por outro ângulo, num postulado de coincidência de todas as ordens normativas; pois se podemos e devemos distingui-las claramente no seu conceito, não podemos todavia admitir que elas imponham condutas contraditórias. Já atrás falámos num princípio "da não beligerância" entre o direito e moral (*supra*, n.º 47 III).

O Valor da Ordem Jurídica

Podemos exprimir esta ideia distinguindo "Direito" vigente e Direito positivo. Nem todo o "Direito" vigente é Direito (positivo); não o será, se contrariar a ordem natural.

Damos um exemplo que servirá para ilustrar como a incidência da ordem natural, não obstante a tendência "minimalista" que professamos, se pode fazer sentir nos mais variados sectores da ordem jurídica. O art. 10/1 da Convenção de Berna sobre direito de autor, na versão resultante da revisão de Bruxelas de 1948, que foi ratificada pelo Brasil e por Portugal, dispõe: "Em todos os países da União são lícitas as citações curtas de artigos de jornais e de colecções periódicas, ainda que revistam a forma de resumos de imprensa". Suponhamos que um pensador, com o fim de criticar uma doutrina adversa, faz uma longa citação dos trechos em causa de outro filósofo. O autor é chamado a juízo, com o fundamento de que a Convenção só permite citações curtas. É um facto, mas mesmo assim o juiz deveria absolvê-lo, pois semelhante texto da Convenção é contrário à ordem natural. Há um direito primário à comunicação e ao debate das ideias, essencial na situação histórica que atravessamos, que não pode ficar condicionado à autorização do autor ou de seus representantes às citações que se queiram fazer[274]. Se a citação longa é uma exigência do próprio debate intelectual, e não uma forma sub-reptícia de apropriação ou exploração da criação alheia, a citação terá de ser feita tal qual esse debate intelectual a impõe. O direito de autor tem de se entender subordinado a um princípio mais alto, da livre comunicação de ideias, e a regra restritiva, contrária àquele desiderato, não respeita um direito natural. Aliás, é importante observar que aquela restrição foi eliminada da Convenção de Berna, na revisão realizada em Estocolmo em 1967[275].

II – Não obstante não ser direito, haverá ainda em certos casos que tratá-lo como tal: recordemos o que se disse a propósito da "lei injusta". Pelo contrário, se o que como direito efectivamente se pratica está globalmente inquinado, surgem os pressupostos da ilegitimidade de uma ordem jurídica total.

Devemos acrescentar que não basta o facto de determinado instituto ser conforme à ordem natural para concluir que ele deve ser imediata-

---

[274] Cfr. neste sentido Oekonomidis, *Zitierfreiheit*, 86.

[275] Mas continua a influenciar a lei portuguesa, que exige que a citação não seja tão extensa que prejudique o interesse pela obra citada: art. 76/2 do Código do Direito de Autor e dos Direitos Conexos.

mente imposto, por qualquer meio; ou inversamente, que um instituto contrário à ordem natural deva ser abolido imediatamente, se houver força para tanto.

Algumas dessas ilações precipitadas podem ser devidas a tomar-se o ordenamento natural em abstracto, independentemente da circunstância duma comunidade concreta. Mas mesmo afastando este desvio, é necessário atender sempre ao princípio do mal menor. A imposição brusca da monogamia em certos países árabes ajustar-se-ia à ordem natural, supomos, mas traria perturbações muito graves se as mentalidades não estivessem preparadas para essa mudança. A fundamentação duma solução na natureza das coisas não é incompatível com a preferência por uma evolução gradual.

III – Esta prudência na aplicação dos princípios pode animar aqueles que afirmam que o Direito natural é uma ideologia conservadora[276]. No outro extremo encontram-se os que sustentam que o Direito natural é uma ideologia revolucionária, pois conduz à filtragem crítica de todas as fontes vigentes.

Estas posições são falhas de base[277]. É estranho que se afirme que o Direito natural é conservador quando a sua manifestação mais vitoriosa, o jusracionalismo, levou a uma revolução e findou com ela. É estranho que se afirme que é revolucionário quando, desde Sócrates, jusnaturalistas têm acentuado o dever de obediência à lei, que só cederia em casos extremos[278].

Na realidade, e para além de deturpações históricas, o Direito natural não é revolucionário nem conservador, tudo dependendo do que se pratica efectivamente na sociedade. Se corresponder à ordem natural, essa correspondência reforça-o; se não corresponder, tem de suportar a tensão da natureza das coisas.

Talvez unicamente devêssemos dizer que a ordem natural é um fermento de transformação constante, tirando consequências da incessante evolução das condições sociais. Mas isso está muito longe de permitir apodar de revolucionário o jusnaturalismo.

---

[276] Hoje de novo Kelsen, *Positivisme*, págs. 146-147.

[277] Assim, Fechner, *Rechtsphilosophie*, pág. 220.

[278] E para alguns não cederia nunca.

111. O núcleo permanente da ordem natural

I – Exploremos um último aspecto. Para além da evolução e variabilidade dos concretas exigências de cada ordem natural, não encontraremos nada de constante?

A resposta é afirmativa, porque assim resulta do próprio dado, cuja observação nos conduziu è ordem natural. Esse dado, dissemos, é a natureza das coisas, na qual estão em causa sobretudo a natureza da pessoa e da sociedade, em que ela se integra.

Ora a pessoa, com os seus fins intrínsecos (que nunca se deixam portanto absorver pelos fins sociais, nem podem ser postergados por estes), é um elemento permanente, dada a unidade da natureza humana.

A tendência social da pessoa, como logo de início vimos, é permanente também.

Permanentes são ainda algumas bases mínimas da convivência humana, algumas estruturas essenciais de toda a ordem social.

Quer dizer que em cada ordem natural, por definição historicamente situado, encontramos um núcleo que se mantém e se repete sempre, porque corresponde à essência de toda a sociedade.

II – Isto nos faz recordar a antiga distinção, de que falámos a propósito da escolástica, entre Direito natural *primário* e Direito natural *secundário*.

Não pretendemos marcar uma posição antagónica em relação a esta classificação, mas desde logo nos parece que a prioridade no conhecimento deve estar no que é variável sobre o que é permanente. Guia-nos a simples consideração de que a ordem natural tem de arrancar da análise da realidade circunstante. Só após referenciadas as exigências de uma concreta sociedade se pode, pela comparação com o correspondente a outras épocas e outros lugares, detectar regularidades de verificação e chegar portanto à determinação dum núcleo permanente imposto pela natureza das coisas. Mas o "Direito natural primário" não é por si um direito independente da circunstância histórica (pois não há direito sem circunstância histórica), mas sim a expressão por que designamos o núcleo constante dos ordenamentos naturais historicamente verificados[279].

---

[279] Só o poderíamos fazer em relação àqueles princípios que se nos apresentassem como derivação da natureza humana em relação a toda a forma concebível de sociedade. Há efectivamente casos desta ordem; mas o método, por muito abstracto, é arriscado, e as

214 *O Direito. Introdução e Teoria Geral*

III – Se isto é assim e se é já tão difícil apurar o que é imposto pela natureza das coisas nas sociedades que nos rodeiam, cujas determinações conhecemos bem (ou devíamos conhecê-las), muito mais difícil será fazer essa observação referindo-nos a épocas históricas passadas e a outras civilizações. O observador está inevitavelmente condicionado pelos quadros em que vive, e tende a explicar com base neles outras épocas. A possibilidade de erro aumenta aqui enormemente[280].

Estas dificuldades terão, em contrapartida, uma vantagem: a de tornar o observador mais humilde, não se apressando em afirmar violações da ordem natural em sociedades alheias, e sobretudo em tempos passados. A facilidade com que hoje se condena o passado aumenta na razão directa da ignorância histórica.

112. Conclusão. Facto, norma e valor

I – De quanto dissemos até agora resulta que o direito é uma ordem da sociedade em que concorrem as determinações do ser, do dever ser e do valor (no sentido abrangente em que utilizamos este último termo). Nenhuma delas é dispensável ou redutível às outras.

A noção de direito resulta pois do que podemos denominar uma dialéctica, no sentido próprio desta noção. O ser ou facto, o dever ser ou norma e o valor ou fundamento concorrem para ela, não como aspectos que se excluem, mas como momentos de realização da ideia, que sucessivamente se vai enriquecendo.

O direito é a ordem normativa vigente em cada sociedade, destinada a estabelecer os aspectos fundamentais da convivência que condicionam a paz social e a realização das pessoas, que se funda em critérios com exigência absoluta de observância.

---

possibilidades de erro são permanentes. Mais que "Direito natural" estaríamos desenvolvendo uma espécie de teoria universal dos ordenamentos jurídicos.

[280] Talvez possamos realçar esta dificuldade com um exemplo. Moisés permitiu a certa altura aos judeus o repúdio das mulheres. Terá sido uma violação da lei natural? Ou a indissolubilidade do matrimónio não será efectivamente da natureza das coisas?

Estas e muitas outras opiniões têm sido avançadas, mas quanto a nós o que haveria que indagar seria antes de mais se, na circunstância em que se encontrava o povo judeu, a indissolubilidade seria imposta pela natureza das coisas. Indagação terrivelmente difícil, pois pressupõe um conhecimento completo daquela circunstância.

O Valor da Ordem Jurídica 215

II – *Eficácia, vigência, validade*

Estas três dimensões do jurídico poderiam ser relacionadas com as categorias da eficácia, da vigência e da validade. Mas a contraposição presta-se a equívocos, que ultrapassam os resultantes da diversidade de entendimentos dos termos.

Se o âmbito da eficácia não suscita grandes problemas, já *vigência* e *validade* se usam por vezes indistintamente. Porém, não se confundem. Uma lei pode ser válida sem ser vigente, como a lei devidamente aprovada que ainda não entrou em vigor. E pode ser vigente sem ser válida: assim, a lei cuja inconstitucionalidade não foi ainda declarada com força obrigatória geral.

Por outro lado, também não é válida a lei contrária à ordem natural. Quando nos referimos à mera dimensão do dever ser ou da norma, poderíamos falar mais precisamente em validade formal.

Quanto à validade substantiva, a que depende do fundamento, poderia ser expressa pelo recurso à categoria da *legitimidade*. Mas o termo é também utilizado para significar a observância de requisitos de que depende a validade formal.

Às categorias facto, norma e valor corresponderão assim a eficácia, a validade formal e a fundamentação natural, no sentido mais aproximado possível. Mas nunca podemos esperar uma correspondência perfeita.

III – A abertura a estes três aspectos essenciais à noção do direito representa uma posição que é tomada simultaneamente em vários países. Autores muito diversos, de Roscoe Pound a Carlos Cossio, incluem o facto, a norma e o valor na sua análise da essência do direito. Mas é também uma constante a diversidade de posições, pois cada um tem pressupostos e orientações próprias e consequentemente o seu enfoque particular e o seu modo de realizar o conúbio dos elementos para que apela.

No Brasil, encontramos a obra do eminente jusfilósofo Miguel Reale, que desenvolveu a "teoria tridimensional do direito". Tem-se em vista essencialmente a nomogénese, a produção de normas. A norma "representa um momento necessário do processo de integração fático-axiológico"[281], ordenando factos sociais sob o influxo de valores.

---

[281] *Filosofia do Direito*, II, n.º 207. Veja-se, do mesmo autor, *O Direito como Experiência* e *Horizontes do Direito e da História*. Vejam-se por outro lado vários ensaios incluídos nos *Estudos em Homenagem a Miguel Reale*.

216 O Direito. Introdução e Teoria Geral

Nos quadros desta concepção é a norma que ocupa o primeiro lugar: não a ordem ou o ordenamento global, ao contrário do que a nós se apresentou[282]. Trata-se de um normativismo jurídico concreto, pois a norma não integra dialecticamente facto e valor apenas na sua forma inicial, mas pode experimentar novas acepções em consequência de novos factos ou novas valorações. Mas assim, não se chega a encontrar no facto e no valor camadas ônticas do próprio direito, digamos assim, como nós próprios o fizemos e mediante isso fomos penetrando na sua essência. Dir-se-á que para Miguel Reale são antes "momentos de um processo".

O desequilíbrio em proveito da norma poderá conduzir a dizer-se que o decisivo é só a norma, pois o facto está antes da norma e o valor está fora dela. Em todo o caso, a real intervenção destes momentos como condicionamentos permanentes do fenómeno jurídico vê-se no capítulo da interpretação[283], em que a teoria é particularmente frutuosa, permitindo transcender o formalismo consistente na análise das fórmulas legislativas isoladamente tomadas.

---

[282] Em *Fundamentos do Direito* o autor altera parcialmente posições anteriores, passando a conceber o valor como objeto do dever ser e não do ser.

[283] *Ibid.*, n.os 209 e segs.

CAPÍTULO II
A FUNÇÃO DO DIREITO

113. A legitimidade

I – Hoje em dia ocupa um primeiro plano na reflexão jusfilosófica a problemática da legitimidade do Estado e do direito.

Devemos começar por distinguir três aspectos:

– o fundamento do poder em abstracto
– a origem ou investidura dos titulares do poder
– o exercício

A fundamentação do Estado e do direito em si encontra-se na sua necessidade. Remetemos para o que dissemos sobre a contraposição à anarquia e ao despotismo[284].

Mas não basta a justificação abstracta do poder e do direito. Há ainda que discutir a legitimidade das concretas manifestações históricas.

Essa legitimidade deve-se colocar antes de mais tendo em atenção a origem do poder, perguntando como os actuais titulares do poder se investiram nele. Poderão invocar legitimações absolutas, como a vontade divina, ou justificações relativas, como a legalidade da sua obtenção, por sucessão dinástica ou eleição.

Situa-se aí a problemática da revolução, que nos surgiu já mais de uma vez. Mas é matéria cujo estudo sistemático podemos deixar à Ciência Política, por estar especificamente ligada ao poder e ao Estado.

II – Resta-nos porém a problemática de uma legitimidade do poder na sua actuação concreta.

Todo o poder supõe que ao comando dos governantes se contraponha a obediência dos governados. Mas há que perguntar se o conteúdo do que

---

[284] *Supra*, n.os 23 e 24.

218   *O Direito. Introdução e Teoria Geral*

se comanda e portanto do direito instituído é irrelevante, ou se o poder, mesmo legitimamente instituído, se tem de justificar pelo seu exercício.

Curiosamente, encontramos aqui as justificações do poder como facto, como norma e como valor.

Quem se contentar com a eficácia, encontrará a legitimidade do poder no próprio facto da existência e conservação deste.

Quem o fundar como norma, procurará detectar a observância de regras que asseguram normativamente a sua vigência.

Quem o fundar como valor, exigirá que do seu próprio conteúdo resulte a sua validade.

III – A legitimação do poder e do direito pelo mero facto legitimaria grande número de enormidades históricas em que, não obstante, a obediência dos súbditos foi assegurada. Ainda que pelo terror ou pelo embuste.

Tem-se procurado adicionar um momento de consentimento, que permitiria escapar a essas formas históricas. O fundamento da validade estaria assim no consenso. Mas nem filosoficamente a isso pode ser reduzida a validade[285], nem o consenso permite tolerar formas anómalas que reuniram no entanto a aquiescência ou não oposição dos membros.

114. A legitimação formal

I – O abandono de concepções fundadas em entidades absolutas, como a verdade, levou a procurar formas intrassistemáticas de legitimação. Seriam critérios de validade formal, que abstrairiam da crítica ao próprio conteúdo.

Nesta linha podemos situar Kelsen, pois se basta com a regularidade formal dos processos de produção do direito, suspensos de uma norma meramente hipotética.

O relativismo contemporâneo, prolongando análises sociológicas, é levado a procurar situar a legitimidade ao nível dos próprios processos. Atende-se à observância formal de ritos, desinteressando os fins ou objectivos últimos, como verdade ou justiça, que seriam indefiníveis e inatingíveis.

---

[285] Cfr. Welzel, *Die Frage nach der Rechtsgeltung*.

A Função do Direito 219

Em obra clássica, fundada na sociologia dos sistemas, Luhmann analisou o fenómeno da *legitimação pelo procedimento*[286]. Corresponde à sociedade extremamente complexa de hoje, onde todavia se assiste ao amortecimento dos conflitos e à absorção das contradições; a sociedade industrial de consumo supera as grandes tensões, canalizando-as por procedimentos. Analisa assim os processos eleitoral, legislativo, administrativo e judicial. Todos eles comandam as expectativas e tornam aceitável a decisão. No limite os procedimentos, na sua complexidade, adaptam o meio ao sistema, alterando as expectativas. Haveria então uma autojustificação de todo o sistema através do procedimento.

II – Esta análise é de grande valor, no ponto de vista sociológico. Mas se se pretender erigi-la como o princípio de toda a ordem social não pode ser aceite. Não pode ser único objecto da ordem jurídica reduzir a complexidade social através de procedimentos. Doutra maneira, desinteressando-nos do objecto e conteúdo, apenas utilizaríamos técnicas que domesticam a conflituosidade, mas perpetuam também a injustiça. A paz da sociedade moderna, em que o outro é o inimigo, é uma falsa paz.

A legitimação tem de passar assim, não apenas pelo *due process of law*, mas pelos objectivos últimos do sistema. Não há nenhuma legitimação que possa prescindir da justificação substancial.

III – *Auto-criação*

Em linha aparentada, surge-nos a concepção do Direito como sistema autopoético[287]. Afirma a circularidade do direito, que seria capaz de se reproduzir a si mesmo.

Se esta doutrina não significar um isolamento do direito e apenas pressupuser a autonomia relativa deste, representa uma explicação sociológica das formas de criação jurídica. É importante na análise dos processos e não será incompatível com explicações que iluminem outros aspectos ou com a valoração ínsita no direito.

Porém, se esta doutrina pretender reduzir o direito a processos como que biológicos, e esquecer a finalidade que lhe é essencial, ela será redutora. É uma contemplação auto-reflexiva que não exprime a essência do direito.

---

[286] *Legitimation durch Verfahren.*
[287] É particularmente importante o livro com este título de Teubner.

220   *O Direito. Introdução e Teoria Geral*

IV – Esta e outras orientações aparentadas são o produto do reconhecimento pelo homem da sua própria imperfeição, expressa pela impossibilidade de aceder directamente, de modo racional, à realidade em si.

Mas a limitação humana, sendo uma imperfeição, nunca pode representar objectivo ou explicação por si. Deve levar a multiplicar os esforços e as instâncias de controlo, e não a justificar uma auto-satisfação na imperfeição como novo critério de tudo.

Flagrantemente, não é possível admitir que sistemas totalitários recentes são bons se actuaram dentro de regras formais[288]. A análise do conteúdo é um risco a que não pode fugir a condição humana.

115. A legitimação substancial e os grupos de pressão

I – As pistas de uma legitimação pelo conteúdo podem ser muitas.

João Maurício Adeodato relata e comenta a tentativa de Hannah Arendt, no domínio da intersubjectividade, excluindo a violência e acentuando a liberdade e a participação. Seria sempre, observa ele, a procura de um conteúdo universal único, como instância de referência para o poder jurídico-político[289].

É também na busca de uma instância de referência que vamos prosseguir, embora interessando-nos sempre mais o direito que o poder em si.

II – Em vez de o direito se dirigir ao bem comum, encontramos uma tendência permanente para alguns dele se apropriarem, fazendo-o desviar para o seu próprio benefício.

Nos tempos actuais, o crescimento do Estado é patologicamente acompanhado por uma crescente vulnerabilidade a interesses de grupo. Os grupos económicos, particularmente, encontram sempre os modos de influenciar a escolha dos dirigentes e a adopção de providências concretas. A debilidade do Estado condu-lo à inércia; a inércia só é rompida pela força de grupos de pressão. E nestes são particularmente significativos os grupos de pressão estrangeiros, directamente ou por intermédio de seus delegados ou serventuários nacionais.

---

[288] Isso já resultaria de quanto anteriormente dissemos sobre o despotismo, que todavia pode ter sido consentido: cfr. *supra*, n.º 23.

[289] *O Problema da Legitimidade*, nomeadamente a págs. 195-207.

A Função do Direito   221

O discurso político fica assim rachado entre a proclamação dos princípios e a actuação prática.

Com uma frequência impressionante, que mostra tratar-se de verdadeiro *pathos* do seu meio, o político proclama valores mas prossegue interesses. E só por casualidade as exigências de ambos coincidirão.

III – Diremos que semelhante fenómeno representa uma deturpação. Mas de várias partes ele tem sido apresentado como correspondendo à normalidade da vida social. Da parte marxista foi afirmada a fatalidade do conflito que levaria a que o Estado e o seu direito constituíssem instrumentos de dominação de classe. Baldadamente se procuraria assim um interesse colectivo.

Mas mesmo da parte capitalista se enfatiza cada vez mais o papel e o significado dos grupos de pressão. O pluralismo social levaria a que as decisões resultassem de um equilíbrio mecânico, rompido em cada caso pela constelação de forças que sobrelevasse. Toma-se como base a sociedade norte-americana, cuja unidade moral foi na realidade sempre precária. Desenrola-se uma descrição implicitamente normativa sobre o funcionamento das sociedades, em que o referencial de interesse colectivo desaparece.

116. O fim e o resultado

I – O fim

Para uma visão substancial, o direito é uma realidade finalista, racionalmente ordenada a fins. A ordem jurídica não é casual, não resulta de processos como que biológicos, é normativamente ordenada para finalidades.

Dissemos já[290] que o fim do direito é o *bem comum*. Visa ordenar os aspectos fundamentais da convivência humana, criando as condições exteriores que permitam a conservação da sociedade e a realização pessoal dos seus membros.

Essa finalidade impõe-se ao Estado, que deve sancionar a ordem jurídica e aprimorá-la com vista a uma consecução cada vez mais perfeita dos seus objectivos[291].

---

[290] *Supra*, n.º 47 I.

[291] Sobre a distinção entre direito e Estado cfr. *supra*, n.º 25.

222 O Direito. Introdução e Teoria Geral

II – As nossas considerações não são de Ciência Política. Não nos ocupam os modos de conquista ou conservação do Poder, nem o estudo das influências que sobre este se exercem. Sabemos que a categoria do conflito é também uma categoria indispensável na vida social, que a dialéctica dos interesses contrapostos não pode ser menosprezada e que o grupo de pressão (*lobby*) é justificadamente objecto de estudo científico.

A política é estranhamente uma praça em que o óptimo e o péssimo convivem. Ao óptimo nos objectivos associa-se com muita facilidade o péssimo no viciamento dos processos.

Mas uma coisa é reconhecer o viciamento, mesmo generalizado, outra é aceitar como justificado esse estado de coisas. Assim aconteceria se suprimíssemos como necessário ponto de referência o interesse comum[292] e tudo reduzíssemos à resultante mecânica dum jogo de forças. Mas a ordem jurídica está intrinsecamente orientada para o bem comum, de modo que quando se afasta deste se torna violência. Não é a divergência de entendimentos quanto às suas exigências que pode justificar que seja outro o objectivo prosseguido.

Da mesma forma, os jogos de poder são uma fatalidade, mas se não forem dirigidos no sentido do bem comum falta-lhes toda a base de legitimidade.

III – Uma coisa é o fim, outra o resultado.

Podemos dizer que *a função é o fim e o resultado*(Carnelutti), porque o resultado não coincide frequentemente com os fins proclamados.

Quando um sistema jurídico funciona de maneira a pôr em causa os seus fins, a sua legitimidade é questionável.

Nomeadamente, assim acontece quando o poder é apropriado para beneficiar um grupo ou um sector de interesses, em prejuízo dos restantes. Se não funciona para o bem comum, perde a sua legitimidade.

Não basta a origem do poder, porventura obtido por meios regulares; não basta pois a observância dos procedimentos. Nem que estejam a ser observadas rigorosamente as regras sociais. Se a ordem jurídica deixar de funcionar para benefício colectivo e for instrumentalizada para servir interesses privados, a sua legitimidade desaparece.

---

[292] Adriano Moreira, *Ciência Política*, pág. 248, afirma ser logicamente impensável que não haja um centro final de decisões, representativo e intérprete do interesse comum.

A *Função do Direito* 223

IV – Nos nossos dias estes princípios têm de ser particularmente reafirmados.

O liberalismo pretendera erroneamente que o interesse geral era a soma dos interesses particulares.

O neo-liberalismo contemporâneo apresenta como o ideal societário a luta dos *lobbies*, cujo equilíbrio representaria o ponto óptimo de equilíbrio social. A orientação ficou muito visível na Constituição de 1988, por exemplo.

Mas a cedência máxima à constelação de interesses predominantes não equivale à satisfação do interesse geral; pelo contrário, desfaz a unidade ética, em proveito dos jogos dos socialmente poderosos. Perde-se a directriz do bem comum, que é afinal sempre o critério indispensável para julgar a aceitabilidade das pretensões, unilaterais por natureza, dos *lobbies*.

Por isso, a legitimidade substantiva é uma questão fundamental perante o neocorporativismo vicioso que se instalou.

CAPÍTULO III
CIÊNCIA DO DIREITO

117. Caracterização

I – Como dissemos[293], a todas as ciências que estudam o direito se contrapõe a Ciência do Direito. O objecto poderá ser idêntico, mesmo variando o ponto de vista: mas a Ciência do Direito demarca-se por estudar o direito utilizando o seu método específico, que é o método jurídico.

A Ciência do Direito estuda o dado jurídico na sua essência, portanto, colocando em primeiro plano a natureza normativa deste, como dever ser. O jurista visa sempre em última análise chegar à solução válida, a que deve ser: e isso pode levá-lo a deixar de parte a solução efectiva, a que habitualmente se pratica. Fá-lo-á não só porque a pode considerar contrária à ordem natural, como vimos, mas também quando desde logo a entenda desconforme ao dever ser vigente. Assim, mesmo que a prática dê uniformemente uma solução, o jurista pode opor-se, sustentando por exemplo que a lei se deve interpretar em sentido diverso do correntemente afirmado. Isto não significa desconhecimento da base fáctica do direito, pois se a solução incorrecta tiver sido definitivamente acolhida na ordem da comunidade a resistência do jurista será infundada: teremos oportunidade de vê-lo ao tratar do costume. Significa que, mais do que o que se faz, o jurista tem sempre por função indicar o que se deve fazer[294].

A Ciência do Direito ocupa necessariamente um lugar privilegiado ao longo deste estudo. Por isso a consideraremos autonomamente.

II – A Ciência do Direito só se apreende pela compreensão do *método jurídico*. Mas esta exposição é por demais complexa. Vamos deixar

---

[293] No início do Título III, *supra*, n.º 48.
[294] *Cfr. Tércio Sampaio Ferraz, A Ciência do Direito, 55 e passim. Sobre a Ciência do Direito como arte cfr. Soares Martinez, Filosofia do Direito, 406-407.*

226 *O Direito. Introdução e Teoria Geral*

este aspecto, por meras razões pragmáticas, para um momento posterior. A querela dos métodos será estudada em capítulo próprio, após a matéria da interpretação[295].

Limitamo-nos aqui a algumas considerações sobre o jurista e a realização do Direito.

118. A formação jurídica

I – O estudo e os objectivos do ensino do direito variam profundamente de país para país.

Assim, na Alemanha, o ensino tem como paradigma a formação de juizes; a universidade ministra os cursos, mas os dois exames fundamentais são realizados no foro, e quem é aprovado pode iniciar o exercício da profissão[296].

Na Inglaterra a escola dá só como que a cultura geral. A formação específica do jurista é obtida em contacto com os profissionais, em reuniões e outras actividades.

Pelo contrário, os Estados Unidos evoluíram para um sistema de ensino universitário essencialmente profissional, baseado no *case method*. As características dos cursos e as exigências curriculares são pautadas por associações privadas, particularmente a American Bar Association[297].

Nos países latinos o sistema é na estrutura unitário. A universidade dá uma formação geral, mas a formação profissional é já obtida fora dela, de modo variável consoante a carreira jurídica a que cada um se destina[298].

II – O ensino do direito faz-se também em numerosos outros cursos, com carácter complementar em relação ao objecto ministrado: tem então pura função informativa. Nos cursos de direito, porém, esse ensino deve ser essencialmente formativo. Ele não deve visar imediatamente a preparação para uma profissão (e aliás são numerosas as profissões jurídicas)

---

[295] *Infra*, n.º 268 e segs..

[296] Cfr. *Aspectos fundamentais da formação do jurista na República Federal da Alemanha*, por Helmut Guenter e M. Cortes Rosa.

[297] Cfr. Farnsworth, *Legal System*, 14 e segs.. A tendência é no sentido de reforço das exigências; já não basta o grau de *bachelor*, passando a exigir-se o grau de *master*.

[298] No Brasil, a vertente profissional é mais acentuada, em detrimento da função formativa geral. O estágio de advocacia aparece integrado no próprio curso de direito, como peça deste.

nem deve tender a fornecer o conhecimento de muitas leis. Deve sobretudo preparar o aluno para saber pensar o direito, capacitando-o para abordar os casos jurídicos com que vier a deparar.

Por outro lado, só um ensino crítico permite ao jurista em formação ser um agente da mudança e sobreviver a ela. Se todo o ensino do direito fosse um ensino de leis, o "jurista", quando essas leis fossem revogadas, não saberia nada. Se for um ensino formativo, ele terá a base na qual poderá enquadrar as alterações legislativas que surgirem. Apreender-se-á por si a importância deste aspecto em tempo de turbulentas mudanças, como o nosso.

Para isso, o ensino do direito deve ser necessariamente um ensino de nível científico elevado. Não se supõe que cada aluno tenha uma vocação científica que lhe permita dedicar-se ele próprio à pesquisa, mas supõe-se que a própria formação resulta da reflexão sobre o estado actual de uma problemática científica cujos elementos lhe são apresentados. Por isso é designação comum desta disciplina a de Introdução à Ciência do Direito.

III – Sendo embora um ensino formativo, o ensino do direito não é um ensino de teor. Temos de tirar daqui as consequências da nossa afirmação anterior de que o direito é uma ciência prática.

Isto significa que a Ciência do Direito não se limita a descrever ou reproduzir a ordem jurídica declarada, mas transcende-a na busca de conteúdos novos que possam ser aplicados. A mera construção ou teorização não é por si finalidade do direito e portanto não é finalidade do ensino do direito.

Todo o trabalho do jurista é assim preliminar em relação a esse momento final da solução do caso. O ensino do direito, ainda quando não confrontado com casos reais, capacita antes de mais os escolares para dar a solução dos futuros casos que se lhes apresentem.

IV – De todo o modo, o ensino do direito não deve aspirar a dar uma qualificação profissional. E efectivamente não há uma profissão de jurista – antes, os juristas enveredam depois por numerosas profissões, nas empresas, na diplomacia, na Administração Pública em geral... Mas para além disso há as profissões estritamente jurídicas, que carecem de reflexão especial.

Aparecem-nos profissões estritamente jurídicas nas magistraturas judicial e do Ministério Público, nos registos públicos, no tabelionato, na advocacia, na procuradoria...

228 *O Direito. Introdução e Teoria Geral*

119. A realização do direito como função do Estado

I – *O Estado de direito*

Devemos fazer um pequeno desvio. Das profissões jurídicas, várias são desempenhadas no exercício de funções públicas. Quer dizer, estes profissionais actuam a função do Estado de realização do direito[299]. Ora, este entrecruzar do Estado e da ordem jurídica merece algumas observações adicionais.

Poderia pensar-se o Estado soberano como entidade superior ao Direito: assim acontecia nos sistemas soviéticos. Mas nos Estados em que prevalece o chamado Estado de direito não é assim, ao menos na proclamação oficial: o Estado está submetido ao direito, inclusive ao direito que ele próprio cria. Os princípios fundamentais constam desde logo das constituições políticas.

Por isso, o Estado vive em direito. Os órgãos públicos, mesmo os de grau mais elevado, constituem-se e funcionam com submissão a regras que prevêem a sua actuação. Até as tarefas de natureza não estritamente jurídica se realizam no desenvolvimento de uma teia de regras jurídicas sobre atribuições, competência, etc..

Verificando que todo o órgão público se constitui ou actua conformemente ao direito, podemos concluir que todo o órgão realiza ou aplica o direito[300].

II – Mas certos órgãos públicos estão perante o direito numa conexão mais íntima, pois o direito não representa apenas a base ou limite exterior da sua actividade. A função proeminente que desempenha a coercibilidade estatal já nos despertou a atenção para a possibilidade de uma actuação mais activa do Estado na realização do direito.

Há órgãos públicos que vivem não só em direito, ou pelo direito, mas para o direito. O seu fim específico é servir ou assegurar a realização da ordem normativa. Ou seja, estes órgãos não se limitam a realizar em direito atribuições de carácter técnico ou político. Destinam-se justamente a realizar o direito, no sentido de assegurar que a ordem normativa comande efectiva e correctamente a vida social.

---

[299] E isto mesmo nos casos em que seja possível falar de um exercício privado de funções públicas.

[300] No sentido que é dado vulgarmente a esta referência à aplicação, como verificaremos posteriormente.

Ciência do Direito 229

III – Em certo sentido, o Estado vive já para o direito quando contribui para a definição da ordem jurídica. Mas as suas funções não param por aí. Ele deve ainda promover a real aplicação das regras, particularmente das que respeitam a direitos fundamentais.

Esta função levou historicamente à formação de vários órgãos públicos especializados na realização do direito. Temos antes de mais a magistratura judicial, mas não só ela; por muitas outras formas pode o Estado contribuir para assegurar a devida aplicação das regras jurídicas, preventiva ou repressivamente. São pois órgãos que o Estado põe ao serviço da realização do direito.

Distinguimos os órgãos:

– judiciais
– do Ministério Público
– policiais
– de registo
– notariais (tabeliães).

Os órgãos policiais inscrevem-se ainda nesta categoria porque desempenham uma função que poderemos designar genericamente como preventiva: asseguram preventivamente a realização do direito.

120. O espírito jurídico

I – Fomos falando das várias profissões jurídicas e da realização do direito.

Mas há também aspectos que tocam a função do jurista no seu conjunto e não encerraremos este capítulo sem lhes fazermos uma referência[301].

A vocação jurídica é uma vocação perfeitamente definida. Exige o concurso de um conjunto de qualidades que não são frequentes.

II – O pensamento jurídico obedece a duas características fundamentais: a *abstracção* e a *precisão*. Por isso, o ensino do direito deve fazer-se no sentido de uma formação mental que permita que o pensamento se

---

[301] Cfr., numa problemática filosófica, Castanheira Neves, *O papel do jurista no nosso tempo*.

230 *O Direito. Introdução e Teoria Geral*

desenrole com nitidez mesmo quando se abandonou já o concreto; que se processe com disciplina, seguindo as regras lógicas; que suporte a necessidade de sustar a passagem ao fundo enquanto os problemas prévios não estiverem arrumados.

A capacidade de abstracção é indispensável para o exame da relevância. Esta palavra é típica do jurista ; é uma categoria de intervenção forçosa, por haver que discernir a realidade contínua à luz de um critério normativo. É ela que nos permite verificar os aspectos das situações que são juridicamente significativos e desprezar os outros.

O jurista tem de ter por outro lado sentido prático da busca da solução, que é o sentido da *prudência*. A abstracção que o conduz à regra só vale enquanto for o caminho para se chegar ao concreto, que é a solução do caso.

A boa argumentação permitirá realçar e fundar uma tese, salientando os pontos em que se apoia. Aliás, a necessidade de demonstrar é comum a todas as profissões jurídicas, e aperfeiçoa-se a partir dos primeiros exercícios escolares. Mais amplamente, a comunicação é indispensável; e no domínio da comunicação, ao contrário das outras faculdades, o aperfeiçoamento possível é ilimitado.

Enfim, a capacidade de decisão é essencial. O jurista tem de resolver o caso concreto. Aquele que se enreda em infinitas ponderações é, definitivamente, um mau jurista.

121. Juristas – ainda hoje?

I – Resta uma questão que se pode colocar, radicalmente, nestes termos: ainda haverá lugar para o jurista no mundo actual, ou ele será também um resto de épocas passadas? O dinamismo de outras mentalidades, para quem *jurídico* é sinónimo de formalista ou reaccionário, não terá razão de ser?

Respondemos que não – se olharmos para o que o jurista essencialmente é, e não nos limitarmos a uma arbitrária imputação de erros passados, que aliás cabem tanto ao jurista como a qualquer outro.

II – Ao jurista incumbe necessariamente em toda a sociedade dar testemunho de uma ordem que a deve enformar na sua estrutura e na sua evolução. Tem de afirmar pois o primado do direito contra todas as violações e contra todas as pressões.

De novo encontramos aqui a noção de ordem social, que nos deu o ponto de partida. O jurista é um elemento dessa ordem e assegura, no seu aspecto mais alto, a realização do direito.

Este elemento de ordem é tudo o que há de menos consentâneo com a sociedade mesquinhamente calculista em que vivemos. O direito degradou-se a fermento de composições menores no seio desta, mas viu-se ele próprio dissociado da ordem em que devia assentar.

A perda de domínio pelo homem do acontecer social colocou no primeiro plano uma visão sociológica que, deslocada do seu sentido, se tornou implicitamente normativa. O acontecer passou a ser o critério decisivo, de modo que os factos sociais são aplaudidos ou rejeitados consoante correspondem ou contrariam aquilo que se pensa ou se afirma ser a tendência dessa evolução.

III – Este "pensamento cibernético" ajusta-se perfeitamente a uma sociedade burguesa, pois o maior valor desta é o êxito. Adere-se, não ao que deve ser, mas ao que vai ser, pela simples razão de que vai ser. Por isso, as ideologias modernas não se apresentam propriamente como doutrinas, mas como prognósticos. Não se diz que deve ser assim, mas que é fatal que seja assim. O mito ultrapassa a razão.

Assim aconteceu com o marxismo, com o nazismo, com o corporativismo, com o neocapitalismo... Se se criar a fé na fatalidade tem-se ganho de causa, pois ninguém quer marchar no cortejo errado. É estranho, pois pareceria que a reacção humana seria a de que, se é fatal, não vale a pena qualquer sacrifício por uma coisa que acontecerá de uma maneira ou doutra. Mas a experiência desmente esta previsão.

Na própria vida interna da sociedade que nos rodeia o prognóstico vai tomando uma função cada vez mais decisória. Aconteceu assim primeiro nos Estados Unidos, mas a tendência vai avassalando todos os países onde se processam escolhas eleitorais. O grande político deixou de ser quem cria caminhos, para passar a ser quem prognostica certo e portanto está sempre na crista da onda.

As sondagens eleitorais tomam um papel decisivo nas eleições, tornando-se o objecto preferido da manipulação. É necessário saber quem vai vencer; e quem vai vencer, quase fatalmente, vence. No limite, o que ainda possa existir de escolha no sistema fica praticamente aniquilado.

IV – O espírito jurídico é radicalmente oposto a esta visão e por isso o choque era fatal. Para o jurista, há o primado de uma ordem global que

232   *O Direito. Introdução e Teoria Geral*

ele testemunha. Por isso, o jurista não se abandona ao facto, valora-o, integra-o na ordem, fazendo-o receber desta o seu verdadeiro significado.

Logo de início dissemos que a ordem jurídica não é uma estrutura estática e acabada, mas uma ordem dinâmica, uma resposta diferente a cada nova situação social. O jurista tem de ser o agente desta incessante evolução da ordem jurídica, sabendo distinguir o que deve fazer-se e o que tem de morrer, porque contrário à ordem essencial da sociedade em concreto.

Por isso a *crítica* é momento essencial do trabalho jurídico. Já falámos atrás de Política Legislativa e afirmámos a necessidade de fronteiras com a Ciência do Direito[302].

Mas, sem confusão de planos, há em toda a Ciência do Direito um momento crítico que é essencial.

A liberdade de repudiar equilíbrios actuais em nome de uma ordem mais alta é característica última do verdadeiro jurista e missão indeclinável que lhe cabe desempenhar em todas as épocas históricas.

122. O sistema como categoria central

I – O jurista parte da ordem que é, devendo caracterizá-la, revelando-lhe o sistema. O sistema para o jurista existe por natureza, porque corresponde ao sistema social.

Mas essa ordem tem por núcleo a ordem essencial que caracterizámos já. Por isso a elaboração do sistema é desde logo uma elaboração crítica em relação às produções históricas que o integram.

Para além disso cabe ao jurista, justamente porque ergue o sistema do direito que é, revelar as contradições que nele se inserem em relação aos princípios que exprime ou para que deveria tender; pôr a nu dissonâncias menos visíveis; desvelar os pontos em que a pretensa racionalidade do sistema é afinal a expressão de interesses espúrios e não de qualquer exi-

---

[302] Luiz Fernando Coelho, *Teoria Crítica do Direito*, pretende reescrever a *Teoria do Direito*, dirigindo-a à reconstrução da sociedade. Na realidade faz antes uma crítica da Teoria do Direito, ou uma Teoria da crítica do Direito, pois não tem por objecto a ordem que realmente é, caracterizando-a como sistema. Por isso, os dogmas do direito, como os princípios jurídicos fundamentais (fala de sujeito de direito, obrigação e direito subjectivo), mas também a autonomia da vontade, são para ele mitos (pág. 230). Com isto não se chega à crítica interna do sistema, e é esta que é pressuposta pela Teoria Geral do Direito.

Ciência do Direito

gência superior. O que significa que o verdadeiro jurista é e só pode ser incómodo para os interesses instalados; e que a retórica dos grupos de pressão é radicalmente incompatível com o que a sociedade espera do jurista.

II – A noção de sistema ocupa hoje de novo um lugar central no Direito, e consequentemente na Ciência do Direito[303].

As soluções jurídicas não são arbitrárias nem desconexas. Integram-se num conjunto, de que participam. O significado de cada elemento só é estabelecido por essa integração no todo.

Canaris reformulou a noção de sistema, fundando-o na adequação valorativa e unidade interior[304]. A unidade seria teleológica, por derivação da Justiça[305]; consistiria num sistema de princípios gerais do direito[306]; seria aberto, porque incompleto e modificável[307]; não excluiria a existência de contradições[308]; e poderia ser móvel, ou ter elementos móveis, pela possibilidade de intervenção de elementos plúrimos em concatenação variável[309]. O sistema, sem ser auto-suficiente ou pleno, conduziria o intérprete na busca de soluções.

É uma colocação extremamente importante. Acentuaremos o carácter dinâmico do sistema. Nenhum sistema pode estar acabado; e os equilíbrios alcançados são constantemente transcendidos, porque a vida muda e muda o direito que lhe corresponde. O sistema jurídico é assim um sistema sempre em aperfeiçoamento, recompondo-se das quebras e tendendo para um nível superior de justiça. As incoerências sistemáticas estão também permanentemente abertas à sua superação[310].

---

[303] As críticas ao sistema, nomeadamente as que emanaram da jurisprudência dos interesses ou da tópica, de que falaremos depois, partem de uma visão equivocada do que o sistema representa.

[304] *Pensamento Sistemático e Conceito de Sistema na Ciência do Direito*, 14. Cfr. também Larenz, *Metodologia*, 230 e segs. e 674 e segs..

[305] *Ibid.*, 66

[306] *Ibid.*, 77. Aqui não o acompanhamos: os princípios são instrumentais para a formação do sistema (de soluções), não são o objecto deste.

[307] *Ibid.*, 106 e 109.

[308] *Ibid.*, 88.

[309] *Ibid.*, 127 e segs., no seguimento de Wilburg.

[310] No seguimento de Canaris, desenvolve Menezes Cordeiro (*Da Boa Fé*, II, n.º 119 e também na Introdução à tradução de Canaris, *Pensamento Sistemático*) qualificações conformes à doutrina moderna que não podemos espraiar aqui, considerando o sistema *móvel, heterogéneo e cibernético*. É hoje património comum a rejeição de um sistema de

234 *O Direito. Introdução e Teoria Geral*

III – De todo o modo, é quase ponto adquirido do pensamento contemporâneo que no sistema não está tudo e por isso a obtenção de soluções para hipóteses não contempladas é tarefa imprescindível da ciência jurídica.

Assim se comprova de novo o que dissemos quando afirmámos que a Ciência do Direito não é só reprodutiva de uma ordem dada, antes é chamada ela própria a elaborar os instrumentos que permitam como que completar o sistema – tarefa aliás infindável. A Ciência Jurídica vai pois além daquilo que estaticamente há. Isto mostra também que ela nos não revela só o que é, mas antes está penetrada essencialmente da preocupação do que deve ser, como temos repetidamente afirmado.

As soluções que em definitivo se adoptarem, e antes de mais as regras que se fixarem para as situações omissas, não figuravam no sistema; não se pode sequer dizer que estavam nele implicitamente contidas. Devem corresponder ao sistema, ser conformes a ele, e disso deriva a sua objectividade e a sua correcção. Mas uma coisa é ser conforme, outra é estar já compreendida, implicitamente embora. Elas resultam de uma valoração, e a descoberta de conteúdos materiais por via de uma valoração implica necessariamente uma criação, repetimos, e não só o reconhecimento de uma realidade preexistente.

E assim se confirma também que a Ciência do Direito é uma ciência prática. Os seus objectivos não são meramente de teor. Ela constrói, valora, especula, mas sempre para tornar possível, directa ou indirectamente, o momento final da solução do caso.

123. Direito e solução do caso

I – Realizada a caracterização da Ordem Jurídica, vamos entrar definitivamente na Teoria do Direito.

Mas há que discutir ainda qual a sequência mais adequada.

---

tipo central, que operaria afastado dos temas concretos e tenderia a tornar-se dedutivístico; e a conjugação da elaboração central com os desenvolvimentos periféricos, que obtêm elementos novos permitem a reformulação dos princípios.

No que não podemos concordar é no papel nuclear que o autor atribui à Ciência Jurídica, tornando-a constitutiva do próprio direito. O direito é por si ordem, aplica-se como tal mesmo onde não há Ciência Jurídica ou esta não interveio. O método é indispensável à Ciência Jurídica; a Ciência Jurídica é um dos elementos caracterizadores da Ordem Jurídica; mas mesmo onde não há consciência do método nem Ciência Jurídica não deixa de haver direito.

Ciência do Direito 235

A doutrina mais antiga, desde a pandectística ao positivismo, fez da Teoria Geral do Direito um estudo de normas. E muitos autores reflectem ainda essa concepção.

Mas as orientações recentes são concordes em acentuar cada vez mais o momento da *aplicação*. O Direito existiria para a aplicação: o epílogo estaria, em qualquer hipótese, na solução do caso. E as correntes mais radicais, dissemos, só encontram direito na solução do caso.

A ser assim, o objecto da Teoria Geral do Direito deveria ser a solução do caso.

Essa solução do caso poderia ser ainda:

– normativa
– não normativa.

Seria normativa quando à solução se chegasse mediante a aplicação de uma regra jurídica. Mas há hipóteses em que essa mediação não existe: o critério de solução é então não normativo. Assim acontece, por exemplo, quando um caso deve ser resolvido exclusivamente segundo a equidade.

Pareceria então que deveríamos agora estudar a solução do caso; e, quando verificássemos que há hipóteses em que a solução é normativa, deveríamos entremear então o estudo da norma, como critério de solução.

II – Pese embora o número e a valia dos autores que só encontram direito na solução do caso, não vemos como os poderemos aplaudir.

Há seguramente direito quando, perante um caso concreto que requer solução jurídica, se busca essa solução. Por isso considerámos atrás a "vida jurídica" como constitutiva da ordem jurídica.

Mas a ordem jurídica é muito mais rica e ultrapassa a solução do caso. Disso se deram conta aqueles que distinguiram uma interpretação *doutrinal* (expressão ambígua, que aqui se aplicaria à interpretação pelo doutrinário, por contraposição ao aplicador do direito) à interpretação *operativa*. Esta visaria ao mero conhecimento, sem aumentar o mundo dos casos juridicamente resolvidos.

É seguro que numa escola, por exemplo, também se interpreta, quando se busca o sentido das fontes, independentemente da presença de casos concretos. E se se interpreta é porque há algo sobre que pode recair a interpretação: é porque há direito, e a interpretação é uma operação jurídica. O direito não está só na aplicação[311].

---

[311] Nem vale objectar que mesmo então se imaginam hipóteses, e a interpretação é

236   *O Direito. Introdução e Teoria Geral*

III – Alguns autores continuarão a dizer que as regras determinadas por tal interpretação não seriam direito. Seriam só um esquema mental, uma abstracção exangue, que só tomaria sentido quando ganhasse vida um caso concreto. Assim se concluiria que o direito só se encontraria na acção. Mas não é assim. Há já uma realidade que é direito, e que é a própria ordem em que as pessoas se integram. Essa ordem é real, mesmo sem qualquer aplicação.

Pode até nunca surgir nenhuma aplicação de uma regra, que a ordem não deixa de existir por causa disso. A proibição do incesto é real, ainda que nenhum incesto seja praticado.

Os membros da sociedade precisam de saber qual a lei que os rege, e por isso interpretam verdadeiramente quando concluem que a lei é esta ou aquela. E não interessa que não tenham nenhuma autoridade particular para fazer a interpretação. Como veremos, sujeito da interpretação pode ser qualquer pessoa.

Por isso, a interpretação não precisa de ter carácter constitutivo. A ordem jurídica como ordem normativa tem já significado antes do caso concreto que a concretiza e desenvolve. A interpretação pressupõe apenas aquela ordem real.

124. Direito histórico e Direito estrangeiro

I – A necessidade de interpretação, independentemente do caso concreto, toma um acento particular na interpretação de ordens históricas.

Então, é claro que nenhum caso concreto há a resolver, e todavia, o estudioso precisa do mesmo modo de saber qual o direito que vigorou. A interpretação exerce então apenas aquela função geral de reconstituir mentalmente a ordem normativa, e não a função subsequente de resolver à luz dela casos concretos.

Mas há uma restrição importante a estabelecer então. Se a ordem jurídica corresponde à ordem social, o reconhecimento da ordem jurídica tem de corresponder ao conhecimento da ordem social. O que é muito difícil em relação a situações passadas. Por isso, o conhecimento das fontes é insuficiente para chegar a uma interpretação completa.

---

sempre uma aplicação, ao menos suposta, a essas hipóteses. Na realidade, o carácter alegadamente constitutivo da interpretação, que esses autores acentuam, perde-se seguramente. A interpretação reconstitui então mentalmente a ordem existente, sem nada acrescentar no mundo dos efeitos jurídicos.

Ciência do Direito 237

Esta é mais uma razão que nos deve levar à conclusão já anteriormente expressa[312] de que o objecto da História do Direito é o direito em sociedades passadas e não aquele que à mente do estudioso se revele como o direito válido, que aí deveria ter vigorado.

II – O Direito estrangeiro coloca-nos em posição semelhante.

Muitas vezes é necessário conhecer o Direito estrangeiro – ou nos termos do Direito Comparado, ou por remissão da lei interna de Direito Internacional Privado, ou por um interesse de qualquer outra ordem.

Mas para interpretar devidamente o Direito estrangeiro é necessário conhecer toda a ordem social em que ele se enquadra. Seria inadequado tomar uma lei estrangeira e interpretá-la isoladamente: sem darmos por isso, estaríamos a interpretá-la à luz da nossa própria ordem social.

Como raramente se tem a vivência de uma ordem social estrangeira, raramente se consegue interpretar completamente a lei estrangeira. Na realidade, o que fazemos quando temos presentes leis estrangeiras é realizar um primeiro reconhecimento, meramente hipotético, à luz da formulação que nos é apresentada. Mas a interpretação só é fidedigna se conhecermos a ordem em que se integra.

Por isso também, quando a lei nacional remete para o Direito estrangeiro, não devemos interpretar o Direito estrangeiro como se fosse lei nacional. A nossa função é apurar o que no estrangeiro é tido como direito. Também aqui, portanto, devemos concluir que a remissão da lei se faz para o Direito vigente, e não para o Direito válido. Só a ordem em que nos integramos pode ser considerada à luz da categoria da validade.

125. Sequência. Plano de exposição

I – Perante esta situação, podemos concluir que a aplicação não é o único fim do direito. O estudo da ordem, tomada por si, interessa ainda que não esteja em causa a solução de um caso concreto. Onde há ordem social há direito.

Mas como a relevância do sentido prático do direito é muito grande, poderia perguntar-se se em todo o caso não se deveria começar pelo enunciado geral da problemática da solução do caso, ou da aplicação do direito; distinguir as hipóteses de soluções normativas e não normativas; estudar

---

[312] Cfr. *supra*, n.º 53 II.

238   *O Direito. Introdução e Teoria Geral*

as soluções não normativas; e depois, a propósito das soluções normativas, fazer todo o estudo das fontes e da interpretação, desembocando na regra; para enfim estudar a aplicação da regra ao caso.

II – Vamos proceder do seguinte modo.
1) Versaremos primeiro as vias não normativas de solução do caso concreto.
E isso porque nos interessa muito em particular a *equidade*, que terá depois de ser retomada a vários propósitos no nosso estudo.
2) Subsequentemente, encetaremos o estudo da ordem normativa, em todos os seus aspectos, culminando no momento da aplicação da norma jurídica.
Assim conciliaremos a conveniência de acentuar o relevo do momento da solução do caso com as exigências de uma exposição mais clara.

III – Os primeiros títulos foram dedicados à Introdução à ordem jurídica. Procedemos à sua individualização a partir da ordem social. Referimos as ciências que estudam o direito. Prosseguimos com um golpe de vista pela Filosofia do Direito e pela História do Direito, para chegar depois à caracterização da Ciência Jurídica.
Passamos agora à Teoria Geral do Direito. Eis o plano de estudo:

1) Solução do caso. A equidade
É a hipótese mais simples, porque também há solução do caso sem mediação de regra jurídica.

2) Fontes do direito
O Direito é uma realidade histórica. Consequentemente, supõe processos de formação e de revelação do direito. São as chamadas *fontes do direito*, que oferecem o objecto subsequente da análise.
Os agrupamentos das fontes permitem-nos determinar os *ramos do direito*.
A sintetização de cada um dos complexos normativos abre-nos à matéria da *codificação*.

126. A regra e a sua aplicação

I – *Determinação das regras*
Prosseguindo, é possível e necessário, a partir das fontes, determinar

as regras aplicáveis. A operação a isso destinada, chave do método jurídico, é a *interpretação* (em sentido amplo).

Falaremos dos três grandes processos em que se divide:

– interpretação (em sentido restrito)
– integração das lacunas
– interpretação enunciativa.

Aqui tem o seu assento principal a análise do *método* da Ciência do Direito.

Examinaremos as dificuldades particulares resultantes da mudança histórica das fontes e faremos em paralelo uma referência à chamada aplicação das leis no espaço.

II – *A regra jurídica*

A referência à *norma* jurídica, mais que à *regra*, está solidamente assente na ciência jurídica portuguesa. É possível que haja aqui influência germânica, directa ou indirecta: *die Normen* foram sempre um dos temas predilectos de meditação dos juristas alemães.

Isto afasta um tanto a linguagem jurídica da linguagem corrente. É certo que a palavra *norma* também se utiliza na linguagem não científica, mas com o sentido prevalente de orientação geral, enquanto à palavra *regra* se empresta um acento mais determinante. Mas para o jurista *norma* é todo o dever ser jurídico genérico. Seria uma norma jurídica a que estabelece a proibição de ultrapassar em lomba de estrada, ou a que impõe aos familiares de recém-nascido a participação no registo civil.

Nestes termos seria mais adequado falar em regra jurídica que em norma jurídica, para ir ao encontro da linguagem corrente. Mas a referência à norma está tão generalizada que falaremos em sinonímia de normas ou de regras jurídicas[313].

De todo o modo, a ordem jurídica é susceptível de ser traduzida por normas ou regras jurídicas. Dedicaremos pois um título à caracterização das regras jurídicas, à sua classificação e ao estabelecimento da hierarquia das fontes e das regras.

---

[313] Diferentemente, Marcelo Rebelo de Sousa / Sofia Galvão, *Introdução*, com o frágil argumento que a Constituição só exige leis em sentido material em casos muito específicos (n.º 15.7), afirmam que a regra ou é aplicável a um número indeterminado de factos concretos ou de indivíduos (destinatários), e então é geral, ou não é. As normas seriam as regras abstractas e gerais; a sinonímia norma e regra suscitaria confusões evitáveis.

III – *A aplicação*

Como a norma existe para resolver casos, um título subsequente terá por objecto o exame das questões que surgem na fase terminal das operações jurídicas – a solução do caso. Mas apenas quando essa solução seja normativa – quando se faça pela mediação de regras jurídicas – pois as soluções não normativas são estudadas imediatamente a seguir.

PARTE II

TEORIA GERAL DO DIREITO

TÍTULO V
A SOLUÇÃO DO CASO POR VIAS NÃO NORMATIVAS

127. A dialéctica generalização/individualização

I – Dissemos que um caso pode ser resolvido ou por recurso a uma regra jurídica, que nele se aplica, ou independentemente de um critério normativo.

Vamos analisar agora as soluções não normativas e deixar as normativas para quando tivermos já conhecimento das regras.

Há no direito um conflito permanente entre as tendências generalizadora e individualizadora de solução do caso.

Uma solução generalizadora é necessariamente uma solução normativa. Tem a escudá-la a justiça da lei, se assim podemos dizer: todos serão igualmente tratados pela lei. Mas esta é uma justiça formal: a lei, por natureza genérica, não pode abranger a infinita diversidade dos casos da vida. Uma solução fundada unicamente na lei é assim, por outro lado, uma solução relativamente injusta, qualquer que seja o seu conteúdo. A igualdade de tratamento de uma categoria de casos só se obtém pela abstracção daquilo que por outros ângulos os distingue.

Esta consequência é de certa maneira consubstancial a toda a solução normativa. Funda-se em ponderosas considerações de segurança. Aqui radica em grande parte o carácter dramático da vida jurídica – simbolizado pela justiça de olhos vendados, que não pode distinguir até ao fim casos e pessoas que na realidade são diferentes.

Apesar disso, está enraizada na cultura ocidental a convicção da superioridade da determinação legal sobre a decisão individual[314].

II – Modernamente há porém toda uma corrente no sentido da individualização na solução de casos singulares[315].

---

[314] Cfr., por exemplo, S. Tomás de Aquino, *Suma Teológica*, 1-2, q. 59, a. 1.
[315] Para um estudo de conjunto deste tema, cfr. Henkel, *Individualität*.

244 O Direito. Introdução e Teoria Geral

Esta tendência pode levar ao próprio abandono da base normativa. Assim acontece quando o critério é dado pela pura equidade, pois não há então normas para a solução do caso. Começamos por referir esta, especificando em que hipóteses a equidade é admitida no nosso sistema.

Mas também as soluções normativas são sensíveis às tendências para a individualização. Por isso falaremos de novo destas tendências ao examinar as soluções normativas de casos singulares[316].

128. Modalidades de soluções individualizadoras

I – A ordem individual
A solução de casos singulares pode fazer-se de muitas maneiras, sem ser por obediência a um critério normativo.

Em certos sistemas políticos, a ordem individual do chefe, ou de certos hierarcas, por exemplo, tinha valor superior ao resultante do sistema de fontes do direito. Ainda acontece hoje, ou por regra expressa, ou mais frequentemente por força de uma prática que acaba por ter força normativa, em sistemas totalitários dispersos pelo mundo. A ordem não é fonte do direito, pois dela não resultam regras, com a sua característica generalidade; mas é fonte de situações jurídicas, que são juridicamente válidas mesmo que contrariem a lei. A solução do caso singular dá-se então fora de toda a mediação duma regra.

II – A "fonte" individual
Num plano diferente, um diploma com forma de lei pode criar para dada entidade uma situação individual, que se afasta da estabelecida por lei geral. Por exemplo, uma lei institui o sistema de crédito, mas outra lei cria para certa empresa pública uma situação privilegiada. A supor a constitucionalidade desta última, temos um diploma de força igual à do primeiro, sem carácter normativo, a resolver por si um caso singular. Também aqui se está longe de toda a ideia de aplicação da regra jurídica, pois a aplicação desta conduziria justamente em sentido diverso.

III – A atribuição de um poder discricionário a um ente público
Também assim se originam soluções não normativas. Suponhamos a concessão dum serviço público. A lei prevê os termos em que estas figu-

---

[316] *Infra*, n.º 353, nomeadamente.

A Solução do Caso por Vias não Normativas 245

ras são admitidas. A outorga da concessão implica a abertura de concurso, normalmente, e a lei fixa as condições de que depende a validade desse concurso.

Mas da lei não resulta a quem será afinal atribuída a concessão. O efeito – concessão de um serviço público – supõe ainda necessariamente uma apreciação das conveniências pela Administração à luz do interesse público, que ultrapassa a mera aplicação da lei.

Quando há discricionariedade, como neste caso, há solução individual sem haver aplicação da regra. A Administração deve resolver à luz do fim legal, preenchendo os espaços que as regras deixaram em branco.

Não há aqui mera aplicação de uma regra, há solução do caso que não se baseia apenas no que se compreende no preceito legal. E por isso a actuação discricionária não é judicialmente controlável na sua totalidade, pois não há uma solução que se possa considerar a única imposta por lei; ao contrário do que se passa, como vimos, quando há a aplicação judicial. E isto quer no que respeita à previsão, quer no que respeita à estatuição[317].

IV – Outras hipóteses poderíamos enunciar. Assim acontecerá quando a solução do caso resultar de critérios gerais como o interesse do Estado ou o sentimento popular.

Particularmente importante é todavia o que respeita ao recurso à *equidade*. Esta será especificadamente considerada no número seguinte.

129. A equidade

I – A meditação sobre a equidade é tão antiga como a meditação sobre o Direito[318]. Foi todavia Aristóteles quem primeiramente fixou, em trecho que depois analisaremos[319], os contornos do tema. A ele remonta a definição nunca suplantada da equidade como Justiça do caso concreto[320].

---

[317] Há ainda os *conceitos jurídicos indeterminados*, como "com justa causa", cuja relação com a discricionariedade é polémica: cfr. Schmidt, *Abschied*. Cfr. *infra*, n.º 132 I.

[318] Cfr. sobre este tema o amplo debate que nos é relatado no livro *L'equità*, organizado pelo Centro Nazionale di Prevenzione e Difesa Sociale. No Brasil veja-se Alípio Silveira, *Hermenêutica*, I, 370 e seguintes; Machado Paupério, *Introdução à Ciência do Direito*, n.º 9.

[319] *Infra*, n.º 329.

[320] Frosini, na obra colectiva *L'equità*, há pouco referida, pág. 8, critica esta fórmula, e pretende que a equidade surgia em Aristóteles ora como o "direito do caso con-

246 O Direito. Introdução e Teoria Geral

Esta noção ultrapassou as dificuldades resultantes de em certas épocas históricas surgirem referências à equidade que a confundiam com a Justiça. Isto aconteceu nomeadamente ao sabor da evolução dos juízos de "equidade" do Direito Romano[321].

II – A resolução dos casos segundo a equidade contrapõe-se à resolução dos casos segundo as regras vigentes. Mas pode haver regras e haver equidade, quando o juiz estiver autorizado a afastar-se da solução legal e a decidir segundo as circunstâncias do caso singular.

A decisão dos casos pela equidade foi de há muito comparada à utilização da régua lésbica[322]. Esta, ao contrário das réguas vulgares, que são rígidas, era maleável, permitindo a adaptação às faces irregulares dos objectos a medir. Também a norma é uma régua rígida, que abstrai das circunstâncias por ela não consideradas relevantes. Já a equidade é uma régua maleável. Ela está em condições de tomar em conta circunstâncias do caso que a regra despreza, como a força ou a fraqueza das partes, as incidências sobre o seu estado de fortuna, etc., para chegar a uma solução que se adapta melhor ao caso concreto – mesmo que se afaste da solução normal, estabelecida por lei.

De todo o modo, na equidade como nos casos anteriormente enunciados, não há por natureza aplicação da regra, antes há uma criação para o caso singular.

III – Para melhor apurarmos todavia o significado da equidade vamos proceder a uma série de distinções quanto aos níveis de incidência possível desta. Pesa-nos o carácter demasiado esquemático do método, mas parece-nos a única forma de conseguir fazer ressaltar que modos de actuação diversos têm estado ocultos em referências globais à figura.

Desenvolvendo esta ideia, verificamos que a equidade pode acompanhar a aplicação da norma ou, pelo contrário, prescindir dela. Examinaremos nos números seguintes estes diferentes tipos de intervenção.

---

creto" ora como "correcção" da lei. Crítico também Arthur Kaufmann, *Rechtsphilosophie*, 10.III, com a consideração que é contraditório falar de norma para o caso concreto; mas não cremos que seja aplicável à formulação de Aristóteles.

[321] Falaremos da equidade a propósito das fontes do direito (*infra*, n.° 137), a propósito da interpretação (n.° 239), a propósito da integração das lacunas (*infra*, n.os 248 a 250) e a propósito da correcção (*infra*, n.° 357).

[322] Cfr. Aristóteles, *Ética a Nicómaco*, livro V, cap. X (ou XIV).

130. A equidade como critério exclusivo de solução

I – Os problemas suscitam-se antes de mais naquelas hipóteses em que a equidade é chamada a resolver um caso independentemente de qualquer critério normativo.

É aqui que encontramos o carácter muito restritivo das ordens legais em geral, expresso no art. 4 do Código Civil. A equidade só é critério utilizável quando a própria lei assim o estabelecer.

II – Nestes limites, à equidade podem ainda caber funções diversas[323].

1) Integração da lacuna da lei
Veremos, a propósito da integração das lacunas[324], o que pensar quanto à equidade como método de integração.

2) Correcção da lei
A equidade pode funcionar com fundamento na correcção da lei inadequada no caso concreto. Veremos então que reservas tomar quanto à admissibilidade do método[325]. Mas a lei pode admiti-lo em casos singulares.

3) Substituição da lei
A equidade pode servir como critério de decisão, por afastamento dos critérios legais. É esta talvez a matéria que está mais frequentemente em causa nos debates sobre equidade.

Pode acontecer assim por autorização legal ou por acordo das partes.

O acordo pode respeitar ao caso singular, ou ter sido previamente estabelecido pelas partes, para todos os litígios derivados de uma determinada relação. Assim, uma empresa pode contratar com outra a distribuição e logo se estabelecer que os litígios que surgirem serão resolvidos pela equidade. Prever-se-á a constituição de um tribunal arbitral, que resolve o litígio fora da orgânica judiciária oficial; e a esse tribunal pode caber o poder de julgar segundo a equidade.

---

[323] Faz uma enumeração, não coincidente com esta, das funções da equidade Alípio Silveira, *Hermenêutica*, págs. 372-374. Tem também interesse uma comparação com as figuras de discricionariedade referidas por Betti, *Interpretazione*, 14.

[324] *Infra*, n.os 249 e 250, em que acentuamos que a equidade é muito mais que um método de integração de lacunas.

[325] *Infra*, n.º 357.

248 *O Direito. Introdução e Teoria Geral*

Mas o acordo das partes só é válido se respeitar a relações disponíveis, como o são a generalidade das relações patrimoniais. Se respeitar a relações indisponíveis, como as relativas ao estado das pessoas ou ao núcleo dos direitos de personalidade, já não é admissível.

131. A equidade complementar

I – Há outra linha de actuação possível da equidade. Ela pode surgir, não *praeter legem* ou *contra legem* (ou, de todo modo, em lugar dela), mas como complemento de uma precisa regra.

É uma questão de ponto de vista integrar aqui ou na modalidade anterior certas hipóteses de remissão legal para a equidade.

Assim, o art. 1407/2 do Código Civil estabelece que, quando não for possível formar a maioria legal para a administração da coisa comum, qualquer dos condóminos pode recorrer a juízo, decidindo-se segundo a equidade. Então, é efectivamente a equidade que está em causa, pois para ela apelou o legislador como único critério. O intérprete poderá recorrer livremente a todas as circunstâncias que forem relevantes à luz da justiça, como é próprio da solução equitativa[326].

II – Terá mesmo de se perguntar se não haverá, em toda a aplicação, uma intervenção complementar da equidade.

Na *aplicação da regra* não se pode resolver tudo em sede de interpretação. Essa análise, à luz das circunstâncias do caso decidendo, foi entendida por alguns como domínio da equidade.

Veremos porém que a aplicação depende das valorações ainda ínsitas no tipo, e não de considerações de justiça por si[327].

Por tudo isto, não podemos reduzir a individualização ao recurso à equidade. A equidade é o método de individualização mais radical; mas está longe de ser o único admissível na ordem jurídica.

III – *Complemento das cláusulas gerais*[328]

A lei limita-se muito frequentemente a uma orientação ampla e vaga,

---

[326] Veja-se também o art. 72/2 do mesmo Código.

[327] *Infra*, n.º 351 II.

[328] Ou de outras modalidades de soluções individualizadoras, como a atribuição da faculdade de indultar penas.

como veremos a seguir, obrigando o intérprete a uma acrescida intervenção na solução do caso concreto.

Põe-se aqui com maior acuidade o problema da qualificação da actuação do intérprete. A sua intervenção, dentro do amplo campo de manobra que lhe é deixado pela regra, não será justamente uma intervenção equitativa?

Também aqui a resposta deverá ser negativa. O critério para que a lei remete nestes casos não é a equidade, é o próprio critério valorativo fixado na cláusula geral. É efectivamente necessário atender ao caso concreto, mas a solução deve ser olhada à luz da boa fé, dos bons costumes e assim por diante, e não directamente à luz da Justiça.

IV – Medida da consequência jurídica

A equidade tem uma intervenção precisa, como *medida* de uma solução. Muitas vezes, o efeito jurídico exige uma quantificação.

A indemnização devida terá de ser fixada; o preço "justo" deverá ser reduzido a um valor exigível; até a prisão terá de ser medida num lapso temporal, concretizando-se as balizas abstractas da pena aplicável.

Esta concretização só é possível atendendo às circunstâncias do caso. De nenhuma regra será possível concluir que a indemnização consistirá em 80, ou em 81, ou em 82. Só à equidade se poderá ir buscar este suplemento que nos permite um desenvolvimento que a lei não pode já conter.

A lei dá-se conta deste fenómeno. Por vezes, prevê-se a retribuição equitativa (ou, neste sentido, retribuição justa). Noutros casos dispõe-se que a determinação da prestação devida será feita "segundo juízos de equidade" (art. 400 do Código Civil). Pode ainda funcionar como modo de controlo da autonomia privada.

É importante notar que, *mesmo onde a lei nada diz*, o efeito não pode deixar de ser o mesmo. Quando a lei, por exemplo, atribui ao juiz a função de fixar uma retribuição, sem nada acrescentar, o juiz só pode chegar a esse desiderato através de critérios equitativos, mediante a ponderação das circunstâncias do caso concreto. Só poderá fixar pois uma retribuição equitativa.

132. Processos de individualização

I – Esta tendência para a individualização na solução do caso manifesta-se de diversas formas.

250   *O Direito. Introdução e Teoria Geral*

Mesmo quando há aplicação de norma jurídica, a individualização pode conseguir-se atribuindo a um ente público a função de fixar a consequência jurídica[329]. Isto permite uma aplicação individualizada, só possível mediante essa intervenção autoritária.

Um caso patente é-nos dado pela posição que o Direito Processual Penal ocupa em relação ao Direito Penal. Se alguém pratica um facto abstractamente previsto numa regra penal, esta aplica-se logo e cria no agente a responsabilidade penal, isto é, a sujeição à condenação. Mas a sujeição à condenação só se transforma em sujeição à pena quando um órgão judicial, tendo dado como provada a infracção, aplicar ao sujeito uma pena. Esta apreciação judicial não é determinada só pela gravidade do acto de condenação. Permite também dosear a pena, em amplos limites, às circunstâncias reais.

O antigo sistema das penas fixas vai sendo mais e mais substituído pela fixação entre vastos limites da pena aplicável. Cabe ao juiz, perante as circunstâncias, determinar qual a pena que efectivamente será aplicada ao agente.

Esta determinação é objectiva e não subjectiva, e objectivamente controlável por órgãos superiores. Mas não pode confundir-se com o momento da interpretação do tipo penal. Nenhuma interpretação, por mais aprofundada, poderá determinar todas as medidas concretamente adequadas das penas, com referência aos casos a que se aplicam.

Uma situação semelhante se apresenta sempre que a decisão judicial é constitutiva, quer dizer, sempre que determinado efeito de direito só se pode produzir em juízo. Assim, o divórcio ou a separação de pessoas e bens só podem ser decretados judicialmente, o que permite uma fixação também judicial das respectivas consequências.

O mesmo efeito pode resultar da atribuição de poderes discricionários. Como foi matéria já referida[330], não a retomaremos·

II – Há uma característica comum a todos estes casos: é a de que a consequência jurídica não fica estabelecida logo que se concretiza a hipótese para que se busca a solução. É necessária ainda uma intervenção de um órgão público, ou pelo menos um acordo das partes na modelação da situação. Como sabemos, há uma grande tendência para as partes apreciarem mais as suas razões que as razões dos outros. Isto dificulta na prática

---

[329] Cfr. também *infra*, n.º 353.
[330] Cfr. *supra*, n.º 128 III.

A Solução do Caso por Vias não Normativas   251

a realização de acordos. A lei não oferece nenhuma orientação para a superação do diferendo, que facilite resolvê-lo sem recurso a uma entidade exterior.

Observe-se que as providências individualizadoras são utilizadas sobretudo quando está em apreciação a conduta humana (Direito Penal, Responsabilidade Civil e Direito da Família)[331] e menos nas hipóteses em que a regra legal tem carácter mais técnico (Direitos Reais, Títulos de Crédito e Direito Fiscal ou Tributário)[332].

133. Crítica

I – Uma apreciação unitária destas tendências, por oposição às soluções normativas, é a bem dizer impossível. As situações são extremamente variadas, e não se pode apreciar da mesma maneira a atribuição de mais amplos poderes ao juiz na fixação da pena e a sua intervenção no caso de não haver acordo entre proprietário e usufrutuário quanto à destinação a dar à coisa que é objecto do direito, por exemplo.

Poderemos todavia fazer a distinção dos casos em que o recurso a entidades exteriores é necessário e dos restantes.

1) *Se está fixada a necessidade desse recurso* (como, justamente, na hipótese do Processo Penal), bom é que se aproveite esse ensejo para fazer passar para o órgão judicial ou administrativo uma boa parte da determinação dos aspectos individuais do caso. O limite só nos é dado quando o adensar dos poderes desse ente exterior obscureça a previsibilidade por cada sujeito das linhas mestras da sua situação, desvirtuando a função da regra jurídica como regra de conduta e criando insegurança.

2) *Nos restantes casos*, a tendência para a individualização da solução não deve levar a atribuir crescentemente a decisão dos casos aos órgãos judiciais ou administrativos, ou a tornar as regras legais cada vez mais elásticas. Sem dúvida que assim se permite uma maior justiça relativa, mas essa justiça só é obtida à custa de uma degradação da certeza do direito (da segurança, como se costuma dizer)[333].

---

[331] Além das exigências próprias do Direito Administrativo.

[332] Cfr. Roscoe Pound, *Introduction*, 55 e segs., particularmente 68-71.

[333] Fala-nos no perigo da "evasão nas cláusulas gerais", já assinalado por Hedemann, Orlando Gomes, *Boa fé*, pág. 176.

252   *O Direito. Introdução e Teoria Geral*

II – Atrevemo-nos mesmo a supor – apesar do carácter "politicamente incorrecto" de semelhante suposição – que demasiadamente se avançou já na mira da determinação da justiça mas em detrimento da certeza, e que isso, afinal de contas, redunda em maior injustiça.

Com efeito, a vida corrente reclama insistentemente certeza. O leigo, sempre desajustado perante o carácter esotérico do direito da lei ou do foro, reclama antes de mais linhas simples e precisas que lhe permitam a compreensão das regras, pelas quais possa pautar sem receio a sua actuação.

Se as leis se tornam porém cada vez mais campo reservado dos juristas e delas deixam de derivar soluções precisas, paralelamente será necessário cada vez mais recorrer ao juiz, seja porque a lei o impõe, seja porque a indefinição normativa dificulta a composição extrajudicial. Acontece então que a maior vítima deste estado de coisas é o pobre. O rico tem consultores jurídicos que lhe expliquem a lei e advogados que o representem em juízo. O pobre não. Por isso, arriscamo-nos a que disposições que se destinavam a servir a justiça tragam, afinal, uma injustiça muito maior. Advertimos logo de início que, sem atender à segurança, também a justiça se não obtém[334].

III – De facto, fica-nos por vezes a impressão de que a deformação técnica de quem faz a lei leva a encarar o direito como uma ordem dos profissionais do direito. Mas não é assim: o direito é uma ordem da vida. O momento judicial é normalmente, nomeadamente no Direito privado, um momento patológico da vida do direito, que quanto possível deve ser evitado[335]. O ideal jurídico não é o excelente processo, com brilhantes alegações, profundos pareceres, uma sentença notável: mais que tudo isso vale a solução no dia-a-dia, célere e segura, dos casos que no dia-a-dia se levantam. O templo do direito não é o Palácio da Justiça; é a praça pública onde os cidadãos pacificamente convivem.

Mais grave ainda é a multiplicação das intervenções da Administração, com os seus poderes discricionários, sobre a vida dos particulares. Tudo passa a depender de uma apreciação incontrolável, e só teoricamente

---

[334] *Supra*, n.º 103. Isto implica dizer que seja no campo do aperfeiçoamento das leis, e não no campo da aplicação, que as preocupações de justiça se devam prioritariamente exercer.

[335] Semelhante jurisdicionalização, exemplifica certeiramente Villar Palasi, equivale a "conceber o Direito da Família como o conjunto de técnicas para obter uma sentença de separação": *Derecho Administrativo*, 16.

isenta, que oscila permanentemente, e até ciclicamente, entre o arbítrio e a asfixia burocrática. É de longe preferível o estabelecimento de regras gerais, com controlos e sanções previamente definidos, à permanente dependência de autorizações administrativas para a actuação dos particulares.

Isto acontece hoje em muitos domínios, não obstante a proclamada desburocratização. Seja o caso do Direito da Circulação Rodoviária, habitualmente coutada de técnicos e que escapa às tendências jurídicas gerais.

TÍTULO VI
FONTES DO DIREITO

CAPÍTULO I
MODALIDADES

134. Fonte do direito e ordem social

I – Examinadas as soluções não normativas, passamos às soluções normativas de casos singulares, que são as mais frequentes. Mas para as entendermos precisamos de seguir um longo percurso, que nos levará a estudar primeiro as fontes do direito, depois a determinação das regras, ainda as regras jurídicas em si, para só no final versarmos a aplicação. Porque se se aplicam *regras*, temos de saber como essas regras se obtêm e o que são.

Suficientemente desenvolvemos já a nossa concepção da ordem jurídica, da qual resulta que toda a norma está ínsita na ordem da comunidade, pois é um momento dessa ordem.

Ora a ordem social tem os seus tempos e formas de evolução, *de maneira que se poderia dizer que verdadeira fonte do direito é sempre e só a ordem social*; só desta deriva afinal a juridicidade de qualquer regra. Mesmo os elementos que lhe advêm de órgãos que têm entre as suas funções a de compor a ordem normativa da comunidade só o conseguem efectivamente se a ordem social os não repelir. Assim, a lei só traz realmente uma norma se se integrar na ordem social.

De facto, as fontes singulares do direito só ganham o seu sentido enquanto integradas na ordem jurídica total.

Se, como dissemos, as normas exprimem a ordem jurídica, é toda esta que traz a chave do sentido que é necessário revelar. É necessário recorrer, em cada interpretação, a todos os elementos, valorativos ou outros, que compõem a ordem jurídica: porque num sistema o todo age

256 *O Direito. Introdução e Teoria Geral*

sobre cada parte, condicionando o seu sentido. Por isso é que o sentido de uma fonte varia objectivamente consoante a ordem em que se integra[336].

II – Poderíamos dizer que só a ordem ou a ordenação social é verdadeiramente fonte do direito, e encontramos até observações de autores como Santi Romano neste sentido.

Isto não exclui a autonomia e significado das fontes, como elementos singulares que têm a função de trazer alteração à ordem jurídica da comunidade – como a lei, o costume, a sentença vinculativa... Elas dão-nos necessariamente o ponto de partida na busca da norma. As leis sobre reforma agrária não podem deixar de ocupar lugar privilegiado na busca das normas que regem esta matéria. Não devemos perder de vista esta posição privilegiada, com a afirmação, aliás verdadeira, de que só a ordenação social é fonte.

Não rejeitamos por isso também o sentido comum de fonte do direito, centrado nestes elementos singulares. Apenas haverá que integrar tais elementos no conjunto, pois o seu sentido só se revela através da conexão dialéctica em que se encontram com a circunstância histórica e a ordem social total.

135. Noção de fonte do direito

I – Já atrás[337] tivemos de antecipar a noção de fonte do direito. Em sentido técnico-jurídico, as fontes do direito são *modos de formação e revelação de regras jurídicas*. Damos aqui por suposta essa análise.

A fonte do direito é pois uma manifestação ou facto social que tem o sentido de conter uma regra jurídica. Assim como para a demarcação da ordem jurídica tivemos de partir do fenómeno "ordem social" para atingir o dever ser, também aqui devemos partir de manifestações fácticas para atingir as regras que elas contêm[338].

II – Dissemos que o significado que nos ocuparia seria prevalentemente o de fonte do direito como modo de revelação das regras jurídicas; mas que por vezes nos teríamos de ocupar com o entendimento como modo de formação.

---

[336] Retomaremos o tema a propósito da interpretação, *infra*, n.° 220.

[337] *Supra*, n.os 21 e 22.

[338] A própria expressão "fonte do direito" não é desconhecida das legislações.

Manifestação disso é, logo no início do estudo das fontes, a primeira classificação que se apresenta ter como critério a própria génese ou modo de formação das regras jurídicas. Devemos dividir, atendendo ao facto que está na origem da regra, as fontes do direito em fontes:

– não intencionais
– intencionais.

Ou, se quisermos, devemos distinguir consoante a regra tem na sua origem um facto jurídico em sentido restrito ou um acto jurídico.

A fonte não intencional é o costume.

Antes porém de iniciarmos o estudo individualizado, devemos fazer um pequeno rodeio, para que a nossa posição fique devidamente compreendida.

136. As fontes comunitárias (Portugal)

I – Em Portugal, haverá que contar ainda com as fontes comunitárias, em consequência da integração de Portugal na Comunidade Europeia[339].

Porém, como tudo está nesta altura dependente da hipotética aprovação duma "constituição europeia", limitamo-nos a referir brevemente o sistema actual.

II – Na medida em que a integração se processa por tratados, não haveria nada de novo em relação ao sistema de fontes existentes.

Mas, além do Direito Comunitário constante dos tratados, há ainda o que é produzido por órgãos comunitários (o chamado Direito Comunitário derivado)[340]. Prevendo a adesão, foi acrescentado em 1982 ao art. 8 da Constituição portuguesa um n.° 3, em que se dispõe que as normas emanadas dos órgãos competentes das organizações internacionais de que Portugal seja parte vigoram directamente na ordem interna desde que tal se encontre estabelecido nos respectivos tratados constitutivos. É o que se passa com parte da produção normativa comunitária. E isto quer para as fontes produzidas após a adesão de Portugal, quer para as que vigoravam já nesse momento.

---

[339] Antiga C.E.E., ou Comunidade Económica Europeia.
[340] Cfr. Bleckmann, *Europarecht*, § 41.

258 *O Direito. Introdução e Teoria Geral*

Por isso, um estudo meramente interno das fontes vigentes em Portugal é um estudo que nos dá uma visão distorcida. Diariamente estão sendo produzidas fontes aplicáveis a Portugal, e em muitos casos directamente vinculativas dos cidadãos. A leitura dos jornais oficiais internos tornou-se insuficiente para nos revelar a totalidade da produção intencional do direito, mesmo nas suas formas solenes. É um dos paradoxos da integração europeia.

Não podemos por isso evitar uma referência a estas fontes. Mas será breve, porque o estudo *ex professo* terá de ser relegado para disciplinas especializadas.

III – *Órgãos*

A União Europeia e a Comunidade Europeia não se confundem, funcionando como estruturas coordenadas.

A União Europeia é colocada sob a égide do Conselho Europeu, formado pelos chefes de Estado ou de Governo dos Estados membros, bem como pelo Presidente da Comissão (art. D do Tratado da União Europeia). Dá à União os impulsos necessários e define as orientações políticas gerais.

A C.E.[341] tem como órgãos principais:

1) O Conselho
2) A Comissão
3) O Parlamento Europeu
4) O Tribunal de Justiça

O Conselho das Comunidades é formado por um representante de cada Estado-membro, com o nível de membro do Governo, designado por esses Estados (arts. 145 e segs.).

A Comissão é designada em consequência de acordo dos Governos, após consulta ao Parlamento Europeu (art. 158)[342].

O Parlamento Europeu, embora designado por sufrágio universal, apenas participa dos procedimentos normativos. Pode ainda aprovar moções de censura à Comissão, levando os membros desta a abandonar colectivamente as suas funções (art. 144)[343].

---

[341] A que o Eurátomo está hoje ajustado.

[342] Note-se que após o Tratado de Fusão de 8 de Abril de 1965, a Comissão e o Conselho são comuns às três Comunidades.

[343] Nomeia ainda um Provedor de Justiça (art. 138-E).

Modalidades 259

O Tribunal de Justiça tem uma função muito importante, dado o carácter necessariamente vago de muitas previsões dos tratados. A sua jurisprudência vai progressivamente consolidando os vários domínios. Embora não haja regra do precedente, o Direito Comunitário tende a tornar-se fortemente judicial em consequência do significado atribuído a decisões anteriores. E este órgão exprime simultaneamente a apetência extensiva das Comunidades, levando a integrar na órbita comunitária cada vez mais aspectos da vida interna dos Estados[344].

IV – Como *fontes* de Direito Comunitário derivado, resultantes pois da actividade unilateral dos órgãos das Comunidades, temos, no que à CE respeita, sobretudo (art. 189):

– regulamentos
– directrizes
– decisões
– recomendações e pareceres.

V – O *regulamento* caracteriza-se pela sua generalidade e obrigatoriedade.

E ainda por ser directamente aplicável nos Estados-membros, independentemente de qualquer recepção ou mediação destes.

Pela sua definição vemos que o regulamento é fonte de Direito – a generalidade caracteriza-o. A sua obrigatoriedade significa ainda que ao Estado-membro não foi deixada nenhuma possibilidade de escolha no que respeita à aplicação parcelar do regulamento.

Enfim, a aplicabilidade directa significará que os regulamentos passam a compor a ordem jurídica dos Estados-membros automaticamente, independentemente de qualquer acto de recepção ou até meramente de publicação por parte destes. Como tal vinculam as pessoas no âmbito dos Estados, e não apenas os respectivos Governos, podendo desde logo ser invocados pelos interessados.

Note-se que, nos termos do art. 108-A, também o Banco Central Europeu pode adoptar regulamentos directamente aplicáveis nos Estados--membros.

---

[344] O Tribunal de Justiça decide, não apenas com base nas fontes comunitárias, mas ainda à luz dos objectivos gerais da comunidade. Cria a situação perigosíssima de um tribunal que julga com base em considerações de política comunitária que as partes não estão em condições de controlar.

260 *O Direito. Introdução e Teoria Geral*

VI – Quanto à *directriz* (palavra que nos parece mais adequada que *directiva*, que correntemente se usa) é caracterizada por vincular os Estados-membros quanto ao resultado a atingir, deixando às instâncias nacionais a competência quanto à forma e quanto aos meios. As directrizes indicam os pontos que as legislações nacionais devem satisfazer, deixando aos Estados destinatários o encargo de produzir legislação interna que enquadre aquelas orientações, se houver actualmente discrepância.

A propósito das directrizes gerou-se controvérsia quanto ao seu efeito directo[345]. Também aqui se revelou a tendência expansiva do Direito Comunitário. O Tribunal de Justiça, particularmente após o caso Van Duyn[346], admitiu que das directrizes podem resultar direitos para os particulares.

Semelhante orientação, por mais constante, não deixa de ser abusiva. Entre nós, choca-se com o art. 8/3 da Constituição, que só permitiu que as regras de Direito Comunitário derivado vigorem directamente na ordem interna "desde que tal se encontre estabelecido nos respectivos tratados constitutivos". A vigência directa da directriz não parece resultar do Tratado, pelo que não é constitucionalmente admissível entre nós.

VII – A *decisão* é caracterizada com maior ambiguidade. "É obrigatória em todos os seus elementos para os destinatários que designar".

Na medida porém em que contém actos individuais, e não tiver portanto generalidade, não interessa ao tema das fontes do Direito. Podem mesmo os destinatários da decisão não serem os Estados-membros (art. 192). Consequentemente, a decisão especifica-se por ser individual, ao contrário do regulamento, e por não pressupor uma mediação do Estado-membro, ao contrário da directriz.

Por isso não incluímos as decisões entre as fontes do Direito Comunitário.

O mesmo diremos, por maioria de razão, das *recomendações* e *pareceres*, que não são vinculativos.

---

[345] Cfr. por exemplo, J. M. Caseiro Alves, *Efeito directo*.

[346] Cfr. Mota de Campos, *Direito Comunitário*, II, 261; Cerexhe, *Droit européen*, n.º 165. O facto é ainda mais significativo por na espécie se estar perante uma restrição à liberdade de imigração que era recusada por um dos Estados-membros por motivos de ordem pública. Quer dizer, fora do âmbito da aplicação do Tratado. Decisões posteriores ampliaram esta relevância, estabelecendo nomeadamente uma responsabilidade dos Estados por demora na transposição.

137. A equidade é fonte do direito?

I – A equidade, essa misteriosa companheira da justiça – da qual aparece, ora como aliada, ora como rival, segundo os entendimentos –, volta nos tempos actuais a ser objecto de ardentes debates[347]. E há uma pergunta que surge sempre, e nos força a esta paragem não obstante termos já realizado o exame *ex professo* do tema: a equidade será fonte do direito?

Muitos respondem afirmativamente. E o Código Civil português parece enfileirar por esta corrente, ao incluir a equidade entre as fontes do direito (art. 4)[348].

II – Aqueles que consideram a equidade fonte do direito têm uma razão: é pela equidade que o caso se resolve. A equidade revela-nos pois o direito daquele caso. É ainda modo de revelação do direito, embora com referência a casos singulares.

A equidade dá-nos efectivamente um critério de resolução de casos singulares.

Quando estudarmos as regras jurídicas[349] veremos que estas são critérios de decisão. E os critérios de decisão distinguem-se ainda entre:

– materiais
– formais.

A equidade é tipicamente um *critério formal de decisão de casos* singulares. Não é um critério normativo, pois a equidade não se eleva nem necessita elevar-se à formulação de regras. A equidade dita soluções para casos, atendendo às peculiares características destes. Não implica elaboração de regras, pois não tem intuito generalizador; portanto não se projecta noutros casos, semelhantes embora.

---

[347] Cfr. *supra*, n.ºs 129 a 131.

[348] Seria, juntamente com os assentos e os usos, uma fonte mediata. Fontes imediatas são as leis e as normas corporativas (art. 1/1). O critério estaria no facto de as fontes mediatas receberem esse carácter de outras fontes, que seriam as fontes imediatas. É uma classificação muito contestável, mas como não tem consequências práticas abstemo-nos de a desenvolver aqui.

[349] *Infra*, n.º 279.

262   *O Direito. Introdução e Teoria Geral*

III – Não é de acolher a qualificação da equidade como fonte do direito.

Se fontes do direito são os modos de formação e revelação de regras jurídicas, a equidade, como critério formal de decisão, está fora desta noção. Não só através dela não se determinam regras como a própria solução do caso não se faz através da mediação de uma regra, suposta embora, elaborada pelo intérprete de modo a abranger a categoria em que o caso em análise se enquadra. Faz-se tão-somente pela resultante das características do caso concreto, à luz da justiça.

É certo que seria possível uma revisão do conceito de fonte do direito, de maneira a fazê-lo abranger tudo o que revele o direito a aplicar aos casos – portanto, todo e qualquer critério de decisão, formal embora. Mas semelhante revisão não seria praticamente justificada. A teoria das fontes aborda tradicionalmente árduos problemas ligados à génese e revelação de regras jurídicas. Só serviria para confundir mais um tema já tão complexo fazê-lo abranger também meros critérios de decisão, como a equidade.

Note-se que no capítulo das fontes não se estudam por si critérios de decisão, mas os modos de formação e revelação de critérios (materiais) de decisão. Seria uma impureza metodológica estudar simultaneamente os modos de formação e revelação dos critérios materiais de decisão e os próprios critérios formais de decisão. A equidade foi portanto por nós estudada, não no capítulo das fontes do direito, mas no capítulo dedicado à solução do caso concreto[350].

Merecerá ainda nova referência desenvolvida a propósito da integração das lacunas[351].

138. A doutrina é fonte do direito?

I – Tradicionalmente, ao enunciar as fontes do direito, inclui-se a doutrina. Mas isso não nos deve induzir em erro sobre o significado da doutrina. Ela foi historicamente fonte do direito; não o é hoje.

O labor dos jurisconsultos, práticos ou doutrinários, pode em abstracto representar uma fonte do direito. E pode representá-lo de dois modos, analogamente aliás ao que se passa na jurisprudência:

---

[350] *Supra*, n.os 129 a 131.
[351] *Infra*, n.os 248 a 250.

Modalidades 263

1) Tendo em vista cada opinião tomada por si

Assim se passava com os jurisconsultos romanos que fruíam do *ius publice respondendi*. Tal como na jurisprudência a máxima de decisão dum caso concreto pode ser elevada a regra, assim a solução ou resposta dum jurisconsulto pode ter por si força vinculativa.

2) Tendo em vista o conjunto das posições doutrinárias, de modo a extrair delas orientações comuns. Aqui podemos referir o grande relevo que teve durante séculos a *communis opinio doctorum*[352].

Assim como por jurisprudência se pode entender o conjunto das decisões judiciais – e quando se dá relevo de fonte do direito à "jurisprudência constante" é neste sentido que se aponta –, assim quando se fala de doutrina pode-se ter em vista o conjunto das orientações dos autores.

II – Mantendo-se o paralelismo com a jurisprudência (embora em grau menor), também para a doutrina se têm feito ouvir vozes, reclamando, como reacção contra o artificialismo do monopólio da lei, o reconhecimento da doutrina como verdadeira fonte do direito[353]. Mas essas vozes não lograram acolhimento no nosso meio jurídico. É pacífico o entendimento da doutrina como fonte "mediata" do direito, no sentido em que esta expressão é dominantemente utilizada entre nós. A doutrina limitar-se-á portanto, pelo seu influxo sobre a vida jurídica, a provocar alterações na vida jurídica e assim na ordem jurídica vigente.

Mesmo neste aspecto limitado, a autoridade da doutrina é um facto. Já foi observado que a doutrina tira essa autoridade da justificação que tem toda a teoria, enquanto a autoridade da jurisprudência deriva da experiência. A autoridade da doutrina não é pois extrínseca, assenta na valia intrínseca das posições propugnadas.

---

[352] As Ordenações Manuelinas trouxeram uma alteração de vulto em matéria de direito subsidiário. Remete-se como anteriormente para Acúrcio e Bártolo, mas ressalvase a hipótese de a comum opinião dos Doutores que depois deles escreveram ser diferente, "porque a sua opinião comumente é mais conforme à razão".

A doutrina é pois fonte do direito mas em veste renovada, pois importa o conjunto das opiniões dos autores. Assegura-se uma certa actualização mas suscitam-se problemas consideráveis. Se a comum opinião for medida pela qualidade dos autores que se pronunciaram, como em Portugal avisadamente se entendeu, e não pela quantidade das citações, haverá que empreender uma apreciação da valia relativa dos autores e dos estudos, que faz perder segurança a um sistema já de si pouco preciso.

[353] É particularmente importante Esser, *Grundsatz*.

264   *O Direito. Introdução e Teoria Geral*

De todo o modo, ela é muito grande. Por isso, nos litígios jurídicos cada parte procura enriquecer as suas alegações com a citação de jurisconsultos que se tiverem pronunciado no mesmo sentido[354]. Simplesmente, o juiz não está vinculado pelas opiniões expendidas, nem mesmo que se demonstre que a totalidade da doutrina se orientou naquele sentido. Ele poderá sempre afastar-se se, em seu entender, outra for a interpretação das fontes.

III – Em todo o caso, pensamos que o verdadeiro significado da doutrina só se capta se tivermos presente a visão compreensiva da ordem jurídica que deu o nosso ponto de partida.

É que a doutrina é um dos ingredientes principais dessa ordem fundamentadora das normas que regem a sociedade. Cria as condições, as maneiras de ver, os caminhos possíveis, pelos quais se processarão, quer a alteração das fontes intencionais, quer a estruturação do material normativo. Muitas vezes, só a actividade doutrinária explica que a mesma fórmula legal tenha aqui e além significados diversos. Ela modela o tecido ou o ambiente no qual se desenrolam os fenómenos normativos.

Em conclusão: a doutrina, não sendo uma fonte de direito, contribui poderosamente para aquela "vida jurídica" que se conjuga com os factos directamente normativos e mediante a qual eles ganham o verdadeiro significado.

139. O costume: requisitos

I – Cingindo-nos às verdadeiras fontes, vamos começar pelo costume. Porque temos o costume como a fonte privilegiada do direito. Mas entenda-se bem: é-o, não por ser a mais frequente, porque exprime directamente a ordem da sociedade, sem necessitar da mediação de nenhum oráculo.

Por isso, a *eficácia* da regra costumeira está automaticamente assegurada. Ao contrário do que se passa com normas de outra proveniência, não há tensão entre os dois momentos essenciais do ser e do dever ser[355]. Quer dizer, verificado o facto consuetudinário, igualmente está em princípio determinado que a regra nele contida não é repelida pela ordem social.

---

[354] Daí a prática de se juntarem aos processos mais importantes pareceres de jurisconsultos de especial autoridade.

[355] O que não impede que a possa haver já no que respeita ao valor.

Também de costume e de direito consuetudinário falam as leis: veja--se o art. 348 do Código Civil. Surgem ainda referências aos *usos*, mas estes são realidade diferente, como veremos. Não há porém, quer num caso quer noutro, uma tomada de posição genérica sobre a valia do costume.

Comummente distinguem-se no costume dois elementos constitutivos essenciais:

– o uso
– a convicção de obrigatoriedade.

II – *Uso*

Um uso é simplesmente uma *prática social reiterada*. A afirmação da sua existência resulta de uma mera observação de facto. E daqui logo podemos concluir que há usos que não interessam ao direito, pois certamente há práticas sociais que não têm valor jurídico. A oferta de brindes na Páscoa, por exemplo, pode ser uma prática social perfeitamente enraizada, mas não implica uma regra jurídica.

É certo que uma corrente minoritária pretende que o uso é a única base do costume, contestando a relevância da convicção de obrigatoriedade[356]. Mas não só os argumentos lógicos que utiliza não parecem probatórios, como de todo o modo esta doutrina tem de chegar à distinção entre usos jurídicos e usos não jurídicos. O critério que aceita[357] é afinal o da distinção entre as ordens normativas, consoante a natureza da matéria em causa denotasse ou não a "necessidade" que é característica do jurídico. Mas tal critério é insuficiente, pois a mesma matéria pode originar em diferentes tempos ou lugares práticas sociais que têm significado diverso sob o ponto de vista jurídico.

Assim, se se torna hábito os bancos enviarem periodicamente aos depositantes um extracto de conta, não basta observá-lo para se dizer que há um costume. O mesmo concluímos se é habitual, no silêncio da lei, que a prestação de contas por administradores de bens alheios se faça no início do ano. Em qualquer dos casos, para saber se há efectivamente um costume é necessária a intervenção de um novo elemento, e esse está na convicção de obrigatoriedade.

---

[356] Bobbio, *Consuetudine*, págs. 49 e segs..
[357] Cfr. Bobbio, *ibid.*, págs. 75 e segs..

266   *O Direito. Introdução e Teoria Geral*

III – *Convicção de obrigatoriedade*
Fala-se normalmente na *opinio iuris vel necessitatis*. Quer-se significar que os membros daquele círculo social devem ter a consciência, mais ou menos precisa, de que deve ser assim, de que há uma obrigatoriedade naquela prática, pois não deriva só da cortesia ou da rotina. É só quando se forma a convicção de que deve proceder-se segundo aquele uso que se pode dizer que há costume, e portanto que estão implicadas regras jurídicas. Isso traduzir-se-á normalmente pela afirmação categórica dos sujeitos de que é assim, sem que tenha de haver nenhuma teorização dessa necessidade, visto que os fenómenos sociais não implicam elucubrações jurídicas associadas. Diz-se que é, com o sentido de que deve ser.
Fala-se na *opinio iuris vel* (ou) *necessitatis*. Seria uma convicção também de necessidade. Normalmente haverá também a convicção de que o uso não representa nada de casual, antes é necessário para a comunidade. Mas isto não acontecerá sempre, nem se confunde com a convicção de obrigatoriedade[358].

140. Pretensos requisitos

Uma vez verificados porém estes dois elementos, nada mais é necessário, pois há já costume. Outros requisitos que têm sido reclamados não merecem acolhimento.

I – *Consagração legal*
Não é necessário que a relevância do costume seja aceite pela lei, pois assim se postularia um predomínio desta. Analisaremos a matéria das relações entre costume e lei a seguir, e veremos que semelhante predomínio se não demonstra.

II – *Imposição pelos órgãos públicos*
Quem a exige funda-se na coercibilidade como característica da ordem jurídica, de tal modo que o costume ou participaria dessa coercibilidade ou não poderia ter a pretensão da juridicidade. Mas não é necessário que o costume seja imposto pelos órgãos públicos, e em especial que seja judicialmente aplicado. Se a coercibilidade não é essencial ao direito, tam-

---

[358] C. Ferreira de Almeida, *Contratos*, n.º 11, propõe substituir convicção de obrigatoriedade por convicção de vigência, porque o critério seria afinal este.

bém a valia do costume não depende do seu acatamento pelos órgãos do Estado.

Assim, pode uma sentença decidir contra a regra costumeira, que esta em si não é prejudicada. Só quando, em consequência da persistente actuação dos órgãos públicos, forem atingidos, ou o uso, ou a convicção que o anima, o costume deixa de existir.

III – *A racionalidade*

A Lei da Boa Razão, do Marquês de Pombal, tão importante em Portugal e no Brasil, exigiu para que o costume fosse atendível que:

1) fosse conforme à boa razão
2) não contrariasse as leis
3) tivesse mais de 100 anos.

O facto só se compreende se recordarmos com que suspeita o costume, como todo o elemento tradicional, era olhado na época por força do iluminismo. Não se chegou a banir o costume, mas condicionou-se a sua relevância, e exigiu-se nomeadamente que fosse conforme à boa razão.

É natural que os autores que falam actualmente em racionalidade já a entendam em sentido consideravelmente diverso. Mas poderá sempre estranhar-se que a suspeita de irracionalidade só recaia sobre o costume e não sobre a lei. Ora a medida de racionalidade do costume não deve ser diversa da que a própria lei deve ter; também a lei poderia ser afastada com o mero fundamento na inoportunidade ou na inconveniência do seu preceito[359].

Supomos todavia que os autores que falam em racionalidade se referem hoje, mais que à adequação, à justiça da norma costumeira. Sendo assim, são já considerações de justificação última que estão em causa. De facto, o costume tem de ser conforme à ordem natural, como todo o elemento da ordem jurídica. Neste sentido, mas só neste sentido, é justificada a exigência da racionalidade do costume[360].

Mesmo assim, não há aqui uma característica particular do costume, mas um momento de tudo o que é jurídico: também a lei deve ter racionalidade. Portanto, mesmo aceitando o que há de verdadeiro na racionalidade, não encontramos um novo requisito do costume.

---

[359] Contra, a regra expressa do art. 8/2 do Código Civil. Voltaremos ao tema, a propósito da interpretação correctiva.

[360] Cfr. a nossa *Tipicidade*, n.º 80.

268   *O Direito. Introdução e Teoria Geral*

Porém, pode atribuir-se à racionalidade em sentido específico, como veremos adiante[361].

IV – *A espontaneidade*

Pode ainda afirmar-se que o costume deve ser espontâneo, no sentido de que a repetição de condutas que está na sua base não pode resultar da mera imposição de um poder ou de um grupo social. Isto é verdade: o que apenas pela força se sustém não traz ainda a marca do jurídico. Assim se verifica em certas situações de ocupação armada. Por outro lado, tem importância por distinguir o costume da mera materialidade da repetição de condutas.

Mas também aqui não encontramos um novo requisito, pois ele é abrangido pela convicção de obrigatoriedade. Fala-se por vezes, dissemos, em *convicção de necessidade*, mas mesmo com esta formulação a necessidade não é tida como uma necessidade naturalística, como um ter de ser, mas uma necessidade moral, um dever ser. Se uma prática resulta de mera imposição não há ainda convicção de obrigatoriedade, e não há portanto costume.

141. Valia efectiva

I – Sobretudo desde a escola histórica que se discutem as *vantagens* e *inconvenientes* relativos da lei e do costume. A favor da lei falam a certeza e a adequação a ser instrumento de transformação social, enquanto o costume é de prova difícil e exprime uma ordem espontânea da sociedade.

Mas a lei tem todos os inconvenientes que são o reverso das próprias vantagens – nomeadamente a rigidez, pois ela está impedida de acompanhar a evolução social, enquanto o costume tende a uma automática adaptação. Há também o risco de arbitrariedade, pois a lei pode surgir fora do contexto e ser totalmente inadequada a um estado social, e o costume não.

Pode perguntar-se se a nossa afirmação de que o costume é o modo de excelência de revelação do direito não é desconforme com uma evolução que exige certeza e celeridade crescentes na definição da ordem actual da sociedade. Pode até sustentar-se que a nossa posição seria desmentida pela escassa tendência para a formação de costumes na sociedade que nos rodeia.

---

[361] *Infra*, n.º 146 IV.

Mas isto seria não entender o que dissemos, pois não nos baseámos em nenhuma análise quantitativa. A tendência para o predomínio do elemento voluntário sobre o elemento espontâneo, dentro das fontes do direito, é um dado das sociedades actuais; a multiplicação de leis é um reflexo da complexidade crescente da sociedade. Uma certa desagregação torna por outro lado difícil a formação de costumes. E todavia, isso em nada atinge a posição do costume e a juridicidade que traz marcada em si, nem impede que este represente uma necessária válvula de segurança do sistema – necessidade esta que se não mede pelo número das suas intervenções[362].

II – E qual será a *valia efectiva* do costume na vida actual?

Não podemos responder sem ter em conta o dualismo que caracteriza as sociedades actuais[363].

Na zona mais massificada da sociedade, em que por natureza se dá o corte com as formas naturais de vida, o direito é fundamentalmente de origem voluntária. Todavia, note-se que mesmo então é a própria proliferação das leis que torna indispensável a eliminação das partes mortas, através do desuso.

Nas zonas em que se não operou a ruptura com formas espontâneas de vida o elemento voluntário, se bem que em progressão, está todavia ainda muito longe de ser o dominante[364].

142. Relação costume/lei

I – É tradicional a classificação dos costumes, atendendo à relação com a lei:

1) *secundum legem*

Coincidem lei e costume. As duas fontes interpretam-se uma pela outra, de modo a poder-se afirmar que há uma só regra com pluralidade de títulos[365].

---

[362] Cfr. a nossa *Tipicidade*, n.° 79.

[363] Cfr. *supra*, n.° 13 III. A doutrina alemã actual é extremamente restritiva do valor do costume. Costumes gerais só seriam praticamente admitidos na modalidade do costume jurisprudencial, de que falaremos a seguir. Cfr. por exemplo H. Köhler, *BGB – Allgemeiner Teil*, § 1 II 2 *b*.

[364] Em qualquer dos casos, o ordenamento é o pano de fundo de toda a regra, indispensável nomeadamente para a interpretação. A vida social tem em si os critérios de entendimento da sua própria ordem.

[365] Ou factos constitutivos e determinantes. Sobre a noção de título, cfr. *infra*, n.° 343.

270　　*O Direito. Introdução e Teoria Geral*

Observamos que se admitíssemos apenas o costume interpretativo lhe estaríamos a outorgar uma posição subordinada à lei, e dificilmente o distinguíamos do mero uso.

2) *praeter legem*
O costume não contraria a lei, mas vai além dela. Tem por objecto matéria que a lei não regula.

3) *contra legem*
Costume e lei estão em contradição.

II – *Desuso*
Em rigor, o costume *contra legem* traz alguma coisa de diferente do simples desuso. Quando há desuso, há uma grandeza meramente negativa; nada interessa o *animus* (intenção ou motivação) com que as pessoas não aplicam uma lei, basta o facto da não aplicação.

Pelo contrário, no costume *contra legem* há um verdadeiro costume que se opõe àquela regra. É mais difícil de provar, visto supor a demonstração da convicção de obrigatoriedade, mas é natural que actue mais energicamente, pois há também um mais enérgico repúdio da lei.

Assim, quando em certo círculo social se cria a convicção de que os frutos caídos das árvores pertencem a quem os ocupar, contra a regra geral de atribuição, temos um costume *contra legem*.

Ora bem: o mero desuso duma lei não importa a extinção desta. As autoridades podem tolerar longamente a circulação de motociclistas sem capacete, ou a travessia das ruas por peões fora das faixas assinaladas. Com isto a lei não cessou a sua vigência; só cessará se se criar a convicção de que é lícito proceder assim, portanto, se se formar um verdadeiro costume *contra legem*[366].

143. Regras legais sobre o costume

I – Qual a posição do direito legislado perante o costume?
Há certas zonas em que intervenção do costume não sofre contestação.

---

[366] Assim, se se cria a prática e a convicção generalizada de que a lei sobre a obrigatoriedade do capacete se satisfaz se o motociclista trouxer o capacete, mas não o colocar na cabeça, formou-se um costume *contra legem* alicerçado sobre uma interpretação errada, que revoga ou derroga a lei em causa.

Assim, em *Direito Internacional Público* valem, não apenas as convenções internacionais, mas também aquele rico manancial de princípios constantes dos costumes. As recepções nacionais de regras internacionais devem abranger indistintamente um e outro sector[367].

Igualmente, quando por força de regra do *Direito Internacional Privado* a "lei estrangeira" é acolhida entre nós, esta engloba tudo o que como direito vigorar na ordem jurídica em causa e portanto também os costumes A remissão efectuada pelas chamadas "regras de conflitos" é uma remissão ampla para as fontes do direito estrangeiro.

II – Confirma que o costume é fonte de direito relevante na ordem oficial o ónus, que recai ou pode recair sobre a parte que alega direito consuetudinário, de fazer a respectiva prova.

Em geral, as partes não têm de demonstrar o direito que lhes cabe. Pressupõe-se que o juiz o conhece – *iura novit curia* – e só se lhes exige que provem os factos. Mas tratando-se de direito consuetudinário, ou local, ou estrangeiro, impõe-se-lhes a prova da sua existência ou conteúdo (como diz o art. 348 do Código Civil português) ou do seu teor e vigência (como dispõe o art. 337 do Código do Processo Civil brasileiro, que aliás subordina este ónus à determinação do juiz). De todo o modo, o juiz deve também, oficiosamente, esforçar-se por obter esse conhecimento.

Note-se que o ónus da prova não recai só sobre o direito consuetudinário mas também sobre o direito local e o direito estrangeiro. Isto demonstra que para a lei o direito consuetudinário é verdadeiro direito, como o são o direito local e o direito estrangeiro. São razões óbvias de dificuldade prática de conhecimento que justificam o regime especial instituído por lei[368].

Que o direito seja objecto de prova nenhuma dificuldade traz para uma orientação como a nossa, que não esquece o elemento fáctico da ordem jurídica. O que se prova é a fonte, os elementos fácticos em que o costume se apoia, portanto os requisitos do uso e da convicção de obrigatoriedade, e não a regra em si.

---

[367] Neste sentido, o art. 8/1 da Constituição Política portuguesa dispõe que as normas e princípios de direito internacional geral ou comum fazem parte integrante do direito português.

[368] Sobre outras objecções infundadas que se poderiam levantar, cfr. a nossa *Tipicidade*, n.º 78.

272 O Direito. Introdução e Teoria Geral

III – Disposições avulsas impõem em casos particulares a observância do costume. Isso acontece particularmente no domínio de actuação dos entes públicos, zona em que a relevância do direito consuetudinário tem sido mais facilmente aceite.

Também acontece assim com os *baldios*, que eram anteriormente previstos em leis administrativas. Hoje, rege a Lei n.° 68/93, de 4 de Setembro, que os define como terrenos geridos e possuídos por comunidades locais (art. 1/1); e os compartes são os moradores que, *segundo os usos e costumes*, têm direito ao uso e fruição do baldio. Eis um caso categórico da recepção do costume pela lei. A referência aos "usos e costumes" é aliás uma constante daquele diploma[369].

Encontram-se estas e outras referências individualizadas ao costume, nomeadamente com o uso da expressão tradicional "usos e costumes". Mas devemos estar prevenidos, porque normalmente por esta se designam simplesmente os meros usos.

É particularmente importante o facto de, nas disposições iniciais do Código Civil, que sempre têm sido entendidas como um repostório dos princípios mais gerais que dominam a ordem jurídica portuguesa, não se encontrar nenhuma referência ao costume[370].

Mas haverá uma recepção geral do costume?

Há antes uma posição restritiva. Não se dá abertura ao costume *contra legem* nem ao *praeter legem*, apenas se admitindo intervenções tópicas.

144. Não submissão do costume à lei

I – Perante a limitação desta proclamada relevância, pode perguntar-se como se concilia ela com as leis que prevêem genericamente a prova do direito consuetudinário. Mas mesmo aí poderia replicar-se que esses preceitos admitem a prova do costume *quando for relevante* – e só seria relevante nas escassas hipóteses atrás assinaladas. Do que dissemos resulta

---

[369] É duvidoso que os arts. 1401 e 1521 do Código Civil refiram um verdadeiro costume. O art. 1400 do Código Civil não o refere certamente, pois contempla um hábito estabelecido entre pessoas concretamente determinadas; nunca poderia ser conteúdo duma regra jurídica, pois esta caracteriza-se pela generalidade.

[370] É certo que o título I do Código tem por epígrafe: "Das *leis*, sua interpretação e aplicação". Poderá dizer-se que não se refere ao costume, porque só as leis estão em causa; nada indicaria que o legislador tenha querido excluir o costume. Mas a verdade é que o capítulo I tem por epígrafe "Fontes do Direito" e, deslocada ou não, sempre será de estranhar a omissão da referência ao costume.

Modalidades

que só uma larga análise nos poderia levar à solução do problema da relevância do costume perante a lei.

Não empreenderemos porém semelhante análise, pela simples razão de que, quanto a nós, ela partiria de dados falseados. Perguntar, à luz da lei, qual a relevância do costume, é admitir à partida o que seria necessário justamente demonstrar: a superioridade da lei, como critério único de avaliação das fontes do direito[371].

As bases em que assentamos a nossa visão da ordem jurídica levam-nos noutro sentido. A solução do problema do valor do costume depende, não do direito legislado, mas das concepções que em definitivo aceitarmos sobre o fundamento da juridicidade.

Há que reconhecer à lei e ao costume uma dignidade autónoma e igual, nas palavras de Savigny[372].

II – A nossa concepção foi já exposta. A lei pode pretender revogar o costume, mas o que interessa não é a intenção ou a declaração, é a eficácia que porventura se consiga imprimir a essa declaração. Se a não conseguir, a declaração legal perde-se no vazio. E perdem-se no vazio, se se não traduzirem nos factos, até as disposições directa ou indirectamente abolidoras em geral do costume. Observou-se já que a própria disposição que excluísse a relevância do costume poderia pelo costume ser revogada. Assim tem de ser, sob pena de termos de considerar direito actual velharias com que ninguém entra já em conta[373].

Inúmeros costumes se formaram e são na prática acatados em Portugal, até após o novo Código Civil. É muito curiosa a situação da *colonia*, um direito costumeiro próprio da Madeira, na realidade *contra legem*, cuja constituição foi proibida para o futuro em 1967, e mais tarde foi abolido. Ora, a proibição da constituição para futuro ou a abolição das colonias existentes implica afinal o reconhecimento da relevância do costume à luz do qual esses direitos se formaram[374].

---

[371] Assim procede a doutrina portuguesa mais moderna, à medida que a superação do positivismo normativista se acentua. Baptista Machado, por exemplo, nega a legitimidade da lei para excluir a juridicidade de normas consuetudinárias.

[372] *System*, 1, 43, combatendo a concepção de que o costume se limitaria a preencher as omissões da lei.

[373] Sobre a subsistência de costumes, apesar de leis de abolição, cfr. os nossos *Tipicidade*, n.os 82 e 83 e *Direito Civil – Reais*, n.os 74 e 340-343.

[374] Veja-se a referência a um costume *contra legem* formado no Direito Internacional em A. Gonçalves Pereira, *Revisão Constitucional*, pág. 12.

Por isso dizemos que o costume é o modo por excelência de revelação do direito. Ele revela directamente a ordem normativa da sociedade, independentemente da atitude que perante ele tomam os governantes, e até não obstante a atitude que os governantes tomem[375].

III – O costume é assim uma fonte que podemos qualificar como auto-justificada. Pode intervir a todos os níveis; não há por exemplo nenhum motivo para excluir os verdadeiros costumes constitucionais, e felizes aliás os povos que vivem desses costumes e não da mutação constante das leis constitucionais[376].

Isto nada tem que ver com a frequência da sua manifestação. Seguramente que o costume é hoje uma fonte do Direito marginal, uma vez que à dinâmica da vida moderna a lei se adapta melhor. Mas merece o respeito que as formas originárias de vida do povo merecem.

Na realidade, a participação do costume na vida jurídica é muito maior que aparenta. O Direito vive na própria vida da sociedade que ordena. Só tendo como pano de fundo a ordem social podemos entender o Direito. Sem se dar por isso, o Direito cria-se, interpreta-se e aplica-se de harmonia com a própria vida social.

Por isso, os costumes estão sempre actuantes. E nomeadamente o costume *secundum legem*. Foi considerado como irrelevante para uns, pois seria absorvido pela lei; por outros foi reduzido ao costume interpretativo. Mas havendo um costume, mesmo *secundum legem*, há mais do que isso: há um *título* de uma norma jurídica, que é diferente do título representado pela lei[377].

Por isso, mesmo que cesse a vigência da lei, o título representado pelo costume não cessa. Mesmo havendo lei revogatória, o costume pode subsistir. E poderá vir a sobrepor-se à própria lei revogatória, nos termos de solução de conflitos que examinaremos depois.

---

[375] Interessantes considerações sobre o valor do costume encontram-se em S. Tomás de Aquino, *Suma Teológica*, 1-2, q. 97, a. 3, em que chega à afirmação da prioridade do costume – embora pelo desvio, que nos parece inadequado, da atribuição a este de um fundamento voluntarista.

[376] Veja-se uma observação coincidente em Norberto Bobbio, *Consuetudine (teoria gen.)*, na "Enciclopedia del Diritto", IX, n.º 9.

[377] A noção de título será esclarecida *infra*, n.º 343.

145. Manifestações

I – *Costume* contra legem

Não obstante o desfavor da lei, sempre subsistiram costumes. Abstemo--nos de referir, dado o carácter por natureza casuístico, manifestações significativas da sua subsistência.

Mas dois tipos particulares, o costume *contra legem* e a *lex mercatoria*, serão examinados a seguir em particular.

Aparentemente, o costume *contra legem* não poderia ser nunca admitido.

Atrevemo-nos a contrariar esta posição, afirmando que a mais frequente manifestação actual do costume se encontra justamente no costume *contra legem*.

A produção legislativa ganha hoje uma intensidade desbragada.

As leis sobrepõem-se e contradizem-se, criando uma teia quase inextricável. Quem acentua as dificuldades de conhecimento do costume devia meditar na dificuldade de conhecimento das leis.

Muitas leis que criam obrigações para as pessoas e não chegam a ser aplicadas, ou deixam de o ser a partir de certa altura. Mas nunca são revogadas.

O poder não procurou esclarecer, após séculos de legiferação, o que se mantém ou não em vão.

Terão perecido pelo desuso? Mas o desuso é o simples facto do não uso. Para haver revogação, teria de haver um costume oposto, ou costume *contra legem*. Esse pressupõe a *opinio iuris vel necessitatis*.

O Código Civil, no art. 7/1, exclui o costume *contra legem*: quando se destine a ter vigência temporária, a lei só deixa de vigorar quando for revogada por outra lei.

Mas, efectivamente, o costume *contra legem* actua.

Se alguém vier agora invocar leis antigas, ultrapassadas pelo tempo e pela evolução, as autoridades ou os tribunais não as aplicam. Normalmente, procuram pretextos para se justificar. Na realidade, há um costume contrário: a convicção de que aquilo não é direito, de que é direito o contrário, mesmo que se não consiga racionalmente fundamentar a afirmação.

Tal é a intensidade com que o fenómeno se verifica que dizemos que constitui a manifestação primária do costume no mundo de hoje. Representa uma contribuição inestimável para a sanidade da própria ordem legislada. Liberta-a de partes caducas. Doutra maneira, a própria ordem

276 *O Direito. Introdução e Teoria Geral*

legislada sufocaria, pelo peso dos elementos mortos que formalmente a continuariam a compor.

II – Lex mercatoria *e outros costumes de âmbito internacional*
Esta posição permite-nos resolver problemas importantes que não encontram outro tipo de solução. Há costumes de âmbito internacional que se não integram no Direito Internacional Público.

Um deles é o da *lex mercatoria* – que consistiria em práticas do comércio internacional que não encontram guarida em nenhum específico ramo do direito.

Outro é o *direito ao espectáculo*, em benefício do organizador do espectáculo, que todos os países admitem não obstante a falta de cobertura legal[378].

Só poderão ser cobertos pelo costume, desde que se satisfaçam os pressupostos deste[379].

146. Aplicação pelos órgãos públicos

I – Com isto não temos porém todo o problema resolvido.

O costume, por si, é jurídico: traz ordem da sociedade. Mas o Estado pode condicionar a medida em que os seus órgãos aplicam direito costumeiro.

Assim, suponhamos que pelo costume se criavam tipos de crimes. Isso contrariaria o princípio da legalidade: não há crime sem previsão legal anterior. O Estado pode então excluir a aplicação pelos seus órgãos desse direito penal costumeiro.

Outro exemplo: nada surpreende que os tribunais superiores sejam arredados da apreciação de dissídios que se fundam na aplicação de costumes. Os tribunais superiores, não obstante a sua autoridade, não estão colocados em posição favorável para a apreciação da existência e âmbito do costume[380].

Mas de muitas outras maneiras, abertas ou sub-reptícias, têm as leis imposto aos órgãos públicos que ignorem os costumes, quando não até que procedam em contrariedade com eles.

---

[378] Cfr. o nosso *Direito ao espectáculo*.

[379] Cfr. o nosso *O costume como fonte do direito em Portugal*, n.º 9.

[380] Recente alteração do art. 721 do Código de Processo Civil teve justamente o sentido de excluir da competência do STJ a apreciação de costumes.

II – Supomos que estas proibições são lícitas, e estão dentro da função estatal de condução da sociedade. Podem ser mais ou menos convenientes; criarão frequentemente perturbações sociais graves pelo conflito de orientações normativas. Mas à partida nada há que impeça que o Estado vede aos seus órgãos a aplicação de certos costumes, como nada impede que legisle abertamente contra eles.

Temos portanto que nesses casos os costumes não deixam de fundar regras da vida social, mas o Estado recusa-lhes aplicação coactiva. Assim como o pretor em Roma tinha o poder de dar acção ou denegar acção, e neste segundo caso o direito fundado no *ius civile* não lograria execução efectiva, também o Estado actual pode recusar *acção* para a protecção de costumes. O costume subsiste, mas os beneficiários não podem fazer funcionar em seu proveito as engrenagens do poder público[381].

III – Esta bipolaridade ou tensão na ordem social, entre o direito que é e aquilo que o Estado aplica, tende a cessar pela derrota dum dos contendores.

1) Nuns casos o costume, pela falta de aplicação coactiva, definhará. De boa ou má vontade, as pessoas acabarão por preferir o êxito ao fundamento, a eficácia à validade, e acatarão a posição dos órgãos públicos. Quando deixa de orientar as pessoas o costume extingue-se. O que o Estado afirma como regra consagra-se como a regra verdadeira da sociedade.

2) Noutros casos, pelo contrário, o costume logrará insinuar-se no funcionamento dos órgãos estatais e voltá-los em seu favor. Não obstante a proibição, continuará a ser aplicado pelos órgãos públicos. Quando a proibição for ela própria suprimida pelo costume, nada ameaçará a vigência do costume proibido. É o que cremos que se deve dizer que aconteceu às próprias restrições gerais à aplicação de costumes que, expressa ou implicitamente, as leis contêm.

IV – *Racionalidade*

Mas há certos domínios em que a proibição teve êxito e os órgãos judiciais, nomeadamente, não aplicam o costume.

Temos em vista particularmente o chamado "costume irracional".

---

[381] Recorde-se o princípio várias vezes afirmado de que o direito é a ordem da sociedade e não a ordem dos tribunais. Acentua a independência da norma e da decisão judicial Arnaldo de Vasconcelos, *Norma Jurídica*, 14-16.

278   *O Direito. Introdução e Teoria Geral*

Vimos atrás que a racionalidade não é um requisito do costume. Mas a parte de verdade da pretensa racionalidade está na denegação da protecção coactiva a costumes que se consideram injustificados, contrários à apreciação racional do escol dum meio social.

A ordem jurídica portuguesa contém, indirectamente, a imposição da racionalidade do costume. O Código Civil, no art. 3/1, só admite "os usos que não forem contrários aos princípios da boa fé". Trata-se de usos e não de costumes; mas a sua disciplina é aplicável, por maioria de razão, aos costumes, que são fonte do direito. E, efectivamente, os juizes recusam, aberta ou veladamente, a aplicação dos costumes, quando eles se apresentam com características reprováveis.

É um plano em que se torna muito nítida a distinção entre o costume, regra da vida social, e a garantia de aplicação coactiva deste pelo Estado.

147. A admissão dos usos

I – Os usos são práticas sociais susceptíveis de juridicidade mas destituídas de convicção de obrigatoriedade.

A intenção restritiva da lei manifesta-se também em relação aos usos.

No Código Civil, o art. 3/1 determina: "Os usos que não forem contrários aos princípios da boa fé são juridicamente atendíveis quando a lei o determine".

Temos assim que a lei admite alguma relevância dos usos, mas impõe logo duas balizas fundamentais:

– a *racionalidade* do uso, para utilizar o termo que se aplica quando se discutem as características do costume. A racionalidade é traduzida pela compatibilidade com a cláusula geral dos bons costumes
– o carácter de *fonte mediata*; o uso não se impõe por si, mas por haver uma lei que o reclama.

Caberia assim verificar casuisticamente quando a lei reclama os usos. Há efectivamente várias disposições que remetem para os usos. Fala--se até com frequência em "usos e costumes"; já dissemos porém que com essa expressão tradicional se referem afinal os usos.

II – Não podendo fazer um exame individualizado, observemos que essas hipóteses são reduzidas. Não há nenhum apelo aos usos de amplitude geral. Nomeadamente, não se recorre aos usos a propósito da interpretação ou da integração dos negócios jurídicos (arts. 236 e 239 do Código Civil).

Nem mesmo no *Direito Comercial*, em que os usos comerciais pareceriam revestir particular relevância, a situação se altera. O art. 3 do Código Comercial, que prevê as fontes do direito, não especializa os usos. Faz apenas uma remissão geral para o Direito Civil, como direito subsidiário. Isto significa que a situação no âmbito do Direito Comercial é regida por princípios idênticos aos do Direito Civil. Por outro lado, são igualmente escassas as remissões da lei comercial para os usos[382]. Encontram-se apenas remissões pontuais desta índole[383].

Mas os usos não complementam apenas actividade negocial. O uso pode também integrar relações jurídicas não negociais. Uma dívida de indemnização imposta pela lei, por exemplo, pode ver o seu regime integrado pelos usos. Mais ainda: se se remete para os usos o aproveitamento de águas públicas, por exemplo, estabelecem-se regras de comportamento que são independentes de qualquer nexo bilateral.

III – Poderá perguntar-se se na realidade não serão estas disposições decisivas para nos revelar o valor do costume na ordem jurídica: se, ao falar em usos, o legislador não terá querido dizer costume. Desses preceitos inferir-se-ia até que o costume sempre seria atendido como processo de integração das lacunas, na sua modalidade de costume *praeter legem*, embora apenas nos casos especiais em que a lei o determine. Inferir-se-ia, além disso, que a racionalidade continuaria a ser requisito do costume, pois se exige que os usos não sejam contrários aos princípios da boa fé para serem juridicamente atendíveis.

Apesar de tudo, são verdadeiramente os usos, e não o costume, que devemos considerar previstos no art. 3 C.C.. Se o Código Civil não utiliza a expressão "direito consuetudinário" mas usos, temos de presumir que o faz tecnicamente e seguir a indicação terminológica. Aliás, uma previsão genérica sobre os usos como a do art. 3 é muito útil.

Ora o uso, como sabemos, é uma mera prática social, a que falta a convicção de obrigatoriedade que é essencial ao costume.

---

[382] Também há remissões para os usos comerciais em leis não comerciais. Seja o caso do art. 560/3 do Código Civil. Respeita ao anatocismo e dispõe que não são aplicáveis as restrições gerais, se forem contrárias a regras ou usos particulares do comércio. Sobre esta matéria cfr. Diogo Leite de Campos, *Anatocismo. Regras e usos particulares do comércio*, 37.

[383] Assim, o art. 1087 do Cód. Civil estabelece que o prazo de arrendamento é de seis meses, se outro não for convencionado ou estabelecido pelos usos. E no art. 885/2 reconhece-se a eficácia da integração pelos usos que contraria a regra supletiva na compra e venda.

280   *O Direito. Introdução e Teoria Geral*

148. Função dos usos por remissão legal

I – A serem fonte do Direito, os usos seriam pois fontes mediatas do Direito, visto suporem uma lei que lhes dê acolhimento.

Vamos deixar de parte os meros *usos individuais*. Seriam aqueles que se estabeleceriam entre pessoas determinadas[384]. Falta-lhes o requisito da generalidade, indispensável para se poder falar de fonte do Direito.

Vamos supor duas situações básicas diferentes:

– há lei que remeta para os usos
– não existe tal lei.

Se há lei que remeta para os usos, ainda podemos tripartir a função atribuída pela lei a esses usos. Pode ser:

1) disciplinadora
2) interpretativa
3) integrativa.

Movemo-nos aqui num domínio instável e a própria terminologia não ajuda. Normalmente só se referem as duas primeiras categorias[385]. Outros juntam a "função reguladora e integrativa"[386].

Interessa-nos agora a função disciplinadora. As funções interpretativa e integrativa serão consideradas no número seguinte.

II – *Função disciplinadora (ou "normativa")*

Suponhamos que, em relação a um contrato comercial, a lei estabelece que se regulará pelos usos.

A lei determina dessa maneira, indirectamente, uma disciplina global do contrato.

A regra pode ser ou não dispositiva. Será dispositiva se as partes puderem sujeitar o contrato a outro corpo de disciplina. Não será dispositiva se esse for o único corpo admissível.

---

[384] Cfr. Pavone La Rosa, *Consuetudine (usi normativi e negoziali)*, n.º 6, que fala da prática observada pelas mesmas partes em relações precedentes. O art. 1400 C.C. parece estabelecer um uso individual, ao falar de costumes na divisão de águas, pois supõe uma prática de distribuição de águas entre pessoas determinadas.

[385] Assim faz no Brasil Eunápio Borges, *Curso de Direito Comercial*, n.º 81, que fala em usos legislativos e interpretativos. Porém, atribui aos interpretativos ainda uma base contratual, por resultarem de uma prática dos contraentes. Não teriam então carácter normativo, se se fundam numa presunção de vontade.

[386] Assim Diéz-Picazo/Gullón, *Sistema de Derecho Civil*, I, 134.

Em qualquer caso, se os usos se aplicarem, aplicam-se na totalidade, incluindo as regras injuntivas que neles estiverem compreendidas. É por isso que não dizemos que os usos são supletivos, neste caso: dizemos *dispositivos*. Podem trazer a aplicação de verdadeiras regras injuntivas.

III – Os usos reclamados por lei são fontes do direito?
O Código Civil trata-os como tal, e faz mesmo no art. 3/2 a contraposição dos usos e das normas corporativas, fazendo prevalecer estas. Como só se comparam realidades da mesma natureza, parece daqui inferir-se que o uso é uma fonte do direito. E a disposição tem efectivamente sentido, esclarecendo que a aplicação da norma corporativa não poderá ser evitada pelo facto de a lei ter remetido naquele caso para os usos.
Em contrário, afirmou Barbero que os meros usos não são regras para todos, pois apenas servem para reconstituir os actos das partes[387]. Mas essa é justamente a finalidade das regras interpretativas supletivas, como veremos – e nem por isso elas deixam de dever ser consideradas regras jurídicas.
Os usos são fontes do direito, pois através deles se revelam regras jurídicas de carácter interpretativo. O facto de só valerem quando a lei o determine não prejudica, pois uma fonte do direito não deixa de o ser por tal carácter lhe ser outorgado por uma regra sobre a produção jurídica[388] contida noutra fonte.
É pois acertada a posição da lei portuguesa ao qualificar os usos como fontes do direito[389].

IV – Quando não há remissão legal para os usos, os usos são fonte do Direito?
Supomos que não.
Os usos surgem aqui como meros elementos de facto, a que se recorre para apurar uma vontade, ainda que conjectural, que representa o elemento decisivo. Não estabelecem regras por que se rejam as relações.
Temos assim que usos podem relevar, que haja ou não remissão legal para eles. Mas só no primeiro caso os usos serão fonte (mediata) do Direito.

---

[387] Barbero, *Sistema*, 1, n.º 21.

[388] Veja-se o que sobre esta categoria dizemos no capítulo dedicado à hierarquia das fontes e das regras: *infra*, n.os 336 e segs..

[389] Não é verdade que a aplicação dos usos se baseie na vontade presumida das partes. A aplicação do uso baseia-se na lei; mas, como em toda a disposição supletiva, eles são afastados quando as partes comumente repudiam a sua aplicação.

282 *O Direito. Introdução e Teoria Geral*

149. Os usos complementares de negócios jurídicos

I – Os usos têm necessariamente intervenção quando se trata de determinar o sentido de declarações negociais. Teriam essa função ainda que a lei os não reclamasse porque, tal como a lei, também as declarações de vontade só ganham o seu sentido no contexto social em que se enquadram. Os usos são então complementares de declarações (e a declaração é a base do negócio jurídico).

II – *Interpretação*
O art. 113 CC determina que "os negócios jurídicos devem ser interpretados conforme a boa-fé e os usos do lugar da sua celebração".

O NCC recorre à categoria "negócio jurídico", embora se tenha limitado a uma disciplina minimalista. Mas tornou expressa a relevância dos usos interpretativos.

Para saber o que a parte quis dizer, é necessário enquadrar a declaração pelos usos: porque um destinatário médio também se determinará por estes no entendimento do que lhe é dirigido.

O art. 236 do Código Civil, relativo à interpretação do negócio jurídico, toma como critério essencial a impressão do destinatário. Supõe para isso um declaratário normal, colocado na posição do real declaratário.

A lei não faz então nenhuma referência aos usos. Porém, mesmo sem essa referência, os usos não podem deixar de ser essenciais para a interpretação.

Para se construir mentalmente o que seria a impressão do destinatário, é preciso entrar em conta com os usos. Sempre que não houver na posição do declaratário real nada que induza em sentido contrário, um destinatário médio determinar-se-á justamente pelos usos no entendimento da declaração.

A impressão do declaratário é assim, tendencialmente, coincidente com os usos que porventura existam, mesmo no silêncio da lei.

Neste caso a vontade prevalece sempre, no sentido que as partes podem dispor de maneira diferente do que resultaria dos usos.

III – *Integração*
A este propósito o Código Civil não faz nenhuma remissão geral para os usos. O art. 239 manda integrar o negócio jurídico, na falta de disposição especial, de harmonia com a vontade que as partes teriam tido se houvessem previsto o ponto omisso, ou de acordo com os ditames da boa fé, quando outra seja a solução por eles imposta.

Mas mesmo no silêncio da lei, os usos têm um importante papel a desempenhar.

De facto, se não houver elemento particular que deponha em contrário, a vontade presumida ou conjectural coincidirá justamente com os usos. Isso é próprio de uma vontade normal, média, que é vontade conjectural.

É possível que se conclua que a disposição do art. 3/1 deva ser interpretada em sentido amplo, de molde a englobar também a integração de negócios jurídicos. Até porque contém uma remissão para a boa-fé, que faz igualmente todo o sentido em matéria de integração. Traduz uma certa reticência da lei em relação à própria vontade conjectural (e implicitamente em relação aos usos) ao prever que essa vontade conjectural possa ser contrária à boa fé.

150. A lei: noção

I – *Fontes intencionais*

Há também fontes intencionais do direito. A nossa concepção da ordem jurídica não só não as exclui como necessariamente as reclama.

A ordem jurídica assenta na ordem social, logo supõe por natureza hierarquia, diversificação de funções e posições de comando. Isto implica a atribuição a certas entidades de poderes de intervenção sobre a ordem jurídica existente, alterando-a. A forma paradigmática, no estado actual, está na criação de preceitos genéricos, que entram a compor a ordem jurídica da comunidade.

Vimos – e resultava também do que dissemos sobre o costume – que essas intervenções estão submetidas à prova dos factos. Só se conseguirem efectivamente influenciar a situação social é que estabilizam como um novo elemento dessa ordem. Deixemos agora esse aspecto de relação, e consideremos as fontes intencionais em si.

Nestas, há historicamente uma grande variação das modalidades possíveis, reflectindo as várias maneiras por que se tentou actuar sobre a ordem social. Vamos considerar as fontes entre nós relevantes.

II – A *lei* ocupa o primeiro lugar em todo o enunciado moderno de fontes do direito: ver o art. 1 do Código Civil.

Mas como acontece em relação a todos os conceitos jurídicos prévios, também a noção de lei é dificilmente determinável.

284   *O Direito. Introdução e Teoria Geral*

O Código avança uma definição: "Consideram-se leis todas as disposições genéricas provindas dos órgãos estaduais competentes" (art. 1/2). Mas a recondução das leis às "disposições" não parece aceitável. Disposições são regras; ora as leis não são regras, são fontes de regras, e é por este prisma que devemos empreender o seu estudo.

Para Cabral de Moncada, "a lei é a forma que reveste a norma jurídica quando estabelecida e decretada, de uma maneira oficial e solene, pela autoridade dum órgão expressamente competente para esse efeito, por ser o órgão legislativo"[390]. É uma posição coerente com a redução operada por este autor da fonte do direito ao modo de revelação da norma jurídica: *forma*, em sentido técnico, é justamente o modo de revelação. Mas há uma insuficiência no facto de nada se avançar na caracterização dessa forma; e por outro lado cria-se uma ambiguidade em relação à chamada "forma de lei", pois as leis distinguem-se entre si justamente através das formas que revestem.

Ora, uma coisa são os pressupostos, outra a lei tomada por si.

III – Pressupostos da lei:

1) Uma autoridade competente para estabelecer critérios normativos de solução de casos concretos;

2) A observância das formas eventualmente estabelecidas para essa actividade;

3) O sentido de alterar a ordem jurídica da comunidade pela introdução dum preceito genérico.

IV – *Conceito da lei*

Mas isto são os pressupostos. Em si, a lei não é primacialmente uma actividade, nem uma regra, mas um *texto* ou uma *fórmula*, de certa maneira qualificados.

Lei é um texto ou fórmula significativo de uma ou mais regras emanado, com observância das formas estabelecidas, de uma autoridade competente para pautar critérios jurídicos de solução de situações concretas.

Se quisermos utilizar a noção de *acto normativo*, que é pressuposto quando se contemplam os modos de revelação de regras jurídicas, diremos simplesmente que a lei é o texto ou fórmula, imposto através das formas do acto normativo, que contiver regras jurídicas.

---

[390] *Lições*, n.º 15.

Modalidades 285

V – Hoje em dia, afora casos de má técnica legislativa, cada diploma legal é unitário quanto ao seu conteúdo: trata de uma matéria só, mesmo que muito vasta.

As leis dividem-se normalmente em artigos. Mas os artigos são independentes entre si, podendo perder vigência uns e permanecer os outros[391].

Anteriormente um artigo podia abranger vários parágrafos, aditando-se ao corpo do artigo a numeração dos parágrafos subsequentes (§ único, ou §§ 1, 2, etc.). Segundo uma técnica mais moderna, generalizada nas leis portuguesas, todo o parágrafo é indicado por um número, tendo deixado de se autonomizar o corpo do artigo (passou a ser o n.º 1).

151. Leis materiais e formais

I – Se a lei, hoje em dia, pressupõe formas próprias, pareceria lógico que afirmássemos que todas as leis o são simultaneamente em sentido material e em sentido formal – portanto, quer atendendo ao conteúdo quer atendendo à forma.

Todavia, por se utilizar um critério diverso, é corrente a distinção das leis:

– em sentido material
– em sentido formal.

A lei em *sentido material* é a que corresponde à noção que demos anteriormente[392].

Lei em *sentido formal* é aquela que se reveste das formas destinadas por excelência ao exercício da função legislativa do Estado. Assim, teriam essa forma antes de mais as leis constitucionais, e entre as leis (em sentido material) ordinárias, as "leis" das câmaras legislativas e os decretos-lei[393]. Também se fala em leis formais ou solenes.

---

[391] Sobre a técnica de elaboração legislativa, que nos não interessa particularmente, cfr. a obra colectiva *A Feitura das Leis*, do INA (Lisboa); e *Legística*, de David Duarte e outros.

[392] Em sentido mais restrito, por entender a lei sempre como acto da função política, Jorge Miranda, *Manual*, V, n.º 41.

[393] O decreto-lei não reveste carácter provisório.

II – A lei em sentido formal assenta numa forma especial predeterminada para o estabelecimento das regras. Sendo assim, é sempre possível que essa forma seja utilizada mesmo quando não há criação duma regra jurídica: só é lei em sentido formal.

Inversamente, há a possibilidade de haver leis em sentido material que não sejam leis em sentido formal. Não por não terem nenhuma forma, o que seria impossível, mas por não terem utilizado as formas especiais referidas. Assim, uma portaria que aprova um regulamento de exames é uma lei em sentido material mas não em sentido formal.

O problema é essencialmente político, e está ligado à caracterização da função legislativa, dentro das funções do Estado. Temos porém de o mencionar, pois a sua solução condiciona o posterior estabelecimento da hierarquia das fontes do direito, cujo conhecimento é indispensável.

Em síntese: há leis em sentido material que não são leis em sentido formal; há leis em sentido formal que não são leis em sentido material; e há leis simultaneamente em sentido formal e em sentido material.

152. Lei constitucional. Lei não escrita

I – Lei na terminologia constitucional

Lei, por antonomásia, é o diploma provindo das câmaras legislativas. É o sentido preponderante na Constituição (art. 164 *d*)[394].

Estes vários sentidos são mais restritos que o de lei em sentido formal, pois nenhum deles abrange todas as categorias nesta abrangidas. Mas são também sentidos formais de lei, pois as distinções traçam-se de harmonia com as formas que utilizam, independentemente do conteúdo.

Isto mostra já como é ambígua a palavra lei – mesmo afastando noções que nos não interessam, como a que identifica lei e direito.

II – Há por vezes a tendência para identificar direito legislado com direito escrito, e direito consuetudinário com direito não escrito. Mas a identificação é errónea.

---

[394] Após o golpe militar de 25 de Abril de 1974, a palavra lei passou a ser utilizada para designar os diplomas de índole constitucional, emanados dos vários órgãos militares que sucessivamente exerceram essa competência. Correspondia assim aos actos institucionais no Brasil. Na primitiva versão da Constituição de 1976 ainda se dizia que ao Conselho da Revolução competia fazer leis (art. 148/1 *a*); mas logo o art. 149/1 determinava que os actos legislativos do Conselho da Revolução revestiam a forma de decreto-lei.

Modalidades 287

O costume pode ter sido recolhido e reduzido a escrito, que não deixa de ser costume. Pelo contrário, a lei pode em abstracto ser oral. Numa comunidade de âmbito restrito, imagina-se que o chefe decrete oralmente as regras da vida social; e em qualquer caso assim teve de acontecer antes do aparecimento da escrita. Mas há sempre a fórmula e os demais requisitos da lei, já apontados.

Nas ordens jurídicas modernas, porém, a forma escrita tornou-se essencial à lei. A referência que acabamos de fazer às formas estabelecidas para a criação de leis tem de ser completada, esclarecendo-se que hoje em dia há sempre uma forma estabelecida, quanto mais não seja a própria forma escrita. Certos casos em que aparentemente haveria excepção, como os de ordens ditatoriais, não interessam normalmente ao nosso tema porque mesmo quando geram inobservância duma regra, não há criação de outra, e portanto não há fonte do direito. Há um preceito individual mas não a disposição genérica que a noção de lei implica.

153. Disposições de entes intermediários

I – De harmonia com uma visão institucional, nem só ao Estado incumbe pautar juridicamente a vida social.

Outras entidades, menores que o Estado, e neste sentido infra-estatais[395] representam centros jurígenos autónomos. Deles derivam pois verdadeiras fontes intencionais do direito.

Estão neste caso os diplomas emanados dos municípios; mas a estes, dada a sua importância e o estatuto especial que lhes cabe, dedicaremos uma referência à parte.

Apesar desta exclusão, são numerosas as entidades que produzem o seu próprio direito. Essas entidades, mesmo abstraindo da doutrina institucional do direito, têm sido encaradas com grande interesse nos estudos sociológicos, sob a referência a entes intermediários, corpos intermédios, instituições corporativas ou outras análogas.

II – Dá-se nestas hipóteses uma produção autónoma do direito: uma produção de direito pelos próprios interessados e não pela entidade Estado, deles representativa mas distinta.

---

[395] Em Portugal, tudo o que é relativo ao Estado diz-se estadual ou estatal. No Brasil, estatal é o relativo ao Estado federal, e estadual o relativo aos Estados federados.

288   *O Direito. Introdução e Teoria Geral*

Mas as disposições emanadas dos entes intermediários podem ser por parte do Estado:

– combatidas
– ignoradas
– reconhecidas.

Se são combatidas, toda essa produção, perante o Estado, representa um não-direito. Na prática, porém, podem as disposições sobrepor-se às condenações do Poder. A autoridade tribal, por exemplo, pode prevalecer intacta sobre os seus integrantes mesmo que formalmente banida por órgãos centrais.

Se são ignoradas, as disposições em nada vêem atingido o seu carácter no que respeita ao grupo, mas o poder central recusa-se a reconhecer-lhes eficácia. Não está excluído porém que esses efeitos venham por via reflexa a fazer-se sentir na ordem oficial.

Enfim, se são reconhecidas, essas disposições produzirão efeitos na ordem do Estado: por exemplo, é-lhes assegurada a coercibilidade através dos órgãos judiciais ou administrativos. Não são todavia absorvidas, não se integram nas regras deste. Continua a ser um direito elaborado pelo próprio grupo, como direito autónomo, e não como fonte delegada do Estado.

III – *Normas corporativas*

O Código Civil de 1966 contrapõe, logo no seu art. 1, as leis e as normas corporativas; e define estas, no n.º 2, como as regras... A terminologia é infeliz, pois pelo ponto de vista da fonte não se trata de normas ou regras, mas de diplomas.

O Código referia-se formalmente às fontes próprias do sistema corporativo então em vigor, e isso caducou com a abolição desse sistema. Mas a sua referência à categoria "normas corporativas" continua a ser utilizável hoje para a determinação do papel das fontes institucionais do direito. As ordens profissionais, por exemplo, produzem regras, pelas quais disciplinam toda a categoria respectiva[396]. Essas regras são reconhecidas pelo poder público; e todavia não são regras do Estado, são regras de produção

---

[396] Estas agremiações não foram transformadas em associações livres; por isso disciplinam toda a categoria, incluindo aqueles que se oponham à sua existência. Em contrapartida do reconhecimento desta competência o poder político determina a sua estrutura e funcionamento, nos aspectos fundamentais. Entram na modalidade que se chama hoje das *associações públicas*.

dos próprios interessados. Por isso, as disposições do Código Civil que não forem reflexo da extinta orgânica corporativa, mas se acomodem ao problema substancial das posições de entes intermediários, como o art. 1/3 e o art. 3/2, devem considerar-se em vigor.

Doutrinariamente, as regras corporativas são leis em sentido material[397]. Também elas consistem essencialmente em textos ou fórmulas destinados a regular genericamente certo sector da vida social. Também elas provêm de entidade competente para tal. Também elas devem obedecer às formas estabelecidas para a criação normativa. O facto de se pressupor que essas regras são de formação autónoma, portanto que provêm dos próprios interessados, ao contrário da lei estatal ou estadual, não altera esta qualificação. É a posição de longe dominante na doutrina portuguesa.

Portanto, a limitação da lei às "disposições [...] provindas dos órgãos estaduais [...]", constante do art. 1 do Código Civil, é contrária às orientações da doutrina.

154. Leis dos Estados e dos Municípios. Posturas e outros diplomas emanados das autarquias locais

I – As leis podem ser centrais e locais.

Na ausência de uma constituição federal, a distinção deve fazer-se unicamente entre leis solenes:

– centrais
– regionais.

Estas resultam da existência das Regiões Autónomas da Madeira e dos Açores, que têm poder legislativo próprio (art. 229/1 *a* e *d*).

Em matéria de leis comuns, entre os diplomas locais avultam os diplomas dos municípios, uniformemente considerados a autarquia local por excelência. Não lhes é atribuída em Portugal uma função legislativa.

Mas surge um problema, resultante de o Código Civil, no enunciado das fontes do direito, não mencionar os diplomas emanados das autarquias locais. Uma postura duma câmara municipal, por exemplo, que disciplina as feiras e mercados que se realizam no concelho, deve ser considerada fonte de direito? Como contém regras jurídicas, a resposta é claramente afirmativa. Como relacioná-la porém com o art. 1 do Código Civil?

---

[397] Cfr. a nossa *Tipicidade*, n.º 73.

290　　　　　*O Direito. Introdução e Teoria Geral*

Há três soluções abstractamente possíveis[398]:

1) integrar esses diplomas na referência às leis
2) integrá-los na referência às normas corporativas
3) considerar que não foram previstos pelo Código.

A admitir esta última posição, teríamos de verificar quais as consequências de semelhante omissão.

II – Na hipótese de os diplomas das autarquias locais serem leis em sentido material, logo se deve procurar integrar esses diplomas na referência às *leis* daquele art. 1. Simplesmente estas são definidas como disposições provindas dos órgãos *estaduais* competentes, e as autarquias locais não são órgãos do Estado.

Apesar disso, sustentou-se que de órgãos estaduais se fala num sentido amplo, de modo a abranger todas as normas provenientes de instituições de direito público[399], ou das autarquias locais como "partes integrantes do Estado"[400].

Mas toda a ordem jurídica portuguesa repele este entendimento. Sempre se distinguiu precisamente Estado e autarquias locais[401]. Por outro lado, a referência às normas corporativas, no mesmo artigo contida, tem o sentido substancial de exprimir uma ordem corporativa, logo pluralística, e seria incompatível com esta considerar as autarquias locais órgãos estaduais, mesmo num sentido muito amplo.

III – Os diplomas emanados das autarquias locais estarão então contidos na referência às normas corporativas? A favor deste entendimento fala o carácter de organismo corporativo que o concelho revestiu originariamente, carácter esse que mais de século e meio de política centralizadora não logrou apagar totalmente.

---

[398] Sobre estes problemas, cfr. a nossa *Tipicidade*, n.º 74.

[399] Dias Marques, *Código Civil*, 2.ª ed., *sub* art. 1. Esta posição foi reticentemente acolhida na recensão de *O Direito*, ano 99.º (1967), págs. 195-196.

[400] Pires de Lima, e Antunes Varela, *Código Civil Anotado*, 1, *sub* art. 1.

[401] Neste sentido, José H. Saraiva, *Apostilha Crítica ao Projecto de Código Civil*, 40: "a menos que se admita o pressuposto chocante de que o legislador considera tais autarquias como órgãos estaduais, demolindo com duas palavras da lei toda a elaboração científica firmemente estabelecida em torno do conceito".

Simplesmente, as normas corporativas eram referidas neste n.º 2 aos "organismos representativos das diferentes categorias morais, culturais, económicas ou profissionais"; não se abrangem os interesses administrativos, pois apenas se teve em vista a orgânica corporativa formal. Sendo assim, temos de concluir que os diplomas emanados das autarquias locais também não são abrangidos pela referência às normas corporativas.

IV – Por exclusão de partes, chegamos à terceira posição: estes diplomas não foram referidos pelo Código Civil[402].

Pode pensar-se que esta posição é absurda, pois importaria a conclusão de que esses diplomas não seriam fontes do direito. Mas não é assim, pois nada nos autoriza a considerar taxativa a enumeração do capítulo I do Código Civil. Nele não se prevêem os tratados e convenções internacionais, que são evidentemente fontes do direito (ainda que por razões práticas não os consideremos nesta disciplina). Também não se considera o costume, como vimos. Pois igualmente no que respeita aos diplomas das autarquias locais a doutrina, apoiada antes de mais no texto constitucional, pode completar este enunciado, em toda a extensão em que se revelar necessário.

V – Mas se os diplomas emanados das autarquias locais não são leis nem normas corporativas, acrescentamos que mais se aproximam destas (no sentido substancial de disposições de entes intermediários) que das leis. Com isto excluímos também a tendência para procurar, agora por interpretação extensiva, englobar os diplomas das autarquias locais na definição das leis[403]. Com efeito, substancialmente, as autarquias locais exprimem ainda a sua originária natureza institucional; e como dissemos, o Código Civil contempla justamente a existência de formas não estatais de formação intencional do direito com a sua referência às normas corporativas.

Consequentemente, o regime aplicável a estes diplomas é prevalentemente o das normas corporativas (por analogia) e não o das leis[404]. Por

---

[402] Neste sentido, Marcello Caetano, *Direito Administrativo*, I, n.º 35.

[403] Veremos *infra*, nº 237, o que entender por interpretação extensiva. A possibilidade de utilizar aqui esta forma de interpretação é mencionada por Dias Marques no lugar citado, se bem que este autor proceda depois por interpretação declarativa lata e não por interpretação extensiva.

[404] Para uma aplicação prática desta orientação cfr. a nossa *Tipicidade*, n.º 74 IV.

292   *O Direito. Introdução e Teoria Geral*

exemplo, aos diplomas emanados das autarquias locais se aplicará também o art. 1/3, que determina que as normas corporativas não podem contrariar disposições legais de carácter imperativo.

155. Tipos de leis solenes

I – Recorde-se que nos ocupam as leis em sentido material, portanto atendendo ao seu conteúdo. Considerando aquelas que são simultaneamente leis em sentido formal, encontramos desde logo uma longa lista:

– leis constitucionais (art. 169/1 da Constituição)
– leis reforçadas
– leis formais ordinárias
– decretos-lei

Em Portugal, pode a Assembleia conceder autorizações legislativas ao Governo; mas os diplomas que este emita não se chamam leis, são decretos-lei no uso de autorização legislativa.

A isso acrescem, como fontes locais:

– decretos legislativos regionais

Tradicionalmente, fala-se em *resoluções* para designar os actos que são da competência exclusiva do poder legislativo, não necessitando portanto de sanção presidencial. Não as incluímos entre as leis solenes por não serem leis em sentido material.

As *leis reforçadas* são, além das que exijam a maioria de 2/3, as que devam ser respeitadas por outras leis sob cominação de ilegalidade (art. 112/3 da Constituição[405]).

O decreto-lei é a forma principal que reveste a actividade legislativa do executivo em Portugal.

II – Dado o regionalismo incompleto vigente, são ainda leis em sentido formal os decretos legislativos regionais (art. 115/1 e 3 da Constituição), que versam, com observância das leis gerais vigentes, sobre matérias de interesse específico para as regiões da Madeira e dos Açores, não reservadas aos órgãos centrais.

---

[405] Cfr. Carlos Blanco de Morais, *Leis Reforçadas*, n.º 877, bem como a crítica que desenvolve ao conceito constitucional.

156. Leis comuns ou não solenes. Regulamentos

I – Temos enfim as leis comuns ou não solenes, que são as restantes. Consoante o órgão do Estado de que emanam ainda podemos distinguir dentro destas:

- leis emanadas dos órgãos centrais do Estado;
- leis emanadas dos órgãos locais do Estado, como os governadores civis em Portugal;
- leis emanadas de entidades autónomas, muito embora se integrem no Estado, como os institutos públicos de Portugal. Também se fala neste caso em estatutos autónomos.

O qualificativo "central" é muito ambíguo, como veremos[406].

II – Consideremos agora especificamente as leis comuns emanadas dos órgãos do poder central.

Perante a multiplicidade de condutas que a Administração implica, o Executivo tem a necessidade de estabelecer regras gerais que disciplinem a sua actuação. Essas regras são frequentemente indispensáveis mediadoras no percurso da lei, quando esta necessita de ser complementada para se tornar exequível.

Tem assim o Governo um poder normativo, que se exerce na obediência às leis existentes mas não se confunde com estas. E tem-no a título originário: não resulta de qualquer delegação. Não tem pois sentido, em Portugal, a polémica que noutros países se estabeleceu quanto à delegação de poderes legislativos que estaria na base desta actividade regulamentar.

III – As constituições marcam expressamente o carácter subordinado desta criação normativa. Ela existe para a "boa execução das leis" (art. 202 c da Constituição portuguesa).

Não se deve todavia exagerar esta limitação. Com ela tem-se em vista o respeito atento das disposições legais, mas não se significa que cada regulamento pressuponha uma lei determinada que venha concretizar. Admitem-se assim os chamados *regulamentos autónomos*, subordinados à ordem jurídica no seu conjunto mas sem estrita dependência de lei determinada.

---

[406] *Infra*, n.º 305 II.

294 *O Direito. Introdução e Teoria Geral*

IV – *Regulamento*

É frequente contrapor-se o regulamento ao decreto e à instrução, representando aparentemente uma nova fonte regulamentar além daquelas duas.

Assim acontecerá possivelmente em ordens jurídicas estrangeiras. Mas o Código Civil suprimiu conscientemente toda a referência a regulamento. Percebe-se porque o fez: bastou-se com a noção material da lei, que acolheu, apesar de ter feito a restrição aos diplomas provindos dos órgãos estaduais. Nesta base, os regulamentos forçosamente tiveram de ser considerados leis.

Mesmo dentro das leis comuns o regulamento não representa um tipo determinado, ao contrário do que parece resultar das constituições. O conceito de regulamento é meramente material, englobando todas as fontes que se destinam a dar concretização aos princípios fundamentais expressos na ordem jurídica. Os decretos, como fontes do direito, são ou podem ser também regulamentos, atendendo ao conteúdo.

157. Tipos de leis comuns centrais do Estado

I – Todo o sentido útil da contraposição do decreto ao regulamento parece-nos ser o de indicar que, além dos decretos, há outras leis comuns centrais do Estado que são igualmente regulamentos.

Podemos chegar assim ao seguinte enunciado de fontes regulamentares comuns:

– decreto
– portaria (ou ato equivalente doutro modo designado)
– despacho normativo.

Estas fontes distinguem-se entre si pela forma, sucessivamente mais simplificada. *Decreto* é a denominação genérica do acto praticado pelo chefe do poder executivo.

O decreto é um acto de obrigatória intervenção do Presidente da República[407]. Deve ser referendado pelo Governo (art. 200 *a* da Constituição).

---

[407] Excluem-se já das leis comuns os decretos referidos *supra*, n.º 155 II.

Modalidades

A *portaria* generalizou-se em Portugal como acto do Governo, não obstante a sua duvidosa base constitucional, pois pareceria dever-se exigir a fundamentação em fonte hierarquicamente superior. Mas acabou por se criar um verdadeiro costume a fundamentar essa prática[408].

O *despacho normativo* português só pode ser utilizado quando a lei autorizar essa forma (na regulamentação do trabalho, por exemplo), e exige-se então a publicação na 1.ª série do *Diário da República*. Fora destes casos o despacho é portador de actos individuais e a sua publicação não é exigida. Logo, não pode ser considerado veiculo idóneo do poder regulamentar. Pois criaria uma espécie de legislação clandestina, por escapar à necessária publicidade e não estaria fundado em nenhuma norma sobre a produção jurídica[409].

II – *Regimento*
Tradicionalmente, denomina-se regimento o estatuto dum órgão ou instituição.

Esta antiga denominação ainda se conserva, se bem que o regimento não represente uma nova fonte, mas seja caracterizado pelo seu conteúdo. É pois um regulamento ao lado de outros regulamentos.

O regimento só poderá inovar dentro das fontes do direito quando a certos órgãos se reconhece o poder de elaborarem os seus próprios regimentos. É o que se passa com as câmaras legislativas.

158. Sentido das referências legais à lei

I – Avulta a extrema equivocidade da palavra "lei"[410].

Esta equivocidade bastaria para justificar a questão que aqui deixámos assinalada: quando uma disposição legal cometa à lei estatuir sobre determinada matéria, que se deve entender por *lei* para esse efeito?

Mais ainda: perante cada referência à lei, pode-se encontrar um *sentido especial*, que se afaste de qualquer dos enunciados em geral e seja válido apenas para aquele caso.

---

[408] Como curiosidade anotamos que o Dec.-Lei n.º 36/77, de 28 de Janeiro, revogou o Dec.-Lei n.º 73/76, de 27 de Janeiro, que fixava o preço de venda da batata de consumo; e a Portaria n.º 45/77, da mesma data, fixou o preço. O legislador quis assim arredar o uso de forma demasiado solene.

[409] Quanto às *instruções*, cfr. *infra*, n.º 170.

[410] *Supra*, n.ºs 151 e 152, por exemplo.

296 *O Direito. Introdução e Teoria Geral*

Assim, o art. 721/3 do Código de Processo Civil, ao definir lei substantiva para efeitos de recurso de revista, contém uma acepção especial que não é generalizável.

Em matéria criminal, a *lei criminal*, constante por exemplo da epígrafe do título I da parte geral do Código Penal, é a lei em sentido formal[411]. Um regulamento poderá prever contravenções, mas não crimes.

II – Em geral, o ponto de fractura está na distinção entre matéria legal e regulamentar. O facto de o Código Civil não ter autonomizado o regulamento como fonte de direito não elimina o problema.

As constituições políticas não pretendem suprimir a distinção. Admitem outras fontes com o mesmo valor que a lei das assembleias legislativas, mas mantêm o princípio de que a definição e a inovação dentro da ordem jurídica da comunidade pertence à lei em sentido formal; à lei não formal apenas cabe tendencialmente concretizar esses princípios.

Portanto, os aspectos fundamentais da ordem jurídica estão subtraídos à incidência da lei não formal. A reserva à lei da matéria de definição de crime pode ser considerada uma aplicação deste princípio mais geral.

III – Em se tratando de matéria civil, a *lei* para que os códigos remetem é em princípio a lei em sentido formal.

Na ordem jurídica portuguesa não há uma demarcação taxativa. O art. 165, que estabelece a competência exclusiva da Assembleia da República, salvo autorização ao Governo, indica algumas matérias que se incluem na lei civil, mas não reserva todas as matérias civis à Assembleia. Implicitamente, mantém-se a regra de que a situação jurídica dos particulares é matéria de lei em sentido formal, só cabendo ao regulamento especificar os termos em que se processa a intervenção dos órgãos públicos[412].

---

[411] A legislação criminal cabe na competência exclusiva da Assembleia da República. Cfr. o art. 165/1c da Constituição e Cavaleiro de Ferreira, *Lições*, I, 55.

[412] Não se pense que há uma incoerência no facto de o próprio art. 1 do Código Civil definir lei com maior generalidade. Pareceria que todas as referências à lei constantes do Código Civil deveriam ser interpretadas conformemente à definição do próprio Código. Mas não é assim. Dissemos já que os preceitos iniciais do Código Civil não se restringem a matérias civis, antes contêm princípios aplicáveis a toda a ordem jurídica. Quando o Código Civil, ao regular matérias específicas civis, menciona a *lei*, refere pelo contrário, em princípio, a lei em sentido formal.

Mas mesmo este princípio não é muito seguro. Com grande frequência a referência

Modalidades 297

Mas mesmo este princípio não é muito seguro. Com grande frequência a referência à lei é feita em sentido não técnico, englobando-se toda a ordem jurídica, ou toda a regra jurídica. É então aplicável em relação a toda e qualquer fonte do direito.

IV – Por força duma influência serôdia da doutrina da separação dos poderes, entender-se-ia que a *lei* para que se remete é a que emana dos órgãos legislativos competentes.

Mas isso está ultrapassado. Sempre que for estabelecida constitucionalmente uma *reserva de lei* e se não descobrir razão para entendimento especial, deve concluir-se que *lei* é somente a lei em sentido formal, veículo da inovação no seio da ordem jurídica; mas por outro lado que o será toda e qualquer lei em sentido formal.

159. Desvalores do acto legislativo

I – A lei como modo de formação é um acto jurídico, o acto legislativo. Esse acto está portanto sujeito aos defeitos ou desvalores que atingem o acto jurídico em geral e que anteriormente dividimos[413] em três modalidades:

– inexistência
– invalidade
– ineficácia em sentido restrito.

A invalidade distingue-se em nulidade e anulabilidade.

Todas estas figuras podem por sua vez ser reconduzidas a uma noção englobante de ineficácia em sentido amplo[414].

à lei é feita em sentido não técnico, englobando-se toda a ordem jurídica, ou toda a regra jurídica. Assim, o art. 6, também integrado entre as disposições iniciais, é aplicável em relação a toda e qualquer fonte do direito.

Além disso, caso por caso teremos de verificar qual a extensão que se justifica pela fisionomia particular de cada hipótese. Por exemplo, perante as referências à lei que se sucedem nos arts. 1303 a 1311 podemos chegar a conclusões muito diversas para cada uma, pois são diversas as questões que se consideram. Poderemos chegar a uma ampliação daquele conceito (abrangendo-se, por exemplo, toda a lei em sentido material) ou a uma restrição (abrangendo-se só certas categorias de leis estatais).

[413] Cfr. *supra*, n.os 35 e segs..

[414] Sobre toda esta matéria, a propósito do acto inconstitucional, cfr. M. Rebelo de Sousa, *Valor Jurídico do Acto Inconstitucional*, 155 e segs..

II – Inexistência

A Constituição faz largo uso do conceito de inexistência.

Assim, a falta de promulgação ou de assinatura pelo Presidente da República de actos normativos, ou mesmo de decretos sem carácter normativo, determina a sua inexistência jurídica (art. 140); e bem assim a falta de referenda pelo Governo de vários actos do Presidente da República (art. 143/2)[415].

Não há motivo para que a categoria da inexistência se não estenda também aos actos normativos, quando não há sequer algo que possa ser qualificado como inválido.

Mas o conceito de inexistência é de delicado manuseio. A declaração de inexistência, a fazer-se, parece dever partir do órgão autor do acto a ser declarado tal, e deve explicitar o fundamento dessa inexistência. Doutro modo serviria como veículo cómodo para o Poder escamotear regras realmente existentes, criando a maior instabilidade no que respeita às situações jurídicas *medio tempore* surgidas.

III – Invalidade[416]

Fora dos casos de verdadeira inexistência, a lei é em princípio inválida, sempre que for desrespeitada uma regra sobre a produção jurídica[417].

Em geral, pode distinguir-se dentro da invalidade a nulidade e a anulabilidade. A distinção basear-se-á numa orientação geral: a lei nula é por si inaplicável; a lei anulável aplicar-se-á, enquanto o órgão ou órgãos competentes não tomarem a iniciativa da sua anulação.

Assim, a inconstitucionalidade da lei parece dever ser considerada causa de nulidade, não obstante existir um processo particular para o fim de declaração da inconstitucionalidade. E isto desde logo porque a inconstitucionalidade é vício que se impõe por si, de tal maneira que os órgãos judiciários não devem aplicar leis inconstitucionais[418].

---

[415] Em caminho contrário, veja-se a declaração de inexistência do Dec.-Lei n.º 24/79, de 15 de Fevereiro. Procede dos Serviços de Apoio do Conselho da Revolução, tem a data de 31 de Outubro de 1979, foi publicada no *Diário da República* de 19 de Novembro de 1979, e não contém nenhuma justificação. No mesmo *Diário da República* é publicado o Dec.-Lei n.º 126/79, que reproduz o Dec.-Lei n.º 24//79, com uma alteração no art. 1, tem a mesma data de aprovação, tem data diferente de promulgação e tem agora a referenda do Primeiro-Ministro. Há em tudo uma maneira muito anómala de proceder.

[416] Sobre esta categoria cfr. *supra*, n.º 35 III.

[417] O art. 3/3 da Constituição, ao determinar que a validade das leis depende da sua conformidade com a Constituição, não exclui a existência doutras causas de invalidade.

[418] Cfr. por exemplo o art. 204 da Constituição.

Modalidades 299

Já a anulabilidade, embora teoricamente concretizável aqui como no que respeita aos actos jurídicos em geral, é na prática de rara verificação.

IV – *Ineficácia*

Vários motivos podem tornar uma lei ineficaz. O mais importante é a falta de publicação. Voltaremos ao tema após considerarmos esta.

160. Publicação

I – Como dissemos, não nos interessa o processo de formação da lei em si. Mas há um acto que normalmente é indispensável para conferir à lei a obrigatoriedade e que, porque ligado à "revelação" que é objecto específico do nosso estudo das fontes do direito, merece uma referência particular. Referimo-nos à publicação.

Destina-se esta a tornar possível o conhecimento por todos. A lei não nasce para ser mantida secreta, ao contrário do que aconteceu em épocas históricas recuadas, em que se acentuava o carácter esotérico do direito. São mesmo organizados processos com a função específica de tornar possível o conhecimento geral, para que todos possam pautar por ela a sua conduta. Com essa base, a vida jurídica processa-se daí por diante como se a lei fosse efectivamente conhecida por cada um – quanto na realidade nem o mais erudito dos cidadãos pode conhecer todas as leis. Por isso a ignorância da lei é juridicamente irrelevante (art. 6 do Código Civil)[419].

As formas de publicação variam muito com os tempos e lugares. Os antigos arautos desempenhavam uma função de publicidade. A afixação do texto da lei em lugares públicos, às portas das igrejas, por exemplo, teve função idêntica. Pouco a pouco, sobressaiu de entre todos um processo que, se não oferece o máximo de eficácia, oferece o máximo de certeza: a publicação num jornal oficial.

O conhecimento do direito tornou-se por isso uma pura ficção. Rehbinder escreve, de modo impressionante: "Primeiro era também realidade, depois tornou-se pelo menos possibilidade. Agora é impossibilidade. O destinatário principal das leis não são os cidadãos, são os *serviços*: o Legislativo dá através das leis ordens ao Executivo e ao Judiciário"[420].

---

[419] Cfr. *infra*, n.ᵒˢ 354 a 356.
[420] *Einführung*, § 4 II.

300   *O Direito. Introdução e Teoria Geral*

Esta forma de publicação está hoje assente nas ordens jurídicas civilizadas. Mas as leis gerais não pormenorizam o processo de publicação. Na prática há vários jornais oficiais.

II – Dispõe o art. 5/1 do Código Civil que a lei só se torna obrigatória depois de publicada no jornal oficial.

Qual o âmbito deste preceito? Refere-se à lei, o que exclui os costumes, os tratados e acordos internacionais, as normas corporativas e os diplomas das autarquias locais. Não quer isto dizer que não estejam sujeitos também a publicação; mas se o estiverem[421] é por força de regras especiais, e não do art. 5.

Para as leis centrais, o jornal oficial é em Portugal o *Diário da República*. Este ainda se subdivide em várias séries, conforme os diplomas cuja publicação está em causa[422].

A matéria é concretizada pela Lei n.º 74/98, de 11 de Novembro, sobre publicação, identificação e formulário dos diplomas.

III – Outros problemas surgem todavia. Em Portugal são ainda órgãos do Estado certos órgãos locais, como governadores civis e institutos autárquicos. Também os diplomas emanados destas entidades devem ser publicados no jornal oficial?

Seria absurdo admitir que o Código Civil impusesse actuação tão desconforme com a prática actual[423]. O art. 5/1 do Código Civil deve pois ser objecto de interpretação restritiva, processo que estudaremos desenvolvidamente mais tarde[424].

O legislador não quer na realidade referir todas as leis, mas só aquelas que devam ser publicadas no jornal oficial. Portanto a norma ínsita naquela disposição deve formular-se assim: *a lei que deva ser publicada no jornal oficial só se torna obrigatória com essa publicação*[425].

---

[421] O que nunca poderia acontecer com o costume, mas acontece com os tratados internacionais.

[422] E a 1.ª série compreende a Parte A e a Parte B.

[423] E que teria como consequência que, após a entrada em vigor do Código Civil, muitas daquelas leis não se teriam tornado obrigatórias.

[424] *Infra*, n.º 238.

[425] Esta solução parece-nos muito mais simples que a de Marcello Caetano, *Direito Administrativo*, I, n.º 35, para quem a necessidade de publicação no jornal oficial completaria a definição de lei do Código Civil. Mas seria estranho que este elemento extrínseco integrasse o próprio conceito da lei.

Modalidades

IV – Nos outros casos, não há regras uniformes quanto à publicação. Há ainda formas de publicação não dependentes da inserção no jornal oficial: assim, as posturas e regulamentos locais são afixados "no lugar de estilo" (arts. 53 e 255 § 4 do Código Administrativo). Noutros casos, não se encontra mesmo estabelecida em geral por lei nenhuma forma de publicação, como acontece com as deliberações dos organismos de coordenação económica.

A Constituição de 1976 não alterou este estado de coisas. Esclareceu que os actos de eficácia externa dos órgãos de soberania, das regiões autónomas e do poder local carecem de publicidade; indicou quais os diplomas que devem ser publicados no *Diário da República*; e remeteu para a lei a determinação das formas de publicidade dos demais actos (art. 119/1 a 3). Mas não impôs um princípio geral da publicação.

Mas é necessária qualquer forma de publicidade da lei, de maneira a esta poder ser conhecida no círculo em que vincula: seja a notificação aos interessados, seja a afixação na sede, seja qualquer outra forma. Não pode haver leis "clandestinas".

V – *As fontes comunitárias*

Em Portugal vive-se um estado desairoso, no que respeita à publicação e às fontes comunitárias.

A tendência expansionista dos órgãos comunitários leva a que progressivamente os sectores mais importantes sejam invadidos por legislação comunitária. Não obstante, essa legislação não figura no *Diário da República*. O cidadão que consulte este só fica a conhecer uma parte, talvez a menos relevante e seguramente a menos inesperada, da lei que o rege.

O problema é da máxima gravidade no que respeita aos *regulamentos comunitários*. Como vimos[426], estes caracterizam-se pela aplicabilidade directa nos Estados, independentemente de qualquer acto da parte destes. E portanto também de publicação: a única publicação que releva é a que é realizada no "Jornal Oficial das Comunidades Europeias".

Ao menos neste domínio haveria que corrigir rapidamente a situação, impondo a publicação dos regulamentos comunitários no *Diário da República*, embora isso não tivesse implicação sobre a respectiva vigência.

---

[426] *Supra*, n.º 136 V.

302 O Direito. Introdução e Teoria Geral

161. Rectificações

I – A publicação deve reflectir integralmente o texto original, que faz fé. Por vezes, porém, isso não acontece: quer em consequência de lapsos na impressão, quer em consequência de anomalias do processo legislativo. Estas são muitas variadas e compõem uma autêntica *teratologia legislativa*[427].

A anomalia pode consistir na alteração posterior dum texto já promulgado. Para ocorrer a este segundo tipo de divergências inserem os jornais oficiais, infelizmente com grande frequência, rectificação de textos anteriormente publicados.

Em princípio, a rectificação confunde-se com o próprio texto do diploma, pelo que seria desnecessário daí por diante distinguir o texto original e a rectificação. Mas a utilização abusiva do processo provoca problemas delicados[428].

Pode a incorrecção havida não prejudicar a apreensão pelo público da regra legal; mas pode, pelo contrário, acontecer que o significado só fique completo com a publicação da rectificação[429]. Em Portugal há um limite: rectificações a diplomas publicados na 1.ª série do *Diário da República* só são admitidas até 60 dias após a publicação do texto rectificando[430].

II – Problema grave consiste em determinar neste caso quais os efeitos resultantes do texto inicialmente publicado, se desconforme com o original. Não houve uma verdadeira lei, pois o texto não correspondeu a nenhum acto legislativo. Portanto, a publicação da rectificação não surge como verdadeira revogação do diploma incorrectamente publicado. A primeira formulação verá cessar automaticamente os seus efeitos com a

---

[427] A mais frequente consiste em Portugal na emissão de suplementos ao *Diário da República*, por vezes com meses de atraso em relação à data oficial da publicação. Assim, durante largos meses de 1980 continuou a sair legislação atribuída a Dezembro de 1979, que teve ainda a característica de esgotar as letras do abecedário com que se qualificavam os diplomas. Veja-se por exemplo o 16.º suplemento ao *Diário da República* datado de 29 de Dezembro de 1979, donde constam os Dec.-Leis n.º 519-Q2 e R2.

[428] Cfr. Ripert, *Le déclin du droit*, n.º 53.

[429] *É a este caso que se aplica a regra disciplinadora do art. 1 § 4 da Lei de Introdução ao Código Civil brasileiro: as correcções a texto de lei já em vigor consideram-se lei nova. Por isso, a rectificação está sujeita aos prazos normais de entrada em vigor das leis, se outros não forem especificamente determinados.*

[430] Art. 5/2 da Lei n.º 74/98.

Modalidades 303

publicação da rectificação. Mas é um facto que à sombra dela se podem ter celebrado actos e constituído direitos, que merecem respeito por assentarem na garantia muito particular que é dada pelo jornal oficial[431]. Por isso têm de se considerar ressalvados os efeitos aparentemente produzidos pelo texto incorrectamente publicado[432].

162. Entrada em vigor. Vigência

I – Com a publicação a lei fica em condições de produzir efeitos; passa a ser um elemento vinculante dentro da ordem jurídica. Mas isso não quer dizer que seja desde logo aplicável. A vigência dá-se com a entrada em vigor da lei[433]. A *vigência* da lei pode começar com a publicação, ou pode começar só em momento posterior.

Atende-se antes de mais ao que a própria lei fixar sobre a sua entrada em vigor[434].

E se a lei nada determinar?

Deixamos de parte os casos em que não há forma de publicação obrigatória. Então entende-se que a lei entra imediatamente em vigor.

Se há forma de publicação que condiciona a entrada em vigor o princípio geral é o de que se deve observar uma *vacatio legis*, ou seja, um intervalo entre a publicação e a vigência da lei. Para as posturas e regulamentos locais, o art. 53 do Código Administrativo diz mesmo, imperativamente, que esse prazo não pode ser inferior a oito dias.

---

[431] Cfr. por exemplo, Oswaldo Bandeira de Melo, *Direito Administrativo*, XX/I, n.º 31.5.

[432] Pode acontecer que antes da entrada em vigor da lei o seu texto seja rectificado. Supondo, ainda aqui, que a rectificação altera o sentido do texto, dispõe o art. 1 § 3 da Leo de Introdução ao Código Civil que o prazo de *vacatio legis* – matéria que versaremos no número seguinte – começará a correr da nova publicação. O mesmo se deveria entender havendo rectificação parcial, em que nada se disponha sobre a entrada em vigor, quanto à parte afectada por essa rectificação. Cfr. J. Dias Marques, *Introdução*, n.º 61. Pode também entender-se que, ainda quando a lei rectificada prevê um prazo de entrada em vigor maior que o normal, a rectificação só reclama a observância do prazo normal da *vacatio legis*.

[433] Sampaio Ferraz, *Introdução*, 4.3.2., distingue ainda vigência e vigor, referindo o art. 2 da Lei de Introdução brasileira. Parece englobar neste último conceito a eficácia fáctica.

[434] Pode por exemplo ainda a entrada em vigor da lei ficar dependente de um evento futuro, a publicação doutra lei.

304   *O Direito. Introdução e Teoria Geral*

Para a generalidade das leis, o art. 5/2 do Código Civil dispõe igualmente que decorrerá um intervalo entre a publicação e a vigência da lei. Isso quer dizer que durante esse tempo a lei antiga mantém a sua vigência[435].

II – *Prazos*

Os prazos normais de *vacatio* dos diplomas emanados do Governo central estão fixados no art. 2 da referida Lei n.° 74/98[436].

As leis começam a vigorar no Continente no 5.° dia após a publicação no *Diário da República*; nos Açores e na Madeira no 15.° dia após a publicação; e no estrangeiro no 30.° dia após a publicação.

Estes prazos contam-se a partir do dia imediato ao da publicação (art. 2/4).

III – Estes são os prazos normais, pois pode haver variações:

1) Para mais. O legislador pode ampliar esse período, considerando:

a) a dificuldade de apreensão de certas leis, como os códigos, que exigem exame prolongado. Assim, o Código Civil, se bem que publicado em 25 de Novembro de 1966, só entrou em vigor no 1.° de Junho de 1967.

b) a dificuldade de adaptação das pessoas ao novo regime. Assim, uma lei que eventualmente impusesse mudanças de apresentação dos produtos postos à venda careceria de um dilatado período de *vacatio*.

2) Para menos. O legislador pode reduzir esse prazo, atendendo a considerações de urgência, sempre que não houver disposição hierarquicamente superior que imponha uma determinada *vacatio*. A fixação legal da *vacatio* é expressamente apresentada de modo supletivo.

163. Entrada imediata em vigor?

I – Pode o legislador chegar até à supressão total da *vacatio*[437]?

---

[435] Pode ainda a entrada em vigor da lei ficar dependente de um evento futuro, por exemplo, a publicação doutra lei.

[436] Nos termos do art. 408/1 do Código Administrativo, esses prazos são aplicáveis aos regulamentos dos governadores civis.

[437] Ao contrário do que aparentemente dispõe o art. 5 do Código Civil. A crítica a este texto foi feita quando foi publicado o Projecto (José H. Saraiva, *Apostilha*, págs. 60--61), mas apesar disso não se fez a devida melhoria da formulação.

Modalidades 305

Há certos casos em que a imediata entrada em vigor da lei é uma necessidade absoluta:

a) por inadiável urgência. Pense-se em providências de emergência em caso de catástrofe pública.

b) para evitar o prejuízo ou frustração dos objectivos da lei.

Assim, suponhamos que se resolve suspender em absoluto a compra de divisas estrangeiras. Semelhante lei tem de entrar imediatamente em vigor, pois caso contrário dar-se-ia durante a *vacatio* uma procura intensa de divisas, para suprir todas as necessidades eventuais ou mesmo com fins especulativos, do que resultaria o empolamento do fenómeno que justamente se pretendera evitar.

Porém, em contrapartida, a entrada imediata em vigor pode apresentar--se como extremamente violenta para as pessoas.

Isso significa que a lei entra em vigor, não só antes do conhecimento do Jornal Oficial, como até da simples possibilidade de conhecimento deste.

Como se pode então compreender que se exijam comportamentos das pessoas quando estas não estão sequer em condições de conhecer a fonte?[438]

O que significa na prática que o grande meio de conhecimento consiste no *ouvir dizer*, mesmo em profissões jurídicas; e esse vem quando vem. Isto mostra como é violenta uma obrigatoriedade imediata.

II – No que respeita à eventualidade de uma entrada imediata em vigor, o art. 2/1 da Lei n.º 74/98 determina, surpreendentemente, que o início da vigência dos actos legislativos não pode em caso algum verificar-se no próprio dia da publicação.

Observe-se apenas que, como se trata de lei ordinária, pode ser derrogada por diploma de nível equivalente, que determine a vigência imediata.

Pensamos que há antes de mais que distinguir situações.

---

[438] *Celso Iocohama apresenta-nos números impressionantes, relativos à realidade brasileira, que mostram como é ficcioso o sistema implantado. As assinaturas do Diário Oficial da União não correspondem sequer a 0,15% da população (A Obrigatoriedade Imediata das Leis Ordinárias Federais, 174). A maioria das Universidades ou Faculdades não o recebem; não o recebe a grande maioria dos municípios (Obrigatoriedade, 175). Os prazos de entrega pelos correios vão com frequência muito além das 24 horas.*

306 O Direito. Introdução e Teoria Geral

Podem estar em causa:

– efeitos jurídicos automáticos
– normas de conduta.

Em relação aos primeiros, não há em princípio obstáculo a uma vigência imediata. A lei portuguesa, assimilando todas as situações, é imperfeita.

No que respeita às leis que contenham normas de conduta, essas normas podem dirigir-se:

– aos órgãos públicos
– aos particulares.

No 1.º caso também nada se opõe à vigência imediata. As dificuldades suscitadas deverão ser resolvidas no interior desses entes públicos.

III – Restam as leis que estabelecem normas de conduta para os particulares. Há que distinguir hipóteses de:

– absoluta emergência
– comuns.

A lei portuguesa deu uma solução satisfatória para a generalidade dos casos comuns. Mas esqueceu as situações de absoluta emergência, como as que referimos acima. Só será possível ocorrer a estas mediante o expediente assinalado: dando à lei cuja entrada imediata em vigor se quer impor forma solene, mesmo que isso represente excesso de forma. Então derroga a lei que impõe a *vacatio* mínima de 1 dia.

IV – De todo o modo, haverá que perguntar qual a repercussão das situações individuais de erro ou desconhecimento da regra jurídica. Não obstante a lei ter alcançado a sua vigência, as situações de desconhecimento podem relevar?

Essa é porém matéria que será considerada adiante, a propósito da aplicação da regra jurídica[439].

---

[439] *Infra*, n.os 354 a 356, sobre ignorância da regra e o erro na vinculação.

164. Problemática dos efeitos da publicação

I – A publicação pode destinar-se unicamente a dar a notícia da lei aos interessados, ou pode mesmo *condicionar a vigência da lei*, sendo requisito da entrada em vigor desta. Este último é hoje em dia o caso normal.

Sempre que for estabelecida uma forma de publicação que condicione a entrada em vigor, essa não pode ser substituída por nenhuma outra. Pode a aprovação da lei ter sido divulgada amplamente pela imprensa e pela rádio, mesmo que com indicação do dia em que entra em vigor, que isso se não se verificará enquanto a forma legal de publicação se não observar. Inversamente, uma lei cuja publicação legal tenha porventura passado despercebida não deixa por isso de ser plenamente vinculante.

Antes da publicação um diploma não é inexistente[440]. Quanto muito se poderia dizer que há um trecho dum *processo*, ou série de actos, imperfeito ou incompleto.

Mas é mais correcto referir o efeito da publicação à vigência ou eficácia[441].

Esta é a posição tomada agora pela Constituição, no art. 119/2. Ficou assim afastada a qualificação de inexistência[442].

II – Novo problema se suscita, em consequência de a *vacatio legis* se contar a partir da publicação no jornal oficial.

Com frequência a data ínsita no jornal oficial não coincide com aquela em que este é efectivamente distribuído. Tais atrasos chegaram a atingir semanas ou meses.

Suponhamos que um jornal oficial datado de 2 só é distribuído a 12. Desde quando se conta a *vacatio* – com referência ao dia 2 ou ao dia 12? Consoante a conclusão a que se chegar, assim haverá dez dias em que vigorará ainda a lei antiga, ou se aplicará já a nova.

---

[440] A primitiva versão da Constituição de 1976 decretava que os diplomas não publicados eram, não ineficazes nem sequer inválidos, mas inexistentes. Quis-se reagir, mas muito primariamente, a anomalias da ditadura militar pós 25 de Abril, em que se impusera a aplicação de diplomas que não haviam sido publicados.

[441] Neste sentido, Manoel Gonçalves Ferreira Filho, *Curso*, cap. 21, n.º 24. Veja-se a consequência que daí retira o acórdão do Tribunal Constitucional n.º 60/84, de 19 de Junho (*BMJ*, n.º 350 pág. 127).

[442] Esta fora já introduzida na lei ordinária pelo art. 1 da Lei n.º 3/76, de 10 de Setembro. Pelo contrário, o art. 5 do Código Civil faz depender da publicação a *obrigatoriedade* da lei.

O art. 2/4 da Lei n.º 74/98 determina que o prazo se conta a partir do dia imediato ao da publicação, "ou da sua efectiva distribuição, se esta tiver sido posterior".

Desta maneira atende-se à necessidade de proteger quem não podia contar com a lei. Mas esta solução tem um preço: a desprotecção de quem porventura confiou na data formalmente atribuída ao diploma[443] e actuou na convicção de que ele estava já em vigor.

Por exemplo, se a lei nova levantou uma sanção estabelecida na lei antiga, compreende-se que incorra nela quem praticou o acto quando já decorrera a *vacatio* a contar da data do jornal oficial, mas ainda não a contar da data da distribuição?

III – Devemos partir da afirmação de que a data que vem impressa no jornal oficial como sendo a da publicação representa um atestado oficial, que oferece juridicamente crédito. Não pode ser substituída por um elemento tão fluido como a data da distribuição, que pode até ter sido parcial, e é de conhecimento muito duvidoso. Há pois uma presunção da coincidência cronológica entre a data constante dos diplomas e a do dia em que é distribuído o jornal oficial que os contém.

Que acontece então, quando surgir o conflito entre quem se abona na data constante do diploma e quem invoca a data da distribuição?

Quem for prejudicado por uma entrada em vigor anterior à efectiva possibilidade de conhecimento da lei tem direito a que sejam, para aquele caso, reparadas as consequências nocivas da distribuição tardia. Nos casos extremos, poderão criar-se difíceis problemas de conflito de direitos. Qualquer que seja porém a solução em concreto, ela em nada altera a data oficial da publicação, que se mantém e produz os seus efeitos normais em todos os casos. A referida presunção de coincidência das datas só pode ser afastada se um título igualmente dotado de força autêntica proclamar a data da distribuição.

---

[443] Neste sentido, o Parecer da Procuradoria-Geral da República de 1 de Março de 1979, publicado no *BMJ*, 290, pág. 115. Mas aí chega-se à conclusão, que nos não parece correcta, que há então um diploma não publicado, e portanto "inexistente", nos termos do art. 122/4 da Constituição então vigente, quando na realidade há publicação e o problema se reduz à determinação da data desta.

Modalidades

165. Cessação ou termo da vigência

I – As leis que não estiverem sujeitas a prazos especiais de vigência permanecem tendencialmente para sempre. A antiguidade da lei nunca é argumento contra a sua aplicação. Assim, se for invocada uma lei de 1700, não releva objectar que é de 1700; terá de se demonstrar um facto extintivo da sua vigência para a afastar.

A vigência duma lei pode ser porém suspensa. O princípio é o de que quem tem competência para fazer e revogar leis pode também suspendê-las.

A *suspensão* pode fazer-se por prazo limitado ou ilimitado. Na prática, através da suspensão da lei chega-se muitas vezes a resultados semelhantes aos que se obteriam com a sua revogação. Certas leis fiscais, por exemplo, foram tornadas inaplicáveis durante decénios pela suspensão, quer esta seja originariamente por prazo ilimitado, quer por prazo limitado mas renovado repetidamente.

Não consideramos em particular a problemática da invalidade da lei, que deixamos para o Direito Constitucional.

II – Mas pode a própria lei ser atingida, e não apenas os seus efeitos; dá-se a cessação ou termo de vigência da lei. Deixando de parte as hipóteses de anulação da lei, podemos dizer que a cessação da vigência só se dá por:

– costume contrário
– caducidade
– revogação.

A esta matéria se refere o art. e 7 do Código Civil. Não o podemos porém aceitar sem reservas.

III – *Costume* contra legem

Dizendo-se que a lei só cessa de vigorar quando for revogada por outra lei, o legislador pretende excluir, necessariamente, o costume contrário e o desuso. Aqui já marcámos a nossa discordância.

A relevância do costume contrário deriva da admissão do costume *contra legem*.

Pelo contrário, o mero desuso duma lei não importa a extinção desta, enquanto não for sustentado por verdadeiro costume[444].

---

[444] Cfr. *supra*, n.º 142 II.

310   *O Direito. Introdução e Teoria Geral*

IV – *Caducidade*

Esta dá-se por mero efeito da superveniência dum mero facto, e portanto independentemente de nova lei: nisto se distingue da revogação.

O art. 2 prevê a caducidade, pois começa por ressalvar a lei que se destine a ter vigência temporária. Mas a vigência temporária é apenas uma das causas da caducidade. Podemos dizer que esta se dá:

a) quando a própria lei previr um facto que leve à cessação da sua vigência. Esse facto pode ser:

– meramente cronológico. Uma lei pode estabelecer qual o seu prazo de duração. Assim as leis que fixam para cada ano os preços de certos produtos.
– um facto de outra ordem. É o caso da lei estabelecida para condições especiais resultantes de uma epidemia. Também aqui o termo da lei é nela previsto.

b) quando *desaparecem os pressupostos* de aplicação da lei. A lei reguladora do tráfego dum porto cessa quando o assoreamento tornar esse porto inutilizável; a lei sobre a caça ao javali cessa com o desaparecimento do javali; e assim por diante. A lei não vale em abstracto, como temos dito, mas pela inserção numa certa situação social, que dá os pressupostos da sua aplicação. Aqui temos uma impossibilidade definitiva de aplicação da lei, que não pode deixar de implicar a extinção desta[445].

V – A última modalidade é a *revogação*. Representa o processo, que podemos chamar normal, de cessação da vigência: este predomínio ficou bem expresso nos preceitos de lei referidos. Vamos examinar em particular esta causa.

166. Revogação

I – *A lei nova revoga a lei antiga*

É lei nova a publicada em data posterior. Não há dificuldade pelo facto de várias leis deverem entrar em vigor simultaneamente, pois a data relevante para este efeito é a data da publicação (quando a lei fica perfeita) e não a da entrada em vigor.

---

[445] Como curiosidade, referimos a Portaria n.º 568/81, de 8 de Julho, que declara a caducidade do Dec.-Lei n.º 54-A/81, de 30 de Março, por terem deixado de se verificar os condicionalismos em que assentava.

Modalidades

O mesmo se aplica se as leis publicadas em datas diferentes devem entrar em vigor em datas diferentes também, quaisquer que estas sejam. O problema só é verdadeiramente grave se duas leis tiverem sido publicadas na mesma altura; se surgirem por exemplo no mesmo número do jornal oficial. Serão então decisivas para efeitos de revogação a numeração ou a ordem relativa?

Não nos parece. A data da publicação é a mesma, a mesma a pretensão de vigência, e à ordem ou à numeração dos diplomas não estão associados efeitos jurídicos[446]. Logo, não há revogação.

II – *Não repristinação*

A perda de vigência da lei revogatória não importa o renascimento da lei que esta revogara: art. 7/4 do Código Civil.

Suponhamos que vigoram alguns preceitos sobre a situação jurídica dos comerciantes. Esses preceitos são globalmente revogados por um estatuto do comerciante. Esse estatuto não prova bem, e é revogado por sua vez, sem que novas disposições o substituam.

Deve entender-se que os preceitos iniciais renascem? Na falta de disposição em contrário sempre se entendeu que não havia *repristinação*, designação que tecnicamente se usa para a figura. Teriam de se aplicar as regras gerais no exemplo dado, sem que a nenhuma fonte específica se pudesse recorrer para a determinação da condição jurídica do comerciante.

O preceito citado da lei veio consolidar esta orientação. E é lógico que seja assim, porque a revogação não representa a destruição da lei anterior. Cessam os seus efeitos, mas salvam-se em princípio os efeitos já produzidos, como veremos. Entre esses estava a revogação de leis precedentes.

Está porém na alçada do legislador repristinar por lei nova uma lei já revogada; e pode atribuir efeito retroactivo a essa repristinação, impondo efeitos sobre o passado[447].

---

[446] Em sentido contrário Pires de Lima sustentou a existência de interpretação abrogante (sobre esta, cfr. *infra*, n.os 241 e 242) entre duas leis publicadas em datas diferentes mas que deveriam entrar em vigor simultaneamente: cfr. *RLJ*, 191, 335.

[447] O art. 282/1 da Constituição traz uma restrição. Estatui expressamente que a declaração de inconstitucionalidade com força obrigatória geral é retroactiva e determina a repristinação das fontes revogadas. Mas aí intervém a problemática da invalidade da lei.

No art. 1/4 do Código Civil não se contém ressalva final correspondente à do n.º 3: "salvo se outra for a intenção inequívoca do legislador". Mas é forçoso entender que o

312   *O Direito. Introdução e Teoria Geral*

III – Situação afim, mas que com esta se não confunde, dá-se quando uma lei remete por inadvertência para outra lei que na realidade estava já revogada, ou cuja vigência cessara por qualquer outro motivo.

Então não se deve entender que a nova lei repõe em vigor a lei anterior. Isto é claro quando a nova lei for de nível hierárquico inferior à antiga (um decreto que manda aplicar uma lei já revogada, por exemplo). O seu significado é apenas o da apropriação material do conteúdo do diploma revogado, que passa a integrar o texto do novo diploma; mas nenhuns efeitos se poderão fundar na lei revogada[448].

IV – Particular importância tem a relacionação da lei geral e da lei especial sob o ponto de vista da revogação. Mas esta matéria só poderá ser estudada mais tarde, quando expusermos a relação de especialidade entre regras jurídicas[449].

167. Revogação expressa e tácita

I – A revogação pode classificar-se em:

– expressa ou tácita

---

renascimento da lei anterior se dá se essa for a intenção inequívoca do legislador. Neste sentido, cfr. Ac. STA (Tribunal Pleno) de 5 de Novembro de 1979.

Um elucidativo exemplo é-nos dado pelo Dec.-Lei n.° 113/74, de 18 de Março. No preâmbulo esclarece-se que o art. 142 do Decreto-Lei n.° 8/74, de 14 de Janeiro, revogara integralmente diplomas que contemplam nas suas disposições matérias a que o mesmo não pode considerar-se aplicável, e isso não estava obviamente na mente do legislador. Para evitar dúvidas, altera a redacção daquele art. 142, que passa a determinar que são revogados, no que se refere às bolsas de valores, seus corretores e respectivas operações... Houve assim uma revogação parcial do referido art. 142. Em princípio isso não importaria o renascimento das leis anteriormente revogadas, na parte em que contemplam outras matérias, visto que não houve determinação nesse sentido. Mas a intenção inequívoca do legislador é a de que esses preceitos renasçam.

Note-se que, no exemplo utilizado, ainda fica por explicar qual a situação no período compreendido entre 14 de Janeiro e 18 de Março. O legislador deveria ter utilizado o caminho normal, de editar uma lei interpretativa, ou uma lei retroactiva. Não o fazendo (expressamente diz que o art. 142 "passa a ter seguinte redacção") incorreu por deficiência técnica em escusadas dificuldades.

[448] A nova disposição será portanto inválida sempre que esse conteúdo não pudesse ser estabelecido por uma fonte do nível da que se considera (a que mandou aplicar a lei revogada).

[449] *Infra*, n.° 307.

Modalidades 313

– global ou individualizada
– total ou parcial.

Habitualmente, usa-se mais a primeira classificação. Mas as outras permitem também darmo-nos conta de aspectos de muito interesse. Nomeadamente, a revogação global tem, como veremos, acentos inovadores[450].

II – *Revogação expressa ou por declaração*
É frequente o legislador indicar quais os a diplomas que a nova lei revoga. Substitui-se o regulamento do pessoal de certo serviço por novo regulamento: declara-se que fica revogado o decreto que aprovara o primeiro. Ou então diz-se discriminadamente que são revogados os artigos *S* a *Z* de dado diploma[451].
Este processo está em consonância com a preocupação de certeza que está na origem do recurso à lei.

III – *Revogação tácita ou por incompatibilidade*
Mesmo que o legislador nada diga, uma lei é revogada se há incompatibilidade entre ela e os preceitos da nova lei. Com a lei que fixa a taxa dum imposto em 5%, é revogada a lei que a fixava em 4%.
Na maioria dos casos o legislador não procede à revogação expressa. Verificar dentro da mole imensa das leis existentes quais as que são atingidas pela nova lei é trabalho muito grande, e que com frequência revela dificuldades com que se não contava. O legislador então poupa-se: quando muito revoga expressamente os preceitos que pretendia directamente substituir, e quanto aos restantes deixa ao intérprete o ónus da verificação da sua incompatibilidade com os novos textos.
Isto significa a imposição à prática dum esforço muito maior, e além disso inquina a certeza que é a vantagem principal da legiferação. Mas o princípio de que havendo uma incompatibilidade prevalece a lei posterior não sofre qualquer contestação, e é ele que justifica a revogação tácita.
De há longos anos se criou o hábito de nas leis se inserirem fórmulas deste tipo: "São revogadas as disposições em contrário". Preceitos desta

---

[450] Basearam-se em doutrina autorizada, como a de Cabral de Moncada, *Lições*, n.º 18, pág. 105, nt. 2.
[451] Por exemplo, veja-se a longa lista constante da Lei n.º 79/77, de 25 de Outubro, art. 114.

314   *O Direito. Introdução e Teoria Geral*

ordem são ociosos, pois sempre as disposições em contrário se devem haver por tacitamente revogadas[452].

168. Revogação global ou individualizada; revogação total ou parcial

I – *Revogação global ou individualizada*
As classificações de que nos ocupamos agora atendem ao âmbito da revogação operada, mas os critérios são diferentes.
A revogação pode ser:

– global
– individualizada.

Se uma lei nova regula todo um instituto jurídico (por exemplo, empreitada) ou todo um ramo de direito (por exemplo, processo penal), os preceitos da lei anterior ficam revogados, sem ser necessário demonstrar a incompatibilidade específica de cada com o preceituado na nova lei.
Assim suponhamos que é aprovado um novo regime global para a locação financeira, sem que se disponha que a lei anterior é revogada; mas que o novo regime é lacunoso em matéria que era regulada pela lei antiga.
Este exemplo mostra que a fórmula usada no art. 7/2 não é a mais feliz. A possível existência de lacunas demonstra que o que interessa é uma nova disciplina genérica daquele instituto ou ramo de direito, e não uma correspondência ponto por ponto. "Regular toda a matéria" significa pois "regular globalmente a matéria" e não "regular todas as matérias".
Para esta figura não há designação assente. Falaremos de revogação global ou por substituição. Por contraposição, as outras figuras poderão ser chamadas de revogação individualizada[453].
A doutrina considerava a revogação global, hoje consagrada por lei, como uma modalidade de revogação tácita. Agora porém que ela foi declarada autónoma pode pôr-se o acento da categoria no facto de se fazer a revogação duma matéria, globalmente. Neste sentido pode haver revo-

---

[452] Por isso no Direito português a utilização de fórmulas desta ordem foi proibida. Mas reapareceram em diplomas regionais. Cfr. por exemplo o art. 5 do Decreto Regulamentar Regional n.º 8/82/M (*Diário da República*, de 1 de Junho). E agora ressurgem nas próprias leis centrais. Cfr. por exemplo o art. 64 da Lei n.º 46/86, de 14 de Outubro (Lei de Bases do Sistema Educativo).
[453] É a terminologia de Marcelo Rebelo de Sousa, *Introdução*, 98.

Modalidades 315

gação global expressa: assim acontece se o legislador refere uma matéria que fica revogada, em vez de indicar o diploma ou os preceitos que se afastam, como é típico da revogação chamada "expressa".

Nos casos do art. 3 do Dec.-Lei n.° 47344, que referiremos de seguida, haveria uma revogação global expressa.

Por seguirmos esta orientação deixamos de falar em revogação global ou *por substituição*, pois pode haver revogação global expressa de matérias sem haver substituição por outras.

II – *Revogação total ou parcial*
Pode também a revogação, quanto ao seu âmbito, ser:

– total
– parcial.

Um diploma pode ser substituído no seu conjunto, ou pode ser apenas parcialmente atingido. Assim, numerosos preceitos do Código de Processo Civil foram revogados (revogação parcial), mas no conjunto este continua em vigor (não houve revogação total). A Lei Uniforme, que referimos, fazendo embora uma revogação global, revogou parcialmente, e não totalmente, o Código Comercial. *Pelo contrário, a actual lei dos registos públicos do Brasil revogou totalmente a antiga, muito embora o texto de vários artigos seja idêntico ao texto dos artigos anteriores.*

É para designar estas hipóteses que se distinguem, dentro da revogação:

– a ab-rogação ou revogação total
– a derrogação ou revogação parcial.

III – O objecto, verificamos que da revogação pode ser:

a) um preceito determinado: tipo "o n.° 2 do art. 80"
b) uma fonte: a Lei n.° 90/85, por exemplo
c) um instituto jurídico: seja o caso das regras sobre investimento estrangeiro
d) um ramo do direito.

Neste último caso a revogação alcança a extensão máxima. É toda a disciplina preexistente de um ramo do direito que é afastada. A revogação é assim uma revogação global, e dificilmente poderá deixar de ser expressa. Podemos qualificar esta situação como a de uma *revogação exaustiva*.

316   *O Direito. Introdução e Teoria Geral*

Os casos de revogação exaustiva não são frequentes, pela dificuldade de prever o universo que atingiria. Dá-nos todavia um exemplo o art. 3 do Dec.-Lei n.° 29637, de 28 de Maio de 1939, que aprovou o Código do Processo Civil. Revogou "toda a legislação anterior sobre processo civil e comercial"[454].

Com isto já nos vamos aproximando da ilustração das regras sobre a revogação, que é dada pela entrada em vigor de um novo código. Porém como está dependente do conhecimento da figura *código*, a matéria será versada no capítulo sobre Codificação[455].

169. Valia efectiva da lei

I – Como conceito, a lei é sempre idêntica. Mas o seu significado efectivo varia muito de ordem jurídica para ordem jurídica.

Já atrás vimos como é diferente a teleologia, e consequentemente a função, que a lei desempenha no sistema anglo-americano e no sistema romanístico. Nomeadamente, vimos que, enquanto neste a lei é a base do sistema jurídico e o suporte de princípios gerais, no sistema anglo-americano a lei é aparição casuística, enquanto os princípios gerais se devem retirar do *common law*[456].

Na zona romanística, como legado da Revolução Francesa, a lei é exacerbada. A sua mitificação leva a que se confunda a solução de problemas reais com a emissão de leis. Há qualquer grande emoção nacional? Logo se anuncia uma lei, e fica-se com a boa consciência de que o problema está resolvido. O facto de esse problema depender afinal da solução de questões administrativas, económicas, sociais ou outras, que podem em nada ser tocados pela produção legislativa, passa facilmente despercebido.

II – Portugal participa da visão romanística e desta veneração mítica da lei. Por isso são frequentes as leis tão impecáveis quanto imprestáveis. Por isso o desuso e o costume contrário têm tanto significado no esclarecimento da ordem normativa nacional. Não obstante, o sentido da obediência à lei está profundamente enraizado.

---

[454] Com as excepções enumeradas no § único. As dificuldades suscitadas levaram o próprio autor do Projecto, J. Alberto dos Reis, a considerar que outras disposições estariam excluídas da revogação, porque baseadas em necessidades especiais.

[455] *Infra*, n.° 209.

[456] *Supra*, n.° 81 II.

Modalidades 317

Todo o aperfeiçoamento da ordem jurídica tem como pressuposto a recondução da lei ao seu lugar cimeiro, como regra de jogo com que todos possam contar. O discurso banal, de que o direito deve ultrapassar o mero formalismo, é oco quando é a legalidade, pura e simplesmente, que está em causa.

A solução passa também, necessariamente, por uma persistente revisão legislativa, destinada a expurgar as leis de tudo o que não é conforme à situação nacional. As importações legislativas revelam-se deletérias à valia efectiva da lei.

170. Fontes de regras internas: as instruções

I – Das leis se devem distinguir as instruções. Por esta designação genérica abrangemos as circulares, as ordens de serviço, as instruções propriamente ditas, os despachos e outras fontes semelhantes. Mau grado a variação terminológica, há sempre a característica comum de produzirem normas internas, portanto regras que apenas vinculam no interior de uma dada hierarquia.

De facto, as instruções são actos genéricos, mas internos. Dirigem-se aos inferiores hierárquicos, pelo que pessoas situadas fora daquele hierarquia não têm de as acatar. Têm assim carácter administrativo, pois pode ser qualificado como tal aquele vínculo hierárquico.

Constituem direito específico da instituição pública em causa, mas não relevam fora desse círculo[457].

II – Sendo assim, as instruções não podem ser consideradas leis. Ostentam vários traços caracterizadores daquelas, mas distinguem-se num ponto essencial: a falta de força obrigatória geral.

De facto a lei, fixando objectivamente a ordem da comunidade, representa um elemento vinculativo para todos. A lei impõe-se igualmente, não podendo haver leis vinculativas para uns e não vinculativas para outros.

Com a instrução não é assim. Pode ela emanar de órgão que participe do poder regulamentar; terá de ajustar-se, tal como os regulamentos, ao conjunto das fontes existentes; mas a sua eficácia é necessariamente intra--institucional.

---

[457] Refere todavia posições que sustentam uma eficácia dos actos internos sobre terceiros (embora indirecta ou reflexa) Themístocles Brandão Cavalcanti, *Teoria*, págs. 158-161.

318   *O Direito. Introdução e Teoria Geral*

Regras sobre a publicação e a entrada em vigor das leis não lhe são por natureza aplicáveis.

Na medida da analogia entre a lei e instrução, nada impede que o regime da lei sirva para integrar, no que for cabível, o regime da instrução. Ambas são fontes do direito, pois de ambas derivam regras; ambas são fontes intencionais e supõem poderes de autoridade em quem as emite. Mas distinguem-se por as leis terem força obrigatória geral e as instruções, repetimos, terem eficácia meramente interna.

III – Assim, suponhamos que uma instrução impõe aos serviços de segurança a denegação de certas pretensões. O particular que se dirija a estes serviços verá o seu requerimento fatalmente indeferido.

Mas como ele não está vinculado por aquela cadeia hierárquica, não terá de se conformar com a referida instrução. Se considerar que ela viola os seus direitos poderá recorrer para o superior hierárquico, ou para os órgãos judiciais. Estes, como não estão também vinculados pela instrução, resolvem independentemente dela. Sinal de que o particular só reflexamente é atingido pela instrução.

171. A jurisprudência. A máxima de decisão

I – O juiz, perante quem for colocado o caso concreto, decide. A decisão é um facto, como é um facto um contrato ou um acto legislativo.

Mas a decisão baseia-se quase sempre num critério normativo. O juiz deve decidir numa perspectiva generalizadora[458], só excepcionalmente se podendo remeter às circunstâncias do caso concreto e resolver segundo a equidade[459]. Esta critério normativo pode ser explicitado como fundamento da decisão (e as decisões judiciais devem ser sempre fundamentadas) ou não; mas pode ser em qualquer caso inferido a partir da solução concreta, determinando-se qual o critério geral que orientou o juiz.

A *máxima de decisão* – ou seja, o critério normativo que conduziu o juiz à solução do caso[460] – pode ser juridicamente vinculativa perante outro caso da mesma índole. O que dissemos atrás sobre o valor do precedente no sistema anglo-americano tornará inteiramente compreensível,

---

[458] Isto está expressamente previsto no art. 8/3 do Código Civil.
[459] Cfr. *supra*, n.º 130.
[460] Sobre o preciso significado desta expressão cfr. *infra*, n.º 282 I.

Modalidades 319

supomos, a mecânica deste transbordar da *máxima de decisão* para além do caso concreto. A decisão jurisprudencial é então fonte do direito. Passar-se-á assim entre nós?

II – Sabemos já que não. Em princípio, no sistema romanístico, cada juiz está relativamente aos outros colocado em posição de independência. Por isso:

- os tribunais superiores não têm de julgar como o fizeram juízos inferiores, o que é facilmente compreensível.
- os juizes não têm de julgar como o fizeram já juizes do mesmo nível hierárquico. Assim, se o juiz de direito chamado a decidir um caso verifica que outro juiz decidiu já caso semelhante de certa maneira, nem por isso está vinculado a manter a orientação seguida.
- os juizes não têm de julgar consoante eles próprios já fizeram. O facto de um Supremo Tribunal ter decidido sempre em certo sentido uma categoria de casos não o inibe de em dado momento adoptar outra orientação que lhe pareça mais fundada.
- os órgãos judiciais inferiores não têm de julgar conforme o fizeram já tribunais superiores. Esta é a chave do sistema.

III – Há uma *hierarquia judiciária*; por isso se fala em juizes inferiores e superiores. Mas tal hierarquia difere da hierarquia administrativa. Esta traduz-se justamente no poder de os superiores darem ordens aos inferiores, enquanto a hierarquia judiciária não o comporta. Opõe-se-lhe justamente o princípio da *independência* da magistratura judicial.

Esta é definida no art. 4/1 do Estatuto dos Magistrados Judiciais: "Os magistrados judiciais julgam apenas segundo a Constituição e a lei e não estão sujeitos a ordens ou instruções, salvo o dever de acatamento pelos tribunais inferiores das decisões proferidas em via de recurso pelos tribunais superiores" (Lei n.º 21/ 85, de 30 de Julho). Note-se que por *tribunal* entende-se todo o órgão judicial, concordemente com o sentido da palavra nas restantes línguas latinas[461].

A ressalva final do art. 4/1 exige um esclarecimento, pois pode parecer que inquina o princípio da independência. Temos de distinguir antes de

---

[461] Mas no Brasil criou-se um entendimento específico, segundo o qual só se chama "tribunal" a um órgão judicial colectivo.

320   *O Direito. Introdução e Teoria Geral*

mais nada as decisões proferidas naquele processo e as relativas a quaisquer outros.

As decisões proferidas noutros casos não são vinculativas. Pelo contrário, as decisões proferidas por juízo inferior podem subir em *recurso* à apreciação de tribunal superior que, porque independente, pode decidir de maneira diversa. A seguir, o processo poderá voltar ao juízo inferior, ou para que o juiz execute a decisão, ou para que o juiz julgue de harmonia com o que foi estabelecido pelo tribunal superior. Nessa altura, o juiz não pode afastar-se do que foi definido, senão o próprio sentido do recurso ficaria frustrado. Mas se se suscitar novo caso da mesma índole, o juiz pode voltar a julgar de modo diverso.

IV – Por isso se diz comummente que o juiz deve julgar apenas *segundo a lei e a sua consciência*. Pressupondo que de *lei* se fala no sentido de direito objectivo, esta expressão exige ainda um esclarecimento.

Poderia interpretar-se a expressão como significando que a "consciência" estaria colocada no mesmo plano que a lei, de modo que o juiz poderia deixar de aplicar esta quando, em consciência, pensasse que outra seria a solução melhor. Mas isso deturparia o sentido daquela expressão e ignoraria o princípio da legalidade[462].

O juiz está sempre vinculado a julgar segundo o direito objectivo. Simplesmente, o direito não é aquele que outros lhe recomendem ou imponham mas aquele que, em consciência, lhe apareça como verdadeiro. Também aqui, a objectividade não é atingível em si, mas mediante a sua revelação ao espírito do intérprete[463].

V – Isto leva-nos a concluir que a jurisprudência não é fonte do direito, nas hipóteses consideradas. A máxima de decisão não é elevada a regra, que deva observar-se noutros casos[464].

---

[462] Em Portugal, são categóricos neste sentido o art. 8/2 do Código Civil e o art. 3/1 do Estatuto dos Magistrados Judiciais, que estabelece que a magistratura judicial tem por missão julgar de acordo com as fontes a que, segundo a lei, deva recorrer...

[463] Sobre a repercussão destes princípios no domínio da integração das lacunas cfr. *infra*, n.º 263 III.

[464] É certo que o art. 10 do Código Civil parece afastar-se deste sistema, ao atribuir a solução de casos omissos à norma que o intérprete criaria... Veremos, a propósito da integração das lacunas, qual o real significado desta previsão. De todo o modo o modo, a criação que aqui se refere é sempre uma criação no caso concreto, não uma criação normativa. Portanto, também aqui não nos surge a jurisprudência como fonte do direito.

Modalidades 321

172. A elaboração jurisprudencial do direito

I – Indicámos até agora a maneira corrente, que podemos chamar clássica, de conceber o papel da jurisprudência no sistema romanístico. A jurisprudência seria quando muito uma fonte mediata do direito, no sentido de que vai formando o ambiente que permitirá, através das verdadeiras fontes do direito, a criação de regras jurídicas.

Mas esta concepção clássica tem vindo a defrontar uma resistência crescente dentro do próprio sistema romanístico. E a "elaboração jurisprudencial do direito" passou a ser um tema da moda. Em França, já de há muito se procede praticamente como se a jurisprudência fosse fonte do direito. Os órgãos judiciais não se limitariam pois a aplicar regras preexistentes, eles próprios criariam direito. Como é natural, porém, são ainda muito indefinidos os termos em que se admite esta criação[465].

II – Sobre esta orientação, seja-nos permitida antes de mais uma observação de índole sociológica. A Alemanha e sobretudo a França têm códigos já velhos, e por isso os problemas se fazem mais agudamente sentir. Na Itália, onde há códigos mais novos, o tema passa quase despercebido.

Não se trata de mera coincidência. É que um código novo traz a solução dos problemas até aí equacionados, e quando surge não há jurisprudência com que o confrontar: a lei aparece então com aparência exclusivista. Pelo contrário, quando os códigos são velhos as suas insuficiências são patentes, e por outro lado há uma rica jurisprudência em que se pode buscar apoio.

A autoridade desta reforça-se na prática, e pouco a pouco caminhar-se-á para olhar a jurisprudência como verdadeira fonte do direito.

III – Em Portugal o papel da jurisprudência é significativo. Muitas soluções tidas por assentes, nos últimos tempos de vigência do Código Civil de 1867, eram de facto muito mais de filiar na jurisprudência que no Código, a que formalmente se referiam.

Em todo o caso, devemos dizer que a relevância prática da jurisprudência nunca terá sido tão grande como noutros países.

Para isso terá contribuído em Portugal um certo alheamento da doutrina em relação à vida judiciária, bem como o individualismo dos julga-

---

[465] Cfr. o que sobre o tema dizemos na nossa *Tipicidade*, n.os 84 e segs..

322 *O Direito. Introdução e Teoria Geral*

dores, que têm dificultado a criação de correntes jurisprudenciais estáveis. A publicação dos novos códigos diminuiu logicamente o relevo da jurisprudência civil.

Tudo isto são, porém, considerações sociológicas, e não normativas. Fechado o parêntese, devemos agora verificar qual é, normativamente, o papel da jurisprudência – sejam velhos ou novos os códigos vigentes. Pois os princípios permanecem, e só varia a intensidade da sua revelação prática.

173. Quadros possíveis de relevância

I – Supomos que as referências à *jurisprudência constante*, que se vão repetindo em arestos de tribunais superiores ao ponto de muitas vezes os juizes se sentirem desobrigados de apresentar outra qualquer fundamentação, indiciam o trânsito do mero facto da repetição de julgados para uma visão da jurisprudência como fonte do direito. A jurisprudência constante trará ao julgador como que uma presunção da verdade daquela orientação. Presunção ilidível, presunção que pode ser afastada: não se exclui uma viragem jurisprudencial. Em todo o caso, esta presunção já revela que se tende a atribuir valor de criação normativa à constância das decisões.

Mas, mesmo reconhecendo a extrema relevância do contributo da jurisprudência, não podemos ficar nestas observações. Temos de indicar, com um mínimo de precisão, se há ou não um momento em que a orientação jurisprudencial fique consolidada, de maneira a poder afirmar-se que dela resultou uma regra para decisão de novos casos. Só nesta hipótese se poderia considerar a jurisprudência fonte do direito.

II – Não bastando a mera repetição de julgados, como concordemente é admitido, o que é então necessário? Aqui encontramos variadas tentativas em autores estrangeiros, mas de tal modo fluidas que se criam as maiores incertezas[466].

Este tema será algo iluminado com o que diremos adiante sobre o papel complementar da aplicação[467]. Mas não parece necessário fazer a crítica destas teses, porque na ordem jurídica portuguesa se encontram elementos que permitem, recorrendo apenas a instrumentos já conhecidos da teoria das fontes do direito, encontrar solução satisfatória para as questões.

---

[466] Cfr. a nossa *Tipicidade*, n.º 90.
[467] *Infra*, n.os 346 e segs..

Modalidades 323

Só pode estar em causa a transformação da jurisprudência em fonte do direito quando esta assume a conformação específica de:

1) costume jurisprudencial
2) jurisprudência uniformizada
3) precedente.

Já vimos o que é o precedente, ao estudar o direito anglo-americano[468]. A própria decisão do caso concreto ou, se quisermos, a máxima de decisão que serviu para resolver o caso concreto, será decisiva para a resolução de casos futuros.

Vamos verificar se estas categorias actuam no direito português.

174. O costume jurisprudencial

I – A repetição de julgados pode levar à formação de um costume jurisprudencial. Da jurisprudência brotam então novas regras jurídicas. Mas desde logo se vê que então a fonte do direito não é propriamente a jurisprudência, é outra fonte que já conhecemos – o costume.

Se a doutrina é frequentemente infensa à admissão do costume, não admira que o seja também à do costume jurisprudencial. Isto, e não qualquer particular repugnância por uma criação jurisprudencial, explica a escassez de referências dominante[469]. Pelo contrário, quem como nós considera o costume fonte do direito facilmente é levado a admitir como modalidade deste o costume jurisprudencial. Assim se passa também em ordens jurídicas estrangeiras[470].

Temos todavia de fixar com precisão quais os elementos característicos desta modalidade de costume.

II – *Uso*

O costume jurisprudencial funda-se num uso, como todo o costume. Mas oferece a especialidade de esse uso ou prática constante não ser o dos interessados directos, mas o de entidades cuja excepcional qualificação assenta justamente em estarem colocadas acima dos interessados. A con-

---

[468] *Supra*, n.os 80 e 81.

[469] Cfr. a nossa *Tipicidade*, n.º 91.

[470] Neste sentido, cfr. por exemplo, Roberto Rosas, *Comentários*, n.º 13; Limongi França, *Manual*, vol. I, págs. 24-25.

duta dos interessados directos é irrelevante, no costume jurisprudencial, quer para a existência do uso quer para a sua medição temporal.

Nada disto fala contra a admissão do costume jurisprudencial, pois o acumular de decisões judiciais oferece todas as características da prática reiterada de actos, necessária para a formação do costume. Como sabemos, o uso não tem de ser universal; pode ser gerado só dentro de certo círculo social, local ou pessoalmente delimitado. É o que se passa aqui. No meio judiciário desenvolve-se um uso, que é o suporte idóneo de um costume.

III – *Convicção de obrigatoriedade*

Esta limitação não se verifica já na convicção de obrigatoriedade, como segundo elemento do costume. Aí, não basta a convicção dos próprios juizes: requer-se que ela acabe por se propagar aos interessados.

Portanto, mesmo que inicialmente tenha havido oposição, é necessário que essa oposição tenha cessado, e mais ainda, que se tenha adoptado aquele modo de proceder com a convicção de que deve efectivamente ser assim.

Isso não exclui que tenham persistido certas oposições, como a da doutrina.

IV – *Contraposição à jurisprudência constante*

Do que dissemos resulta já que o costume jurisprudencial se não identifica com a jurisprudência constante. Apesar do relevo que, como vimos, esta ganhou, não pode ser considerada por si fonte do direito. A sua rigidez torna-a indesejável, por banir a por vezes tão necessária viragem jurisprudencial.

Confrontando os dois elementos, podemos encontrar distinções entre costume jurisprudencial e jurisprudência constante quer no uso, quer na convicção de obrigatoriedade.

a) No *uso*, porque só há costume jurisprudencial quando houver um número significativo de decisões naquele sentido e uma persistência já considerável naquela orientação. Pelo contrário, pode-se falar de jurisprudência constante desde que os casos, muitos ou poucos, em que os órgãos judiciais tenham sido chamados a pronunciar-se tenham sido resolvidos uniformemente, mesmo que a orientação não tenha uma longa duração.

b) Na *convicção de obrigatoriedade*, porque para haver costume se exige a convicção, no julgador e como vimos também nos interessados di-

Modalidades 325

rectos, de que é assim que se deve decidir, enquanto que para a jurisprudência constante basta uma mera observação do facto da repetição.

175. A jurisprudência uniformizada

I – A necessidade de atingir maior segurança nas decisões e evitar desperdício de actividade jurisprudencial perante casos semelhantes muitas vezes repetidos levou em vários países à adopção de providências destinadas a provocar a uniformização da jurisprudência. Estes processos permitirão chegar a modos uniformes de decidir e evitar oscilações de que todos sofrem, quer os particulares quer os órgãos judiciais, habitualmente assoberbados com excesso de trabalho.

Era claramente desta ordem a providência prevista nos arts. 728/3 e 76 do Código de Processo Civil. O presidente do Supremo Tribunal de Justiça podia em certos casos determinar que o julgamento se faça com intervenção de todos os juízes da secção ou em reunião conjunta de secções.

O STJ considerou-se recentemente vinculado por um acórdão proferido nestas condições, porque "a não se entender assim, o julgamento pelas sessões reunidas, redundaria em pura inutilidade"[471]. Inventou assim uma vinculação, fora de todo o entendimento anterior. Com a curiosidade de ser o inverso do que se passa nos sistemas de precedente: aí vinculam-se os tribunais inferiores mas não o tribunal que proferiu a decisão, aqui vincularia o STJ mas não as instâncias, pois não se vê como excepcionar o princípio da independência destas.

O acórdão não pode porém ter força obrigatória geral, por a Constituição o não permitir; não vincula as instâncias, por força do princípio de independência; e não vincula o próprio STJ porque teria de ser a lei a estabelecer esse efeito auto-vinculativo, não sendo lícito inferi-lo da mera presença dos juízes doutras secções, que pode ter e tem finalidades diversas. A intervenção destes juízes favorece, pelo debate e confronto, a criação de orientações comuns, mas não tem o efeito bitolado da auto-vin-culação.

II – Afastado o sistema tradicional dos assentos, poderia ver-se aqui uma manifestação do sistema anglo-americano dos precedentes: nomeadamente se tomássemos o precedente naquela acepção minimalista, de que

---

[471] Cfr. o Acórdão de 17.VI.86, *BMJ* 358, 506 (508). Cfr. também o Acórdão de 30.VI.88, *BMJ* 378, 553 (556).

326   *O Direito. Introdução e Teoria Geral*

falámos[472] a propósito do sistema anglo-americano. Mas a mesma crítica de carácter constitucional atingiria, segundo parece, este entendimento.

Mesmo em relação ao tribunal que exarou o acórdão não há precedente, com o carácter vinculativo que o transformaria em fonte do direito. Há uma fixação colectiva do sentido das fontes do direito aplicável, mas que só vale enquanto se admitir que corresponde efectivamente a essas fontes; pode ser sempre alterada em virtude de uma nova apreciação destas. A jurisprudência não funciona, mesmo aqui, como fonte do direito.

176. Os antigos assentos

I – Até há poucos anos, quer em Portugal quer no Brasil, tipos de decisões jurisprudenciais que representavam verdadeiras fontes do direito.

Todas têm uma origem comum: os tradicionais assentos da Casa da Suplicação, de que falaremos no numero seguinte. Procurou-se, então obstar à indefinição das fontes, baseadas num Direito Romano milenar e torturado por uma *communis opinio* dificilmente detectável. D. Manuel I determinou que na Casa da Suplicação, que era o tribunal superior, se assentasse em conferência dos juizes – os desembargadores – na solução dos pontos mais controvertidos, e que a pronúncia fosse vinculativa daí por diante. Assim se instituíram os assentos, a que as Ordenações atribuíam, na linguagem tradicional, "força de lei"[473].

Mais tarde, com a criação das Relações, também estas se arrogam o poder de estabelecer interpretações autênticas, o que não favorece já do mesmo modo o esclarecimento do direito, originariamente pretendido.

Essa figura teve outras manifestações históricas: houve assentos, com a mesma índole dos anteriores, durante o Império brasileiro[474]. E por aí se chegou às figuras actuais.

---

[472] *Supra*, n.os 80 e 81.

[473] *Ordenações Filipinas*, livro I, título v, § 5.º.

[474] *Cfr. António Joaquim Ribas*, Consolidação das Leis do Processo Civil, *art. 157* § 3.

III – O assento

Ao assento se referia o próprio capítulo das fontes do direito do Código Civil, embora evitando um compromisso quanto à natureza deste. Dizia-se que, nos casos declarados na lei, podiam os tribunais fixar, por meio de assento, doutrina com força obrigatória geral (art. 2). Vê-se em todo o caso que a fonte do direito resultaria de uma fixação feita pelo tribunal.

Mas o Ac. n.º 810/93 do Tribunal Constitucional de 7 de Dezembro julgou, em processo de fiscalização concreta, "inconstitucional a norma do artigo 2 do Código Civil, na parte em que atribui aos tribunais competência para fixar doutrina com força obrigatória geral, por violação do disposto no art. 115 da Constituição".

A constitucionalidade dos assentos tinha sido a posição repetidamente assumida, com prática unanimidade, pelo Supremo Tribunal de Justiça[475]. Pelo contrário, o Tribunal Constitucional, por unanimidade, declara-os inconstitucionais, na medida em que lhes era atribuída força obrigatória geral. O carácter complementar desta interpretação por assento, conforme ao estado das fontes – que a aproxima do *ius publice respondendi* romano – não é sequer considerado no acórdão. É muito difícil a subsistência de instituições tradicionais, perante a colonização por doutrinas estrangeiras que se baseiam em pressupostos diferentes.

O art. 4/2 do Dec.-Lei n.º 329-A/95, de 12 de Dezembro, que aprovou as alterações ao Código de Processo Civil, revogou o art. 2 do Código Civil.

Não interessa por isso retomar a discussão sobre a natureza do assento à luz da situação precedente. Nesta matéria remetemos para quanto se disse em edições anteriores[476]. Aí analisámos também os problemas que poderiam ter sido suscitados, entre a pronúncia do Tribunal Constitucional no exercício da fiscalização concreta e este diploma.

---

[475] Cfr. por exemplo o assento de 18 de Março de 1986, DR de 17 de Maio de 1986. Veja-se também o voto do ilustre Cons. Raúl Mateus, no As. STJ de 29.IX.93, *BMJ* 429, 123-126.

[476] Até à 9ª ed. deste livro indicámos o entendimento que nos parecia preferível (n.º 175 da 9ª ed.; cfr. também o nosso *A constitucionalidade do prejulgado trabalhista*). Cfr. também a análise crítica de I. Galvão Telles, *Introdução*, I, n.os 24 e 25.

328 *O Direito. Introdução e Teoria Geral*

177. A actual situação portuguesa

I – Apreciemos agora a situação actual.

Após a revogação do art. 2 do Código Civil, o Ac. n.º 743/96 de 28 de Maio, do Tribunal Constitucional, declarou com força obrigatória geral a inconstitucionalidade daquele preceito, por violação do art. 115/2 da Constituição.

Com a reforma do Código do Processo Civil de 1995, os assentos foram substituídos pelo "julgamento ampliado de revista" (arts. 732-A e 732-B), no plano civil. Com isto os arts. 728/3 e 763, que previam as antigas formas de uniformização da jurisprudência, foram abolidos.

Cria-se assim um meio de uniformização da jurisprudência, com os méritos e as limitações de meios desta ordem.

O julgamento ampliado da revista é determinado pelo Presidente do Supremo Tribunal de Justiça.

Surpreendentemente, o acórdão proferido é publicado na 1ª série-A do *Diário da República*, que é destinado às fontes gerais do direito.

II – O art. 17/2 do mesmo Dec.-Lei n.º 329-A/95, que aprovou as alterações ao Código de Processo Civil, determina que "os assentos já proferidos têm o valor dos acórdãos proferidos nos termos dos artigos 732-A e 732-B".

Isto significa que os assentos perdem retroactivamente a sua categoria de fontes de direito, com força obrigatória geral. Passam a ser mera jurisprudência uniformizada. E sem limite de prazo: enquanto encontrarmos figura que se possa subsumir no conceito (mas nunca para além da restauração moderna da categoria, pensamos), o assento perde a relevância que lhe era dada pelo art. 2 do Código Civil.

Este preceito suscitou dois estudos justificadamente críticos de Menezes Cordeiro e Teixeira de Sousa, mas não coincidentes entre si.

Considerou o primeiro que o art. 17/2 teria com isso revogado inúmeras regras jurídicas, que seriam o objecto de assentos passados. O Governo não tinha autorização da Assembleia da República, pelo que o preceito padeceria de inconstitucionalidade orgânica. Para além disso, atingiria inúmeros direitos consagrados à sombra deles, o que provocaria inconstitucionalidades em cascata[477].

---

[477] *Anotação* ao Ac. STJ 31.I.96, ROA 56 I, 307.

M. Teixeira de Sousa considera pelo contrário que a constitucionalidade da legislação sobre assentos não depende do objecto destes. Pode o Governo legislar sobre o assento como instituto. O que se pode discutir é o âmbito da eficácia. O art. 17/2 seria retroactivo, mas gozaria apenas de retroactividade ordinária[478]. Porém, dos assentos proferidos depois do (actual) art. 112/6 da Constituição (que é o texto invocado para fundar a inconstitucionalidade dos assentos) só ficaria ressalvado o caso julgado[479].

III – O art. 17/2 do Dec.-Lei n.º 329-A/95 só pode aplicar-se aos assentos proferidos a partir do vigente art. 115/6 da Constituição: pois foi a inconstitucionalidade dos assentos a sua causa próxima.

O seu campo de aplicação vem assim a coincidir com o do Acórdão 743/96 TC, que aponta expressamente a violação do disposto no art. 115/6 CRP.

Aplica-se aos factos e situações constituídos ao abrigo daqueles diplomas?

Pelo art. 17/2, seríamos levados a concluir pela não retroactividade. Os assentos cessariam de valer como fonte geral do direito, mas todo o passado ficaria intocado.

Mas a declaração de inconstitucionalidade, provocando a queda da fonte, arrastará todas as situações à sombra desta constituídas?

Assim pareceria.

É porém incompreensível que o TC não tenha usado da faculdade de restringir os efeitos da retroactividade, permitindo serem ressalvados os factos passados.

O TC pronunciou o Ac. considerando que a norma do art. 2 ainda subsistia no ordenamento, por a entrada em vigor do CPC ter sido diferida, "mantendo por isso inteira utilidade o pedido a que os presentes autos se reportam".

Daqui pode tirar-se fundamento para concluir que o TC só teve em conta a vigência para futuro do art. 2 do Código Civil.

178. Acórdãos com força obrigatória geral

I – São fontes do direito em Portugal os acórdãos com força obrigatória geral.

---

[478] Sobre o significado destas categorias, cfr. *infra*, Sucessão de leis.

[479] *Sobre a constitucionalidade da conversão do valor dos assentos*, ROA 56 II, 707.

330 *O Direito. Introdução e Teoria Geral*

Em três lugares são estes previstos pela Constituição: no art. 281/1, referente à fiscalização abstracta da constitucionalidade ou da legalidade pelo Tribunal Constitucional; no art. 281/ 3, referente à mesma matéria, mas agora no pressuposto de uma mesma norma ter sido já declarada inconstitucional ou ilegal em três casos concretos; e o art. 119/1 *g*, que a todos ultrapassa em generalidade, ao mandar publicar no jornal oficial "as decisões do Tribunal Constitucional, bem como as dos outros tribunais a que a lei confira força obrigatória geral".

Não examinamos em especial a declaração com força obrigatória geral, pelos tribunais administrativos, da ilegalidade duma norma emitida no exercício da função administrativa: cfr. Dec.-Lei n.° 129/84, de 27 de Abril, art. 11, e Dec.-Lei n.° 267/85, de 16 de Julho, arts. 66 a 68.

II – Não ficou pois eliminada da ordem jurídica portuguesa a categoria dos acórdãos com força obrigatória geral. O art. 119/1 *g* da Constituição continua a mandar publicar na 1.ª série do DR *as decisões do TC, bem como as dos outros tribunais a que a lei confira força obrigatória geral*[480].

Difícil passou a ser dar sentido a esta previsão, pois toda a lei que o fizer será inconstitucional. Para o evitar, teria de se ler "a constituição" onde o preceito diz "a lei".

Nada impediria que a fonte do direito se confundisse com a própria solução do caso concreto, vindo implícita no modo de decidir e esparsa nos fundamentos do acórdão. É esta a característica do precedente anglo-americano. Mas não é o que se passa entre nós, pois há sempre certa distanciação do caso concreto. É assim nos acórdãos do Tribunal Constitucional, porque a pronúncia do tribunal é sempre abstracta e independente da solução do caso concreto[481].

III – Para saber se o acórdão é jurisprudência, temos de partir necessariamente da definição desta.

Segundo uma noção corrente, a jurisprudência seria a fonte do direito resultante das decisões dos tribunais na solução de casos concretos.

Mas se admitíssemos esta noção como verdadeira, os acórdãos do Tribunal Constitucional não representariam nunca jurisprudência. Como vimos, eles estão separados da solução do caso concreto.

---

[480] Sobre a publicação, cfr. o que dissemos *supra*, n.° 160.
[481] Veja-se a demonstração desta afirmação no nosso *Os acórdãos com força obrigatória geral do Tribunal Constitucional como fontes do direito*.

Modalidades 331

Do que dissemos retira-se pelo contrário a qualificação como jurisprudencial da função exercida pelos tribunais superiores, quando emitem acórdãos com força obrigatória geral. Eles realizam a declaração abstracta do direito que *é*.

Algumas dúvidas que se poderiam suscitar a propósito do Tribunal Constitucional, nomeadamente as baseadas na possibilidade de limitação pelo Tribunal dos efeitos retroactivos que resultariam da declaração com força obrigatória geral, não parecem bastantes para levar a posição contrária.

Daqui resulta que a atribuição de força obrigatória geral a uma decisão de um tribunal não lhe retira o carácter jurisprudencial. Em todos os casos, exprime o conjunto das fontes existentes, quando declara qual o direito, com força obrigatória geral.

IV – A qualificação do acórdão com força obrigatória geral como jurisprudência, e não como lei, é também a que se mostra adequada no ponto de vista dos interesses práticos. Limitamo-nos a salientar um aspecto.

Se o acórdão fosse lei, natural era que o próprio Tribunal Constitucional o pudesse revogar e substituir por outro em sentido diferente. A apreciação de oportunidade, que levara à emanação do acórdão, deveria poder ser substituída por nova apreciação de oportunidade.

Pelo contrário, sendo jurisprudência, natural é que o poder de dizer o direito se esgote com a declaração com força obrigatória geral. Não há considerações de oportunidade que possam levar a uma revisão. O acórdão deve ter a estabilidade própria das decisões judiciais. Parece-nos por isso inteiramente fundado o entendimento comum de que o Tribunal Constitucional não pode rever os seus próprios acórdãos.

E da mesma forma, não poderão estes ser impugnados por inconstitucionalidade[482], porque o poder jurisdicional daquele Tribunal se esgotou.

---

[482] Para os dados do direito alemão, cfr. Maunz, *Grundgesetzkommentar*, *sub* § 94, 21: porque o acórdão não é lei, não pode ser atacado por inconstitucionalidade.

CAPÍTULO II
RAMOS DO DIREITO

179. Direito Privado e Direito Público

I – Passamos agora à divisão das instituições e regras atendendo ao seu conteúdo. A ordem jurídica é una, mas o seu estudo impõe a demarcação de sectores. A esses sectores se chama tradicionalmente os *ramos do direito*.

O conteúdo de cada ramo deve ser estruturado por intermédio de princípios gerais próprios desse ramo. Isto permite um aprofundamento coordenado das matérias nele abrangidas.

II – Esta necessidade de distinguir para aprofundar cedo se fez sentir. Já em Roma surgiu a divisão de todo o direito em público e privado, que é ainda hoje fundamental. Tem por base o trecho de Ulpiano contido em D. 1.1.1.2. *"Publicum ius est quod ad statum rei romanae spectat, privatum quod ad singulorum utilitatem"*.

Há aqui, se bem atentarmos, uma duplicação de critério. O direito público é definido por respeitar à organização do Estado romano e à disciplina da sua actividade; o privado por respeitar à utilidade dos particulares.

De várias maneiras têm os romanistas procurado contornar esta dualidade[483]. Só nos interessa porém acentuar que estes dois pontos de vista estão na origem das concepções fundamentais hodiernas sobre o critério desta classificação.

III – De facto, defrontam-se hoje dezenas de critérios. Os principais são três:

1) Critério do interesse

---

[483] Cfr. Raúl Ventura, *Manual*, n.º 48, que dá prevalência à definição de direito público e interpreta em função dela a definição de direito privado.

Pode fundar-se na segunda parte da definição de Ulpiano. O Direito público visaria à satisfação de interesses públicos e o privado à satisfação de interesses privados.

Este critério é insustentável.

Não há nenhuma linha radical de fractura entre o interesse público e o interesse privado, ao contrário do que pretenderam sectores liberais. O interesse público corresponde, pelo menos indirectamente, aos interesses particulares; os interesses particulares são protegidos porque há um interesse público nesse sentido.

É certo que se procurou reformular este critério, dizendo-se que direito público seria aquele que servisse *predominantemente*, ou *essencialmente*, a prossecução de interesses públicos, e direito privado o que, nas mesmas condições de prevalência, servisse interesses privados. Mas então, a determinação dos ramos do direito, que é antes de mais uma operação pragmática destinada a permitir o estudo em melhores condições do material jurídico, passa a estar dependente de difíceis e arriscadas valorações sobre o interesse que em cada caso se apresenta como prevalente. Tanto bastaria para repudiarmos este critério, ainda que pudesse levar a resultados correctos.

Acrescentaremos que na primeira metade do século XX houve uma acentuação do interesse público, que provocou que de algumas partes se defendesse a existência de um terceiro termo, representado pelas figuras mistas. Estariam nesse caso, por exemplo, o Direito da Família ou o Direito do Trabalho. Mas em nada a clareza é servida com a introdução de um terceiro género, que aliás não teria qualquer unidade. O critério do interesse é impotente para trazer uma resposta a estas dificuldades.

IV – 2) Critério da qualidade dos sujeitos

Este critério inspira-se já no primeiro termo da fórmula de Ulpiano. Seria público o direito que regulasse situações em que interviesse o Estado, ou em geral qualquer ente público; privado, o direito que regulasse as situações dos particulares.

Entendido assim (e fazemos esta ressalva porque alguns falam em qualidade dos sujeitos no sentido em que falaremos a seguir de uma nova posição), entendido assim, dizíamos, este critério é também inaceitável. O Estado e os demais entes públicos podem actuar, e frequentemente actuam, nos mesmos termos que qualquer outro sujeito, utilizando as mesmas armas que os particulares. Não é pelo facto de os entes públicos celebrarem compras e vendas, por exemplo, que as respectivas regras deixam de ser Direito Privado e passam a ser Direito Público. A qualidade do sujeito actuante é pois insuficiente para determinar a categoria da regra.

V – 3) Critério da posição dos sujeitos

Segundo este critério, Direito público será, em sentido que corresponde à definição ulpianeia, o que constitui e organiza o Estado e outros entes públicos e regula a sua actividade como entidade dotada de *ius imperii*; Direito privado é o que regula as situações em que os sujeitos estão em posição de paridade.

Este nos parece o critério que mais útil e correctamente explica a divisão tradicional.

Acentue-se mais uma vez que divisão não significa contradição. O Direito privado não pode ser considerado o direito dos egoísmos individuais, como o Direito público não pode ser considerado o direito das relações de dominação. São ambos indispensáveis e entre si complementares. O progresso não está na absorção de um pelo outro, mas na sua coordenação em fórmulas sucessivamente mais perfeitas[484].

180. Direito comum e direito institucional

I – O critério de distinção que acabamos de analisar é corrente e quase universal. Devemos todavia fazer uma distinção entre a sua valia científica e a sua valia pragmática.

No ponto de vista científico a distinção básica deveria ser outra, muito mais explicativa que esta. Deveriam dividir-se os ramos do direito em ramos de direito comum e ramos de direito institucional[485].

O critério seria este: os vários ramos do direito podem referir-se ou não a instituições, que regulam, e das quais por seu lado recebem a unificação e a fisionomia. A figura da instituição, que encontrámos no limiar do nosso curso[486], volta a apresentar-se como decisiva. Assim, o Direito da Família regula a instituição familiar; o Direito Público é afinal o direito que regula a instituição Estado, no sentido mais utilizável da expressão; o Direito das Sucessões regula a instituição sucessão; e assim por diante.

---

[484] Sobre esta distinção cfr. Boehmer, *Einführung*, § 4.°; *Grundlagen*, em especial § 7.°; Marques Guedes, *A Concessão*, n.os 22-24.

[485] Cfr. Gomes da Silva, *Direito da Família*, págs. 99-101, e o nosso *Direito Civil – Reais*, n.os 6 a 8.

[486] *Supra*, n.° 12.

336 *O Direito. Introdução e Teoria Geral*

Mas para além dos ramos institucionais de direito há um *direito comum*. Grande número de regras não estão por si ligadas a nenhuma instituição em particular, estabelecem antes princípios técnicos que podem ser aplicados independentemente, ou submetidos aos fins de uma instituição. Assim, as matérias que estudamos nesta introdução são de direito comum. E é de direito comum o que respeita à Teoria Geral do Direito Civil, que assenta antes de mais na Teoria Geral do Direito. São de direito comum as Obrigações e os Direitos Reais, etc..

As regras de direito comum são depois retomadas pelos ramos institucionais do direito, e aí adaptadas de modo a servirem finalidades específicas. Por exemplo, a obrigação é estudada em abstracto no Direito das Obrigações: fala-se apenas na relação credor-devedor, quem quer que seja o credor e quem quer que seja o devedor e abstraindo do conteúdo. Mas numerosas obrigações disciplinam relações de Direito da Família, orientadas para a obtenção das finalidades institucionais deste ramo: a obrigação de fidelidade conjugal, pelo menos a obrigação de alimentos. Essa integração institucional impõe normalmente adaptações dessas figuras, acarretando desvios em relação ao regime comum da obrigação.

II – *No ponto de vista pragmático* a posição é diferente. Defeituosa ou não, a sistemática clássica tem funcionado satisfatoriamente. Enraizou--se de tal maneira que não é sensato pugnar pela sua substituição.

Continuaremos por isso a falar em Direito Público e em Direito Privado e a distinguir os vários ramos por referência àquela divisão fundamental. Isso levará por arrastamento a que utilizemos na subdistinção do direito privado um critério pouco científico, a chamada classificação germânica das relações jurídicas[487]. Com esta reserva embora, não deixaremos de seguir aquela classificação, pois ela preside ao estudo dos ramos do Direito Civil que se realiza nos Cursos de Direito e à codificação civil.

III – Dois ramos porém terão de ficar de fora, pois não cabem de toda a maneira, nem no direito público, nem no direito privado. Referimo-nos ao Direito Internacional Público e ao Direito dos Organismos Intermédios, que examinaremos nos números subsequentes.

---

[487] Vejam-se as críticas de Hegel, *Filosofia do Direito*, pág. 61, e de Gomes da Silva, *Direito da Família*, págs. 55 e segs. Cfr. também Lafayete Rodrigues Pereira, na Introdução a *Direitos de Família*.

Ramos do Direito 337

181. Direito Internacional Público

I – O Direito Internacional Público tem grande importância formativa, por nos abrir as vias da compreensão da comunidade internacional.

O Direito Internacional Público (não confundir com o Direito Internacional Privado, de que falaremos depois) vive actualmente um período de rápidas transformações, que tornam difícil a própria demarcação de contornos[488].

Da designação resultaria que o Direito Internacional Público seria o que regula as relações entre as nações. Mas como as nações se estruturam em Estados, logo devemos corrigir aquela ideia dizendo que o Direito Internacional Público regula as relações entre os Estados[489].

Mas temos de distinguir Estados soberanos e Estados não soberanos.

Como ensina a Teoria Geral do Estado, há Estados não soberanos, os Estados federados, por exemplo. Assim acontece no Brasil, onde se contrapõem ao Estado federal os Estados federados. A soberania é um poder político supremo e independente. Ora, no diálogo internacional só participam os Estados munidos deste poder independente.

II – Não podemos ainda ficar por aqui. Há outras comunidades que tratam com os Estados em pé de igualdade, como certas organizações internacionais e entidades tais como a Igreja Católica e a Ordem de Malta. Tradicionalmente, o Direito Internacional Público deixou por isso de ser um direito das relações entre Estados para passar a abranger também todas as relações com estas entidades.

Modernamente a pesquisa dirige-se mesmo para outros domínios. Pergunta-se se os próprios *indivíduos* não surgem como sujeitos de Direito Internacional. Há normas que têm por objecto directo as condutas dos indivíduos, como as referentes aos chamados "criminosos de guerra", ou as que permitem a sujeitos individuais o recurso a tribunais internacionais. Há ainda o que Verdross chama o "direito interno de comunidades internacionais", como as regras que uma instituição internacional estabelece para os seus dependentes, e que se diferenciam das regras internacionais propriamente ditas[490].

---

[488] Sobre esta matéria cfr. Verdross, *Derecho Internacional*, págs. 3 e segs.; Truyol y Serra, *Noções*, págs. 9 e segs.; Gonçalves Pereira/Fausto de Quadros, *Manual*, págs. 19 e segs..

[489] Sobre a coercibilidade nas ordens supra-estatais, cfr. *supra*, n.° 39.

[490] Sobre esta matéria cfr. Verdross, *Derecho Internacional*, págs. 158-164.

338   *O Direito. Introdução e Teoria Geral*

Qualquer que seja a solução que se dê a esta última questão, o certo é que se não pode já definir o Direito Internacional Público como o direito que regula as relações entre Estados soberanos, quanto mais não seja pela necessidade de reconhecimento da intervenção de outras entidades além dos Estados soberanos.

III – Perante estas dificuldades manifesta-se a tendência para definir o direito internacional pela forma de produção normativa, tendo-se portanto em atenção as *fontes internacionais*[491]. Mas então as dificuldades transferem-se para a definição do que seja fonte internacional.

Na realidade, o Direito Internacional Público é um direito institucional, visto que corresponde à comunidade internacional, como comunidade autónoma, distinta de qualquer outra. Direito Internacional Público é portanto o direito que regula a comunidade internacional ou, se se preferir, o que regula as relações que se estabelecem no interior da comunidade internacional. Parece que só a visão da comunidade que se tem em vista, que difere da comunidade a que cada Estado deve corresponder, permite a delimitação do ramo do direito.

Como a Comunidade se modifica, o Direito Internacional da comunidade cristã medieval é necessariamente diferente do que corresponde à comunidade mundial dos nossos dias.

IV – De todo o modo, o Direito Internacional Público não pode ser considerado privado; mas também não pode ser considerado público. Não propriamente por as relações regidas pelo direito internacional não serem de subordinação mas de coordenação – pois de qualquer forma os sujeitos-padrão são ainda entidades soberanas, que actuam como tal – mas porque isso nunca esgotaria as relações de Direito Internacional.

Na verdade, a distinção do direito em público e privado referia-se a uma instituição centrada na nação ou no Estado. Não serve já quando se tenta prolongar na comunidade internacional, que de todo ultrapassa o âmbito daquela.

V – Nos nossos dias assiste-se a uma preocupante metamorfose do Direito Internacional.

Na sua fisionomia moderna, a partir do séc. XVI, o Direito Interna-

---

[491] Neste sentido André Gonçalves Pereira/Fausto de Quadros, *Manual*, 30-31; Marcelo Rebelo de Sousa, *Introdução*, 26.5.

cional surgia como um instrumento de contenção do arbítrio dos Estados mais poderosos.

Nos nossos dias esse movimento está revertido. O Direito Internacional tornou-se o instrumento dos vencedores, ou pelo menos a capa do poder dos mais fortes.

Passa a ser o Direito que consagra as hegemonias, a ingerência nos negócios internos doutros Estados ou até a intervenção armada pura e simples.

As grandes potências arvoram-se o poder de determinar quem tem razão nos conflitos que eclodem, à margem das próprias organizações internacionais que criaram e dominam. Quem se lhes opõe é qualificado como criminoso, criando-se um simulacro de Justiça internacional que atingirá os vencidos. Tudo isto esconde mal a prossecução de interesses nacionais sob vestes respeitáveis.

O que significa que a aparência é uma e outra a realidade. Aquilo a que se assiste consiste numa grave involução ou degenerescência do Direito Internacional.

Hoje, haverá que ter a coragem de perguntar se a criação voluntária de Direito Internacional é mesmo direito, ou se se reduz a uma apresentação enganosa das imposições políticas das grandes potências.

182. **Direito dos organismos intermédios**

I – Assim como há direito além do Estado, há direito aquém do Estado. Logo de início acentuámos a riqueza das ordens institucionais menores, que têm a sua própria vida jurídica autónoma em relação à vida do Estado[492]. Falamos em Direito dos organismos intermédios para designar o direito próprio destes corpos sociais. Poderíamos falar também em Direito Corporativo, mas a expressão é ambígua, porque serviu para designar o direito próprio de antigas estruturas corporativas formais, que foram abolidas.

A definição de norma corporativa constante do art. 1/2 do Código Civil não é por isso válida hoje em dia, mas continua a ser verdadeira a sua referência aos "organismos representativos das diferentes categorias morais, culturais, económicas ou profissionais". As disposições de uma Ordem

---

[492] Cfr. por exemplo *supra*, n.º 38 II e III.

340 *O Direito. Introdução e Teoria Geral*

dos Médicos, por exemplo, dão-nos um exemplo claro deste Direito dos organismos intermédios[493].

Efectivamente, as regras de direito que regulam estas entidades não se integram em qualquer das divisões conhecidas do direito e merecem ser agrupadas num ramo autónomo[494].

II – Dentro das normas corporativas devemos distinguir as normas:

– organicamente corporativas
– geneticamente corporativas.

O Direito dos organismos intermédios ocupa-se de todas estas espécies de normas corporativas. Consequentemente, não lhe são estranhas também regras produzidas por entidades exteriores a esses organismos, desde que se inscrevam entre as organicamente corporativas; que rejam portanto a constituição, estrutura e funcionamento dos organismos corporativos. É-lhe indiferente que essas normas provenham dos próprios organismos intermédios ou de entidades exteriores, como o Estado. Assim, um estatuto de uma ordem profissional, aprovado por lei do Estado, não deixará de ser considerado também pelo Direito dos organismos intermédios, pois é indispensável para a demarcação do estatuto jurídico destas entidades.

Em todo o caso, aqui há já uma extensão, motivada sobretudo por considerações didácticas. O conteúdo próprio do Direito dos organismos intermédios são as instituições menores e o direito por elas produzido. E as normas provenientes do Estado não deixam de pertencer também a outros ramos do direito, o Direito Administrativo, por exemplo.

III – O Direito dos organismos intermédios é recentemente objecto de renovada atenção. A terminologia é muito variada, mas a elaboração dos autores leva ao caminho da sua autonomização. Tem a particularidade de possuir fontes específicas de direito. Assim poderá acontecer por exemplo em comunidades isoladas, locais ou profissionais.

Todavia, dada a variedade destas manifestações institucionais este direito não permite um estudo em geral, que vá além da caracterização do próprio sector. Só instituição por instituição se terão de estudar as fontes, as regras e até as posições frente à ordem geral do Estado que lhe são adequadas.

---

[493] Sobre as disposições de entes intermediários falámos *supra*, n.º 153.
[494] Cfr. sobre esta matéria o nosso *Direito Corporativo*, n.ºs 116 e segs..

IV – *Direito desportivo*

Daremos todavia como exemplo de um sector em que estes princípios se manifestam de forma impressionante: o do *Direito Desportivo*. As várias modalidades desportivas constituíram-se espontaneamente, por iniciativa dos praticantes, num processo que se repete em termos paralelos em todos os países. Chega-se à constituição de Federações ou entes análogos, que unificam a nível nacional uma prática desportiva. Essas Federações ditam a disciplina do sector, que envolve uma estrutura jurídica complexa, com as suas próprias sanções e órgãos jurisdicionais; e que movimenta, nas grandes modalidades-espectáculo, interesses milionários.

Todavia, o poder destas entidades é originário: desenvolveu-se independentemente de qualquer previsão legal. E quando chega o reconhecimento legal, nomeadamente através da outorga em exclusivo de poderes de autoridade[495], as Federações não são transformadas em órgãos do Estado. Apenas a eficácia externa e relevância (que sempre aliás tinham tido) dos seus actos é reconhecida no âmbito da estrutura jurídica oficial. Por tudo isto, o ordenamento desportivo pode no seu conteúdo não ser coincidente com o direito oficial do Estado, sem que isso implique invalidade.

V – Puro Direito institucional, o Direito dos organismos intermédios não é enquadrável na dicotomia Direito Público – Direito Privado.

Não é Direito Público, pois respeita à actuação de sujeitos diferentes do Estado. Estes não merecem até, ao menos na generalidade dos casos, as qualificações ambíguas de entes públicos ou de pessoas de direito público.

Cairá então no Direito Privado? Mas o Direito dos organismos intermédios não regula situações em que os sujeitos estão em posição de paridade, pois os organismos intermédios podem até ter poderes de autoridade. Repugnaria aliás a toda a orientação actual considerar o Direito dos organismos intermédios mero Direito Privado.

Por isso dizemos que este ramo escaparia de toda a forma à distinção do direito em público e privado.

---

[495] É assim que o art. 7 do Dec.-Lei n.º 144/93, de 22.IV declara expressamente que as federações desportivas são associações de direito privado a que pode ser atribuído estatuto de utilidade pública desportiva, passando então a ter o exclusivo para o exercício, dentro do seu âmbito, "de poderes de natureza pública".

342   *O Direito. Introdução e Teoria Geral*

183. Ramos do Direito Público. Direito Constitucional e Direito Administrativo

I – Retomamos agora a classificação tradicional. Comecemos pela distinção dos ramos do Direito Público.

O primeiro ramo que se apresenta à nossa consideração é o Direito Constitucional. Ocupa o lugar central, pois é ele que caracteriza o Estado como detentor do poder soberano. Mas sobre este nada adiantaremos, por preocupações didácticas de divisão de trabalho.

Observemos apenas que no Direito Constitucional se estudam os princípios fundamentais de todos os ramos do direito, particularmente enquanto estes são assumidos como quadros da estruturação política.

II – *Direito Administrativo*

Regula este a organização e actividade dos órgãos da Administração Pública, nessa qualidade, na prossecução de interesses colectivos; paralelamente, regula também a actividade de outros entes públicos igualmente incumbidos da prossecução de interesses colectivos.

Esta tarefa, em sentido amplo executiva, abrange um domínio vasto e aliás sempre crescente, no trânsito da concepção minimalista do Estado novecentista para a concepção maximalista do Estado-providência. Por isso acabam por se individualizar ramos menores do Direito Administrativo, que trazem frequentemente grandes problemas na demarcação de fronteiras com outros ramos do direito. Por exemplo, fala-se de um Direito Administrativo Penal, tendo por conteúdo as formas administrativas de repressão do ilícito; mas aqui abre-se a dificuldade da demarcação de fronteiras com o Direito Penal, enquanto este se interessa também pela matéria do ilícito administrativo, como veremos.

Num movimento inverso, propagado do exterior, assiste-se hoje a uma privatização de funções públicas. Se por um lado supre a insuficiência da máquina administrativa, por outro incorre na contradição de confiar a defesa de interesses públicos a titulares de interesses privados.

O Direito Administrativo é unanimemente considerado Direito Público. Forma, com o Direito Constitucional, a coluna mestra desta divisão do direito. A tendência é no sentido de se irem formando direitos administrativos especiais, que não perdem com isso a integração no Direito Público.

III – *Direito Fiscal ou Tributário*

Direito Fiscal ou Tributário é o ramo do direito que regula a definição e a cobrança dos tributos ou impostos. Tem uma importância muito grande e uma fisionomia específica, uma vez que recorre a regras de variadas proveniências e as adapta para os seus próprios fins, afastando-se frequentemente dos princípios de outros ramos do direito.

É muito discutida a relação deste ramo com o Direito Administrativo. Os fiscalistas sustentam a sua autonomia[496], fundados nomeadamente na existência de princípios próprios. Os administrativistas tendem a considerar que o Direito Tributário é ramo do Direito Financeiro e este é ramo do Direito Administrativo, enquanto regula a actividade financeira da Administração.

184. Direito Privado e Direito Civil

I – O Direito Privado pode ser dividido em Direito Privado Comum ou Civil e direitos privados especiais. Ficam de fora o Direito Penal e os processos, de que falaremos mais tarde.

O Direito Civil constitui o tronco do Direito Privado. Disciplina a vida comum das pessoas comuns, portanto o que é comum a todas as pessoas, abstraindo de qualificações especiais[497]. Consta hoje no fundamental do Código Civil. Desde há muito separado do Penal, delimita-se um tanto por exclusão de partes, pois dele se têm sucessivamente distinguido ramos que vão ganhando autonomia. Representa a parte mais tradicional e mais profundamente elaborada de toda a ordem jurídica.

O Direito Civil é assim o núcleo do Direito Privado ou o Direito Privado comum, no sentido que regula os sectores de que todos participam[498].

II – *Teoria Geral do Direito Civil*

Por outro lado, já notámos que o Direito Civil tem funcionado como o depositário dos princípios gerais do direito. Aquilo que é comum a várias disciplinas, tendencialmente a todas, é deixado para o Direito Civil. Desenvolveu-se assim uma Parte Geral, ou Teoria Geral, do Direito Civil.

Tradicionalmente, o estudo básico das *situações jurídicas* é ministrado neste sector. Mas o seu conteúdo é quase generalizável a todo o

---

[496] Cfr. por exemplo Alberto Xavier, *Direito Fiscal*, págs. 13-20.

[497] Cfr. sobre esta matéria a parte inicial do nosso *Direito Civil – Teoria Geral – I*, particularmente o n.º 6.

[498] Cfr. o nosso *Direito Civil – I* cit, n.ºs 5 e 6.

344　　　*O Direito. Introdução e Teoria Geral*

direito. Se bem que o regime legal esteja particularmente focado no Direito Civil e portanto o ensino reflicta este ponto de vista, ela traduz muito imediatamente uma teoria geral do direito, e os seus princípios são, com adaptações, aplicáveis noutros ramos.

Dentro dessa parte geral ainda devemos distinguir dois domínios, que correspondem aliás a disciplinas universitárias diferentes. De um lado temos as normas sobre normas, do outro o estudo em geral das situações jurídicas. Correspondendo a esta diferenciação, o Código Civil dedica um primeiro título às "leis, sua interpretação e aplicação", e o título seguinte às "relações jurídicas".

Nada ocorre adiantar sobre a Teoria Geral, que é ministrada autonomamente[499]. Deixamo-la por isso de parte e vamos identificar as restantes divisões do Direito Civil.

III – *Normas sobre normas*

Constituem objecto da nossa disciplina. A matéria é de Teoria Geral do Direito, e não apenas de Teoria Geral do Direito Civil.

Um sector muito importante destas foi todavia autonomizado já num novo ramo do direito. Referimo-nos ao Direito Internacional Privado, que disciplina as situações que se relacionam com várias ordens jurídicas.

Não o caracterizaremos, porque terá de lhe ser feita referência adiante, a propósito dos chamados "conflitos de leis no espaço"[500].

Observemos apenas que o Direito Internacional Privado se restringe a situações referentes ao Direito Privado. A sua técnica de solução não é aplicável em matérias de Direito Público.

185. A classificação germânica dos ramos do Direito Civil

I – Por serem muito numerosos, os preceitos do Direito Civil devem ainda dividir-se por vários sub-ramos. Surgiu por isso uma classificação que, se bem que teoricamente pouco certeira, é praticamente útil e tem consagração quase universal. Em Portugal há muito está o ensino universitário moldado sobre ela.

Referimo-nos à classificação germânica das relações jurídicas que se funda em Savigny, e é vulgarmente designada como a classificação germâ-

---

[499] Sobre esta matéria cfr. o nosso *Direito Civil – Teoria Geral*.
[500] *Infra*, n.os 332 e segs..

Ramos do Direito 345

nica dos ramos do Direito Civil. Dissemos há pouco[501] que a tomaríamos como base de exposição, muito embora descrêssemos da sua correcção última.

II – Por força desta classificação teríamos (não contando com uma parte geral, ou teoria geral) o Direito Civil dividido em:

– Direito das Obrigações
– Direitos Reais ou Direito das Coisas
– Direito da Família
– Direito das Sucessões.

186. Direito das Obrigações

O Direito das Obrigações regula as situações pelas quais uma pessoa está vinculada a realizar em benefício de outra uma prestação. Matérias como a responsabilidade civil são estudadas aqui, por a responsabilidade ser fonte de obrigações, enquanto acarreta o dever de indemnizar prejuízos. O sujeito activo, o credor, tem um direito de crédito: o sujeito passivo, o devedor, tem a correspondente obrigação. Os vários tipos de contratos – os contratos em especial – também são aqui estudados.

A denominação deste ramo do direito acentua mais o aspecto passivo, e por isso se fala em Direito das Obrigações.

187. Direito das Coisas

Direitos Reais ou *Direito das Coisas*[502] é o ramo que regula a atribuição das coisas, de tal modo que uma pessoa fica com um direito oponível a terceiros que lhe outorga a possibilidade de tirar vantagem da coisa.

O direito real prototípico é a propriedade, como direito real pleno. Há direitos reais limitados, como o usufruto (que consiste num direito temporário à totalidade do gozo de coisa alheia) ou as servidões. Têm a mesma natureza as garantias reais das obrigações, como a hipoteca, que todavia se estudam muitas vezes no Direito das Obrigações por serem acessórias destas.

---

[501] *Supra*, n.º 180 II.
[502] Veja-se o nosso *Direito Civil – Reais*.

346　　　*O Direito. Introdução e Teoria Geral*

Os direitos reais têm um carácter mais estático (regulam a atribuição de bens) enquanto as obrigações têm um carácter mais dinâmico (estão mais ligadas às transferências de bens e à prestação de serviços).

188. Direito da Família

O Direito da Família regula a constituição da família e as relações que se estabelecem no seio desta. As relações familiares derivam de três factos – o casamento, a procriação e a adopção. Família será pois o conjunto de pessoas ligadas entre si pelo vínculo conjugal, pelo parentesco, pela afinidade, ou também pela adopção.

As relações familiares podem ser pessoais ou patrimoniais, subordinadas embora estas àquelas.

A família é a base da sociedade, mas vive uma crise, que é também jurídica. A família parental ou extensa é substituída pela família nuclear e esta por sua vez entra em acelerada erosão.

189. Direito das Sucessões

O Direito das Sucessões[503] regula a vicissitude sucessão por morte.

Há várias espécies de sucessão, atendendo ao título pelo qual os sucessores são chamados:

a) testamentária ou deferida por testamento;

b) legitimária, deferida a ascendentes, descendentes e cônjuge, em certa proporção, mesmo que contra a vontade do autor da sucessão;

c) legítima, deferida a familiares segundo o esquema supletivo da lei, para o caso de o autor da sucessão não ter manifestado por testamento outra vontade, em relação a bens não abrangidos pela sucessão legitimária.

Por testamento pode fazer-se a nomeação de herdeiro (que pode coexistir com herdeiros legais), tal como podem ser deferidos bens ou direitos específicos a título de legado.

---

[503] Veja-se o nosso *Direito Civil – Sucessões*.

190. Direito da Personalidade

Dentro do Direito Civil deveria autonomizar-se ainda o *Direito da Personalidade*. Há aqui matéria suficientemente específica e unitária para dar origem a um novo ramo.

Os códigos, porém, não o autonomizam. É apenas no âmbito da Parte Geral, a propósito das pessoas singulares, que pode surgir um ou outro preceito sobre esta matéria[504].

Porque se faz assim? Porque a maior parte dos preceitos relativos aos direitos da personalidade consta da própria Constituição Política, onde vêm tratados como direitos e garantias fundamentais Não se sentiu por isso a necessidade de especificar um novo ramo no Código. Da mesma forma se apresenta o problema nos currículos de estudos jurídicos.

Isto quer dizer que as matérias integráveis no Direito da Personalidade são estudadas, ou na disciplina de Teoria Geral, quando se referem as pessoas, ou no Direito Constitucional, quando se examinam os direitos e garantias individuais. Abstemo-nos por isso de qualquer referência ulterior.

Em todo o caso, seria melhor designar o ramo de direito como Direito da Personalidade que como "Direitos de Personalidade".

O CC marcou um progresso muito importante, ao prever os direitos de personalidade. A matéria é assim distinguida da generalidade das disposições sobre sujeitos de direito, naturais ou jurídicos. Mas é necessário ir muito além. O Direito Civil não se pode desinteressar da problemática essencial das exigências da natureza ôntica da pessoa humana, que é causa e fim do direito.

191. Direito de Autor

Disciplina os direitos sobre as obras literárias e artísticas. Esta designação abrange obras das mais variadas espécies, como os escritos literários e científicos, as obras audiovisuais, as arquitectónicas, as pinturas, as obras coreográficas...

Está regulado pelo Código do Direito de Autor e dos Direitos Conexos, aprovado pelo Decreto-Lei n.° 63/85, de 14 de Março, alterado por ratificação pela Lei n.° 45/85, de 17 de Setembro. São muito importantes

---

[504] Vejam-se os arts. 70 e segs. do Código Civil , subordinados à epígrafe "direitos de personalidade". A disciplina ordinária desta matéria tem entretanto prosseguido, nomeadamente no respeitante à protecção da intimidade da vida privada.

348 *O Direito. Introdução e Teoria Geral*

neste domínio as convenções internacionais, particularmente as de tendência universalizante, como a Convenção de Berna.

Ao autor são atribuídos direitos de exclusivo ou de monopólio, que se mantêm em princípio até 70 anos após a morte do criador intelectual. Estes direitos são transmissíveis.

Em paralelismo com a protecção do autor desenvolve-se a protecção do artista intérprete ou executante, dos produtores de fonogramas e de videogramas e dos organismos de radiodifusão[505].

O Direito de Autor não tem lugar nos planos normais do Curso de Direito, fazendo-se-lhe todavia algumas referências na disciplina de Direitos Reais.

Sobre esta matéria remetemos para o nosso *Direito de Autor e Direitos Conexos*, para o direito português.

O Direito de Autor e os Direitos Conexos poderão ser ainda integrados no Direito Civil? É contestável, porque não respeitam já à situação do homem comum. Parece mais adequado qualificá-los como um (ou mais) ramos especiais do Direito Privado[506].

192. Direitos privados especiais. O Direito Comercial

I – Ao direito privado comum, ou civil, se contrapõem os direitos privados especiais. Como todo o direito especial, representam a adaptação deste direito comum (ou geral) a circunstâncias especiais[507].

Está nestas condições o Direito Comercial. Ele foi historicamente elaborado para subtrair a actividade económica ao formalismo do Direito Civil do século XVIII. Alicerça-se nas necessidades:

a) de *celeridade* da actividade económica, que obriga a uma decisão muito mais rápida dos negócios;

b) da *boa fé*, na base da qual se sacrificam certas formalidades ou cautelas com que se garante o tráfego civil;

c) de *reforço do crédito*, da qual resulta uma protecção mais acentuada do credor comercial;

---

[505] *No Brasil fala-se hoje em* Direito Autoral, *para abranger o Direito de Autor e estes Direitos Conexos.*

[506] É também freqüentemente integrado com o Direito Industrial, de que falaremos mais tarde, no que se chama a Propriedade Intelectual.

[507] *Infra*, n.º 303 II.

Ramos do Direito 349

d) do fim *lucrativo*, uma vez que este objectivo permeia e caracteriza toda a actividade comercial[508].

II – A designação *Direito Comercial* não deve induzir em erro. Também a indústria está abrangida por este ramo do direito. Excluem-se porém certas actividades económicas em que estas necessidades não se fazem sentir da mesma forma, como a agricultura ou o artesanato.

Por outro lado, o Direito Comercisal, que surgiu como direito de casta (o direito dos comerciantes), foi pelo Código Comercial apresentado como um direito dos actos do comércio. O Direito Comercial não é o direito dos comerciantes (mesmo sabendo-se que a qualificação jurídica de comerciante abrange os industriais). Os não comerciantes podem também recorrer à lei comercial. A toda a pessoa que praticar algum dos actos objectivamente regulados na lei comercial, essa lei é directamente aplicável. Mas todos os actos dos comerciantes que de sua natureza não forem exclusivamente civis ficam em princípio sujeitos à lei comercial, por se presumir resultantes da actividade comercial.

Na prática, o núcleo do Direito Comercial encontra-se na empresa, realidade institucional que progressivamente se afirma. A maior parte da produção legislativa neste domínio refere-se já actualmente a esta e às suas estruturas jurídicas, particularmente as sociedades comerciais. Veja-se a este propósito o Código das Sociedades Comerciais[509].

III – Verifica-se a tendência para se desentranharem sucessivamente novos ramos, a partir do Direito Comercial, marcados também pela especialidade do seu objecto. Assim, o Direito Marítimo tem já feição autónoma[510]; vão-se formando o Direito dos Seguros, o Direito Bancário e o Direito dos Valores Mobiliários; e o fenómeno repete-se noutros domínios.

É também no Direito Comercial que se estuda a matéria das letras, livranças ou notas promissórias e cheques. São documentos que incorporam direitos e gozam de uma protecção muito especial, mesmo no campo internacional. Há por isso uma lei uniforme internacionalmente aprovada,

---

[508] Sobre esta matéria vejam-se as nossas lições universitárias de *Direito Comercial – I.*

[509] Sobre esta matéria vejam-se as nossas lições universitárias de *Direito Comercial – IV.*

[510] Também se fala em Direitos Aeronáutico e Espacial. Outros englobam estas duas matérias no Direito da Navegação.

350 **O Direito. Introdução e Teoria Geral**

que substituiu a parte do Código Comercial que referia esta matéria. E além destes encontram-se numerosos outros *títulos de crédito*.

193. Direito do Trabalho

O Direito do Trabalho é um direito privado especial, pois especializa os princípios gerais, sobretudo os do Direito das Obrigações, no campo das relações de trabalho subordinado. Os códigos civis antigos ainda pretendiam conter a regulamentação exaustiva desta matéria – que, no século XIX, se restringia ao contrato de trabalho. A política de protecção ao trabalhador subtraiu-a ao domínio da lei civil e provocou um incremento constante de preceitos, animados de princípios já muito diversos. Ganha particular relevo tudo o que respeita aos processos de contratação colectiva.

194. Direito da Previdência Social

Autonomizado está também já este ramo, muito importante para marcar a situação do trabalhador. Dia a dia se acrescentam novos preceitos e se amplia a intervenção a novas zonas. Caminha-se para um Direito da Segurança Social, figura mais vasta, que abrangerá toda a população e prescindirá já da condição de trabalhador do beneficiário.

Se bem que pressuponha a actividade de órgãos administrativos, o Direito da Previdência Social é fundamentalmente um direito privado, regulador dos direitos e obrigações dos privados perante as prestações previdenciais e correspondentes encargos.

Fala-se também de um Direito Infortunístico, diverso quer deste quer do Direito do Trabalho, cujo domínio precípuo seriam os acidentes de trabalho e as doenças profissionais.

O Direito da Previdência Social não é em geral elevado nos currículos académicos de direito a disciplina específica.

195. Direito Industrial

A matéria é impropriamente designada Propriedade Industrial[511] e regulada pelo Código da Propriedade Industrial[512] e por convenções inter-

---

[511] Uma vez que não há tecnicamente propriedade.
[512] Aprovado pelo Dec.-Lei n.º 36/03, de 5 de Março.

Ramos do Direito   351

nacionais, particularmente a Convenção da União de Paris. Estes diplomas abrangem também a matéria da concorrência desleal[513].

Atribui direitos privativos sobre bens imateriais, de maneira a permitir posições favoráveis na concorrência. Temos antes de mais as invenções, sobre as quais se atribuem patentes, direitos de exclusivo ou de monopólio com a duração de vinte anos. Análogos são os modelos de utilidade e os modelos e desenhos industriais. Vêm depois os sinais distintivos, como as marcas, as denominações de origem, as insígnias, etc..

O Direito Industrial não tem em geral lugar no plano dos cursos de Direito, fazendo-se-lhe todavia menção na disciplina de Direito Comercial.

Fala-se em Propriedade ou Direito Intelectual para abranger, quer o Direito de Autor, quer o Direito Industrial e possivelmente outras matérias.

196. Direito Agrário

O Direito Agrário é o direito da agricultura. Pela sua ligação a esta, a pecuária é tradicionalmente atraída para este domínio.

A necessidade de separação deste ramo do direito da base do Direito Civil surge em consequência da intervenção do Estado na agricultura. Por força desta, vão-se acumulando institutos e princípios que trazem um espírito diferente e levam à autonomização.

Mas o Direito Agrário não resulta apenas das formas de intervenção estatal, mas de todas as regras relativas à agricultura. A intervenção pública faz-se normalmente sob a bandeira duma indefinida reforma agrária. A estrutura fundiária, os tipos de exploração, os contratos agrários, o crédito agrário e tantas outras matérias vão ficando submetidas a regras próprias.

O conceito de empresa agrária pode ocupar cientificamente o primeiro lugar, unificando intervenções à primeira vista díspares.

197. Direito Criminal ou Penal

I – É o ramo do direito que define os crimes e estabelece as penas e medidas de segurança correspondentes.

---

[513] Sobre esta matéria cfr. as nossas lições universitárias de *Direito Comercial – II – Direito Industrial* e o nosso livro *Concorrência Desleal*.

352   *O Direito. Introdução e Teoria Geral*

É normalmente considerado Direito público, mas não encontramos justificação para isso[514]. Os deveres penais são deveres dos indivíduos; o facto de as penas serem aplicadas judicialmente não implica que o Direito Penal regule a actividade do Estado. Esta, quando muito, respeitará ao processo e não ao Direito Penal em si.

A consideração das regras penais é essencial para permitir demarcar a situação dos particulares. A não se querer considerar o Direito Penal como Direito Privado, caberia pelo menos num amplo "direito dos particulares", em que se abrangeriam todos os ramos destinados a delimitar o estatuto dos privados, por oposição àqueles que se referem à estruturação e à actividade dos entes públicos.

II – A aplicação da regra penal tem por pressuposto um crime. Mas um crime é uma *acção*: uma acção ilícita e culposa, mas sempre uma acção. Por isso o Direito Penal realiza um estudo muito profundo da acção humana, procurando sondar as suas determinações essenciais. E aqui praticamente nenhum formalismo é admissível: a acção humana tem de ser analisada como tal, o que leva necessariamente o estudioso até aos limites da ontologia.

Para além disso, não se pode esquecer que cada acção singular é por seu lado emanação de uma personalidade. Tudo isto traz ao Direito Penal uma profundidade muito acentuada, pelo que é prematuro o seu estudo por quem não tiver obtido uma formação jurídica geral.

III – No âmbito da acção traçam-se distinções fundamentais. Da acção em sentido estrito distingue-se a *omissão*. Esta é criminalmente punível quando o sujeito tinha o dever de agir e não o fez.

Também há que distinguir a conduta *intencional* ou dolosa da conduta *negligente*. Na primeira o sujeito propõe-se uma finalidade, que aceita; na segunda não há a aceitação do resultado, mas este era evitável se o sujeito agisse com a diligência devida. A acção negligente só é punível quando a lei o determinar.

O Direito Penal não se preocupa com toda a acção humana, mesmo que objectivamente reprovável, mas só com a acção típica: é necessário

---

[514] Deverá representar ainda um resíduo do critério do interesse na distinção do Direito Público e do Direito Privado, que como dissemos é hoje dominantemente abandonado em favor do critério da posição dos sujeitos.

Ramos do Direito 353

que essa conduta seja conforme a um dos tipos ou previsões estabelecidos na lei. Nisto consiste *o princípio da legalidade ou tipicidade*[515].

Por isso os códigos penais proíbem a analogia a partir das normas incriminadoras ou das penas estabelecidas. Repercutem neste particular comandos constitucionais: art. 29/1, 3 e 4 da Constituição[516]. Esta última, porém, numa regressão considerável, permite a punição por conduta "que no momento da sua prática seja considerada criminosa segundo os princípios gerais de direito internacional comummente reconhecidos" (n.º 2). É um critério muito vago, que tornou este domínio inseguro.

IV – Crimes e contravenções. Direito de mera ordenação social

A distinção destas categorias é difícil, pelo que se utiliza, ora um critério substancial, ora um critério formal.

A lei portuguesa seguiu o primeiro critério. No crime prevê-se a violação de um bem, na *contravenção* a infracção de uma regra preventiva. É crime atingir a integridade física de outrem através de uma explosão, é contravenção fazer circular matérias explosivas sem acatar as determinações estabelecidas. Neste último caso há efectivamente uma regra preventiva. Por exemplo, só por um caminhão circular com uma carga explosiva fora das condições legais não resultou ainda nenhum dano social; mas aquelas regras representam um anteparo preventivo, pois previnem que tais danos venham a verificar-se.

Na generalidade dos crimes exige-se a conduta intencional para que o agente responda, mas na contravenção a lei contenta-se com a acção ou omissão voluntárias[517]. Não há também punição de tentativa de contravenção.

No direito português desenvolve-se actualmente um novo conceito, o de *contra-ordenação*, para corresponder fundamentalmente a infracções de carácter económico. Várias figuras são retiradas do âmbito do Direito Penal e constituem o Direito de mera ordenação social. Vai-se formando uma nova modalidade de ilícito administrativo, que permite sanções pecuniárias mas a que se não atribui natureza penal[518].

---

[515] Deste falámos incidentalmente, a propósito dos sistemas socialistas de direito: cfr. *supra*, n.os 83 a 85.

[516] Esta disposição é aplicável também às medidas de segurança.

[517] Portanto, é punida a mera negligência.

[518] Cfr. o Dec.-Lei n.º 433/82, de 27 de Outubro.

354 O Direito. Introdução e Teoria Geral

198. Penas e medidas de segurança

I – *Penas*

As sanções criminais são as penas e as medidas de segurança.

A pena criminal tem necessariamente um carácter de reprovação do agente e traz-lhe uma privação de bens[519]. Esses bens têm sido historicamente das mais variadas espécies. Já foram atingidos:

- a vida
- a integridade física
- a liberdade
- a honorabilidade
- a integração social
- o património.

A privação da *vida* traduz-se na pena de morte, constitucionalmente banida.

A limitação da *integridade física* choca os dados fundamentais da nossa civilização.

A privação da *liberdade* representa hoje a forma normal da pena criminal, procurando-se embora ultrapassar os maus resultados que a prática tem acarretado. Não há prisão perpétua[520].

A privação ou limitação da *honorabilidade* verifica-se em casos como a repreensão[521].

A privação ou limitação da *integração social* dá-se em casos como o do exílio ou banimento, hoje em geral proibidos, no desterro[522] e, noutro grau, na demissão do funcionário público.

A privação do *património* ou de elementos deste surge no *confisco*, proibido em princípio quando os bens não têm qualquer relação com o crime, mas admitido neste último caso, para além de uma perda dos instrumentos do crime. A manifestação mais frequente deste tipo de pena é todavia a *multa*.

---

[519] *Supra*, n.º 32 I.

[520] Art. 30 I da Constituição.

[521] Ou a publicação da sentença de condenação, prevista em casos em que se quer suscitar a repulsa social.

[522] Imposição de uma zona de residência dentro do território nacional.

Ramos do Direito 355

II – *Fins das penas*

Discute-se de há longo tempo quais os fins das penas. Há três posições principais, que vêem esses fins:

– na retribuição
– na prevenção geral
– na prevenção especial.

Para os partidários da prevenção geral as penas tenderiam a evitar que os restantes membros da sociedade praticassem actos criminosos. Para os da prevenção especial actuar-se-ia sobre aquele agente, prevenindo que voltasse a prevaricar. Não se vê que estes dois fins permitem prescindir de uma ideia de retribuição, não como fim auto-suficiente mas como base de uma noção de culpa ética, que é a única que evita que a reacção penal se baseie num mero oportunismo.

III – *Medidas de segurança*

Outro tipo de reacção penal é constituído pelas medidas de segurança.

No século passado houve grande polémica neste domínio, entre os partidários das penas e os partidários das medidas de segurança. Pretendiam os últimos que os criminosos eram anormais, para os quais só eram adequados métodos de tratamento e segregação representados pela medida de segurança. Este unilateralismo está hoje superado, pelo que coexistem penas e medidas de segurança, com as suas finalidades específicas. Os sistemas não são porém estanques, antes as actuações foram combinadas de maneira a atingir-se o objectivo último da defesa da sociedade contra o crime.

Não é porém idêntica a posição adoptada pelas várias ordens jurídicas quanto a esta matéria[523].

199. Direito Processual

I – Dentro da dicotomia traçada, Direito Público/Direito Privado, o Direito Processual é Direito Público. Como dissemos, o Estado procura assegurar quanto possível o monopólio da coercibilidade[524]. Para isso cria órgãos destinados a dirimir os litígios que surjam.

---

[523] Cfr. também *supra*, n.º 33 I.
[524] *Supra*, n.º 40 V.

356   *O Direito. Introdução e Teoria Geral*

O ramo do direito que disciplina a actividade dos juizes na solução dos casos que lhes são apresentados é o Direito Processual. Regula-se pois uma forma de actividade do Estado, embora mediante estes órgãos especializados e independentes.

O Direito Processual – ou, como abreviadamente se diz, o processo – é direito adjectivo. O qualificativo significa que o processo é instrumental em relação aos restantes ramos.

II – Mas com isto dar-se-ia a ideia que o Direito Processual é um ramo só. Há outro aspecto que é igualmente importante e que corrige o que há de deformador naquela unificação. Não há um processo único.

A cada ramo do direito substantivo corresponde em princípio um ramo do direito adjectivo que lhe dá realização. Assim, para o Direito Internacional Público encontramos o processo internacional (pelo menos quando se actua perante o Tribunal Internacional de Justiça), para o Direito Constitucional, o processo constitucional, para o Direito Administrativo, o processo administrativo, para o Direito Tributário, o processo tributário, para o Direito do Trabalho, o processo do trabalho...

A especialização não depende da criação de órgãos judiciários próprios, pois o mesmo órgão pode assegurar mais de um processo. Pelo contrário, a criação de tribunais especializados segundo a matéria implica a especialização do processo.

Em princípio, estuda-se o processo a propósito do direito substantivo a que respeita, enquanto o seu desenvolvimento científico não exige a criação de uma disciplina autónoma.

Este desenvolvimento já foi pelo menos atingido no Processo Civil e no Processo Penal. Estes são essenciais para a compreensão da situação dos particulares. Por isso os consideraríamos, embora não sendo Direito Privado, como integrantes daquela categoria ampla do Direito dos Particulares de que falámos a propósito do Direito Penal.

III – A decisão proferida pode ser objecto de recurso: permite-se uma nova apreciação da causa. Pode haver mesmo uma 2.ª via de recurso ordinário. O tribunal superior fixa a solução definitiva do caso. É diverso o sistema francês de cassação, em que o tribunal superior pode anular a sentença recorrida, mas não julga ele próprio a causa[525].

---

[525] Cfr. Gilissen, *Introdução*, 506.

Ramos do Direito 357

Quando a decisão não admite mais recurso ordinário, diz-se que há *caso julgado*.

200. Processo Civil

I – O Processo Civil, ou Direito Processual Civil, abrange todos os ramos do Direito Privado que não lhe foram subtraídos; isso acontece já com o Direito do Trabalho, a que corresponde um processo próprio. Outrora esteve autonomizado o processo comercial, mas hoje está totalmente integrado no Processo Civil, como aliás os correspondentes a outros direitos privados especiais e ao Direito Internacional Privado. Mas podemos dizer que o processo civil é o processo comum.

O processo civil é caracterizado por ser um processo *dispositivo*. O processo está na disponibilidade das partes – autor e réu – que apreciam a conveniência de o interpor ou de desistir, que demarcam o seu âmbito, apresentam as provas, etc.. Não se pode todavia supor que o juiz tem uma posição meramente passiva. Ele assegura que o processo conduza efectivamente à descoberta da verdade, pode ordenar as diligências de prova que se lhe afigurem necessárias e sancionar os desvios das partes...

De harmonia com o que for produzido em juízo é proferida depois a sentença. Esta faz *caso julgado*; define-se o princípio da imutabilidade do caso julgado, fora de hipóteses excepcionais. Mas essa imutabilidade é entre as partes, apenas. O princípio é o de que a eficácia do caso julgado não atinge terceiros.

II – A grande divisão no processo civil faz-se entre processo declarativo e executivo. O primeiro visa essencialmente tornar certo um direito; no final o juiz declarará na sentença qual o direito das partes.

Mas pode ser que mesmo assim a parte vencida não proceda de harmonia com o direito declarado certo. Há então o processo executivo, que se destina a dar realização efectiva ao direito declarado[526].

É pressuposto do processo de execução a existência de *título executivo*. A sentença de condenação é a modalidade normal do título executivo judicial. Mas pode em certos casos chegar-se à acção executiva sem se passar pela acção de condenação. Assim acontece se o credor, mesmo não tendo uma sentença, tiver já outro *título executivo*. Este é um acto, for-

---

[526] Cfr. *supra*, n.º 30 II.

358   *O Direito. Introdução e Teoria Geral*

malizado de maneira a que a lei liga o atributo da certeza. Título executivo é pois o título[527] que reveste as formas exigidas por lei para servir de base à acção executiva. Há pois títulos executivos extrajudiciais, como a letra de câmbio, que são documentos aos quais a lei outorga análogas garantias de certeza.

A execução permite a realização do direito do autor, ou pelo menos um resultado aproximado[528]. Se se destina à obtenção de quantia certa, podem-se apreender judicialmente bens do devedor e fazê-los vender, para que com o seu produto o credor se possa pagar.

201. Processo Penal

I – Como dissemos, o Direito Penal realiza-se necessariamente através do processo. O facto de alguém ter praticado um crime e o confessar não implica que tenha de sofrer pena, enquanto o juiz não a aplicar. O juiz tem primeiro de verificar se há factos que provem que o sujeito é realmente o autor do crime e aplica depois a pena que corresponde a esses factos. Nem a confissão do réu o dispensa de o fazer.

A tendência no Processo Penal é a da exclusão do princípio dispositivo. A acção penal cabe tendencialmente ao Ministério Público, que actua por si ou a requerimento ou queixa da pessoa ofendida. Esta pode ainda constituir-se assistente e intervir no processo em posição subordinada, como um auxiliar na descoberta da verdade. Mas certos crimes estão dependentes da acusação particular; ou então os ofendidos podem deduzir acusação, ainda que o Ministério Público a não deduza.

II – O Processo Penal moderno é dominado pelos princípios chamados do acusatório e do contraditório. A intervenção do Ministério Público permite evitar que o juiz, comprometido na acusação, perca a posição de independência. Ao acusado opõe-se o Ministério Público, se bem que este deva acima de tudo assegurar a aplicação da lei; e o juiz, colocado acima do dissídio, decidirá independentemente no final. Por outro lado, ao réu são conferidos os mesmos poderes processuais que à acusação. Garante-se a instrução contraditória[529].

---

[527] Sobre esta noção, cfr. *infra*, n.º 343, nomeadamente.
[528] Cfr. *supra*. n.ᵒˢ 30 e 31.
[529] Ou seja: toda a prova deve ser produzida ou reproduzida em juízo e aí debatida.

Dada a gravidade dos interesses implicados em processo penal, há certos casos em que o recurso é obrigatório: o Ministério Público, mesmo que a sua posição tenha tido ganho de causa, deve recorrer, para que o processo volte a ser apreciado pelo tribunal superior.

Por uma razão de economia processual, pode-se aproveitar o Processo Penal para atribuir também a indemnização pelos prejuízos que o criminoso tenha provocado com o seu facto ilícito.

202. Ramos emergentes do direito

I – A aceleração da vida, a explosão da técnica, a globalização e as novas necessidades sociais fazem surgir continuamente novos ramos do Direito. Vamos chamá-los os ramos emergentes. São muitas vezes já objecto de bibliografia torrencial, não obstante a sua juventude.

Vamos limitar-nos a breves apontamentos.

II – *Domínio Comercial*
A implosão do Direito Comercial acelera a autonomização de ramos do direito. São já realidade, entre outros:

– Direito Bancário
– Direito dos Seguros
– Direito dos Valores Mobiliários

III – *Sector personalístico*
No que toca a aspectos mais personalísticos, para além do próprio Direito da Personalidade, temos com grande relevância o Direito da Bioética, acompanhando o aprofundamento no domínio da vida.

Com intonação sobretudo cultural, desenha-se um Direito do Património Cultural.

Num sector-chave, condicionador de toda a reacção do homem em sociedade, temos o Direito da Informação, para que convergem aliás contributos de muitos sectores.

IV – *Acomodação à técnica*
A técnica exige constantes adaptações da ordem jurídica.

Podemos falar de um Direito Nuclear, embora o seu desenvolvimento não tenha sido o que se esperava pelo próprio terror nuclear criado.

360   *O Direito. Introdução e Teoria Geral*

Temos o Direito da Informática, avassalador e hoje gigantesco já. Abrange todo o domínio da Internet[530].

Como sua derivação, mas já com foros de autonomia, temos o Direito do Comércio Electrónico.

O domínio do homem sobre o ambiente, que revela uma capacidade de destruição nunca igualada, fomenta a importância crescente do Direito da Ecologia ou do Ambiente.

V – *Estruturas gerais da vida económica*

No sector que assim podemos designar, vimos desenvolver rapidamente vários ramos do direito.

É relativamente mais antigo o Direito da Economia, fruto imediato da intervenção directa do Estado na vida económica.

O Direito da Concorrência ganhou importância muito superior à que tinha, alavancado por movimentos de integração económica e pela liberalização crescente e imposta do comércio internacional.

O Direito do Ordenamento do Território procura conter o desenvolvimento selvagem da ocupação da terra pelo homem.

O Direito da Publicidade pauta, dentro do possível, aquilo a que chamamos o instrumento privilegiado de (des)educação da sociedade de massas.

Enfim, o Direito do Consumo aponta outra face da vida económica (o consumidor, o grande mudo). Reveste uma ambiguidade fundamental: se limita os abusos, por outro lado dá ao homem comum a categoria baixa e passiva de consumidor. Mas o homem comum é o *cives*, o cidadão: o seu direito é o Direito Civil. O Direito do Consumidor não é alternativa ao Direito Civil, nem pode ter o significado de retirar ao Direito Civil a função de garantia do cidadão comum que a este cabe.

VI – Perante esta alucinante sucessão de novos direitos, que dizer ao jurista, sobretudo ao que inicia os seus estudos jurídicos?

Que a formação jurídica é incessante, e nunca podemos parar no que se pensa que já sabemos.

Que é impossível ser especialista em todos os domínios.

Que se deve lutar incessantemente por ter ao menos uma noção mínima da problemática de cada novo ramo.

---

[530] Cfr. *infra*, n.º 358.

Ramos do Direito 361

Que, na incompatibilidade prática entre os ramos antigos e novos, estude primeiro os ramos antigos e procure a formação jurídica fundamental.

Que é essa formação jurídica fundamental que lhe dará armas para dominar os novos ramos do direito.

Que nunca se deixe empanar pelo brilho da novidade. Um ramo do direito dominado é aquele que se acolhe no tronco comum da Ciência do Direito. Muitos dados, não estruturados em princípios gerais, são "nuvens sem chuva, que o vento dispersa".

CAPÍTULO III
CODIFICAÇÃO

203. Noção de código

I – Temos falado de códigos. É este o momento de proceder ao estudo científico da figura, relacionando-a com o que aprendemos sobre a teoria das fontes de direito.

Antes de mais, um *código é uma lei*.

Portanto, o código não é regra nem conjunto de regras, é fonte do direito. Mas dentro das fontes do direito não ocupa lugar próprio, antes se integra na modalidade *lei*. Dentro das leis, caracterizar-se-á por ser portador de uma globalidade ordenada de regras, nos termos que vamos fixar.

Pode o código vir formalmente separado do diploma que lhe dá força, ou pode com ele confundir-se. De facto, por vezes não há nenhuma separação formal, dentro do texto da lei, entre lei aprovadora e código; na maioria dos casos publica-se um diploma, que aprova um código, e imediatamente após se insere o texto do código, com articulado contendo numeração própria[531].

Esta distinção, meramente formal, é porém irrelevante no que toca à valia do código. Este faz sempre parte integrante da lei que o aprova e tem o mesmo valor jurídico que esta.

II – De facto, em abstracto, nada impediria que outras fontes de direito revestissem, no seu conteúdo, as características que são próprias do código. Pode-se imaginar, por exemplo, que da doutrina resulte um conjunto sistematizado de princípios, talvez até mesmo com a designação de código. Mas de qualquer maneira, hoje em dia todos os códigos fontes do direito são leis, pelo que não vale a pena entrar em conta com aquela eventualidade.

---

[531] Vimos (dada a referência feita atrás) que aconteceu assim com o Código Civil de 1966.

III – O código contém necessariamente uma pluralidade de regras. Mas isto, só por si, não representa um elemento diferenciador. Uma lei, por exemplo, não tem de limitar-se a uma só regra; pode trazer várias, e é o que acontece quase sempre.

O código distingue-se por conter o núcleo, e tendencialmente até a generalidade, das regras relativas a determinada matéria. Representa pois sempre um instrumento de concentração do regime jurídico de certo sector ou sectores da vida social.

Esta tendência para a concentração de textos é muito antiga. A palavra "código" designa já um diploma mesopotâmico, o Código de Hamurabi, e é até aplicada a diplomas que o precederam. Posteriormente surgem-nos os Códigos de Teodósio, de Justiniano e outros, bem como certas compilações que não receberam a designação de códigos, como as Ordenações do Reino.

Todavia, quando hoje se fala tecnicamente de código, só se abrangem os diplomas resultantes do chamado "movimento de codificação", a partir do final do século XVIII, e não diplomas anteriores, mesmo que designados formalmente "código". Porquê?

IV – No século XIX dizia-se que o código devia obedecer aos três *ss*: devia ser sintético, *scientífico* e sistemático. E, de facto, estas indicações bastariam já para distinguir os códigos modernos de manifestações antigas de concentração de leis.

Podemos apontar sucintamente, para acentuar a distinção, algumas características do código moderno:

1) O código moderno *regula unitariamente um ramo do direito*, enquanto que em códigos antigos se manifesta a tendência para regular todos os ramos do direito.

A Lei das XII Tábuas ou as Ordenações do Reino, por exemplo, não poderiam ser hoje consideradas códigos, porque se estendiam em princípio a todos os sectores socialmente relevantes. Compendiavam todos os ramos do direito, ou pelo menos grande número destes, não possuindo pois a especialização que modernamente se exige.

2) O código moderno contém a *disciplina fundamental* desse ramo. Pode essa disciplina ser completa ou praticamente completa[532] ou

---

[532] Assim, a lei preambular do Código de Processo Civil de 1939 fez como vimos revogação exaustiva, ao dispor (art. 3) que "fica revogada toda a legislação anterior sobre processo civil e comercial".

pode, pelo contrário, ser constituída apenas pelos princípios gerais[533]. Em ambos os casos se pode dizer que o código contém a disciplina fundamental desse ramo.

3) O código moderno é *sistemático e científico*, enquanto os códigos antigos se cifravam frequentemente em seriações de textos, que quando muito obedeceriam a critérios empíricos de sistematização.

Esta característica seria só por si decisiva para a distinção, mesmo que as anteriores não bastassem. Ao código moderno tem de estar ínsito um plano que só a ciência jurídica pode traçar. O plano científico permite a repartição criteriosa das matérias e a sua ordenação; e permite que o conjunto forme um sistema. A codificação fica assim na dependência das concepções jurídicas da cada época.

Os códigos podem ou não estar divididos em partes. A divisão fundamental é em geral o livro (ou a parte), e dentro deste o título. Através de várias subdivisões chega-se à unidade, o artigo[534].

204. Código, compilação, consolidação

I – Muitos dos códigos antigos eram na realidade compilações de leis, enquanto que o código moderno é sempre uma lei unitária, mesmo quando se baseia em leis que estavam anteriormente em vigor – portanto, mesmo quando não é inovador.

As concentrações de leis anteriormente existentes operavam frequentemente através de uma reunião das leis promulgadas sobre aquele assunto – incluindo muitas vezes disposições revogadas, como vimos.

Hoje isso seria impossível. É o que resulta já da qualificação do código como uma lei; é directamente regulador. É também unitário, logo não é mera compilação. Se incluísse uma disposição que fora revogada, teria de se entender que a repunha em vida, mas seria o próprio código que lhe dava essa nova força.

II – *Compilação*
Estas, nuns casos, obedeciam a critérios meramente cronológicos: as leis eram seriadas segundo a sua antiguidade. Noutros, já mais apurada-

---

[533] Cfr. Rodrigues Queiró, *Codificação e Código*, na Enciclopédia Verbo.
[534] Ou, na técnica alemã, o § (parágrafo).

366 *O Direito. Introdução e Teoria Geral*

mente, fazia-se uma distinção por matérias, e era já dentro destas que se fazia a seriação cronológica.

O essencial está em que em todos os casos se reconduziam fontes preexistentes a um diploma único. A compilação tinha, embora feita para valer como fonte de direito, carácter meramente reprodutivo. Não quer isto dizer que os compiladores não fossem muitas vezes infiéis, intencionalmente ou não, e não suprimissem matérias que deveriam manter, ou não alterassem ou aditassem algo às fontes existentes.

O objecto da compilação não são necessariamente leis. Pode haver compilações de costumes, que são reduzidos a escrito. Pode haver compilações de jurisprudência. E pode haver compilações mistas, por pretenderem abranger a totalidade das fontes existentes, por exemplo.

III – *Consolidação*
Deve-se assinalar também o fenómeno da consolidação. A consolidação é alguma coisa menos que o código, mas alguma coisa mais que a compilação. Não se limita como esta a juntar e eventualmente ordenar leis preexistentes; mas também não representa inovação, ao contrário do código. Por ela, os próprios textos existentes são alterados; o que passa para a consolidação não são as fórmulas, são as regras, e estas podem receber nova formulação[535].

A consolidação não é apenas fenómeno do direito antigo. A pluralidade de leis existentes em certos domínios aconselha que a ela se recorra.

205. Causas da codificação

I – Que justifica que a partir do século XVIII tivesse surgido no Ocidente o movimento da codificação?

---

[535] *No Brasil, perante a dificuldade de proceder com brevidade à codificação necessária no século XIX, particularmente, remediou-se a dispersão das fontes através de consolidações. É importante a Consolidação das Leis Civis, de Teixeira de Freitas. Foi elaborada na sequência de contrato com o Governo, em que se lhe atribuía a finalidade de mostrar o último estado da legislação e reduzir a proposições claras e sucintas as disposições em vigor. Obtido o parecer favorável da Comissão Revisora, foi aprovada com louvor pelo imperador. Passou assim a representar o texto único a que os interessados se podiam confiadamente remeter. O mesmo Teixeira de Freitas fez depois dela novas edições revistas. Também se fez uma consolidação de leis do processo civil, da autoria do conselheiro António Joaquim Ribas.*

Podemos falar em causas de ordem:

– ideológica
– política
– técnico-jurídica
– prática.

II – *Causas ideológicas*
O grande movimento racionalista é o primeiro elemento que devemos assinalar na origem da codificação[536].
Dele falámos já noutros lugares. O jusracionalista dissociava-se da ordem que encontrava na sociedade. Considerava não só lícita mas necessária a sua substituição por uma ordem racional, sempre em aberto contraste com a ordem existente.
E essa substituição afigurava-se-lhe também possível. A razão humana podia descobrir a generalidade dos princípios que deveriam regular a vida social – o Direito natural, dentro da visão da época. O direito codificado prestava-se a reflectir fielmente esse Direito natural. O código estava pois destinado a ser a *raison écrite*, participando do carácter sacral de que na época estava aureolada a referência à razão humana.

III – *Causas políticas*
Podemos subdistinguir causas de política interna e de política externa.

1) *No plano interno*, a codificação permite realizar dois objectivos:

– impor uma legislação geral, que arreda estatutos especiais;
– favorecer uma unificação política por meio da unificação jurídica.

a) No primeiro plano o código permitia, por se impor como lei comum a todas as pessoas, abolir os privilégios ou leis particulares ao tempo existentes.
b) O segundo aspecto foi muito importante. As circunstâncias da época tornavam precárias unidades políticas como a da França e da Espanha, a braços com diferenças profundas entre o Norte e o Sul, ou entre as várias regiões. Noutros casos, como na Itália ou na Alemanha, havia uma pluralidade de Estados que aspiravam à unidade, ainda não conseguida. Em todos os casos, a submissão dos direitos locais a um código nacional prepararia ou consolidaria essa unificação. Pois que toda a sociedade se

---

[536] Para ver como o problema se apresentava a um jurista do século XIX, cfr. Filomusi Guelfi, *Lezioni e saggi di Filosofia del Diritto*, págs. 181 e segs..

368   *O Direito. Introdução e Teoria Geral*

caracteriza pelo seu direito, a imposição de um direito comum é um passo considerável para a formação de uma única sociedade.

O factor político surge por vezes entremeado com factores de ordem ideológica ou jurídica. Ficou célebre a polémica travada entre Thibault, partidário da codificação, e Savigny, o mestre da escola histórica, que a ela se opunha. As posições assumidas por estes autores são consequentes com os seus pressupostos filosófico-jurídicos gerais. Se para Savigny o direito assentava no espírito do povo, o código consistiria necessariamente em algo de postiço que cristalizaria o direito, impedindo a espontaneidade da sua criação. Já Thibault assentava em pressupostos diversos[537].

São pois coerentes com as suas premissas filosófico-jurídicas gerais as posições que estes autores tomaram. Mas é necessário não esquecer que, para além disso, também eram diversas as respectivas orientações políticas. Discutindo a codificação, não deixavam de ter em conta as consequências políticas previsíveis desta, mesmo sem o afirmarem expressamente. Essas consequências eram desejadas por Thibault e receadas por Savigny. Já se disse, embora com exagero, que a escola histórica logrou retardar quase um século a codificação na Alemanha.

2) *No plano externo*, não podemos esquecer outros factores que estiveram presentes no movimento da codificação. Quando em certo país se consegue moldar em lei o conjunto de princípios, que se afirmam impostos pela razão humana, esses princípios, cuja praticabilidade se pressupõe, podem exercer grande atracção sobre países vizinhos. Nomeadamente, podem conseguir o favor de certas camadas, preparando o terreno para a sua aceitação geral.

Passa-se isto sobretudo com o mais célebre dos códigos, o Código Civil francês de 1804, que ainda continua em vigor. Na sua elaboração verificou-se o concurso técnico de vários juristas do regime antigo (pois o corte com o passado nunca é total) e a influência das novas ideias. É conhecido por "Código de Napoleão", não apenas por ter sido elaborado sob a égide deste como até pela valiosa intervenção pessoal que Napoleão teve na sua feitura.

Este código, tradutor de um modo individualista de conceber a sociedade, funcionou nas guerras napoleónicas como arma ofensiva. O prestígio que ganhou no estrangeiro, conquistando os espíritos, preparou o terreno para a conquista pelas armas, que se seguiu de perto.

---

[537] A polémica vem relatada no livro *La codificación*, que reúne os escritos dos dois autores.

IV – *Causas técnico-jurídicas*

Como o código é um instrumento científico e sistemático, tem na sua base um plano ou ordenação técnica das matérias, em que se apoia. Isso significa que a codificação supõe um estado científico na análise do material jurídico, que prepara essa sistematização.

Foi justamente isso o que se verificou no século XVIII. Avanços doutrinários muito fecundos tornaram possível a codificação. A visão de conjunto de cada ramo do direito que proporcionaram está na base da estrutura dos códigos que foram surgindo. Puderam assim distinguir-se decididamente da mera justaposição de textos legais.

V – *Causas práticas*

Além de tudo isto, a codificação era também uma instante necessidade prática. Uma evolução política e social profunda e precipitada reclamava tradução no plano jurídico, exigindo grandes reestruturações. A essa evolução não foram também estranhos a revolução industrial e o predomínio alcançado pelas classes burguesas.

Contribuiu ainda para a codificação o estado caótico em que na época se encontravam as fontes de direito. O que se passava em Portugal assemelha-se ao que se verificava também nos vários países europeus. Difícil era não aspirar a definir num único diploma todas as regras respeitantes aos grandes sectores da vida social.

206. Conveniência da codificação

I – *Vantagens*

1) O código permite um conhecimento fácil do direito, o que é um dom precioso. Se o direito é regra da vida, deve ser conhecido; e quanto possível conhecido directamente por aqueles cuja vida rege, e não só pelos juristas.

2) Trazendo uma disciplina unitária, evita incongruências entre as várias fontes, e faz avultar os grandes princípios que disciplinam aquele sector da vida social.

3) Enfim, pela sistematização científica que traz, *dá ao intérprete um mapa* onde situar facilmente cada novo caso. Esse mapa revela-se fecundo nos entendimentos que torna possíveis. Tem também interesse para os casos omissos, pois pode ser utilizado como ponto de partida para a integração de lacunas.

370   *O Direito. Introdução e Teoria Geral*

O facto de o código ser um diploma científico e sistemático tem muita importância. Já não deparamos uma mera concentração de preceitos, mas uma concentração sistematizada. Isto facilita a busca, mesmo para quem não for técnico do direito.

Ainda o código não só pressupõe como facilita a construção científica do direito. A própria estrutura do código fará ressaltar os princípios comuns que vivificam as diversas partes. Muitas orientações gerais, que só penosamente se poderiam detectar através de uma seriação de leis, tornam-se facilmente apreensíveis graças à própria estrutura sistemática dum código.

II – *Desvantagens*

Para além de desvantagens que podemos apontar a qualquer lei, que é por natureza implantada do exterior em dada ordem social, o inconveniente específico do código é a *rigidez*. O código representa um grande esforço para quem o elabora, e quanto maior é esse esforço mais respeito impõe após realizado.

As alterações a um código devem ser meditadas. Por isso intimidam. Em consequência, apesar da proliferação de leis que se tornou característica dos Estados modernos, os códigos são pouco alterados. Mesmo em relação a códigos centenários, verificamos que querelas doutrinárias sobre pontos fundamentais os acompanharam em toda a sua existência, sem que durante tanto tempo nenhum dos tão diversos legisladores que se sucederam se tivesse abalançado a redigir a alteração, por vezes bem pequena, que teria liquidado a disputa. Por isso um código é um obstáculo à evolução e à adaptação da ordem jurídica.

O inconveniente estende-se também ao campo doutrinário, pois há a tendência de fazer coincidir as sistematizações legais e doutrinais.

Esta tendência é por vezes superada. É elucidativo que nos últimos decénios da vigência do antigo Código Civil nenhuma obra de direito se baseava já no seu sistema e nem sequer a ordem das disciplinas nos cursos de direito lhe correspondia. Mas noutros casos vemos a doutrina seguir subservientemente o sistema dos códigos, por mais imperfeito e ultrapassado que este seja[538].

---

[538] Este resultado é fatal quando se está no estádio da exegese na interpretação das leis. Sobre esta, cfr. *infra*, n.º 223.

III – Nada disto impede que a redução a textos únicos dos princípios fundamentais respeitantes a cada ramo do direito seja uma exigência dos nossos dias. A tendência é até a da extensão da codificação a novos domínios.

O grande defeito assinalado, a rigidez, vai contra as próprias intenções do legislador. Muitos códigos contêm mesmo um preceito em que se manda expressamente inscrever no texto do código todas as inovações futuras[539].

É quase destino de semelhantes previsões ficarem letra morta. Para o efeito que nos interessa agora, isso significa que as disposições dos códigos permanecem inalteradas, apesar de, na altura da publicação, o legislador prever aquela estrutura apenas como uma base, capaz de suportar uma evolução posterior.

Diríamos que o problema é essencialmente psicológico. Será preciso não considerar os códigos uma espécie de tábuas sagradas.

O jurista, porque se habituou a trabalhar certos textos, torna-se inconscientemente conservador. Mas essa mentalidade reforça os inconvenientes das leis. As leis só são úteis se se adaptarem; essa adaptação tem de se fazer *frequentemente*, porque a mudança da vida é constante.

Muito esforço nacional se pouparia se certas querelas interpretativas, cujos termos estão já perfeitamente esclarecidos pela doutrina, fossem resolvidas através da alteração, pelo legislador, do texto do código a que se referem.

Como é evidente, isto não significa que apelemos para qualquer amanuense mais empreendedor. Reformar frequentemente não equivale a reformar ligeiramente. Muito mais difícil do que reformar é reformar bem. A abstenção de proceder a alterações nos códigos corresponde muitas vezes a um salutar reconhecimento da própria incompetência.

IV – A querela antiga sobre a codificação amainou; cessou a paixão. Mas nasceu uma querela nova.

O açodamento e a imperfeição da vida contemporânea não são propícios à elaboração de códigos. A preparação demora muito: tendem a

---

[539] Veja-se por exemplo o art. 4 da Carta de Lei de 28 de Junho de 1888, que aprovou o actual Código Comercial: "Toda a modificação que de futuro se fizer sobre matéria contida no Código Comercial será considerada como fazendo parte dele e inserida no lugar próprio, quer seja por meio de substituição de artigos alterados, quer pela supressão de artigos inúteis, ou pelo adicionamento dos que forem necessários".

372 O Direito. Introdução e Teoria Geral

envelhecer antes de entrar em vigor. Não facilitam a alteração constante das leis.

Por isso muitos preferem a fragmentação da ordem jurídica numa pluralidade de leis, que se renovam e contradizem sem cessar.

Talvez por isso, o séc. XX expira com mais de duas centenas de Estados, e uma dúzia de novos Códigos Civis ao todo.

207. Códigos existentes

I – Os códigos modernos surgem na sequência das sistematizações jusracionalistas[540]. Manifestam, quer o despotismo esclarecido, quer a ideologia demo-liberal. Na primeira linha estão o Código prussiano de 1794[541] e o austríaco de 1811. Na outra linha estão os Códigos de Napoleão, particularmente o Código Civil, que influenciou profundamente as codificações subsequentes. Mas ambas as linhas são tributárias do iluminismo e da sua pretensão de estabelecer enfim a ordem racional, embora todas elas representem também compromissos em relação ao direito precedente.

O avanço do liberalismo fez aprovar códigos nos vários países (quando se não operou a implantação pura e simples do código francês). Surgem assim códigos civis em Portugal, Espanha e Itália, que acusam fortemente a influência francesa. Todavia, o terceiro código civil na ordem cronológica, o Código Civil austríaco de 1811, está fora desta corrente.

Em 1900 dá-se um acontecimento fundamental no domínio da codificação – a publicação do Código Civil alemão (também conhecido pelas iniciais BGB). Arrebatou ao Código francês as preferências dos estudiosos e influenciou profundamente outras codificações, como a suíça e a brasileira de 1916. Caracteriza-se por um tratamento muito mais técnico e pormenorizado das matérias, em contraposição à maleabilidade do Código Civil francês. Por linhas análogas seguem os Códigos suíços (1907/1911).

Em 1942 surge o Código Civil italiano, tornado possível pelo alto nível alcançado pela doutrina nesse país. Pode-se apontar, como código por ele parcialmente influenciado, o Código Civil português de 1966.

---

[540] Vejam-se indicações históricas em Wieacker, *História do Direito Privado*, § 19; Eduardo Espínola Filho, *Codificação*.

[541] Que pretende ainda abranger a generalidade do direito e não um ramo apenas.

Codificação   373

II – O anseio da codificação já se fizera sentir em Portugal no reinado de D. Maria I. As tentativas então encetadas deram oportunidade a Pascoal José de Melo Freire de apresentar dois projectos notáveis que, infelizmente, suscitaram resistências e não foram convertidos em lei.

Só com o advento do constitucionalismo e a independência do Brasil o movimento iria vingar nos dois países.

III – As primeiras realizações foram justamente as constituições políticas. Representam estas verdadeiros códigos de Direito Constitucional, e têm a pretensão de esgotar a legislação existente neste domínio; mas, tradicionalmente, não se lhes dá este nome.

O primeiro código foi o Comercial, de 1833, fruto das aspirações autonomistas da classe dos comerciantes. Seguiu-se o Penal de 1852. O grande marco foi o Código Civil, até por ser este o que permite fazer a definição dos princípios fundamentais da ordem jurídica. Foi um monumento notável, que teve como projectista o insigne Visconde de Seabra.

208. Códigos civis e códigos posteriores

I – O primeiro Código Civil foi aprovado em 1867[542]. Obedece a sistemática inteiramente original, até pela coerência com que se levou o individualismo até às últimas consequências. Seabra baseia-se no sujeito do direito, que considera sucessivamente:

– em si (Parte I – Da capacidade civil)
– enquanto adquire direitos (Parte II – Da aquisição de direitos)
– enquanto os goza (Parte III – Do direito de propriedade, pois "propriedade" significa para Seabra o gozo dos direitos)
– enquanto os defende (Parte IV – Da ofensa dos direitos e da sua reparação).

O Código foi alterado "por fora" por numerosas leis extravagantes, mas só foi reformado uma vez, em 16 de Dezembro de 1930. Era um diploma de elevado nível.

---

[542] Cfr. Cabral de Moncada, *Lições*, I, n.os 22 e segs.; Pires de Lima e Antunes Varela, *Noções*, I, n.º 24.

374   *O Direito. Introdução e Teoria Geral*

II – A codificação alastrou pelos vários ramos do direito, com a resistência embora do Direito Administrativo.

Enquanto outros ramos, à medida que se autonomizam, vão sendo conquistados pela codificação, a primeira geração de grandes códigos vai sendo superada. Essa geração encerra-se com a substituição do Código Civil.

Tal substituição deu-se em Portugal em 1966, após 22 anos de trabalhos preparatórios. O projecto foi publicado em Maio para discussão pelo público. Esta foi viva mas em geral de pouco significado. O período de discussão foi muito encurtado, pois logo em 25 de Novembro do mesmo ano foi publicado o Dec.-Lei n.º 47344, que aprovou o Código Civil[543].

Este Código foi vastamente alterado pelo Dec.-Lei n.º 496/77, de 25 de Novembro[544]. Surgido por imperativo da adaptação da legislação anterior sobre exercício de direitos, liberdades e garantias, imposta pelo art. 293/3 da Constituição de 1976, o referido diploma ultrapassou largamente esse âmbito, sobretudo em matéria de Direito da Família, cujo espírito alterou radicalmente. Pouco democraticamente, nem sequer se abriu a possibilidade de debate público sobre temas assim fundamentais.

III – O Código Civil segue a sistemática actualmente dominante, moldada sobre a chamada "classificação germânica dos ramos do direito" e que de há longo tempo preside já aos estudos universitários. Distingue-se pois uma

– Parte Geral, que é objecto do Livro I

e quatro divisões especiais, epigrafadas:

– Direito das Obrigações
– Direito das Coisas
– Direito da Família
– Direito das Sucessões[545].

---

[543] O catálogo da exposição documental sobre o código, com o título *Código Civil Português* (Lisboa, 1966), traz indicações praticamente completas sobre os dois códigos civis portugueses.

[544] A autorização legislativa foi dada pela Lei n.º 53/77, de 26 de Julho.

[545] *No Brasil, o novo Código Civil foi finalmente aprovado pela Lei n.º 10 406, de 10 de Janeiro de 2002. A grande diferença está, como dissemos, na adição à Parte Especial dum livro II, epigrafado "Do Direito da Empresa", e alterado consequentemente a numeração dos livros seguintes. Absorve praticamente o Direito Comercial.*

Codificação 375

IV – *A terceira geração de grandes códigos*

Se excluirmos os códigos civis, que têm tempos de evolução mais dilatados, podemos dizer que está em curso uma terceira geração de grandes códigos?

Em Portugal esse movimento está quase consumado. Um Código Penal, aprovado pelo Dec.-Lei n.º 400/82, de 23 de Setembro, cedeu até já lugar a um Código Penal revisto, aprovado pelo Dec.-Lei n.º 48/95, de 15 de Março. Um Código de Processo Penal foi aprovado pelo Dec.-Lei n.º 78/87, de 17 de Fevereiro. Faz excepção o Código Comercial, mas aí a tendência é desfibrá-lo em vários diplomas, de que o mais significativo é o actual Código das Sociedades Comerciais.

209. A revogação resultante da aprovação de um novo código

I – Uma aplicação dos princípios enunciados sobre revogação[546] dá-se nos casos em que um código é substituído por um código novo. O código antigo fica revogado?

Não há que atribuir nenhuma particular relevância ao facto de se tratar de um código. Um código é uma lei: a conformação do seu conteúdo não atinge a sua natureza de fonte do direito. Aplicam-se portanto inteiramente os princípios gerais sobre a sucessão de leis[547] Pode portanto o código novo revogar expressamente o antigo.

Se o não fizer, são revogados tacitamente os preceitos que forem incompatíveis com os novos.

Mas há ainda que contar com a *revogação global*. Esta opera em consequência da regulação unitária da matéria que era tratada em diploma anterior. É pois uma revogação por instituto ou por matéria. Sendo assim, o novo código que não contiver cláusula de revogação expressa revoga globalmente os institutos que eram regulados no código anterior e agora o são no novo, mas não atinge aqueles institutos que não têm correspondente no código novo. Esses continuam a vigorar não obstante a aprovação do novo código.

---

[546] *Supra*, n.º 168.

[547] Cfr. o nosso *O Código Civil de 1867 vai ficar revogado?* e a recensão de *O Direito*, ano 99 (1967), n.º 3, pág. 292, que não considera a possibilidade de uma revogação global parcial.

376   *O Direito. Introdução e Teoria Geral*

II – O código civil português (art. 3 do Dec.-Lei n.º 47.344, de 25 de Novembro de 1966, que aprovou este) traz uma especialidade, por conter uma revogação global expressa: revoga toda a legislação civil, ou relativa às matérias de direito civil, que esses diplomas abrangem.

Repare-se logo que a fórmula revogatória só abrange a legislação civil: permanecem em vigor os preceitos respeitantes a matérias de direito público, por exemplo, que estivessem integrados na antiga lei civil.

Mas mesmo a revogação da legislação civil é uma revogação de instituto e não de ramo de direito. Só são revogadas as matérias que os novos diplomas abrangem, e não outras[548].

Este diploma realizara pois uma revogação global expressa de *institutos* de direito civil, e não do ramo do direito civil.

III – *Revogação operada por uma constituição*

Questões análogas suscitam-se no nível constitucional. Uma constituição nova pode não incluir matérias contidas na constituição anterior.

A revogação operada por uma constituição, se não for expressa, e além dos casos de revogação tácita, é uma revogação global. Dentro da revogação global é uma revogação por ramo de direito. A pretensão de toda a constituição é a de compendiar exaustivamente o Direito Constitucional do país (o escrito...), não podendo portanto admitir a concorrência de uma constituição anterior.

Mesmo então, porém, pode-se verificar a subsistência de preceitos da constituição precedente. É que nas constituições se insere sempre matéria que substancialmente pertence ao Direito Administrativo ou a outro ramo do direito, e que deste modo pode não ser atingida pela revogação global operada. Desta maneira, ela subsiste além da constituição nova. Mas há a chamada "desconstitucionalização": o preceito deixa de pertencer à constituição em sentido formal, pelo que só poderá subsistir como lei ordinária[549].

---

[548] Assim, regras relativas aos efeitos substantivos dos registos ou a contratos de trabalho, constantes do antigo Código Civil, permaneceram em vigor, por não terem correspondente na nova lei. Também em matérias civis o anterior Código Civil não foi totalmente revogado.

[549] Esta posição foi seguida inicialmente por José Afonso da Silva. Actualmente manifesta porém dúvidas sobre ela, perante a alternativa da revogação: *Aplicabilidade*, tit. II, cap. VIII, VII.

210. A disciplina fundamental

I – É útil aditar algumas observações, aprofundando um pouco mais a noção do código à luz da sua concretização.

Comprovámos a afirmação logo de início feita, de que o código é ainda uma lei. Mas dentro das leis, o código não é uma modalidade nova de lei, ao lado dos decretos, das portarias, etc.. Na hierarquia das leis o código tem a força própria da lei que o aprovou ou em que está contido.

Essa lei pode indiferentemente ter a designação de lei ou qualquer outra, que isso não tem importância. Em qualquer caso o código é uma lei em sentido material, com a caracterização atrás indicada.

II – Dissemos também que o código traz a *disciplina fundamental* de um certo ramo do direito. Isso não equivale a disciplina *exaustiva*.

1) Por um lado, porque para além dos códigos, ainda quando estes inicialmente pretendem ser exaustivos, vão com o tempo surgindo outras fontes de direito, que regulam parcelarmente institutos ou situações específicas. Não significa que por tal motivo um código deixe de o ser. Basta que os princípios fundamentais e o sistema básico continuem a constar da primitiva lei para que devamos reconhecer que estamos ainda perante um código.

Como vimos, o legislador manifesta geralmente a vontade de preservar a unidade legislativa, no momento da publicação do código. Mas dissemos também que frequentes disposições, que determinam que todas as modificações posteriores sobre a matéria regulada num código sejam inseridas no texto deste, têm permanecido letra morta. Desde logo, porque quando surgem as necessidades é muito mais fácil publicar uma lei independente que integrar as novas disposições no sistema do código. Por vezes a justificação acha-se na extensão do articulado adveniente, que se receia que desequilibre o código, noutras na sua obediência a princípios diversos dos que informaram o código.

Por isso dizemos que sobre a matéria regulada no código acaba sempre, com o tempo, por recair um cortejo de novas leis, que vai por vezes ao ponto de comprometer seriamente a preocupação de unidade que ditou o código. A essas leis, surgidas por fora do diploma fundamental, chamamos tradicionalmente leis *avulsas* ou *extravagantes*; a que corresponde (tendo-se em vista o conjunto por elas constituído) a legislação avulsa ou extravagante.

378　　　*O Direito. Introdução e Teoria Geral*

III – 2) Mas mesmo atendendo ao seu momento inicial de vigência, raramente se poderá dizer que um código regula completamente um dado sector. E até próprio dos códigos modernos só compreender as matérias mais gerais e mais estáveis e deixar para a legislação avulsa aquelas que não estão ainda suficientemente amadurecidas, ou que por natureza estão muito sujeitas a alterações (pela sua ligação ao estado da técnica, por exemplo) e se não compadecem com a estabilidade de que os códigos devem beneficiar. E referimos já a possibilidade de um código conter apenas os princípios gerais sobre dada matéria.

Esta preocupação teve nomeadamente o seu reflexo no Código Civil. Por isso se assiste a um fenómeno curioso: o código actual tem 2334 artigos, contra 2538 do código antigo. Isto só e possível porque se excluíram do código várias matérias que se apresentavam em estádio de rápida evolução.

211. Aspectos complementares

I – Reconhece-se que dizer que cada código deve regular um *sector importante* da vida social é vago: não se diz o que é suficientemente importante ou não. Mais técnico é dizer-se que deve reger um ramo da ordem jurídica. Persiste em todo o caso a dificuldade da demarcação precisa dos ramos do direito uns perante os outros.

O problema ainda é agravado pelo facto de certas leis trazerem a denominação de "código" apesar de não revestirem as características atrás assinaladas: ou, pelo contrário, não serem designadas código e obedecerem a essas características. Por isso se fala por vezes em *códigos em sentido formal* em contraposição a *códigos em sentido material*[550]: são códigos em sentido formal aqueles que o legislador assim denomina e códigos em sentido material os diplomas que revestem as características fundamentais que foram assinaladas.

Assim, a designação é despropositada para a matéria que se regula no chamado Código das Custas Judiciais. Há ainda casos francamente duvidosos, como o do Código da Estrada. Pelo contrário, as constituições políticas são verdadeiros códigos de Direito Constitucional, embora não se use esta designação[551]; as leis de organização judiciária parece serem também verdadeiros códigos.

---

[550] Cfr. Castro Mendes, *Algumas notas sobre codificação*.
[551] Como vimos *supra*, n.º 207 III.

Codificação 379

II – *Estatuto*

Esta última designação também traz as suas dificuldades, pois não é clara a sua fronteira com a noção de código. Normalmente, é um diploma que regula certa matéria de modo unitário, mas sem que esta matéria tenha a dignidade ou a amplitude suficiente para justificar um código. Num significado diferente, dá-se este nome a diplomas que compendiam os direitos e os deveres de uma pessoa ou de uma categoria de pessoas. É o caso do Estatuto do Comerciante, ou do Estatuto Disciplinar dos Funcionários e Agentes da Administração Central, Regional e Local (Portugal), por exemplo. É terminologia pouco segura.

A importância dos códigos leva a que eles sejam previstos até no nível constitucional.

TÍTULO VII
A DETERMINAÇÃO DAS REGRAS

CAPÍTULO I
GENERALIDADES

212. Noções prévias

I – No título anterior apurámos quais as fontes do direito operantes na nossa ordem jurídica. Mas conhecer as fontes não é ainda conhecer as regras. Já sabemos que a fonte não é a regra: no sentido que particularmente nos interessa, a fonte é o modo de revelação da regra. Por isso, uma vez individualizadas as fontes, abre-se um novo capítulo, relativo à determinação das regras que as fontes revelam.

Precisamos da regra porque esta é, geralmente, o intermediário indispensável para se chegar à solução dos casos concretos. Esse aspecto será objecto dum título posterior, em que consideraremos a *aplicação* das regras. Agora ocorre estudar os processos mediante os quais se poderão determinar regras, a partir das fontes existentes.

II – Distinguiremos três processos fundamentais:

1) A interpretação
2) A integração das lacunas
3) A "interpretação enunciativa".

Anteciparemos nos números seguintes uma noção destes processos. Mas no que respeita à interpretação enunciativa basta dizer que representa um processo lógico de obtenção de uma nova regra a partir de uma regra já apurada. Remetemos toda a análise para o capítulo que será dedicado a esta matéria.

382   *O Direito. Introdução e Teoria Geral*

213. Interpretação

I – A actividade que permite, a partir da fonte, chegar à regra que ela alberga é a *interpretação*. É regulada no art. 9 do Código Civil.

A interpretação não é uma tarefa especificamente jurídica. Em todos os ramos da cultura se põe o problema de extrair um sentido de certas exteriorizações – embora variem depois, consoante as ciências, os cânones que comandam essa tarefa. A interpretação representa assim parte fundamental da metodologia de qualquer ciência do espírito.

Um grande jurista, Betti, ultrapassou mesmo os limites da sua disciplina e escreveu uma monumental *Teoria Geral da Interpretação*[552]. Aborda as questões comuns a toda a interpretação e aprofunda mesmo as modalidades particulares de interpretação, como a interpretação histórica, a interpretação filológica, a interpretação dramática, a interpretação musical, etc..

II – No que respeita à interpretação jurídica, dissemos que ela visa também, através de uma exteriorização, apurar um sentido. Há de característico a exteriorização de que se parte ser uma fonte e o resultado que se procura atingir representar uma norma. Estamos no domínio daquilo que a Betti chama a "interpretação em (ou *com*) função normativa".

A fonte pode na verdade apresentar-se como um facto, de certa maneira qualificado. Do facto transita-se para um sentido intrínseco, um dever ser que se acoita no facto.

Podemos observar que com isto a tarefa da interpretação reproduz aquele movimento fundamental que caracteriza toda a ordem jurídica. Dissemos logo de início que esta é antes de mais facto, mas tem o sentido de um dever ser. A interpretação jurídica toma também como objecto de análise o facto, mas para chegar até ao sentido que nele está ínsito, o dever ser.

214. Lacunas

I – Caracterizámos já as fontes de direito, nomeadamente a lei.

Em cada ordem jurídica haverá um número variável de leis – poucas no Reino Unido, muitas nos países latinos[553]... O grau de pormenorização

---

[552] *Teoria generale della interpretazione*.

[553] A incontinência legislativa é nestes países uma herança da Revolução Francesa. Cresce na proporção directa da inépcia administrativa. É muito mais fácil fazer leis do que executá-las.

Generalidades 383

das leis é também diverso. Na Alemanha há a tendência para se chegar nas leis a previsões e especificações desenvolvidas, enquanto em França se aspira preferentemente à fixação dos princípios gerais.

Seja qual for a técnica que se seguir, o certo é que as leis são impotentes para regular todas as situações da vida que exigem disciplina jurídica. Surgirão sempre hipóteses, que podem até ser muito numerosas, que não são previstas nem objecto de qualquer específica determinação. Diz--se então que há uma *lacuna*.

Repare-se que não há lacuna da lei quando a própria lei indica um direito subsidiariamente aplicável. É o que se passa por exemplo quando o Código Comercial manda aplicar subsidiariamente o Direito Civil. Uma omissão do Código Comercial não é pois uma lacuna da lei em sentido técnico, desde que na lei civil se encontre uma norma aplicável àquele caso.

II – Poderá estranhar-se que a ordem jurídica tenha lacunas, por a lei não prever logo todas as situações relevantes. Mas a lacuna é uma fatalidade. Há numerosas razões que provocam a sua ocorrência:

1) *Deficiência de previsão*
É impossível prever todas as situações vindouras: a vida é sempre mais rica. As falhas de previsão são frequentes, até em matérias de grande relevância.

2) *Intenção de não regular desde logo*
Sobretudo em matérias ainda em evolução, o legislador, conscientemente, deixa por vezes aspectos por regular. Pode fazê-lo por três razões:

a) por se tratar de matéria ainda muito fluida, e ser arriscado encerrá-la desde logo num regime preciso. Deixam-se então esses sectores à reacção da prática, apesar das dificuldades que assim se criam para esta. É que o legislador tende a confiar mais na capacidade de acomodação da vida que nos seus próprios prognósticos;

b) por querer deixar aos órgãos de aplicação do direito, sobretudo aos órgãos judiciais, um espaço livre em que se pensa ser útil que eles dêem o seu contributo, através da integração da lacuna;

c) por falta de capacidade dos órgãos legiferantes para encontrar a solução adequada ou o acordo que torne possível a sua implantação[554].

---

[554] Esta situação é muito frequente em tratados internacionais, em que lacunas já há muito detectadas se mantêm longamente enquanto se negoceia a sua superação.

384 *O Direito. Introdução e Teoria Geral*

3) *Situações novas*

A evolução incessante das circunstâncias faz com que a lei feita hoje se vá aplicar amanhã em condições muito diversas. E pode acontecer mesmo que situações que ainda não ocorriam no momento da elaboração da lei exijam depois disciplina própria. A circulação aérea requer regulação minuciosa; mas quando surgiu, provocou uma lacuna, pois as leis sobre a circulação terrestre ou marítima não lhe eram em geral aplicáveis.

Basta a referência a esta última categoria de casos para demonstrar o que atrás dissemos, quanto à inevitabilidade da ocorrência de lacunas da lei.

III – Mesmo quando se verifica uma lacuna, o caso concreto deve ser resolvido. É então necessário integrar a lacuna. Desta tarefa se ocupa fundamentalmente o art. 10 do Código Civil.

Os processos que se nos apresentam são processos normativos. Deve-se primeiro chegar a formulação duma regra, e por meio dela resolver então os casos omissos. A *integração das lacunas* surge por isso como processo de determinação da norma aplicável. Será examinado no capítulo III.

A lacuna pode ser também ultrapassada por meio da interpretação enunciativa, a que dedicaremos o capítulo IV.

215. Interpretação, integração e aplicação

I – Não queremos deixar de observar desde já que em direito se fala de interpretação:

– em sentido amplo
– em sentido restrito.

Em sentido restrito a interpretação opõe-se à integração das lacunas, enquanto que em sentido amplo a interpretação abrange quer aquela quer esta.

O jurista pode abordar o material normativo movido por duas preocupações muito diversas: ou chegar à solução do caso concreto, ou determinar o sentido duma fonte. Se actua com o objectivo de encontrar a solução dum caso faz interpretação em sentido amplo; se é directamente solicitado por uma fonte (por exemplo, se está a tomar conhecimento do último número do jornal oficial) faz interpretação em sentido restrito.

A interpretação em sentido amplo **é a busca, dentro do ordenamento, da regra aplicável a uma situação concreta.** O intérprete terá então de

Generalidades 385

passar em revista as fontes até chegar àquela ou àquelas que verosimilmente contenham regra que directamente contemple o caso. Se a encontra, fixa-se na fonte e completa a interpretação em sentido restrito. Se não a encontra, deverá proceder à integração dessa lacuna do sistema, ou fazer interpretação enunciativa. Em todos os casos, porém, para se poder chegar à afirmação de que há ou não regra aplicável pressupõe-se a prévia interpretação (em sentido restrito) das fontes que o intérprete foi sucessivamente examinando.

Vê-se por esta descrição como a interpretação em sentido amplo pode integrar a interpretação em sentido restrito. Mas o intérprete pode iniciar directamente esta, quando adopta a segunda atitude indicada – toma uma fonte, para lhe captar o sentido.

II – Normalmente, quando se fala apenas em interpretação, quer-se significar a interpretação em sentido restrito, contraposta à integração. Assim procede também a lei[555], ao menos na generalidade dos casos. E, efectivamente, há a necessidade de diferenciar bem este processo da integração; e nenhuma outra palavra pode substituir aqui "interpretação".

Interpretação em sentido restrito será a tarefa que se apoia sempre numa fonte existente e procura fixar o sentido desta.

Quando quisermos referir a interpretação em sentido amplo falaremos preferentemente na determinação da regra, como fizemos na epígrafe deste capítulo.

Quanto à *integração*, não se encontra por natureza uma fonte em que o intérprete se possa apoiar, e todavia há uma situação que reclama uma solução jurídica. Diz-se que há uma lacuna. Pressupõe-se que o jurista conhece as fontes vigentes e procura, por processos admitidos pelo ordenamento jurídico, a maneira de resolver a situação lacunosa. Fala-se então em integração, pois se visa "integrar" o complexo normativo.

III – Também a *determinação da regra aplicável* se não confunde com a própria *aplicação*.

Pela primeira busca-se determinar as regras, recorrendo ao conjunto de fontes que actuam naquele ordenamento.

A aplicação da regra tem sido confundida por vezes com esta operação, mas indevidamente. Para haver aplicação têm de se pressupor conhecidas as regras. Logo, a aplicação é logicamente posterior à determinação

---

[555] Cfr. os arts. 9 e 10 do Código Civil.

386   *O Direito. Introdução e Teoria Geral*

da regra. O que se procura então é, na fórmula corrente, realizar a aplicação da norma ao caso concreto, vencendo as dificuldades que este último momento pode trazer. Não vale a pena aprofundarmos agora esta fórmula, pois é matéria de que nos ocuparemos no capítulo dedicado à aplicação da regra jurídica[556].

216. Aspectos comuns

I – Estes são os três processos pelos quais se procede à determinação da regra aplicável. Tendo em atenção a relação entre a norma e as fontes, diremos que:
- na interpretação a regra está expressa nas fontes
- na interpretação enunciativa a regra está implícita
- na integração a regra não está nem expressa nem implícita nas fontes.

Estes processos serão estudados em especial nos capítulos seguintes.

II – Mas devemos fazer ainda outra observação de ordem geral. Estes processos **tanto podem ter como ponto de partida a lei como qualquer outra fonte de direito**.

Normalmente, fala-se apenas de *interpretação da lei*[557], como se fosse a única fonte do direito a dever ser interpretada. Mas esta limitação não se justifica. Toda a fonte do direito representa do mesmo modo uma exteriorização que tem o sentido de conter uma regra. Em todos os casos é necessário, por interpretação, determinar qual é essa regra.

O ponto de partida é assim muito variado. Temos o texto ou fórmula escrito ou oral, no caso da lei, cujo sentido é conter uma regra. Mas podem ser práticas sociais, como no costume. Se a jurisprudência for fonte de direito, a fonte pode estar na decisão judicial, ou no conjunto de decisões jurisprudenciais. Há portanto sempre um material de base, capaz de suportar a pesquisa dum elemento que já não é fáctico – a regra.

---

[556] N.os 346 e segs.. Esta distinção também está fundada na lei. Assim, o art. 8/3 do Código Civil fala em "interpretação e aplicação uniformes do direito", distinguindo pois as duas actividades.

[557] É esta a epígrafe do art. 9 do Código Civil.

Generalidades 387

Apenas por razões pragmáticas, limitaremos a análise subsequente ao que respeita à interpretação da lei[558].

III – Também no que respeita à integração se fala só em *lacunas da lei*[559], traduzindo de novo uma orientação legalista. É injustificado: o ponto de vista deve ser mais vasto, tendo em conta as lacunas de todo o sistema jurídico, como veremos[560].

217. Interpretação doutrinal e autêntica

I – Esta é a primeira grande distinção que devemos ter presente. O critério reside antes de mais na força normativa da interpretação. Permitir-nos-á num primeiro momento deixar de fora a interpretação autêntica, que obedece a princípios muito especiais.

Interpretação doutrinal é a que não tem qualquer repercussão sobre as fontes em causa. Refere-se-lhe o Código Civil no art. 6 (é a interpretação realizada por qualquer pessoa) e no art. 8/3 (é a interpretação realizada pelo julgador). "Interpretação doutrinal" não deve pois ser tomada como a interpretação a cargo da doutrina – qualquer pessoa, ou o técnico de direito, ou o executor dum acto administrativo, ou o juiz, todos fazem o que se chama interpretação doutrinal[561].

II – *Interpretação autêntica* é a que é realizada por uma fonte que não é hierarquicamente inferior às fontes interpretadas.

A fórmula está em parte dependente do que diremos sobre a hierarquia das fontes de direito[562], mas supomos que pode ser compreendida por si. Corresponde à previsão do art. 13/1 do Código Civil. A lei interpreta-

---

[558] Sobre a interpretação do Direito Consuetudinário, dentro da posição minimalista adoptada pela doutrina alemã, cfr. Larenz, *Metodologia*, 504 e segs..

[559] Veja-se a epígrafe do art. 10 do Código Civil.

[560] Cfr. *infra*, n.º 251 I.

[561] Para fugir a esta ambiguidade, poderiam distinguir-se interpretação autêntica, interpretação doutrinal e interpretação *vinculativa*, sendo a última a que se impusesse a outras pessoas, como no caso do art. 8/3 do Código Civil: a interpretação que aí se tem de fazer consubstancia-se numa decisão vinculativa. Como a nossa finalidade é porém distinguir a interpretação autêntica, não vale a pena autonomizar este novo termo. Também contra a tripartição, Guilherme Moreira, *Instituições*, vol. I, pág. 38: é dentro da interpretação doutrinal que ele distingue a privada e a judicial.

[562] *Infra*, n.os 336 e segs..

388   *O Direito. Introdução e Teoria Geral*

tiva dá-nos, a propósito de um caso particular, o critério desta interpretação: *lei interpretativa* é a que realiza interpretação autêntica, e há *interpretação autêntica* quando a nova lei se integra na lei interpretada.

Como a compreensão da interpretação autêntica está dependente de noções que só posteriormente serão ministradas e a sua utilidade principal se relaciona com a questão da vigência temporal da lei, deixamos o estudo mais aprofundado dos seus requisitos para esse capítulo.

III – Embora de interpretação autêntica se fale normalmente tomando "interpretação" em sentido restrito, ela abrange na realidade toda a interpretação *em sentido amplo*, e por isso a consideramos neste lugar. A fonte que procede à integração autêntica está também subordinada ao conjunto das fontes vigentes.

A lei interpretativa que integra uma lacuna realiza interpretação autêntica. Nestes termos se pode aceitar a qualificação feita por Betti da actuação dos jurisconsultos romanos cujas opiniões eram vinculativas como interpretação autêntica[563], pois a doutrina era realmente fonte, embora subordinada ao conjunto de fontes vigentes.

218. Determinação das regras e método da Ciência do Direito

I – Foi a propósito da determinação das regras que se travaram as grandes querelas metodológicas, que se repercutem ainda actualmente. Convém por isso examinar o método jurídico em paralelo com a determinação das regras, embora aquele se não esgote nesta.

Como toda a ciência, a Ciência do Direito também tem o seu método. Se a Ciência do Direito é ciência prática, pois o seu objectivo é a solução de casos concretos, o método representará o caminho que o jurista deve percorrer para chegar à solução prudente dos casos concretos.

Para isso o jurista parte dos factos, descobre as regras como normal critério mediador da solução e faz no fim a aplicação destas: o método jurídico compreenderá o conjunto de operações necessário para nos conduzir a esse resultado final.

O momento da solução do caso está necessariamente compreendido na reflexão metodológica. Não deixaremos de salientar este facto. Mas foi

---

[563] Posição repudiada por Raúl Ventura, *Direito Romano*, pág. 109, por partir de pressupostos diversos.

Generalidades 389

a propósito da determinação das regras que a polémica se acendeu, e esse aspecto leva-nos a considerar o tema a este propósito.

II – Os autores germânicos têm privilegiado a questão metodológica[564]. Se há uma Ciência do Direito, há que procurar determinar os métodos que permitam a sua afirmação, tendentes a um conhecimento racionalmente comprovável[565].

Ocupar-nos-emos por isso, num último capítulo, com os grandes temas, como a exegese, a dogmática, as construções jurídicas, o valor do sistema; e referiremos afinal[566] escolas como as chamadas jurisprudência dos conceitos e a dos interesses, a escola do direito livre, a tópica, as correntes fenomenologistas e afins contemporâneas e o uso alternativo do direito.

---

[564] Até com excesso, pensamos.
[565] Cfr. Larenz, logo no início da sua *Metodologia*.
[566] N.os 268 e segs..

CAPÍTULO II
INTERPRETAÇÃO

219. A interpretação é sempre necessária

I – Toda a fonte necessita de ser interpretada para que revele a regra que é o seu sentido. Assim acontece com a lei, que será seguidamente o nosso objecto precípuo.

Há uma certa tendência para confundir "interpretação" e "interpretação complexa" e supor que se a fonte é clara não ocorre fazer interpretação. Há mesmo um brocardo que traduz esta orientação: *in claris non fit interpretatio*. Perante um texto categórico da lei, por exemplo, o intérprete limitar-se-ia a tomar conhecimento.

Mas esta posição é contraditória nos seus próprios termos. Até para concluir que a disposição legal é evidente foi necessário um trabalho de interpretação, embora quase instantâneo, e é com base nele que se afirma que o texto não suscita problemas particulares. Se toda a fonte consiste num dado que se destina a transmitir um sentido ou conteúdo intelectual, a que chamaremos o seu espírito, tem sempre de haver uma tarefa intelectual, por mais simples que seja, como condição para extrair da matéria o *espírito* que a matéria encerra.

II – Devemos acrescentar que a ignorância deste processo leva a supor que são raros os problemas trazidos pela interpretação. Pareceria, nomeadamente no que às leis respeita, que a solidez e a segurança do texto eliminam as dificuldades. Por isso o leigo reage mal quando o jurista lhe afirma que se discute qual a solução de dado caso: "então isso não está na lei?". Mas esta insegurança relativa é fatal, pois não há praticamente fórmula perfeita; a linguagem deforma sempre a mensagem que se destina a transmitir.

Cabe antes do mais à interpretação resolver estes problemas. Partindo da fórmula, deverá determinar qual o sentido autêntico da disposição

392   *O Direito. Introdução e Teoria Geral*

legal. E inútil é acentuar como é delicada esta tarefa que permitirá responder com objectividade e precisão a cada dúvida suscitada. Isto mesmo sem entrar em conta com as questões relacionadas já com a aplicação, de que falaremos depois, e que derivam da generalidade que é característica da previsão normativa.

III – Nesta base, é compreensível que a interpretação seja uma tarefa sempre presente, pois. é condição imprescindível da determinação de toda a regra.

São absurdas certas posições que historicamente se retomam, do imperador Justiniano a autócratas modernos, pelas quais se proíbe a interpretação da lei. Faz-se assim porque o legislador histórico desconfia do intérprete, e tem a pretensão de que na lei ficou transparente a vontade que quis impor. Por alturas da Revolução Francesa estiveram também na moda orientações semelhantes; pretendeu-se excluir a interpretação para que o arbítrio dos juizes não viesse substituir-se à segurança da lei revolucionária[567]. Mas, como dissemos, esta pretensão é antes de mais errónea logicamente, pois sem interpretação não se consegue nunca retirar do texto o sentido que encerra – portanto, não se consegue saber qual é a regra.

220. Interpretação e ordenamento

I – A interpretação parte de um elemento determinado – de uma fonte – e procura exprimir a regra que daquela é conteúdo. Mas isto não nos pode fazer esquecer que a interpretação é necessariamente uma tarefa de conjunto: pano de fundo da interpretação é sempre o ordenamento em globo. O sentido de cada fonte está em necessária conexão com o de todas as outras, pelo que será adulterado se o pretendermos tomar isoladamente.

Por isso pôde dizer Santi Romano que "o que vulgarmente se chama interpretação da lei [...] é sempre interpretação, não de uma lei ou norma singular, mas de uma lei ou norma que se examina atendendo à posição que ocupa no ordenamento jurídico em globo: o que quer dizer que o que efectivamente se interpreta é esse ordenamento e, como consequência, a norma singular"[568].

---

[567] Cfr. Gilissen, *Introdução*, 505-506.
[568] *Frammenti*, pág. 124.

Interpretação 393

De facto, a interpretação é sempre revelação de um trecho da ordem global, pelo que esta é condição da relevância de cada elemento, e determina o seu significado. Para dar um exemplo, quando códigos europeus foram postos em vigor em países asiáticos ou africanos o sentido objectivo do texto sofreu necessariamente alterações. As fórmulas legais, integrando--se numa ordem global, ganharam desta, por necessária repercussão, um sentido frequentemente diverso do originário[569]. Porque é um princípio básico que o sentido de cada parte é condicionado pelo todo em que se integra.

II – Interpretar é pois, situando a lei na ordem social, procurando à luz desta o seu sentido[570]. Particularmente importante isto se revelará quando a lei regula uma figura ou tipo social preexistente, que pressupõe na sua disciplina[571]. Só enquadrada no tipo social a lei pode ser compreendida[572]. A interpretação deve reconstituir a unidade global da realidade, exprimindo através de normas a síntese que lei e ordem social tornam possível.

Mas nem por isso abandonamos, como ponto de partida da interpretação, a fonte singular, onde ela se encontre – seja esta uma lei, um costume, uma declaração doutrinária...

Por isso repudiámos já a identificação da fonte de direito com a ordem social, tendo tomado antes como ponto de partida os elementos singulares que se possam encontrar – e que são justamente as fontes[573].

Nada adiantaria perder este precioso ponto de referência em troca de uma indistinção, afirmando-se incolormente que o objecto de cada tarefa interpretativa seria sempre o ordenamento. O ordenamento é o terreno de cultura de todos os elementos, mas cada esforço de interpretação arranca normalmente de uma fonte. Simplesmente, projecta-a na ordem social como condição para a percepção do seu sentido.

---

[569] Cfr. a nossa *Tipicidade*, n.º 72 IV.

[570] Como dissemos já *supra*, n.º 134 I.

[571] Por exemplo, quaisquer referências legais aos fundos de investimento, ao consórcio, à franquia, à garantia bancária autónoma, só se compreendem atendendo à realidade económica que se quer disciplinar.

[572] É este o sentido mais útil que resulta da contraposição de Savigny da lei ao *instituto jurídico*, cuja natureza orgânica a lei, na sua forma abstracta, jamais poderia esgotar (*System*, § 13, págs. 43-44; sobre este, vejam-se as observações de Larenz, *Metodologia*, 13-15).

[573] *Supra*, n.º 134 II.

394   *O Direito. Introdução e Teoria Geral*

III – É bom fixarmo-nos nesta base de bom senso, até porque o resultado da interpretação pode ser negativo. Pode chegar-se à conclusão de que naquela "fonte" nenhuma regra se encontra, afinal.

Para que nos não surpreenda esta última afirmação, devemos recordar que a interpretação jurídica se qualifica como uma interpretação com função normativa[574]. A interpretação jurídica não se destina a uma recognição dum qualquer conteúdo já pensado, mas sim a formular princípios para a acção, regras. Não basta pois descrever, tem de se dizer o que resulta de novo para a ordem jurídica. Mas a autoqualificada fonte pode nada trazer de novo – não conter nenhuma regra.

Adiante, ao estudarmos a chamada "interpretação ab-rogante"[575], teremos oportunidade de esclarecer melhor estes princípios. De todo o modo, esta vinculação da ciência jurídica à determinação de regras para comandar a acção humana justifica por si a qualificação, que já lhe reconhecemos, de ciência prática.

221. Regras legais sobre interpretação

I – Como se realiza a interpretação?

As próprias leis incluem frequentemente disposições sobre os processos interpretativos. Estas disposições são aplicáveis em princípio a toda a ordem jurídica, mesmo quando contidas em leis civis[576].

Deve-se preliminarmente discutir qual a exacta valia jurídica destas regras.

Autores houve que afirmaram que os preceitos legais sobre interpretação não representariam afinal verdadeiras regras jurídicas, mas meras regras técnicas[577] ou conclusões doutrinárias[578]. A interpretação seria aquilo que é, independentemente da posição que porventura tome o legislador; far-se-ia necessariamente seguindo as regras lógicas, os cânones gerais do pensamento jurídico. E o absurdo da consagração legal resultaria de as próprias disposições sobre a interpretação deverem ser interpretadas, o que só se poderia fazer à luz das regras de interpretação prévias à lei.

---

[574] *Supra*, n.º 213 II. Cfr. a este propósito Betti, *Teoria*, II, § 54.

[575] *Infra*, n.os 241 e 242.

[576] Cfr. *supra*, n.º 184 II.

[577] Relata esta orientação José H. Saraiva, *Apostilha*, n.º 24.

[578] Carlos Maximiliano, *Hermenêutica*, n.os 100 e segs.. Contra, Alípio Silveira, *Hermenêutica*, 1, n.os 2 e 3.

Interpretação 395

II – Mas a polémica deve considerar-se ultrapassada[579]. A análise conceitual da interpretação não impõe soluções únicas, mas sim caminhos possíveis. Cabe à lei determinar qual a orientação a adoptar em definitivo. Assim, o art. 9/1 do Código Civil determina que na interpretação devem ter-se em conta as circunstâncias em que a lei foi elaborada; mas poderia ter tomado orientação oposta, e então seria esta a vinculativa para o intérprete.

O facto de a própria lei sobre interpretação dever ser interpretada funda uma objecção meramente formal e que nem nos parece ser verdadeira, pois a interpretação é função de conjunto. Não podemos marcar um antes e um depois, dado que os vários elementos a que se recorre reagem uns sobre os outros durante todo o processo até se atingir o resultado final.

III – Dias Ferreira criticara o art. 11 do Código Civil de 1867, considerando-o mais próprio de livro de ensino do direito que de livro de leis"[580].

Pelo contrário, o Código Civil, na esteira do Código Civil italiano e desde logo do Código de Seabra, contém regras sobre interpretação. É fundamental a do art. 9, que consagra elementos sobre os quais se pode arquitectar um sistema completo de interpretação.

222. A letra e suas limitações

I – Como se faz a interpretação? A que elementos se pode recorrer? Recorde-se que nos cingimos à interpretação doutrinária. A interpretação autêntica deixou de nos interessar no âmbito deste capítulo[581].

---

[579] É elucidativo que Betti, que equacionou excelentemente o problema geral da interpretação, defenda o carácter imperativo destas regras, acentuando que os critérios indicados por lei são realmente vinculativos para o intérprete: *Interpretazione della legge*, § 39.

[580] A crítica foi acolhida por Clóvis Beviláqua, que também escreve que "não competia ao Código dar as regras de interpretação, a que deve obedecer o juiz" (*Código Civil Comentado*, 8.ª ed., sub art. 5 n.º 3 e art. 6 n.º 1 da Lei de Introdução. Em consequência, a Lei de Introdução de 1942 eliminou os antigos arts. 5 e 6 e não inseriu nenhuma disposição que se refira exclusivamente à interpretação em sentido restrito (veremos a seguir o que pensar do actual art. 5). Mas a supressão é devida a esta posição doutrinária, e não a mudança de orientação.

[581] Por força do que dissemos *supra*, n.º 217.

396   O Direito. Introdução e Teoria Geral

Fala-se normalmente na letra e no espírito ou pensamento do legislador (ou ainda pensamento legislativo, como se faz no art. 9/1 CC), como aspectos ou elementos da interpretação. Revela-se que é a interpretação da lei que se tem prevalentemente em vista, omitindo-se outras fontes de direito, como o costume. Estes princípios são todavia aplicáveis, directamente ou por analogia, a todas as categorias de fontes, das leis materiais à jurisprudência com força obrigatória geral.

II – Logo o art. 9/1 do Código Civil fala na letra e no pensamento legislativo, como aspectos diferentes.

É pacífico que o ponto de partida da interpretação da lei tem de estar no texto. A interpretação de qualquer texto não pode deixar de assentar nas palavras desse texto, veículo indispensável para a comunicação dum sentido.

Cada palavra tem o seu significado ou os seus significados. Como a sua conjugação não é arbitrária, do conjunto de palavras – do texto – logo resultarão um ou vários sentidos possíveis. Se tomarmos um texto numa língua desconhecida, o conjunto das palavras nada nos diz; mas de um texto em língua portuguesa desprendem-se imediatamente sentidos. Só em casos extremos não acontecerá assim, e o intérprete terá de se resignar a concluir que o texto não é veículo adequado de qualquer conteúdo. Assim acontecerá se por salto tipográfico ou gralha o texto apresentar uma obscuridade insanável[582].

A letra não é só o ponto de partida, é também um elemento irremovível de toda a interpretação[583]. Quer isto dizer que o texto funciona também como limite da busca do espírito. Os seus possíveis sentidos dão-nos como que um quadro muito vasto, dentro do qual se deve procurar o entendimento verdadeiro da lei. Para além disto, porém, não se estaria a interpretar a lei mas a postergá-la, chegando-se a sentidos que não encontrariam no texto qualquer apoio.

Esta conclusão não nos deve levar à afirmação oposta, que a interpretação se deve limitar à escolha de um dos possíveis sentidos literais do

---

[582] Às rectificações de diplomas legais (cfr. *supra*, n.º 161) é aplicável o regime que posteriormente indicaremos como próprio da lei interpretativa.

[583] O art. 9/2 do Código Civil diz-nos que não pode ser considerado pelo intérprete um pensamento legislativo que não encontre na letra um mínimo de correspondência, ainda que imperfeitamente expresso. Especifica-se: correspondência *verbal*, mas não poderia tratar-se de outra, pois a letra é um conjunto de palavras.

texto. Em breve veremos que à letra se pode preferir o sentido que a letra traiu. Mas terá de se assentar na valoração de elementos que o texto, mesmo que defeituosamente, refere. Se se prescinde totalmente do texto já não há interpretação da lei, pois já não estaremos a pesquisar o sentido que se alberga em dada exteriorização.

III – Mas do exame literal não resulta ainda a interpretação do texto[584].

1) Desde logo, o elemento literal pode ser *ambíguo*. Há palavras com várias acepções; e da conjugação de palavras, mesmo unívocas, podem resultar várias acepções literais possíveis.

Assim, se a lei fala em *móvel*, o que se deve entender por tal? Será, na acepção mais corrente, uma peça de mobiliário? Será, no sentido técnico jurídico mais preciso, toda a coisa que não estiver integrada na terra ou noutro imóvel com carácter de permanência? Utilizar-se-á alguma outra acepção de que a palavra é susceptível, por exemplo, será móvel tudo o que se possa deslocar no espaço sem detrimento? A mera consideração da letra não nos resolve estes problemas; serão já outros elementos que permitirão uma resposta. Isto quer dizer que a letra não permite mais, nos casos normais, do que traçar um catálogo de sentidos à partida possíveis.

2) Mas – mais grave ainda – letra e espírito podem não coincidir. Como veremos de seguida, o espírito prevalece então sobre a letra.

IV – São portanto muito graves as limitações que a letra defronta. Mas há um elemento favorável à letra. Deve-se presumir, não só que o legislador consagrou as soluções mais acertadas, como ainda que *soube exprimir o seu pensamento em termos adequados*. A regra consta do art. 9/3 do Código Civil.

Quer isto dizer que não podemos com ligeireza afirmar que há uma infelicidade de expressão. Devemos partir do princípio que o texto exprime o que é natural que as palavras exprimam, pelo que se pode afirmar que o entendimento literal será tendencialmente aquele que virá a ser aceite.

É todavia necessário não exagerar o alcance deste preceito. Semelhante presunção não dispensa todas as outras tarefas de interpretação que referiremos, e só em conjunto com os seus resultados pode ser devida-

---

[584] São inaceitáveis orientações restritivas como a de Montesquieu, no *Espírito das Leis*, VI, 3: "No governo republicano, é da natureza da constituição que os juizes sigam a letra da lei".

398   *O Direito. Introdução e Teoria Geral*

mente utilizada. Não se esqueça ainda que do mesmo texto legal consta outra presunção, respeitante ao espírito, a que aquela se subordina: a de que o legislador consagrou as soluções mais acertadas.

223. A exegese

I – Mas há que advertir desde já que foi sobretudo um apego excessivo à letra da lei que caracterizou uma orientação metodológica – a chamada "escola da exegese".

Em si, a exegese é um momento indispensável do método jurídico.

A progressão do facto para a norma verifica-se mesmo (e até sobretudo) quando se trata de factos *jurígenos*, como a lei e o costume. A lei não é a regra – a lei é antes de mais um dado ou uma carapaça que encerrará uma regra, e o jurista deve justamente extrair essa regra do seu invólucro.

Podemos denominar exegese esta primeira operação, na qual o jurista olha cada dado tomado por si e o sonda nas suas várias dimensões, pretendendo descobrir qual o significado. Tomamos exegese em sentido amplo, de maneira a abranger também esta mesma análise quando referida às práticas sociais que constituem costumes. Quando se refere a textos, esta tarefa recebe o nome particular de *hermenêutica*[585].

II – Acontece que em vários períodos do pensamento jurídico se supôs que a análise e a explicação dos textos, que se integra na tarefa da hermenêutica, seria a função, e até a única função, do jurista. Para além de outros afloramentos, a exegese dos códigos e outros textos legais foi considerada a única função dos juristas na primeira metade do século XIX, por efeito do já referido fascínio que as leis escritas exerceram sobre os cultores do direito.

Indicámos já, ao falar do positivismo[586], as razões por que as leis foram consideradas a "razão escrita" e por isso sacralizadas como esta. Em consequência, o jurista deveria limitar-se a explicar qual o conteúdo das leis, analisando-as passo por passo e elucidando qual o seu correcto entendimento; mas nunca poderia passar além do texto. O direito seria o mesmo que a lei; esta seria tudo. A tal orientação foi dado justamente o nome de *escola da exegese*.

---

[585] Deixamos agora de parte a utilização particular que da palavra foi feita, para designar a orientação metodológica que a si mesmo se qualifica como a Hermenêutica.

[586] *Supra*, n.º 94.

Interpretação   399

III – Esta posição é inadmissível e podemos hoje dizer que, no plano dos princípios, não encontra já defensores. A pretensão de que a lei contém tudo é falsa, dada a existência de lacunas, de um lado, e a autonomia da fase da aplicação, do outro. Mas nem mesmo se deve supor que a interpretação equivale à exegese. A interpretação é a operação que permite retirar do facto a regra. Ora, mesmo os textos legais não podem ser compreendidos separadamente uns dos outros. O direito é uma unidade, é um sistema, e o todo reage por natureza sobre as partes. Para chegar à regra que está oculta sob o dado o jurista tem de se elevar primeiro ao sistema para, à sua luz, compreender depois cada parte. Tudo isto nos afasta muito da mera exegese.

224. O "pensamento do legislador". Objectivismo

I – Para além da letra, é decisivo perscrutar o *sentido* ou *espírito* da lei. Mas também o sentido deste suscita dificuldades graves.

É que neste domínio se defrontam uma orientação subjectivista e uma orientação objectivista. Para a primeira, o sentido da lei será o sentido do legislador. Para a segunda, o sentido da lei é um sentido objectivo, que não está condicionado por aquilo que foi o intento do legislador histórico[587].

Esta contraposição não é específica da interpretação jurídica. Podemos dizer que toda a obra humana pode ser apreciada tendo-se em conta, ou o sentido que o seu criador pretendeu transmitir, ou o sentido que dela objectivamente se desprende. Assim, uma pintura pode ser apreciada subjectivamente, perguntando-se o que o autor quis dizer (e então pesquisa-se a personalidade do criador e a circunstância histórica), ou objectivamente, perguntando-se o que significa por si, ao ponto de a intenção do autor ficar reduzida a um elemento secundário ou mesmo dispensável de interpretação.

A obra pode efectivamente ter transcendido a intenção do seu autor, ou pelo contrário ter ficado aquém desta. Qualquer destes elementos pode ser tido em conta, devendo apenas observar-se que modernamente, ao menos na generalidade dos casos, a busca do sentido imanente na obra precede a do sentido subjectivo do seu criador intelectual.

---

[587] "O que o "autor" da lei e os seus colaboradores pessoalmente pensaram, é para os juristas apenas meio, e não o fim do conhecimento": Rehbinder, *Einführung*, § 12.2.

400 *O Direito. Introdução e Teoria Geral*

Na interpretação subjectivista pode ainda distinguir-se a que procura o sentido do autor da que exprime o sentido do intérprete. Assim, um intérprete musical pode fazer uma interpretação subjectiva duma obra, que reflicta a maneira como a sente. Mas este subjectivismo da interpretação é de todo irrelevante no direito.

II – Também no direito a querela entre objectivismo e subjectivismo é grande. No século passado, o subjectivismo dominou largamente. Os intérpretes empenhavam-se por isso em descobrir todos os elementos, como relatórios, passos da discussão parlamentar, etc., donde se pudesse inferir qual o sentido que o legislador quisera atribuir à lei.

Esta posição foi hoje dominantemente desalojada pelo objectivismo. Às pretensões subjectivistas, pelo menos tal como afirmadas no século XIX, opõem-se várias ordens de críticas.

1) A vontade do legislador histórico é com frequência incognoscível. Muitos antecedentes do texto não são públicos ou não são susceptíveis de prova.

2) Pode haver intervenção de várias pessoas na feitura da lei. Qual das intenções, que podem ser inteiramente divergentes, deve ser considerada a intenção do legislador? Se há um projecto, que é dado a conhecer e sujeito a discussão pública, que é emendado, que é debatido pelas câmaras[588], alterado e enfim aprovado, que é promulgado pelo Chefe do Estado, onde se encontra a vontade do legislador? Como será possível, havendo tantos intervenientes, determinar a intenção decisiva?

III – O art. 9 do Código Civil contrapõe à letra o "pensamento legislativo". É uma fórmula que não é habitual. Que posição podemos considerar acolhida?

Dissemos já que a expressão "pensamento legislativo" é ambígua. Se considerarmos os antecedentes deste trecho, veremos que a ambiguidade é intencional. Não se quis tomar partido na querela objectivismo/subjectivismo.

No anteprojecto de Manuel de Andrade aparecia um art. 9 IV, donde transparecia a orientação subjectivista[589]: "Os chamados trabalhos preparatórios ou materiais da lei não têm qualquer autoridade enquanto não

---

[588] E normalmente sujeito a compromissos partidários em que as fórmulas finais são aceites para objectivos diversos.

[589] Cfr. *BMJ*, n.° 102, pág. 145.

devidamente publicados." Daqui se retiraria que estes materiais passavam a ter autoridade logo que publicados.

Disposição semelhante se manteve até ao projecto de Código Civil; mas foi criticada, não só por considerações de praticabilidade como por não parecer justificada esta consagração implícita do subjectivismo. Foi por isso justificadamente eliminada do texto definitivo[590].

Não há hoje nenhum elemento donde se possa inferir uma opção formal por alguma das posições em presença.

IV – Aderimos sem reservas à tese objectivista, como é hoje orientação dominante.

Para além das razões já atrás apontadas, parece-nos decisivo o facto de a lei só valer uma vez integrada na ordem social. É uma fórmula produzida para vigorar aí, e cujo sentido é condicionado pela repercussão que tem nessa ordem. Esta integração da lei na ordem social importa o apagamento do legislador após o acto de criação normativa. Torna-se mais importante verificar qual o sentido que a fonte toma na ordem social que visa compor, do que o sentido pretendido pelo criador histórico.

Mas atenção: o facto de procurarmos um sentido objectivo da lei não implica que desconheçamos que a lei é uma fonte intencional do direito. Desde que um propósito ou objectivo do legislador tenha ficado *perceptível na lei*, o intérprete não o pode ignorar. Assim, se se encontra uma restrição de um preceito numa hipótese que não pode ser atribuída a desatenção, essa restrição deve ser tomada como intencional.

O intérprete não pode então antepor o seu próprio critério ao do legislador e aplicar por interpretação extensiva ou analogia a regra que o legislador intencionalmente restringiu, considerando quiçá que há idêntica razão de decidir. As leis não são só palavras, cujo sentido seja dado pelo intérprete; são também os seus próprios sentidos, e entre estes incluem-se os sentidos do legislador que ficaram perceptíveis no texto. Tudo isto é ainda congruente com uma interpretação objectivista[591], porque é ainda um sentido da lei, e não do legislador histórico.

---

[590] O então ministro da Justiça, Antunes Varela, na sua comunicação à Assembleia Nacional de 26 de Novembro de 1966, se bem que tenha exprimido decididamente a sua preferência pela orientação subjectivista, acentuou que o Código, "colocando-se deliberadamente acima da velha querela entre subjectivistas e objectivistas", não consagrava nenhuma orientação: *Do Projecto ao Código Civil*, n.os 5 e 6. Esta comunicação está publicada no *BMJ*, n.° 161.

[591] Cfr. ainda *infra*, n.° 237 II, a propósito da interpretação extensiva.

402   *O Direito. Introdução e Teoria Geral*

225. Actualismo

I – Pode ainda entender-se que o sentido da lei é:

– o sentido actual
– o sentido histórico, portanto o sentido próprio do momento da criação da lei.

Assim se contrapõe uma orientação actualista a uma orientação historicista.

As orientações *historicistas* são modernamente objecto de muitas críticas. Nota-se sobretudo que teriam de se considerar no momento presente caducas muitas das leis que todos entendem em vigor, porque as circunstâncias de hoje eram imprevisíveis na altura da sua formação.

Quer dizer, teríamos de considerar lacunoso tudo o que não era possível prever ao tempo da elaboração da lei. A disciplina do contrato de transporte não abrangeria o transporte aéreo, as disposições sobre contratação não se aplicariam ao comércio electrónico... Reduzir-se-ia assim muito consideravelmente o círculo das leis aplicáveis: o legislador não pode acompanhar a evolução rápida das circunstâncias actuais, nem a pode prever, pelo que com grande frequência teríamos de concluir que em relação a matérias importantíssimas não haveria afinal lei nenhuma.

É certo que para algumas correntes o que acabamos de dizer em tom de crítica albergaria afinal uma vantagem. Se as circunstâncias posteriores, que não possam ter sido previstas, caírem fora do âmbito da lei, haverá lacuna e portanto maior liberdade na sua superação, mediante o recurso aos processos que a seguir referiremos, a propósito da integração das lacunas da lei. Não deixa em todo o caso de ser estranho que a multiplicação das lacunas possa ser concebida como um mérito duma teoria sobre a interpretação da lei. Pelo menos, não se evita que a insegurança que tal acarreta deva ser tomada como uma desvantagem de semelhante solução.

Mesmo nos domínios em que esta teoria reconhece a vigência da lei esta seria um dispositivo necessariamente desactualizado, porque sempre dependente de um circunstancialismo passado. Pode-se objectar que isto é a verdade, que retrata a própria essência da legislação. O que se não pode é evitar que concluamos que esta é uma consequência desfavorável da teoria historicista, a que as interpretações actualistas são imunes.

II – Dada a orientação que defendemos, o *actualismo* surge-nos como forçoso. Se afirmamos o primado da ordem social, se indicamos que

Interpretação 403

a lei só tem sentido quando integrada nessa ordem, fazemos uma afirmação actualista.

No que a este aspecto respeita, supomos encontrar no texto do art. 9/1 do Código Civil a sua consagração. Entre os elementos a que se deve atender na interpretação da lei estão as *condições específicas do tempo em que é aplicada*. Esta referência é totalmente incompreensível fora de um entendimento actualista. Um actualista pode explicar que entre os elementos auxiliares da interpretação figurem elementos históricos, como veremos. Mas para um historicista é aberrante que o sentido de uma fonte possa variar por efeito de circunstâncias posteriores: todo o sentido estaria imutavelmente fixado desde o início.

A justificação que damos é permanente, e não válida apenas no momento da formação da lei. A lei, uma vez criada, situa-se numa ordem social, que é necessariamente viva, aberta a todos os estímulos que nela provocam as alterações históricas. A fórmula em que a lei se consubstancia está fixada; mas o sentido dessa fórmula é variável, por incidência do circunstancialismo donde arrancam as suas significações.

III – Para além das justificações de princípio há uma consideração de praticabilidade que não pode ser ignorada. Uma interpretação historicista é uma ficção. Ninguém está em condições de conhecer a circunstância histórica de cada lei que vigora. As leis surgem em momentos diferentes, por vezes entre si muito afastados no tempo. Diga-se o que se disser, é o circunstancialismo presente que afinal acaba por se ter em conta.

Pode estranhar-se que nos declaremos sem rodeios objectivistas e actualistas, quando é frequente afirmar-se que a tendência hodierna vai no sentido da superação das querelas tradicionais.

Todavia, *superação* não pode ser confundido com eclectismo, ou com indistinção dos vários termos. Nas novas maneiras de conceber a interpretação parece-nos que se inscreve justamente o afastamento da ficção do pensamento do legislador como o critério da interpretação certa, bem como a aceitação duma orientação actualista.

IV – Esta querela não se confunde com a anterior. Pode haver um objectivismo actualista (que procura o sentido objectivo da lei, na circunstância actual) ou historicista (que procura o sentido objectivo da lei, mas no momento da criação desta). Também o subjectivismo pode ser actualista ou historicista[592].

---

[592] Veja-se o esquema que José H. Saraiva, *Apostilha*, pág. 90, elaborou para ilus-

404　　O Direito. Introdução e Teoria Geral

Um subjectivista que quisesse justificar o actualismo diria que a vontade do legislador que deve ser tomada em conta não é a do legislador passado, que emitiu a lei, mas a do legislador actual, que não a revoga porque pensa que a fórmula é ainda adequada para ordenar a vida social. Nós diremos que o sentido objectivo da lei, tal como o podemos apreciar hoje, é o único que conta, por vermos na ordem social a justificação da relevância daquela fonte.

226. A "interpretação evolutiva"

I – Temos ainda a chamada "interpretação evolutiva". Ela foi afirmada, há já largos decénios, para exprimir a relevância da evolução das circunstâncias no conteúdo das regras jurídicas, mesmo sem alteração da fonte. Este pretenso carácter evolutivo tem sido combatido, como se não representasse mais que a maneira hipócrita de frustrar o sentido da lei. Mas tem também tido defensores ilustres, como Carnelutti, que afirma que "não só a interpretação pode evoluir como não pode deixar de evoluir"[593].

A categoria da interpretação evolutiva foi analisada e rejeitada por Santi Romano. Relacionando esta matéria com a necessidade de interpretar tendo em consideração o conjunto do ordenamento[594], conclui que aquilo a que se chamou evolução da interpretação é afinal a evolução do ordenamento, pois as normas estão em estreita relação com a essência da vida institucional, cuja evolução se repercute nelas[595].

Esta posição foi por sua vez severamente criticada por Betti, que a viu como dependente de uma concepção do conhecimento como uma recepção passiva de uma verdade já completa. Contrapõe-lhe uma posição activa do intérprete, que é chamado a criar, a desenvolver o sentido da

---

trar a posição das várias escolas, embora os termos não sejam rigorosamente os que utilizamos.

[593] *Teoria*, pág. 286. Clóvis Beviláqua encontra a razão da interpretação evolutiva em momentos que parece reconduzirem-se à *occasio legis* e ao elemento teleológico, de que a seguir falaremos: "o que interessa é determinar o fundamento e a finalidade da lei, o *porquê* e o *para quê*. E acontece que este segundo momento, não raro se modifica sem determinar alteração no dispositivo da lei, que com as mesmas palavras passa a ter conteúdo diferente do primitivo. Também o primeiro momento sofre o influxo da evolução, mas não com a mesma frequência": *Rev. Forense*, XXXVII (1921), pág. 412.

[594] Já referimos este aspecto *supra*, n.º 220.

[595] *Frammenti*, pág. 125.

Interpretação 405

norma. Por isso a interpretação é evolutiva, por que a evolução resulta "de obra persistente de interpretação e de aplicação"[596].

II – Não nos interessa porém a querela gnoseológica[597]. Seria intolerável uma prisão que impedisse os juristas de afirmar a evidência da evolução das circunstâncias. Não se pode deixar na sombra que a fórmula legal se situa necessariamente num ordenamento que é indispensável para a sua compreensão, e que portanto o intérprete encontra efectivamente uma realidade em movimento quando procede à obra de interpretação.

Por isso, também pensamos que *não é correcto falar de interpretação evolutiva*. A interpretação é sempre a mesma, e o que varia é o seu objecto. Aceiramos que a interpretação contenha em si usualmente um elemento de criação no plano intelectual e mais, que o labor dos juristas seja um dos factores que provoca a alteração do ordenamento. Mas o que evolui é antes de mais esse ordenamento, e a fórmula toma objectivamente o sentido que lhe é dado pelo condicionalismo em que se integra. O resultado da interpretação varia, não porque a interpretação varie como fonte criadora, mas porque varia antes de mais o objecto desta. Por isso, mesmo um preceito legal que desde há decénios não tenha sido aplicado ou interpretado pode ter hoje um sentido diverso, por força da evolução das circunstâncias.

III – Podemos dizer que a própria ordem jurídica, adaptando-se, adapta a lei a necessidades novas[598]. Por isso o intérprete procede correctamente, e não com hipocrisia, quando se preocupa com o sentido actual e abstrai de qual terá sido este quando a lei foi criada, há um século talvez. Esta orientação é nuclear e podemos dizer até que, longe de menosprezar a lei, é frequentemente condição da sua sobrevivência, evitando que seja ultrapassada pelo desuso.

É pois lícito considerar que o sentido de ontem deixou de ser o sentido de hoje; ou que um texto reveste hoje um significado que o seu autor

---

[596] Cfr. *Interpretazione della legge e sua efficienza evolutiva*, pág. 184.

[597] Acentua-se hoje muito o elemento criativo na interpretação e na realização do direito em geral, com o que se deixa de várias maneiras a porta aberta à arbitrariedade. O que em qualquer caso se poderia admitir seria referir essa criação ao juiz (como faz por exemplo L. Grassi de Gouveia, *Introdução Criativa*, 157), como se o direito fosse um produto judiciário. Todos vivem o direito, e todos antes de mais interpretam a ordem normativa.

[598] Veja-se um exemplo desta índole na nossa *Tipicidade*, n.º 72.

406   *O Direito. Introdução e Teoria Geral*

histórico nunca poderia ter tido em vista. Assim se permite a adaptação de velhas fórmulas a novas necessidades e se evita ou se atenua o fenómeno, sempre de recear, do envelhecimento das estruturas normativas.

227. As pretensas interpretação gramatical e lógica

I – Pode ocorrer uma discrepância entre o que resulta do elemento gramatical e o sentido ou espírito da lei.

Mas antes de considerar em particular as hipóteses de tensão entre letra e espírito, há que fixar o significado destes.

Frequentemente se fala numa *interpretação literal*, contraposta a uma interpretação lógica, que se seguiria àquela. Mas não é correcto conceber duas interpretações diversas. A tarefa da interpretação é una. O art. 9 do Código Civil abre justamente com a afirmação de que a interpretação não deve limitar-se à letra da lei, mas reconstituir a partir dos textos o pensamento legislativo... Quer dizer, directamente se reconhece a tensão entre letra e espírito, e se privilegia o espírito; com a reserva apenas de que esse espírito deve encontrar na letra um mínimo de correspondência (n.º 2). O sentido é pois o que mais interessa, é o verdadeiro objectivo da interpretação.

A possibilidade de uma divergência entre a letra e o espírito está ainda prevista no art. 11, em que se fala de "interpretação extensiva". Posteriormente a consideraremos.

II – Antes devemos distinguir uma apreensão literal do texto, que é o primeiro e necessário momento de toda a interpretação da lei, pois a letra é o ponto de partida. Procede-se já a interpretação, mas a interpretação não fica ainda completa[599]. Há só uma primeira reacção em face da fonte, e não o apuramento do sentido. E ainda que venha a concluir-se que esse sentido é de facto coincidente com a impressão literal[600], isso só se tornou possível graças a uma tarefa de interligação e valoração, que excede o domínio literal.

---

[599] Mesmo quando a lei comanda a interpretação literal, como no art. 111 do Código Tributário Nacional (brasileiro), o que na realidade estabelece é a exclusão da interpretação extensiva, de que falaremos a seguir.

[600] E mesmo reconhecendo que aqui não está em causa apenas a lexicologia mas também a sintaxe.

Interpretação 407

Inversamente, não há nenhuma *interpretação lógica* que se separe da análise do texto. Após aquela primeira impressão todo o progresso no caminho da apreensão do significado do texto se faz mediante uma interacção constante do texto e de outros elementos de esclarecimento, até se chegar à determinação do espírito. A apreensão do sentido literal é necessariamente acompanhada de uma elaboração intelectual mais ampla[601]. Pode recorrer-se aqui à categoria da pré-compreensão (Esser): há logo um pré-entendimento, que precede a análise individualizada de cada elemento.

Estas dificuldades evitam-se se falarmos, não numa interpretação literal e numa interpretação lógica, mas na interpretação como operação incindível, que assenta num elemento gramatical ou literal e em elementos lógicos. O elemento gramatical é a letra, com o seu significado intrínseco; os elementos lógicos são todos os restantes factores a que se pode recorrer para determinar o sentido.

III – A intervenção de elementos não literais, particularmente dos de carácter valorativo, atinge o seu ponto mais alto perante manifestações do modo de legislar contemporâneo, como são os *conceitos indeterminados e as cláusulas gerais*. A fixação do conteúdo destes quadros fluidos exige até uma aptidão própria, em sede de interpretação. Mas como por natureza, dada a sua vacuidade, estas figuras deixam um largo espaço para a busca da solução do caso, foi necessário a propósito da individualização realizar o seu estudo[602], pelo que o não retomaremos.

228. Elementos lógicos

I – Ao elemento literal se contrapõem os elementos lógicos. Utilizamos este qualificativo com reserva, apenas por estar consagrado pelo uso, mas não deixaremos de exprimir a sua desadequação para exprimir esta realidade. A tarefa a que se procede é predominantemente valorativa, e o qualificativo *lógico* em nada o dá a entender. Recorremos porém ao plural, elementos lógicos, por serem vários.

---

[601] Assim, se se depara na lei com a palavra *servidão*, da consideração gramatical resulta só que tanto pode significar escravatura como um direito limitado de gozo de prédio alheio; mas logo o espírito actua, determinando qual o sentido efectivo naquela previsão.

[602] Cfr. *supra*, n.º 132 I.

408   *O Direito. Introdução e Teoria Geral*

É tradicional a tripartição doutrinária dos elementos lógicos nos subelementos:

– sistemático
– histórico
– teleológico.

O art. 9/1 do Código Civil aponta neste sentido ao contrapor ao elemento gramatical três aspectos que devem ser tomados em conta para desvendar o pensamento legislativo. Estes aspectos podem ser relacionados (embora a correspondência não seja perfeita) com esta tripartição doutrinária.

II – *Elementos formalmente incluídos na fonte*

Não se suponha que estas categorias esgotam todos os tipos de elementos a que podemos recorrer para apurar o sentido de um texto. Pertencem por exemplo aos elementos lógicos as afirmações formalmente incluídas pelo legislador na própria fonte, sem todavia possuírem carácter vinculativo directo.

São desta natureza:

– os preâmbulos das leis[603]
– as pronúncias judiciais sobre casos concretos que culminam na decisão com força obrigatória geral
– os títulos das secções dos diplomas
– as epígrafes dos artigos[604].

Não representam comentários laterais, têm uma autoridade que os faz ocupar melhor posição que os elementos históricos não qualificados. Podem servir assim de auxílio precioso para a interpretação dum texto. Não esqueçamos que neles intervêm ou convêm todas as entidades cuja pronúncia é indispensável para a produção da fonte.

Estes elementos, apesar da sua grande autoridade, não têm o mesmo valor do texto. Em si, não têm o sentido de *determinação*, que é o próprio de uma fonte de direito, mas o de esclarecimento (preâmbulo) ou de análise de um caso com vista à sua solução, pela declaração da máxima de

---

[603] Cfr. Osvaldo Bandeira de Melo, *Direito Administrativo*, n.º 332.

[604] Carlos Maximiliano, *Hermenêutica*, n.º 324, distingue as epígrafes e as rubricas da lei.

Interpretação 409

decisão que o rege. Por isso, se houver contradição é o que está no articulado ou no próprio texto da decisão judicial, conforme os casos, que prevalece[605].

III – Têm já significado diverso textos cujos autores não são os mesmos que os da parte dispositiva, embora tenham também carácter oficial e se destinem a esclarecer fontes de direito.

Estão neste caso os sumários de decisões jurisprudenciais com força obrigatória geral, publicados em *colectâneas oficiais*, e mesmo os sumários dos diplomas legais, publicados em jornais oficiais. Manifestam um entendimento oficial do texto do diploma, mas não fazem fé, nem participam da especial autoridade dos elementos semivinculativos que acima referimos.

Também as *exposições oficiais de motivos*, publicados a propósito de novos diplomas, e que por vezes vêm incluídas em publicações oficiais destes, não têm o mesmo valor, a não ser que se revistam da mesma forma específica de publicação que é exigida para a própria fonte de direito e provenham dos mesmos autores. Se é este o caso, é-lhes aplicável o que se disse para os preâmbulos dos diplomas legais.

229. Sistemático

Passamos agora a uma análise individualizada dos elementos sistemático, histórico e teleológico.

I – A interpretação deve ter em conta "a unidade do sistema jurídico" (art. 9/1 do Código Civil). Repetidamente acentuámos já que toda a fonte se integra numa ordem, que a regra é modo de expressão dessa ordem global. Por isso a interpretação duma fonte não se faz isoladamente, quiçá atendendo a um texto como se fosse válido fora do tempo e do espaço. Resulta pelo contrário da inserção desse texto num contexto dado.

As relações que se estabelecem entre as várias disposições[606] podem ser de:

---

[605] Cfr. o Ac. do Tribunal Constitucional de 8 de Julho de 1992 (*BMJ*, 419, 176), desvalorizando uma intenção proclamada no preâmbulo dum diploma que não encontrou nenhuma correspondência no texto.

[606] Sobre esta matéria cfr. Dias Marques, *Introdução*, n.º 68/4.

410   *O Direito. Introdução e Teoria Geral*

– subordinação
– conexão
– analogia.

II – *Subordinação*

Por via de subordinação, relaciona-se o preceito isolado com os princípios gerais do sistema jurídico, permitindo-se apurar a incidência que esses princípios têm para o esclarecimento daquela fonte.

Pode ainda integrar-se neste domínio o princípio da *interpretação conforme com a Constituição*. A coerência da ordem jurídica e o princípio da conservação das leis levam a partir do princípio, de uma compatibilidade das leis com regras hierarquicamente superiores. Por isso deve preferir-se uma interpretação que conduza àquela harmonia, enquanto isso for compatível com a própria natureza da interpretação[607].

III – *Conexão*

Por via de conexão, situa-se a fonte no sistema em que se integra[608].

Nenhum preceito pode ser interpretado isoladamente do *contexto*. É natural que cada trecho duma lei surja como um momento do desenrolar lógico dum plano; não se presume colocado casualmente dentro daquele conjunto. Cada número dum artigo só é compreensível se o situarmos perante todo o texto do artigo, cada artigo perante os que o antecedem ou imediatamente o seguem. Atender ao contexto é *situar* uma disposição.

Assim, suponhamos que se suscita a dúvida sobre a interpretação da palavra *pode*, usada quando se fica a prazo de interposição da acção de investigação de paternidade ou maternidade extra-matrimonial. Significar-se-á uma mera possibilidade de interposição da acção nesse prazo, que não exclua que o seja também em momento posterior, ou uma limitação de possibilidade de actuar judicialmente, de modo que a acção já não poderá ser proposta, uma vez decorrido esse prazo?

O confronto com as disposições anteriores permite uma resposta categórica. Estabelece-se o limite temporal da instauração da acção, logo o sentido do preceito não é a de indicar que *também* dentro de um ano, após a cessação dos factos que contempla, a acção se pode propor, mas o de limitar àquele período a propositura da acção. Logo, a segunda hipótese atrás enunciada é que é a verdadeira.

---

[607] Sobre o sentido e limites do princípio cfr. Jorge Miranda, *Manual*, II (5.ª ed.), n.° 70.

[608] Cfr. nomeadamente *supra*, n.° 223 III.

Outras vezes, o contexto permite ultrapassar as variações de terminologia a que o legislador terá sido levado por uma excessiva preocupação de elegância, para não repetir a mesma palavra. O contexto revela que se trata ainda do mesmo assunto e não de um preceito autónomo, por acaso ali perdido.

IV – *Conexão remota*

Também se pode falar de uma conexão remota. Para além desta concatenação do preceito com aqueles que imediatamente o antecedem ou o seguem interessa determinar o seu lugar no conjunto das fontes. Tem muito valor o sistema geral de um diploma, particularmente se ele é longo, para situar exactamente cada preceito.

Um exemplo desta ordem. Tomemos o princípio geral que, por morte do possuidor, a posse continua nos seus sucessores desde o momento da morte, independentemente da apreensão material da coisa (art. 1255 do Código Civil).

Pode daqui inferir-se que é desnecessária a aceitação para o herdeiro adquirir posse dos bens do falecido? O exame do contexto revela-nos que semelhante ilação seria precipitada.

As disposições em causa surgem em matéria de posse. É pois natural que procurem apenas resolver o problema da continuidade da posse, estabelecendo que esta se não quebra com o fenómeno morte. Mas o saber se é ou não necessária a aceitação, para a aquisição da posse por parte dos sucessíveis (isto é, os que podem vir a suceder), é problema cuja solução se deve procurar antes no Direito das Sucessões. O contexto revelou-nos que daquela fonte não podemos esperar resposta para a questão em causa.

V – *Analogia*

Por via da analogia buscam-se semelhanças entre preceitos, independentemente do sistema próprio da fonte em causa.

De analogia fala-se particularmente como de um método de integração de lacunas das fontes, que será exposto no capítulo seguinte. Mas a analogia, como categoria mental, é referível a toda a realidade. Também se manifesta na interpretação, através dos chamados "lugares paralelos".

Por *lugares paralelos* devemos entender as normas respeitantes a institutos ou hipóteses de qualquer modo relacionados com a fonte que se pretende interpretar. A semelhança da situação ou da apresentação faz presumir que o regime jurídico também é semelhante. Assim, na interpretação

412   *O Direito. Introdução e Teoria Geral*

do contrato de mandato, os lugares paralelos que surgem na disciplina do contrato de empreitada não podem deixar de ser tidos em conta.

Outro exemplo: a lei permite que a *prescrição* (causa de extinção de um direito por um continuado não exercício) seja interrompida por qualquer interessado (art. 305/1 do Código Civil).

Temos aqui uma hipótese anómala, em que alguém pode substituir-se ao sujeito na actuação jurídica. Tal situação suscita, como é natural, muitas dificuldades.

Para a solução destas dificuldades é necessário ter em conta os lugares paralelos. Há outros casos em que igualmente se permite uma intervenção desta ordem. O art. 2067 do Código Civil, por exemplo, permite aos credores do herdeiro que repudiou a herança aceitá-la em nome do repudiante. Ressalvando-se embora as diferenças dos dois casos, há um lugar paralelo de que se podem extrair úteis ensinamentos quando à possibilidade de alguém intervir em negócios alheios, mas no próprio interesse.

Acrescente-se que uma correcta utilização dos lugares paralelos leva a atender à ordem jurídica no seu conjunto, e não só ao que resulta das fontes legais.

230. **Histórico**

I – Devem-se também ter em conta todos aqueles dados ou acontecimentos históricos que expliquem a lei. O art. 9/1 do Código Civil remete para "as circunstâncias em que a lei foi elaborada". A menção das circunstâncias, sendo muito vasta, permite englobar todo este conteúdo. Podemos por isso distinguir dentro do elemento histórico:

– precedentes normativos
– trabalhos preparatórios
– *occasio legis*.

II – *Precedentes normativos*
Podemos distinguir precedentes:

– históricos
– comparativos.

Temos, pois, quer as regras que vigoraram no passado, e que são objecto da História do Direito, quer as regras estrangeiras que vigoravam na época da formação da lei e tiveram influência sobre ela. Já dissemos que, em certo sentido, se fala em fontes de direito para abranger estes elementos[609], e como os resultados a que se chega permitem explicar as fontes actuais. Isto significa que estes elementos têm função auxiliar da interpretação.

III – *Trabalhos preparatórios*

Dissemos atrás em que consistem estes, e qual a relevância que lhes foi atribuída pelas correntes subjectivistas[610]. Para uma orientação objectivista, estes trabalhos perdem valor decisivo, mas não deixam com isso de representar factores auxiliares da interpretação. Muitas vezes um texto parece-nos incompreensível, e é afinal o exame do elemento histórico que permite outorgar-lhe um sentido, que lhe tire a marca do absurdo e proporcione o seu aproveitamento.

Com isto em nada se desmente o actualismo. Pode-se presumir que o sentido actual corresponde ao sentido inicial, se não aparecer nenhuma razão oposta – mas largamente se pode recorrer a quaisquer outros elementos que convençam do contrário. Os trabalhos preparatórios não têm posição privilegiada ou decisiva na lista dos elementos auxiliares da interpretação.

IV – *Occasio legis*

Assim se designa todo o circunstancialismo social que rodeou o aparecimento da lei. É este até o aspecto para que preferentemente aponta o art. 9/1 do Código Civil. Vimos já que, impropriamente embora, também estas circunstâncias são por vezes designadas fontes de direito.

Suponhamos que, perante uma vaga de terrorismo, é promulgada legislação extremamente severa sobre deslocações de pessoas e veículos. Passada essa vaga, a legislação fica em vigor, mas aplicada a circunstâncias normais, enquanto não for revogada. Isto cria necessariamente um desfasamento. O intérprete não pode deixar de ponderar o circunstancialismo muito especial que forçou o aparecimento dessa legislação e interpreta-a à luz desse condicionalismo. Pode assim concluir que se excluem hipóteses que, embora formalmente abrangidas, estarão fora da justificação da lei.

---

[609] *Supra*, n.º 21 II *a*.
[610] *Supra*, n.º 224 II.

414   *O Direito. Introdução e Teoria Geral*

V – *Legislação de emergência*

O que se passa na legislação de emergência é manifestação do que acabamos de dizer.

Cada vez mais este aspecto nos parece importante. Atrevemo-nos a perguntar se a legislação de emergência não passou a ser hoje a maneira normal de satisfação da função legislativa do Estado.

O grande princípio da vida social, aqui também, é o da inércia. O aprimoramento da ordem jurídica, a criação ordenada e oportuna dos quadros legais, são figuras de escola. As assembleias legislativas, por exemplo, desempenham inúmeras funções, a começar pela defesa sindical dos privilégios dos seus membros, mas mostram-se incapazes de satisfazer razoavelmente a sua função específica . Dezenas de projectos de diplomas vão-se acumulando, à espera de uma brecha para passarem.

Em geral, para vencer essa inércia, é necessário um *lobby* ou uma comoção. Essa comoção é uma emergência. Quase toda a legislação surge maculada pela emergência que a originou.

Não podemos deixar assim de dar relevo na interpretação à marca que esta emergência deixa na legislação que provocou.

231. Teleológico

I – Enfim, é elemento a ponderar na interpretação o que podemos chamar a justificação social da lei. A finalidade proposta carece de ser tida em conta. A ela deve ser adequada a regra resultante, porque todo o direito é finalista. Toda a fonte existe para atingir fins ou objectivos sociais. Por isso, enquanto se não descobrir o *para quê* duma lei, não se detém ainda a chave da sua interpretação.

Por exemplo, há um preceito em matéria de seguros, segundo o qual o segurado não pode, sob pena de nulidade, fazer segurar segunda vez pelo mesmo tempo e risco objecto já seguro pelo seu inteiro valor (art. 434 do Código Comercial).

Para resolver as dificuldades de entendimento desta disposição não pode deixar de se perguntar para que se impôs semelhante proibição. Foi porque se quis impedir que o seguro se torne para o segurado um negócio lucrativo. Verificado o risco que justificara o seguro, o segurado teria direito a receber mas que aquilo que efectivamente perdera. A lei visa impedi-lo. O seguro tem por função pôr uma pessoa a coberto de riscos, não outorgar-lhe um meio parasitário de adquirir, transformando-se numa espécie de jogo. Por outro lado, é finalidade da lei prevenir fraudes que doutra forma frequentemente se verificariam – o segurado poderia sucumbir à tentação de causar ele próprio a destruição da coisa segura, para receber mais do que o seu valor efectivo. Estas considerações serão essenciais para se apurar o sentido do preceito em causa, esclarecendo as consequências jurídicas resultantes.

II – Poderíamos falar, a propósito deste elemento, em elemento sociológico[611], pois é por ele que se concretiza a relevância da integração social da fonte de direito.

As condições que se tomam em conta são, vimo-lo, as condições actuais: procura-se perante essas condições uma relevância sociológica, que é um dos elementos a ponderar antes de chegar à determinação definitiva do sentido da lei.

III – A lei integra textos de carácter genérico onde se consagra a relevância do elemento teleológico.

O art. 9/1 fá-lo ao mandar considerar "as condições específicas do tempo em que é aplicada" a lei. Directamente, este preceito consagra o actualismo, como vimos, mas dele poderemos também inferir que a justificação social da lei é tida em conta como elemento da interpretação.

No direito brasileiro prevê esta matéria em disposição que, pela sua importância e complexidade, será objecto de exame autónomo: "Na aplicação da lei, o juiz atenderá aos fins sociais do direito e às exigências do bem comum." (art. 5 da Lei de Introdução ao Código Civil).

232. A *ratio legis*

I – Da conjugação de todos estes elementos resulta o sentido, espírito ou razão da lei, que é o elemento decisivo para se fazer a interpretação. Tradicionalmente, designa-se este sentido por *ratio legis*.

Será pois a *ratio legis* que nos permitirá enfim iluminar os pontos obscuros e chegar à norma que se encerra na fonte. Não se confunde com o elemento teleológico da interpretação; este pode ser concebido como o motivo de política legislativa que ditou a regra, enquanto que a *ratio legis*

---

[611] Veja-se um apontamento neste sentido em Allara, *Le nozioni fondamentali*, I, págs. 110-112.

416 *O Direito. Introdução e Teoria Geral*

se separa daquelas considerações para dar a razão ou sentido intrínseco da lei[612].

O art. 9 do Código Civil fala em "pensamento legislativo", em acepção que será, ao menos no fundamental, coincidente com esta.

Com base nesta *ratio* se valorará a letra para se chegar ao sentido decisivo. O princípio absoluto é o da preferência do espírito sobre a letra: aqui como noutros domínios, vale a afirmação de que a letra mata, o espírito vivifica. Vimos atrás qual a limitação desta prevalência do espírito, de tal modo que se não pode falar de um espírito que não encontre na letra um mínimo de correspondência verbal. Veremos a seguir discriminadamente quais as modalidades que apresenta a relacionação letra/espírito.

II – Directamente dedicada a este resultado final da interpretação encontra-se, no art. 9/3 do Código Civil, a presunção que "o legislador consagrou as soluções mais acertadas". A *ratio legis* será pois a resultante de todos os elementos, mas iluminada por uma pretensão de máxima racionalidade, que permitirá escolher entre possibilidades divergentes de interpretação.

233. A dogmática

I – A busca da unidade do sistema jurídico faz-nos desembocar noutra tarefa fundamental, além da exegese. É a dogmática – expressão que em direito é entendida de modo muito particular[613].

Houve uma tendência para usar este termo em sentido pejorativo, confundindo a dogmática com uma das escolas de que em breve falaremos, a jurisprudência dos conceitos. Semelhante tendência é injustificada, pois o que se deve rejeitar não é a dogmática em si, que é tarefa indispensável, mas sim a utilização que da dogmática se pretendeu fazer.

II – Nesta viragem para a dogmática foi decisivo o contributo dos pandectistas. Cultores do Direito Romano, encararam-no todavia como um direito vivo, capaz de responder a problemas muito diversos daqueles sobre os quais reagira quando vigorou. Por isso, não se limitaram à herme-

---

[612] Para fazer ressaltar esta distinção, opõe Gény, *Méthode*, I, pág. 305, e II, págs. 120-121, à *ratio legis* – considerações morais, políticas, sociais e económicas – a *ratio iuris*, que é a síntese destas e traduz uma concepção puramente jurídica. Mas cremos desaconselhável utilizar naquele sentido a expressão *ratio legis*.

[613] Sobre a dogmática na História do Direito, cfr. *supra*, n.º 54 IV.

Interpretação 417

nêutica dos textos romanos, mas procederam à construção jurídica, retirando do conjunto novas e importantes orientações.

É particularmente célebre um dos pilares da escola histórica de que anteriormente falámos, Savigny, ao ponto de podermos considerar actuais as suas obras. São por vezes bem mais elucidativas que as dos autores modernos, embora Savigny seja anterior à codificação no seu próprio país. Esta obra nunca mais se perdeu. Durante todo o século passado sucederam-se na Alemanha estudos doutrinários de alto nível, em contraposição à pobreza que grassava em França, presa da escola da exegese. Isto explica-se em parte pela situação diversa dos dois países no plano legislativo. Em França havia legislação recente, na qual os juristas supunham poder descansar; na Alemanha não a havia, e os juristas sentiam a necessidade de trabalhar o dado primário para chegar aos resultados que a teoria e a prática reclamavam.

III – A dogmática tende a reduzir à unidade o sistema jurídico: ou melhor, procura apresentar o que há de relevante no dado jurídico numa unidade, que corresponde à unidade existente na própria ordem normativa da sociedade. Para isso aproximará o que é semelhante, afastará o que é divergente; ordenará em *institutos* preceitos singulares; determinará as *categorias* (pessoa singular, direito subjectivo...) que travejam unitariamente o corpo do direito; formulará os *conceitos* que abrangem esses institutos e categorias que pouco a pouco se vão formando; detectará paralelamente os *princípios* fundamentais que perpassam pelo sistema e o vivificam. A estes princípios fundamentais sobretudo se chama os *dogmas* jurídicos – daí a designação de dogmática.

Toda esta tarefa complexa e delicada faz apelo intenso a processos lógicos, pois a dogmática é um campo por excelência para o exercício da lógica. O jurista terá aí de demonstrar as características qualidades formais do espírito jurídico – a *abstracção*, uma vez que nas suas construções o jurista se vai afastando sucessivamente mais dos dados primários, e a *precisão*, pois todo este edifício só representa uma unidade porque se impõe uma precisão extraordinária na análise e na conjugação das suas peças.

A dogmática ganha com a pandectística plena realização. O dado jurídico é reconstruído num sistema[614] logicamente estruturado. Assim se comprova que a lógica é efectivamente a força da dogmática.

---

[614] Sobre a história e a problemática do sistema no direito, cfr. Canaris, *Conceito de Sistema*; Sampaio Ferraz, *Conceito de Sistema*.

418   *O Direito. Introdução e Teoria Geral*

Mas, em certo sentido, é também o seu ponto fraco, como veremos mais tarde.

234. O debate sobre os princípios gerais de direito

I – Dissemos que a unidade do sistema jurídico corresponde à da própria ordem normativa da sociedade. Mas se aquele é um sistema, tem de ser travejado e percorrido por princípios ou orientações fundamentais, de que resulta justamente a sua unidade[615].

O que são estes princípios gerais do direito, é tema muito debatido. Procuremos aproximar-nos de uma solução dizendo antes de mais o que os princípios não são.

II – *Os princípios não são regras*[616]

Em abstracto, nada impediria que a expressão "princípio geral" fosse entendida como designando uma regra. A partir das disposições concretas haveria uma regra de maior amplitude que se obteria e que permitiria enquadrar, embora de maneira mais vaga, os casos concretos.

Esta concepção seria porém demasiado estreita. Por um lado porque os princípios não se moldam apenas por abstracção a partir de regras legais. Há princípios que só se podem referir ao ordenamento no seu conjunto.

É por isso que, mesmo quando as leis ficam enquistadas em fórmulas que se não actualizam, a ordem normativa da sociedade permanece em permanente evolução. Assim, se bem que o Código Civil de 1867 não desse qualquer abertura ao princípio da boa fé ele entrara já, em tempos recentes, a fazer parte da ordem jurídica, como uma das coordenadas básicas da comunidade. Neste remodelar constante dos princípios gerais, que tendem a se bastar a si mesmos, emancipando-se das fontes em que se fundamentariam, é decisivo o papel da jurisprudência[617].

---

[615] Para Canaris, *Conceito de Sistema*, 77, o sistema é até definido "como uma ordem axiológica ou teleológica de princípios gerais do direito".

[616] Pressupomos a categoria *regra* ou *norma*, com os seus momentos constitutivos e o seu conteúdo necessariamente material. Prevê-se um dado tipo de facto e/ou situação e a este é normativamente associada uma consequência jurídica. A norma é um critério material de apreciação e solução de casos concretos; não é um critério formal, que não explicitaria o que ficaria a caber a cada um.

[617] Cfr. a obra básica de Esser, *Grundsatz und Norm in der richterlichen Fortbildung des Privatrecht*s.

Interpretação 419

No mesmo sentido vai a afirmação de Larenz: "Os princípios pertencem verdadeiramente ao conteúdo do "direito positivo", desde que por tal se não entenda apenas a lei, mas sim a ordem jurídica vigente como um todo; mas eles não brotam nem da lei nem da jurisprudência, antes estão subjacentes a ambas[618]".

Por outro lado, as grandes orientações da ordem jurídica não são devidamente expressas no molde muito determinado das regras, mesmo que sejam regras de grande extensão[619]. Veremos a seguir mais precisamente qual a sua estrutura.

III – Os princípios não são mera expressão de necessidades sociais
Poderia dizer-se que, consoante o que se apresentasse socialmente desejável, assim teríamos um princípio.

Mas a ordem jurídica da sociedade não é uma mera ordem sociológica, é uma ordem normativa. As necessidades sociais não são unívocas, e o aplicador do direito não pode bastar-se com a sua própria concepção, nem com concepções sociais, maioritárias ou não, mas que não sejam vinculativas. Só quando os dados sociais se integram na ordem jurídica é que relevam na elaboração dos princípios gerais.

Nas ordens jurídicas soviéticas os princípios da política eram imediatamente actuáveis, sobrelevando até o direito legislado. Nos sistemas ocidentais não acontece assim. A orientação política tem de ser integrada primeiro na ordem jurídica da sociedade e só então será relevante para conduzir a resultados jurídicos.

235. Caracterização

I – Os princípios do direito são pois antes de mais princípios ou grandes orientações da ordem positiva, que a percorrem e vivificam, e que têm assim a potencialidade de conduzir a novas soluções. Porque a ordem jurídica não é um amontoado casual de elementos, é iluminada por grandes coordenadas que lhe dão o travejamento básico. Quando componentes da lei, merecem o mesmo respeito e obrigatoriedade da própria lei. Assim o

---

[618] *Wegweiser zu richterlicher Rechtsschöpfung*, pág. 301. Cfr. também Jeaneau, *La nature des principes généraux du droit*, pág. 203.

[619] Canaris, *Conceito de Sistema*, 81, fala na "articulação mais flexível do princípio".

420   *O Direito. Introdução e Teoria Geral*

princípio da boa fé, o princípio da conservação dos negócios jurídicos e tantos outros que têm sido elaborados[620]. Estes princípios não são normas, são orientações de carácter mais flexível.

Mas os princípios podem ser:

– materiais
– formais

Em relação aos primeiros vale a observação de Canaris: o princípio "compreende já a bipartição, característica da proposição de direito, em previsão e consequência jurídica"[621]. Criar-se-ia assim uma figura intermédia entre o valor e a regra. O valor é meramente formal, no sentido de que não indica conteúdos materiais. O princípio traz uma concretização, através de uma opção por uma regulação material; mas não dispensa a mediação ulterior da regra[622]. Seria assim um passo no sentido da concretização de valores que não dispensaria nova concretização ulterior, através de regras.

Pelo contrário, nos princípios formais até aquela estrutura mínima falta.

II – Os princípios são de toda a ordem jurídica. Há princípios que exprimem a própria ordem natural[623]. Também a ordem natural é perpassada de princípios formais, e esses princípios são direito vigente, como dissemos. Esses princípios permitem, em última análise, chegar sempre à solução do caso: quanto mais não seja através do recurso à Justiça, que é o princípio formal básico.

Mas a generalidade dos princípios não se pode reconduzir ao Direito natural, que só abrange as matérias de máxima relevância.

III – Determinados estes princípios, eles são tendencialmente aplicáveis mesmo a hipóteses não directamente reguladas: porque os princípios pertencem à própria ordem jurídica, e têm por isso o mesmo carácter vin-

---

[620] Têm em parte interesse os numerosos brocardos recolhidos por Carlos Maximiliano, *Hermenêutica*, n.ᵒˢ 292 e segs..

[621] *Conceito de Sistema*, 86.

[622] Ele não está ainda normalmente concretizado a ponto de permitir a mera subsunção: *Conceito de Sistema*, 86, nota. Quando se fala por exemplo na relatividade dos contratos, na inoponibilidade a terceiro de boa fé, na identidade de posições jurídicas como característica da sucessão ou em *nullum crimen sine legem*, referem-se princípios desta índole, que exprimem orientações materiais da ordem jurídica.

[623] Ver também *infra*, n.º 260 III.

Interpretação   421

culativo que os restantes elementos desta. Devem pois aplicar-se directamente e dar a solução dos casos omissos[624].

Simplesmente, essa aplicação não é cega. Caso por caso se verificará se não há razões que a levem a excluir justamente na situação em causa, à luz da *ratio*, da fundamentação última do princípio enunciado; ou se outros princípios, também presentes na ordem jurídica, não se impõem nesse caso e marcam outra solução.

O que quer dizer que também aqui a actividade do jurista não é meramente lógica ou mecânica, antes exige um trabalho complexo de valoração, uma conjugação de elementos provenientes de quadrantes muito diversos da ordem jurídica. Mas nada tem na realidade de estranho que uma actividade, sensível ao aspecto valorativo logo no momento da interpretação dos dados primários, o seja também na fase da conciliação dos princípios detectados.

IV – Temos pois, não uma orientação ecléctica no entendimento dos princípios gerais do direito, que seria deslocada, mas uma doutrina suficientemente maleável e compreensível para abranger todas as hipóteses.

Os princípios gerais do direito não são regras, são grandes orientações que se desprendem, não apenas do complexo legal, mas de toda a ordem jurídica. Caminhamos pois para um entendimento amplo, próprio da doutrina moderna mais significativa, como a de Esser, Engisch, Betti, Larenz e Canaris. Tais princípios também entroncam em última análise nos princípios do Direito natural, fundamento de toda a ordem jurídica.

236. A interpretação declarativa

I – Com isto terminamos a análise dos elementos a que podemos recorrer para fazer a interpretação e entramos num tema diverso – o dos resultados da interpretação. Comecemos pelos casos normais.

Quando se confronta o que resulta da letra da lei com o seu espírito, verifica-se que pode haver ou não coincidência. Consoante o resultado, chega-se então à interpretação:

– declarativa

– extensiva

– restritiva.

---

[624] Cfr. Larenz, *Wegweiser*.

422　　　*O Direito. Introdução e Teoria Geral*

Como dissemos, a letra pode ser susceptível de diversos entendimentos: pode haver uma ambiguidade que a análise literal não logre superar. Se apurarmos que um desses entendimentos deve definitivamente ser acolhido, a interpretação é quanto ao seu resultado declarativa.

II – Mas dentro da interpretação *declarativa* ainda devemos distinguir a interpretação:

– lata
– restrita
– média.

Aliás, antes devíamos falar em interpretações declarativas *médias*, pois pode haver vários entendimentos intermédios possíveis.

Por exemplo, os arts. 570 e 572 do Código Civil determinam quais as consequências de o lesado ter contribuído, com *culpa*, para a produção ou agravamento dos danos .

Culpa é palavra ambígua. Mesmo atendendo só aos significados jurídicos, vemos que por culpa ora se entende a negligência, ora o dolo ou intenção, ora quer o dolo quer a negligência, ora a característica da reprovabilidade pessoal do agente. Em nenhum dos casos se pode dizer que a palavra "culpa" foi indevidamente utilizada. Mas é sempre necessário esclarecê-la; até porque pode em concreto albergar-se um significado diferente.

Se concluirmos que naquele caso culpa é negligência, ou é dolo, diremos que a interpretação é declarativa restrita; se concluirmos que é reprovabilidade, faremos interpretação declarativa lata. Todos os significados que entre estes se abranjam dão origem a interpretações declarativas médias, que podem ser inumeráveis.

III – Note-se: nem sempre este esquema é rigidamente utilizável, pois nem sempre encontramos uma escala de significados de amplitude crescente. Se encontrarmos a palavra *interpelação*, e concluímos que se trata da intimação feita pelo credor ao devedor para que pague, e não da pergunta dirigida ao Governo por um membro duma câmara legislativa, fazemos interpretação declarativa, pois o sentido que ao preceito atribuímos cabe dentro das palavras utilizadas pelo legislador. Mas não há nenhuma escala que permita catalogar esta interpretação de lata, restrita ou média.

Interpretação 423

237. A interpretação extensiva

I – O intérprete pode concluir que o legislador queria dizer uma coisa e as palavras traíram-no, levando-o a exprimir realidade diversa. Se o sentido ultrapassa o que resultaria estritamente da letra, faz-se interpretação extensiva. Para obedecer à lei, o intérprete deve procurar uma formulação que traduza correctamente a regra contida na lei.

Isto só por si seria suficiente para comprovar o que afirmámos desde o início: regra e lei são coisas diversas. Aqui, para se respeitar a regra, deve-se exprimi-la com formulação diversa da constante do texto legal.

A interpretação extensiva distingue-se da interpretação declarativa lata, pois na primeira o sentido não cabe dentro do texto legal. Distingue-se também da analogia, como dissemos e teremos ocasião de comprovar no capítulo seguinte.

II – Por exemplo, dispõe o art. 2181 do Código Civil: "Não podem testar no mesmo acto duas ou mais pessoas, quer em proveito recíproco, quer em favor de terceiro."

Assim se exclui o chamado testamento de mão comum ou conjuntivo[625]. O legislador quis ser categórico, e por isso especificou as modalidades que não eram admitidas. Mas escapou uma, que a letra não abrange: podem os intervenientes dispor simultaneamente em favor de pessoas diferentes. Assim, *A* e *B* testam simultaneamente, mas *A* em favor de *C* e *B* em favor de *D*.

O sentido do preceito é porém excluir em absoluto a intervenção de mais de um disponente no acto testamentário[626]. O texto deve pois ser corrigido, para abranger aquela modalidade, traduzindo com fidelidade o pensamento legislativo. Da mesma forma se deverá proceder em todas as hipóteses em que o legislador só referiu a espécie quando tinha em vista o género.

III – Quando dizemos que o texto deve ser corrigido, devemos evitar entendimentos grosseiros. É claro que o texto em si não se muda, pois mudá-lo cabe ao legislador e não ao intérprete. O que queremos dizer é que a regra que no texto se contém necessita de uma formulação correcta, mais ampla que a utilizada pelo legislador.

---

[625] Veja-se o art. 1630 do Código Civil brasileiro.

[626] Para uma aplicação, cfr. as nossas *Sucessões*, n.º 27.

424 *O Direito. Introdução e Teoria Geral*

Anotemos ainda que, aqui como sempre, o intérprete não valora a situação em pura abstracção, mas procura antes de mais surpreender os juízos de valor legais. Por isso, quando há razões para concluir que uma hipótese mais vasta não pode deixar de ter sido ponderada pelo legislador, mas preferiu consagrar a solução restrita, não pode o intérprete, invocando haver uma idêntica justificação, ultrapassar a opção legal. Não se depara então nenhuma infelicidade de expressão que careça de reformulação[627].

238. A interpretação restritiva

I – Aplica-se este processo quando se chega à conclusão de que a lei utilizou uma fórmula demasiado ampla, quando o seu sentido é mais limitado. Deve-se proceder então à operação inversa: restringir o texto para exprimir o verdadeiro sentido da lei[628].

A prática jurídica tem demonstrado considerável relutância em admitir esta operação. Gerou-se um brocardo, que circula como moeda válida no foro: *ubi lex non distinguit nec nos distinguere debemus*. Tal afirmação não tem qualquer verdade, pois ela levaria a que nos sujeitássemos inteiramente à letra da lei. Pode aparecer uma formulação genérica e verificar-se depois que a *ratio* supõe uma distinção que o texto omitiu. Onde a lei não distingue, podemos e devemos distinguir se a isso nos levar o espírito da lei.

II – Tomemos um exemplo muito simples. Suponhamos a regra: "O casamento é indissolúvel." Mas é óbvio que o casamento seria sempre dissolúvel pela morte de um dos cônjuges: ninguém negou que o viúvo pode contrair novo casamento, sem receio de bigamia. O sentido da regra é claro, não obstante a fórmula muito ampla que fora adoptada: queria-se dizer que o casamento é indissolúvel por divórcio. Por interpretação restritiva proclamamos assim o verdadeiro sentido, preferindo o espírito à letra da lei.

Só assim obedecemos efectivamente às valorações da lei. É por esta capacidade de dar o justo valor aos preceitos em causa que se distingue um jurista de uma pessoa que pode até porventura conhecer muitas leis.

---

[627] Neste domínio temos uma manifestação do que dissemos já *supra*, n.° 224 III.

[628] Como dissemos, o próprio art. 9/1 do Código Civil funda positivamente esta indispensável operação, ao opor à letra o pensamento legislativo e preferir este último. Consagrou assim, quer a interpretação extensiva, quer a interpretação restritiva.

Interpretação   425

239. A interpretação correctiva

I – Pode acontecer que, como resultado da interpretação, concluamos que a lei tem um sentido nocivo. A razão da lei será contrária a interesses que se pretendem preponderantes. A fonte pode ser taxada de injusta ou inoportuna, representando um elemento negativo naquela comunidade.

Como proceder então? Admitem alguns que nestas hipóteses o intérprete poderia afastar a norma inadequada, considerando que o legislador certamente a não teria querido se tivesse previsto este resultado. Fala-se então em interpretação correctiva[629].

II – A defesa da interpretação correctiva[630] encontra-se já em Aristóteles como manifestação da equidade; e aliás conjuntamente com a do método de integração que, teremos ocasião de ver, é por ele propugnado. Para Aristóteles a lei, dada a sua inevitável generalidade, limita-se aos casos nucleares, sem dissimular as lacunas que deixa. Isto estaria na natureza das coisas. Por isso quando, perante um caso particular, vemos que o legislador *cala, ou se enganou por ter falado em termos absolutos, é imprescindível corrigi-lo* e suprir o seu silêncio, como ele mesmo teria feito se estivesse presente[631].

Na progressão daquela orientação dir-se-á que, quando o legislador, presa da necessária generalidade das suas declarações, emite uma prescrição lata demais, em que abrange casos que não teria abrangido se tivesse podido considerar as consequências nocivas da sua intervenção; dito por outras palavras, quando a lei é demasiado absoluta, por a aplicação a certas categorias de casos, que não são os que ditaram a regra, ir contra o bem comum – então o intérprete deve restringir o âmbito da lei para evitar esses resultados nefastos[632].

---

[629] Advertimos que há quem fale de interpretação correctiva para abranger as figuras da interpretação restritiva e extensiva, significando, pois, apenas a "correcção" da letra. Neste sentido Dias Marques, *Introdução*, n.º 69.

[630] Sobre toda a matéria da "correcção do Direito incorrecto", cfr. Engisch, *Introdução*, págs. 252 e segs. Sobre um caso apresentado como de interpretação correctiva, cfr Mota Pinto, *Teoria Geral*, pág. 162, nt. 1.

[631] *Ética a Nicómaco*, livro v, cap. X (ou cap. XIV, noutras versões).

[632] Cfr. Ennecerus/Nipperdey, *Parte general*, § 54, que fala em interpretação modificativa do direito, ou restrição; Recasens Siches, *Interpretación*, baseando-se no carácter circunstancial da regra jurídica, que responde a certas situações concretas, e não a outras; e Alípio Silveira, *Hermenêutica*, I, n.º 5. Este fala em "interpretação modificativa", mas dá exemplos que são mais de interpretação restritiva.

426   *O Direito. Introdução e Teoria Geral*

A questão é ainda mais linear para um partidário da escola do direito livre, ou de certas orientações extremas da jurisprudência dos interesses – para eles, a fonte errónea deverá sempre ser sacrificada. Mas no mesmo sentido vão os partidários da criação jurisprudencial do direito, a quem não impressionam as críticas às incertezas do processo[633]; ou, nos seus pressupostos, os do Direito Alternativo.

III – Em Portugal, há um importante precedente. Sob a epígrafe "restrição", a interpretação correctiva constava do art. 9 do anteprojecto de Manuel de Andrade sobre *Fontes do Direito*: "É consentido restringir o preceito da lei quando, para casos especiais, ele levaria a consequências graves e imprevistas que certamente o legislador não teria querido sancionar[634]". Mas esse texto foi eliminado e não tem correspondente no Código Civil[635].

Sendo assim, a interpretação correctiva é inadmissível na ordem jurídica portuguesa. Ou o trecho do anteprojecto referia um fenómeno que cabe dentro da interpretação restritiva; ou, se levasse a afastar o verdadeiro sentido da lei, estaria em contradição com o art. 8/2 e com a estrutura geral da ordem jurídica portuguesa, que assenta numa prioridade do dado normativo sobre apreciações de razoabilidade[636].

---

[633] Assim, Stein reconhece essas incertezas, mas afirma por outro lado que a racionalidade funcional do Estado de direito é prolongada ou transformada em racionalidade substancial. Deixa de se apresentar como sistema, tornou-se um pensamento problemático (*Neue Juristische Wochenschrift*, 1964, 1752). Nós diremos porém que, ou se fala numa interpretação *contra legem*, o que é um contra-senso, pois não é já interpretação; ou se apresenta como fonte de direito a própria jurisprudência, e disto vimos já anteriormente o que pensar.

[634] Art. 9 V. Supomos que este texto referia a interpretação correctiva, mas reconhecemos que a afirmação é contestável, dada a instabilidade terminológica e conceitual: cfr. o que dissemos na nossa *Tipicidade*, n.º 88. No relatório do Anteprojecto acentua-se que se trata apenas de "cerceamentos periféricos" em casos particulares; e cita-se Enneccerus/Nipperdey, *Parte general*, § 54 (tradução castelhana), cuja consulta ganha aqui particular relevo. Para estes, tratar-se-ia de uma actividade simétrica à da analogia na integração das lacunas. Dá ainda abertura à interpretação correctiva Soares Martinez, *Filosofia do Direito*, 709: ao julgador caberia "evitar a aplicação às normas que, não beneficiando desse acatamento generalizado, possam ferir interesses legítimos, ou repugnar à consciência comum".

[635] Vejam-se as considerações emitidas a propósito daquele por J. H. Saraiva, *Apostilha*, n.º 39. Em sentido favorável à interpretação correctiva, veja-se o Ac. Relação de Lisboa de 22 de Novembro de 1972 (*BMJ*, n.º 229, pág. 93).

[636] Recorde-se desde logo o art. 3/1 do Estatuto dos Magistrados Judiciais, segundo

Interpretação 427

Por mais desejável que se apresente uma alteração do sistema normativo, essa alteração pertence às fontes de direito, não ao intérprete. Este capta o sentido da fonte como ele objectivamente se apresenta no momento actual, não lhe antepõe qualquer outro sentido. Razões ponderosas de segurança e de defesa contra o arbítrio alicerçam esta conclusão.

IV – A exclusão da interpretação correctiva teria em todo o caso de ser sempre acompanhada por uma excepção, resultante já das nossas considerações anteriores: se o sentido da fonte se revelar contrário à ordem natural, é esta que deverá prevalecer, pois não há nenhuma segurança que mereça ser comprada com a negação dos princípios fundamentais da convivência social. A intervenção destes dá-se pois logo após a determinação do sentido intrínseco da fonte, podendo levar à rejeição deste. É uma hipótese evidentemente rara, mas que temos de ter sempre presente como salvaguarda do valor do sistema. No que respeita aos seus pressupostos, funcionamento e consequências, remetemos para quanto atrás ficou dito.

240. **Redução teleológica**

I – Esta é figura que ocupa intensamente os doutrinários alemães. "A regra contida na lei, concebida demasiado amplamente segundo o seu sentido literal, se reconduz e é reduzida ao âmbito de aplicação que lhe corresponde segundo o fim da regulação ou a conexão de sentido da lei", escreve Larenz[637].

O próprio autor indica a diferença da interpretação restritiva. A interpretação tem a sua fronteira no significado literal possível; aqui vai-se além.

II – *Descremos* da vantagem da importação desta figura e da possibilidade de conciliação com as categorias já assentes. Pretendem os autores que, mesmo fixado o espírito da lei, e portanto terminada a interpretação, a regra resultante poderia ser restringida pela consideração das finalidades da lei. Distingue-se no próprio interior da regra, que não obstante se reconhece ter sido querida pelo legislador.

---

o qual é função do juiz administrar a justiça de acordo com as fontes a que, segundo a lei, deva recorrer e fazer executar as suas decisões.

[637] *Metodologia*, 556 (reproduzimos o texto da tradução portuguesa).

428 *O Direito. Introdução e Teoria Geral*

O elemento teleológico é já um dos elementos da interpretação, indispensável à fixação da *ratio legis*. Pela redução teleológica vai-se-lhe dar nova relevância em momento posterior, permitindo-se a restrição da própria norma, e já não apenas da formulação demasiado ampla.

Mas, se assim se distinguir da interpretação restritiva, a redução teleológica, ou cai na interpretação ab-rogante (de que falaremos a seguir) pela via da contradição valorativa, ou na interpretação correctiva pela via da inadequação. Vemos com dificuldade a abertura de uma quarta categoria, que conflitaria com os quadros usados na nossa ordem jurídica. Pelo que nos abstemos de defender a sua introdução, enquanto nos não convencermos de que o seu conteúdo não pode ser absorvido pelos esquemas correntes.

III – Na medida porém que numa ordem jurídica for admissível a interpretação correctiva, poderá aí sustentar-se a equivalência entre interpretação correctiva e redução teleológica. A querela torna-se então terminológica.

241. A interpretação ab-rogante

I – Podemos chegar também à interpretação ab-rogante. Aí o intérprete não mata a regra, verifica que ela está morta – porque na realidade nenhum sentido alberga. Na conclusão do processo interpretativo, terá de concluir que há uma contradição insanável, donde não resulta nenhuma regra útil[638]. A pretensa regra é um nado-morto. A fonte tem pois de ser considerada ineficaz.

Insistimos que não há nenhuma correcção da lei, nem nenhuma cessação de vigência duma regra. O que acontece é que, por ter escapado ao legislador uma incongruência no regime ou uma incompatibilidade entre vários textos, há desde o início uma falta de sentido. O intérprete contenta-se em reconhecer, no termo da sua tarefa, que esse texto proclamado como lei não contém, apesar das aparências, nenhuma regra. Na hipótese de haver conflito de fontes, pode mesmo chegar a considerar estéreis todas as fontes implicadas, afinal[639].

---

[638] Para uma teorização geral da *antinomia jurídica*, que ultrapassa a problemática que nos ocupa, cfr. Sampaio Ferraz, *Introdução*, 4.3.2.2.1. A matéria há-de ser retomada por um outro ângulo, a propósito do concurso e conflito de regras: *infra*, n.° 311.

[639] Para análogo problema no Direito Romano cfr. Raúl Ventura, *Direito Romano*, n.° 44. Cfr. ainda Engisch, *Introdução*, págs. 252 e segs..

II – Estas situações são raríssimas. E são-no, não propriamente pelo esmero posto na legiferação, mas em consequência do que podemos chamar o *princípio do aproveitamento das leis* (semelhante a um análogo princípio do aproveitamento dos negócios jurídicos, de que se ouvirá falar na Teoria Geral do Direito Civil) e da presunção de racionalidade da legislação.

O intérprete, partindo do princípio de que a lei é acertada, procurará de todos os modos chegar a um sentido útil. Só em último recurso se resignará a desaproveitar a fonte, admitindo que dela nada de útil resultou. Tão fecunda é esta orientação que torna rara a interpretação ab-rogante no seio dos grandes códigos – o que não quer dizer que ela não ocorra.

Situação desta ordem poderá surgir perante as disposições do Código Civil (arts. 2206/2 e 2208) que permitem fazer testamento cerrado a quem não saiba assinar e o proíbem a quem não saiba ler. A previsão de quem saiba ler mas não saiba assinar vai contra o senso comum. Repare-se que o *não saber* surge em ambos os casos como figura distinta do *não poder* assinar[640].

III – Distinguem-se duas modalidades de interpretação ab-rogante:

– lógica
– valorativa.

A primeira ocorre quando se chega a uma impossibilidade prática de solução. Adaptando observações feitas em domínio paralelo, diremos que a situação se exprime pela expressão: "Não pode ser assim!"

A segunda surge quando as valorações subjacentes às disposições em causa forem incompatíveis entre si. Podemos exprimi-la pela expressão: "Não deve ser assim!"

IV – *Interpretação ab-rogante valorativa*
Há divergências quanto à relevância da incompatibilidade valorativa como fundamento de interpretação ab-rogante. É muito frequente o intérprete detectar, no seio do mesmo diploma, regras que exprimem valorações diversas e até contraditórias. Por isso alguns só a admitem quando a incompatibilidade for particularmente grave[641].

---

[640] Cfr. as nossas *Sucessões*, n.º 34 II.
[641] Assim Miguel Galvão Teles, *Eficácia*, n.º 8, nota 49.

430   *O Direito. Introdução e Teoria Geral*

Devemos distinguir. No que respeita a Portugal, tendemos a pensar que ela não é admissível em caso nenhum. Se o legislador pôs simultaneamente em vigor duas regras, a valoração do intérprete não se pode substituir à do legislador, preferindo uma, ou considerando as duas liquidadas. Tem de admitir a coexistência de regras que exprimem valorações diversas, pela mesma razão por que não poderia fazer interpretação correctiva: porque não pode antepor um critério próprio ao critério da ordem jurídica objectiva. A coexistência de regras que exprimem valorações diversas é aliás uma realidade.

Já nas ordens jurídicas que admitem a interpretação correctiva o problema pode ser equacionado de maneira diversa. Com grandes cautelas, pode-se aceitar esta orientação, por razões análogas àquelas que levem a admitir a interpretação correctiva.

242. A interpretação ab-rogante lógica

I – Concentramo-nos nas hipóteses de interpretação ab-rogante lógica.

Não é requisito da interpretação ab-rogante a existência de uma pluralidade de disposições contraditórias. Uma única disposição é passível de interpretação ab-rogante sempre que do texto não se conseguir retirar sentido normativo algum – maxime, quando não tiver em absoluto nenhum sentido por o texto estar truncado. A declaração de que algo que foi posto como lei, portanto com função directora da ordem social, não encerra afinal uma regra, é sempre interpretação ab-rogante.

II – Limitando-nos às hipóteses de interpretação ab-rogante em consequência da relacionação de fontes, potencial ou efectiva, vemos que esta pode surgir em duas situações:

1) Quando a lei nova remete para um regime que não existe. Assim, se tivesse sido abolido o registo automóvel, deveria ser objecto de interpretação ab-rogante a lei nova que impusesse ao proprietário de automóvel que pretendesse recorrer a juízo a apresentação do título de registo de propriedade.

Mas mesmo aqui temos de ser muito prudentes, pois por vezes a lei prevê um instituto que só posteriormente será introduzido. Se é de concluir que é esse o sentido da lei, a aplicação da lei nova ficará suspensa da ulterior alteração legislativa, mas ela é válida. Simplesmente, se ou enquanto a legislação complementar não surgir, a regra não será eficaz.

Interpretação 431

2) A outra hipótese verifica-se quando, no seio do mesmo diploma, há disposições inconciliáveis, ou quando são inconciliáveis disposições de diplomas diversos, mas publicados simultaneamente[642].

Não há interpretação ab-rogante se houver revogação; e esta verifica-se quando um diploma publicado posteriormente contradiz diploma anterior[643]. Mas desde que a publicação seja simultânea a incompatibilidade entre diplomas só se pode superar nos termos da interpretação ab-rogante.

III – Perante estes pressupostos, o intérprete verifica que daquela fonte não se retira sentido nenhum: é o nado-morto de que falamos.

Na hipótese de a nova lei pressupor um regime que não existe, é esse trecho que é eliminado do sistema.

Na hipótese de haver duas leis incompatíveis, discute-se qual a consequência. Há quem pretenda que as duas ficam liquidadas, não se podendo aproveitar nenhuma. Há quem pretenda, pelo contrário, que se deve aproveitar alguma delas. Esta é em princípio a solução e só se não encontrarmos critério nenhum de prevalência nos teremos de resignar a considerar mortas as duas disposições. Sempre que nenhuma fonte for aproveitada a interpretação ab-rogante revela-nos a existência duma lacuna[644].

---

[642] Veja-se ainda o que sobre conflito de fontes dizemos *infra*, n.° 311.
[643] Sobre as condições da revogação, cfr. *supra*, n.os 166 a 168.
[644] Como veremos ao tratar das lacunas ocultas, *infra*, n.° 246 II.

CAPÍTULO III
A INTEGRAÇÃO DAS LACUNAS

243. O dever de integrar as lacunas

I – Novo processo de determinação da regra surge com a integração das lacunas. Indicámos[645] o significado geral deste processo. Nomeadamente, dissemos já que a existência de lacunas é uma fatalidade.

Como proceder então, se o tecido normativo não contém a previsão dum caso da vida?

A solução ingénua seria a de considerar que, quando não se encontra regra específica, a situação não pode ser resolvida em termos jurídicos. O juiz, por exemplo, colocado perante uma hipótese desta índole, mandaria embora as partes, com o fundamento de que ela seria extrajurídica.

Logo encontramos porém o art. 8/1 do Código Civil que exclui este entendimento: o juiz não pode abster-se de julgar invocando a falta de lei. Portanto, mesmo então a situação deve ser juridicamente resolvida. Há que apurar quais os processos mediante os quais se pode chegar à solução.

Os processos genericamente previstos por lei constam do art. 10 do Código Civil. Estes processos são tendencialmente aplicáveis a todos os ramos do direito, porque os princípios gerais constantes das leis de introdução ou das disposições iniciais dos códigos civis são, por força de uma longa tradição, princípios fundamentais de toda a ordem jurídica. Só não se aplicarão naqueles ramos do direito ou naquelas matérias em que disposição especial regular diversamente[646].

II – Os processos gerais de integração previstos na lei são processos *normativos*. Deve-se primeiro buscar uma regra que abranja aquele caso

---

[645] *Supra*, n.os 214 a 216.

[646] Cfr. *supra*, n.° 184. É doutrina de longe dominante entre os autores que se ocupam do tema. Cfr. por exemplo Eduardo Espínola e Eduardo Espínola Filho, *Lei de Introdução*, págs. 8 a 10.

434   *O Direito. Introdução e Teoria Geral*

omisso; a aplicação dela dará a solução. Isto confirma que a integração das lacunas assenta sobre um processo de determinação das regras.

As lacunas podem ser também integradas por interpretação enunciativa, como se dirá no capítulo seguinte.

III – Antes porém de passarmos à análise destes processos, devemo-nos interrogar sobre o significado da própria categoria *lacuna*. E, nomeadamente, devemos distinguir a lacuna da *situação extrajurídica*.

244. Lacuna e situação extrajurídica

I – Não basta dizer que lacuna é o caso não previsto pelo direito, ou não regulado normativamente. Porque a maior parte das situações da vida não são previstas nem reguladas pelo direito. Debalde procuraremos nas leis regras sobre passos de dança, ou lançamento de satélites espaciais, ou preparação para o casamento. Nem o direito adianta nada se alguém se queixa de que o vizinho não o cumprimenta quando se cruza com ele na rua.

Apesar disso, não dizemos então que há uma lacuna. Se fosse solicitado para resolver casos dessa ordem o juiz limitar-se-ia a declarar que a hipótese está *extra muros* da ordem jurídica. Se quisermos, considerando que toda a actuação que não tem relevância jurídica específica é genericamente tomada como lícita, diremos que defrontamos aqui condutas que não são *impostas* nem *relevantes*, são meramente *lícitas*.

II – A lei, ao impor ao juiz o dever de julgar mesmo quando houver lacuna, tem evidentemente em vista a verdadeira lacuna, e não a situação extrajurídica. Em ambas as hipóteses há falta de regra específica, mas só o caso lacunoso deve ser juridicamente regulado.

É explícito o art. 3/2 do Estatuto dos Magistrados Judiciais (Lei n.° 21/85, de 30 de Julho), que dispõe que o juiz não pode abster-se de julgar, invocando a falta, obscuridade ou ambiguidade da lei, desde que o caso em litígio deva ser juridicamente regulado.

Esta distinção corresponde ao modo de ver comum. O sentimento jurídico corrente basta para que não aconteça ajuizarem-se acções referentes a matérias extrajurídicas. Mas, paradoxalmente, esta singeleza prática não se alicerça numa construção doutrinária precisa. A distinção das lacunas e das situações extrajurídicas, dos casos que devem ou não ser juridicamente resolvidos, é intelectualmente difícil.

III – Há antes de mais que delimitar o âmbito de ocorrência do problema.

A lacuna pode ser:

– de previsão
– de estatuição.

No primeiro caso falha a previsão de um caso que deve ser juridicamente regulado.

No segundo, há previsão mas não se estatuíram os efeitos jurídicos correspondentes.

Perante a lacuna de estatuição, não há que distinguir se juridicamente há ou não lacuna. Ao prever a situação a lei já se pronunciou pela sua natureza jurídica. Só resta então a tarefa de determinar o regime que corresponde, por faltar a estatuição.

Resta a lacuna de previsão. Como proceder então, para a determinar se há lacuna ou situação extra-jurídica?

245. A lacuna e a sua determinação

I – O critério é fundamentalmente valorativo.

Deve perguntar-se antes de mais se o caso, encarado pelo ponto de vista da solução normativa que se procura, respeitaria antes às ordens religiosa, moral ou de cortesia, ou se pelo contrário reveste os caracteres próprios do jurídico. Entram em acção os princípios fundamentais sobre a *distinção do direito e das restantes ordens normativas*.

Se se concluir que o caso pertence a outra ordem normativa, deve ser afastado – e isto ainda que de outros lugares da lei resultasse que hipóteses análogas tinham recebido disciplina jurídica.

Se pelo contrário se concluir que o caso cabe dentro da demarcação fundamental da ordem jurídica, ainda é necessário determinar se ele *deve ser juridicamente regulado*. Tem de se encontrar algum *indício normativo* que permita concluir que o sistema jurídico requer a consideração e solução daquele caso.

II – Com isto já temos uma noção de lacuna. Podemos adaptar para os nossos fins uma fórmula corrente entre os autores alemães e dizer que lacuna é uma incompleição do sistema normativo que contraria o plano deste. Necessário é porém que acentuemos que essa contradição é objec-

436 *O Direito. Introdução e Teoria Geral*

tiva, e que há lacunas no sistema jurídico propositadamente abertas pelo legislador.

A própria afirmação da existência de lacunas resulta assim de uma tarefa de valoração. Só valorando se conclui se determinada ausência de disciplina contraria ou não o plano ou a concepção do sistema jurídico[647].

Podemos fazer a comparação com uma obra de arquitectura. Não dizemos que tudo o que lá não está é lacuna – pode não estar e nenhuma razão haver para estar. Mas pode faltar um bocado – um corpo do edifício, uma varanda, um telhado – que contrarie a própria traça do edifício, e só então dizemos que há uma lacuna.

III – Dissemos que, para indagar da existência da lacuna, perguntamos se o caso, *encarado pelo ponto de vista da solução normativa que se pretende*, respeita à ordem jurídica ou a qualquer outra ordem normativa. É pois necessário, na própria fase de determinação da lacuna, encarar o caso de harmonia com uma consequência jurídica que lhe estaria eventualmente associada.

Isto demonstra que determinação e integração de lacunas, se bem que conceitualmente distintas, se podem realizar mediante a mesma operação intelectual. Assim acontece de facto na generalidade dos casos. Quando se chega à afirmação da existência de lacuna, está simultaneamente apurada a hipotética solução a adoptar para aquele caso.

IV – Um passo mais e cai-se na posição extrema que a determinação e a integração da lacuna se confundiriam sempre na mesma operação. Esta afirmação já seria excessiva. O raciocínio pode colocar-nos perante soluções em alternativa, e não perante uma solução única.

Também quando há contradição entre soluções legais dadas à mesma hipótese, pode haver lacuna de estatuição, dentro de uma das saídas possíveis da figura da interpretação ab-rogante, mas verificamos imediatamente que há uma lacuna. O mesmo se passa se a lei impõe um fim, e falta o processo ou o órgão indispensáveis para a obtenção desse fim. Temos então a chamada "lacuna técnica"; mas a determinação desta é independente de qualquer hipotética integração.

Não é pois correcto afirmar que a determinação e a integração da lacuna são resultados simultâneos da mesma operação.

---

[647] Sobre os problemas que nesta frase se suscitam é fundamental o estudo de Canaris, *Die Feststellung von Lücken im Gesetz*.

A *integração das lacunas* 437

246. Integração e interpretação

I – Não podemos avançar mais no domínio da descoberta ou detecção de lacunas. Vamos limitar-nos a apontar um aspecto, e com isso conseguiremos já uma primeira relacionação desta matéria com a da interpretação. A integração, pressupondo as operações tendentes à determinação das regras que referimos já, não se confunde com elas. Nomeadamente, a *integração supõe a interpretação* (em sentido restrito), mas não é ela própria interpretação.

Supõe a interpretação, desde logo no momento da determinação da lacuna. *Só após termos, pela interpretação, apurado qual o sentido das fontes existentes, podemos concluir que o caso não está especificamente regulado.* Por exemplo, pode haver aparentemente lacuna, mas na realidade tudo se resolver por interpretação extensiva.

Mas a integração supõe também a interpretação no momento do preenchimento da lacuna. O recurso à analogia, por exemplo, supõe a interpretação cuidada das fontes que, por analogia, são declaradas aplicáveis. Isto compreender-se-á por si, quando adiante estudarmos a analogia.

II – *Lacunas ocultas*
Por vezes a função da interpretação é ainda mais delicada. Há regras aparentemente genéricas, que parece cobrirem todo um sector. Porém, através da interpretação restritiva, verifica-se que não foi explicitada uma excepção ou restrição que deveria existir de harmonia com o próprio sentido da lei.

Temos de concluir que aquele caso não está abrangido pela regra. Ao menos na generalidade das hipóteses, isto significará que o caso é lacunoso. A interpretação restritiva conduz aqui à descoberta duma lacuna[648]. Assim aconteceria por exemplo se a lei determinasse, em regra aparentemente genérica, a forma de celebração do casamento, e se viesse depois a apurar que não era aplicável aos casamentos *in articulo mortis*: haveria lacuna quanto à forma de celebração destes. Fala a doutrina nestes casos em lacunas escondidas, ou *ocultas*.

Há ainda lacuna oculta quando a matéria é prevista, mas por interpretação ab-rogante[649] se conclui pela inanidade dos preceitos em contraste, ou do preceito para o qual se não encontra um sentido.

---

[648] Cfr. a nossa *Tipicidade*, n.º 87; Rotondi, *Analogia*, em "Studi", pág. 239.
[649] *Supra*, n.os 241 e 242.

438 O Direito. Introdução e Teoria Geral

III – Por outro lado, a integração não se confunde com a interpretação, em sentido restrito. Está em causa sobretudo a interpretação extensiva. Já dissemos uma palavra a este propósito, mas convém reexaminar globalmente a questão.

247. Integração e interpretação extensiva

I – Em princípio, a distinção dos dois processos é muito simples. A interpretação dirige-se à determinação das regras, trabalhando sobre a fonte. Pelo contrário, para haver integração tem de se partir da verificação de que não há regra aplicável, conclusão esta que pressupõe uma tarefa de interpretação das fontes, como vimos.

O critério pode ser delineado com precisão, o que não quer dizer que na prática não surjam questões da maior complexidade. A interpretação extensiva pressupõe que dada hipótese, não estando compreendida na letra da lei, o está todavia no seu espírito: há ainda regra, visto que o espírito é que é o decisivo. Quando há lacuna, porém, a hipótese não está compreendida *nem na letra nem no espírito* de nenhum dos preceitos vigentes[650].

Exemplifiquemos. A lei procede com frequência à tipificação de figuras jurídicas: crimes, contratos, direitos reais, impostos, sociedades e assim por diante.

Se, a propósito de um desses tipos, surge uma disposição que falta num outro, por exemplo, se para a extinção da compra e venda se encontra uma previsão determinada e para a do depósito não, a regra será aplicável também ao depósito? Não se pode dizer que, por interpretação extensiva, a regra abrange também o depósito? Que a letra da lei foi demasiado restrita, pois o seu sentido seria mais amplo?

A resposta é negativa. Quando se disciplina um tipo, o legislador não disse menos do que queria por não abranger outro tipo. Só a compra e venda poderia estar em causa, como resulta do elemento sistemático da interpretação. A disposição referente ao depósito deveria surgir no título do depósito e não surge. Logo, há uma lacuna.

---

[650] Não basta porém dizer que há interpretação extensiva quando o espírito da lei permite determinar um princípio mais vasto, que abrange casos que vão para além dos que estão compreendidos na letra. Também a analogia se baseia no recurso a um princípio mais vasto, que engloba quer o caso previsto quer o caso lacunoso.

Se considerarmos por hipótese que a regra da compra e venda pode ser aproveitada para o depósito estaremos preenchendo a lacuna em matéria de depósito por analogia, e de modo algum a fazer interpretação extensiva.

II – As dificuldades adensam-se todavia pelo facto de haver quem, como Betti[651] e outros autores do continente europeu, caracterize a interpretação extensiva por esta se limitar a escolher um dos sentidos possíveis do texto, e fale em integração logo que se transcendam os sentidos gramaticais. Quer dizer, a interpretação extensiva confundir-se-ia com aquilo que designamos "interpretação lata", como modalidade de interpretação declarativa. Para estes autores aquilo a que chamamos *interpretação extensiva não se distinguiria da analogia*. Desde que tivéssemos de ultrapassar o texto cairíamos no âmbito da analogia.

Se a questão fosse meramente de escolha entre duas técnicas alternativas, escolheríamos sem hesitar a que distingue interpretação extensiva e analogia, como operações possíveis sempre que é necessário ir além do texto. Porque é essa técnica que é utilizada por lei.

Assim, o art. 11 do Código Civil exclui a aplicação analógica das normas excepcionais, mas admite a interpretação extensiva[652].

Não vemos como conseguirá a doutrina uniformizadora dar sentido a estas disposições, que têm um evidente conteúdo preceptivo e exigem uma técnica que as explique. Não vemos com que critério fará distinções dentro daquilo a que se chama *analogia*, senão baseando-se justamente na doutrina corrente. Em qualquer caso, vemos que a distinção é de uso quotidiano na prática.

III – Mesmo no plano das construções jurídicas é mais correcta a distinção entre interpretação extensiva e analogia, apesar das dificuldades de aplicação que dissemos já que se suscitam quando em concreto há que apurar se estamos perante uma ou outra situação.

O critério é em si seguro. Num caso estamos ainda a extrair a regra, implícita num texto imperfeito; no outro nada encontramos implícito, porque há uma lacuna. E pensamos que os autores que negam esta orientação se encerram no seguinte dilema:

---

[651] *Interpretazione della legge*.

[652] Em matéria penal, os preceitos incriminatórios não são susceptíveis de analogia mas podem admitir uma prudente interpretação extensiva, que não frustre as expectativas dos destinatários. Contra Magalhães Noronha, *Direito Penal*, n.° 36.

440   *O Direito. Introdução e Teoria Geral*

– ou reduzem a lei à letra, e por isso têm de considerar lacunoso tudo o que a letra já não abrange
– ou consideram que estão inscritas na lei todas as soluções a que se chegará com a utilização da analogia, mas então têm logicamente de concluir que a analogia não pressupõe afinal uma lacuna.

Ambos os termos são inadmissíveis. A lei tem um sentido objectivo, e por isso não podemos proceder como se tudo se reduzisse à letra; mas para além desse sentido há efectivamente lacuna, e só a integração nos pode revelar uma regra nova, diversa da que está contida na fonte[653].

Com esta conclusão apenas obedecemos aos preceitos da lei sobre esta matéria. A lei repudia uma interpretação que se cinja à letra[654]; e expressamente o legislador separa esta operação (a reconstituição, a partir dos textos, do pensamento legislativo) da integração das lacunas.

248. Processos extra-sistemáticos de integração

I – Se se detecta uma lacuna no tecido normativo, como resolver os casos concretos que surgirem? Respondendo, teremos indicado os processos admissíveis de integração das lacunas.

Esses processos podem ser:

– extra-sistemáticos
– intra-sistemáticos[655].

Em qualquer caso a ordem jurídica tem de nos apontar o processo a que se deve recorrer para ultrapassar o bloqueio provocado pela lacuna. Mas, se o processo é intra-sistemático, a solução terá de ser conforme ao conjunto de disposições vigentes; se o processo é extra-sistemático, pode a solução extravasar dos dados actuais e fundar-se noutros critérios.

---

[653] Sobre esta matéria, e sobre a relação outros processos, como a restrição ou a interpretação correctiva, cfr. a nossa *Tipicidade*, n.º 88.

[654] Art. 9/1 do Código Civil , por exemplo.

[655] Carnelutti, *Teoria generale del diritto*, n.os 39 e 40, e no seu seguimento Dias Marques, *Introdução*, n.º 77, falam em hetero-integração e auto-integração. Rejeitamos estas expressões porque estão comprometidas por uma polémica que não é essencial a este momento da análise.

A integração das lacunas 441

II – Os processos extra-sistemáticos de solução podem ser:

– normativos
– discricionários
– equitativos.

Em qualquer dos casos, como o processo não é caracterizado pelo dado objectivamente controlável da *conformidade ao sistema*, a unidade e objectividade das soluções e a possibilidade da sua previsão pelas partes ficam comprometidas. Em contrapartida, o método procurará justificar-se por uma maior adequação à situação tal como se delineia individualmente.

III – O *processo normativo* consiste em matar a dificuldade através da emissão duma regra que preveja aquela situação. Um órgão com competência legislativa teria a função de ditar a regra faltosa, à medida que os casos omissos se verificavam.

Se bem que se possam apresentar exemplos históricos neste sentido, as desvantagens do sistema são manifestas, pois a mistura da solução do caso concreto e da função legislativa pode trazer más leis e más soluções do caso concreto[656]. Por outro lado, semelhante processo deixava toda a vida jurídica dependente desta criação, e impedia os interessados de saber antecipadamente com o que poderiam contar. Não admira por isso que o sistema tenha sido repelido.

IV – A *solução discricionária* de casos omissos dar-se-ia quando a dada entidade administrativa fosse reconhecido o poder de resolver, fundada em razões de conveniência, as situações para que não existisse regra; mas de as resolver em concreto, e não pela emissão duma disposição genérica, caso contrário estaríamos caídos na hipótese anterior. O rei ou o governador, ou quem fosse competente, resolveria no sentido *A* ou no sentido *B*[657].

Note-se que assim não se apagaria a lacuna do ordenamento jurídico, pois só se teria chegado à solução daquele caso concreto.

---

[656] Basta pensar no que a prática chama as *leis assinadas*: leis que, sob uma roupagem genérica, são emitidas para enquadrar um caso concreto.

[657] Parece ser este o sistema estabelecido em última análise nas Ordenações Afonsinas. Se todas as modalidades de direito subsidiário fossem impotentes para resolver o caso, este seria submetido à decisão do monarca: "mandamos que o notifiquem a nós para o determinarmos".

442   *O Direito. Introdução e Teoria Geral*

O processo tem todos os inconvenientes do anterior, praticamente, e não tem a vantagem de suscitar a definição da ordem normativa. Não admira por isso que tenha sido também abandonado[658].

V – A *solução equitativa* merece uma referência à parte.

249. A equidade

I – A equidade representa o mais importante processo extra-sistemático de integração de lacunas[659].

A solução pela equidade é a solução conforme às circunstâncias do caso concreto, e não a quaisquer injunções, mesmo indirectas, do sistema normativo. A equidade, segundo a definição que referimos já[660], é a justiça do caso concreto. Adapta-se a este plenamente, porque plenamente valora as circunstâncias de cada ocorrência.

A intervenção da equidade não está limitada à matéria da integração das lacunas do sistema jurídico. Pode a equidade funcionar também quando há norma – quando se permite para certos casos a substituição da determinação legal por um ajuste equitativo, ou que a aplicação da norma deixe um espaço para a adequação às circunstâncias do caso concreto. Assim, se se determina que a fixação do montante duma indemnização seja realizada mediante critérios de equidade, é essencialmente um momento de aplicação da regra sobre responsabilidade civil que é subtraído a critérios de direito estrito para ser submetido à equidade. Estes aspectos foram considerados no título dedicado à solução do caso concreto.

II – Remissões legais para os princípios gerais do direito[661] ou para

---

[658] Pode-se todavia perguntar se não haverá uma revivescência dos processos mencionados. São numerosos os diplomas em que se atribui a certo órgão o poder de integrar as lacunas. Publica-se por exemplo o novo regime de fiscalização das sociedades e determina-se: "Os casos omissos serão resolvidos por diploma do Ministro da Justiça". Pareceria que se prevê, mais que uma solução administrativa, uma solução legislativa, que aliás teria os maiores inconvenientes. Mas adiantamos que actualmente esta prática está no fundamental vedada em Portugal pelo art. 112/6 da Constituição

[659] Sobre o pretenso carácter judiciário da equidade cfr. *infra*, n.º 286 III.

[660] *Supra*, n.º 129.

[661] *Constava da primitiva Lei de Introdução ao Código Civil brasileiro. Posições análogas têm sido defendidas perante a nova lei.*

A *integração das lacunas* 443

o Direito natural foram interpretadas como se fosse afinal a equidade que se tivesse em vista.

O Código Civil de 1867 determinava que em última análise se devia recorrer aos princípios de Direito natural, conforme as circunstâncias do caso. Significava-se que se devia resolver segundo a equidade[662], como tivemos oportunidade de defender[663].

250. Aplicabilidade no direito actual

I – Permitirá isto concluir que a lei actual pode ser interpretada como atributiva do poder de resolver o litígio de harmonia com o que resulta do caso individual?

Supomos que esta orientação:

– não é racionalmente necessária
– contraria o disposto na lei.

A primeira afirmação comprovar-se-á pela exposição subsequente dos processos de integração de lacunas que consideramos admitidos.

A segunda funda-se no art. 4 do Código Civil, que prevê especificamente as hipóteses em que os tribunais podem resolver segundo a equidade. Há um acento restritivo na admissão destes casos em que os critérios normais são arredados, e só muito secundariamente cabem lá hipóteses de integração de lacunas[664].

---

[662] Cfr. o nosso *Interpretação das leis*, n.º 9. Com efeito, o Código Civil de 1867, ao mandar no art. 16 integrar as lacunas rebeldes à analogia pelos "princípios do direito natural, conforme as circunstâncias do caso", apontava para um sistema interessante, de que os intérpretes não se deram conta suficientemente. Fala em princípios, não em regras: são os princípios formais que estão em causa. O intérprete, portanto, poderia elevar-se para além do direito legislado: o recurso ao princípio da boa fé, por exemplo, encontra aqui justificação sólida. Mas por outro lado esses princípios devem ser aplicados "conforme as circunstâncias do caso". Há aqui uma nota individualizadora, pois o código prefere, à solução segundo a norma conforme aos princípios do Direito natural, a solução conforme às circunstâncias do caso, individualmente considerado. Há a preferência por um tratamento mais equitativo. Essa orientação foi afastada pelo actual Código Civil, como veremos.

[663] Pronunciou-se também neste sentido, no final da vigência do Código de 1867, Castanheira Neves. Recorre ele ao "próprio e autónomo sentido jurídico do caso concreto" (*Questão-de-facto*, pág. 317), apresentando aliás esta solução como a única admissível.

[664] *O art. 114 do antigo Código de Processo Civil brasileiro dispunha que, quando autorizado a decidir pela equidade, o juiz aplicaria a norma que estabeleceria se fosse*

444   *O Direito. Introdução e Teoria Geral*

Não podemos por isso considerar a equidade um processo normal de integração. Só o poderíamos fazer se isso resultasse das disposições gerais sobre esta matéria. Veremos que não é também o caso.

II – E compreende-se este regime. A resolução segundo a equidade tem incontestavelmente a vantagem de permitir no caso concreto uma maior adequação. Mas tem inconvenientes graves, como aliás todos os processos extra-sistemáticos de integração.

Sem antecipar noções, há um inconveniente que não queremos silenciar, porque muito ligado à matéria da integração das lacunas. Semelhante regime *em nada contribuiria para a definição da ordem jurídica*. Após a solução dum caso litigioso tudo estaria na mesma, e cada novo caso que surgisse teria de ser decidido somente pelas suas particulares circunstâncias. Assim posterga-se a certeza do direito, esquecendo-se a preocupação generalizadora que, a nosso ver muito acertadamente, o legislador manifesta[665].

III – Restam-nos pois os processos intra-sistemáticos de solução, que são:

– a analogia (art. 10 do Código Civil)
– a norma que o intérprete criaria (art. 10 do Código Civil).

---

legislador. Este preceito foi suprimido pelo novo Código de Processo Civil, mas o seu parentesco com o recurso do actual Código Civil português à norma que o intérprete criaria poderia levar a confundir este processo com a equidade.

É uma hipótese que podemos repudiar inteiramente desde já, porque a definição do art. 114 era equivocada, e por isso foi muito justamente suprimida.

Quando decide segundo a equidade, o juiz não decide segundo uma norma, mas segundo as características do caso concreto. Não abstrai, procurando uma solução adequada a todas as hipóteses daquela índole – uma regra –, mas pelo contrário, considera o caso nas suas particularidades, de maneira a encontrar uma solução que a ele especificamente se adeqúe, à luz do valor Justiça. A referência à procura duma norma indiciaria uma solução generalizadora, que frustraria afinal os objectivos que se pretendem com o recurso legal à equidade.

É curioso observar a este propósito que o art. 8 da Consolidação das Leis do Trabalho manda recorrer, na falta de disposições legais ou contratuais, além de outras figuras, à "equidade e outros princípios e normas gerais do direito". A equidade é assim qualificada como princípio geral do direito. O preceito é porém todo ele tecnicamente grosseiro, confunde a determinação das fontes e a integração das lacunas e suscita as maiores dificuldades.

[665] Cfr. o art. 8/3 do Código Civil, mandando ter em consideração todos os casos que mereçam tratamento análogo, a fim de obter uma interpretação e aplicação uniformes do direito.

A integração das lacunas 445

Veremos ainda que relação mantêm com os princípios gerais de direito.

251. Processos intra-sistemáticos de solução. O costume

I – O costume pode ser considerado base de integração de lacunas? Recorrendo à classificação clássica do costume[666], estaria aqui em causa o costume *praeter legem*, portanto aquele que respeita a matérias não cobertas por disposições legais.

No que respeita especificamente à integração, devemos dizer que a própria colocação dada não pode ser aceite. O costume não pode ser considerado meio de integração de lacunas. *Se há costume, não há lacuna.* Há lacuna quando determinada situação não é regulada por regra positiva, assente em fonte de direito vigente – e quando há um costume há uma regra (costumeira), por definição. A matéria não é pois lacunosa.

Com efeito, pode haver omissão da lei e não haver uma lacuna do sistema jurídico. Basta que qualquer fonte de direito, o costume ou outra, traga a regra aplicável àquela situação. Nessa altura, sempre se encontra na ordem jurídica uma regra aplicável. Pode falar-se de lacuna da lei, mas o problema não será de integração, no sentido técnico que aqui nos ocupa, mas de aplicação direta duma regra àquela situação que não é regulada por lei. Simplesmente, essa outra regra não é de origem legal.

Já referimos esta aplicação, ao falar do costume *praeter legem*[667]. Ela interessa às relações entre fontes diversas e não propriamente à integração. O problema da lacuna só surge quando não há, em todo o sistema jurídico, fonte que contemple especificamente aquela situação.

II – O equívoco deriva pois de se ter colocado a questão sob o ponto de vista da integração das lacunas *da lei*[668]. O costume serviria então para integrar lacunas da lei. Mas o que interessa são as lacunas do direito ou do ordenamento jurídico. Quando não há lei mas há costume, o costume aplica-se pura e simplesmente, e se há fonte aplicável não há lacuna[669]. A verdadeira lacuna só se suscita, e só se pode pôr a hipótese duma integra-

---

[666] *Supra*, n.º 142.
[667] Supra, n.os 142 e segs.
[668] É esta a própria epígrafe do art. 10 do Código Civil.
[669] Neste sentido, por exemplo, Rotondi, *Istituzioni*, n.º 56.

446　　　　O Direito. Introdução e Teoria Geral

ção por analogia ou outro processo, quando uma determinada situação não for coberta por nenhuma fonte vigente.

As afirmações legais sobre relação entre lei e costume assentam no pressuposto de uma superioridade da lei, que está longe de se pode ter por assente. O fenómeno do desuso já demonstra uma igualdade fundamental de valia de lei e costume. Concluímos em geral que estas fontes podem actuar em sentidos não coincidentes, e que será só a "prova dos factos" que nos indicará qual delas conseguirá afinal a supremacia[670].

252. A analogia

I – A analogia repousa na exigência, a que o pensamento actual é extremamente sensível, do tratamento igual de casos semelhantes. A analogia em si é um processo geral do pensamento, que em matéria de integração de lacunas tem uma das suas aplicações jurídicas[671].

Se uma regra estatui de certa maneira para um caso, é natural que um caso análogo seja resolvido da mesma forma, apesar de lacunoso. Uma regra que disciplina a administração das sociedades por quotas pode ser aplicável às sociedades anónimas, havendo a mesma razão de decidir. O intérprete procederá então de semelhante a semelhante, na feliz expressão das nossas Ordenações[672].

Muitas vezes, o jurista prático tira indevidas consequências do silêncio do legislador. Se se estabeleceu, dir-se-á, que o caso *A* é resolvido desta forma e nada se diz para o caso *B*, isto significa que ele é resolvido de forma diversa. Mas assim mobiliza-se o argumento *a contrario*, que como veremos é muito perigoso, pois só é legítimo se se demonstra o carácter excepcional da regra que fornece o ponto de partida[673]. Em geral essa demonstração não é possível, pelo que, perante o silêncio do legislador, haverá antes que recorrer à regra oposta e fazer funcionar a analogia, dada a exigência do tratamento igual de casos semelhantes.

II – Determinar porém onde há verdadeiramente e onde não há analogia é tarefa difícil que exige toda a finura por parte do intérprete. Não

---

[670] *Supra*, n.os 144 a 146.
[671] Já encontrámos outra na interpretação. Cfr. Rotondi, *Analogia*, n.º 2, em debate com Candian.
[672] Livro III, título 69.
[673] *Infra*, n.º 267.

A *integração das lacunas* 447

basta uma semelhança da descrição exterior da situação: é necessário que haja semelhança sob o ponto de vista daquele efeito jurídico. Por isso nos diz o art. 10 do Código Civil que há analogia quando no caso omisso *procedem as razões justificativas da regulamentação do caso previsto na lei.* Daí a distinção entre analogia lógica e analogia jurídica: esta, ultrapassando a mera verificação, tem carácter axiológico ou valorativo.

É um tanto exagerado exigir que procedam no caso omisso as razões justificativas do caso regulado, pois se procedessem todas as razões justificativas da regulamentação do caso previsto não teríamos um caso análogo, teríamos um caso idêntico. O caso omisso tem necessariamente diversidade em relação ao caso previsto. É relativamente semelhante, mas é também relativamente diverso. O que a analogia supõe é que as semelhanças são mais relevantes que as diferenças. Há um núcleo fundamental nos dois casos que exige a mesma estatuição. Se esse núcleo fundamental pesar mais que as diversidades, podemos então afirmar que há analogia.

Daqui resulta que é sempre e só através de uma valoração, dirigida à descoberta da essência daquela situação, que podemos chegar à afirmação de que há analogia. Todos os processos meramente descritivos são insuficientes[674].

III – A integração duma lacuna pode fazer-se por analogia com qualquer regra actual. Essa regra tanto pode ser legal, como consuetudinária, como jurisprudencial: toda a regra do ordenamento jurídico é utilizável[675].

253. Proibições do uso da analogia

I – Apesar da funda justificação da analogia, há certos casos em que considerações mais fortes a excluem. Estão sobretudo em causa as regras excepcionais e as regras penais positivas.

A regra excepcional, por suscitar problemas muito particulares, será autonomamente estudada no número seguinte.

---

[674] Concorre também neste sentido o art. 5 da Lei de Introdução ao Código Civil brasileiro.

[675] O Ac. STJ de 18.IV.69 (BMJ 186, 190) excluiu a aplicação por analogia dum assento, mas erroneamente. Veja-se a anotação desfavorável de Vaz Serra, RLJ, 103, 360. Já Barbosa de Magalhães, *Sociedades Unipessoais*, 21, defendera esta posição. Correcto o Ac. STJ de 7.XI.89 (BMJ 391, 565).

448 *O Direito. Introdução e Teoria Geral*

II – *Regras penais positivas*

As regras que definem os crimes e estabelecem as penas e respectivos efeitos não podem ser aplicadas por analogia[676].

Razões muito fortes de defesa das pessoas contra eventuais abusos do poder impõem este princípio, chamado da legalidade ou tipicidade[677]. As próprias constituições políticas dos países integrados no sistema romanístico de direito contêm a garantia de que ninguém será sentenciado criminalmente, se não houver lei anterior que declare puníveis o acto ou omissão[678].

Observe-se todavia que a regra penal positiva não é aplicável analogicamente por força de preceito legal específico, e não por revestir carácter excepcional, ao contrário do que em tempos mais recuados se pensou[679].

Observe-se ainda que afirmações como a de que "ninguém será obrigado a fazer ou deixar de fazer alguma coisa senão em virtude da lei"[680], que estabelece o princípio da legalidade, não implicam de modo algum a exclusão da analogia[681].

254. **As regras excepcionais**

I – Também se tem associado à qualificação duma regra como excepcional a proibição da analogia.

Temos de antecipar a análise da categoria "regra excepcional", que só surgiria naturalmente no título da regra jurídica.

Duas normas podem estar entre si na relação regra/excepção: à regra estabelecida pela primeira opõe-se a excepção, que para um círculo mais ou menos amplo de situações é aberta pela segunda. A excepção é pois necessariamente de âmbito mais restrito que a regra, e contraria a valora-

---

[676] Contrapõem-se a estas as regras penais negativas, como as que estabelecem as causas de justificação ou de exclusão da antijuridicidade e as de escusa. Semelhante restrição não se lhes aplica. Engisch, *Rechtslücke*, págs. 94 e 95, aponta o facto como demonstrativo de que não há nenhuma proibição geral da analogia em Direito Penal.

[677] Cfr. *supra*, n.° 197 III.

[678] Cfr. a Constituição (art. 29, embora com a restrição constante do n.° 2).

[679] Por isso, em relação à lei criminal põe-se o problema da admissibilidade da interpretação extensiva (*supra*, n.° 247 II, nt.). Se fosse regra excepcional não traria para este efeito nenhuma dificuldade. O art. 11 do Código Civil é taxativo.

[680] Art. 5 II da Constituição brasileira.

[681] Em sentido diverso Alípio Silveira, *Hermenêutica*, 1.° vol., págs. 231 e 241.

A integração das lacunas 449

ção ínsita nesta, para prosseguir finalidades particulares. A regra excepcional opõe-se ao que designaremos regra *geral*.

A terminologia é convencional. Nomeadamente, não deve levar a pôr em causa a generalidade, que é característica de toda a regra jurídica, excepcional ou não. Mais uma vez temos de nos resignar a utilizar uma mesma palavra para exprimir ideias diferentes.

II – Exemplo de regra excepcional: a que contraria o princípio solidamente assente no processo civil, que estabelece que a sentença não pode condenar em quantidade superior ou em objecto diverso daquilo que as partes pedirem. É o pedido das partes que determina o âmbito da decisão.

Mas no processo português do trabalho abre-se uma excepção radical, inspirada essencialmente no desejo de proteger a parte que surge como mais fraca, o trabalhador. A sentença deve mesmo condenar em quantidade superior ou em objecto diverso do pedido quando isso resulte da aplicação de normas injuntivas (art. 69 do Código de Processo do Trabalho).

Temos um exemplo de regra excepcional entre muitos outros, no art. 951, relativo à doação. Se o donatário for incapaz dispensa-se a aceitação, desde que se trate de doação pura.

Doação pura é a que não tem encargos. O princípio é o de que ninguém pode interferir em esfera jurídica alheia sem o consentimento do titular. Mas aqui surge uma regra excepcional. Para se obter o efeito útil de aquisição dos bens pelo incapaz vão-se subverter todos os princípios dispensado-se a aceitação do beneficiário.

III – A utilidade desta classificação residiria, para além de outros efeitos estabelecidos em leis especiais[682], nos seguintes aspectos, aliás relacionados entre si:

1) Da regra excepcional poderia, pela utilização do argumento *a contrario*, extrair-se a regra geral. A utilização do argumento *a contrario* seria um dos processos de determinação da regra aplicável: seria justamente modalidade da interpretação enunciativa.

2) A regra excepcional não poderia ser aplicada analogicamente.

---

[682] É o caso do art. 52/2 do estatuto aprovado pelo Dec.-Lei n.° 49 368, de 10 de Novembro de 1969, que estabelece que as disposições desse estatuto que constituam direito excepcional só podem ser revogadas por disposição expressa, com menção precisa das disposições afectadas.

450 O Direito. Introdução e Teoria Geral

Vamos analisar estes dois aspectos em separado. Mas o primeiro só será considerado adiante, quando estudarmos a interpretação enunciativa, pois já nada tem a ver com a analogia como processo de integração de lacunas.

255. Justificação

I – A justificação do princípio da proibição da analogia a partir de regras excepcionais parece fácil. Se há uma regra e uma excepção, e surge um caso cuja disciplina se procura, esse caso é naturalmente abrangido pela regra, como regra que é. A excepção está delimitada para os casos para que foi estabelecida e não tem elasticidade para abranger novas situações.

Mas esta simplicidade é enganadora. Surgem casos que apresentam mais semelhanças com os regulados de modo excepcional que com os constantes da regra geral. A proibição da analogia, observa severamente Carnelutti, equivale a qualificar todos os casos que não sejam idênticos ao regulado pela regra excepcional como casos *opostos*[683].

II – Na verdade, esta é uma consequência do bloqueamento da categoria natural da analogia. Se, para qualificarmos uma regra como excepcional, nos bastarmos com o simples facto de ela contrariar outra regra de âmbito mais vasto, o resultado é insatisfatório. Acabaríamos por tirar consequências definitivas da mera técnica da legiferação, consoante o legislador apresentasse primeiro uma figura como regra, ficando portanto automaticamente as restantes qualificadas como excepções, ou pelo contrário delimitasse simplesmente os casos que são regulados de uma maneira e os que o são de outra. No primeiro caso consideraríamos que a regra oposta seria excepcional e não admitiríamos a analogia, enquanto no segundo a admitiríamos já.

Assim, se o legislador dissesse:

– o possuidor faz seus os frutos, salvo se estiver de má fé
– a regra final seria considerada como excepcional e não aplicável por analogia.

---

[683] *Teoria*, n.º 39.

A integração das lacunas 451

Mas se dissesse (o que é exactamente a mesma coisa):

– o possuidor não faz seus os frutos, salvo se estiver de boa fé
– seria afinal a regra de que o possuidor de boa fé faz seus os feitos que seria considerada excepcional!

A categoria "regra excepcional" necessita de um suporte mais sólido. É a história que nos permite aprofundar esta noção.

256. O *ius singulare*

I – Na origem encontramos um texto de Paulo, em D. 1.3.16.: *Ius singulare est quod contra tenorem rationis propter aliquam utilitatem auctoritate constituentium introductum est.* No aspecto que fundamentalmente nos interessa, qualificam-se pois como singulares as regras que, por visarem uma utilidade especial, vão contra um princípio fundamental do direito – *contra rationem iuris*, como noutro trecho se afirma. Não basta pois a mera contradição de outra regra; é necessário ainda que se vá contra os "princípios gerais informadores de qualquer sector do sistema jurídico"[684].

É justamente a propósito da analogia que se analisa o *ius singulare*; pelo que se pode dizer que o *ius singulare* representa um limite à normal aplicação da analogia. A peculiaridade da sua *ratio* não permitia a extensão a outros casos.

II – Parece de facto, apesar das evidentes dificuldades da análise, que em cada momento é possível determinar os princípios que "inspiram a normalidade da disciplina jurídica, conferindo-lhe unidade, racionalidade e coerência"[685]. Sendo assim, também é possível determinar quais as regras ou institutos que historicamente os contrariam.

Temos então uma excepcionalidade, não já formal, mas substancial. É óbvio que esta não serve à determinação da regra aplicável, pois a verificação da excepcionalidade da disposição corre parelha com a determina-

---

[684] Cfr. Savigny, *Traité*, § XVI; Raúl Ventura, *Direito Romano*, pág. 205. Leiam-se os n.os 61 a 63, que são dedicados a esta matéria.

[685] Caiani, *Analogia*, n.° 16. No mesmo sentido Betti, *Interpretazione*, §§ 23 e 24. Contra a identificação de direito excepcional e *ius singulare*, Carlos Maximiliano, *Hermenêutica*, n.° 274.

ção da própria regra geral. Mas serve para a determinação do âmbito em que poderá ser admitida a exclusão da analogia.

É porém escusado acentuar a delicadeza e a falibilidade deste processo, que é necessária contrapartida do seu carácter valorativo.

Não basta uma apreciação da regra isoladamente tomada. Impõe-se uma valoração em conjunto daquela regra e de toda a ordem jurídica, que permita determinar se corresponde às orientações fundamentais desta ou se pelo contrário delas se afasta por razões específicas do caso concreto.

III – Os efeitos da excepcionalidade substancial respeitam à integração das lacunas e não à interpretação enunciativa.

Estas regras substancialmente excepcionais, correspondentes ao *ius singulare* romano, não poderão ser aplicadas analogicamente.

O método da determinação substancial é o que nos parece conforme com o estado das fontes.

Perante preceito da lei antiga, de várias maneiras se tentou delimitar um círculo mais restrito dentro do qual a regra excepcional pudesse ser analogicamente aplicável[686]. Inspirando-se nessas tentativas, o art. 11 do Projecto de Código Civil ainda determinava que as normas excepcionais "não comportam aplicação analógica se as normas gerais correlativas contiverem princípios essenciais de ordem pública". Esta restrição foi todavia suprimida do texto definitivo[687], pelo que a solução ficou confiada à doutrina.

Isto significa que temos o campo aberto para excluir da aplicação analógica as regras que contrariam princípios fundamentais, informadores da ordem jurídica ou de um ramo de direito em particular.

257. O significado das tipologias legais

I – *O tipo na ciência actual*

Pode-se perguntar também se, quando a lei desenha uma tipologia, o recurso à analogia fica vedado.

---

[686] Cabral de Moncada, *Lições de Direito Civil*, 1.º vol., n.º 6, al. *d)*. Assim procedia a doutrina italiana: cfr. por exemplo Rotondi, *Istituzioni*, n.º 54.

[687] Cfr. *Do Projecto ao Código Civil* (comunicação do Ministro Antunes Varela à Assembleia Nacional), n.º 7. Aí dá-se como justificação ter-se considerado que se não havia conseguido encontrar uma formulação satisfatória para o princípio que se visava estabelecer.

A descrença nos conceitos trouxe para o primeiro plano da ciência moderna a noção de tipo[688].

Correspondendo a uma das noções de tipo actualmente utilizadas[689], o pensamento tipológico contrapõe tipo e conceito, porque o tipo evita a rigidez do conceito.

O tipo tem fronteiras por natureza fluidas. Resulta de um elenco de características relevantes, mas as figuras que ocorram podem conter um número maior ou menor dessas características, sem deixarem de poder ser *referidas* a ele. Pelo contrário, um conceito é *definido*, e as figuras que não possam subsumir-se à definição não podem integrar-se no conceito.

Fixando terminologia, preferimos falar da *integração* num conceito e da *correspondência* ao tipo[690].

II – A ordem jurídica recorre muitas vezes a tipos. E por detrás das previsões legais há com frequência o tipo social que as ilumina. Assim, quando a lei refere a operação de desconto bancário, pouco ou nada esclarecendo sobre o seu conteúdo, temos de recorrer ao tipo social do desconto, tal como é efectivamente praticado, para situar a previsão legal, pois foi esse mesmo que o legislador supôs quando o referiu. Também a dogmática jurídica recorre, sob vários prismas, a tipos. O que não se pode é supor que os tipos, com o seu carácter necessariamente fragmentário, possam alguma vez tornar desnecessária a utilização de conceitos na metodologia jurídica.

III – *O significado das tipologias*

Não é isto porém o que de momento nos interessa. Da utilização de tipos passa-se à consideração das tipologias ou tipificações legais. A lei tipifica quando prevê manifestações de um conceito, conseguindo desta maneira especificar, e portanto avançar na concretização.

Não se confundem tipologia e enumeração. Podemos dizer que toda a enumeração supõe uma tipologia mas que a inversa não é já verdadeira. Uma tipologia legal pode existir mesmo quando se não encontra uma enumeração – se resulta da conjugação de tipos mencionados em lugares diferentes da lei, por exemplo[691].

---

[688] Cfr. o capítulo introdutório da nossa *Tipicidade*; P. Pais de Vasconcelos, *Contratos Atípicos.*

[689] Recorde-se a análise quase exaustiva de Engisch, em *Die Idee der Konkretisierung.*

[690] Cfr. *infra*, n.º 348 II.

[691] Cfr. ainda *infra*, n.º 259 III, sobre a relação entre tipicidade e analogia.

454 *O Direito. Introdução e Teoria Geral*

Quando o legislador tipifica, *maxime* quando enumera, e não esclarece se a tipologia é taxativa ou enunciativa, haverá que inferir daí o carácter excepcional da previsão, de modo que todos os restantes casos devam ficar excluídos da analogia?

Mas não basta a lei apresentar vários casos para se concluir pelo carácter taxativo desses casos. Pode a lei pretender unicamente enunciar hipóteses. Em princípio deve até concluir-se pelo carácter enunciativo das tipologias legais, só se lhes devendo atribuir outra natureza quando razões especiais nos convençam nesse sentido[692]. Porque o grande princípio da nossa ordem jurídica é o do tratamento idêntico de casos equivalentes.

258. A *analogia iuris*

I – Há uma modalidade de analogia que suscita especiais dificuldades. Costuma distinguir-se a analogia:

– da lei, ou *legis*
– do direito, ou *iuris*.

Não são pacíficos os entendimentos sobre o critério de distinção destas duas categorias[693]. A distinção deve fazer-se consoante a analogia funciona pelo recurso a uma precisa solução normativa, que pode ser transposta para o caso omisso, ou supõe a mediação dum princípio elaborado a partir de várias regras singulares, só ele permitindo a solução daquela hipótese[694]. No primeiro caso utiliza-se uma *disposição* normativa; no segundo um *princípio* normativo que foi necessário elaborar primeiro, e só através dele se chega à aplicação.

Assim, de uma hipotética disposição que estabelecesse que as obrigações contratuais se deviam exercer com boa fé, poderia por *analogia legis* concluir-se que também as obrigações que não derivassem de contratos se deveriam exercer com boa fé, dada a proximidade das situações; mas já não seria possível por *analogia legis* a aplicação ao exercício de direitos não obrigacionais.

---

[692] Tivemos de examinar vários problemas ligados a enumerações e, mais vastamente, a tipologias legais no capítulo inicial do nosso livro *A Tipicidade dos Direitos Reais*. Ver ainda Carlos Maximiliano, *Hermenêutica*, n.º 283.

[693] Cfr. a nossa *A Integração das lacunas da lei e o novo Código Civil*.

[694] Neste sentido, por exemplo, Caio Mário da Silva Pereira, *Instituições*, vol. I, n.º 12.

A integração das lacunas 455

Para concluir que um direito de personalidade, por exemplo, deveria ser exercido de boa fé teríamos de concluir primeiro pela existência dum princípio geral de que devem ser exercidos com boa fé os direitos subjectivos. A extensão que eventualmente se fizesse seria então justificada por uma *analogia iuris*.

No cume encontram-se os princípios fundamentais, particularmente princípios formais, no sentido que não indicam imediatamente a solução do caso.

II – *Princípios gerais do direito*

A admissibilidade da *analogia iuris*, como processo de integração que se inclui ainda na analogia, poderá ser contestada. Antes de mais, poderá perguntar-se se ela não é arredada afinal pelo outro processo previsto nas leis: os princípios gerais do direito[695] da lei brasileira e a norma que o intérprete criaria do código português.

Recorde-se que a figura foi elaborada no século passado, por influência positivista, e dentro da preocupação de demonstrar que o sistema poderia trazer a solução de todas as hipóteses, mesmo não directamente previstas. Esses princípios seriam extraídos dos preceitos legais, por processos essencialmente lógicos. Procedia-se por abstracção crescente até se chegar aos princípios últimos, dominadores de todo o sistema. Ora, parece claro que este procedimento esgotaria a problemática da *analogia iuris*.

Não o têm feito os autores portugueses. Nomeadamente, não a discutem os que sobre o tema se pronunciaram no domínio do actual Código Civil. Mas como o art. 10 manda resolver os casos omissos segundo a norma aplicável aos casos análogos, e não segundo os princípios, pode perguntar-se se o código terá sacrificado esta forma de analogia. Pode dizer-se que, desde que não houvesse solução directamente aplicável, não haveria caso análogo, caindo-se consequentemente no âmbito do art. 10/3.

259. Admissibilidade

I – Não nos parece que estas imaginárias objecções fossem de acolher.

Em primeiro lugar, deve-se acentuar que a diferença entre a analogia da lei e do direito é uma *diferença de grau*. Não há nenhuma linha estan-

---

[695] Sobre estes, cfr. *supra*, n.os 234 e 235.

456   *O Direito. Introdução e Teoria Geral*

que entre a utilização analógica duma regra e o recurso a um princípio material. Pode até afirmar-se que todo o recurso à solução de hipótese análoga impõe a aceitação do princípio de que o caso omisso e o caso regulado participam[696].

À medida que a imagem de uma regra aplicável se vai esbatendo, a intervenção do princípio torna-se mais nítido. Mas isso só significa que a essência das duas modalidades é idêntica e a distinção é de grau. Não há motivo para admitir uma e repudiar a outra.

Ora os princípios, assim entendidos, merecem-nos o mesmo respeito que toda a restante ordem normativa. As críticas modernas pretendem afastar certos processos de elaboração de princípios mas não afastam os princípios em si, de que todos os autores se continuam a reclamar. Tende-se a ter uma visão mais ampla e menos legalista da ordem jurídica sobre que assentariam esses princípios, o que só pode suscitar o nosso aplauso. Mas todos os autores de ponta, como Esser, acentuam a necessidade de princípios substanciais que exprimam a ordem jurídica e cuja aplicação permita a solução de casos omissos.

A estas conclusões não traz obstáculo o trecho do art. 10/3 do Código Civil, pois a sua referência à norma não significa uma estatuição concreta, mas uma disposição assente na lei, como veremos.

Quanto à correlação entre a *analogia iuris* e os princípios gerais de direito será seguidamente objecto de exame.

II – Isto significa que o recurso à *analogia iuris* é necessariamente mais complexo que à analogia da lei. A analogia é tanto mais delicada quanto maior for o afastamento entre o caso omisso e um caso directamente regulado. Sobretudo, devemos acentuar que mesmo a analogia da lei assenta numa *valoração*, sendo sempre insuficientes os processos meramente lógicos.

Foi isto que se esqueceu por vezes, e provocou as críticas que dissemos já terem sido dirigidas à analogia de direito. O intérprete tende, uma vez elaborado um princípio, a aplicá-lo automaticamente a todos os casos omissos que ele pode abranger. Por muito instintiva que seja esta tendência, ameaça conduzir aos piores resultados, pois é sempre necessária uma valoração final. Caso por caso temos de verificar se a índole da situação não regulada não deve levar a considerar que, sendo embora formalmente

---

[696] Princípio cuja previsão é o máximo divisor comum de caso omisso e caso regulado.

A integração das lacunas 457

enquadrada pelo princípio, substancialmente lhe é estranha. Pois pode justamente aquela categoria de casos apresentar particularidades juridicamente relevantes, que impedem a afirmação de uma analogia.

É sustentável que todo o princípio material é formulado sempre como que com carácter provisório. Por resultar de uma indução incompleta, a partir dos casos que o intérprete teve presente, há sempre a necessidade de o confirmar a cada novo caso que se apresenta.

III – Podemos combinar as modalidades de tipologias com a admissibilidade de se fazer, a partir delas, algum tipo de analogia[697].

A tipicidade legal pode ser:

- taxativa – quando nenhuns outros casos se admitem, além dos previstos por lei
- enunciativa – quando do elenco de casos se pode extrair um princípio, que permita integrar casos não contemplados
- delimitativa – quando é possível a extensão a novos casos unicamente quando estes ofereçam semelhança com algum dos casos previstos[698].

Combinando com a analogia e as suas formas, concluímos:

Tipicidade taxativa – exclui a analogia
Tipicidade enunciativa – admite a *analogia iuris*
Tipicidade delimitativa – admite somente a *analogia legis*, a partir dos tipos previstos.

IV – Sustentamos assim a admissibilidade de uma *analogia iuris*. Mas sustentamos também que esta se não confunde com a aplicação dos princípios gerais do direito, nem com "a norma que o intérprete criaria", de que falaremos em breve, e destina-se a resolver outras necessidades. É o que passamos a ver, examinando especificamente estes dois critérios.

260. Princípios gerais do direito e "analogia iuris"

I – Em que consistem verdadeiramente os princípios gerais do direito, que outras ordens jurídicas mandam aplicar no caso de se não encontrar disposição análoga nem costume?

---

[697] Cfr. o que dissemos já *supra*, n.° 257 III.
[698] Sobre esta figura, cfr. a nossa *A Tipicidade dos Direitos Reais*, n.° 13.

458　　　*O Direito. Introdução e Teoria Geral*

Repare-se que uma coisa é a determinação da natureza dos princípios, que tanto interessa a todas as ordens jurídicas, outra a utilização destes como critério último de integração das lacunas.

Em todo o caso, a análise que atrás fizemos dos princípios em geral[699] revela-se, como é natural, preciosa para esta indagação específica.

A aplicação destes não se confunde com a analogia iuris, caso contrário a previsão seria ociosa. Se a diferença entre analogia legis e analogia iuris é gradual, como defendemos, a duplicação de categorias seria inútil, pois bastaria falar simplesmente em analogia.

II – Os princípios também não são regras, porque a ser assim a função da remissão legal para os princípios gerais do direito ficaria frustrada.

Na verdade, pretende-se com ela dar um critério último de decisão que atinja o objectivo de não deixar sem resposta os casos da vida. Ora, nem todas as lacunas se deixam superar por processos analógicos.

Sem ficção, não podemos pretender que as regras, quer as expressas quer as induzidas, bastem para resolver todos os problemas. Lembremo-nos daqueles ramos de direito que só tarde foram contemplados por lei de forma sistemática. O Direito Internacional Privado, por exemplo, antes de 1966, constaria de meia dúzia de preceitos e não passou a contar com muitos mais. Como pretender que poderíamos elevar-nos sempre a uma regra, fundada nas disposições positivas, que permitisse resolver todos os casos que fossem surgindo?

Podemos qualificar estas lacunas como rebeldes à analogia: mesmo a *analogia iuris* é insuficiente para as debelar. Nestes casos, quando não se encontra nenhum preceito, ou princípio assente na mesma razão fundamental de decidir, aplicável ao caso, é necessário recorrer a uma categoria qualitativamente diversa que permite mesmo então salvaguardar a preocupação da ordem jurídica de não denegar solução aos casos concretos. A esse fim serviriam os princípios gerais do direito e a norma que o intérprete criaria[700].

---

[699] *Supra*, n.ºs 234 e 235.

[700] Os autores indicam outros processos de superar deficiências da analogia, que não referimos em particular porque as leis que consideramos oferecem solução expressa. Assim, Larenz, em *Richterliche Rechtsfortbildung*, pág. 9, apresenta como métodos de descoberta do direito baseados na *Rechterkenntnis*, não só a analogia como a redução teleológica e a natureza da situação (*Natur der Sache*), além dos princípios imanentes à ordem jurídica.

III – Mas os princípios gerais do direito não serão regras de Direito natural?

Algumas legislações, poucas, mandaram integrar as lacunas, através do Direito natural.

Citaremos neste sentido o Código Civil austríaco e o Código Civil português de 1867, cujo art. 16 mandava resolver a lacuna, em última análise, pelos princípios de Direito natural, conforme as circunstâncias do caso. É curioso anotar a reacção dos positivistas perante estas disposições. Como só prestam vassalagem à lei, não podem admitir o Direito natural – e com isso acabam por desrespeitar a lei. Onde está escrito "princípios de Direito Natural" lêem "princípios gerais do direito", o que não é obviamente o que a lei determina.

Na verdade, é impossível pensar que as lacunas sejam preenchidas através do recurso a regras de Direito natural. A ordem natural poderá de facto ser expressa através de regras, que têm um conteúdo material, mas essas regras possuem grande generalidade e abrangem as matérias de maior relevância social. Como supor então que elas pudessem dar a solução básica de casos lacunosos, que respeitam normalmente a especificações e situações raras, quando não a meros pormenores técnicos destituídos de qualquer conteúdo valorativo?

261. Concepção adoptada

I – Para abranger nos princípios gerais os casos que se não deixam integrar nas regras, legais ou naturais, vigentes, esses princípios gerais do direito têm de ser concebidos, não como princípios materiais ou normas, mas como princípios formais. Assim, não determinam directamente condutas, mas estabelecem critérios que permitem, mediante uma valoração, disciplinar as condutas.

Com isto fica definitivamente afastada a tentação de confundir os princípios gerais do direito com a *analogia iuris*. Nalgumas ordens jurídicas os critérios materiais esgotam-se com a analogia. Para as lacunas rebeldes à analogia é porém necessário o recurso aos critérios formais, que possuem maior amplitude.

II – Qual é então a essência dos princípios gerais do direito?

Vamos deixar de parte posições que nos parecem claramente de rejeitar, como as que acentuam a equidade ou os critérios subjectivos, ou as que

460   *O Direito. Introdução e Teoria Geral*

recorrem a técnicas aparentadas com as do Código Civil suíço ou do Código Civil português, que examinaremos a seguir.

Serão então os princípios do Direito Romano, ou os princípios actualmente vigentes no sistema jurídico ocidental? Esta posição faria lembrar a técnica do antigo direito português, com o seu recurso ao Direito Romano ou ao direito das nações civilizadas como direito subsidiário.

É evidente o interesse do Direito Romano, ou do Direito Comparado (que, aliás, teria sempre de se limitar ao nosso sistema jurídico), como inspiradores na busca de soluções, dadas as evidentes afinidades. Mas não vemos como fundamentar um recurso a estas ordens jurídicas alheias para integrar a uma ordem jurídica actual.

Cada ordem jurídica trabalha com os seus próprios instrumentos. Os processos de integração que a lei prevê são verdadeiramente intra-sistemáticos. Ela basta-se a si mesma, como todos os sistemas jurídicos modernos.

III – Daqui resulta que os princípios gerais de direito, a que as leis fazem apelo para a integração das lacunas, devem ser entendidos no sentido técnico da expressão, mas com afastamento dos princípios materiais[701]. Os princípios são as grandes orientações formais da ordem jurídica, que fundam e unificam normas e soluções singulares.

Também aqui devemos ser coerentes com a nossa visão da ordem jurídica como não redutível à legiferação. Já noutro lugar[702] escrevemos: "Se a elaboração do material legislativo põe à luz a existência de princípios, a meditação sobre o conjunto de elementos que formam um ordenamento enriquece o âmbito desses princípios, sem fazer alterar a sua natureza. Há princípios de direito de base legal e outros que só se podem referir ao ordenamento no seu conjunto".

Era já neste sentido que se tinham de entender as legislações que mandavam proceder à integração das lacunas mediante o recurso ao Direito natural.

Este quadro foi tido como suficientemente compreensivo para dar uma resposta a todas as lacunas susceptíveis de integração.

---

[701] *Supra*, n.os 234 e 235.
[702] *A integração das lacunas da lei e o novo Código Civil.*

A integração das lacunas 461

262. A norma que o próprio intérprete criaria...

I – Queda espaço para perguntar se os princípios gerais do direito resolvem todas as hipóteses ou se será ainda necessário prever um derradeiro recurso, mais individualizador, para casos que se não deixem integrar nos princípios. Referimo-nos à norma que o próprio intérprete criaria.

Vem esta na sequência de uma tradição que, remontando a Aristóteles, fora retomada pelo Código Civil suíço, pelo Código do Vaticano[703] e agora pelo CC. Estabelece o art. 10/3, inovando na ordem jurídica: "Na falta de caso análogo, a situação é resolvida segundo a norma que o próprio intérprete criaria, se houvesse de legislar dentro do espírito do sistema."

II – Procurando interpretar esta fórmula, aliás difícil, observamos que ela não pode significar:

1) uma remissão para o *arbítrio* do intérprete, pois isso seria absurdo;
2) um apelo para o *sentimento jurídico*, pois isso está excluído pelos marcos objectivos que no próprio preceito se estabelecem;
3) um recurso à *equidade*, porque se manda resolver segundo a norma que corresponda ao sistema, e não segundo as circunstâncias do caso concreto.

Esta última observação é particularmente importante. Este preceito traduz uma intenção generalizadora e não individualizadora. Resolver "segundo a norma" quer dizer resolver segundo a valoração que merece, não o caso concreto, mas a categoria de casos em que ele se enquadra[704]. E a referência ao acto de legislar conduz no mesmo sentido, pois supõe a anterioridade da demarcação da ordem jurídica objectiva sobre a solução do caso concreto.

Enfim, a exigência de que esse hipotético acto de legislar se processe dentro do espírito do sistema amarra o intérprete às valorações próprias do ordenamento, impedindo-o de se decidir autonomamente, pelo circunstancialismo do caso concreto.

---

[703] E até pelo art. 114 do Código de Processo Civil, equivocadamente embora, como vimos.

[704] Expressamente o reconhece Castanheira Neves, ao criticar (*Questão-de-facto*, págs. 309-312) a orientação do Código Civil suíço e do projecto do actual Código Civil português, que seriam ainda reflexo do normativismo, e ao elogiar a fórmula do Código do Vaticano. E é curioso que o autor interprete no sentido que propugna a fórmula de Aristóteles.

462   *O Direito. Introdução e Teoria Geral*

III – Se estes elementos impelem para um entendimento generalizador do texto, outro há que parece dar-lhe um acento subjectivista: a referência à norma *que o próprio intérprete criaria*. Parece haver aqui um irremediável subjectivismo, confiando-se àquele intérprete a solução daquele caso.

Pode-se até, atendendo aos antecedentes da fórmula, supor que ela se inscreve numa escalada para o subjectivismo[705].

Aristóteles, que está na origem desta orientação, diz que o caso omisso deve ser resolvido "como o faria o próprio *legislador* se estivesse presente e como ele teria prescrito na lei se tivesse podido conhecer o caso em questão"[706].

O Código Civil suíço dispõe no seu art. 1 que o *juiz* decidirá "selon les règles qu'il établirait s'il avait à faire acte de législateur".

O Código Civil português fala na norma que o próprio *intérprete* criaria... Aristóteles recorria pois ao legislador, o Código suíço ao juiz, o Código português ao próprio intérprete, ou seja, a toda e qualquer pessoa. Parece não se poder ir mais longe no abandono do entendimento da lei à opinião individual.

Mas sendo assim, haveria contradição com os outros elementos do texto, que são de índole objectiva. Por outro lado, não se conseguiria apurar qual a relevância da opinião de quem não está constituído em autoridade. Tal opinião não é evidentemente vinculativa para os outros.

263. O agente e o critério de integração

I – Esta contradição aparente supera-se, se distinguirmos o que respeita ao *agente* do que respeita ao *critério* da integração.

Agente da integração é efectivamente toda e qualquer pessoa; todos nós temos de recorrer à integração quando apuramos quais as normas jurídicas vigentes. A jurisdicionalização do quotidiano que decorreria de se atribuir exclusivamente ao juiz essa função contraria a vida corrente. A

---

[705] Sobre todos estes problemas, cfr. a nossa *Integração*, em que desenvolvidamente os abordámos.

[706] *Ética a Nicómaco*, livro v, cap. x (ou cap. XIV). O trecho traz todavia particulares dificuldades por vir englobado na análise da equidade. Cfr. Raúl Ventura, *Direito Romano*, I. O autor considera paralelamente a integração e a chamada "interpretação correctiva". De todo o modo, este processo generalizador ("segundo a norma") não se confunde com um processo individualizador, a equidade.

A integração das lacunas   463

imensa maioria dos casos lacunosos é resolvida espontaneamente, com o acordo ou pelo menos sem a oposição das partes.

Mas o acordo indica por si que há uma solução objectiva, que serve de ponto de encontro aos vários intervenientes. É que o intérprete é de facto o agente da integração; mas o critério dessa integração é um critério objectivo, idêntico para todos, e encontra-se na referência ao acto de legislar dentro do espírito do sistema.

II – *O espírito do sistema*

O que seja o espírito do sistema, que assim vem arvorado a elemento decisivo, exige uma indagação posterior.

Corresponde aos "juízos de valor legais", para utilizar a fórmula que consta do art. 4/2 do Estatuto dos Magistrados Judiciais[707], mas aperfeiçoada. Nomeadamente, já se não limita aos juízos de valor *legais*, antes busca os que são próprios de todo o sistema jurídico[708]. Logo, mesmo quando os princípios substanciais de solução, ínsitos no sistema jurídico, não permitem encontrar uma solução para o caso, podemos e devemos recorrer aos princípios formais, ou juízos de valor, para por meio deles integrar afinal a lacuna. O sistema ainda nos fornece o ponto de partida objectivo para este procedimento.

III – Temos assim que o critério decisivo nesta última fase do processo da integração das lacunas é a *conformidade ao sistema* de uma norma que o intérprete deve determinar e lhe permitirá resolver os casos individuais.

Isto significa que a fórmula do art. 10/3 equivale a estoutra, mais simples: "Na falta de caso análogo a situação é resolvida segundo a norma que corresponder ao espírito do sistema"[709].

IV – Os princípios gerais do direito dispensam ou não este critério último?

Tudo depende da extensão que devamos dar a esses princípios gerais do direito.

---

[707] Segundo o qual "o dever de obediência à lei compreende o de respeitar os juízos de valor legais, mesmo quando se trate de resolver hipóteses não especialmente previstas".

[708] E portanto, também os impostos pela ordem natural.

[709] Sobre vários dos problemas ligados a este delicadíssimo processo final de integração, embora o encare mais como criação do juiz, cfr. Rehbinder, *Einführung*, §12 III e IV.

464   *O Direito. Introdução e Teoria Geral*

Sendo princípios formais, permitem ir muito longe na solução dos casos lacunosos.

A dificuldade está porém em que o princípio, mesmo formal, tem ainda carácter valorativo.

Ora as lacunas irredutíveis são normalmente referentes a sectores de carácter mais técnico, em que sem ficção não se pode pretender uma solução pelo recurso a princípios formais como boa fé, bons costumes ou mesmo justiça.

A ser assim, seria ainda inevitável o recurso a uma categoria individualizadora última, que só poderia ser representada pela norma que o próprio intérprete criaria.

264. A chamada "plenitude do ordenamento jurídico"

I – É este o momento adequado para analisar uma pretensa característica do ordenamento jurídico, que foi trabalhada pelos positivistas e muitos autores ainda hoje acolhem: a plenitude. No aspecto que nos interessa – porque relacionado com a emergência de lacunas – significa pura e simplesmente a negação da existência destas.

O sistema conteria tudo: nenhum caso que devesse ser juridicamente regulado deixaria de ter solução normativa. Mesmo nas hipóteses em que a interpretação não detectasse uma regra expressa que resolvesse aquele caso a lacuna continuaria a ser só aparente, pois a regra estaria *implícita* no sistema. Por processos essencialmente lógicos, como dissemos, poderia atingir-se sempre o princípio do qual derivaria a solução. Logo, o próprio ordenamento conteria potencialmente a previsão de todos os casos[710].

Poderia falar-se ainda em plenitude da ordem jurídica para significar que a própria ordem jurídica deve conter os critérios que permitam a resolução de todos os casos que se defrontem[711]. Nessa altura não se trataria de uma plenitude normativa da ordem jurídica; não se afirma já que a

---

[710] Veja-se a notícia de algumas posições filosóficas sobre o tema em Sampaio Ferraz, *Sistema*, págs. 129 e segs.. No sentido de que "o Direito Positivo regula, ora directa, ora indirectamente, todas as relações sociais presentes e futuras", cfr. ainda Carlos Maximiliano, *Hermenêutica*, n.º 239.

[711] Veja-se o equacionamento do problema por Luigi Caiani, *Analogia*, na *Enciclopedia del diritto*, II (1958), n.º 3. Pelo contrário, parece-nos muito pobre a fórmula de Carlos Cossio: "não há lacunas do direito porque há juizes": *Las lacunas del derecho*, pág. 219.

A integração das lacunas | 465

ordem jurídica contém as regras capazes de abarcar todas as situações, mas sim os critérios que permitirão resolvê-las. Por isso, esta segunda concepção de plenitude não nos ocupa neste momento.

II – *Crítica*

A pretensa plenitude pode considerar-se hoje afastada, pois a doutrina reconhece a categoria de lacunas que chamamos "rebeldes à analogia"[712]. O art. 10/3 do Código Civil faz-se eco desta orientação, ao reconhecer expressamente a possibilidade de persistência da lacuna "na falta de caso análogo". Reconhece-se que não há plenitude hermética e o sistema não contém todas as soluções.

Não vale a pena discutir a afirmação de que se não pode falar verdadeiramente de lacuna quando a omissão é suprível por processos analógicos. Basta-nos observar que o recurso aos princípios gerais do direito, ou à norma que o próprio intérprete criaria no direito português, pressupõe a ocorrência de uma verdadeira lacuna. A regra que se elaborará, para permitir a resolução do caso, não se pode dizer implícita no sistema, pois a formulação de um conteúdo substancial a partir de critérios formais representa sempre, necessariamente, uma criação. Criação conforme ao sistema, criação em objectividade, sem dúvida; mas criação.

Logo, não se pode dizer que a regra estava implícita. Ela faltava, pura e simplesmente, e portanto não há plenitude do ordenamento jurídico.

III – Note-se que nem sequer se pode dizer que a plenitude do ordenamento se verifica como resultado da integração.

A integração não altera a situação normativa existente; *após a integração, continua a haver lacuna*. Ela permitirá resolver um caso concreto pela determinação da regra aplicável, mas essa regra conforme ao sistema é apenas suposta e não é efectivamente aditada ao conjunto. Por isso, se surgir posteriormente um novo caso daquela índole reabre-se o problema, e voltarão a funcionar os processos de integração.

Quer dizer, estes processos são generalizadores, mas não são geradores de regras. Dito por outras palavras: a *integração não é uma fonte de direito*.

IV – Bem pode acontecer que nem todas as lacunas sejam susceptíveis de integração. Se por exemplo há uma lei que remete para certo meio

---

[712] Contra a "plenitude lógica" Franzen de Lima, *Da Interpretação Jurídica*, n.os 128 e segs.: mas este autor afirma que há mais de uma solução conforme ao sistema (n.º 136).

466　　　*O Direito. Introdução e Teoria Geral*

técnico, órgão ou processo que não existe na ordem jurídica, essa lacuna não pode ser suprida.

Supomos que aqui se enquadra o que alguns chamaram o "obstáculo técnico insuperável". Se por exemplo uma lei permite a hipoteca de concessões do domínio público, mas a lei do registo imobiliário não está aparelhada para englobar esta categoria de bens, temos uma lacuna que não pode ser integrada, porque sem registo não se constitui hipoteca.

São da mesma ordem certos problemas suscitados pela aplicação de lei estrangeira, competente por força da regra de Direito Internacional Privado, quando os meios técnicos deste ramo do direito não permitem afastar a divergência dos quadros das ordens jurídicas em conflito[713].

265. A objectividade

I – Pensamos que esta interpretação generalizadora e objectivista é a que corresponde à índole do sistema legal.

O primado da norma é acentuado pelo art. 8/3 do Código Civil , que já referimos. Há que se resolver sempre pela perspectiva duma regra geral, e sempre de maneira que essa regra, a ser aceite por outros intérpretes, permita uma aplicação uniforme do direito. A uniformização da jurisprudência é também preocupação sempre presente no direito brasileiro.

A objectividade resulta de numerosos elementos, e nomeadamente da contraposição entre jurisdição e *discricionariedade*. Enquanto a discricionariedade pressupõe um momento de criação não controlável, porque assenta em valorações que são extrínsecas à ordem normativa (de oportunidade, por exemplo), a jurisdição só permite uma criação vinculada.

Por isso a solução do caso lacunoso pode ser reapreciada por via de recurso. Fazendo-se assim não se está a substituir o arbítrio do juiz pelo arbítrio de outro juiz; está-se a controlar a correcção objectiva da solução dada. O postulado de que há sempre uma norma, e uma só, conforme ao sistema parece-nos essencial para compreender a orientação legal.

II – Mesmo quando o recurso tem por objecto uma decisão pronunciada no exercício da *equidade*, não há uma revisão discricionária duma decisão discricionária. O juízo de equidade funda-se num critério objec-

---

[713] O tema será melhor compreendido quando falarmos adiante dos "conflitos de leis no espaço".

tivo – a justiça, que ilumina o circunstancialismo do caso concreto. Não há regra, mas há um critério reconhecível e uma aplicação objectivamente controlável pelo órgão jurisdicional. Na discricionariedade, pelo contrário, outorga-se a um órgão o poder de decidir segundo considerações de oportunidade, inclusive políticas, que o órgão jurisdicional nem tem de conhecer nem está em condições de controlar.

III – Pode por isso a jurisprudência obrigatória, nos casos em que é admitida, versar também sobre casos omissos. O juízo superior não representa uma declaração de vontade, que quebraria a declaração de vontade do órgão inferior, antes afirma aquela solução como a solução correcta.

Daí que a jurisprudência obrigatória seja mesmo nestes casos retroactiva, pois afirma o entendimento que se deveria ter tido por verdadeiro desde o início. A disparidade de interpretações a que se possa chegar só existe na ordem do conhecimento, pois se pressupõe sempre que só há uma solução objectivamente correcta.

Isto traduz uma orientação objectivista. E é natural que seja assim, pois ao legislador não poderiam ser indiferentes os perigos de um arbítrio judicial, que representaria um preço demasiado alto se por ele se tivesse de pagar a fuga ao "arbítrio" da aplicação da regra.

CAPÍTULO IV
INTERPRETAÇÃO ENUNCIATIVA

266. Identificação da categoria

I – A expressão "interpretação enunciativa" é utilizada para designar um terceiro processo de determinação de regras jurídicas. Não há então interpretação em sentido técnico ou estrito porque não se trabalha com uma fonte a fim de extrair dela uma regra.

O uso do termo "interpretação" não deve porém causar perplexidade. Como dissemos inicialmente, há um sentido amplo da palavra em que interpretação e determinação das regras se confundem[714].

II – A interpretação enunciativa pressupõe a prévia determinação duma regra. Muitas vezes, a partir dessa regra consegue-se chegar até outras que nela estão implícitas, e que suprem assim a falta de expressa previsão das fontes[715]. O que caracteriza a interpretação enunciativa é limitar-se a utilizar processos lógicos para este fim.

Em todo o caso, há um mínimo indispensável para que se possa falar de interpretação enunciativa: o resultado deverá ser uma nova regra, e não mera especificação da regra anterior.

III – Assim, diz-se que a lei que proíbe o menos proíbe o mais (argumento *a minori ad maius*). Se uma lei sobre actividade cambiária proíbe essa actividade aos estrangeiros, poderemos inferir que também o comércio bancário lhes é vedado: esta proibição também está logicamente contida na primeira. O intérprete limita-se aqui a enunciar uma nova regra que necessariamente deriva da anterior.

---

[714] *Supra*, n.º 215.

[715] Cfr. Dias Marques, *Introdução*, n.º 69/7, que relaciona interpretação enunciativa e forma tácita.

470   *O Direito. Introdução e Teoria Geral*

Pelo contrário, uma regra que permite o mais, permite o menos (argumento *a maiori ad minus*). Quem está autorizado a entrar em competições desportivas, pode também treinar; quem pode caçar, pode apoderar-se das peças abatidas; e assim por diante. Salvo disposição em contrário, o intérprete pode concluir por estas novas regras, tomando como ponto de partida a regra que a interpretação revelou.

IV – A própria admissibilidade da chamada "interpretação enunciativa" é fortemente contestável. Sobretudo porque se pode dizer que em todos estes casos há implícita uma valoração, ao menos com função de controlo, que impede que se afirme que a nova regra se obteve por processos exclusivamente lógicos[716].

O problema põe-se com gravidade desproporcionadamente maior no caso do chamado argumento *a contrario sensu*. Consideremos este em especial.

267. Regra excepcional e argumento *a contrario*

I – A determinação do carácter excepcional duma regra

A utilização do argumento *a contrario* tem como pressuposto a demonstração do carácter excepcional do preceito em causa. Para isso vamos ter em atenção o que acima dissemos sobre a categoria "regra excepcional"[717].

A questão enuncia-se assim: como proceder se uma matéria não for juridicamente regulada, e uma hipótese particular nela compreendida tiver disciplina jurídica própria?

Tomemos por exemplo o art. 1571 do Código Civil, que dispõe: "A impossibilidade de exercer a servidão não importa a sua extinção enquanto não decorrer o prazo da alínea *b*) do n.º 1 do artigo 1569.º". Prevê-se portanto a situação de alguém ter um direito sobre uma coisa, e todavia não o poder exercer por efeito de uma dada situação dos lugares; como se alguém tem uma servidão de matos e o mato foi destruído por um incêndio, ou uma servidão de passagem e a passagem é obstruída por alteração do terreno. A lei diz-nos que em caso de impossibilidade a servidão não se extingue, enquanto não decorrer um lapso de 20 anos.

---

[716] Sobre o valor interpretativo da lógica jurídica cfr. Villar Palasí, *Derecho Administrativo*, págs. 575 e segs., e Klug, *Juristische Logik*.

[717] *Supra*, n.º 254.

Interpretação Enunciativa   471

Tratar-se-á de uma excepção? Poderá *a contrario* concluir-se que em todos os restantes casos de impossibilidade vigora a regra oposta, de que a impossibilidade de exercício extingue o direito? Ou pelo contrário, haverá aqui apenas a afloração de um princípio geral, de modo que a regra será aplicável também a outras categorias de direitos reais menores?

II – Este é o árduo problema prévio que defronta o argumento *a contrario*.

O argumento *a contrario* é também um argumento meramente lógico, como todos os que se compreendem na interpretação enunciativa. Pode ser expresso assim: se, para determinado caso, se estabelece uma disposição excepcional, dela pode-se inferir a regra que funciona para todos os outros casos.

Tomemos uma situação comum a vários direitos sobre as coisas. Se num usufruto[718], por exemplo, a fruição da coisa for impossível por o terreno se ter tornado arenoso, deve entender-se que a regra é a do art. 1571 – o usufruto extingue-se pelo termo da sua duração – ou pelo contrário que o art. 1571 é uma excepção, e a regra é a oposta – o usufruto extingue-se se houver impossibilidade de exercício?

E se o legislador estabeleceu para um dado caso um regime – o de que, havendo impossibilidade de exercício, a extinção não se daria antes do termo da sua duração –, *a contrario* poderia inferir-se a regra para todos os outros casos – a de que a impossibilidade de exercício acarretaria a extinção imediata do direito sobre a coisa?

III – Atenção: o argumento *a contrario* só funciona quando deparamos uma regra excepcional. Se aplicarmos este argumento ao art. 1571 antes de demonstrar que se trata de disposição excepcional estaremos a incorrer numa petição de princípio. Porque, consoante essa disposição for ou não excepcional, assim deveremos concluir que a regra é a oposta da que o art. 1571 estabelece, ou inversamente, que a regra é a que o art. 1571 estabelece – ou melhor, é a que no art. 1571 aflora. Quer dizer, consoante o caso, esse preceito contraria ou manifesta uma regra geral.

Aqui é que residem justamente todas as dificuldades e todas as fraquezas do argumento *a contrario*. Não basta a verificação do caso individual; é necessário saber se essa previsão é excepcional. Muitas vezes tudo redunda afinal numa tautologia: tira-se da disposição dita excepcio-

---

[718] Sobre este, cfr. *supra*, n.° 187.

472 O Direito. Introdução e Teoria Geral

nal a regra *x*, quando essa disposição foi considerada excepcional porque contraria justamente a regra x[719].

IV – Só se pode fazer interpretação enunciativa, com base no argumento *a contrario*, quando a disposição em causa explicitamente consagrar o seu carácter excepcional.

Assim acontecerá quando a disposição expressamente indica que só se aplica às hipóteses que especifica.

Noutros casos, menos claros, pode-se mesmo assim concluir que a disposição se autolimitou a um dado círculo de situações.

Temos então ainda a *excepcionalidade formal*. É lícito, a partir de semelhante disposição, concluir que todas as restantes hipóteses são abrangidas por regra de sentido oposto.

De todo o modo, as possibilidades de utilização do argumento *a contrario* acabam por se revelar bem limitadas.

E as dificuldades ainda aumentam se considerarmos que, mesmo que uma disposição legal proclame ter carácter excepcional, podem razões ponderosas, tiradas do regime legal, levar à interpretação restritiva do trecho. Também aqui as palavras da lei não nos oferecem um amparo seguro: e portanto, não nos podemos abandonar exclusivamente à lógica.

---

[719] A Filosofia do Direito actual tem-se interessado pela análise da valia lógica do argumento *a contrario*, chegando a conclusões, ou negativas, ou muito restritivas. Cfr. por exemplo Klug, *Juristische Logik*.

CAPÍTULO V
MÉTODO JURÍDICO

268. Jurisprudência dos conceitos

I – Método é o caminho ou percurso a seguir para atingir um objecto. O que fomos dizendo sobre a determinação das regras integra-se assim no método jurídico. Mas agora vamos considerar o método por si, atendendo especialmente ao debate das escolas[720].

A determinação do método é um momento constitutivo de toda a ciência. Mas no direito esta problemática tem sido empolada: há sectores que se refugiam numa auto-contemplação, de maneira que o objecto passa a ser, não mais o direito, mas o método por si, como objecto de teor. A abstracção excessiva leva-nos para além da Ciência do Direito e faz-nos cair na gnoseologia, longe afinal da aplicação prática.

Os melhores juristas do mundo, que foram os romanos, não deram a menor abertura a uma metodologia dissociada da aplicação prática do direito. Vamos por isso reduzir a um mínimo as nossas considerações *ex professo* sobre o tema; aliás, do muito que dissemos já anteriormente repercurte-se neste domínio.

II – Foi a propósito da interpretação e da integração das lacunas que se suscitaram as querelas metodológicas[721]. Como é prevalentemente em torno da dogmática que se têm travado, podemos formular a pergunta: para que serve a dogmática?

Tem evidentemente uma finalidade de teor: permite a apreensão e exposição do material jurídico, subtraindo-o a um empirismo que seria a todos os títulos insuficiente. Mas limitar-se-á a isto a sua função?

---

[720] Cfr. em particular Larenz, *Metodologia*; Wieacker, *História do Direito Privado Moderno*; Castanheira Neves, *Metodologia*; Fernando Bronze, *Metodonomologia*.
[721] Como observámos já *supra*, n.º 218.

474   *O Direito. Introdução e Teoria Geral*

Uma escola conhecida hoje por "jurisprudência dos conceitos" (uma tradução literal da expressão alemã *Begriffsjurisprudenz*) supõe que não. O sistema traz a totalidade das soluções jurídicas; bastará atender às ligações existentes para encontrar o que for necessário para a vida. Por processos lógicos, o jurista extrairia do sistema sempre a regra adequada para regular uma situação. Pode aparentemente essa regra faltar e existir uma lacuna; mas no fundo toda a regra estará ao menos implícita no sistema.

O positivismo jurídico, que favoreceu o aprofundamento técnico do direito, veio dar um forte apoio a esta corrente. Todavia, não se devem confundir as duas orientações, pois há positivistas que seguem outras tendências metodológicas e partidários da jurisprudência dos conceitos que não são positivistas.

A jurisprudência dos conceitos está hoje em franco desfavor. Normalmente é apresentada de modo tão carregado que autor nenhum contemporâneo se sentirá incluído em tal descrição. Mesmo assim, como há hábitos mentais profundamente arreigados, bem pode acontecer que aqueles mesmos que condenam a jurisprudência dos conceitos cedam aqui e além à tentação de utilizar os seus processos...

III – As críticas que se assacam à jurisprudência dos conceitos podem ser reconduzidas aos seguintes aspectos:

1) Utiliza construções afastadas da vida, o que daria um cariz anómalo ao sistema de direito a que afinal chegaria.

2) Abusa da lógica formal, quando esta não é tudo no direito. Nomeadamente, deixaria de parte o elemento valorativo. A valoração é geralmente necessária para a apreensão do sentido do dado jurídico primário, e é praticamente sempre imprescindível na aplicação do direito[722].

3) Conduz a resultados indesejáveis[723].

Esta última é a acusação máxima, que como que absorve todas as restantes. Se a ciência jurídica existe tendo em vista o momento culminante da solução do caso, temos de julgar um método pelos resultados a que conduz. Ora, sobretudo na integração das lacunas, acusa-se a jurisprudência dos conceitos de chegar a resultados que poderão ser logicamente impecáveis, no desenvolvimento do sistema, mas praticamente nocivos.

---

[722] Cfr. *infra*, n.° 347.

[723] Para além destes poderia dizer-se que desconhece valorações suprapositivas. Mas isto será meramente tendencial, pois, como acabamos de dizer, um partidário da jurisprudência dos conceitos não é necessariamente um positivista.

Método Jurídico 475

IV – Foi fundamentalmente este acervo de críticas que levou a jurisprudência dos conceitos, como orientação metodológica pura, a ser abandonada pela doutrina actual.

Foi um facto a utilização de construções artificiais, a limitação à lógica formal, o desinteresse pelo controlo dos resultados. Perante estes antecedentes, é justificado o repúdio duma doutrina que sacrifica a função e a valoração próprias do direito.

269. Jurisprudência dos interesses

I – A esta escola se opõe a que se designa por "jurisprudência dos interesses", numa nova tradução literal de uma expressão alemã, Interessenjurisprudenz.

Pode colocar-se na sua origem mais remota a obra de outro extraordinário jurisconsulto do século passado, Jhering, que aqui como noutros campos surge em contraposição a Savigny. O próprio Jhering foi inicialmente sequaz da jurisprudência dos conceitos, mas as preocupações finalistas e substanciais foram-no conquistando e acabaram por encontrar expressão acabada na sua obra clássica *Zweck im Recht* (O Fom do Direito).

Mas a jurisprudência dos interesses é deste século, sendo Heck o autor dela mais representativo[724]. Como ideia de base, contrapõem-se os interesses à lógica, porque o direito existe para a realização de interesses da vida. Concede-se que a dogmática deverá ser cuidada, mas quando se passa à solução de hipóteses concretas tornam-se decisivos os interesses, quer na interpretação das fontes, quer sobretudo na integração das lacunas. O sistema tem pois função meramente recognitiva e expositiva, mas não contém tudo, e quando pára há que encontrar os critérios na consideração dos interesses.

A jurisprudência dos interesses teve funda repercussão[725]. Isto basta para que a devamos considerar com atenção.

II – Modernamente podemos falar de uma ultrapassagem da teoria, ainda que tal nunca signifique o regresso à jurisprudência dos conceitos.

---

[724] Cfr. *Gesetzesauslegung und Interessenjurisprudenz*. No sistema anglo-americano Roscoe Pound defendeu uma posição paralela.

[725] Em Portugal, dado sobretudo o acolhimento que recebeu na Faculdade de Direito de Coimbra. Na sequência de Manuel de Andrade e Vaz Serra, numerosos jurisconsultos se lhe têm mantido fiéis.

476   *O Direito. Introdução e Teoria Geral*

Operam-na autores cujos pontos de partida são diversos da jurisprudência dos interesses, como Larenz e Engisch, e autores que, tendo nesta a sua base, chegam a resultados dela já muito afastados[726]. Mesmo aqueles que ficam mais próximos do núcleo da teoria invocam hoje a *jurisprudência dos valores*[727] e não mais a jurisprudência dos interesses.

Isto não significa a confissão da verdade de uma crítica que por vezes se assaca à teoria. Diz-se que a jurisprudência dos interesses traduz uma orientação materialista, pois na vida não há só interesses, há também valores, que são igualmente decisivos na hermenêutica e aplicação do direito. Mas isto só seria procedente se todos os interesses se reduzissem aos interesses materiais. Na realidade, ainda que a orientação materialista tenha influenciado vários autores, o defeito não é conatural à teoria, pois ela está em condições de abranger a totalidade dos interesses.

Na sua formulação primitiva, a jurisprudência dos interesses tem no passivo (apesar dos protestos que já Heck fazia contra previsões neste sentido) a perda de nível, quando não o puro desinteresse, pela construção científica do direito. Esta é sobrepujada por preocupações muito mais imediatas de solução casuística de problemas: o resultado é muito visível na Alemanha. Importou em uma regressão mais na universalidade da ciência jurídica, pois as ciências nacionais tendem a tornar-se incomunicáveis entre si.

270. Apreciação

I – No que respeita ao âmago da teoria, cremos que há nesta uma persistente ambiguidade, que lhe cerceia a valia científica.

Os autores insistem que se não situam no ponto de vista da Política Legislativa. Mesmo assim, os interesses ora são entendidos:

1) Como entes de facto, realidades sociológicas, que surgem como causas, e os comandos jurídicos como efeitos.

2) Como entes positivados: o objecto das valorações manifestadas pelo legislador[728].

---

[726] É o caso de Baptista Machado (cfr. a "Nota Prévia" deste à *Introdução* de Engisch) e de Castanheira Neves, que referiremos mais tarde.

[727] Cfr. Orlando de Carvalho, *Critério*, 355, nota, e 783, nota; Mota Pinto, *Cessão*, 45, nota.

[728] Ou ainda uma terceira acepção, os próprios critérios de valoração: Larenz, *Metodologia*, 163.

Na primeira vertente, os interesses teriam uma actuação genética em relação à solução jurídica.

Mas se os interesses são facto, dão-nos o litígio e não a solução. Não trazem o ponto firme de que se necessita para evitar os perigos dum subjectivismo ou impressionismo jurídico, cujos inconvenientes são dificilmente contestáveis.

É certo que por vezes a solução a dar a certa situação nos surge com uma espécie de evidência, de tal modo que os vários observadores chegam facilmente a acordo. Mas o fenómeno não é generalizável. O que é bom para um é muito frequentemente tido por mau por outro. A solução adequada para uma visão do mundo é errada para outra. Sendo assim, não pode pensar-se que os interesses ofereçam por si a solução.

II – *Natur der Sache*

Esta tendência pode relacionar-se com uma orientação moderna, a teoria da *Natur der Sache*. Pretende-se que, mediante a análise da própria situação, se encontraria a solução jurídica que cada caso reclama. *Natur der Sache* não significará nesta acepção natureza das coisas, mas natureza da situação.

A posição é porém utópica: as situações não trazem implícitas as soluções respectivas. Pelo menos, não as trazem enquanto as consideramos isoladamente, sem atender ao conjunto e aos princípios que animam esse mesmo conjunto.

III – Na outra vertente, atende-se aos interesses positivados. Há agora uma derivação legalista, pela qual se entende o positivo como o legal. Mas já Mühler-Erzbach, embora se integre nesta corrente, observou que na solução do caso concreto há muito mais do que interesses actuantes.

De todo o modo, esta escola, em contradição com a vertente sociológica, acaba por apelar em qualquer caso para os juízos de valor legais, que seriam igualmente imperativos e à luz dos quais se deveria fazer, nomeadamente, a integração das lacunas. Só se não se encontrassem estes juízos de valor se recorreria aos juízos de valor próprios da comunidade jurídica, e em último lugar aos próprios do intérprete.

Mas ao menos perante este resto chega-se a uma remissão a um puro subjectivismo. Não há possibilidade de controlo objectivo duma solução, que perde fundamento, para além do sentimento do intérprete. Não é essa, como demonstrámos no capítulo da integração das lacunas, a posição que a nossa ordem jurídica impõe.

478 *O Direito. Introdução e Teoria Geral*

271. Tendências antilegalistas e fenomenologistas e afins

I – *Escola do direito livre*
Na progressão desta corrente surgiu uma doutrina que, se teve poucos aderentes confessos, é todavia muito elucidativa: a autodenominada escola do direito livre. A lei torna-se afinal um esquema orientador; o intérprete não está vinculado aos juízos de valor legais e poderá controlar sempre a solução do caso concreto. É fácil de ver que toda a segurança a que se tendia com a imposição da lei se perde, o subjectivismo torna-se absoluto, e o direito só surgirá no fim de contas com a decisão vinculativa[729].

Se são poucos os partidários declarados desta orientação, muitos são infelizmente os seus partidários ocultos. A figura do "bom juiz", que decide impressionado pelas circunstancias do caso concreto e violenta por pressão dele as regras, é frequente, e os seus custos sociais são elevados. O maior é tornar a decisão uma lotaria, dependente das inclinações do juiz ou das impressões que no momento se lhe apresentarem como predominantes[730].

Sobre a posição aparentada do Direito Alternativo, veja-se o que será dito a seguir.

II – *Fenomenologia e orientações afins*
Este estado de coisas é favorecido por orientações intelectuais contemporâneas assentes nos dados imediatos da consciência[731]. Descrê-se da utilidade dos sistemas, descrê-se da lógica como elemento adequado para desvendar a regra ou aplicá-la ao caso singular.

A estrutura da situação ganha então um relevo muito especial, pois representa o concreto, contraposto àquele abstracto que é a previsão normativa.

Em sentido paralelo se acentua também o momento da aplicação do direito, ou da solução do caso concreto, uma vez que só então o direito se realizaria ou se constituiria, como vimos. E a posição representada entre nós por Castanheira Neves[732] e por Fernando Bronze[733].

---

[729] Sobre a jurisdicionalização da vida comum daí resultante, cfr. *infra*, n.º 286 IV.
[730] Ou daquilo que tomou no café da manhã, na frase cáustica que frequentemente se refere!
[731] Cfr. *supra*, n.º 97.
[732] Cfr. *Questão-de-facto*, ao longo da crítica a posições diversas, e nomeadamente a págs. 474-475 e 585-586. Veja-se agora a *Metodologia Jurídica*.
[733] Cfr. de Fernando Bronze a *Metodonomologia* e as *Lições de Introdução ao Direito*.

Método Jurídico 479

III – *O tipo*

Também o pensamento tipológico pode ser referido a este propósito. O tipo é algo mais concreto que o conceito, uma vez que por natureza preenche incompletamente o domínio abrangido por um conceito. A lei recorre com frequência a tipologias, conseguindo desta maneira especificar, em relação à abstracção conceitual[734]. Tivemos oportunidade de falar desta matéria a propósito da integração das lacunas[735], pelo que a não desenvolveremos aqui.

272. Tópica, verdade e ponderação

I – Modernamente, criou-se um novo interesse pela tópica, ou pensamento problemático, como uma das formas de reacção a uma abstracção excessiva.

Viehweg apresenta o tema de modo sugestivo[736]. Se houvesse um único sistema, no sentido de nexo dedutivo mais ou menos explícito, todo o problema encontraria nele a sua resposta. Mas como há vários sistemas, ainda que de diferente âmbito, e não se demonstra a sua compatibilidade num sistema compreensivo, devemos procurar entre os sistemas aquele que dá a solução. A tópica basta-se assim com nexos fragmentários, sem necessidade de partir do todo.

Por isso, a tópica tende sempre a chegar aos *topoi* ou *loci* dos antigos, ou seja, um repertório de pontos de vista que darão a solução de casos concretos. Era este o conteúdo originário da retórica.

Este equacionamento pode ser relacionado com o nosso tema, pois reflecte as encruzilhadas do técnico do direito. Os problemas surgem muitas vezes por os casos não poderem ser enquadrados linearmente numa previsão normativa específica. Eles resultam do entrecruzar de vários institutos e é necessário antes de mais determinar a parte que cabe a cada um na solução. Então raciocina-se a partir do caso – o pensamento é problemático –, o que mostra como na prática se vai, afinal, do facto para a regra, e não da regra para o facto[737].

---

[734] Veja-se o capítulo introdutório da nossa *Tipicidade*.
[735] *Supra*, n.° 257.
[736] *Tópica*, págs. 33 e segs..
[737] Veja-se a crítica a esta posição, pelo ponto de vista do sistema, em Canaris, *Pensamento Sistemático*, 243 e segs..

480   *O Direito. Introdução e Teoria Geral*

Não queremos deixar de assinalar que estas questões podem traduzir a afloração, no campo da metodologia jurídica, de pressupostos filosóficos de ordem geral[738].

II – Por outro lado, parece-nos indispensável realçar a importância da ponderação de todos os factores, para se chegar à solução justa do caso.

A ordem jurídica é hoje, dissemos, uma ordem valorativa, permeada de valores, princípios, interesses... Cada vez está mais longe de formas mecânicas de aplicação.

Mas isso significa que no caso concreto se vão cruzar muitos aspectos eventualmente relevantes.

Podem ser apresentados como argumentos. O valor da retórica, que ganhou tanto relevo contemporaneamente, está justamente em ensinar como trabalhar com argumentos.

Hubmann distinguiu, na tarefa da ponderação, três aspectos:

– a escolha dos pontos de vista relevantes
– a valoração destes
– a sua ponderação[739].

Esta necessidade de ponderação acompanha-nos em todo o percurso do método jurídico. Há que ponderar indicações eventualmente contrastantes na determinação da norma. Mas a ponderação tem de continuar até ao fim, nomeadamente até ao momento da solução do caso (da aplicação a regra, nos casos normais). Só essa permitirá uma solução fundamentada, que permita um controlo racional.

273. A ordem e o sistema

I – Procurando uma linha de orientação, a nossa atenção recai em primeiro lugar na regularidade que verificámos existir na vida social, em que a ordem jurídica se integra. Ela nos ensina desde logo que os vários elementos constituintes não surgem entre si dispersos ou fragmentados. Antes, ocupam o seu lugar no conjunto, definindo-se, justamente porque há uma *ordem*, uns em relação aos outros.

---

[738] Cfr. *supra*, n.º 98 III.
[739] *Wertung*, 149.

Método Jurídico 481

O sistema que a ciência jurídica elabora deve antes de mais reconstituir esta ordem fundamental do dado jurídico, em que se integram as ligações entre cada parcela.

II – Por isso, logo a primeira operação jurídica – *a exegese*, que parte necessariamente de manifestações jurídicas isoladas – deve fazer-se tendo em atenção no dado jurídico todos os elementos substanciais que o permeiam. Só assim poderá reconstituir o significado valorativo que cada dado comporta como elemento da ordem social. E aqui deve-se recorrer insistentemente ao contributo das ciências auxiliares do direito, sem receio de perda de pureza metodológica.

III – Passa-se à *dogmática*. Agora atende-se particularmente à ligação entre os elementos individuais. Chegamos às categorias que permitem compreender as ligações entre as várias partes, procurando que essas categorias não sejam meramente formais, mas *tenham correspondência na realidade*. Este é um dos pontos mais importantes, pois os dados primários podem ser aproximados entre si por uma pluralidade de critérios, mas nem todos têm a mesma valia e permitem por conseguinte erigir um sistema que corresponda à realidade em vez de a desfigurar[740]. Pelo contrário, uma correspondência à realidade – tendo-se em conta antes de mais a parte mais estável de cada ordem, que é aquele núcleo com exigência absoluta de observância – garante à construção o necessário realismo.

Procederá o jurista a todas as operações que ficam enunciadas, e para esse fim não poderá deixar de usar processos lógicos. Todavia, não se devem usar só processos lógicos, mas também valorações finalistas. Há hoje um certo consenso neste sentido. O problema está porém em saber como se conjugam estes dois momentos.

Com isto o jurista chegará a uma construção que reduza a uma unidade os dados jurídicos e indicará quais os grandes princípios que penetram o sistema. Está assim em condições de proceder à determinação das regras e à solução de casos concretos.

---

[740] Por exemplo: pode criar-se uma categoria de *incapacidade criminal* em que se queiram incluir não só inimputáveis, como os menores e os loucos, mas também certas entidades que não podem ser penalmente perseguidas, como o Presidente da República ou os que beneficiam de imunidade diplomática. Há a aproximação formal de em todos estes casos não se poder chegar à aplicação de uma pena. Mas as situações são de si tão profundamente diversas que a categoria seria deformadora e bem pouca utilidade dela se poderia depois retirar.

482 *O Direito. Introdução e Teoria Geral*

Como dissemos[741] a noção central de sistema foi revalorizada pela Ciência Jurídica contemporânea. Para nós, esta concordância é importante, porque o sistema traduz no plano doutrinário a ordem efectiva no plano social.

274. A justiça no conteúdo das situações jurídicas

I – Há que nos interrogarmos quanto ao significado para a ordem jurídica de o próprio conteúdo das situações jurídicas ser por si justo ou não.

Na Idade Média, o acento na Justiça como fim do Direito levava naturalmente a entender que um conteúdo injusto punha em causa a própria validade da situação.

Desenvolveram-se assim institutos tendentes a assegurar, ao menos em casos extremos, aquela correspondência.

Como o da *lesão enorme*, que viciaria a relação quando a desproporção entre as prestações das partes fosse manifestamente iníqua. A validade jurídica estava na dependência da Justiça do conteúdo.

II – Esse pressuposto perdeu-se. Surgiram numerosos sub-rogados, mas sobretudo um *voluntarismo* que invadiu todas as manifestações do Direito.

A lei desprende-se da Justiça. Passa a assentar na vontade da maioria ou na vontade do Estado.

O contrato é legitimado por ter sido querido, o que quer que tenha sido querido – e portanto com independência do conteúdo das vinculações estabelecidas.

Nas relações internacionais, o *pacta sunt servanda* dá cobertura às imposições mais extorsivas – com o pretexto de consentimentos obtidos em condições desiguais.

Procede-se assim para evitar intromissões substanciais no campo do Direito. A justiça é uma figura incómoda: há que a considerar então vã, ou mero tema de opinião. Doutro modo perturbaria o equilíbrio meramente mecânico de interesses em que passou a assentar a ordem jurídica. O jurista positivo estaria fora e acima de semelhantes valorações, que nunca poderiam ser "provadas".

Desde então a justiça aparece como uma espécie de intrusa, que vagueia sem lugar definido pela ordem jurídica. Pode ser radicalmente ne-

---

[741] *Supra*, n.º 122.

Método Jurídico 483

gada; predominantemente, porém, é apenas evitada. Quer por ser relegada para um limbo em que já nada tem que ver com o direito vigente, ou através de formalizações em que a substância valorativa na realidade se perde. Nos dias de hoje, o fundamento da ordem jurídica, compreendendo as relações nesta integradas, não é procurado na justiça. Apela-se para formas de composição mecânica de equilíbrios sociais, que dispensam o recurso a valorações. Foi o Progresso; foi o Partido; hoje é o Mercado. Este é por si o farol condutor da evolução social. Dispensa a justiça, dispensa os governos; ou, se quisermos, ele é por si o governo e a justiça.

Afirma-se hoje, unanimemente, a crise da justiça. A unanimidade fragmenta-se porém nas maiores divergências quando se passa aos meios de a combater. Mas, no seu fulcro, a crise da justiça-instituição é um subproduto da crise da justiça, como valor fundamental da vida em sociedade. Pelo que pouco se poderá esperar de uma recuperação da justiça-instituição se não for apoiada numa recuperação do sentido essencial da justiça que seja reitor das reformas, seguramente radicais, a empreender.

III – Todavia, queiramos ou não, é imprescindível um fundamento substancial da ordem jurídica. E afigurando-nos bem, verificamos que esse fundamento não deixa também hoje de aflorar – e com ele o recurso à justiça.

É muito elucidativo o que se passa com os *direitos humanos*, ou direitos das pessoas. Tudo pareceria submetido ao arbítrio da lei; mas afinal, a própria pessoa revela-se superior a esta. Os direitos humanos, superando as múltiplas formulações, traduzem, na sua exigência absoluta de acatamento, uma ordem fundamental que está para além da variação das leis. A afirmação dos direitos humanos traz implícita a afirmação de uma ordem fundamental que aqueles manifestam.

Também em numerosas outras instituições jurídicas positivas encontramos a retomada, sob as mais variadas vestes, de preocupações de Justiça.

Estas encontram-se ao longo de institutos como o abuso do direito, a alteração das circunstâncias, as cláusulas abusivas e outros que sucessivamente irão sendo estudados.

Embora ainda sem carácter geral, veremos que crescentemente de o desequilíbrio ou desproporção da posição das partes afecta a própria validade das vinculações[742].

---

[742] Cfr. o nosso *Elogio ao doutorando, Sua Eminência o Cardeal Dom Alexandre do Nascimento*.

484   *O Direito. Introdução e Teoria Geral*

Há pois, embora sem se confessar, um retorno à justiça[743]. Volta a impor-se a valoração do conteúdo das relações com recurso a um critério material. Mas era ainda cedo para que fosse abertamente reconhecido. Por isso se recorre a cláusulas gerais que aparentam estar ainda ancoradas no espírito do agente, como defeitos subjectivos.

De qualquer modo, o ensinamento que se retira de todos estes factores é o de que, expulsa pela porta principal, a justiça acaba por regressar por outras vias. Como que envergonhadamente, vai-se recuperando a inelutável necessidade de uma apreciação substancial do conteúdo das situações. Os meros equilíbrios mecânicos ou as legitimações processuais são insuficientes.

Os tempos não estão maduros para se generalizar a apreciação do conteúdo das situações jurídicas, à luz da justiça, como critério da sua validade; nem é previsível que assim venha em termos absolutos a acontecer. Mas há um avanço tópico – que abrange aliás já matérias tão importantes como as que atrás referimos. Isto dá-nos uma via promissora. Caminha-se para que as violações manifestas do equilíbrio contratual, criando uma situação de injustiça em detrimento de uma das partes, sejam juridicamente relevantes.

Este é apenas um dos campos em que a luta pela justiça se deve actualmente travar. Há muitos outros. Todos convergem na necessidade de dar um fundamento não meramente voluntarista à vida jurídica, tendo como meta a integração cada vez mais perfeita do direito e da justiça.

275. O uso alternativo do direito

I – Nalguns meios, que doutrinariamente se fundavam em pressupostos marxistas, desenvolveu-se a doutrina do uso alternativo do direito. São particularmente conhecidos juristas italianos, como Barcellona, e juristas espanhóis em tempo mais recente.

O direito oficial representaria expressão da classe dominante. O uso alternativo consistiria num modo de prosseguir a luta de classes, não pela revolução nem sequer pela negação da legalidade vigente, mas pela exploração de todas as potencialidade abertas pelo sistema. Aproveitar-se-iam as lacunas, contradições e imprecisões do próprio sistema reinante para

---

[743] Não basta acenar para a materialidade da situação para levar esta valoração a bom porto. A situação dá o problema; terá de ser um critério exterior a esta que dá a solução.

extrair as soluções mais favoráveis aos explorados. Assim se ampliaria sucessivamente o espaço democrático.

II – Estas orientações traduzem uma preocupação pela justiça das soluções, e portanto a colocação em primeiro plano do conteúdo das ordenações jurídicas, e não já dos aspectos formais.

Expugnando aquilo que nestas orientações representa ideologia em estado bruto, elas objectivam a reacção contra a situação das sociedades industrializadas que nos rodeiam, em que as forças económicas dominam os meios de comunicação, os meios de comunicação formam a opinião pública e a opinião pública assim formada escolhe os titulares convenientes dos órgãos do poder. O direito daí emanado é um direito parcial, e assim injusto.

Estas escolas representam juridicamente uma afirmação da justiça perante uma ordem social e jurídica que em muitos pontos a viola.

Perante a ordem jurídica, há assim que perguntar: até que ponto a injustiça do conteúdo pode ser motivo para o entendimento e a aplicação a fazer do direito posto?

Já tomámos posição no que respeita à violação dos princípios fundamentais de convivência; bem como afirmámos que estes são o conteúdo precípuo de toda a ordem positiva.

Acentuámos que o direito é a ordem da sociedade, o que é fundamental para possibilitar um entendimento integrado da lei.

Para além disso, porém, resta ainda um vasto campo na apreciação do material legislado. Mas esse material não está fora do método jurídico. Pelo contrário, é justamente o objecto da determinação das normas e da solução dos casos.

Por isso, o contributo destas doutrinas é apreciado nos capítulos sobre hermenêutica e sobre aplicação.

Então há que fazer a análise do significado que poderá ter a injustiça da solução. Não por um ponto de vista de luta de classes mas justamente pelo ponto de vista da justiça.

Terá em todo o caso que se fazer a integração da situação na ordem jurídica total. E hoje em dia é muito importante no âmago desta a ordem constitucional, que consagra princípios, como o da igualdade, que são frequentemente decisivos para a solução dos casos. Para isso o trabalho sistemático dentro da ordem jurídica vigente é fulcral.

Com isto reencontramos o que dissemos há pouco sobre o sistema. O sistema contém princípios e cláusulas gerais que nos permitem enqua-

486 *O Direito. Introdução e Teoria Geral*

drar as situações, valorá-las e conduzi-las quase sempre a um resultado justo.

III – A este propósito, há uma observação de grande alcance a fazer. O voluntarismo, imperante a partir do séc. XVIII, trouxe consigo o desinteresse pelos conteúdos das normas e situações jurídicas.

Mas vimos[744] que a formalização que trouxe apresenta hoje pontos de rotura. A retomada da valia autónoma dos conteúdos está em progressão na ordem jurídica.

É pois para o aprofundamento das vias que vão sendo abertas, por vezes com uma amplitude muito superior àquela que à primeira vista se suporia, que as preocupações que fundaram a escola do uso alternativo do direito se devem encarreirar.

276. O Direito Alternativo

I – *No Brasil desenvolveu-se uma corrente mais radical. Não se fala de uso alternativo do direito, mas de Direito Alternativo[745].*

É difícil indicar sequer os parâmetros desta doutrina, tantos são os entendimentos e tão frágil é a estruturação jurídica. Em certas formulações, melhor se falaria de uma alternativa ao direito que de Direito Alternativo, pois se parte de um repúdio global da ordem positiva formal como emanação da classe exploradora. Noutros casos, pelo contrário, a referência ao Direito Alternativo traduz antes, afinal, a adesão ao uso alternativo do Direito. E ainda se fala em Direito Alternativo para significar as soluções impostas por circunstâncias excepcionais[746].

---

[744] *Supra*, n.º 274.

[745] *Para a história do movimento, cfr. Lédio Rosa de Andrade*, Introdução ao Direito Alternativo Brasileiro. *Vejam-se as obras de Amilton Bueno de Carvalho, Edmundo de Arruda Júnior, Cláudio Souto, A.C. Wolkmer, Salo de Carvalho, Rui Porta Nova e outras, citadas na Bibliografia final.*

[746] *Cfr. Paulo Otero em Portugal*, Lições, *I, 2.º tomo, § 15, mas para designar a bidimensionalidade do direito, pois se impõe o afastamento da legalidade normal perante circunstâncias extraordinárias. Distingue uma legalidade alternativa incorporada, quando o próprio sistema dá abertura a essa intervenção (seja o caso do estado de necessidade, de que já falámos), e a não incorporada, que seria a que particularmente interessaria. A salvaguarda de valores, bens e interesses de toda a comunidade, perante situações de excepção a que a lei não ocorre, permitiria o afastamento da legalidade normal.*

O A. tem razão, contra uma hipócrita afirmação da legalidade. Já diziam os

Método Jurídico 487

A posição-padrão é porém a da afirmação que, perante a ordem dominante, o jurista não é neutro. A lei deve ser rejeitada quando conduzir a um resultado desfavorável às classes dominadas[747] *(e sustentada no caso contrário). Admite-se assim a decisão* contra legem.
Foi muito acentuada a referência à justiça. Buscou-se apoio na frase de Couture, de que em caso de conflito entre a lei e a justiça, a justiça deve prevalecer. Fala-se também de um "jusnaturalismo de caminhada", que traduz as preocupações substancialistas desta orientação.

II – Também aqui, devemos afastar posições de ideologia em estado bruto, que de nada servem para uma teoria do direito e têm contrariado a aceitação da doutrina.
Há uma grande falta de fundamentação dogmática destas orientações, que dificulta grandemente a sua compreensão. Apesar dos protestos, tal como vem normalmente desenhada é uma porta aberta para a arbitrariedade. Tudo dependerá da sorte ou do azar de se ir parar às mãos de um juiz "alternativo" e da maneira como ele concebe as relações de classe.
Como é natural, essa pecha não se encontra nos melhores juristas que têm versado o tema, como Cláudio Souto e João Maurício Adeodato.
Assim, Cláudio Souto[748] *constrói o Direito Alternativo como direito desviante da legalidade estatal, em nome de uma ideia social de justiça.*
Fala ainda em "direito grupal efectivamente existente e eficaz", mas combate afinal esta perspectiva porque a ser assim esse direito seria tão formal quanto o estatista.
O autor assenta sobretudo na "injustiça manifesta", que levaria o intérprete a actuar praetem legem, e em casos excepcionais contra legem (5.1). Torna-se assim essencial a noção de justiça que permitirá este controlo. O A. identifica praticamente direito e justiça, integrando-os: direito é a ideia de "justiça" informada científico-empiricamente; e a justiça seria o sentimento de agradabilidade do homem normal, que teria por trás de si o impulso da conservação, o impulso do ser[749]. *O autor também*

---

romanos, salus populi suprema lex est. *Porém, nada tem que ver com o presente tema, não obstante a identidade de terminologia, pois está em causa apenas a reacção perante circunstâncias excepcionais, e não o juízo sobre a ordem positiva normalmente vigente.*

[747] *Com a possível ressalva, que não aparece expressa, de que assim não acontecerá se tal acarretar um mal maior.*

[748] Tempo do Direito Alternativo, 5.2.

[749] *Ob. cit., 1.3 e 4.3, com algumas variações na expressão e na ideia.*

488   *O Direito. Introdução e Teoria Geral*

desenvolve fórmulas gerais (2.3) que fazem lembrar a estrutura do imperativo categórico de Kant e são, tal como este, formais.

277. Apreciação

I – *O avanço do direito só pode resultar da construção de uma ordem racionalmente captável, que tenha capacidade de abranger todos os fenómenos de modo objectivamente comprovável.*

A desagregação da unidade da ordem jurídica pela afirmação de um Direito Alternativo, como realidade oposta, verifica-se em ordens tribais, que subsistem à margem do poder político estatal estabelecido. Não corresponde, se não em hipóteses mínimas, a uma sociedade juridicamente evoluída.

O Direito Alternativo não exprime a pluralidade de ordenamentos jurídicos, que é fenómeno diverso. Só nos poderíamos resignar a admiti--lo se os instrumentos comuns fossem impotentes para resolver os problemas, muito reais aliás, que estão na origem desta escola. Não cremos que seja esse o caso.

Porque o Direito Alternativo tem um preço muito elevado, na quebra da unidade do sistema e na criação da lotaria judiciária. Cada juiz tem em si a totalidade da jurisdição. Não tem o poder de decidir por suas luzes do destino dos outros: nenhum de nós lho concedeu. Só pode decidir segundo o direito.

Formulações como a de Cláudio Souto procuram resolver justamente este problema, centrando-se no juiz como aplicador do Direito.

Há porém um elemento na construção deste autor que, a nosso parecer, torna inaceitável a sua solução: é a concepção da justiça assente sobre um sentimento de agradabilidade. É impossível deixar tudo dependente de um sentimento de cada juiz, por mais que o autor o procure escorar em impulsos vitais[750]. A variação dos sentimentos não tem limites. Só racionalmente conseguiremos bases mais estáveis.

Há assim que levar o mais longe possível a construção do sistema, em vez de renunciar a ele. Doutra maneira ficaríamos sem norte, porque a decisão alternativa se confundiria com a arbitrariedade. Seria como

---

[750] *Esta tomada de posição do autor é bem consciente. Afirma que a segurança está também, e basicamente, no sentir (2.3). Por outro lado, afirma adiante que a fonte do Direito pode ser meramente mental (5.3).*

Método Jurídico   489

instaurar agora a lei da selva, rejeitando o esforço de tantos séculos de aperfeiçoamento da ordem objectiva.

II – Mas será possível, com os instrumentos actuais, e mesmo independentemente do tão necessário aperfeiçoamento da ordem legislativa, resolver de algum modo os problemas de exclusão e distorção do ordenamento jurídico que estão na génese social desta doutrina?

Não se resolvem na totalidade. Mas não se pode pedir à interpretação e aplicação do Direito o que só de modo global poderá ter solução.

Porém, há muito que avançar na construção de um sistema jurídico capaz de dar resposta a situações problemáticas. Muitos dos casos que têm sido apresentados podem resolver-se se o sistema for manejado por juristas capazes.

O positivismo ainda imperante, que curiosamente coexiste com uma prática frequentemente ilegalista, deverá ceder o passo a uma orientação substancial, tal como a que se defendeu.

Retomamos aqui a posição expressa a propósito do uso alternativo do direito. Não reduzimos os temas um ao outro: admitimos soluções *contra legem*, desde logo as fundadas na ordem natural. Mas tudo se tem de encontrar dentro do sistema, e não como alternativa ao único direito existente.

O jogo dos princípios jurídicos pode-nos levar muito longe na maleabilização do sistema. A boa fé, os bons costumes, o abuso do direito, a alteração das circunstâncias, a condenação de cláusulas abusivas, são instrumentos de que os juristas dispõem já. Precisam é de ter formação jurídica para os saberem aplicar.

Os princípios constitucionais trabalhados com precisão científica que exclui o arbítrio[751] têm um grande impacto perante situações de injustiça social.

Os direitos humanos, nomeadamente na sua manifestação positiva através dos direitos de personalidade e dos direitos fundamentais, são outra fonte de largo potencial. E, enquanto fundados na natureza do homem, impõem-se por isso, independentemente de lei positiva que os contemple, e não obstante lei positiva que os contrarie. Com a vantagem de a sua prioridade ser objecto de largo consenso.

---

[751] Como exemplarmente faz Castanheira Neves, a propósito do princípio da igualdade.

490   *O Direito. Introdução e Teoria Geral*

III – Tem sido particularmente notável, nestes últimos tempos, o avanço alcançado no controlo jurídico do conteúdo das leis e dos negócios jurídicos.

Por oposição ao voluntarismo, atrás assinalado, foi-se desenvolvendo em vários aspectos o retorno ao primeiro plano da valoração pelo conteúdo das soluções.

E se, no Direito Internacional Público, pouco se avançou para além do *pacta sunt servanda*[752], já no espaço público a afirmação dos direitos do homem, não obstante todas as distorções, traduz na realidade uma demarcação de limites à mera vontade da maioria no poder.

Também no campo das instituições privadas numerosas cláusulas de salvaguarda que se vão acumulando representam afinal uma limitação da soberania da autonomia da vontade, assente na crítica do conteúdo. Assim se passa com as cláusulas gerais há pouco referidas. E se bem que se procure torná-las aceitáveis através de uma roupagem voluntarista[753], na realidade o que há é uma apreciação estritamente objectiva, em que o que se afasta é a desproporção ou desequilíbrio entre as partes que fira manifestamente a justiça.

IV – Chegamos por isso à conclusão que estas situações não devem ser colocadas de fora do sistema jurídico. Pelo contrário, é mediante o sistema jurídico que devem receber a solução possível; pois doutro modo a cura seria mais grave que a doença.

Isto significa que, tal como em relação ao uso alternativo do Direito, é nos capítulos da Interpretação e da Aplicação que devemos procurar a resposta da ordem jurídica aos problemas que ficam enunciados[754].

278. Análise económica do direito

É uma corrente de origem norte-americana[755] que alcançou conside-

---

[752] Acompanhado por uma afirmação balofa de direitos humanos que esconde mal a realidade de um puro direito de ingerência.

[753] Cfr. o nosso *Cláusulas contratuais gerais, cláusulas abusivas e boa fé*.

[754] *No caso da ordem jurídica brasileira, há que sondar os limites da interpretação correctiva e da interpretação ab-rogante valorativa.*

[755] Na sequência de Posner, *Economic Analysis of Law*. Há uma larga bibliografia relacionada. Cfr. por exemplo David M. Friedman, *Law's Order*, que assenta na racionalidade da escolha humana.

Método Jurídico 491

rável voga[756]. Aplica aos institutos jurídicos o esquema da análise micro--económica, fundado numa contraposição custo/benefício[757].

Todo o elemento auxiliar explicativo dos esquemas jurídicos é bem vindo, porque ajuda a fixar a *ratio legis*, fulcral para a interpretação.

Mas a análise económica do direito nunca poderá aspirar a converter-se numa orientação metodológica geral, em contraposição às restantes. Desde logo pelo seu carácter localizado, uma vez que o factor económico apenas explica aspectos parcelares do fenómeno jurídico.

Já parece ser considerável o apoio que as ponderações económicas podem trazer à Política Legislativa, como instrumento para a reforma das instituições existentes. Tem interesse como base técnica de apoio a exposição de Fernando Araújo sobre a análise económica da realidade[758].

Em qualquer caso, a análise económica do Direito parece pertencer mais à Economia que à Metodologia Jurídica[759].

---

[756] Nomeadamente na Alemanha. Cfr. os três artigos publicados *in* ZHR, "Zeitschrift für das ges. Wirtschaftsrecht", 6, Dez/80, vol. 144, 545 e segs., embora concluam pelo pouco valor explicativo dada a falta de fluidez do mercado; Helmut Köhler, *BGB – Allgemeiner Teil*, § 4/20, que observa todavia que a eficiência não é o único valor do mercado.

[757] Cfr. a aplicação ao instituto das cláusulas contratuais gerais feita por J. Sousa Ribeiro, *O Problema do Contrato*, n.º 33. O mesmo método foi usado pelo Cons. Pinto Furtado na análise do direito à habitação.

[758] *Introdução à Economia*, 1.*a.iii*. Sobre a relação entre a Sociologia do Direito e a análise económica do Direito, cfr. Arnaud/Fariñas, *Introdução à Análise Sociológica*, págs. 31-34.

[759] Encontram-se ainda entre nós referências a esta matéria em H. Hörster, *Parte Geral*, n.º 153; Paulo Mota Pinto, *Declaração Tácita*, 168, nt. 19; Menezes Cordeiro, *Tratado* I-I, n.º 11.

TÍTULO VIII
A REGRA JURÍDICA

CAPÍTULO I
CARACTERIZAÇÃO

279. A regra como critério

I – A interpretação dá-nos o sentido da fonte. O sentido da fonte é uma regra jurídica. A regra jurídica surge-nos assim como ponto de chegada, e não como ponto de partida do trabalho do jurista. Identificamos regra e norma jurídica[760].

Mas mais vastamente, acentuámos que a ordem jurídica, realidade de conjunto, pode ser expressa através de regras – embora a regra em si não seja elemento constitutivo da ordem jurídica[761]. É a altura de estudar especificamente esta categoria fundamental.

Toda a regra é necessariamente um *critério*: graças a esse critério podemos ordenar e apreciar os fenómenos. Os técnicos falam muito em normas, pelas quais normalizam os elementos com que trabalham. Não há então nenhum elemento ético, mas o critério adoptado permite o juízo. Com o metro como critério, por exemplo, podemos ajuizar de um comprimento.

Mas para o direito a regra é necessariamente um critério de decisão. A regra surge como medianeira da solução jurídica de casos concretos. Dá ao intérprete o critério pelo qual ele pode julgar ou resolver.

A regra jurídica pode ser além disso um critério de conduta, mas não o é sempre. Temos então uma regra de conduta – regra pela qual se pautam condutas humanas. Embora a generalidade das regras jurídicas tenha função orientadora das condutas, regras há em que essa função está completamente ausente. Retomaremos o tema no número seguinte.

---

[760] Ver a justificação *supra*, n.º 125 III.
[761] *Supra*, n.º 19 III.

494   *O Direito. Introdução e Teoria Geral*

Sendo assim, afastamos a qualificação das regras jurídicas como "normas de conduta", pois assim se omitiriam sectores muito importantes dentro destas regras[762].

II – A regra jurídica é portanto um critério para a decisão de casos concretos: de facto, essa decisão só é possível se o intérprete tem um critério de decisão. Mas nem todo o critério jurídico de decisão de um caso é uma regra jurídica.
Os critérios de decisão podem ser:

– materiais
– formais.

Critérios *materiais* de solução são os critérios normativos. Mas há também critérios *formais*, como a equidade. Nesta hipótese, como vimos[763], em vez de se trazer um paradigma dos casos e sua solução, dá-se uma orientação que permite, através de uma valoração, alcançar em concreto a solução do caso.

III – A regra jurídica é um critério *material* de solução. Isto significa que contém ela própria uma apreciação sobre uma categoria de situações. Essa apreciação ou valoração generalizadora de uma categoria de casos pode ser expressa pela palavra *qualificação*[764]. A regra jurídica permite qualificar os casos concretos, e por esse meio torna possível a decisão.
A regra jurídica pode assim ser caracterizada como um *critério de qualificação e decisão de casos concretos*.

280. Regra jurídica e regra de conduta

I – A regra jurídica é sempre critério de qualificação e de decisão de casos concretos, mas não é necessariamente uma regra de conduta.
Assim, uma *regra retroactiva* não pode ser considerada um imperativo, porque ninguém poderá adequar por ela a sua conduta. Aqui reside

---

[762] Sobre a concepção de Binding, que distinguia norma e regra, e sobre numerosas outras concepções da norma jurídica, cfr. Kaufmann, *Teoria da Norma Jurídica*, 25 e 59 e segs..
[763] *Supra*, n.º 128.
[764] Sobre esta matéria cfr. *infra*, n.º 352.

o problema substancial suscitado pela retroactividade, que leva até ao seu banimento constitucional nas hipóteses mais graves, como sabemos. Mas ainda há outras modalidades de regras que funcionam apenas com critérios de qualificação e decisão.

II – Regras meramente qualificativas
Possivelmente, haverá que contar com uma categoria de regras que podemos designar meramente qualificativas.

A ordem jurídica necessita de delimitar os elementos com que trabalha e sobre os quais estabelece as suas valorações. Assim, são elementos prévios a essa valoração as pessoas, as coisas, as acções...

As regras respeitantes à personalidade jurídica ou à capacidade, as regras que definem e classificam as coisas, as regras que caracterizam as acções humanas, são verdadeiras normas jurídicas. Todavia destinam-se unicamente a qualificar, a dar precisão aos elementos de base, tornando-os capazes de suportar as valorações ulteriores (ulteriores, num ponto de vista lógico).

O exame desta matéria é todavia dificultado pela objecção de que essas regras não são autónomas[765], antes fariam parte de regras preceptivas, únicas que se deveriam tomar em conta. Não entraremos no exame deste problema.

III – Regras que produzem automaticamente efeitos jurídicos
Numerosas regras produzem efeitos no mundo do direito independentemente de qualquer comportamento humano voluntário ou mesmo recognitivo.

Assim, as regras que estabelecem efeitos jurídicos, como a perda de uma qualidade jurídica (ex. a nacionalidade) ou a extinção de um contrato, de modo automático, aplicam-se logo que se verifica o seu pressuposto fáctico e não parece serem adequadamente descritas como imperativos[766].

IV – Regras sobre regras
Mais radicalmente ainda, as regras sobre regras[767], como a norma revogatória, que se limita a eliminar outra regra, nada têm que permita

---

[765] Cfr. em Enneccerus, *Allgemeiner Teil*, § 27 I, a enumeração de várias "proposições jurídicas incompletas".

[766] Englobam-se aqui portanto todas as regras que provocam uma alteração na ordem jurídica por efeito da superveniência dum facto não voluntário.

[767] O *Recht über Recht* de Zitelmann.

496   *O Direito. Introdução e Teoria Geral*

qualificá-las como um imperativo[768]. Mesmo superando todo o psiquismo, não encontramos aqui sequer a exigência de subjectivação, que nos dá o pressuposto mínimo da presença do imperativo. O mesmo acontece se uma regra suspende, reactiva ou repristina (volta a pôr em vigor) outra regra.

281. Essência

I – Dissemos anteriormente que as regras nem são a ordem jurídica, nem sequer um elemento componente desta: as regras exprimem a ordem jurídica[769]. É a altura de fundar mais precisamente esta afirmação.

Há uma tendência para hipostasiar a norma, que leva a identificar o direito com uma multidão de normas objectivamente dadas – e portanto identificáveis e enumeráveis.

Mas a norma não é o dado da ordem jurídica. Não se confunde com a fonte, realidade objectiva.

As normas não são sequer um modelo prefixado e individualizado, que o intérprete reconstitui.

Diremos mesmo: *não há normas*, como realidade objectiva preexistente. Há a ordem e as fontes; as normas, porém, são ensaios do intérprete, com finalidade de expressão da ordem e eventualmente de solução de casos concretos. Mesmo que verdadeiras (por corresponderem à ordem) a sua formulação é ilimitadamente variável[770].

II – O elemento primário, objectivo, constitutivo da sociedade e real como ela, é a ordem jurídica. É uma realidade, embora não seja um objecto.

O intérprete, que não pode abarcar todo o conjunto, procura exprimir a incidência da ordem jurídica sobre situações típicas. Fá-lo através de regras jurídicas.

A regra é uma criação do intérprete. É um veículo ou instrumento de que ele se serve, como expressão da ordem e mediador para a solução do caso.

---

[768] Engisch, *Introdução*, 29-30, realiza uma tentativa de conciliação que nos não parece satisfatória.

[769] *Supra*, n.º 19 III.

[770] Não nos ocupa aqui a aplicação da categoria da *existência* às regras jurídicas. Para Kelsen, a "existência específica" da norma é a validade. É uma problemática filosófica que nada nos toca.

Pode ser certa ou errada, correspondendo ou não à realidade. Mas ainda que seja certa, exprimindo genuinamente a ordem normativa, não acrescenta nada a essa ordem objectiva.

Passado o momento de actualização, a norma criada extingue-se. Só restará como memória histórica, como momento da vida jurídica. A ordem jurídica ficou inalterada, salvo no eventual contributo da regra enunciada para figuras normativas como o costume, já atrás examinadas, e se abstrairmos da incidência geral da vida jurídica no seu significado técnico[771].

III – Mais ainda: porque o que preexiste é a ordem jurídica, e não um arquétipo da norma, a norma *é um modo individual de expressão daquela ordem*. Mas não exclui expressões diferentes doutros intérpretes.

Toda a interpretação, vimo-lo, se deve fazer em objectividade. Mas mesmo a mais certeira das interpretações não implica um módulo único de expressão. Outros autores exprimirão a mesma realidade de maneiras diferentes.

O fenómeno é particularmente visível nas obras doutrinárias. Ao expor a ordem jurídica vigente os autores afinal formulam verdadeiras normas[772]. Mas outros autores, com igual legitimidade, exprimem a mesma realidade formulando normas diferentes.

Também o âmbito atribuído às normas e consequentemente o número destas pode ser expresso de modos muito diferentes.

A realidade pode ser expressa por normas mais gerais ou mais restritas na sua previsão.

O âmbito dos institutos pode ser diversamente definido. À ordem jurídica, contínua, um intérprete fará corresponder institutos de certa maneira demarcados, no seu esforço de abstracção. Mas outro os demarcará, exprimindo a mesma ordem, de maneira diferente.

Portanto, a norma é um modo de expressão da ordem jurídica objectiva que, mesmo sendo correcto, não afasta a legitimidade de outros modos de expressão, igualmente correctos.

---

[771] Cfr. *supra*, n.º 19 III.

[772] Por exemplo: quando José Alberto dos Reis afirma que "cada processo especial deve ser aplicado ao caso para que a lei expressamente o estabeleceu" (*Processos Especiais*, I, 1) formula uma norma.

498 *O Direito. Introdução e Teoria Geral*

282. A norma como expressão da ordem

I – *A máxima de decisão*
Autores como Betti referem frequentemente a máxima de decisão, que presidiria à solução do caso concreto.

Assim, a análise de uma decisão judicial levaria a abstrair, de todas as considerações constantes da sentença, a máxima generalizadora que, integrando aquele caso, permitiria a solução.

Isto seria essencial quando a jurisprudência servisse de precedente, pois o precedente consiste verdadeiramente na máxima de decisão dum caso anterior[773].

Mas, quanto a nós, a figura algo embaraçosa da máxima de decisão equivale, pura e simplesmente, à regra jurídica.

A máxima de decisão, solicitada pelo caso concreto, representa a actualização das fontes existentes, no sentido de exprimirem uma proposição generalizadora que enquadre aquele caso. Representa pois uma expressão da ordem global. Ou seja, corresponde 100% à noção dada de regra jurídica.

As máximas de decisão, na sua variabilidade, exprimem por outro lado a variabilidade dos modos de expressão da ordem jurídica.

A nossa orientação permite assim economizar conceitos e enquadrar de maneira mais simples a realidade jurídica.

II – Em conclusão: a norma não é um modelo prévio ao labor do intérprete. É um ensaio deste, com a função de exprimir a ordem jurídica objectiva.

Sobre estes ensaios recairá pois toda a análise que subsequentemente se faz da norma jurídica, atendendo aos seus elementos constantes.

Vemos assim mais uma vez como estamos longe das posições dos que consideram que todo o direito é norma, e procedem seguidamente como se esta fosse um dado, um produto acabado, que lhes fornecesse um ponto de partida indiscutido.

A quem parecer revolucionário este ponto de vista, recorda-mos que ele se adapta integralmente à milenar intuição de Paulo: *"Non ut ex regula ius summatur, sed ex iure, quod est, regula fiat"*. Não é da regra que promana o direito, antes, a regra faz-se a partir do direito que é[774].

---

[773] Cfr. *supra*, n.º 171 I.
[774] É o seguinte o texto de Paulo, segundo Limongi França, *Brocardos Jurídicos,*

Caracterização 499

III – Um modo de expressão pode a certa altura ficar estratificado ou consolidado.

Assim, as normas enunciadas pelos juizes como critério da solução de casos podem ficar consolidadas num acórdão com força obrigatória geral. Aquela formulação deixou assim de ser um modo individual de expressão.

Mas neste caso passou a existir uma fonte. A consolidação do modo de exprimir passou a representar um elemento objectivamente constitutivo daquela ordem jurídica. Os intérpretes passarão assim a debruçar-se sobre ela para procurar novas formulações, que podem não coincidir com a adoptada na fonte. Nomeadamente pela repercussão sobre cada fonte de toda a ordem jurídica em que se integra.

Quer dizer que o que era norma passou a valer, não como norma, mas como fonte, portanto como repositório ou origem de normas. Para o nosso ponto de vista, deixou de interessar[775].

283. Estrutura

I – Falámos já na estrutura da regra jurídica[776].

À factispécie estará sempre associado um carácter dinâmico? Ou ela consistirá antes numa situação, portanto em algo de estático?

Como os elementos propriamente dinâmicos são os factos, distinguem alguns dentro da factispécie a situação inicial e o facto, cujo sobrevir provocaria a aplicação da norma. Mas assim complica-se inutilmente a análise, pois em certos casos não é fácil a distinção destes dois elementos. A Constituição de Caracala atribuiu a cidadania romana (efeito jurídico) aos provinciais, sem que nenhuma mutação fosse necessária para a sua aplicação. A previsão normativa ficou aqui inteiramente preenchida pela

---

48: *"Regulae est, quae rem, quae est, breviter enarrat. Non ut ex regula ius summatur, sed ex iure, quod est, regula fiat. Per regulam igitur brevis rerum narratio traditur et (ut ait Sabinus) quasi causa coniectio est; quae, simul cum in aliquo vitiata est, perdit officium suum."*

[775] *Mas também a súmula do direito brasileiro representa uma norma. Exprime o direito vigente e aplicado sob a forma duma norma. E aí, independentemente de passar a constituir por si uma nova fonte.*

[776] *Supra*, n.º 20.

500   *O Direito. Introdução e Teoria Geral*

situação preexistente. Doutras vezes o elemento dinâmico é muito visível e é pelo contrário a situação preexistente que é dificilmente detectável[777]. Não são adequadas distinções demasiado rigorosas. Basta dizer que a factispécie pode incluir situações ou factos, cumulativa ou disjuntivamente (e/ou). Quer uns quer outros podem pertencer à previsão normativa.

II – Quando se fala em factispécie, e se esclarece que esta consiste em factos e/ou situações, isso significa que a factispécie consiste em realidades de facto, por oposição a realidades normativas? A previsão será de acontecimentos ou situações naturais, ainda não juridicamente valorados?

Temos de estar desde o início prevenidos contra a ambiguidade da palavra *facto*. Normalmente, quando em direito se fala em facto, isso não quer dizer que se trate de uma realidade fáctica, naturalística. Tal não se verifica aqui também.

A factispécie que preenche a previsão normativa pode ter por pressuposto realidades meramente fácticas, como o nascimento ou a morte. Mas pode também referir-se a situações já valoradas por outras regras, que daquela são pressuposto.

A regra que estabelece as consequências do não pagamento de uma dívida tem como situação preexistente uma situação jurídica, a obrigação de alguém pagar uma dívida. É o que se passa aliás na normalidade dos casos: a factispécie pressupõe já uma situação juridicamente valorada, a que se ligam ulteriores efeitos jurídicos, para o caso de sobrevir o facto jurídico previsto.

284. Hipoteticidade

I – De todo o modo é sempre incorrecto dizer-se que há *efeitos jurídicos "legais"*, ou que derivam directamente da regra. Tudo o que assenta numa regra deriva directamente da verificação histórica duma situação ou acontecimento que corresponda à previsão normativa. Nenhuma regra jurídica se aplica por si[778]: a regra que estabelece que todos os que atravessam a fronteira têm de fazer declarações aduaneiras só se aplica se houver

---

[777] Por exemplo, o art. 219 CC dispõe que a validade da declaração negocial não depende de forma especial, senão quando a lei a exigir. Só o acto, o elemento dinâmico, é previsto.

[778] Salvas as normas sobre normas, como a que suspende ou revoga norma anterior; mas essa pressupõe justamente a vigência da norma anterior.

passagem de fronteira, e se ninguém a passasse não se aplicaria de todo. Quando se diz que um efeito "deriva directamente da lei" ou da regra, o que se quer significar é que esse efeito não é condicionado por um facto *voluntário*; mas então é condicionado por factos ou situações de natureza diversa. Veremos depois quais as modalidades com que devemos contar.

II – Quer isto dizer que as várias regras que exprimem a ordem jurídica podem também, em determinado sentido, considerar-se *hipotéticas*. Mas o sentido é totalmente diferente do que nos ocupou quando excluímos que das ordens normativas derivassem imperativos hipotéticos[779].

São hipotéticas porque, exprimindo sempre a ordem social, só se aplicam quando se produz um facto que corresponda à sua própria previsão. Publicada uma lei que pune o lenocínio (provocação ou favorecimento da corrupção sexual de outrem), ela não se aplica automaticamente – só se aplica quando um lenocínio for efectivamente praticado.

E como o pressuposto da aplicação das regras é com frequência um acto humano (por exemplo, eu só sou atingido pelas obrigações que atingem o vendedor se efectivamente vender algo), isso significa que a aplicação de uma regra, que está sempre dependente de certos pressupostos, pode conter entre esses pressupostos um acto de vontade. Mas uma vez verificados esses pressupostos, aplicada a regra, a imperatividade revela-se plenamente, para nada interessando a vontade ou intenção do sujeito de estar ou não vinculado[780].

As regras são pois de aplicação condicionada, mas imperativas quando efectivamente se verifiquem os seus pressupostos.

285. Imperativo e regra de conduta

I – Para a visão corrente do direito, as regras jurídicas são *imperativos*. A visão imperativística do direito, muito antiga já, recebeu formulação coerente na obra do jurista Thon.

Neste sentido a regra jurídica participa, para a maioria dos autores, da natureza do *comando*. Há até quem apresente o comando como a noção

---

[779] *Supra*, n.º 16 II.

[780] Sobre a relevância deste aspecto em matéria de desconhecimento da regra cfr. *infra*, n.º 356.

502   *O Direito. Introdução e Teoria Geral*

mais geral, vindo as regras a integrar-se em determinado passo da classificação dos comandos[781].

Tocámos já ligeiramente este ponto ao falar da imperatividade, como característica da ordem jurídica, tendo mantido o tema independente da análise da essência da regra jurídica. Mas avançámos já que nem toda a regra pode ser reduzida a um imperativo[782].

Desde logo, só uma regra de conduta poderia ser um imperativo. Mas já sabemos que as regras jurídicas não são necessariamente regras de conduta, podendo ser apenas critérios de qualificação e decisão de casos concretos.

A qualificação das regras jurídicas como imperativos teria no máximo um alcance sectorial: só poderia aplicar-se às regras de conduta.

E também está fora de causa a redução das regras jurídicas a imperativos hipotéticos.

Vejamos porém se, mesmo nesse âmbito restrito, a qualificação é verdadeira.

II – Começamos por observar que há na teoria imperativística, como ela é normalmente configurada, um nocivo antropomorfismo, nomeadamente quando se diz que a norma é um comando do legislador. Na realidade, o direito é uma ordem objectiva da sociedade, em grande parte independente de prossecução voluntária. Mesmo a fonte legal é um dado objectivo, em que a entidade *legislador* é uma abstracção e não uma pessoa real, e que de todo o modo se apaga após o processo da feitura da lei.

Mesmo a categoria do *destinatário* da regra jurídica tem de ser acolhida com muito relativismo, como veremos de seguida.

III – Por isso, de várias partes tem sido tentada uma revisão, e há quem diga que as regras jurídicas não são imperativos mas *juízos de valor*. Outros sustentam que as regras jurídicas são *determinações*[783].

---

[781] Cfr. por exemplo, Dias Marques, *Introdução*, n.os 20 e segs..

[782] *Supra*, n.os 16 e 27. A não ser que nos limitássemos à observação de que este critério de valoração ou de decisão é imperativo. Isto seria verdadeiro, mas far-nos-ia cair fora do ponto em discussão, pois nos contentaríamos com a imperatividade como característica geral da ordem jurídica.

[783] A fórmula de Reinach – ainda que não a totalidade da sua posição – tem muito de útil. Dizendo que as normas são *determinações*, traduz simultaneamente este sentido objectivo da norma e a forma como se refracta nos membros do agregado social. Cfr. *Los fundamentos aprioristicos*, 166 e segs..

Caracterização   503

O tema recebeu contributos importantes. Mediante uma revisão, chega-se a posições em que, mantendo-se embora a qualificação como imperativo, a assimilação ao comando é já abandonada. Assim, Olivecrona caracteriza a regra jurídica como um *imperativo impessoal* ou independente[784] e Bobbio qualifica-a como uma proposição *preceptiva*, fundando-se numa larga análise lógica[785].

A questão não é de palavras. Uma vez revista neste sentido a noção de imperativo, não teríamos nenhum obstáculo em acolhê-la. Traduz unicamente a exigência de efectivação que dá o sentido objectivo da regra. Diríamos que a imperatividade caracteriza, fenomenologicamente, a realidade regra jurídica.

IV – Mas mesmo no respeitante às regras de conduta, não suportam a qualificação como imperativos as *regras permissivas*. Examinaremos esta categoria no capítulo seguinte[786].

O que dissemos basta para que não admitamos que toda a regra jurídica, e nem sequer toda a regra de conduta, se cifre num imperativo, mesmo tendo em conta a revisão a que a teoria imperativista foi modernamente sujeita.

286. Destinatários da norma e jurisdicionalização da vida corrente

I – Com este se relaciona o tema dos destinatários da regra jurídica. Se a regra fosse um comando ou ordem os destinatários teriam sempre de existir. Mas muitas vezes não se encontra ninguém nesta posição.

Por isso Jhering e Kelsen sustentaram que os destinatários seriam os entes públicos encarregados de aplicar o direito. Isto significa desfigurar a vida real da comunidade, que seria concebida como mero reflexo das ligações entre os entes públicos. Mas o direito é a própria ordem da sociedade. A regra jurídica é um juízo, que pode entrar por força de um facto criador para o universo das significações objectivas da sociedade, e nunca um comando ou injunção a um subordinado. Com Santi Romano[787] diremos que é alheia à noção de destinatário.

---

[784] *Law as fact*, em *Interpretations of modern legal philosophies*, 546 e segs..

[785] *Teoria della norma giuridica*, 123-176.

[786] *Infra*, n.º 300 I.

[787] *Norme giuridiche (destinatari delle)*, em *Frammenti*, 135 e segs..

504 O Direito. Introdução e Teoria Geral

II – A própria lei refere com frequência um pretenso destinatário da norma, ocultando a valoração abstracta desta. Normalmente, esse destinatário seria o juiz.

Assim, os arts. 564 e seguintes CC, sobre a obrigação de indemnizar, referem repetidamente "o tribunal" como o agente. Há aliás uma tendência acentuada na lei, até no Código Civil, de referir sempre o critério e o acto de solução do caso ao juiz.

Pareceria que o destinatário é o juiz. Mas não: há uma valoração geral da situação à luz da equidade, que se dirige a todos. Na grande maioria dos casos a solução obtém-se extrajudicialmente, porque as partes se regem pelos critérios legais. Se não se chegar a solução autónoma haverá que recorrer em última análise ao juiz, mas não é por isso que a regra se transforma em instrução dirigida ao juiz: continua a ser um critério geral de solução de casos da vida. Todo o intérprete terá de atender àqueles elementos, e não apenas o juiz.

III – Também pela doutrina têm sido considerados como destinatários de regras ou agentes de alguns procedimentos jurídicos os juizes apenas, quando eles devem apenas exprimir a ordem objectiva.

Assim, é frequente ver a *equidade*, que acabamos justamente de referir, qualificada como processo exclusivamente judiciário, mas sem razão. Se a lei dispõe que determinado litígio entre particulares deve ser resolvido pela equidade – por exemplo, a demarcação de terrenos contíguos quando os títulos ou a posse das partes forem inconcludentes – não estabelece um processo só actuável em juízo. Podem as partes, de boa mente, ceder reciprocamente o necessário para que a demarcação se perfaça com justiça. Isto nos mostra que o recurso a um processo extra-sistemático de solução não significa a reserva da integração da lacuna a uma entidade exterior às partes, que ficasse com o poder de resolver em definitivo.

IV – A jurisdicionalização da vida corrente verificar-se-ia porém se se admitissem processos individuais de solução do caso concreto[788], que fossem colocados nas mãos do juiz.

É o que aconteceria se se admitissem as posições da Escola do Direito Livre: então é que nenhuma solução estaria adquirida sem a decisão do juiz.

---

[788] Cfr. *supra*, n.° 128.

Caracterização 505

Mas esta jurisdicionalização da vida é afinal tudo o que há de mais contrário ao que nos parece ser a visão verdadeira do direito. O direito é antes de mais ordem da vida em sociedade. O processo judiciário e a consequente decisão são revelação de um estado indesejado de evolução, na maioria dos casos: o foro é então o hospital do direito. Este seria elevado à normalidade se não fosse possível saber antecipadamente "em que lei se vive", para utilizar a expressão corrente.

Chegados aí a norma apagava-se. Já não haveria propriamente uma destinação ao juiz, mas uma superiorização deste em relação a fontes que se degradariam a meras recomendações. O sistema de recursos passaria a constituir então a sujeição da sentença arbitrária à arbitrariedade do tribunal superior.

287. Generalidade

I – Procurando agora características da regra jurídica tomada por si, logo nos surgem em primeiro plano a generalidade e a abstracção. Frequentemente elas são referidas como sinónimas, mas exprimem realidades diversas. Vejamos se, e em que termos, são de admitir.

Relativamente à *generalidade*, a primeira questão que temos de defrontar é o da alegada existência de regras vinculando pessoas determinadas. Assim, se duas empresas estipulam os termos em que se devam efectuar futuramente os fornecimentos, os pagamentos ou quaisquer outros aspectos juridicamente relevantes teríamos uma regra contratual. O contrato, designado frequentemente normativo, seria fonte de regras entre os sujeitos determinados que nele intervêm[789].

Parece-nos que esta equiparação é de rejeitar. Para designar as estipulações negociadas pelas partes, mesmo que destinadas a pautar condutas futuras, basta que falemos em *preceito contratual*. A regra ou norma jurídica é necessariamente *típica* – pressupõe um tipo ou factispécie, nos termos anteriormente referidos. Ora a factispécie é heterónoma, não é fruto da autonomia das vontades, o que afasta desde logo as pretensas regras contratuais. Por outro lado, não se refere a pessoas ou casos singulares, nisto consistindo a generalidade.

---

[789] *Fazendo-se eco desta orientação, o art. 1100 V do Cód. Proc. Civil brasileiro fala em "normas legais ou contratuais". Neste sentido veja-se por exemplo Machado Neto,* Introdução, *139 e 142-143, que, na esteira de Kelsen, fala em normas individualizadas, como os contratos e os testamentos.*

506   *O Direito. Introdução e Teoria Geral*

II – A generalidade contrapõe-se à *individualidade*. É geral o preceito respeitante aos cidadãos, individual o respeitante ao cidadão X; geral o preceito sobre chefes de repartição, individual o preceito respeitante ao chefe da 1ª repartição de uma Direcção-Geral.

Mas com o mero enunciado de hipóteses já começamos a defrontar dificuldades. São então individuais todos os preceitos respeitantes ao Presidente da República constantes das constituições? Teremos de concluir que sempre que haja um sujeito na situação normativamente prevista o preceito a ele respeitante é necessariamente individual?

Decerto que não. O que interessa para a generalidade é que a lei fixe uma categoria, e não uma entidade individualizada. Se o preceito refere a categoria Presidente da República é geral; se refere a pessoa determinada que em certo momento é o seu suporte, é individual.

III – Impõe-se pois uma distinção entre *generalidade* e *pluralidade*. Se se dispõe que três embaixadores regressam ao país, há uma pluralidade de implicados, mas não temos um preceito geral.

Por outro lado, ficamos prevenidos contra a generalidade e pluralidade aparentes. Se se determina que são dissolvidas, por irregularidades graves, as administrações das empresas concessionárias de instalações nucleares, e há uma só nessas condições, o preceito é individual, não obstante a roupagem genérica de que se reveste; se se banem as centrais nucleares e se dissolvem as administrações, e há uma única central nuclear, o preceito é genérico.

Mas não desaparecem com isto todas as dificuldades. Se se determinar que todos os governadores são chamados à capital, temos um preceito geral ou individual? Supomos que, nestes casos de fronteira, a distinção depende só de se saber se se têm em vista as pessoas individualmente determinadas que num momento dado preenchem aquela categoria, ou a categoria tomada por si, sejam quem forem as pessoas que a preencham[790].

---

[790] Marcelo Rebelo de Sousa / Sofia Galvão, *Introdução ao Estudo do Direito*, 184--185, consideram que a norma é só tendencialmente geral, e dão como argumento o art. 18/3 da Constituição, que determina que as leis restritivas de direitos, liberdades e garantias devem revestir carácter geral e abstracto; donde, a generalidade só seria característica essencial em certas matérias. Contra, basta observar que o preceito se refere a *leis* e não a normas jurídicas. Os autores alteraram posteriormente essa orientação: em *Introdução*, n.º 33.9, reconhecem a norma como necessariamente abstracta e geral. Mas leis materiais seriam só as que fossem gerais e abstractas (n.º 15.7).

Como estas dificuldades não parecem insuperáveis, assentamos, de acordo com a orientação dominante, que a generalidade é característica essencial da regra jurídica.

É esta também a posição que a lei portuguesa reflecte em vários lugares. Logo o art. 1 do Código Civil considera leis todas as disposições genéricas... Também o art. 721/3 do Código de Processo Civil caracteriza como lei substantiva as disposições genéricas... Enfim, é ainda pela generalidade que a lei caracteriza portarias e outros diplomas que manda publicar no jornal oficial.

Note-se porém que a qualificação pela generalidade não tem sentido nas regras sobre regras, a não ser por mediatamente estas se referirem a regras genéricas.

IV – A este propósito, é oportuna uma palavra sobre o *preceito negocial*, estabelecido portanto pelas partes.

Estas regulam então, graças à *autonomia privada*, os seus interesses; e podem mesmo estabelecer o enquadramento de condutas futuras. Todas as vezes que isto acontecer, agiremos assim; se se verificar *a* consequência é *b*; etc..

Há efectivamente uma criação para além do momento presente, e por isso podemos falar de um preceito autónomo, que acresce aos preceitos existentes. Esse preceito, nos termos indicados, pode ser munido de abstracção, de que falaremos a seguir[791].

Mas não tem generalidade, e por isso não pode ser considerado uma regra. É um preceito individual, porque as partes entre as quais actua estão já delimitadas. A regra permissiva sobre o negócio jurídico torna possível a obtenção destes efeitos. Mas não se verifica então uma multiplicação de regras; há, sim, a especificação destas através de vários preceitos individuais.

Em todo o caso, o preceito contratual ou negocial é uma figura que devemos tomar em conta. Não contém regras, mas contém comandos dirigidos às partes, pelos quais estes passam a pautar a sua actuação.

V – A Constituição, nos arts. 277 e seguintes, atribui ao Tribunal Constitucional a fiscalização de normas. Este, porém, elaborou um "con-

---

[791] Assim acontece, por exemplo, quando, nos termos da *cláusula compromissória*, se estabelece que todos os litígios que surgirem entre as partes serão submetidos a um tribunal arbitral.

508   *O Direito. Introdução e Teoria Geral*

ceito funcional de norma", que o leva a apreciar, não só as verdadeiras normas jurídicas, mas todos os actos com forma legal, ainda que não contenham normas gerais e abstractas[792].

Trata-se de um entendimento destinado a dar cobertura a uma extensão dos poderes de apreciação do tribunal. Frustra as expectativas das pessoas, ligadas ao conceito de norma, que é de origem doutrinária e que a Constituição só pode ter recebido com o significado que a doutrina lhe atribui. Deve ser rejeitado: a norma para efeito de fiscalização constitucional tem o mesmo âmbito que em qualquer outro sector da ordem jurídica[793].

288. Abstracção

I – Mais difícil é apurar se a *abstracção* é característica da regra jurídica.

Como dissemos, vários autores não distinguem generalidade e abstracção; outros falam de generalidade para englobar também a abstracção[794].

O abstracto contrapõe-se ao concreto. Mas o concreto é por sua vez um conceito ambíguo, podendo distinguir-se nele uma pluralidade de sentidos – o real, o específico, o individual[795]. Quando se fala da abstracção como característica da regra jurídica quer-se normalmente dizer que os factos e as situações previstos pela regra não hão-de estar já verificados; são factos ou situações que de *futuro* se prevê que sobrevenham.

Assim, se se ordena que todos entreguem as armas que possuírem nos postos policiais, temos generalidade mas não abstracção, pois a situação a que o preceito se aplica está já concretizada; se se mandar que as armas que forem adquiridas sejam apresentadas nos mesmos postos, então já há abstracção, pois a disposição está aparelhada para execução futura.

---

[792] Cfr. por exemplo o Ac. TC publicado no BMJ, 419, 176. Cfr. ainda o Ac. TC de 1.III.94, publicado no DR, II, de 12.V.94 e a anotação de Gomes Canotilho, concordante, na RLJ, 127, 257.

[793] Cfr. o nosso artigo *Norma Jurídica*, no *Dicionário Jurídico da Administração Pública*; Jorge Miranda, *Manual*, II (3.ª ed., 1991), n.º 107 I.

[794] Cfr. Marcello Caetano, *Direito Constitucional*, n.º 111; *Direito Administrativo*, I, n.ᵒˢ 35, 37 e 180.

[795] Cfr. Engisch, *Konkretisierung*.

Caracterização

II – Poderia pensar-se que a abstracção seria imposta pela própria natureza da factispécie[796]. Mas pensamos pelo contrário que, atendendo a esta, temos três elementos definitivos para negar que a abstracção seja característica da regra jurídica – o que nos dispensa de aprofundar os difíceis problemas de fronteira que, tal como para a generalidade, se levantam para a abstracção.

1) A factispécie abrange *factos e/ou situações*[797]. Estas últimas não são acontecimentos, são estados que podem estar já plenamente realizados. Neste caso é evidente que a regra jurídica não é caracterizada pela abstracção. Assim, o preceito que retire a nacionalidade, imediatamente, a certa categoria de pessoas, ou que ordene a mobilização de mancebos de certa idade só naquela ocasião, é normativo. Mais vastamente, todas as disposições que produzam um efeito imediato ou um efeito de uma só vez são normativas, desde que tenham generalidade.

2) Há regras jurídicas retroactivas, como vimos a propósito da sucessão de leis. A regra exclusivamente retroactiva, portanto a que se destine somente a atingir uma situação passada, não tem abstracção, por definição, pois não está aparelhada para resolver casos futuros que venham a produzir-se.

3) O preceito contratual, de que falámos no número anterior, que disciplina comportamentos futuros das partes, tem abstracção – mas não tem generalidade, não há norma jurídica, porque é individual.

III – Podemos ficar por aqui, pois tudo o que dissemos está assente nas nossas premissas. A regra, como critério da decisão de casos concretos, funciona da mesma forma quer respeite a casos actualmente verificados, quer a casos a produzir de futuro.

Só poderíamos continuar a falar de abstracção como característica da regra jurídica se tivéssemos daquela um entendimento diverso do corrente – se considerássemos abstracta toda a regra que se não referisse a uma situação histórica dada, a uma situação individual. Nessa altura, a abstracção estaria afinal contida na generalidade: desde que não houvesse a consideração das características do caso concreto haveria abstracção e generali-

---

[796] Neste sentido Dias Marques, *Introdução*, n.ºs 20 e 21, para quem a própria abstracção da factispécie normativa levaria a que a aplicação da norma fosse virtualmente plural e até indefinida; Santos Justo, *Introdução*, § 25 e nt. 11.

[797] Cfr. *supra*, n.º 283.

510 *O Direito. Introdução e Teoria Geral*

dade. Esta é a parte de verdade dos autores que falam em generalidade e abstracção sem distinguir uma e outra.

Sintetizando: para ser caracterizada pela abstracção, a regra jurídica deveria ser posta sempre para vigorar só de futuro. Porém, há verdadeiras normas que representam só critérios referentes ao presente ou ao passado. Logo, a abstracção não é característica da norma jurídica.

289. Bilateralidade e alteridade

I – Também se aponta como característica da norma jurídica a *bilateralidade*. Seria próprio da regra jurídica ligar entre si dois ou mais sujeitos, criar relações entre eles, de maneira que as posições de uns seriam a contrapartida das posições dos outros. Por isso nos surge o conceito de *relação jurídica*, que para esta orientação seria o molde universal de tudo aquilo que é juridicamente valorado[798].

Não pensamos que isto seja verdade. Nem toda a regra jurídica importa a relacionação de sujeitos dados. Basta recordar os exemplos que apresentámos sobre as regras que não conteriam imperativos[799] para concluirmos que o direito nem sempre se concretiza através do estabelecimento de relações.

II – Mas se passarmos às *regras preceptivas* a nossa posição só sai fortalecida.

Consideremos os deveres penais. A regra penal impõe deveres aos sujeitos, não porque pressuponha uma relação com sujeitos dados, mas porque pretende pautar em geral a conduta de cada pessoa. Em certos crimes não encontramos até uma vítima determinada, como nos consistentes em maltratar animais ou desrespeitar os mortos. Não há aí que falar em relação jurídica.

Se das posições passivas, os deveres, passarmos às posições activas, da mesma forma não encontramos sempre uma relação entre pessoas determinadas. A propriedade define-se tendo apenas em vista uma pessoa e uma coisa: é um caso flagrante. Falar de bilateralidade não tem aqui sentido, pois não há sujeitos passivos da propriedade, há apenas estranhos.

---

[798] Sobre toda esta matéria, veja-se o que expusemos em *Relações Jurídicas Reais*, n.os 5 e segs..

[799] *Supra*, n.º 285.

Caracterização

É certo, nomeadamente neste último exemplo, que sobre toda a pessoa recai o *dever genérico* de não violar a propriedade alheia. Mas este dever, como o nome indica, é genérico; não se integra numa relação jurídica entre o proprietário e cada uma das restantes pessoas. Há quando muito uma ligação teleológica entre os direitos de propriedade que a ordem jurídica reconhece e os deveres genéricos que por outro lado impõe. Mas esse nexo teleológico não se traduz em concretas relações jurídicas entre o proprietário e pessoas individualmente tomadas.

III – No fundo, o que os autores pretendem quando falam de bilateralidade ou correlatividade pode exprimir-se utilmente falando em *socialidade* ou *alteridade* da regra jurídica. A valoração normativa da situação de uma pessoa tem de ser uma valoração socialmente relevante e impõe--se ao respeito de todas as outras pessoas, como tudo o que é jurídico.

É neste sentido que nos parece importante falar, como faz Miguel Reale[800], em bilateralidade ou proporcionalidade atributiva. A regra jurídica só se ocupa de posições individuais para demarcar uma posição socialmente relevante dum sujeito. Por isso, as regras jurídicas, ao menos mediatamente, garantem super-ordenações e impõem subordinações. Este elemento de atribuição de posições socialmente relevantes fá-las distanciar das regras morais, e comporta um elemento útil para a determinação do próprio conceito de direito.

---

[800] Cfr., por último, *Lições Preliminares*, págs. 50-52. Sobre a intersubjectividade. cfr. Soares Martinez, *Filosofia do Direito*, págs. 257-259.

CAPÍTULO II
CLASSIFICAÇÃO DAS REGRAS JURÍDICAS

290. Interesse deste capítulo

I – As regras jurídicas são multidão. Nos vários ramos do direito proceder-se-á ao seu estudo atendendo ao conteúdo.

Mas justamente o grande número das regras jurídicas aconselha a que procedamos a análise sectorial, a que se procederá mais tarde, de grandes divisões segundo variados critérios, de maneira a apreendermos quais os tipos ou categorias que iremos encontrar no âmbito de cada ramo do direito.

Esse trabalho de classificação tem duas vantagens fundamentais:

1) Permite arrumar melhor o objecto de análise, pois o grande número de regras torna imprescindível operar divisões;

2) Permite progredir no conhecimento das regras, através da caracterização das várias modalidades que se forem delineando.

Esta última é a maior vantagem, e é graças a ela que a tarefa de classificação não se reduz a mera operação formal. Será aliás a preocupação de retirar alguma coisa de cada termo em análise que imporá a limitação das classificações que iremos utilizar. Em abstracto, o número de classificações é infindável; em concreto, devemos limitar-nos àquelas que nos revelem termos que ofereçam a susceptibilidade de um aprofundamento adicional da regra jurídica.

II – As classificações podem fixar características absolutas das regras, em si tomadas, ou podem ser meramente relativas: fixam aspectos das regras nas relações com outras.

Assim, quando se diz que uma regra é subsidiária, é um aspecto de relação que está em causa[801].

---

[801] Sobre a relação de subsidiariedade entre regras em geral cfr. Dias Marques, *Introdução*, n.º 40.

514 *O Direito. Introdução e Teoria Geral*

291. Regras principais e derivadas

Quando de uma regra preexistente se retira uma regra ulterior, pode denominar-se a primeira principal e a segunda derivada.

Esta classificação está estreitamente ligada com a matéria da interpretação enunciativa, que estudámos já[802]. Podemos por isso dispensar desenvolvimentos sobre a técnica de produção da regra derivada.

Por exemplo, podem obter-se, a partir de uma regra dada, regras derivadas, tendo em conta o princípio de que a lei que reconhece um direito *legitima os meios indispensáveis para o seu exercício*. A regra principal é aquela que outorga o direito: o que o legislador queria dizer era apenas, e só, que outorgava esse direito. Mas por dedução lógica, não contrariada pela finalidade do preceito, podemos chegar até outras regras, diversas da regra principal mas dela derivadas.

292. Regras preceptivas, proibitivas e permissivas

I – Dissemos que as regras jurídicas podem ser divididas em regras de conduta e regras de mera valoração[803]. A classificação que passamos a analisar respeita exclusivamente às regras de conduta.

II – As regras de conduta podem distinguir-se em perceptivas, proibitivas e permissivas.

Regras *preceptivas* são as que impõem uma conduta. Por exemplo, as normas que impõem a comparência em juízo ou a entrega de certos produtos em armazéns gerais, são preceptivas.

Regras *proibitivas* são as que vedam condutas. Quase todas as normas penais são proibitivas.

Regras *permissivas* são as que permitem certa conduta. Assim, a norma que atribui ao proprietário faculdades de uso, fruição e disposição das coisas que lhe pertencem[804] é uma regra permissiva; como permissiva é a regra que autoriza a feitura de testamento[805].

---

[802] *Supra*, n.os 266 e 267.

[803] *Supra*, n.º 279 I.

[804] Art. 1305 do Cód. Civil.

[805] Enneccerus fala a este propósito de "proposições jurídicas de concessão": *Parte general*, § 27 II.

Classificação das Regras Jurídicas 515

III – Esta última categoria é a mais contestada. Para alguns só aparentemente há regras permissivas. Estas mais não seriam que uma outra face, ou um subproduto, das categorias anteriormente referidas, ou pelo menos uma restrição a uma proibição preexistente.

Mas não é assim. As permissões não são necessariamente recíprocas de proibições, e mesmo quando o sejam a regra permissiva é independente da outra. O que dissemos a propósito da bilateralidade ilustra suficientemente esta afirmação[806].

Como modalidade das regras permissivas temos as regras permissivassubordinantes, que são aquelas em que a permissão dada a uma pessoa tem como contrapartida necessária a sujeição, imposta a outra, das consequências daquele agir. É o que se passa nas regras que atribuem os chamados direitos potestativos, como os de separação ou divórcio, cujo exercício atinge inelutavelmente o estado civil de outra pessoa.

293. Regras interpretativas e inovadoras

I – *Regra interpretativa* é a que se limita a fixar o sentido juridicamente relevante de uma declaração preceptiva já produzida ou futura.

A regra interpretativa pode ainda destinar-se a fixar o sentido de:

– fontes do direito
– negócios jurídicos.

A primeira categoria está ligada à noção de interpretação autêntica, porque interpretação autêntica é a que é realizada por lei interpretativa[807]. Dada a importância desta noção, desenvolveremos a matéria da lei interpretativa[808]; e retomaremos o tema quando falarmos de interpretação autêntica e hierarquia das fontes[809].

Mas para além das regras jurídicas que interpretam fontes do direito há regras interpretativas de negócios jurídicos. Destas teremos ocasião de falar em breve, a propósito das regras dispositivas.

---

[806] Cfr. *supra*, n.º 289.

[807] Cfr. *supra*, n.º 217.

[808] Cfr. *infra*, n.º 322.

[809] *Infra*, n.ºs 344 e segs., no capítulo da hierarquia das fontes e das regras.

516   *O Direito. Introdução e Teoria Geral*

II – *Regra inovadora* é a que altera de algum modo a ordem jurídica preexistente; inova, como resulta da própria expressão. Como se depreende facilmente, as regras inovadoras constituem a esmagadora maioria das normas jurídicas. Se passou a exigir-se a comunicação de um facto ao registo civil, a regra é inovadora.

294. Regras autónomas e não autónomas

I – É costume distinguir as regras jurídicas em autónomas e não autónomas[810]. A regra autónoma é a que tem por si um sentido completo; a não autónoma é a que só o obtém em combinação com outras regras.

Mas as regras não autónomas não se confundem:

1) com as formulações fragmentárias de regras jurídicas;
2) com proposições jurídicas não normativas.

No que respeita à primeira categoria, temos uma consequência da distinção entre regra e fonte. Um texto ou artigo legal não basta frequentemente para conter uma regra: muitas vezes é necessário conjugar vários textos para se poder formular uma regra, com a respectiva previsão e estatuição.

Assim, o art. 79 do Código do Registo Predial, ao indicar a finalidade da descrição predial, não dá base para sobre ele estruturarmos uma regra.

Aqui não há mais que um trecho duma disciplina, que só se apreende se o combinarmos com outros textos relativos aos efeitos do registo predial.

II – *Proposições jurídicas não normativas*

Mesmo abandonando o nível das fontes, encontramos proposições jurídicas que não são normativas, por se não poderem reconduzir a normas jurídicas. Não há pois sequer regras não autónomas, porque não são regras.

Estão nessas condições, por não terem estrutura normativa:

1) As *classificações legais*, como a classificação das coisas[811]. Estas poderão dar-nos esclarecimentos que se integram com as restantes referên-

---

[810] Cfr. Galvão Telles, *Introdução*, II, n.º 132; Engisch, *Introdução*, 28; Enneccerus, *Parte general*, § 27 I.

[811] Art. 203 do Cód. Civil.

cias legais para compor as autênticas normas. Mas, por si, só arrumam a matéria legal, não estabelecem um dever ser.

2) As *definições legais*, como a noção de doação[812]. Em si, uma definição é sem dúvida um elemento de orientação mas não é decisiva. Se se verificar que há contradição entre um certo instituto jurídico, tal como resulta do regime positivamente estabelecido, e a definição legal, aquele prevalece sobre esta, pois o regime vincula e a definição orienta apenas. Tal contradição verifica-se com frequência, pois definir é uma operação extremamente delicada e os legisladores não se enganam menos que as outras pessoas. Por isso se recomenda de há muito que se evitem as definições. Diz-se: *omnis definitio in iure periculosa est.*

Mas podem resultar de uma definição elementos vinculativos. Isto acontecerá quando os próprios termos da definição implicarem um regime jurídico, portanto uma disciplina imediata duma situação. Então já o intérprete não poderá afastar a definição por incorrecta, pois ela virá revestida de indirecta injuntividade.

Nos casos correntes, porém, a definição serve só para orientar sobre a posição legal, em confronto com o restante material normativo. E como uma definição não representa sequer uma regra, tão-pouco poderá ser considerada uma regra jurídica não autónoma.

3) Também as *regras meramente qualificativas*[813] seriam afinal, para a generalidade dos autores, "proposições jurídicas incompletas".

III – *Normas não autónomas*

As normas não autónomas terão de ser por natureza proposições normativas, com as características gerais de toda a norma jurídica; mas o seu sentido completo só se obtém por comparação com outras normas jurídicas.

1) Estão neste caso as regras *restritivas ou ampliativas* de preceitos anteriores. Podem ser consideradas *regras sobre regras*: fixam o âmbito de regras anteriores. Mas o seu conteúdo preceptivo não se obtém isoladamente, mas só em conjugação com essas outras regras.

2) Regras remissivas.

Há uma regra remissiva sempre que numa regra o antecedente ou o consequente não estão directamente determinados. O seu sentido completo

---

[812] Art. 940 do Cód. Civil.
[813] Cfr. *supra*, n.º 280 II.

518   *O Direito. Introdução e Teoria Geral*

só se obtém através do exame de outro preceito, para que a regra remissiva aponta.

295. As regras remissivas. A – Regras de devolução

I – Passamos à análise das categorias mais importantes de regras remissivas.

A principal é constituída por aquilo a que podemos chamar as regras de devolução. É regra de devolução a que não regula directamente determinada matéria, antes remete para uma fonte que contém o regime aplicável.

O *Direito Internacional Privado*[814] traz-nos a grande massa das regras de devolução.

Assim, os direitos reais[815], como a propriedade, são regulados pela lei do país da situação da coisa[816]. Prevêem-se aí estados em que alguém pode tirar vantagem de uma coisa, mas não se diz qual o regime que lhes corresponde. Antes se indica um elemento – o lugar da situação da coisa – capaz de levar à determinação de uma ordem jurídica, e será essa que estabelece qual o regime definitivamente aplicável. Temos portanto uma regra – diz-se qual a ordem jurídica que deve ser aplicável à situação –, mas o sentido completo desta só se obterá quando, mediante a remissão legal, determinarmos quais as regras substanciais concretamente aplicáveis.

II – Também o *direito transitório formal* nos faculta numerosos exemplos de regras de devolução. Como veremos, as dificuldades resultantes de haver situações que são em abstracto reguláveis quer pela lei antiga quer pela lei nova podem ser resolvidas pela opção por uma das leis[817]. No direito transitório formal não se regula pois directamente a situação, ao contrário do que se passa no direito transitório material, antes se remete a disciplina para uma das leis em presença.

III – Fora destes casos, em que deparamos com as chamadas normas de conflitos, ainda podemos encontrar numerosas hipóteses de normas de devolução. Assim, se se estabelecer que às infracções previstas é aplicável

---

[814] Sobre este, cfr. *infra*, n.º 335.
[815] *Supra*, n.º 187.
[816] Art. 46/1 do Cód. Civil.
[817] *Infra*, n.º 314 II.

Classificação das Regras Jurídicas 519

a pena do crime de desobediência qualificada, omite-se a fixação material da consequência jurídica, mas indica-se o critério formal que permitirá determinar qual é essa consequência. O legislador procede assim muitas vezes por economia de preceitos, mas este expediente deve quanto possível ser evitado, porque na prática torna-se frequentemente muito difícil apurar quais as disposições que são efectivamente reclamadas por semelhantes regras[818].

296. B – Ficções

I – A regra de devolução funciona mediante a identificação dos consequentes das normas: a A deve aplicar-se o mesmo consequente que está estabelecido para B. Mas pode obter-se o mesmo resultado através da identificação dos antecedentes: dir-se-á então que $A=B$, e se A é igual a B necessariamente se lhe aplica o consequente que para B está estabelecido.

Quando assim se procede recorre-se à ficção. Foi um caminho muito trilhado no século passado, na legislação e sobretudo na doutrina. Resolviam-se as dificuldades dizendo-se que, por ficção, se supunha que duas realidades diversas eram idênticas. É um mau processo, porque o que na realidade é diverso, diverso continua.

II – Contém uma ficção o art. 275/2 do Cód. Civil: "Se a verificação da condição for impedida, contra as regras da boa fé, por aquele a quem prejudica, tem-se por verificada; se for provocada, nos mesmos termos, por aquele a quem aproveita, considera-se como não verificada." É claro que verificação e não verificação da condição são factos diametralmente opostos; mas a lei, para fazer aplicar os efeitos da produção ou da não produção da condição aos casos da não produção ou da produção resultantes de uma conduta contrária à boa fé, entrou pelo caminho da ficção e identificou realidades inversas. Contém também uma ficção o art. 242 do mesmo Código.

De todo o modo, a ficção dá-nos um exemplo de uma regra não autónoma. Ela não regula por si directamente, antes tem de ser combinada com a primeira regra para se obter o regime aplicável.

---

[818] Sobre numerosos outros problemas suscitados pelas regras de remissão, e nomeadamente sobre a distinção da remissão em estática e dinâmica, cfr. Dias Marques, *Introdução*, n.° 39.

520   *O Direito. Introdução e Teoria Geral*

297. C – Presunções absolutas

Presunções absolutas, ou presunções *iuris et de iure*, são as que são estatuídas sem possibilidade de prova em contrário. Opõem-se às chamadas presunções relativas, ou *iuris tantum*, que para este efeito não interessam. Por exemplo, o art. 243 do Cód. Civil prevê a situação do terceiro de boa fé que adquire um bem na ignorância de haver sido praticado um negócio simulado sobre ele. O n.º 3 determina: "Considera-se sempre de má fé o terceiro que adquiriu o direito posteriormente ao registo da acção de simulação, quando a este haja lugar." Há aqui, parece, uma presunção *iuris et de iure*: o terceiro, mesmo que esteja de boa fé, está inibido de o provar, pois a lei presume a má fé, sem possibilidade de prova em contrário. Ao proceder assim a lei funda-se na própria presunção de conhecimento que deriva da inscrição de um facto no registo.

A presunção absoluta é muito semelhante à ficção, apenas variando o modo técnico da sua apresentação. Também aqui se realiza praticamente a identificação de antecedentes, característica da ficção, uma vez que se exclui a possibilidade de se demonstrar que a realidade é diversa. E o resultado é o mesmo: da situação derivarão fatalmente as mesmas consequências que derivam daquela cuja verificação se presume. Há por isso, ainda neste caso, uma regra remissiva.

298. Regras injuntivas e dispositivas

I – *Regras injuntivas* são as que se aplicam haja ou não declaração de vontade dos sujeitos nesse sentido.

Exemplos de regras injuntivas encontram-se facilmente nas que regulam o trânsito, a previdência social, o estado de sítio... Se bem que haja excepções, estes domínios são em geral muito pouco sensíveis às manifestações de vontade das partes quanto à sua aplicação. Quem circula de automóvel tem mesmo de ostentar as luzes regulamentares e ninguém lhe pergunta se deu o seu consentimento à aplicação daquela regra.

II – *Regras dispositivas* são as que só se aplicam se as partes suscitam ou não afastam a sua aplicação. Têm portanto entre os seus pressupostos uma posição da vontade das partes quanto a essa aplicação.

Assim, estabelece o art. 582 do CC que, "na falta de convenção em contrário, a cessão do crédito importa a transmissão, para o cessionário, das garantias...". Expressamente se diz que o preceito só se aplica tal qual na falta de estipulação em contrário. As partes têm pois a possibilidade de fixar regime diverso.

Veremos que as regras dispositivas podem ser permissivas, interpretativas e supletivas[819]. As regras supletivas constituem, como veremos, a mais importante categoria de regras dispositivas.

Às regras dispositivas se chama também por vezes facultativas. A terminologia deve ser afastada, por ambígua.

III – Não se deve confundir a classificação das regras em injuntivas e dispositivas com a distinção que se costuma fazer de todo o direito em *público* e *privado*.

Apreciámos já esta distinção quando tratámos dos ramos do direito[820]. Facilmente verificamos que nos ramos considerados de Direito Público predominam as regras injuntivas, e nos ramos considerados de Direito Privado predominam as regras supletivas. Mas predomínio não quer dizer coincidência. Também no Direito Público há regras dispositivas (por exemplo, são admitidos negócios jurídicos em que as partes afastam a aplicação duma regra de Direito Público).

Ainda mais evidente (e frequente) é a existência de regras injuntivas no âmbito do Direito Privado. Por exemplo, as regras que estabelecem os tipos de sociedades comerciais (anónimas, por quotas, em nome colectivo, etc.) são atribuídas ao Direito Privado, e todavia são regras injuntivas: os interessados podem escolher o tipo de sociedade comercial que desejam, mas não podem alterar o desenho fundamental desse tipo. Dados os interesses gerais que estão em causa, não é livre a modelação de novo tipo de sociedade que em certas circunstâncias se pudesse afigurar o preferível.

IV – Como se sabe se uma regra é injuntiva ou dispositiva?

Antes de mais, é necessário atender ao que o legislador declara. Assim procede o art. 784 do Cód. Civil, expressamente subordinado à epígrafe "Regras supletivas". As regras supletivas constituem, como veremos, a mais importante categoria de regras dispositivas.

Mas semelhante critério não é suficiente, nem necessário.

Não é suficiente porque, apesar de serem muito numerosos os preceitos em que se consagra o carácter injuntivo ou dispositivo duma regra, são

---

[819] *Infra*, n.° 300.
[820] *Supra*, n.° 179.

522   *O Direito. Introdução e Teoria Geral*

ainda mais numerosos aqueles em que o legislador nada diz; e nada nos autoriza a inferir do silêncio, imediatamente, a qualificação da disposição. Antes, é necessário verificar caso por caso se a regra é ou não essencial à fisionomia daquele instituto, se pode ou não ser posta de parte sem que se rompa o equilíbrio dos interesses que foram tidos em conta pelo legislador.

Tão-pouco semelhante critério pode ser considerado necessário. É certo que quando o legislador afirma que certa regra é ou não dispositiva há uma tomada prescritiva de posição nesse sentido. Mas também aqui o legislador pode ter dito mais do que queria, e o intérprete ser obrigado a restringir a declaração demasiado ampla. Por exemplo, a tomar à letra o art. 1445 do Cód. Civil, quase todas as disposições reguladoras do usufruto[821] seriam supletivas, pois só se aplicariam na falta ou insuficiência do título constitutivo. Na realidade, é de supor que entre elas encontremos mais de uma disposição injuntiva, através da qual o legislador tenha querido evitar os resultados desfavoráveis que se poderiam produzir se houvesse um abandono completo do instituto à vontade das partes.

A análise e a valoração de cada preceito revela-se afinal o elemento decisivo. Escusado acentuar todavia a delicadeza deste método e as dificuldades que caso por caso se podem suscitar. Desejável seria que o legislador esclarecesse com mais frequência a índole das disposições. Para concluir pelo carácter supletivo temos de recorrer a uma relexão, que é sempre contestável na ausência de determinação legal precisa.

299. Regras injuntivas

I – Frequentemente se qualificam as regras injuntivas como *imperativas*[822]. Mas preferimos não acompanhar esta terminologia, pois falar em regras imperativas, por oposição às dispositivas, podia originar confusões graves. Vimos já que[823] toda a regra jurídica é imperativa por definição. Não o são menos as regras dispositivas.

Isto torna-se claro se atendermos ao momento da aplicação da regra. Por exemplo, se não tiver havido a convenção prevista no art. 182 do Cód. Civil, o preceito aplica-se com a normal imperatividade de tudo o que é jurídico.

---

[821] Sobre este direito cfr. *supra*, n.º 187 II.

[822] Assim faz o próprio Código Civil, nos arts. 1/3 e 2084, por exemplo.

[823] *Supra*, n.º 284 II.

A questão está toda no antecedente ou previsão. Como pressuposto da aplicação da regra pode encontrar-se uma manifestação da vontade das partes, suscitando essa aplicação ou repelindo-a. O facto nada tem de anómalo – deparámos com ela já ao falar da hipoteticidade da norma jurídica[824]. Dissemos que, uma vez verificados estes pressupostos e aplicada portanto a regra, a imperatividade desta é plena, para nada interessando então a vontade do sujeito de estar ou não vinculado.

Por isso afastamos a terminologia legal e falamos de regras injuntivas e não de regras imperativas.

II – Usa-se porém regra *imperativa* ainda noutro sentido. Esta representaria já uma categoria particular, dentro das regras injuntivas.

As regras imperativas, por terem uma exigência mais forte de aplicação, teriam a nulidade como necessária consequência da sua violação[825], e não a anulabilidade[826].

III – *Regras de interesse e ordem pública*

Também se não devem confundir as regras injuntivas com as regras de interesse e ordem pública[827]. Esta é uma categoria mais antiga; por vezes fala-se também apenas em regras de ordem pública. Não discutiremos aqui a sua admissibilidade, mas é supérflua se se confundir, quer com toda a regra injuntiva, quer com o domínio mais restrito das regras imperativas.

A categoria supõe uma valoração da regra, da qual resulta que está em causa um interesse fundamental da comunidade. Isto torna fluidos os seus limites. De todo o modo, seria por as finalidades sociais serem tão relevantes que o acto que as contraria estaria irremissivelmente ferido de nulidade.

Tal como não se confundem as regras de Direito Público e regras injuntivas, tambám não se confundem regras de Direito Público e de ordem pública: as regras que proíbem a alienação de todas as obras a produzir de futuro por um autor ou a constituição de servidões pessoais são de Direito Privado, mas são de ordem pública.

---

[824] *Supra*, n.° 284 I.

[825] É a solução expressa do art. 294 do Código Civil para a contrariedade a "disposição legal de carácter imperativo".

[826] Sobre estas noções, cfr. *supra*, n.° 35. Sobre esta incidência cfr. o nosso *Direito Civil – Teoria Geral II*, n.° 170 II.

[827] Esta qualificação era usada no art. 10 do Código Civil de 1867 e foi contraposta à de regras de interesse privado ou de mero interesse particular (aliás com pouca uniformidade).

524   *O Direito. Introdução e Teoria Geral*

IV – *Regra injuntiva e ordem pública internacional: diversidade do âmbito de aplicação*

A ordem pública internacional é um conceito essencial em Direito Internacional Privado[828].

Mas o âmbito da ordem pública internacional é diverso do das regras injuntivas. A aplicação da lei estrangeira faz-se plenamente, mesmo com prejuízo de regras injuntivas do direito nacional[829].

Se se declara uma lei estrangeira competente para reger determinada sociedade comercial, essa competência não se detém pelo facto de a lei estrangeira prever tipos de sociedades comerciais diversos dos admitidos pela ordem jurídica nacional. É só num círculo muito mais restrito de casos, quando são postos em causa princípios básicos da comunidade, que a ordem pública internacional intervém, como última defesa, e exclui a aplicação da lei estrangeira normalmente competente[830].

300. Regras dispositivas: permissivas, interpretativas e supletivas

I – *Regras permissivas*

Afirmámos a existência duma categoria de regras permissivas[831]. As regras permissivas são por natureza regras dispositivas.

Assim, a regra que permite o casamento é uma regra tipicamente permissiva, pois se aplica na sequência de uma manifestação de vontade das partes nesse sentido. Há uma série de efeitos jurídicos predispostos, oferecidos à vontade das pessoas, mas que se não concretizam independentemente dessa vontade. O mesmo diremos da emancipação. Só após a manifestação de vontade é que essas regras se aplicam – e então, como dissemos, com inteira vinculatividade[832].

---

[828] Cfr. *infra*, n.° 335 IV.

[829] Inclusive de regras de interesse e ordem pública.

[830] A ordem pública internacional é assim uma mera excepção à aplicação de regras normalmente competentes. Não tem que ver com uma classe de regras jurídicas.

[831] *Supra*, n.° 292.

[832] As regras permissivas também podem prever meras faculdades, como a actuação de facto do proprietário sobre a coisa. Também estas regras devem ser qualificadas como dispositivas.

Classificação das Regras Jurídicas

II – *Regras interpretativas*

Distinguimos as regras jurídicas em interpretativas e inovadoras[833]. As regras interpretativas (como aliás também as inovadoras) podem ser:

– injuntivas
– dispositivas.

Por outro lado, as regras interpretativas podem sê-lo:

– de fontes do direito
– de negócios jurídicos.

Combinando estas classificações, apuramos qual a modalidade de regras interpretativas que nos interessa neste momento.

São regras interpretativas injuntivas as que interpretam fontes do direito; dispositivas, as que interpretam negócios particulares. No primeiro caso, porque fixam o entendimento das fontes, fixam-no objectivamente, sem atender à vontade das partes. No segundo caso, porque visam esclarecer os termos que os particulares usaram porque quiseram, fazem-no dispositivamente. Assim como podiam não ter feito a declaração, também os particulares podem fazê-la usando os termos em sentido diverso do que se prevê na norma interpretativa.

Vejamos um exemplo: António morre com testamento em que beneficia uma generalidade de pessoas: os pobres, os hospitais, as congregações religiosas, qualquer outra categoria. Surgem dificuldades para delimitar a extensão dos beneficiários. A lei intervém então, esclarecendo que a disposição beneficia as pessoas existentes no lugar em que o testador tinha domicílio ao tempo da morte[834].

Temos aqui uma regra interpretativa dispositiva. Ela permitirá esclarecer a disposição do autor da sucessão, mas não é injuntiva. Assim como o autor da sucessão tem liberdade para beneficiar ou não aquelas entidades, também a tem para demarcar de outro modo o respectivo círculo. Pode o autor da sucessão preferir beneficiar todas as congregações religiosas do país, ou só os hospitais particulares, ou preferir qualquer outra determinação. Se o fizer, expressa ou implicitamente, a sua vontade afasta a aplicação da regra interpretativa legal.

---

[833] *Supra*, n.° 293.
[834] Art. 2225 do Cód. Civil.

526 *O Direito. Introdução e Teoria Geral*

III – *Regras supletivas*

Esta é a mais importante categoria de regras dispositivas, pelo que lhe dedicaremos um número especial.

301. Regras supletivas

I – As partes não estão em condições de antecipar em seus negócios uma disciplina completa da relação, e mesmo que o pudessem fazer não seria prático repetir em todas as ocasiões os mesmos preceitos. A lei acode a esta deficiência, estabelecendo em todas as categorias de negócios mais importantes um regime normal, que se aplicará sempre que as partes nada dispuserem em contrário.

Seja a celebração de uma compra e venda. Em geral, as partes limitam--se a indicar o que é específico daquela compra e venda – a coisa vendida, o preço, as condições de entrega e pagamento... – deixando tudo o resto para as regras normais da compra e venda, que são automaticamente aplicáveis no seu silêncio. Se, por exemplo, a coisa vendida tiver defeitos, aplicam-se as disposições supletivas da lei.

II – As regras supletivas podem ocorrer:

– às deficiências da declaração de vontade das partes
– a efeitos que se produzem quando se omite qualquer declaração.

Há quem autonomize esta última categoria como um novo termo, diferente do das regras supletivas[835]. Poderia para esta falar-se em regras dispositivas, em sentido mais restrito. Mas mesmo em casos desta índole a lei portuguesa fala em regime supletivo, no art. 1717[836]. Trata-se de disposições sobre a chamada sucessão legítima, portanto da que se processa não havendo disposição injuntiva de lei nem testamento.

Na mesma posição estariam as regras respeitantes ao regime de bens do casamento, que se aplicam quando os nubentes não celebram a convenção antenupcial[837].

---

[835] Cfr. Barbero, *Sistema*, n.º 6.

[836] Cfr. sobre esta hipótese as nossas *Sucessões*, n.º 188 I.

[837] Noutros casos, *supletivo* tem também o sentido de subsidiário. O art. 156 do Cód. Civil usa regime supletivo para significar o regime de bens do casamento subsidiariamente aplicável.

III – *Fundamento das regras supletivas*

Há uma controvérsia teórica em torno deste tema. Para a doutrina clássica, que perfilha o subjectivismo próprio do séc. XIX, esse fundamento está na vontade presumível ou tendencial das partes. Presume-se que as partes, se tivessem previsto aquela situação, a teriam regulado daquela maneira. A aplicação das regras supletivas basear-se-ia ainda, embora indirectamente, na mesma vontade das partes que fundamenta o restante conteúdo do negócio.

Com razão evoluiu a doutrina moderna, também neste sector, para uma posição objectivista. A lei não estabeleceu a regra supletiva para homenagear a vontade das partes; estabeleceu-a, sim, porque considerou que aquele era o processo mais adequado de resolver aquela situação – seja ou não de presumir que as partes teriam disposto da mesma forma se tivessem considerado expressamente aquele ponto. Isto não basta para que a valoração da lei se superiorize à valoração contrária das partes; mas leva a que, nada tendo as partes declarado, a valoração legal retome a primazia.

302. Regras gerais, especiais e excepcionais. Referência a esta última categoria

I – É frequente esta classificação tripartida das regras. É obtida por contraposição das últimas duas categorias à regra chamada geral.

Comecemos por observar que a especialidade é uma qualificação relativa. A regra *A* pode ser especial em relação à regra *B*, mas ser geral em relação à regra *C*; basta que esta realize uma especificação ulterior tendo em conta novas circunstâncias[838].

As *regras excepcionais*, dados os problemas complexos que trazem, foram examinadas a propósito da integração das lacunas[839]. Vamos por isso limitar-nos agora a uma conclusão.

---

[838] Por isso tem razão Dias Marques quando trata esta matéria com referência, não às classificações das normas, mas às relações entre as normas jurídicas (*Introdução*, n.º 42). Mas já parece representarem verdadeiras classificações as distinções das regras em comuns e particulares, e em universais e locais, de que falaremos a seguir; e veremos que há razões para adoptar conceitos amplos de regra geral e especial que abranjam também aquelas modalidades. Isto nos impele a manter a colocação tradicional da matéria.

[839] *Supra*, n.º 254. Vejam-se também os n.os 255 e 267.

528   *O Direito. Introdução e Teoria Geral*

II – Na referência corrente à regra excepcional estão confundidas duas figuras com características diferentes e incidências práticas diferentes também.

A regra formalmente excepcional autoriza a utilização do argumento *a contrario*.

A regra substancialmente excepcional – *ius singulare* – implica a proibição da analogia.

Só casualmente uma regra será passível de ambas as qualificações. A uniformidade terminológica é por isso causa de confusão conceitual.

O segundo aspecto já nada tem a ver com a interpretação enunciativa.

303. Regras especiais

I – Uma regra é especial em relação a outra quando, sem contrariar substancialmente o princípio naquela contido, a adapta a um domínio particular[840].

A especialidade pode ser característica de todo um ramo do direito, de institutos jurídicos ou de disposições particulares.

II – 1) No que respeita à especialidade entre *ramos do direito*, é típica a relação existente entre o Direito Civil e o Direito Comercial.

O Direito Comercial não é um direito excepcional em relação ao Direito Civil: não representa uma excepção aos princípios fundamentais deste. O Direito Comercial justifica-se pela consideração das condições particulares do comércio, como a celeridade, o reforço do crédito, a repercussão de uns actos sobre os outros e o fim lucrativo. Como o Direito Civil não estava apetrechado para o desempenho destas funções, o Direito Comercial adapta o Direito Civil à vida comercial, especializando-o de harmonia com as necessidades desta. O Direito Comercial é, em conjunto, um direito especial, em relação ao Direito Civil.

Com isso fica também demonstrado que o Direito Comercial não é um direito excepcional, uma vez que esta adaptação se faz por concretização e não por negação dos princípios do Direito Civil. Mas, por outro lado, nada impede que no Direito Comercial se encontrem verdadeiras dis-

---

[840] Num outro sentido, fala-se por vezes em lei especial para designar simplesmente a lei específica ou a lei extravagante.

Classificação das Regras Jurídicas 529

posições excepcionais, nos casos em que a adaptação só é possível através da inversão de princípios do Direito Civil[841].

III – 2) Por outro lado, há também a especialidade entre *institutos jurídicos* e entre *disposições particulares*.

No Processo Civil temos um exemplo muito nítido. Em princípio, quando se recorre a juízo, abre-se às partes o chamado *processo comum*: os trâmites estão regulados de maneira uniforme seja qual for o objecto da acção.

Mas para certas finalidades houve que realizar uma adaptação nos termos do processo, com vista a corresponder, ou corresponder mais adequadamente, ao objecto do litígio. Prevê por isso a lei uma longa série de processos ou procedimentos especiais, diversos entre si e diversos do processo comum. Por exemplo, a prestação de contas: aquele que pretende exigir que outrem preste contas tem à sua disposição um processo mais adequado que o processo comum (arts. 1014 e seguintes do Código de Processo Civil).

Este processo permite-nos até ilustrar o que dissemos há pouco, sobre a relatividade da qualificação de uma situação como especial. Porque a lei prevê um processo normal de prestação de contas e um processo especialíssimo (é qualificação que foi adoptada por cultores desta matéria) para as contas de entidades como o tutor e o curador (arts. 1020 e seguintes do Código de Processo Civil). As regras sobre o processo normal de prestação de contas são pois especiais em relação às regras do processo comum, mas são gerais em relação às regras que realizam a ulterior concretização do processo relativo às contas do tutor e curador[842].

304. Regras comuns e particulares

I – As regras jurídicas podem ser:

– particulares, quando se aplicam apenas a certas categorias de pessoas
– comuns, quando se aplicam à generalidade das pessoas[843].

---

[841] Sobre esta matéria cfr. o nosso *Direito Comercial* – I, n.os 6 a 8. Também é especial em relação ao Direito Civil o Direito do Trabalho.

[842] De certa forma, o art. 1023 do Cód. de Proc. Civil traz um processo de prestação de contas do depositário judicial que ainda é especial em relação ao processo do art. 1020, relativo ao tutor ou curador.

[843] Cfr. Enneccerus/Nipperdey, *Parte general*, § 44 II.

530   *O Direito. Introdução e Teoria Geral*

A terminologia é convencional. Usamo-la pelo facto de não estar ainda hipotecada a uma determinada acepção.

Em certas épocas históricas as regras de direito particular predominaram. As leis variavam consoante as categorias de pessoas a que se destinavam.

A isso se chamavam os *privilégios* das várias categorias de pessoas. A distinção ultrapassava mesmo a que se fazia entre as três ordens do reino – clero, nobreza e povo. Ao lado do direito comum, cada categoria de sujeitos tinha o seu direito próprio. Cada concelho tinha por sua vez regras próprias, estruturadas essencialmente nos costumes locais, outorgados por *foral* do rei[844], que divergiam entre si.

II – Hoje as leis são comuns, visam na grande maioria dos casos todo e qualquer um – pensemos nas leis fiscais, penais, etc. Em certos países há regras particulares ainda, sobretudo para a regência de certas comunidades religiosas – aplicáveis só aos muçulmanos, por exemplo[845].

Por efeito das regras particulares cria-se o que se chama um estatuto pessoal. É próprio das pessoas naquela situação um regime jurídico, que as acompanha. É então necessário estabelecer outras regras em que se determine como se hão-de processar as relações com pessoas de estatuto diverso[846].

305. Regras universais, gerais e locais

I – Por outro critério, as regras jurídicas podem ser:

– universais ou nacionais, quando se aplicam a todo o território nacional
– locais, quando se aplicam só a zonas delimitadas.

É fácil apresentar exemplos de regras locais – todas as constantes de posturas ou outras fontes municipais, por exemplo. Na verdade, as normas

---

[844] Recorde-se por exemplo o foral de Santos no Brasil.

[845] *No Brasil há uma vasta zona em que regem normas de direito particular. Referimo-nos ao estatuto dos índios, que se mantém (Constituição, arts. 48 XVI, 176 § 1.º, 231 e 232).*

[846] Note-se que não são particulares, mas sim especiais, as regras que regulam certa profissão ou modo de vida, pois atendem à circunstância objectiva da actividade, profissional ou outra, e não às características subjectivas dum grupo social.

Classificação das Regras Jurídicas

resultantes da actividade de órgãos locais são necessariamente regras locais. A competência daqueles está restrita aos limites da sua circunscrição, pelo que nunca poderiam produzir normas universais.

Mas também da actividade dos órgãos da administração central podem resultar regras locais. Assim acontece na legislação referente a uma zona só do país – a legislação provocada pelas secas no Alentejo, por exemplo. São frequentes as regras locais com esta origem.

II – Na ordem jurídica portuguesa devemos entrar em conta com um terceiro termo, as regras gerais ou centrais. Estas são consequência directa do regionalismo incompleto, consagrado na Constituição (arts. 6/2 e 227 e seguintes).

No espaço português estão constituídas as regiões dos Açores e da Madeira e a legislação própria dessas regiões não pode deixar de ser considerada local. Mas o espaço continental não está organizado regionalmente. A legislação que vigorar somente aí não é universal, mas tão-pouco é local. Ocupa uma posição privilegiada dentro do espaço português e por isso se designa legislação geral[847].

III – Usamos estes qualificativos para não recorrer aos que ficaram já comprometidos nas anteriores classificações.

Fala-se por vezes em regra geral para designar o que chamamos regra universal, mas é intuitivo que a qualificação como geral nada tem que ver com a dicotomia regra geral/regra especial.

Para evitar a ambiguidade falamos também em *regras centrais*, por contraposição às regras universais e às locais. Mas o qualificativo *central* reveste igualmente grande ambiguidade.

Por um lado, porque se contrapõem frequentemente as regras locais às regras centrais (no sentido de universais).

Por outro, porque o qualificativo central ora é usado para designar o poder central, ora os órgãos centrais do poder.

Ele pode designar o poder central. O critério é então muito diverso do que nos permitiu distinguir regras universais e locais.

Noutros casos, usa-se "central" para qualificar os órgãos centrais do poder, excluídos os órgãos locais e possivelmente os órgãos autárquicos. Nesta acepção já estamos mais próximos da que permitiu a classificação das regras em universais e locais, mas não há confusão possível.

---

[847] Assim o faz a própria Constituição (art. 112/5, por exemplo).

532   *O Direito. Introdução e Teoria Geral*

Para a classificação que nos ocupa só interessa o âmbito de aplicação da regra. Se esse âmbito é local, a regra é local, quer emane de um órgão local quer de um órgão central. Se esse âmbito é nacional a regra é universal, seja autárquico ou não o órgão do poder central de que emana.

306. Relações entre estas categorias de regras

I – À caracterização das regras como universais, gerais ou locais estão ligados efeitos práticos importantes.

O direito local necessita ser provado em juízo e o restante direito não. Compreensivelmente, pois o juiz não pode estar a par de todas as particularidades locais nem tem de estar familiarizado com elas. É pois adequado que se imponha às partes este ónus para a sua determinação. Isto não dispensa, como já sabemos, a iniciativa do juiz no sentido de obter oficiosamente o conhecimento da fonte.

Este princípio da necessidade da prova é estabelecido pelo art. 348 do Código Civil. Mas este manda provar o direito local, sem nenhum limite, o que não é certeiro.

De facto, não é todo o direito local, em sentido técnico, que carece de ser provado. O referido art. 348 deve ser objecto de uma interpretação restritiva, ou pelo menos declarativa restrita[848]. Seria estranho que se devesse fazer também a prova de diplomas emanados de órgãos centrais – um decreto-lei respeitante a colónias de pescadores, por exemplo. Estes são publicados em jornal oficial, nestes casos até com as formas mais solenes, e nada justificaria uma posição diminuída no corpo das leis. Só os diplomas emanados de órgãos locais escapam ao conhecimento normal e devem ser provados.

Pensamos porém que esta prova deve recair sobre todos os diplomas emanados de órgãos locais – quer pertençam à administração local quer à administração estatal. As razões que justificam requisitos especiais de prova são as mesmas.

II – Pode perguntar-se se, estando determinada matéria regulada no Continente português mas não numa região, a regra geral pode ser aí aplicada por analogia. É um problema específico da ordem jurídica portuguesa.

---

[848] Vimos a propósito da interpretação o sentido exacto destes termos, *supra*, n.os 236 e 238.

Supomos que nestes termos a questão estaria mal colocada. Recorre--se à analogia quando se não encontra uma fonte que regule aquele caso, mas sim um caso análogo. Aqui, o próprio caso seria regulado por lei geral.

Na realidade, o que se pergunta é se as regras gerais são direito subsidiário em relação aos vários espaços regionais: se podem pretender aplicar-se em segunda linha, quando a matéria não estiver expressamente prevista naqueles. Tendemos a uma resposta afirmativa, sempre que a norma geral não se funde em considerações específicas do espaço continental, ou não contrarie as orientações gerais do direito daquela região. O regionalismo incompleto não elimina pois a tendência de aplicação das regras não locais sempre que não se verificar obstáculo a essa aplicação[849].

III – Pelo contrário, o direito local não é utilizável fora do círculo especial que o justifica; não é subsidiário em relação a outras circunscrições. Como é sempre justificado por circunstâncias locais, não pode pretender aplicação quando estas se alteram. As várias circunscrições locais são espaços juridicamente herméticos, não servindo por isso como direito subsidiário em relação a outros espaços também fechados[850].

Mas impõem-se duas precisões importantes.

Quando falamos em direito local referimo-nos aqui ao direito emanado de órgãos locais, qualquer que seja a natureza destes. O direito emanado de órgãos centrais, mesmo que local no seu âmbito de aplicação, pode ser usado para integrar lacunas de outras leis centrais. Assim, as lacunas existentes numa lei sobre turismo no Algarve poderão ser integradas através de uma lei sobre turismo no Douro.

Por outro lado, se a aplicação de uma regra local, autonomamente tomada, não é possível noutra ordem local, não se deve todavia esquecer que todas as regras, centrais ou locais, compõem a ordem jurídica. Quando se caracterizam os princípios gerais desta impõe-se a consideração de todas elas[851].

---

[849] Se o caso não estiver previsto directamente mas houver regra geral análoga, com as mesmas reservas e cautelas deve ser admitida a aplicação analógica na região em causa.

[850] Nem ao espaço correspondente às leis gerais ou centrais em Portugal.

[851] E bem assim quando pretendermos caracterizar o espírito do sistema, se for considerado necessário ainda o recurso "à norma que o próprio intérprete criaria" (*supra*, n.º 262).

534 *O Direito. Introdução e Teoria Geral*

Quando pois algum caso deva ser resolvido pelo recurso aos princípios gerais e nada imponha um princípio específico do espaço em causa, é para os princípios gerais da ordem jurídica que haverá que recorrer; e estes resultam da contribuição de todas as fontes jurídicas que esta inclui. Desta forma indirecta, o direito de cada espaço, mesmo local, pode ser relevante para o ordenamento global.

307. Lei geral não revoga lei especial

I – Voltemos agora um pouco atrás. Há outro aspecto da relação entre lei geral e lei especial que se reveste de considerável importância: é o que respeita à revogação. Devemos saber se, em princípio, a lei geral revoga a lei especial ou a lei especial a geral.

Afastamos antes de mais uma situação que se não confunde com esta. Podem as várias leis ser compatíveis: assim acontece se a lei nova aditou uma consequência jurídica, geral ou especial, ao regime anterior, sem haver contradição[852]. Neste caso, não há que falar em revogação.

Quanto à pergunta sobre a revogabilidade da lei especial pela lei geral, a resposta é tendencialmente negativa. A afirmação aparentemente lógica de que a lei geral, por ser mais extensa, incluirá no seu âmbito a matéria da lei especial, ficando esta revogada, não se sobrepõe à consideração substancial de que o regime geral não toma em conta as circunstâncias particulares que justificaram justamente a emissão da lei especial. Por isso não será afectada em razão de o regime geral ter sido modificado. Uma lei sobre o turismo não afectará uma lei especial sobre o turismo de montanha.

II – Mas esta consequência não é fatal. Não acontecerá assim se se retirar da lei nova a pretensão de regular totalmente a matéria, não deixando subsistir leis especiais. Haverá então circunstâncias relevantes, em termos de interpretação, que nos permitam concluir que a lei geral nova pretende afastar a lei especial antiga. Pode, por exemplo, a lei nova ter por objectivo justamente pôr termo a regimes especiais antigos que deixaram de se justificar. Se se puder chegar a esta conclusão, a lei especial antiga fica revogada pela lei geral.

---

[852] Sobre esta matéria cfr. Larenz, *Metodologia*, 372-373.

Classificação das Regras Jurídicas   535

Em qualquer caso, o intérprete terá de procurar apurar um sentido objectivo da lei. Esse sentido é o de regular exaustivamente um sector, não deixando subsistir fontes especiais[853]. Não é directamente o sentido de revogar as fontes especiais, pois esse é mera consequência da destinação à regulação integral.

Esse sentido há-de revelar-se por indícios de uma das seguintes ordens:

1) a premência da solução, igualmente sentida no sector em que vigorava lei especial;

2) o facto de a solução constante da lei "especial" não se justificar afinal por necessidades próprias desse sector, pelo que não merece subsistir como lei especial.

Em sentido técnico, a nova lei realiza a revogação global[854] da legislação referente àquele instituto.

III – Este segundo é o caso mais delicado, pelo que merece ainda um esclarecimento.

O facto de uma matéria ser incluída numa lei que é especial em relação a outra não significa necessariamente que essa matéria seja substancialmente especial. Pode ter sido aí incluída por o legislador ter aproveitado a oportunidade da aprovação da lei especial para integrar nela princípios que se justificavam em toda a ordem jurídica. Nesse caso, à especialidade formal não corresponde uma especialidade substancial. O preceito é na realidade geral e não especial. Por isso, se a lei geral for alterada e trouxer solução contrária, esta afasta também a solução formalmente incluída na lei especial. Em rigor, não há sequer lei especial.

Mas pode chegar-se a outra situação. Pode ter sido editada uma solução para um domínio especial – trabalho, agricultura, etc. – que apenas compõe um regime global, sem ser justificada por necessidades especiais desse sector.

Se o legislador se decide a alterar o regime geral, o que temos de perguntar é o seguinte: o regime estabelecido nesse domínio especial é justificado por considerações próprias desse sector?

---

[853] Cfr. as nossas lições de *Direito Comercial*, I, n.º 14, no que respeita à revogação da lei comercial pela mudança da lei civil (que é geral).

[854] *Supra*, n.º 168.

536   *O Direito. Introdução e Teoria Geral*

Se o é – e mesmo que estejamos em total discordância com a solução trazida – o regime especial é insensível à alteração da lei geral.

Mas se o não é, se não há nenhumas razões de especialidade substancial que o justifiquem, então esse regime foi atingido pela alteração da lei geral. Não há nada nele que oponha resistência à vigência da lei geral.

IV – A lei especial nunca pode revogar a lei geral. Referindo-se a um ponto particular, deixa intocada a ordenação geral da matéria.

A lei especial posterior derroga a lei geral. Se essa lei for substituída por outra lei especial, que não refira a matéria que fora objecto de derrogação, ainda assim esta se mantém[855]. Se porém a lei especial é revogada sem ser substituída por nenhuma outra, voltam a aplicar-se os preceitos da lei geral, pois deixa de verificar-se o obstáculo resultante da vigência de lei especial.

308. Uma noção ampla de especialidade

I – O art. 7/3 do Código Civil consagra a solução que acabamos de expor. Proclama categoricamente que a lei geral não revoga a lei especial. Mas admite que assim não aconteça, recorrendo à fórmula: "excepto se outra for a intenção inequívoca do legislador".

A fórmula é infeliz, porque falar em intenção inequívoca é abusar do antropomorfismo. Por interpretação, podemos todavia concluir que:

1) intenção inequívoca não significa intenção expressa. Se a intenção revogatória fosse expressa, haveria revogação expressa e este problema não se colocaria.

2) não basta, por interpretação, concluir que houve uma intenção de revogar. A lei exige uma intenção *inequívoca*, portanto uma conclusão qualificada, em termos de interpretação.

Se não falarmos de intenção mas antes, como é correcto, no sentido da lei, diremos que o art. 7/3 exige do intérprete uma particular certeza na sua conclusão sobre o sentido da lei[856].

---

[855] É o caso contemplado no Ac. do Sup. Trib. Administrativo de 5 de Novembro de 1979 (Tribunal Pleno): *Acórdãos Doutrinais STA*, ano XIX, n.º 220 (Abril de 1980), 493.

[856] Com uma perspectiva própria sobre o âmbito de aplicação do preceito e que temos dificuldade em acompanhar, cfr. Vaz Serra, RLJ, 99.º, 334-335.

Classificação das Regras Jurídicas

II – Outro problema: o princípio que a lei geral não revoga a lei especial abrange só a relação entre o que designámos a lei geral e a lei especial? Ou também a lei comum posterior não revoga a lei particular, nem a lei universal revoga a lei local? Poderá admitir-se, ao lado de uma especialidade material, uma especialidade *pessoal* e uma especialidade *territorial*[857]?

Os precedentes legislativos nada esclarecem sobre este ponto. Também na doutrina anterior nada encontramos que nos autorize a proceder a esta generalização. Quando se falava em lei especial parece ser só a especialidade em razão da matéria que se tinha em vista.

Mas substancialmente, a solução era já a mesma que é trazida agora pelo art. 7/3 do Código Civil, pelo menos para a regra universal. Entendia-se já, mesmo na ausência de disposição legal, que a regra universal não revoga a regra local[858].

Não pode deixar de se entender assim, porque o que é estabelecido em vista de uma situação específica não pode ser atingido por uma lei que apenas considerou aspectos gerais. Assim, se houver uma lei reguladora do comércio na Cova da Beira, essa lei não é atingida pela alteração da lei universal sobre o comércio. O regime do art. 7/3 adapta-se portanto perfeitamente a esta situação.

A mesma adequação encontramos para as normas comuns e particulares: uma lei sobre o casamento dos índios, por exemplo, não é atingida pela alteração da lei comum sobre a família.

Igualmente parece ser aplicável a estes casos a restrição que se defronta quanto à não revogação da regra especial: a regra local e a regra particular já serão afastadas se essa for a intenção do legislador[859].

III – *Conclusão*

Que repercussão terá este regime quanto à classificação das regras em gerais e especiais?

---

[857] Todas elas estariam contidas no princípio do art. 7/3 do Código Civil. Neste sentido, Dias Marques, *Introdução*, n.º 42, 2.

[858] Cfr. Cabral de Moncada, *Lições*, I, n.º 6, *c*); Pires de Lima e Antunes Varela, *Noções*, I, 72. É o único sentido possível da afirmação destes autores de que, concorrendo normas de ambas as espécies, as locais devem prevalecer sobre as universais. Dado que, se a regra local fosse posterior à regra universal, seria evidente a sua prevalência, só podem ter tido em vista a persistência da regra local face à alteração da regra universal.

[859] Por força do art. 7/3, e portanto quando se possa falar de uma intenção inequívoca do legislador.

A consequência parece ser a de impor a admissão de um conceito mais vasto de regra geral e regra especial. A identidade total da *ratio* justifica este entendimento amplo. De modo que o art. 7/3 do Código Civil se aplicará, directamente e não por analogia, quer às regras especiais em sentido estrito, quer às regras particulares, quer às regras locais.

Portanto, sempre poderemos distinguir, dentro da especialidade em sentido amplo, a especialidade:

– material
– pessoal
– territorial.

CAPÍTULO III
CONCURSO E CONFLITO DE REGRAS

309. Introdução

Unificamos neste capítulo as hipóteses de concurso e conflito de leis e de regras, seja qual for o momento do percurso jurídico em que se manifestam.

A distinção inicial deveria traçar-se consoante o objecto fossem:

– fontes
– regras.

Vamos começar pelo concurso e conflito de fontes.

310. Concurso e conflito de fontes

I – A situação-fundamento da interpretação ab-rogante[860], quando se baseia em disposições inconciliáveis, é apenas uma modalidade do chamado concurso de leis – e a que aliás melhor se chamaria o *concurso de fontes*.

Pode a mesma factispécie ser enquadrável em mais de uma fonte do direito[861].

A questão que se coloca é o de saber se essa pluralidade é aparente, ou se pelo contrário as várias fontes são realmente aplicáveis. Com isto se distingue um concurso aparente de outras formas de concorrência de normas.

---

[860] *Supra*, n.os 237 e 238.

[861] Sobre esta problemática cfr. Engisch, *Introdução*, 53; Dias Marques, *Introdução*, n.º 44, para os conflitos intra-sistemáticos, distinguindo relações de consunção, cumulação e incompatibilidade.

540 *O Direito. Introdução e Teoria Geral*

O concurso aparente verificar-se-ia quando entre as normas houvesse uma relação de:

– especialidade
– subsidiariedade
– consunção.

Estas categorias têm sido desenvolvidas no Direito Penal, que nos oferece ainda o reservatório mais completo de regras em matéria de concurso.

II – 1) A relação é de *especialidade* quando as normas estão entre si em relação de género a espécie. Uma das normas caberia integralmente no conteúdo de outra. Cumulam-se ou excluem-se?

Se se excluem, conclui-se que o concurso é aparente. Mas a previsão mais concreta pode trazer uma solução compatível com a aplicação da regra geral. Pode representar um complemento à aplicação daquela regra geral[862]. Será pois por interpretação que poderemos concluir se a regra especial quanto ao conteúdo exclui ou não a aplicação da regra geral.

2) A relação é de *subsidiariedade* quando as regras são secantes. Alguns factos previstos numa das normas sobrepor-se-iam a parte da previsão de outra norma.

Temos de recorrer de novo à interpretação, para concluir se, no domínio em que há sobreposição, uma das normas exclui a outra, ou se pelo contrário há uma aplicabilidade de ambas.

O mesmo esquema que se aplica a fontes singulares se pode aplicar em relação a institutos jurídicos. Assim, haverá que perguntar se as regras sobre tutela de direitos industriais privativos, como as patentes, os modelos e as marcas, estão em relação de subsidiariedade com as regras de concorrência desleal; pois pode uma violação de um destes direitos privativos representar simultaneamente a ofensa das normas e usos honestos de um ramo de actividade[863]. Nesse caso, importa saber qual dos complexos normativos deve ceder perante o outro. Seria quanto a nós o da concorrência desleal, dada a maior concretização que trazem os tipos de direitos privativos.

---

[862] Cfr. já *supra*, n.º 307 I. Sobre a matéria do concurso de várias proposições jurídicas cfr. Larenz, *Metodologia*, 372 e segs..

[863] Art. 317 do Código da Propriedade Industrial. Cfr. as nossas lições de *Concorrência Desleal*, n.º 204.

3) A relação é de *consunção* quando o interesse tutelado por uma norma absorve o tutelado por outra norma[864].

Se aqui se puderem abranger as fontes antitéticas, o caso de concurso resolvido pela interpretação ab-rogante[865] cairia dentro desta categoria. Mas teria uma especialidade. Nos restantes casos, as fontes são reais, e só a sua aplicabilidade conjunta é aparente. Pelo contrário, nesta hipótese uma das fontes é só aparente, pois por interpretação temos de concluir que ela afinal não vige.

III – Se não há concurso aparente, as duas normas são potencialmente aplicáveis. Mas essa aplicabilidade ainda se pode fazer em posição diversa.

Distingue-se nomeadamente uma concorrência cumulativa de uma concorrência alternativa.

Concorrência alternativa é aquela em que há uma possibilidade de escolha entre várias normas, de modo que só uma é afinal aplicada.

Concorrência cumulativa é aquela em que se somam os efeitos jurídicos previstos nos vários tipos.

Há ainda situações particulares. Assim, o art. 20 do Dec.-Lei n.º 433/82, de 27 de Outubro, que cria o ilícito de mera ordenação social, determina que se o mesmo facto constituir simultaneamente crime e contra-ordenação, será o agente sempre punido a título de crime, sem prejuízo da aplicação das sanções acessórias previstas para a contra-ordenação. O caso é peculiar, porque não há o afastamento da regra que prevê a contra-ordenação nem a aplicação cumulativa. Tem prioridade a regra da incriminação como crime, mas há uma solução especial porque a outra regra também é considerada aplicável, e por isso se cominam as sanções acessórias previstas para a contra-ordenação.

IV – O concurso ou conflito podem travar-se:

– em abstracto
– em concreto.

Em abstracto, vimos que há regras que no seu conteúdo se sobrepõem, total ou parcialmente.

---

[864] Segundo Cavaleiro de Ferreira, seria uma verificação a realizar em concreto (*Lições de Direito Penal*, I, 533).

[865] *Supra*, n.os 241 e 242.

542 *O Direito. Introdução e Teoria Geral*

O concurso de regras em concreto será estudado imediatamente a seguir.

311. Concurso e conflito de regras

I – Para além da delimitação do âmbito das regras tomadas por si (que é matéria integrável na interpretação em sentido amplo) surgem-nos concursos ou conflitos de regras no momento da aplicação.

Perante o caso concreto, pode concluir-se que são aplicáveis várias regras[866]; como pode concluir-se que não é aplicável regra nenhuma.

Falando do concurso e conflito de regras referimos as hipóteses em que o caso concreto se integra na previsão de duas ou mais válidas regras. É necessário então saber como proceder.

Sobre todas estas situações pode traçar-se uma teoria geral. Podemos falar de uma relação de:

– consunção
– cumulação
– incompatibilidade[867].

É difícil manter porém o debate em pura abstracção. A tendência é passar para a análise dos concursos ou conflitos de normas que surgem na aplicação em domínios concretos. É esta vertente que em seguida nos interessará.

II – A problemática do concurso tem sido objecto de aprofundamento no Direito Penal.

Distingue-se o concurso aparente (que é o que se verifica quando se preenchem efectivamente várias previsões legais, mas uma só deve ser afinal considerada aplicável ao caso) e o concurso ideal (quando um só facto faz funcionar várias normas). Assim, se o mesmo tiro mata uma pessoa, fere outra e destrói uma coisa, há concurso ideal de infracções. E haveria

---

[866] Quando falamos na aplicação de várias regras, não temos em vista aquele caso aparente de concurso de normas que nos surge na interpretação ab-rogante. Ali, na realidade, não há verdadeiro concurso, porque das fontes em presença só uma, no máximo, produziu uma regra, e isso pode concluir-se através da interpretação.

[867] Assim procede Dias Marques para os conflitos intra-sistemáticos (*Introdução*, n.° 44). Com resultados semelhantes, embora com terminologia parcialmente divergente, cfr. Larenz, *Metodologia*, 372 e segs.; Engisch, *Introdução*, 53.

ainda o *concurso real*, que nos não interessa, quando vários factos do mesmo sujeito fazem funcionar várias normas[868].

III – Os estudiosos do Direito Internacional Privado[869] também se ocupam com o concurso de normas, mas particularmente são sensíveis à noção dos conflitos que podem surgir. Isso dá-se quando houver regras de várias ordens jurídicas potencialmente aplicáveis por designação de regras de Direito Internacional Privado, que conduzem a resultados distintos[870].

Num sentido um tanto diverso diz-se que o Direito Internacional Privado visa paradigmaticamente resolver conflitos de leis: positivos, quando várias leis pretendem aplicar-se à mesma situação, e negativos, quando não há nenhuma lei que se considere competente.

312. Sequência

Digamos que, dentro da figura muito ampla da concorrência de leis, as leis concorrentes podem ser conciliadas demarcando-se:

– tempos diferentes de aplicação
– espaços diferentes de aplicação.

Esquematizando, digamos apenas que podemn várias fontes ter o mesmo objecto. Surge, em sentido amplo, a figura do concurso de normas.

Se essas normas respeitam a espaços diversos, suscita-se a questão da aplicação da lei no espaço.

Se essas normas têm tempos sucessivos de vigência, suscita-se a questão da sucessão de leis, que examinamos de seguida.

Já lhes fizemos uma referência incidental, a propósito das regras remissivas. É a altura de as considerar *ex professo*.

Se têm o mesmo âmbito espacial e temporal de vigência, suscita-se a questão da concorrência ou conflito de normas, que acabamos de examinar[871].

---

[868] Cfr. Cavaleiro de Ferreira, *Lições de Direito Penal*, I, págs. 373 e segs.. Sobre o mesmo problema, mas adoptando orientação diversa, cfr. Eduardo Correia, *Unidade e Pluralidade de Infracções*.

[869] Sobre este cfr. *infra*, n.º 335.

[870] Cfr. Baptista Machado, *Âmbito*, 211 e segs..

[871] *Supra*, n.os 309 a 312.

CAPÍTULO IV
SUCESSÃO DE LEIS: ÂMBITO DA LEI NOVA
E DA LEI ANTIGA

313. Equação

I – Toda a fonte do direito está historicamente situada. O fenómeno é particularmente visível nas fontes intencionais, como a lei, em que se pode marcar precisamente o antes e o depois da aquisição de validade. Por isso, se surgem várias fontes, colocadas no mesmo nível hierárquico, mas formadas em tempos diversos, aplica-se o princípio fundamental de que "a lei nova revoga a lei antiga" – ou, mais amplamente, de que a fonte nova revoga a antiga.

Mas devemos tomar consciência de que, por detrás da simplicidade aparente deste princípio, subsiste um mundo de dificuldades. É que a lei nova (e limitamo-nos daqui por diante à consideração da lei, pois aí os problemas podem ser apresentados de forma mais esquemática) entronca num momento de um incessante processo social. Por isso aqueles "antes" e "depois", separados pelo nascimento da nova lei, representam desde logo uma violência sobre a continuidade da vida social.

II – Distinguimos a repercussão da lei nova sobre:

– factos
– situações jurídicas.

Os factos podem ser:

– instantâneos
– continuados ou complexos de produção sucessiva.

No 1.º caso, tudo se resumiria a saber se se produziram no domínio da lei nova ou da lei antiga.

Não assim no 2.º caso. O regime jurídico de um facto iniciado mas não consumado na vigência da lei antiga é o da lei antiga ou o da lei nova?

546 *O Direito. Introdução e Teoria Geral*

As dificuldades repetem-se pelo prisma das situações jurídicas resultantes do facto.

Há sempre situações juridicamente relevantes que, tendo origem no passado, tendem a prolongar-se para futuro: nem tudo terminou já, e nem tudo vai começar de novo. A essas situações, que lei se aplica? A antiga ou a nova?

Podemos dizer que uma situação se prolonga enquanto se não extinguiu o último dos efeitos que se lhe refiram.

Se entra em vigor nova lei antes de isso acontecer, há uma questão de aplicação da lei no tempo.

Para além desta problemática normal, surge a possibilidade de a lei revestir eficácia retroactiva. Então pretende mesmo agir sobre o passado.

Este é o capítulo que é geralmente designado como o da *aplicação da lei no tempo*. E a este propósito que alguns autores examinam também a matéria da entrada em vigor da lei. Afastamo-nos daquela terminologia para marcar que está em questão a demarcação do âmbito da lei, logicamente anterior à aplicação desta.

III – Alguns exemplos ilustrarão esta problemática:

1) António celebra com Bento um contrato de empreitada, que deve ser cumprido dentro de três meses. Logo no mês seguinte sobrevém nova lei, que regula em termos diversos os poderes e vinculações do dono da obra e do empreiteiro. À luz de que lei deve o contrato executar-se?

2) Jorge pratica um acto que na altura é considerado criminoso e sancionado com a pena de prisão. Antes do julgamento, o acto deixa de ser punível. A experiência não dá bom resultado, e terceira lei restabelece a incriminação do acto e sanciona-o com uma multa. Qual das três leis deve afinal aplicar-se ao acto cometido por Jorge?

3) Mário e Maria casaram há muitos anos. Uma lei altera os poderes e deveres pessoais dos cônjuges, dispensando por exemplo na repartição do poder paternal. Maria pode invocar essa lei?

4) Uma acção foi proposta numa altura em que era admitido o recurso da sentença final. Antes de esta ser proferida, nova lei suprime a possibilidade de recurso em processos daquele tipo. No caso concreto, a parte vencida poderá ou não recorrer?

Estes exemplos evidenciam já, supomos, a extrema complexidade do tema, bem como a necessidade de atender a vários factores para chegar a uma solução correcta.

314. Direito transitório

I – Pode a lei fixar, casuisticamente, a solução das hipóteses que se coloquem na fronteira entre uma e outra lei. Se assim o faz, temos o chamado direito transitório.

Um elucidativo exemplo é-nos dado pelo Dec.-Lei n.º 47 344, de 25 de Novembro de 1966, que aprovou o Código Civil. A maioria dos seus preceitos ocupa-se da solução de problemas específicos levantados por situações duradouras que, iniciadas no domínio da lei antiga, tendem a prolongar os seus efeitos no domínio da nova lei. Aí se encontram pois regras especiais referentes a pessoas colectivas ou jurídicas, interdições, parceria agrícola, anulação e efeitos do casamento, regimes matrimoniais de bens, filhos adulterinos, etc..

Com isto não se esgotam as regras de direito transitório emitidas a propósito do novo Código Civil. Mesmo no texto deste outras regras se encontram, como a do art. 1517, integrado na disciplina da enfiteuse. Ainda após a abolição desta poderá ser necessário recorrer a este preceito para calcular a indemnização a que o senhorio tem direito, nos termos do art. 2 do Dec.-Lei n.º 233/76, de 2 de Abril.

Note-se que podem justamente surgir dificuldades na concatenação das regras especiais de direito transitório e dos critérios gerais de solução que, como veremos, dominam as ordens jurídicas em análise. Poderia pretender-se que o legislador só enunciou expressamente essas regras por elas representarem excepção aos princípios gerais. Mas não há motivo para concluir assim. Normalmente, elas representam antes simples aplicação dos critérios gerais a situações que, por serem particularmente delicadas, cuidou o legislador dever deixar ao abrigo de toda a dúvida[872].

II – É costume distinguir direito transitório:

– formal
– material.

---

[872] Seria precipitado o argumento *a contrario* (recorde-se o que dissemos sobre este *supra*, n.º 267) pelo qual se pretendesse, partindo da fixação de um comando particular, que a regra geral sobre a vigência temporal da lei seria a oposta. Isto exprime afinal o art. 5 do Dec.-Lei n.º 47344, que manda aplicar aos factos passados a regra do art. 12, "com as modificações *e os esclarecimentos* constantes dos artigos seguintes".

548 O Direito. Introdução e Teoria Geral

Há *direito transitório formal* quando o legislador se limita a escolher, de entre as leis potencialmente aplicáveis, as que devem regular no todo ou em parte aquela situação[873].

Há *direito transitório material* quando as situações a que se referem as sucessivas leis recebem disciplina própria. Temos portanto aquilo a que podemos chamar a terceira solução[874].

III – A emissão de regras transitórias especiais poderá ser a solução desejável, mas não é a solução normal. Na grande maioria dos casos não se encontram regras que prevejam as situações que podem ser abrangidas por mais de uma lei. Por mais numerosas que sejam as hipóteses especialmente previstas nos códigos ou em leis especiais, são sempre em número insignificante se comparadas com as questões que se suscitam com a entrada em vigor de novas leis.

Mas mesmo que o legislador tivesse a pretensão de abranger todos os casos não o conseguiria fazer, pois a maioria das hipóteses escaparia a toda a previsão. *Assim como há necessariamente lacunas no direito, também há necessariamente lacunas no direito transitório.* Por isso, a solução adequada não está em multiplicar indefinidamente as previsões particulares, mas em encontrar critérios de solução aplicáveis à generalidade das hipóteses. Vejamos quais são os critérios que nos fornece o direito português.

315. Critérios gerais

I – Há critérios próprios de certos ramos do direito.

Assim, em Direito Processual vigora a regra de que *a lei nova é de aplicação imediata.* Em sintonia com a presunção que a lei nova contém

---

[873] Assim, o art. 23 do referido decreto-lei dispõe que as atribuições do testamenteiro são as que lhe forem fixadas pela lei vigente à data da feitura do testamento. Portanto, no caso de o testamento ter sido feito no domínio do Código de Seabra e a sucessão só se abrir no domínio do novo código, a lei antiga é a preferida. para regular esta matéria. Não há nenhuma solução própria, há só a remissão para uma das leis em presença.

[874] Assim, estabelece o art. 20 daquele decreto-lei que os assentos secretos de perfilhação de filhos adulterinos, validamente lavrados ao abrigo da legislação vigente, tornar-se-ão públicos mediante averbamento oficioso, sempre que sejam passadas certidões do respectivo registo de nascimento.

Aqui não se aplica a lei nova, que estabelece que estes assentos são públicos, nem a lei antiga, que estabelece que são secretos, mas uma solução nova que toma justamente em conta a necessidade de adaptação.

critérios mais perfeitos que os praticados até então, aplica-se esta desde logo aos processos que estão a correr, cujos trâmites se devem adaptar aos que foram agora prescritos. Não nos interessa indagar se esta regra fundamental representa ou não uma excepção ao princípio geral da não retroactividade[875].

Em matéria de Direito Penal vigora o princípio da *aplicação da lei mais favorável ao agente*. Seria chocante que, tendo duas pessoas praticado factos idênticos, uma fosse mais favoravelmente tratada que a outra. O legislador leva o seu cuidado até ao ponto de nivelar por baixo, preferindo sempre a lei mais favorável, quer seja a mais antiga ou a mais nova, que entrar em vigor até à condenação do infractor (art. art. 2 do Código Penal). Também se uma lei nova eliminar a infracção, fica extinta a pena. Isto quer dizer que, no segundo exemplo que inicialmente apresentámos, o agente não será afinal punido, porque uma lei intermédia considerou o facto não criminoso.

II – *Não retroactividade*
Em todos os restantes casos, poder-se-ia dizer que o critério mais geral de solução constante da lei é o da *não retroactividade*.

Simplesmente, não nos podemos deixar adormecer por esta fórmula, como se ela trouxesse a chave de todas as dificuldades. A interpretação torna-se muito complexa, porque os entendimentos extremos são inaceitáveis.

III – Assim, poderia pretender-se que com aquele princípio geral só é conciliável *a aplicação da lei nova a toda e qualquer situação que subsista no momento da sua entrada em vigor*. O passado estaria assente, e com isto se respeitaria o carácter não retroactivo da lei. Todo o efeito futuro, porém, seria regulado já pela lei nova.

Esta solução seria manifestamente inadequada, e por isso ninguém a sustenta. Se alguém celebra um contrato verbal, de harmonia com a lei vigente, mas antes da execução surge uma nova lei a exigir a forma escrita, não se admite que o contraente se recuse a cumprir, com o fundamento de que o contrato não observou a forma prescrita por lei.

Portanto, desde já se torna manifesto que certas valorações da lei antiga se deverão manter. E isto permite um esclarecimento do que se

---

[875] Castro Mendes, *Manual de Processo Civil*, n.º 4, nega que o seja: haveria apenas uma aplicação do princípio de que a nova lei é de aplicação imediata, mas não retroactiva.

550   *O Direito. Introdução e Teoria Geral*

entende por *cessação da vigência da lei antiga*, em caso de mudança da lei. Essa cessação não pode ser entendida como um completo apagamento, para o futuro, de efeitos que nessa lei antiga se baseiam. Veremos que em geral o passado é respeitado, e que a norma anterior continua a fundar a juridicidade de situações criadas mesmo após a entrada em vigor da lei nova.

IV – Perante isto, pode-se pensar na solução oposta. Só seria compatível com a regra da não retroactividade a *aplicação da lei antiga a toda e qualquer situação que tenha no passado a sua origem.*

As consequências deste entendimento seriam porém igualmente inaceitáveis. A propriedade imóvel, por exemplo, uma vez constituída, tende a prolongar-se através dos séculos e das gerações. Teríamos de concluir, nos termos de semelhante teoria, que, apesar de todas as modificações sofridas pelo regime de propriedade, quase todos os direitos de propriedade existentes se continuariam a reger pelas Ordenações do Reino, ou por leis anteriores... Por exemplo, a lei que impusesse a utilização da água de rega nas zonas irrigadas só seria aplicável a propriedades a constituir de futuro. Mas como a extinção da propriedade imóvel, que condiciona logicamente essa constituição[876], é fenómeno de escassa ocorrência histórica, teríamos que as novas orientações do legislador seriam neste domínio praticamente inoperantes, porque se reduziriam a um âmbito muito restrito.

Vemos portanto que se confirma a primeira impressão de com-plexidade do problema. É necessário avançar para soluções ponderadas e diversificadas, afastando orientações radicais.

316. A aplicação imediata da lei

I – *O critério universal de solução*
Não havendo regra particular nem critério específico de um ramo do direito vigora o critério universal, consagrado no art. 12 do Código Civil. Mais uma vez deparamos com preceitos que não são específicos do Direito Civil, antes se estendem tendencialmente a toda a ordem jurídica[877].

---

[876] Numa compra e venda a propriedade não se extingue, transmite-se. Numa sucessão por morte a propriedade mantém-se idêntica. Só em hipóteses como a expropriação ou desapropriação o concreto direito de propriedade se extingue.

[877] Já o art. 8 do Código de Seabra, que proclamava que "a lei civil não tem efeito retroactivo", sempre foi entendido como portador de um princípio geral do direito, não obstante a sua referência à lei civil.

As leis do século passado acolheram expressamente o princípio da não retroactividade da lei: o princípio recebia até normalmente assento nas próprias constituições políticas. Neste século, não só constituições mas até leis ordinárias o omitiram, sem que por isso os doutrinários deixassem de proclamar que o princípio da não retroactividade marcava uma das orientações fundamentais da ordem jurídica, muito embora fosse susceptível de excepções em casos particulares.

II – O princípio vigente é o de que *a lei nova é de aplicação imediata*. Em rigor, não é isso que está escrito na lei portuguesa. O art. 12/1 do Código Civil proclama que *a lei só dispõe para futuro*, alterando, por influência estrangeira, o enunciado tradicional. Deslocadamente o faz, pois o sentido da regra é o mesmo; por isso, no próprio art. 12/1 se contrapõe a lei que só dispõe para o futuro à lei com eficácia retroactiva. E deslocadamente o faz, também, porque a expressão anterior era mais correcta.

A lei não dispõe só para o futuro, dispõe também quanto ao presente. Automaticamente atinge situações que se verifiquem no momento da sua entrada em vigor. Recorde-se a possibilidade de factispécie se referir a situações, como a menoridade, e não só a factos, como se verá mais tarde. Para além disso, a lei aplica-se no presente aos factos conectados, por lei ou vontade das partes, ao momento da sua entrada em vigor. Assim acontece se um contrato fixou o seu início nas 0 horas do dia X...[878].

A ideia geral de que a lei tem aplicação imediata (logo, não actua sobre o passado) parece-nos ser ainda a que tem maior explicatividade.

Uma coisa é a aplicação imediata, outra a aplicação retroactiva. Entrando em vigor, a lei atinge imediatamente as situações que defronta, mas não inflecte sobre o passado, alterando valorações produzidas já.

A conciliação destas duas posições está expressa na lei portuguesa, na qual, após se determinar que a lei só dispõe para o futuro, se prevê: "ainda que lhe seja atribuída eficácia retroactiva...". Isto representa a admissão de uma possibilidade nova, que não estava portanto compreendida na previsão da aplicação imediata da lei.

III – Na verdade, ínsito no princípio da aplicação imediata e dele representando como que uma outra face, está o princípio da não retroactividade.

---

[878] Este entendimento ficou consagrado pelo assento do STJ de 8.VII.80 (no *BMJ*, 299, 116 e no *DR* de 21.X.80).

552 *O Direito. Introdução e Teoria Geral*

Mas este princípio não tem carácter absoluto. Pode haver, em determinados domínios, leis retroactivas. Isso é expressamente previsto na lei portuguesa[879].

Temos pois que a regra é a de que a lei só dispõe para o futuro, portanto a de que a lei não é retroactiva. A presunção de maior adequação, própria da lei nova, cede perante razões muito significativas, que desaconselham a retroactividade. E entre essas razões há sobretudo duas que são praticamente repetidas por todos os autores:

1) A necessidade de *segurança*. Se o passado pudesse sempre voltar a ser posto em causa ninguém estaria seguro do destino dos actos hoje praticados, o que criaria uma grande instabilidade social.

2) A *previsibilidade* das consequências das condutas, que a existência de regras torna em geral possível e que permite ao direito orientar as acções humanas, desapareceria perante a lei retroactiva. A consequência jurídica aplicar-se-ia inflexivelmente, de todo desligada de um possível diálogo com a vontade humana.

O fenómeno olposto à retroactividade da lei nova será o da pós-actividade da lei antiga.

317. Determinações constitucionais sobre irretroactividade

I – Podem as constituições políticas vedar em absoluto a retroactividade das leis.

Não é o que se passa em Portugal. Considerações particulares de oportunidade podem levar a lei a preferir à actuação imediata uma actuação retroactiva.

Mas isso não significa que a nível constitucional não surjam restrições à emissão de leis retroactivas, procurando afastar manifestações particularmente chocantes.

Essas restrições podem ser de âmbito maior ou menor. São menores em Portugal, onde ainda representam apenas manifestações isoladas.

II – *Restrições gerais*
Há algumas restrições gerais, que podem ser facilmente admitidas. Essas restrições são de três ordens:

1) Há uma reserva expressa, respeitante à regra penal positiva.

---

[879] Art. 12/1 do Código Civil.

Sucessão de Leis: Âmbito da Lei Nova e da Lei Antiga   553

2) Há uma reserva implícita: nenhuma situação que o legislador ordinário esteja inibido de atingir directamente pode ser também atingida por via retroactiva.

3) Há uma reserva quanto aos efeitos: a retroactividade de grau máximo – a que atinge o caso julgado – é excluída.

III – *Crimes e sanções penais*

As regras penais positivas, que são as que definem os crimes e sanções correspondentes, não podem ser retroactivas: art. 29 da Constituição. É este o conteúdo de um princípio fundamental do sistema romanístico de direito: o princípio da legalidade[880].

A Constituição amplia este princípio a medidas de segurança privativas da liberdade; mas impõe por outro lado uma restrição grande ao admitir a punição (n.° 2) por conduta "considerada criminosa segundo os princípios gerais de direito internacional comummente reconhecidos"[881].

A tendência destas ordens jurídicas é a de alargar esta excepção para além do seu âmbito originário (como aliás também no que respeita à excepção representada pelo caso julgado). Chega-se a excluir em grande parte a possibilidade de uma "retroactividade desfavorável". As regras constitucionais permitem já hoje uma prudente extensão a outras hipóteses significativas de retroactividade desfavorável.

318. Continuação. O sentido da evolução constitucional

I – A reserva quanto aos efeitos: o caso julgado.

A retroactividade que designaremos desde já de grau máximo é excluída. Não é permitida uma retroactividade que vá ao ponto de atingir o caso julgado, o que representaria a forma extrema de intromissão no passado. O direito definitivamente tornado certo por sentença passada em julgado não poderá mais ser posto em causa.

---

[880] Este princípio comunicou-se até aos Estados socialistas, como vimos. Estes acabaram por acolher a proibição da analogia a partir de regras penais incriminadoras, que é como que a outra face do princípio.

[881] A este propósito é importante a Lei n.° 1/77, de 12 de Janeiro Na 1.ª edição deste livro consideramo-la "obviamente inconstitucional" por agravar penas aplicáveis em processos em curso. Efectivamente, essa inconstitucionalidade foi declarada pela Resolução n.° 64/ 78, de 11 de Maio, do Conselho da Revolução. Não houve porém ainda a coragem de declarar inconstitucional toda a lei.

554   *O Direito. Introdução e Teoria Geral*

É o que sucede na ordem jurídica portuguesa, por força do art. 282/3 da Constituição. O Tribunal Constitucional pode declarar, com força obrigatória geral, a inconstitucionalidade ou ilegalidade duma norma, e a declaração produz efeitos desde a entrada em vigor dessa norma; mas ficam ressalvados os casos julgados[882].

Deriva daqui um princípio geral do respeito pelo caso julgado[883]. Com efeito, se mesmo o caso julgado formado por acatamento a uma lei que comporte o vício mais grave de todos, a inconstitucionalidade, deve ser respeitado, mais o deverá ser o que se formar de harmonia com qualquer outra lei, viciada ou não[884]. Não pode por isso a lei posterior pôr em causa o caso julgado.

II – *Direitos e expectativas*

Em casos mais graves, a lei que atinge retroactivamente direitos garantidos por lei anterior deve considerar-se inconstitucional.

A proibição é apenas expressa para as "leis restritivas de direitos, liberdades e garantias" (art. 18/3 da Constituição)[885].

Mas a jurisprudência constitucional foi mais longe, e não admite que possa ser atingido direito anteriormente concedido quando isso afectar "o princípio da confiança ínsito na ideia do Estado de Direito democrático". Com isto se quer deixar excluída a privação arbitrária de direitos adquiridos. Note-se que assim se utiliza o critério do direito adquirido, o que se não coaduna com o critério do facto passado admitido em geral pela lei portuguesa[886].

---

[882] Admite-se todavia que o tribunal determine a retroactividade favorável, quando se tratar de matéria penal, disciplinar ou de ilícito de mera ordenação social.

[883] Cfr. o Ac. do STJ de 29.VI.76, no *BMJ* 258, 220.

[884] Pelo contrário, Paulo Otero, em *O Caso Julgado Inconstitucional*, defende vastamente a sindicabilidade em juízo de decisões judiciais com força de caso julgado violadoras da Constituição: cfr. o n.º 25, particularmente.

[885] Mesmo quando a regra não estava constitucionalmente consagrada, não era possível um concreto direito constitucionalmente garantido ser atingido por via retroactiva: porque o que o legislador ordinário não pode fazer por via directa, menos o poderá fazer por via retroactiva. Cfr. o nosso "Violação da garantia constitucional da propriedade por disposição retroactiva".

[886] Cfr. os acórdãos do Tribunal Constitucional n.os 93/84, no *BMJ*, 355, 135-156 (150) e 71/87, no *BMJ*, 364, 508. Adita-se apenas a exigência de que esses direitos e interesses estejam "legitimamente subjectivados", o que é puro psitacismo.

Sucessão de Leis: Âmbito da Lei Nova e da Lei Antiga　　555

A tendência é a de estender cada vez mais "os princípios do Estado de Direito democrático, da segurança e da confiança"[887]. E isto em dois sentidos:

– acentuando cada vez mais as expectativas e não os direitos
– questionando a própria aplicação imediata da lei nova.

III – *As metas prosseguidas*
É elucidativa a valoração desta evolução à luz dos objectivos políticos neste domínio.
Os princípios em causa, que se digladiam por vezes, são vários. Fala-se:

– na presumida superioridade da solução da lei nova
– na segurança e estabilidade das situações constituídas
– na prossecução de objectivos de interesse público
– na confiança dos sujeitos.

Consoante o período histórico, assim o papel de cada um destes princípios é diverso. Em períodos revolucionários, as preocupações de ruptura com o passado levam a depreciar as situações adquiridas; em períodos individualistas, a garantia destas torna-se a preocupação prioritária.
Ilustra-o a evolução portuguesa.
Inicialmente, o desrespeito ao passado foi tal que mesmo as aquisições de terrenos baldios por usucapião, por mais antigas que fossem, foram dadas por nulas.
A jurisprudência do Conselho da Revolução negou o respeito do caso julgado como princípio constitucional.
E a Constituição deu lugar muito modesto à não retroactividade.
Mas o ambiente muda. Com os mesmos textos constitucionais chega--se à actual situação de ultra-liberalismo. E a Constituição passa a ser entendida como condensação de uma preocupação (exacerbada) de tutela das expectativas individuais.

IV – Também há restrições especiais. Assim, na ordem jurídica portuguesa, há outras limitações constitucionais, como as constantes dos arts. 18/3, 19/6 e 32/7[888].

---

[887] Cfr. o Ac. TC n.º 95/92, de 17 de Março (rel. Ribeiro Mendes), no BMJ, 415, 190.
[888] Esta última, se se entender que respeita à retroactividade.

556   *O Direito. Introdução e Teoria Geral*

319. Os direitos adquiridos

I – *Direitos adquiridos e meras expectativas*
Os autores antigos explicavam o princípio da não retroactividade apelando para o conceito dos direitos adquiridos: a lei nova teria de respeitar os direitos validamente adquiridos à sombra da lei antiga. Pelo contrário, as simples expectativas não se imporiam ao respeito da lei. Savigny é o precursor; e um autor clássico nesta matéria, Gabba, desenrola toda a sua obra à luz desta contraposição[889].

Mas com o tempo a teoria dos direitos adquiridos passou a ser objecto de numerosas críticas.

Há sobretudo a notar que a teoria é insuficiente como critério de distinção, pois há numerosas situações que não recebem nenhum esclarecimento desta noção[890]. A distinção entre direito adquirido e mera expectativa é muito difícil de traçar. Os autores acabam por chamar expectativas a umas situações e direitos a outras consoante pretendem ou não a aplicação da nova lei, o que representa a inversão do princípio. O facto demonstra que o "direito adquirido" é insuficiente como critério fundamental[891].

Note-se ainda que é necessário não confundir *direitos adquiridos* com *direitos subjectivos*. A propriedade, por exemplo, é um direito subjectivo, e todavia não pode ser indiferente às novas leis. Vimos já as consequências absurdas que derivariam de se considerar que um direito de propriedade se regeria sempre pela lei vigente no momento da sua constituição[892].

---

[889] *Teoria della retroattività delle leggi.* No art. 8 do Código de Seabra havia uma referência a direitos adquiridos, que fez supor que essa teoria havia sido aceite pela lei portuguesa. Era porém errónea tal maneira de pensar, pois correctamente interpretado o preceito excluía justamente a identificação da retroactividade e do desrespeito dos direitos adquiridos.

[890] Pace, *II diritto transitorio*, 139-140; Roubier, *Le droit transitoire*, 168.

[891] A obra precursora de Savigny apresenta já observações de muito interesse. Distingue ele as leis relativas à aquisição e perda dos direitos, e é com assento nestas vicissitudes que fala em irretroactividade: na obra dele, a consideração da vicissitude prima sobre a do direito adquirido. Pelo contrário, as leis relativas à existência dos direitos já não defrontam o mesmo obstáculo: *Traité*, VII, §§ 398 e seguintes. Entre estas inclui, para além das que suprimam todo um instituto, as que alteram mais ou menos radicalmente o conteúdo deste. Seriam assim retroactivas as leis relativas às servidões legais (§ 390) e à fixação da taxa de juros (§ 397). Não chegou porém à devida contraposição da aquisição do direito (vicissitude) ao conteúdo deste (efeito jurídico).

[892] *Supra*, n.º 315 IV. Isto não exclui que noutros aspectos o princípio dos direitos adquiridos guarde toda a sua valia. Assim no Direito Internacional Privado, como funda-

Sucessão de Leis: Âmbito da Lei Nova e da Lei Antiga

II – *No Brasil, o art. 6 da Lei de Introdução ao Código Civil, depois de estabelecer que a lei em vigor terá efeito imediato e geral, manda respeitar, o acto jurídico perfeito, o direito adquirido e a coisa julgada.*
Em síntese, o critério utilizado é o de considerar direito adquirido o que possa ser exercido[893].

O problema pode equacionar-se nestes termos: se o que está em causa é afinal toda a categoria do direito subjectivo, que se opõe à expectativa, porque se não fala de direito subjectivo e se usa sempre a expressão direito adquirido?

Porque – esta é a resposta – o que preocupou a lei foi verdadeiramente o fenómeno da aquisição do direito, mais que o direito subjectivo em si. O direito subjectivo não é genericamente declarado insensível à lei nova, nem o podia ser. Mas a vicissitude – aquisição de um direito – essa é que, uma vez verificada, não pode ser mais ignorada.

Se a vicissitude aquisição, uma vez verificada, não pode ser negada, já o direito subjectivo em si não está garantido contra uma actuação retroactiva da lei. Porque o conteúdo do direito não é imutável. O conteúdo do direito de propriedade pode ser modificado; o conteúdo dos direitos familiares também; e assim por diante. O que se não pode é suprimir uma propriedade, desconhecer um estado de família, ou proceder semelhantemente em relação a qualquer outro direito já adquirido.

Isto tem a importância de permitir lançar uma ponte para o sistema consagrado no direito português.

320. O facto passado

I – Modernamente, há amplo acordo em encontrar a base da solução na noção de *facto passado*. A não retroactividade é graças a ela apresentado com grande singeleza.

---

mento substancial das soluções que vierem a ser acolhidas: cfr. Baptista Machado, *Âmbito de Eficácia*, 49-62.

[893] *No § 2 esclarece-se que "consideram-se adquiridos assim os direitos que o seu titular, ou alguém por ele, possa exercer, como aqueles cujo começo de exercício tenha termo prefixo ou condição preestabelecida inalterável, a arbítrio de outrem". E um critério interessante, mas não está em condições de sobrepujar todas as críticas que vimos serem dirigidas à teoria dos direitos adquiridos. Nomeadamente, os vários "direitos", como se costuma dizer, que constituem o conteúdo da propriedade, poderão ser afastados pela lei nova, não obstante susceptíveis de ter sido exercidos no domínio da lei antiga, se o proprietário o tivesse querido.*

558 *O Direito. Introdução e Teoria Geral*

Retroagir é agir sobre o passado; e como o passado se consubstancia em factos, equivale a agir sobre factos passados. A irretroactividade significa pois que aos factos passados se aplica a lei antiga e aos factos novos a lei nova[894].

Se bastasse dizer isto, a simplicidade seria infantil. Mas a verdade é que no direito os factos provocam vicissitudes ou mutações das situações jurídicas, e se prolongam em efeitos jurídicos. Podemos mesmo dizer que a ordem jurídica é dinâmica: os factos constituem ou provocam outras vicissitudes de situações jurídicas. Além da apreciação do valo do facto em si há a apreciação das consequências dos factos, que por isso justamente se designam efeitos jurídicos.

O problema renasce pois, embora por óptica diversa: é necessário saber quais, de entre esses efeitos ou consequências, são regidos pela lei antiga, e quais pela lei nova.

II – De várias maneiras se procurou traçar a distinção entre estas categorias de efeitos[895].

Assim, uma doutrina muito conhecida distinguia os efeitos directos e os efeitos indirectos dos factos passados, só aqueles sujeitando ainda à lei antiga[896].

A orientação mais em voga chegou por via do tratadista alemão Enneccerus[897]. Considera ele que se deve presumir que em todo o preceito jurídico está implícito um "desde agora", um "daqui por diante". Mas esse *desde agora* tem um significado completamente distinto quando se refere a um facto, cujo efeito se determina, e quando se refere a um direito subjectivo a que se atribua um certo conteúdo. No primeiro caso refere-se unicamente aos factos futuros daquela espécie; no segundo a todos aqueles direitos, quer existam já quer não.

---

[894] Sobre a noção de acto jurídico, cfr. *supra*, n.º 5.

[895] I. Galvão Telles enunciara já no domínio do Código antigo a doutrina da distinção das situações jurídicas de execução duradoura e situações jurídicas de execução instantânea. Só quando do facto derivassem efeitos que levassem a uma execução duradoura se concluiria pela aplicação da lei nova. Também para o novo Código Civil sustentou a validade desse critério (*Sucessões*, n.º 64; *Introdução*, n.os 78-80).

[896] Dá informações mais vastas sobre a doutrina portuguesa anterior Pires da Cruz, *Da Aplicação das Leis no Tempo*. Antes, procurara uma solução original Paiva Pitta, *Questões Transitórias do Direito Civil*.

[897] *Parte general*, § 56 I.

Especificamos deliberadamente esta posição, porque o autor do ante-projecto do actual art. 12 do Cod. Civil confessa que pretendeu seguir esta doutrina: Manuel de Andrade, *Fontes do Direito*, art. 11, n.º 9.

Realmente, há uma afinidade, até literal, entre as considerações de Enneccerus e o texto do Código português. Passemos pois a analisar este, uma vez esclarecidos quais os seus antecedentes.

321. Concretização do critério geral da lei portuguesa. Os factos e os seus efeitos

I – O critério distintivo da lei portuguesa, com o qual se procura con-cretizar o princípio muito geral de que a lei só dispõe para o futuro (por-tanto, de que não é retroactiva), está contido no art. 12. Dele resulta que se aplica:

1) *só aos factos novos*, a lei que dispõe sobre as condições de vali-dade substancial ou formal de quaisquer factos ou sobre os seus efeitos.

2) *às próprias situações já constituídas*, a lei que dispuser directa-mente sobre o conteúdo de certas relações jurídicas, abstraindo dos factos que lhes deram origem.

II – Perante este critério, devemos observar desde logo que na pri-meira parte se estabelece que a regra se aplica *em caso de dúvida*, en-quanto que na segunda parte não se encontra restrição semelhante. Mas supomos que a condicionante é genérica. A assimetria é devida apenas a questão de redacção, e o *entender-se-á* da segunda parte tem a função de exprimir por outras palavras o "entende-se em caso de dúvida" da primeira.

Qual será o verdadeiro alcance desta restrição – "em caso de dúvida"?

Para Manuel de Andrade, significa que a regra representa só uma indicação liminar, que deve ceder perante razões ponderosas em contrário, tiradas principalmente da consideração dos interesses em jogo[898]. Mas a lei não diz que se entende em princípio, diz que se entende em caso de dúvida... Isto significa que, se a situação tiver uma solução categórica, se aplica tal solução; se não a tiver, se a ambiguidade se mantiver, aplica-se a regra subsidiária legal.

---

[898] *Fontes do Direito*, n.º 9.

560 *O Direito. Introdução e Teoria Geral*

Mas quando se pode dizer que a situação tem uma solução categórica? Quando isso resulte dos próprios termos da questão? Não cremos que numa matéria tão técnica como a da sucessão das leis no tempo se possa recorrer a uma "natureza da situação" que resolva, categoricamente ainda por cima, o problema em causa.

Supomos que só não há dúvida quando os dados normativos impuserem certa solução. Se não houver nenhum preceito específico ou se os preceitos existentes não bastarem para afastar a ambiguidade, aplicam-se então as regras do art. 12, com a mesma imperatividade de qualquer outra regra jurídica.

III – Aplicando o critério legal, verificamos que há certos casos que recebem solução dificilmente contestável.

Assim, se se pergunta se um contrato celebrado por mero escrito particular se torna irregular se a lei nova exigir para a celebração escritura pública, a resposta deve ser negativa. A lei nova respeita às condições de validade formal de um facto, a celebração do contrato, e por isso os contratos já celebrados não são atingidos por esta nova exigência[899].

Pelo contrário, se a nova lei regula de modo diferente os poderes e deveres dos sócios e, por exemplo, estabelece que os accionistas só podem intervir nas assembleias gerais das sociedades anónimas se tiverem mais de 10 acções, ou que os membros do conselho fiscal não precisam de ser sócios, a nova lei aplica-se imediatamente a todas as sociedades existentes. Não se regulam factos, regula-se o conteúdo de situações jurídicas.

IV – Na primeira parte do art. 12/2 não se prevê apenas a hipótese de a lei regular condições de validade substancial de factos: prevê-se também que regule efeitos. Sabendo-se que o próprio conteúdo de situações jurídicas pode ser sempre considerado *efeito* de um facto, pois todas as situações jurídicas resultam de factos, surge a necessidade de distinguir os efeitos que estão previstos na primeira parte do preceito e os que caem já no âmbito da segunda parte.

O elemento decisivo está na referência à lei que dispuser sobre o conteúdo de certas situações jurídicas, abstraindo dos factos que lhes deram origem.

1) A lei pode regular efeitos como expressão de uma valoração dos

---

[899] À validade se equipararão a inexistência e a ineficácia; restando saber se se abrangem outros aspectos de valoração do facto por si, como a responsabilidade.

factos que lhes deram origem: nesse caso aplica-se só aos novos factos. Assim, a lei que delimita a obrigação de indemnizar exprime uma valoração sobre o facto gerador de responsabilidade civil; a lei que estabelece poderes e vinculações dos que casam com menos de 18 anos exprime uma valoração sobre o casamento nessas condições.

2) Pelo contrário, pode a lei atender directamente à situação, seja qual for o facto que a tiver originado. Se a lei estabelece os poderes e vinculações do proprietário, pouco lhe interessa que a propriedade tenha sido adquirida por contrato, ocupação ou usucapião: pretende abranger todas as propriedades que subsistam. Aplica-se então imediatamente a lei nova.

322. A lei interpretativa

I – Lei interpretativa é a que realiza a interpretação autêntica[900]. A interpretação autêntica é uma interpretação normativa. Toda a interpretação autêntica é veiculada por uma fonte de direito.

A emissão de uma lei interpretativa é o processo usual de realização da interpretação autêntica. Deixámos por isso para este lugar o conhecimento desta categoria[901], que normalmente teria o seu lugar na exposição das modalidades das leis ou das regras jurídicas.

II – Para uma lei ser interpretativa terá de satisfazer vários requisitos. Desde logo, a fonte interpretativa deve ser posterior à fonte interpretada: doutra maneira já estava integrada nela, fazia um com essa fonte.

O objectivo de esclarecer dúvidas está na base da grande generalidade das intervenções e justifica historicamente este procedimento.

Suponhamos que uma lei sobre actividade bancária estabelece importantes restrições ao tráfico de divisas estrangeiras. Suscitam-se dúvidas quanto à aplicação daquele regime às casas de câmbios, pretendendo uns que elas estão excluídas porque a lei respeita aos bancos, outros que as abrange também porque substancialmente a actividade cambiária que bancos e casas de câmbio realizam é idêntica. Há opiniões nos dois sentidos: há mesmo decisões judiciais contraditórias. Para evitar uma instabilidade que a todos prejudica e a diversidade de tratamento de casos semelhantes, surge uma nova lei que esclarece a anterior, declarando qual das interpre-

---

[900] Sobre esta, cfr. *supra*, n.° 217.
[901] *Supra*, n.° 293 I.

562 *O Direito. Introdução e Teoria Geral*

tações é a verdadeira. Temos então uma lei interpretativa, realizando interpretação autêntica, vinculativa para todos.

III – Não basta ainda. Para termos interpretação autêntica é também necessário que a nova lei tenha por fim interpretar a lei antiga. Não basta pois que em relação a um ponto duvidoso surja uma lei posterior que consagre uma das interpretações possíveis para que se possa dizer que há interpretação autêntica: tal lei pode ser inovadora.

Como se sabe então que a lei é interpretativa?

1) Antes de mais por declaração expressa contida no texto do diploma.

2) Tem igualmente significado a afirmação expressa do carácter interpretativo constante do preâmbulo do diploma. Puseram-no alguns em dúvida, mas esta não tem razão de ser perante a posição que adoptámos quanto ao valor interpretativo do preâmbulo[902]. Se o texto da lei pode ser objectivamente tomado como interpretativo, não há razão para afastar esta qualificação. Se o não pode, temos de concluir que a intenção do legislador de produzir uma lei interpretativa foi uma intenção que se não traduziu nos factos.

3) Se a fonte expressamente nada determinar, o carácter interpretativo pode resultar ainda do texto, quando for flagrante a tácita referência da nova fonte a uma situação normativa duvidosa preexistente. Não vemos razão para exigir que o carácter interpretativo seja expressamente afirmado, quando a retroactividade não tem de o ser.

Isto não impede que a fonte não se presuma interpretativa. Como veremos a seguir, a lei interpretativa é retroactiva, e o carácter retroactivo da lei não se presume. Pode afirmar-se uma presunção no sentido do carácter não interpretativo, mas esta pode ser afastada quando militarem razões em contrário[903].

IV – Enfim, o último requisito da interpretação autêntica: a nova fonte não deve ser hierarquicamente inferior à fonte interpretada. Esclareceremos este aspecto quando tratarmos da interpretação autêntica e hierarquia das fontes, pois está dependente de conhecimentos não ministrados ainda neste momento.

---

[902] *Supra*, n.º 228 II.

[903] Fazemos uma aplicação destes vários princípios no nosso estudo *O Código Civil de 1966 é interpretativo do direito anterior?*

323. A lei interpretativa é retroactiva

I – Fixado o conceito de lei interpretativa, vejamos o seu significado nesta matéria de sucessão de leis.

A lei interpretativa justificou a previsão especial do art. 13 do Código Civil, sujeito igualmente à epígrafe "aplicação da lei no tempo".

Não obstante o silêncio da lei, a generalidade da doutrina admite, ao menos tacitamente, o princípio *eius est interpretare legem cuius est condere* – cabe interpretar a lei a quem a pode estabelecer[904].

II – Mas a lei interpretativa será retroactiva?

O referido art. 13 limita-se a dizer que ela se integra na lei interpretada, o que não resolve.

Poderia sustentar-se que a lei interpretativa não é retroactiva porque ela não substitui a fonte interpretada, não opera "novação do título". A fonte anterior continuaria a aplicar-se, e apenas seria esclarecido o sentido em que deveria fazer-se essa aplicação. Porque se esclarece que esse sentido é o inicial, a lei interpretativa, sendo embora de aplicação imediata, não seria retroactiva.

III – Não cremos porém que semelhante raciocínio fosse verdadeiro.

A lei interpretativa é retroactiva[905]. E dizemo-lo sobretudo por duas ordens de razões:

1) A lei é uma determinação, e não uma declaração de ciência. O legislador não sabe melhor que qualquer outra pessoa qual o verdadeiro sentido da lei. Dentro de uma posição objectivista, a fixação de um sentido da lei anterior como o único admissível é uma nova injunção. Seria ficção pretender que o sentido que o legislador agora impõe foi sempre o verdadeiro sentido da fonte.

---

[904] Eduardo Espínola, *Interpretação*, n.° 5, conclui pela inconveniência doutrinária e pela inutilidade prática da lei interpretativa, mas não, ao que parece, pela sua impossibilidade teórica. Veremos a seguir que não é justificada a alegação de inutilidade prática. Mais radicalmente, por não atender aos casos de retroactividade constitucionalmente lícita, Pontes de Miranda, *Tratado*, 1, § 18/6, afirma que "no sistema jurídico brasileiro não há leis interpretativas". Em sentido contrário Oscar Tenório, *Lei de Introdução*, 168-169 e 179-180.

[905] Neste sentido vai a generalidade da doutrina. Cfr. por exemplo Betti, *Interpretazione*, § 26; Roubier, *Le droit transitoire*, pág. 56.

564   *O Direito. Introdução e Teoria Geral*

2) Há retroactividade quando uma fonte actua sobre o passado. Ora a lei interpretativa, se bem que não suprima a fonte anterior, não se confunde com ela. O título passa a ser composto, por englobar também a lei nova. Se a lei nova vem regular o passado, então é necessariamente retroactiva.

324. Regime da lei interpretativa

I – Como há retroactividade, há a necessidade de garantir a estabilidade das situações já consumadas. Não se quis que todo o passado fosse desenterrado, trazendo-se uma grande perturbação às relações sociais.

Por isso, a lei (art. 13/1) estabelece que ficam salvos os efeitos já produzidos pelo cumprimento da obrigação, por sentença passada em julgado, por transacção, ainda que não homologada, ou por actos de natureza análoga. O n.º 2 deste artigo traz ainda regras especiais quanto à desistência e confissão não homologadas.

Procurando dar uma ideia geral das situações que são ou não atingidas pela lei interpretativa, podemos dizer que esta abrange todos os casos que se encontrarem ainda em aberto, que comandem ainda as actuações das partes, mas que deixa de fora as situações consumadas, cuja eficácia se extinguiu, e persistem só nos efeitos definitivamente produzidos.

II – E se o legislador qualificar como interpretativa uma lei que substancialmente é inovadora? A prática ensina que o faz frequentemente, para tornar menos perceptível a retroactividade da lei, que pode provocar desagrado social.

Assim, suponhamos que uma lei vigente concede um benefício fiscal, mas o legislador pretende restringi-lo aos trabalhadores activos. Em vez de emitir uma lei inovadora com este conteúdo, emite uma lei que se apresenta como interpretativa da anterior, interpretando-a no sentido de só considerar compreendidos os trabalhadores activos.

Perante um caso destes, como procederá o intérprete?

Temos de distinguir consoante:

– não há lei hierarquicamente superior que exclua a retroactividade
– há lei nessas condições.

Na primeira hipótese o intérprete não pode opor-se, pois o legislador também poderia comandar directamente a retroactividade. A nova lei que compõe agora o título tem imperatividade idêntica à da primeira lei.

Sucessão de Leis: Âmbito da Lei Nova e da Lei Antiga   565

Mas quando uma regra fundada em fonte hierarquicamente superior proibir a retroactividade, o intérprete já deve fazer o controlo substancial da nova lei para verificar se, não obstante a qualificação como interpretativa, ela não será substancialmente inovadora[906].

Uma hipótese flagrante está na atribuição da retroactividade à lei penal desfavorável. É inviável que lei ordinária alargue retroactivamente, a pretexto de interpretação, o círculo das normas incriminadoras. O intérprete deve repeli-lo, porque lhe é vedado aplicar leis inconstitucionais. Nestes casos, só a consideração do que é substancialmente lei interpretativa permite ao intérprete distinguir o que está dentro dos poderes de interpretação do legislador e o que representa já inovação ilícita.

325. A lei retroactiva

I – Temos pois que a irretroactividade é um princípio geral do direito, mas admite excepções. Essa admissibilidade é expressa na lei (art. 12/1). Considerações particulares de oportunidade podem levar a lei a preferir à actuação imediata a actuação retroactiva[907].

A lei portuguesa, porque a admitiu muito largamente, quis desde logo reduzir essa eficácia mediante a presunção de que ficam ressalvados os efeitos já produzidos pelos factos que a lei se destina a regular.

Que devemos entender por tal?

Supomos que a interpretação do art. 12/1 deve acompanhar de perto a do art. 13. Em ambos os casos se faz a referência a efeitos já produzidos. Mas a fórmula do art. 12 é patentemente mais ampla que a do art. 13. No primeiro ressalvam-se todos os efeitos já produzidos, enquanto que no segundo só se ressalvam os efeitos produzidos pelo cumprimento da obrigação e outros factos de idêntica relevância. No primeiro caso atinge-se a fonte geradora mas deixam-se subsistir os efeitos dela resultantes – a pre-

---

[906] É pois exagerado dizer, como faz Cabral de Moncada, *Lições*, vol. I, n.º 30, que o legislador pode chamar lei interpretativa ao que entender; com a consequência de que esta não pode ser relacionada com nenhuma actividade interpretativa, não se devendo sequer falar de interpretação autêntica. Como o é a afirmação de Savigny, *Traité*, n.º 397, de que não há que distinguir entre interpretação verdadeira e falsa duma lei, porque doutra maneira o juiz se anteporia ao legislador.

[907] Como exemplo de lei retroactiva, veja-se o Dec.-Lei n.º 244/81, de 24 de Agosto, cujo art. 2 determina a sua vigência desde 10 de Janeiro de 1981.

566   *O Direito. Introdução e Teoria Geral*

tensão já concretizada, por exemplo[908] –, enquanto no segundo só subsiste o que estiver protegido por cumprimento de obrigação ou facto de relevância análoga[909].

Confrontando a lei interpretativa com a lei retroactiva comum, temos que a lei interpretativa fixa autoritariamente qual o entendimento a dar à fonte anterior: por isso se atinge todo o passado, salvo o que ficou já assente. Pelo contrário, a lei retroactiva pressupõe que o que se fez foi correcto, mas vem alterá-lo: por isso o passado merece o máximo de protecção compatível com essa retroactividade. Assim, a lei retroactiva pode alterar o estatuto de um contrato, mas deve respeitar as pretensões já actualizadas para as partes; a lei interpretativa só respeita os efeitos já consumados.

II – Com isto poderemos dizer que há quatro graus de retroactividade[910]:

1) Retroactividade extrema
2) Retroactividade quase extrema
3) Retroactividade agravada
4) Retroactividade ordinária.

A retroactividade extrema ou de grau máximo seria aquela que nem sequer respeitasse o caso julgado. Trata-se de uma figura meramente doutrinária, pois é constitucionalmente excluída[911].

A retroactividade quase extrema seria a que não respeitasse as relações totalmente encerradas, com excepção do caso julgado[912].

---

[908] É por esta consequência, que contraria o disposto no art. 12/3, que se deve manter que a lei retroactiva o é efectivamente, não obstante ressalvar todos os efeitos já produzidos.

[909] Note-se que os efeitos que se ressalvam não são efeitos produzidos pela regra anterior, como acontece no art. 12. Aqui deve partir-se do princípio de que não havia regra nenhuma naquele sentido, como a lei interpretativa esclarece. Ressalvam-se, sim, os efeitos produzidos por aqueles especiais títulos, embora não apoiados em regra.

[910] Esta classificação corresponde à de Roubier, *Le droit*, n.º 62, mas com terminologia diversa. Sobre esta matéria cfr. também Baptista Machado, *Sobre a Aplicação no Tempo*, 48 e segs.; Patrice Level, *Éssai sur les conflits de lois dans le temps*, n.ºs 89 e seguintes.

[911] Cfr. *supra*, n.º 319 I. Isso não impede que seja necessário apurar quais os verdadeiros limites da ressalva constitucional do caso julgado, constante do art. 282/3 da Constituição.

[912] Cfr. *supra*, n.º 316.

Sucessão de Leis: Âmbito da Lei Nova e da Lei Antiga 567

A retroactividade ordinária é a que respeita todos os efeitos já produzidos. É ordinária porque é a regra, mesmo no direito português (art. 12 do Código Civil).

A retroactividade agravada situa-se entre estas últimas modalidades. Só respeita, de entre os efeitos produzidos, os que tiverem um título que lhes dê uma especial razão de reconhecimento.

326. Confronto dos arts. 12 e 13 do Código Civil

I – É justificado que no art. 12 do Código Civil português se ressalvem todos os efeitos e no art. 13 só alguns.

A lei interpretativa fixa autoritariamente qual o entendimento a dar à fonte anterior: por isso se atinge todo o passado, salvo o que ficou já assente. Pelo contrário, a lei retroactiva pressupõe que o que se fez foi correcto, mas vem alterá-lo: por isso o passado merece o máximo de protecção compatível com essa retroactividade. Assim, a lei retroactiva pode alterar o estatuto de um contrato, mas deve respeitar as pretensões já actualizadas para as partes; a lei interpretativa só respeita os efeitos já consumados.

II – Outra diferença entre os arts. 12 e 13 nos parece igualmente significativa.

O art. 12 é apresentado como uma mera presunção: presume-se que ficam ressalvados os efeitos já produzidos. Traz portanto uma mera regra interpretativa, que o legislador pode afastar.

Mas o art. 13 declara, de modo categórico, que ficam salvos os efeitos que refere. Isto traz uma consequência segura e outra duvidosa.

A consequência segura é a de que haverá ilegalidade se uma fonte hierarquicamente inferior à lei formal pretender desrespeitar um efeito que tenha a segurança dos aí referidos, a título interpretativo. Por maioria de razão pensamos que a mesma doutrina se deve aplicar também à lei retroactiva.

A consequência duvidosa seria a de um título do mesmo nível hierárquico poder passar além desta limitação e impor a retroactividade quase extrema. Mas dizemos que a consequência é duvidosa porque se pode entender também que a exclusão constitucional da retroactividade do caso julgado deveria, por interpretação extensiva, abranger todas estas situações. O tom categórico do art. 13/1 traduziria esse entendimento. Observar-se-

568   *O Direito. Introdução e Teoria Geral*

-ia então que entre os títulos dos efeitos que se ressalvam no art. 13/1 se inclui a "sentença passada em julgado", na mesma situação que qualquer dos outros, e este está sem dúvida ressalvado pelo texto constitucional.

327. Sucessão de leis em especial

I – Com isto terminámos o que havia a dizer em geral sobre a sucessão de leis. Mas nenhuma teoria ou fórmula geral, por mais perfeitas, lograram dispensar uma parte especial, em que se aplica a doutrina adoptada às várias situações carecidas de solução e se busca uma saída para as muitas dificuldades que necessariamente subsistem.

Dados os objectivos deste livro, limitamo-nos a introduzir à temática que se apresenta nos vários ramos do Direito Civil.

II – *Parte Geral do Direito Civil*

No que respeita aos *estados pessoais* e ao conteúdo destes defende-se a aplicação da lei nova. Mas questiona-se se certos estados em si não devem ser preservados de mutações posteriores, por exemplo, o estado de maioridade, se nova lei fixar para esta condições mais exigentes. Na lei portuguesa dir-se-áque o facto produtor da maioridade não pode, sem retroactividade, ser sujeito a valoração diversa.

No que respeita aos negócios jurídicos, a valoração da sua validade e eficácia deve fazer-se à luz da lei vigente no tempo em que foram praticados, segundo a lei portuguesa[913].

328. Obrigações

As obrigações derivadas de contrato são em princípio reguladas pela lei da data do contrato. Fala-se num estatuto do contrato, moldado pela autonomia privada e que acompanharia a vida do contrato.

---

[913] Note-se que é tendência do Dec.-Lei n.º 47 344, que aprovou o Código Civil, só permitir que um acto defeituosamente praticado à sombra da lei antiga seja invalidado se o fundamento da invalidade subsistir também perante a lei nova: veja-se o que dispõem os arts. 13, 14 e 22. Não há uma inovação absoluta. Já Savigny, *Traité*, § 394, proclamava este princípio no respeitante à forma. Deve pois daqueles preceitos extrair-se um princípio, a ser aplicado mesmo para além do círculo de casos para que foi directamente previsto, no sentido do aproveitamento dos actos praticados quando perante a lei nova esses actos seriam válidos.

Sucessão de Leis: Âmbito da Lei Nova e da Lei Antiga 569

Todavia, se lei posterior regular de novo a relação derivada do contrato (a relação de empreitada, por exemplo), já temos de separar o que pertence à lei antiga e o que pertence à lei nova. Torna-se então decisivo distinguir a disciplina dos factos e seus efeitos, enquanto indissociáveis da valoração dos próprios factos, da disciplina da relação tomada por si, quando se tornar indiferente o facto que lhe deu origem.

329. Direito das Coisas

A lei do momento da aquisição do direito real é a decisiva para se considerar este incluído no património do sujeito.

Mas a lei nova pode mudar o conteúdo do direito, por exemplo, alterando relações de vizinhança ou disciplinando em novos moldes as relações entre proprietário e usufrutuário. É necessário então distinguir entre o direito em si e o conteúdo do direito, ficando este submetido à lei nova.

Isso resulta sem dificuldade de se estar regulando o conteúdo da relação jurídica, abstraindo do facto que lhe deu origem.

330. Direito da Família

Os estados de família não podem sem retroactividade ser atingidos; o seu conteúdo está porém sujeito à nova lei.

Se se pergunta se um casamento celebrado no domínio da antiga lei é válido quando a lei nova estabelece requisitos de forma diversos a resposta tem de ser afirmativa: não porque se considere que o estado de casado surge como um direito adquirido, mas porque a lei nova respeita a condições de validade formal ou substancial de um facto – o casamento – e por isso só visa os factos novos.

Pelo contrário, se a nova lei altera o estatuto dos cônjuges e, por exemplo, cria uma nova causa de separação, ou atribui a administração dos bens a ambos os cônjuges simultaneamente, a lei nova aplica-se mesmo aos casamentos já celebrados à data da sua entrada em vigor. E isto, quer porque se entenda que se trata de efeitos ainda em aberto,, quer porque a lei regula o conteúdo da situação jurídica casamento, abstraindo do facto que lhe deu origem.

570 O Direito. Introdução e Teoria Geral

331. Direito das Sucessões

I – A lei da sucessão é a lei do momento da abertura da sucessão.

Na lei portuguesa surgem dificuldades, pois a previsão da primeira parte do art. 12/2 se dirige a actos jurídicos e não a meros factos, como a morte; uma vez que se centra na categoria da *validade*, que só pode respeitar a actos jurídicos. Temos de supor, por interpretação extensiva, que a previsão dos "factos" está em condições de abranger todas as vicissitudes, como a sucessão, produzidas por toda e qualquer categoria de factos jurídicos.

II – Qual a lei aplicável ao *testamento*?

No que respeita à forma, é a lei do tempo da sua elaboração. A solução não oferece dificuldades perante a lei portuguesa[914].

Também a validade do testamento, no ponto de vista do conteúdo, é apreciada à luz da lei vigente ao tempo da abertura da sucessão[915].

---

[914] Temos todavia de entrar em conta com a ressalva do art. 22 do Dec.-Lei n.º 47344, de 25 de Novembro de 1966, que aprovou o Código Civil, que exige que o eventual vício seja também reconhecido pelo novo Código Civil.

[915] Para uma exposição mais detida dos problemas derivados da mudança de leis em direito sucessório, cfr. as nossas *Sucessões*, n.º 12.

CAPÍTULO V
APLICAÇÃO DA LEI NO ESPAÇO

332. A pretensa exclusividade das ordens jurídicas

I – Para algumas correntes contemporâneas, o direito seria caracterizado pela exclusividade. Atribuída juridicidade a certa ordem, teríamos de a negar a tudo o resto.

Esta posição, à primeira vista anómala, só se compreende se a integrarmos nas premissas do positivismo jurídico, do qual derivou e a que fizemos já várias referências[916].

Na sequência desta orientação, procura-se a pureza metodológica. Se para o direito é intrínseca a consideração normativa, então o jurista tem sempre de partir da validade de uma ordem jurídica. Essa validade depende de uma "norma fundamental", como a que determinar que "tudo o que o Estado quer é direito", que justifica e dá validade a todas as outras. Logo, o que não for abrangido por tal norma tem de se reputar não jurídico. Uma ordem jurídica é exclusiva porque o atribuir-lhe validade importa a denegação de validade a todas as outras. Para o jurista só o que é justificado pelas leis fundamentais nacionais[917] é direito – o resto são factos.

II – Desta doutrina fizeram-se aplicações coerentes e radicais que, com um extraordinário afinamento de conceitos, não recuaram perante as mais extremas consequências. Desenvolveu-a plenamente a escola pura do direito, ou escola de Viena, de que Kelsen é o mais conhecido representante[918]. Toda aquela riqueza de ordens jurídicas menores, correspondentes a sociedades menores, que referimos, é resolutamente negada. Ou são recebidas na ordem jurídica do Estado, mas então tornam-se estatais, por-

---

[916] Cfr. *supra* n.º 25 I, e *infra*, n.º 108 II.

[917] Mais correctamente: pela norma fundamental. Cfr. Lourival Vilanova, *Teoria da Norma Fundamental*.

[918] Cfr. *Teoria Pura do Direito*.

572   *O Direito. Introdução e Teoria Geral*

que participam do fundamento de validade daquela, ou não podem ser qualificadas como jurídicas.

A mesma negação atinge *ordens paralelas* à ordem jurídica estatal: o que quer que elas tragam não pode ser considerado direito. Isto causa problemas muito graves, porque com frequência as ordens jurídicas remetem umas para as outras a disciplina das situações da vida.

Quando uma situação jurídica se produz de modo a relacionar-se com vários países, pela nacionalidade dos sujeitos, pela variação de locais de produção ou de eficácia, pela situação do objecto, intervém uma regra de conflitos que, como veremos, permite achar a ordem jurídica que será declarada competente para reger essa situação. Assim, a sucessão por morte é regida pela lei pessoal do autor da sucessão[919]. Logo, falecendo uma pessoa nestas condições, mesmo que deixe bens no território nacional, ou que a sucessão seja disputada por portugueses ou brasileiros, consoante os casos, a sucessão rege-se pela lei pessoal do falecido, que pode ser diversa da lei nacional. Parece que um direito estrangeiro é chamado pela lei nacional a aplicar-se no país.

Mas para estas teorias tudo se reduz a uma aparência, pois cada ordem jurídica é exclusiva de normas com outra proveniência. Na realidade, nunca é o direito estrangeiro que se aplica, é ainda o direito nacional. Como? Porque as disposições referidas provocam a nacionalização do direito estrangeiro. E os autores apresentam complexas construções a justificar esta alquimia do direito estrangeiro em direito nacional, ou através da recepção formal, ou através da recepção material, ou de várias outras formas ainda. De todo o modo, as regras que forem aplicadas são, ao fim e ao cabo, direito nacional.

III – Enfim, também a dualidade – ordem jurídica nacional/ordem internacional – não será admitida, pois o exclusivismo tudo reduzirá a uma só ordem jurídica. Qual? Do que dissemos anteriormente resulta que a tendência é a de só admitir a ordem jurídica nacional: fala-se então em monismo nacionalista. Mas queremos advertir que outras soluções são possíveis, e existem igualmente monismos internacionalistas. Dir-se-á então que há uma única ordem jurídica, a internacional, e na dependência dela ou integradas nela, mas de toda a maneira suspensas da mesma norma fundamental, se encontram as chamadas ordens jurídicas nacionais.

---

[919] Art. 62 do Código Civil.

Aplicação da Lei no Espaço 573

333. A pluralidade das ordens jurídicas

I – Expusemos até aqui doutrinas exclusivistas, que conheceram os seus tempos de favor, mas entraram em regressão. O princípio do exclusivismo tende a ser substituído pelo da pluralidade de ordens jurídicas[920].

Para exemplificar, nos termos desta doutrina nada repugnará admitir que, por força das normas de Direito Internacional Privado, é o próprio direito estrangeiro, como tal, que se aplica entre nós. Pois as ordens jurídicas podem estar entre si em várias relações, e uma das relações possíveis é a de *relevância* de uns ordenamentos noutros. Esta relevância é muito diversa da absorção de um ordenamento por outro.

Depois do que dissemos sobre a pluralidade de ordens sociais e a integração da ordem jurídica em toda a ordem social[921], a nossa posição é previsível. O exclusivismo levaria a secar a riqueza e o significado autónomo da vida social, tudo reduzindo (totalitariamente) à ordem jurídica exclusiva. Chegaria a uma visão disforme da realidade social, o que seria só por si razão para o repudiarmos. Como vimos, a falta de correspondência à realidade traz desde logo uma como que presunção da incorrecção duma teoria ou construção jurídica.

Encontramos antes um pluralismo social, que conduz em linha recta ao pluralismo das ordens jurídicas. Por isso há ordens jurídicas inferiores, paralelas e superiores à ordem jurídica do Estado, que não podem ser assim tão facilmente afastados do âmbito do jurídico.

II – Quanto às relações em que as várias ordens jurídicas estão entre si, podem ser numerosas.

Podem ignorar-se reciprocamente[922]. Podem ser relevantes umas para outras. Neste caso, as ordens jurídicas são como que secantes: há uma zona de confluência entre elas. Nunca, porém, uma ordem jurídica é totalmente absorvida por outra, pois para além da zona de relevância há sempre pontos que a ordem jurídica confluente ignora.

Assim, o facto de a ordem municipal ser relevante para a ordem estadual não significa uma perda de autonomia daquela, nem que toda a ordem

---

[920] Contribuiu muito para isso a obra de Santi Romano *L'ordinamento giuridico*.

[921] Cfr. Nomeadamente os n.os 39 e 40.

[922] Pode inclusivamente uma negar a outra: Thon, *Norma*, 5, nota que todo o manual de Direito Canónico trata do direito da primitiva Igreja cristã, apesar de esta ser perseguida pelo Estado.

574 *O Direito. Introdução e Teoria Geral*

municipal possa ser feita valer perante o ordenamento estadual. Há sempre uma zona componente desta, mais ou menos vasta, que é desconhecida da ordem jurídica estadual. O que basta para ilustrar a relevância da afirmação da pluralidade de ordens jurídicas.

334. A pretensa aplicação da lei no espaço

I – Tal como se fala da aplicação da lei no tempo, também se fala da aplicação da lei no espaço. A tarefa da aplicação da lei defrontaria necessariamente a coordenada espaço. Para cada lei teria de se determinar o seu espaço de aplicação.

Pôs-se em causa a justeza desta concepção. A regra, na sua imaterialidade, não seria adequável à dimensão naturalística do espaço. Seria caracterizada justamente pela normatividade, que ignoraria na sua aplicação as fronteiras.

Com efeito, abandonadas as antigas doutrinas da territorialidade das leis, todos reconhecem hoje a valoração pela lei nacional de factos ou situações que se verificam em países estrangeiros. E criou-se até a pretensão da *universalidade* da lei nacional – esta afinal aplicar-se-ia em todo e qualquer ponto do globo, desde que houvesse uma concretização da previsão legal.

É claro que há limites à aplicação da lei. Cada ordem jurídica traça os termos em que considera aplicáveis as leis materiais internas e aqueles em que considera aplicáveis as leis estrangeiras. Esta dupla função é desempenhada nomeadamente por aquele conjunto de regras que constituem o Direito Internacional Privado. Mas nada disso prejudicaria a tendencial universalidade de cada ordem jurídica.

Note-se que para chegar à situação hodierna foi necessária larga evolução. Teve de se abandonar o princípio da territorialidade das leis e a pretensão de que o juiz aplicaria apenas o seu próprio direito. O critério de escolha da lei aplicável é dado pela lei nacional, mas todos admitem que esta mande aplicar direito estrangeiro. Entretanto, preconceitos exclusivistas têm atrasado o reconhecimento pleno do fenómeno.

II – João Baptista Machado, porém, contesta o princípio da universalidade, de maneira que nos parece convincente[923].

---

[923] *Âmbito de Eficácia.*

Distingue o autor o âmbito de eficácia e o âmbito de competência das leis. As leis surgem com um limite espacial de aplicação, e por isso não se aplicam a factos totalmente desligados desse domínio, tal como se não aplicam a factos passados.

Daqui resulta a aplicabilidade de uma lei aos factos que com ela se encontram em contacto. Mas pode haver várias leis em contacto com a situação. Surge então o tema do âmbito de competência das leis: "prevenindo conflitos, a Regra de Conflitos intervém delimitando essas leis consoante o tipo da conexão que liga cada uma delas aos factos"[924]. É esta a função do Direito Internacional Privado: que o autor, retomando uma orientação que havia sido quase abandonada, não concebe como constitutivo de situações jurídicas, mas como recognitivo de situações, tal como surgirem concretamente configuradas no ordenamento declarado competente (neste ponto temos dificuldade em acompanhá-lo).

Nestes termos renovados, enquanto se têm em vista situações em conexão com a ordem jurídica em causa, parece-nos ainda correcto falar de aplicação da lei no espaço.

335. O Direito Internacional Privado

I – Ao conjunto de regras que demarcam a competência de várias ordens jurídicas potencialmente aplicáveis à disciplina das relações de Direito Privado se chama Direito Internacional Privado[925].

Poderia parecer que o Direito Internacional Privado deveria ser ainda considerado um direito privado especial, pois adapta os princípios gerais às necessidades derivadas dos contactos internacionais. Todavia a sua posição tem muito de peculiar. Desde logo, é complementar de todo o Direito Privado – Direito Comercial incluído – e não somente do Direito Civil. Mas sobretudo a sua característica prevalente de regra sobre regra – a regra de Direito Internacional Privado determina a aplicação de outras regras – dá-lhe uma fisionomia particular e uma posição autónoma.

II – São cada vez mais numerosas as situações de confluência de várias ordens jurídicas. Se uma empresa americana contrata com uma empresa sueca a compra de uma mercadoria situada na Colômbia para ser

---

[924] *Âmbito de Eficácia*, pág. 207.
[925] Cfr. já *supra*, n.os 184 III e 311 III.

576   *O Direito. Introdução e Teoria Geral*

entregue na Itália, temos já quatro ordens jurídicas potencialmente aplicáveis, uma vez que a situação está em conexão com todas elas. Cabe à regra de Direito Internacional Privado determinar qual a conexão juridicamente decisiva.

O Direito *Internacional* Privado não é na verdade Direito Internacional, mas direito interno. Cada país tem o seu próprio Direito Internacional Privado e por ele resolve os conflitos que possam surgir. Daqui deriva todavia que a solução que se der em Portugal pode ser diversa da solução que a mesma questão recebe noutro país.

Podem assim surgir conflitos de segundo grau, resultantes das divergências entre as normas nacionais de conflitos[926].

III – As regras de Direito Internacional Privado típicas são regras *formais*, que caem na categoria das regras de remissão[927]. Não se diz como se regula aquela situação, mas antes qual a lei que será competente para a regular, seja qual for o seu conteúdo.

Estas regras caracterizam-se como *regras de conflitos*, por visarem resolver conflitos de leis potencialmente aplicáveis. A estatuição destas regras contém portanto apenas a remissão para a regra que será aplicável em concreto.

Por exemplo, dispõe o art. 46 CC: "O regime da posse, propriedade e demais direitos reais, é definido pela lei do Estado em cujo território as coisas se encontrem situadas".

Por esta regra não ficamos a saber como serão regulados os direitos sobre as coisas. Teremos, perante o caso concreto, de verificar antes qual a lei do lugar da situação dos bens. Suponhamos que é a belga. Só então poderemos verificar quais as regras que serão definitivamente aplicáveis, através do exame do conteúdo da lei belga.

IV – *Excepção de ordem pública internacional*
Mas, justamente porque não se pode saber antecipadamente qual é essa regra e em que termos se fará a aplicação, estabelece-se uma ressalva última representada pela excepção de *ordem pública internacional*: a

---

[926] Por exemplo, quando a lei estrangeira mandada aplicar pela ordem jurídica nacional não se considera a si mesma competente.
[927] Cfr. *supra*, n.° 295 I.

Aplicação da Lei no Espaço 577

aplicação da lei estrangeira não pode contrariar os princípios fundamentais da lei nacional[928].

Basta dizer que a ordem pública internacional representa um último e insuperável limite à aplicação da lei estrangeira. O direito estrangeiro declarado competente para reger determinada situação defronta uma excepção: pode dar-se a hipótese de aquela lei estrangeira se revelar incompatível com os princípios fundamentais que comandam a comunidade. Assim aconteceria inegavelmente se a aplicação da lei estrangeira levasse no caso concreto a declarar alguém escravo ou a instituir a poligamia. Nestes casos, a aplicação da lei normalmente competente não é admitida.

V – Também pode haver conflitos intra-estatais de leis; quando, no interior de um país, houver várias ordens jurídicas. Assim acontece nos Estados federais, nos Estados regionais e em vários outros casos.

Há uma flagrante analogia com o Direito Internacional Privado. Mas há também uma diferença essencial; se o conflito é interestadual, ele desenha-se sob a égide da soberania de um Estado. Cabe a este estabelecer os parâmetros da sua solução. Ao contrário do que acontece com o Direito Internacional Privado, pois aí não há entidade superior que paute a solução dos conflitos entre leis nacionais.

---

[928] Veja-se o que a este propósito dissemos *supra*, n.º 299 IV, em que distinguimos estas regras e as de ordem pública; bem como o nosso *Tribunal competente*.

CAPÍTULO VI
HIERARQUIA DAS FONTES E DAS REGRAS

336. Posição do problema

I – Temos até agora considerado as regras de modo uniforme, sem estabelecer gradações. Nada do que dissemos nos permitiria falar de uma hierarquia entre elas.

É certo que, se as regras derivam das fontes, a hierarquia das regras poderia ser uma resultante da hierarquia das fontes. Mas também neste domínio não temos feito distinções. Dissemos até que a lei nova revoga a lei antiga, como se toda e qualquer lei nova pudesse revogar as leis já existentes[929].

II – A própria afirmação de uma hierarquia pode ser posta em causa. Pode afirmar-se que o complexo das regras forma um tecido unitário e coerente. Não há como estabelecer uma hierarquia entre elas, pois por natureza todas as regras vinculam[930].

A aceitarmos porém uma solução negativista, estaríamos mais a escamotear o problema que a solucioná-lo.

Aquilo que desde logo avulta é a hierarquia das fontes do direito, e não a das regras. Pode haver dúvidas quanto à afirmação de uma hierar-

---

[929] No que toca à relacionação da lei com outras fontes de direito, já tivemos de entrar em conta com problemas de valor relativo das fontes, aproximando-nos assim da noção de hierarquia. O fenómeno tornou-se patente quando foi necessário relacionar a lei e o costume. Todavia, como aí concluímos por um paralelismo das duas fontes, a noção de hierarquia das fontes não surgiu nitidamente, pois a hierarquia parece pressupor diversidade de grau.

[930] Tão-pouco se poderia dizer que é a possibilidade de existirem regras contraditórias que exige uma hierarquia que indique quais devem ser sacrificadas. Hierarquia não supõe conflito de normas. Pode por exemplo haver disposições inconciliáveis no seio da mesma lei, mas então funciona a interpretação ab-rogante (cfr. *supra*, n.ºs 241 e 242), e não restará em qualquer caso mais do que uma regra.

580   *O Direito. Introdução e Teoria Geral*

quia de normas; mas não há quanto à da hierarquia das fontes. Lógico é pois que comecemos por atender a esta e só depois, fortes dos resultados obtidos, nos preocupemos com a hierarquia das regras.

No que respeita à hierarquia das fontes, surgem de facto grandes dificuldades quando se trata de determinar o seu valor relativo.

Devemos tomar a questão em toda a sua generalidade. Todavia, dado que ela reveste particular gravidade no âmago das fontes intencionais, há a tendência para o examinar sob a referência à "hierarquia das leis". A epígrafe é demasiado estreita, pois como sabemos a lei é apenas uma das fontes do direito, e todas devem ser hierarquizadas.

337. Sentido da expressão "hierarquia das fontes"

I – Dissemos que por fonte do direito pode entender-se o modo de formação ou o modo de revelação de regras jurídicas; e que teríamos em conta preferentemente, ao falar de fonte do direito, os modos de revelação de regras jurídicas[931].

Neste capítulo da hierarquia, porém, o ângulo de visão deve alterar-se. Não são os modos de revelação das normas jurídicas em si que são ou não hierarquizáveis, mas os modos de formação destas, os factos normativos em que consistem.

Como realidade histórica, a norma jurídica há-de ter uma génese – acto legislativo, pronúncia do acórdão com força obrigatória geral, etc.. Estes são factos normativos e encontram-se na origem de toda a norma. A consideração desse facto normativo é indispensável para muitos efeitos.

Os factos podem realmente ser juridicamente hierarquizados, e em relação a eles tem sentido falar numa hierarquia de fontes. Vejamos todavia em que condições.

II – Temos de estabelecer o valor relativo de fontes do direito, ou factos normativos: e, como se confrontam tipos abstractos de factos, diremos que antes de mais se tem de traçar uma *hierarquia abstracta* de fontes. É assim que se diz, por exemplo, que um decreto não pode revogar uma lei. Um acto de produção normativa de certo tipo não pode relevar para a ordem jurídica se se lhe opuser uma regra cujo título de validade é superior, ou seja, se contrariar uma regra proveniente de fonte mais valiosa.

---

[931] *Supra*, n.os 21 e 22.

Hierarquia das Fontes e das Regras 581

Esta é uma colocação simplificada, e que aliás terá de ser sucessivamente corrigida. Mas já nos permite compreender a referência de alguns autores à *força* das várias fontes[932]. Contrapõe-se aliás uma força positiva à força negativa, significando-se pela primeira o poder revogatório, e pela segunda a resistência oposta pelos preceitos existentes à revogação.

Estamos, como se vê, no domínio das imagens. É o mesmo que falar na força de um direito subjectivo para significar que ele não pode ser violado por estranhos.

De qualquer modo, exprime-se assim figurativamente a conformidade do pretenso facto normativo a uma regra sobre a produção jurídica. Sendo conforme, ela é eficaz; a ordem jurídica outorga-lhe efeitos jurídicos. Estes traduzem-se, por definição, em efeitos normativos.

338. Fontes internacionais, costume, acórdãos com força obrigatória geral

I – *Fontes internacionais*

Entremos no exame em concreto[933].

Logo deveríamos defrontar uma questão extremamente complexa: a da conjugação das fontes internacionais e das fontes internas.

São também fontes do direito o *costume* internacional e os *tratados e acordos normativos*[934].

Simplesmente, como este magno problema não pode deixar de ser considerado no domínio do Direito Constitucional e do Direito Internacional Público[935], dispensamo-nos de entrar na sua análise.

---

[932] Cfr. A. Sandulli, *Legge*, 632.

[933] Veja-se a hierarquia que M. Rebelo de Sousa, *Introdução*, n.º 27.7 e segs. traça, mas que vai além do domínio das fontes do direito.

[934] O facto de o Código Civil os não prever não tem importância quanto à sua qualificação como fontes do direito, pois a enumeração não é taxativa, como resulta da pesquisa que realizámos (n.os 142 e segs.). Aliás, as constituições prevêem expressamente fontes internacionais. Quanto à publicação, cfr. *supra*, n.º 160 II.

[935] Sobre esta matéria, como aliás também sobre outras matérias versadas neste capítulo, é fundamental a monografia de Miguel Galvão Teles, *Eficácia dos Tratados na Ordem Interna Portuguesa*.

582   *O Direito. Introdução e Teoria Geral*

II – *O costume*
Já falámos atrás da posição hierárquica do costume, remetendo agora para quanto se referiu[936]. O costume está pois em posição paralela à da lei. A toda a lei, note-se, nomeadamente à lei constitucional.

III – *Acórdãos com força obrigatória geral*
Em posição paralela à lei estão também as decisões jurisprudenciais com força obrigatória geral, quando admitidas. Se a função destas é interpretar autenticamente outras fontes, não lhes são superiores (por isso podem ser revogados) nem inferiores (por isso daí por diante o que estabelecem é que é decisivo).

Isso não impede que estas fontes, como referimos, tenham carácter instrumental ou complementar em relação às restantes fontes, como resulta do seu carácter jurisprudencial[937]. Mas não se traduz por um nexo hierárquico entre elas. Acontece é que as decisões com força obrigatória geral não revogam as fontes anteriores, antes acrescem ao título destas.

339. Disposições de entes intermediários e diplomas de autarquias locais

I – No elenco das fontes inscrevemos as disposições de entes intermediários e os diplomas das autarquias locais. Qual a relação que mantêm com as leis do Estado?

No que respeita às disposições de entes intermediários, como organismos profissionais, a disciplina que estabelecem está hierarquicamente subordinada à das leis do Estado.

Exprime-o o art. 1/3 do Código Civil[938].

II – Em igual posição de subordinação hierárquica estão os diplomas das autarquias locais[939]. Um município, autarquia local em Portugal, não

---

[936] *Supra*, n.os 141 e segs..

[937] *Supra*, n.° 177.

[938] Vimos já (*supra*, n.° 153 III) que este preceito, substancialmente entendido, continua em vigor, enquanto referido a entes autónomos e não à orgânica corporativa formal. Estabelece ele que as normas corporativas não podem contrariar disposições legais de carácter imperativo. Na última parte, prevê-se implicitamente que esta disciplina autónoma se possa afastar dos preceitos dispositivos das leis do Estado.

[939] São categóricos neste sentido os arts. 55/1 e 2, 52 e 54 do Código Adminis-

pode pretender resolver os problemas de trânsito, por exemplo, afastando--se das regras estabelecidas pelo Estado[940].
Não admira que em ambos estes casos se passe assim. Não há absorção de umas instituições por outras, dentro de uma visão institucional, mas há uma necessária coordenação, de modo a não se prejudicarem as finalidades de conjunto.

Sabemos também que o art. 3 do Código Civil estabelece que as normas corporativas prevalecem sobre os usos. Esta disposição é aplicável aos diplomas das autarquias locais.

III – E que dizer da relacionação das disposições dos entes intermediários com os diplomas das autarquias locais?

A lei não toca expressamente este tema, talvez porque as possibilidades de choque são remotas. Mas, se um conflito efectivamente surgir, por exemplo, entre a regulamentação profissional duma ordem e a regulamentação sobre feiras de um município, o que prevalece?

Pensamos que o conceito tradicional de bem comum constitui um critério valorativo que ainda é, afinal de contas, o mais válido. Devemos partir da própria hierarquia dos bens comuns que estão a cargo das entidades em presença[941].

Assim, o bem comum *territorial*, prosseguido pelas autarquias locais, porque universal, ou seja, referido a todos os aspectos em que as pessoas estão socialmente implicadas, supera os bens categoriais prosseguidos por outros organismos intermediários. Devem portanto prevalecer, nas zonas de conflito, os seus diplomas. Este tem sido o entendimento a que se tem chegado na prática.

O mesmo critério da extensão dos bens comuns se aplica, já mais facilmente, aos conflitos que oponham entre si várias fontes institucionais. Poderia aplicar-se ainda, havendo necessidade disso, aos conflitos entre diplomas de várias autarquias locais.

---

trativo. Estas disposições podem ser facilmente generalizadas a todos os diplomas das autarquias locais.

[940] Uma referência indirecta à hierarquia das regras autárquicas e das derivadas das demais pessoas públicas encontra-se em C. A. Bandeira de Mello, *Autarquias*, págs. 482 e seguintes. Baseia-se este autor na precedência das pessoas políticas sobre as administrativas e dentro das da mesma natureza, na precedência da entidade que prossegue interesses concernentes a círculo mais amplo. Para este autor a autarquia (da qual se exclui, aliás, como dissemos já, o município, que é no Brasil pessoa política) é sempre um órgão do Estado (*ibidem*, págs. 226 e seguintes).

[941] Cfr. *supra*, n.º 153 e 154, e ainda Fezas Vital, *Hierarquia*.

584 O Direito. Introdução e Teoria Geral

340. Leis do Estado. As leis ordinárias

Passando às leis do Estado, encontramos três categorias básicas:

1) Lei constitucional
2) Lei ordinária formal ou solene
3) Lei ordinária comum ou não solene.

Há uma nítida ordenação hierárquica entre estas várias fontes. A lei constitucional, por exemplo, revoga quaisquer outras e não pode ser revogada por elas. Mas uma mais ampla relacionação exigiria o exame de todo o problema da inconstitucionalidade, que seria deslocado abordar aqui.

II – Dentro das leis formais, às quais cabe especificamente a definição e a inovação dentro da ordem jurídica e para que remetem normalmente as reservas de lei constantes das constituições, encontramos as várias categorias referidas já[942].
Todas estas espécies, em princípio, ocupam o mesmo grau hierárquico. Assim acontece com a lei e o decreto-lei, não obstante haver desequilíbrios ora em benefício da lei ora em benefício dos outros[943].

III – *Lei ordinária comum ou não solene*
Distinguimos atrás[944], dentro desta categoria de leis do poder central, as leis emanadas:

– dos órgãos centrais
– dos órgãos locais
– de entidades autónomas.

Dá-se a prevalência aos diplomas derivados dos órgãos centrais, qualquer que seja a sua natureza, sobre os dos órgãos locais. Esta prevalência é facilmente justificável pela subordinação hierárquica ou, se quisermos, por uma hierarquia de competências.
Em situação paralela à dos diplomas locais se encontram as disposições de entidades autónomas com funções de disciplina económica, promoção social ou qualquer outra, que têm o poder de elaborar os seus regulamentos. Estas também se subordinam às regras ministeriais.

---

[942] *Supra*, n.º 155.
[943] O art. 112/1 da Constituição afirma expressamente que "as leis e os decretos-lei têm igual valor".
[944] *Supra*, n.º 156.

Hierarquia das Fontes e das Regras 585

Já é mais difícil definir em geral as relações dos diplomas dos órgãos locais e das disposições de entidades autónomas, dada a variedade destas. O seu estatuto reclama uma análise caso por caso.

IV – Já vimos quais são as leis do Estado comuns centrais[945]. Dentro destas ocupa lugar prevalente o decreto. Para efeitos hierárquicos não interessa a distinção das várias categorias de decretos, pois o grau de todos eles é idêntico.

As portarias e os despachos normativos são hierarquicamente equivalentes.

Todos eles superam as fontes meramente internas, como as instruções.

341. A hierarquia das normas

I – Fixada nestes termos a hierarquia das fontes do direito, devemos observar que se fala também frequentemente numa hierarquia de normas jurídicas.

Esta foi particularmente vulgarizada por intermédio da *Stufenbautheorie*, devida a Merkel e tornada famosa por intermédio de Kelsen[946].

Mas sobre esta hierarquia das regras jurídicas ainda pode haver mais de um entendimento.

II – *Hierarquia estática ou segundo o conteúdo*
Pode falar-se de uma hierarquia que vai desde as regras mais genéricas, portadoras dos princípios jurídicos fundamentais, até às regras mais concretas, que especificam aquelas e preparam imediatamente a execução[947]. Pode dizer-se que, dos princípios gerais até às regras de concretização (e, no esquema de Kelsen, até aos comandos individuais) se estabelece uma hierarquia.

A determinação do escalonamento pode em concreto não ser fácil. Por exemplo, é difícil relacionar as regras constantes dos regulamentos

---

[945] *Supra*, n.º 157.

[946] Cfr. *Teoria Pura de Direito*, 2ª ed., II, n.º 35; Lourival Vilanova, *Norma Fundamental*.

[947] Desde o princípio de que "o Poder Público incentivará o lazer, como forma de promoção social" (art. 217 § 3.º da Constituição brasileira) até à delimitação do processo de os interessados fazerem valer perante o Estado as suas pretensões, vai um longo caminho de concretização.

586   *O Direito. Introdução e Teoria Geral*

autónomos, de que acabamos de falar, com outras regras superiores. Mas apesar destas ou outras dificuldades, sempre seria possível falar neste sentido, efectivamente, de uma hierarquia.

III – *Hierarquia dinâmica ou segundo o fundamento de validade*
Mas não foi este o sentido que especificamente interessou Kelsen. A hierarquia que ele traça é uma hierarquia que tem em conta o fundamento de validade das normas. Por isso toma como base a relação entre a regra que regula a produção de outra e a regra assim regularmente produzida: "a norma que regula a produção é a norma superior, a norma produzida segundo as determinações daquela é a norma inferior".

No topo coloca Kelsen uma norma fundamental, que é meramente hipotética, mas suporta a validade de todo o sistema. Ela fundamentaria imediatamente as normas que regulam a produção de regras jurídicas gerais; e estas regras disciplinam por sua vez a produção de outras regras, e assim sucessivamente até se consumar a hierarquia.

Aqui o panorama torna-se mais complexo e a discordância parece impor-se. A fundamentação do decreto regulamentar não se encontra no decreto-lei que ele porventura regulamente, mas numa regra sobre a produção jurídica, neste caso também ínsita na constituição.

Já aqui se nota um desvio dos resultados que encontrámos a propósito da hierarquia das fontes. Outro desvio resulta de a regra sobre a produção jurídica não necessitar de se fundar em fonte hierarquicamente superior à da regra produzida. Um exemplo categórico é-nos dado pelas regras sobre revisão constitucional, pois constam das próprias constituições políticas.

Nestes termos, pode-se perguntar se tem algum interesse referir uma hierarquia de normas para significar o processo de fundamentação das regras jurídicas, e configurar uma hierarquia entre a regra sobre a produção jurídica e a multidão das regras por ela fundamentadas, algumas das quais poderão por sua vez ser regras sobre a produção jurídica. Não parece que seja este o sentido em que tem utilidade falar de uma hierarquia. De todo o modo, nós não o utilizaremos.

342. Hierarquia das fontes e conteúdo normativo

I – Voltemos à hierarquia que particularmente nos interessa – a hierarquia das fontes. Essa hierarquia pode ser traçada atendendo só à distinção formal das fontes entre si ou não exigirá ainda uma consideração do conteúdo ou da matéria que por essa fonte é regulada?

Mesmo em abstracto, devemos reconhecer que só há duas fontes cuja valia é independente do conteúdo dispositivo: a lei constitucional e o costume. Nas outras há já restrição das matérias que podem conter, ao menos em princípio. Não basta dizer que um decreto não pode violar fonte hierarquicamente superior; para o decreto ser válido, deve ainda referir-se a matérias determinadas (sobre que não haja, por exemplo, uma reserva de lei).

II – Isto resulta já das regras sobre a produção jurídica. Mas ainda estamos a considerar as regras sobre a produção jurídica em abstracto.

Se passarmos do abstracto para o concreto, esta implicação do conteúdo é muito maior. Em abstracto, um decreto pode fixar as matérias dos concursos a que os funcionários públicos se devem submeter para serem promovidos – mas já o não poderá fazer se essa matéria tiver sido fixada por uma lei[948].

Portanto, e como é natural, verificamos que um acto normativo é ou não lícito consoante houver ou não regra contrária fundada em título hierarquicamente superior. As conclusões a que chegámos sobre a valia das fontes não podem por isso ser desligadas de outras regras sobre o seu funcionamento em concreto.

III – Mas pode-se dar novo passo, que nos leva a um entrecruzar mais profundo de critérios. Pode a hierarquia abstracta ser afastada, nos casos em que uma regra sobre a produção jurídica permite que uma fonte hierarquicamente inferior actue sobre outra fonte que (ainda em abstracto) seria hierarquicamente superior.

Este fenómeno, aparentemente anómalo, manifesta-se por exemplo em leis solenes em que se estabelece que determinados preceitos seus podem ser revogados por simples regulamentos[949]. Outro embotamento da hierarquia abstracta verifica-se quando um diploma é modificado por diploma de nível hierárquico *superior*[950].

---

[948] É muito frequente a inserção de matéria regulamentar em leis formais, em consequência de má técnica legislativa.

[949] Cfr., por exemplo, o Dec.-Lei n.º 183/70, de 28 de Abril, arts. 1/3 e 3/2.

[950] Por exemplo, no *Diário do Governo* de 21 de Maio, o Dec. n.º 39771, de 18 de Agosto de 1954, foi alterado pelo Dec.-Lei n.º 210/74, no que respeita ao art. 12, e pelo Dec. n.º 213/74, no que respeita ao art. 6.

588   *O Direito. Introdução e Teoria Geral*

Chegados a este ponto, a ideia de uma hierarquia de fontes pouco ajuda. Em concreto, deve-se antes perguntar qual o título da valia de cada regra.

343. O título. O acto normativo concreto

I – Isto torna fulcral a noção do *título*.

O *título*, não na acepção de documento, mas numa outra acepção técnica menos imediata, é o facto ou conjunto de factos de que uma situação jurídica retira a sua existência e modo de ser. Cada situação normativa tem pois também o respectivo título, e é por ele que vale na ordem jurídica, com a sua configuração concreta.

Uma regra constante de um decreto tem necessariamente por título esse decreto. Mas o título não se identifica com o acto normativo: este foi estudado até agora como categoria abstracta, e a noção de título dá-nos justamente a passagem para a realidade concreta. Com efeito, para além do facto normativo inicial, outros factos podem ter actuado, e eles conformam a situação normativa resultante.

II – Efectivamente, um facto normativo originário pode ter sido atingido de muitas maneiras. Mesmo que não tenha soçobrado à prova dos factos (pois então deixava de relevar) pode ter padecido a incidência de vários factos que impõem alterações.

O facto normativo originário é um dos aspectos do título, enquanto lhe puder ser reconduzida uma regra jurídica, e mantêm-se as consequências que a regra sobre a produção jurídica atribui àquele. Mas com frequência é insuficiente para explicar a situação normativa actual, que pode ser a resultante de numerosos factos posteriores. Estes podem ser normativos (como o costume). Podem também ser não normativos, como a disposição individual que exclui certos casos do âmbito de aplicação da regra. Assim, a lei que isenta uma empresa de uma obrigação tributária genericamente estabelecida por outra lei não é normativa, porque individual, mas compõe o título da regra que comina aquela obrigação[951]. Nomeadamente, a susceptibilidade de uma regra, concretamente tomada, ser revogada é a que resulta do respectivo título, e não apenas da fonte.

---

[951] Outro exemplo: a Lei n.º 46/86, de 14 de Outubro, dispõe no art. 59/2 que, em relação a matérias de aplicação que constarem já de lei, deve o Governo apresentar as correspondentes propostas de lei. O preceito é de constitucionalidade duvidosa.

Hierarquia das Fontes e das Regras 589

III – Fala-se até da *novação* duma fonte do direito[952] e a noção merece efectivamente ser retida. Há hipóteses em que uma regra se mantém, sem sofrer alterações em si, mas fundada em título que substitui o anterior. Assim, muitas regras vigentes na ordem jurídica sobre Direito Industrial que se fundavam no Código da Propriedade Industrial de 1995, fundam-se agora no actual Código, aprovado pelo Dec.-Lei n.° 36/03, de 3 de Março, sem ter havido sequer alteração literal. Podemos falar de uma *novação do título*[953].

344. Interpretação autêntica e hierarquia das fontes

I – Afastamo-nos da generalidade da doutrina, que caracteriza a interpretação autêntica por caber ao próprio autor da fonte interpretada[954]. Para esta, haveria interpretação autêntica se uma assembleia legislativa aprovasse uma nova lei visando esclarecer uma lei anterior, mas já não haveria se esse esclarecimento fosse operado por um diploma do Governo, ainda que ambas as fontes estivessem no mesmo nível hierárquico.

Não pensamos que seja assim, até porque isso implicaria a impossibilidade de interpretação autêntica quando o órgão que produzira a primitiva fonte fosse suprimido.

O grande significado da interpretação autêntica está em a regra já existente continuar a valer naquela ordem jurídica, mas com uma alteração no seu título[955]. Neste caso o título era primeiro a lei interpretada, agora é a lei interpretada mais a lei interpretativa. O domínio de aplicação da regra mantém-se pois tal qual, apenas se esclarecendo que ela vale com o sentido que resulta da fonte interpretativa.

II – Sendo assim, nada obriga a que a interpretação seja obra de fonte da mesma espécie que a fonte que se interpreta. Pode provir de uma *fonte*

---

[952] Sandulli, *Legge*, pág. 651.

[953] Podem fazer-se outras aplicações desta noção, mesmo entre fontes diferentes. Assim, se uma regra dum decreto-lei é integrada numa lei, há novação do título, embora a norma seja a mesma.

[954] Cfr., por exemplo, Betti, *Interpretazione della legge*, § 25; Eduardo Espínola, *Interpretação da lei*, n.° 1 (mas este autor tem também observações que parecem concorrer no sentido que defendemos).

[955] No sentido de o facto ou conjunto de factos de que uma situação jurídica tira a sua existência e modo de ser, explanado no número anterior.

590   *O Direito. Introdução e Teoria Geral*

de nível equivalente – um costume pode ser interpretado por uma lei, por exemplo. E pode até valer como interpretação autêntica a que é realizada por fonte de nível *superior*, como se um decreto-lei esclarece dúvidas resultantes de um decreto anterior: da mesma forma se declara que a fonte tem aquele significado[956].

Já não haverá porém, por natureza, interpretação autêntica, se realizada por diploma hierarquicamente inferior à fonte interpretada. Nesse caso há especificação ou concretização, mas o título do diploma hierarquicamente superior não é alterado.

345. O significado da interpretação contida em fonte hierarquicamente inferior

I – Tem de analisar-se cuidadosamente o significado dos diplomas que interpretam fonte hierarquicamente superior, particularmente dos que se destinam a esclarecer dúvidas suscitadas por aquela. Por exemplo, quando uma portaria vem esclarecer dúvidas suscitadas por uma lei, interpreta-a autenticamente?

Comecemos por pôr a hipótese de a própria lei (ou, mais genericamente, o diploma hierarquicamente superior) prever a possibilidade de ser interpretado por diploma de nível inferior. A hipótese tem relevância porque são hoje frequentes os diplomas em que se inserem fórmulas desta índole: "As dúvidas surgidas na aplicação deste diploma serão resolvidas por despacho do ministro..."[957].

Nestas hipóteses dá-se uma nova incidência da hierarquia de normas no sentido kelseniano, como normas sobre a produção jurídica. O diploma de nível inferior fundaria a sua legitimidade no diploma de nível superior em que era previsto, para operar uma intervenção com aquele conteúdo.

Mas note-se que a lei interpretativa não recebe mesmo então o estatuto da lei interpretada – continua a ser um decreto e não uma lei, por exemplo, sujeita por isso ao estatuto do decreto e não ao da lei. Isto reduz a força da interpretação assim realizada[958].

---

[956] Não se pode dizer que há uma "novação do título" (*supra*, n.º 343 III) porque se substituiu o decreto-lei; é o decreto que continua a regular os casos anteriores. Por isso o decreto pode ser posteriormente revogado por simples decreto, caducando automaticamente o decreto-lei.

[957] Cfr., por exemplo, o art. 3 do Dec.-Lei português n.º 195/80, de 20 de Junho.

[958] Cfr. Marques Guedes, *Interpretação, Aplicação e Integração*, 27-29.

Hierarquia das Fontes e das Regras 591

II – Haverá que ter em conta o art. 112/6 da Constituição, introduzido pela revisão de 1982: "Nenhuma lei pode criar outras categorias de actos legislativos ou conferir a actos de outra natureza o poder de, com eficácia externa, interpretar, integrar, modificar, suspender ou revogar qualquer dos seus preceitos".

Os actos legislativos referidos são as leis em sentido formal. Deve entender-se assim que se impõe que uma matéria, só por ter sido objecto de uma lei em sentido formal (e ainda que tenha havido excesso de forma), só possa ser disciplinada por lei em sentido formal enquanto aquela não for revogada. Mesmo a intervenção complementar, destinada a interpretar ou integrar os seus preceitos, não pode ser realizada por lei não formal, nem havendo previsão no próprio diploma[959].

Mantêm todavia a sua eficácia as intervenções legislativas anteriores a 1982, que não estavam sujeitas a restrição desta natureza[960].

III – Fora desta hipótese excepcional a interpretação autêntica deve ser veiculada por diploma não hierarquicamente inferior à fonte interpretada.

Se um diploma que não reveste a forma legislativa normal – maxime, um despacho – pretende realizar a interpretação autêntica doutro diploma que não prevê esse tipo de interpretação, devemos concluir que haverá quando muito, ou uma especificação ou concretização da norma anterior, na medida em que o diploma esteja habilitado para a realizar, ou uma vinculação interna dos serviços subordinados ao autor daquele despacho. Não há uma norma genericamente vinculativa – e muito menos uma interpretação autêntica[961].

---

[959] Neste sentido J. J. Gomes Canotilho, *Direito Constitucional*, 676: "só um outro acto legislativo pode incidir sobre a mesma matéria, interpretando, alterando, revogando ou integrando a lei anterior".

[960] Cfr. sobre esta matéria o Ac. n.º 189/85 do Tribunal Constitucional, publicado no DR, 1ª série, de 31.XII.85, que declara com força obrigatória geral a inconstitucionalidade do art. 16 do Dec.-Lei n.º 67/84, de 29 de Fevereiro, que permite a sua suspensão por portaria, nos termos constantes do mesmo decreto-lei; e o Parecer da Procuradoria-Geral da República n.º 34/84 (*BMJ* 341, 96) em si correcto, mas que pressupõe a aplicabilidade do art. 112/6 actual às situações anteriores, o que se não justifica, porque eram legais. Pelo menos, haveria que ressalvar os efeitos produzidos, portanto a validade dos diplomas não solenes emanados ao abrigo de leis formais anteriores.

[961] Por exemplo, o "despacho interpretativo" de 22 de Janeiro de 1975 não realiza na realidade a interpretação autêntica do art. 4/2 do Dec.-Lei n.º 621-A/74, de 15 de Novembro. Este diploma não permite qualquer desvio às regras gerais sobre interpretação autêntica.

592 O Direito. Introdução e Teoria Geral

A situação é idêntica se uma portaria posterior a um decreto-lei o pretender, com força retroactiva, especificar numa ou noutra direcção. O intérprete respeitará o comando da retroactividade, desde que contido nos limites gerais acima indicados, mas somente na medida em que for substancialmente respeitado o decreto-lei. Se houver uma incompatibilidade, prevalece a fonte hierarquicamente superior.

TÍTULO IX
A APLICAÇÃO DA REGRA JURÍDICA

346. Aplicação e interpretação

I – Já estabelecemos a relação entre direito e solução do caso[962].
O critério de solução do caso pode ser:

– normativo
– não normativo.

Os critérios normativos foram já examinados atrás[963].

Na primeira hipótese, que é a mais frequente, a solução do caso singular surge-nos estreitamente relacionada com a *aplicação da regra*. Será este o aspecto que nos vai agora ocupar.

Com as precisões feitas podemos dizer que a regra jurídica se destina em última análise a tornar possível a solução de casos reais. O direito tem um fim prático, e por isso, correspondendo à normalidade das coisas, a solução do caso concreto surge como o epílogo das operações a que se procede. Ela representa a última etapa do processo em que abstractamente se decompõe o método jurídico.

Este momento é muito importante. Aquele que não tem a sensibilidade da solução poderá ser um teórico do direito, mas não é ainda um jurista.

É todavia difícil fazer aqui uma exposição de conjunto desta fase. Vamos procurar seriar os vários aspectos que sucessivamente se oferecem à nossa consideração.

II – Verificamos que a ordem jurídica pode exprimir-se por regras. As operações metodológicas que referimos até agora culminaram na deter-

---

[962] *Supra*, n.os 127 e segs..
[963] *Supra*, n.os 127 e segs..

594   *O Direito. Introdução e Teoria Geral*

minação da regra aplicável. Essa é a finalidade da interpretação no sentido amplo, como determinação da regra[964]. À luz da pré-compreensão do caso decidendo busca-se no ordenamento a regra aplicável. Com isso podemos apurar o que tecnicamente chamamos as situações jurídicas.

Abstractamente, a distinção das operações é clara. A interpretação é logicamente prévia à aplicação: só depois de conhecer a regra poderemos valorar juridicamente o caso singular. Dá-se então a incidência do sistema, caracterizado pela sua generalidade, sobre o caso, que é singular.

Para esta visão clássica, o que pertence à aplicação é a verificação de que o facto corresponde à previsão abstracta da regra e a determinação das consequências jurídicas que ficam ligadas ao facto[965].

III – A independência de interpretação e aplicação

Na doutrina, porém, há hoje grande divergência quanto ao que significa aplicação. As correntes mais radicais negarão que possa fazer-se uma determinação de normas distinta do momento da aplicação, quer porque absorvem a aplicação na interpretação (e disso falaremos no número seguinte), quer porque dão prevalência absoluta ao momento da solução do caso[966].

Já vimos porém anteriormente que pode haver interpretação sem solução do caso concreto[967], como a que faz o professor no seu ensino ou até o advogado na sua alegação. Aquelas situações amputam assim a realidade.

Aliás, a regra validamente emitida mas ainda nunca aplicada existe já, como elemento determinante da ordem daquela comunidade. O que é necessário, isso sim, é que a fonte tenha sido acolhida na ordem social; mas este acolhimento e a aplicação são realidades perfeitamente distintas.

Isto corresponde à terminologia comum. Frequentemente se ouve dizer, por exemplo, que os órgãos judiciais aplicam a lei, que certa dis-

---

[964] *Supra*, n.º 215.

[965] Cfr. Garcia Maynez, *Introducción*, n.os 162 e segs..

[966] Menezes Cordeiro chama repetidamente a atenção para o "binómio interpretação/ /aplicação". Recorde-se o que dissemos já sobre a posição de Castanheira Neves, *Questão- -de-Facto – Questão-de-Direito*. O § 12.º deste estudo é dedicado ao problema da "norma aplicável". No extremo, nega-se até que o juiz interprete a lei, porque o acto intencional não se dirige a compreender qualquer significado dum texto: Lúcio Grassi de Gouveia, *Interpretação Criativa*, 145. Em sentido contrário, Betti, *Interpretazione*, § 2.

[967] *Supra*, n.os 123, 124 e 215 III.

A Aplicação da Regra Jurídica 595

posição não é aplicável ao caso em análise, e assim por diante. E é o que resulta também dos dados legais[968].

IV – A consciência da distinção entre interpretação e aplicação é indispensável desde o início dos estudos de Direito.

A formação jurídica faz-se em grande parte através da análise de hipóteses que reproduzem ou simulam casos reais. O estudioso é chamado a determinar o direito aplicável ao caso e a resolvê-lo efectivamente.

A primeira parte é tarefa de interpretação. Mas não se pode supor, mesmo que esta tenha sido realizada perfeitamente, que tudo está terminado quando se apuram as regras sobre a matéria. É ainda necessário demonstrar que se aplicam ao caso figurado. Isto exige portanto o exame das características da situação para justificar que se acomoda à previsão normativa. Só se aprende pela prática. Traduz todavia um momento essencial da formação jurídica.

347. A insuficiência da mera subsunção

I – É hoje genericamente repudiada a outra orientação extrema, consistente em supor que a aplicação se reduz a uma mera operação lógica, pela qual o intérprete se limita a verificar a correspondência daquela situação à descrição abstracta que consta da lei[969]. Todavia, já assim se pensou: esta posição foi dominante no século XIX, em que se apelava somente à *subsunção*. Actualmente, ela é objecto de viva rejeição.

A posição típica desta corrente exprime-se através do chamado *silogismo judiciário*. Têm-se em vista as formas judiciais de aplicação da lei e raciocina-se como se a lei representasse a premissa maior dum silogismo. O juiz conheceria a lei, as partes dão os factos, o juiz subsume os factos à lei e tira a conclusão.

---

[968] O Código Civil contrapõe expressamente interpretação a aplicação na epígrafe do capítulo II e no art. 8/3. Da mesma forma se distingue a interpretação da lei (arts. 6 e 9) da aplicação da lei no tempo (arts. 12 e 13) e da aplicação analógica (art. 11). Neste último caso tem-se efectivamente em vista um momento de aplicação, para além da determinação da regra aplicável, o que explica a terminologia legal. Só desta maneira se satisfaz também o intento generalizador traduzido pelo art. 8, que se não acomoda a uma incomunicabilidade dos casos singulares.

[969] Embora sem cair nestes extremos, afirma Cabral de Moncada, *Lições*, I, n.º 38, que a aplicação representa ainda afinal uma forma de interpretação.

596 *O Direito. Introdução e Teoria Geral*

Em certas épocas, e nomeadamente em consequência de uma concepção mecânica da actividade judiciária, chegou-se a uma visão particularmente rígida deste processo. Para empregar uma comparação moderna e que é adequada apesar de ser risível, pode dizer-se que se pensou que a actuação do juiz seria análoga à das máquinas automáticas. Nestas, metendo-se a moeda, sai mecanicamente o produto desejado; ali, provados os factos, produz-se inelutavelmente certa decisão.

II – Como dissemos, o silogismo judiciário e a subsunção são actualmente rejeitados. Devemos porém verificar antes de mais se chegam para explicar algum aspecto da realidade.

Cremos que sim. Em certas hipóteses, a solução do caso pode realizar--se em termos de autêntica subsunção. Suponhamos a regra que determina que a maioridade se atinge aos 21 anos. Perante ela, nada mais há a fazer do que um mero silogismo. Se *A* tem 21 anos, *A* é maior. A conexão lógica é suficiente.

Porque é suficiente aqui e não nos outros casos? Porque aqui tudo se esgota numa mera descrição, sem ser necessário o recurso a elementos valorativos. A circunstância de *A* ter ou não 21 anos é uma realidade naturalística, que nada acrescenta à interpretação da lei. Logo, provada ela, necessariamente *A* é maior. Temos então uma regra *rígida*.

III – Mas justamente a outra face deste exemplo é a insuficiência do esquema subsuntivo[970], sempre que seja necessário proceder a valorações.

Assim, certos tipos penais são caracterizados por serem cometidos por meio de *ameaça grave*: cfr. por exemplo o art. 215 do Código Penal para a usurpação de coisa imóvel.

Quando é que se pode dizer que a ameaça é grave? Aqui, todas as meras descrições naturalísticas são insuficientes. É necessário, para além do conhecimento do facto, uma valoração que nos permita concluir se a ameaça foi ou não grave. Temos então uma regra flexível. O grau de flexibilidade pode variar muito, mas desde que encontremos a necessidade de uma valoração já devemos falar de regra flexível.

Com isto apurámos um elemento muito importante. O primeiro momento da aplicação consiste efectivamente na verificação de que o facto corresponde à abstracta previsão normativa. Mas essa verificação não se reduz a uma descrição histórica, supõe com grande frequência uma

---

[970] Parece aceitá-lo demasiadamente Allara, *Nozioni*, 108.

A Aplicação da Regra Jurídica 597

elaboração autónoma. Quer dizer, o momento da aplicação sempre acrescenta alguma coisa que não poderia estar na regra só por si, pois implica uma ulterior valoração (empregando o termo em sentido amplo)[971].

IV – A inadmissibilidade da mera subsunção é reforçada pelos processos de individualização que já referimos[972]. Desde logo em consequência da estruturação da factispécie, pelo recurso a *conceitos indeterminados* e *cláusulas gerais*.

Cada vez mais aparecem nas leis regras cujo conteúdo não é imediatamente apreensível, antes exige o confronto com categorias da vida social[973].

Temos, por exemplo, as cláusulas gerais. Na terminologia anglo--americana, são os *standards* (padrões). Quando o art. 762/2 CC determina que no cumprimento da obrigação, bem como no exercício do direito correspondente, devem as partes proceder de boa-fé, a boa-fé aparece como uma cláusula geral, cuja ponderação se deve realizar caso por caso, afastando-se uma descrição inicial rígida dos deveres e direitos das partes. Assim acontecerá ainda quando se fala em justo impedimento, fraude, diligência normal e em tantas categorias mais. A possibilidade de fixação de caso para caso confere ao direito aquela maleabilidade que uma determinação completa pela lei por natureza excluiria.

348. A inter-relação da regra e do caso

I – Do que dissemos até agora resulta que o momento da interpretação (em sentido amplo) é autónomo perante o momento da aplicação; mas resulta também que a interpretação é inidónea para responder a todas

---

[971] Note-se que o próprio art. 8/3 do Código Civil aponta neste sentido. Ao dizer que o juiz deve ter em consideração "todos os casos que mereçam tratamento análogo, a fim de obter uma interpretação e aplicação uniformes do direito", pressupõe que nem tudo está na regra, que a aplicação acrescenta alguma coisa a esta. Só assim tem sentido falar de uma aplicação uniforme do direito, pois se tudo estivesse na regra a aplicação seria o que haveria de mais individual, variaria necessariamente de caso para caso. Tem também interesse o caso referido no *BMJ*, n.º 233, pág. 70.

[972] Nomeadamente, *supra*, n.º 132, embora aí a propósito da solução do caso por via não normativa.

[973] Cfr., por exemplo, I. Galvão Telles, *Introdução*, n.º 103. Alípio Silveira, *Hermenêutica*, págs. 276-278, fala nas várias categorias de normas elásticas.

598 O Direito. Introdução e Teoria Geral

as questões que se podem suscitar. A determinação da regra aplicável, mesmo se levada até ao fundo, deixa sempre um resto, que não é resolúvel senão mediante a própria aplicação. Não se pode esperar que esta se reduza, para além de hipóteses marginais, a uma verificação mecânica de pressupostos de facto e a uma sua integração meramente lógica na previsão normativa.

Esse *a mais* próprio do momento da aplicação encontra-se por exemplo naqueles elementos que estão dependentes de maneiras de ver sociais ou de juízos de valor[974]. É preciso apurar, perante o caso concreto, se subsiste ou não a conformidade daquela situação à regra.

II – Podemos ir mesmo mais longe. Engisch observa que a apreciação da regra não se pode fazer independentemente do caso, nem a deste independentemente da regra. A aplicação supõe "uma acção e reacção permanentes; uma alternância constante do olhar entre a norma e o caso da vida"[975].

Arthur Kaufmann construiu esta interacção da norma e do facto recorrendo ao conceito de *analogia*. Entre a previsão legal e o facto não há identidade, pois um pertence ao dever ser e o outro à facticidade empírica; todavia também não há oposição. Há um relativamente diferente, mas há também um relativamente idêntico. A esta situação quadra o conceito de analogia[976], desde que entendida num sentido mais amplo do que aquele que toma a propósito da integração das lacunas, em que há na realidade um mero afloramento desta noção geral.

A analogia retoma aqui aquele sentido amplo que tinha na filosofia escolástica (é a concordância mediante uma relação, escreve São Tomás de Aquino) e hegeliana (é uma identidade dialéctica, para Hegel). A aplicação da lei pelo intérprete consiste em determinar a analogia juridicamente relevante entre o caso e uma regra jurídica[977].

Não obstante esta fundamentação, evitaremos a terminologia, por ser propícia a criar confusão. As situações da vida podem ser *referidas* a regras legais. Se estas têm estrutura conceitual, falaremos na *integração*

---

[974] Cfr. Larenz, *Metodologia*, 391-396 e 399-419, particularmente.

[975] Engisch, *Logische Studien*, 15.

[976] Para uma referência a esta noção, no seguimento de Renard, cfr. M. Gomes da Silva, *Direito da Família*, 97 e segs..

[977] Arthur Kaufmann, *Analogie und "Natur der Sache"*, em especial págs. 29 e segs..

A Aplicação da Regra Jurídica 599

no conceito. Se representam tipos, com a sua plasticidade, falaremos na *correspondência* ao tipo[978].

349. Acto jurídico e autor na aplicação

I – A aplicação da regra pode ser:

– dependente de um acto jurídico individualizador constitutivo da situação jurídica
– independente de qualquer acto.

No primeiro caso a previsão normativa não se concretiza sem o acto de aplicação. Como sem este os efeitos se não produzem, dizemos que em técnica jurídica esse acto é constitutivo.

Assim, a actuação de uma entidade munida de autoridade pode ser por vezes o veículo único de certa aplicação de uma regra jurídica.

Tomemos em conta o que se passa com o Direito Penal. Este define os crimes e estabelece as penas correspondentes. Se alguém pratica um facto tipificado na lei, incorre em responsabilidade penal. Mas ninguém pode ser considerado criminoso enquanto não for judicialmente condenado como tal, nem incorre em nenhuma pena enquanto ela lhe não for aplicada em processo penal.

Em casos como estes a aplicação passa pela realização de actos jurídicos concretos. Mas não há razão para limitar a autoria desses actos jurídicos a agentes do Poder quando a lei o não determina[979]. Também os particulares praticam actos de aplicação, neste sentido, sempre que as previsões legais são deixadas na dependência de uma actuação da parte deles. Portanto, nesta categoria da aplicação constitutiva, verificamos que o sujeito da aplicação pode ser qualquer pessoa quando a lei não a restrinja a sujeitos determinados.

II – A idêntica conclusão devemos chegar quando a aplicação se faz independentemente da prática de um acto jurídico a isso destinado. Seja o caso de se querer verificar se ocorreu o sinistro previsto num contrato de seguro e se o segurado tem ou não direito à indemnização.

---

[978] Cfr. *supra*, n.º 257 I.
[979] Como faz Miguel Reale, *Lições Preliminares*, 291.

600   *O Direito. Introdução e Teoria Geral*

A nossa posição deve em princípio ser a mesma que tomámos a pro-pósito da integração das lacunas. Sujeito da aplicação é toda e qualquer pessoa. A grande massa dos casos desenrola-se independentemente de intervenção judicial ou, mais amplamente, da intervenção de qualquer ente dotado de poderes de autoridade. Cada um de nós aplica as regras a todo o momento, verificando quais as consequências jurídicas a atribuir aos casos concretos.

III – *A prova*
Também o juiz e as autoridades administrativas aplicam, evidente-mente, o direito. Há mesmo uma técnica da aplicação judicial do direito, que tem em conta particularmente o momento da prova e a actuação do juiz para a descoberta da verdade. Este é um tema particularmente impor-tante, mas em que não podemos entrar.

Aproveitamos apenas para recordar qual a posição metodológica que se deve adoptar perante o problema da prova. O principiante tem grande dificuldade em distinguir a fixação da regra e a prova dos factos. Perante a referência a qualquer solução normativa, perguntará imediatamente: como se prova? Mas esse é outro momento, que deve ser rigorosamente separado do primeiro. Uma coisa é a fixação da situação normativa[980], outra a da situação de facto. Na nossa exposição, supomos sempre que a prova está feita e perguntamos qual a consequência jurídica. É um aspecto da abstrac-ção, indispensável ao trabalho jurídico, que se manifesta aqui uma vez mais.

350. Aplicação automática da regra

I – Fixemo-nos nesta segunda hipótese, da aplicação da regra ser independente da prática de um acto jurídico individualizador.

Neste caso, a regra só se aplica e só se produzem portanto os efeitos por ela previstos após o agente ter consciência dela – após *aplicada* por este – ou a lei aplica-se por si, automaticamente, logo que se produz a situação de facto?

Vamos dar um exemplo. Abel morre. Os que com ele convivem igno-ram que tem um filho, Bento, que legalmente é o seu único sucessor. Bento, por seu lado, encontra-se longe e ignora o falecimento do pai. Bento tem

---

[980] E é o conhecimento desta que é em geral o nosso objectivo.

desde já o direito de suceder? Ou só o terá desde que alguém, aplicando a lei àquele facto, concluir que ele tem esse direito?

A questão tem fundas raízes filosóficas, a que nos não abalançamos. Limitamo-nos a dizer que na prática, à luz do regime legal e dos princípios, *tudo se passa como se a lei se aplicasse automaticamente*. O direito de suceder de Bento surge no próprio momento que a lei chama de abertura da sucessão, que é o momento da morte do seu autor (art. 2031 do Código Civil).

II – Mas sendo assim, o que significa aquela aplicação pelo sujeito que até agora temos referido como integrada na última fase do método jurídico?

Significa uma recriação, pelo intérprete, daquilo que se encontra na ordem objectiva da sociedade.

Suficientemente temos dito já que a ordem jurídica é uma ordem objectiva, embora não seja uma ordem material. Ela vive e evolui com a ordem social, mas é um ente de relação, como toda a ordem. Em terminologia filosófica, será aquilo a que se chama, não uma substância, mas um acidente As pessoas podem elevar-se ao conhecimento dessa ordem objectiva, reconstituindo as relações impressas na realidade. A aplicação é pois uma criação na ordem do conhecimento, mas é uma descoberta dessa ordem objectiva.

Também as situações derivadas da verificação histórica das hipóteses previstas pela regra são entes objectivos. Quem conclui que tem um direito não o cria, verifica que assim é. É certeira a maneira de ver corrente. Ninguém diz, ao compulsar a lei: "eu passei a ter o direito!", diz simplesmente: "eu tenho o direito".

III – *Causalidade jurídica*

Com este se relaciona um problema, de índole essencialmente teórica e grande complexidade, que é o da causalidade jurídica[981]. Pergunta-se se a produção dos efeitos (todos falam assim) jurídicos pode ser explicada pela categoria da causalidade. Verificada aquela situação de facto, a regra provocaria os efeitos.

As posições dos autores divergem. Se alguns aceitam pura e simplesmente uma referência à causalidade, como categoria indispensável para a

---

[981] A esta matéria é dedicado o livro de Lourival Vilanova, *Causalidade e Relação no Direito*.

602 *O Direito. Introdução e Teoria Geral*

compreensão dos efeitos necessários, quer no mundo físico, quer no mundo jurídico, outros preocupam-se mais em acentuar que se trata de uma relação normativa e não naturalística[982], outros falam, de uma ligação doutra espécie[983]) e outros enfim tudo consideram uma questão de palavras[984]. Não cuidaremos de tomar partido neste dissídio.

351. A osmose da aplicação para a interpretação

I – Há ainda outro nexo entre interpretação e aplicação.

Resulta já do que dissemos anteriormente que a aplicação traz necessariamente um excesso de conteúdo em relação à interpretação. Interpretada a fonte, oferece-se ainda a necessidade de adequar a regra apurada às circunstâncias concretas. E isto verifica-se perante as previsões aparentemente mais simples.

Assim, o art. 1484/2 CC regula o direito de habitação: direito real de habitar gratuitamente "casa de morada". O que é, aqui, *casa*? Por interpretação, poderemos concluir que *casa* não é simplesmente a moradia ou habitação isolada, é também a fracção em edifício de apartamentos. Por interpretação também poderemos determinar que uma fábrica não deve ser considerada uma casa, porque não é destinada a habitação. Mas saber se uma construção em ruínas é ainda casa; se é casa um barraco; se é casa a cabana construída em cima de uma árvore; se é casa uma *roulotte* – essencialmente são problemas, não já de interpretação, mas de aplicação. É como se a lei chegasse tão-somente até certo ponto, e daí por diante deixasse um espaço vazio, que terá de ser preenchido pela valoração das circunstâncias.

A esta tarefa se chama por vezes de *adaptação* da lei ao caso concreto[985]. E com base nela se tem defendido o carácter necessariamente criador da jurisprudência[986]. Não se esqueça todavia que já acentuámos que a aplicação não é necessariamente uma tarefa judicial.

---

[982] É a posição de Kelsen. Cfr. Dias Marques, *Introdução*, n.° 22; Bobbio, *Teoria*, § 35.

[983] Betti, *Teoria*, n.° 1.

[984] Cfr. Engisch, *Introdução*, 49-50.

[985] Cfr. Alípio Silveira, *Hermenêutica*, I, págs. 426 e segs..

[986] Cfr. Recasens Siches, *Interpretación*, págs. 215 e segs..

A Aplicação da Regra Jurídica

II – Esta tarefa de valoração das circunstâncias aproxima-nos necessariamente da noção de *equidade*.

Há um *plus* que, na quase universalidade dos casos, se tem de ir buscar à própria análise da situação real. Esta adaptação da regra generalizadora às circunstâncias do caso concreto não será justamente a equidade? A ser assim, a equidade não deveria ser entendida como um processo alternativo da aplicação da lei, mas como um momento indispensável dessa aplicação, atendendo às circunstâncias do caso.

Afirmam-no alguns: o ajustamento da regra ao caso seria função da equidade[987]. Só se excluiriam os casos em que tudo se reduz à mera subsunção.

Não cremos porém que semelhante entendimento seja verdadeiro. As circunstâncias revelantes para a aplicação não são todas as circunstâncias do caso concreto, como seria próprio da equidade. A factispécie limita por natureza o círculo de circunstâncias a que é dado recorrer.

E a solução do caso não se encontra à luz do valor justiça, que funcionaria como critério único se se tratasse de uma aplicação equitativa, mas à luz das valorações ínsitas na própria regra a aplicar.

Os critérios gerais de solução a que se pode recorrer confirmam que esta aplicação é intra-sistemática.

III – É importante assinalar que as fronteiras entre interpretação e aplicação não são estáticas. Elas estão sujeitas a variações históricas.

Quando uma lei surge, deixa normalmente um vasto campo para a aplicação.

O labor continuado do intérprete irá provocando uma espécie de sedimentação. A "aplicação uniforme" representa como que uma complementação da regra. Pouco a pouco, elementos que surgiram a propósito da aplicação ganham solidez e passam a compor na ordem social a própria regra.

Por isso, uma fonte longamente interpretada e aplicada contém objectivamente algo mais que uma fonte há pouco entrada em vigor. Temos outra manifestação do carácter evolutivo da interpretação. É um dado da experiência, que a ciência se limita a confirmar.

Diremos assim que historicamente se assiste a uma lenta deslocação de elementos do domínio da aplicação (caracterizada pois pela apreciação

---

[987] Neste sentido Espínola, *Introdução*, págs. 245-250, acentuando, contra Serpa Lopes, que por isso a equidade é fonte do direito; e em Portugal, Castanheira Neves.

604   *O Direito. Introdução e Teoria Geral*

individualizada) para o domínio da interpretação. A repetição de casos semelhantes pode levar à alteração do ordenamento.

E com isto completamos o que dissemos atrás sobre a jurisprudência como fonte de direito[988]. Não sendo embora fonte imediata, todavia esta lenta complementação das fontes, realizada a partir de casos concretos semelhantes, representa indiscutivelmente uma elaboração ulterior. Portanto a jurisprudência, ainda que não crie regras, complementa as regras existentes, modificando objectivamente o sistema das fontes. Mas a verdade é que esta osmose resulta da aplicação em geral, e não somente da que é realizada pela jurisprudência.

352. Qualificação

I – Esta apreciação do caso concreto envolve uma operação de *qualificação*[989].

Qualificar é determinar a categoria jurídica em que dada realidade se integra.

As partes celebraram um contrato, ajustaram as suas pretensões. Que espécie de contrato é esse? É uma compra e venda? É uma sociedade? Quer as partes o tenham nominado quer não, isto não é definitivo, pois é a lei quem determina qual a qualificação adequada. Não se vão aplicar as regras da locação a um empréstimo só porque as partes lhe chamaram locação.

A qualificação oferece em certos casos uma dificuldade muito particular. Nomeadamente no Direito Internacional Privado, cuja noção demos atrás[990]. Tomemos o art. 62 do Código Civil: a sucessão por morte é regulada pela lei pessoal do autor da sucessão. Se se celebrou uma venda que só produzirá efeito após a morte do vendedor, podemos qualificar esta venda como uma sucessão por morte? Ou deverá ser qualificada de maneira diferente, com a consequência de ficar a ser regida por uma lei diferente também?

---

[988] *Supra*, n.ᵒˢ 171 e segs..

[989] Marques Guedes, *Interpretação*, págs. 31-32. Designa mesmo toda a aplicação como qualificação. É excessivo, porque a aplicação envolve muito mais que operações de qualificação.

[990] *Supra*, n.º 335.

A Aplicação da Regra Jurídica 605

Como dissemos, este trabalho de qualificação é em regra necessário e prévio à aplicação da norma ao caso singular. Podemos efectivamente generalizar: há qualificação sempre que se determina a categoria típica correspondente a uma situação concreta.

II – A qualificação à luz de uma regra jurídica não é substancialmente diversa da aplicação. Para a aplicação, é irrelevante que se parta do facto e se procure a norma aplicável ou que se parta da norma para enquadrar os factos por esta abrangidos. Mas no primeiro caso há a tendência para falar em qualificação, no segundo em aplicação. A diferença, como se vê, é de ponto de vista. Só o tipo de raciocínio é diferente num caso e noutro.

353. Determinação da consequência jurídica

I – Também na própria aplicação da regra jurídica é visível a tendência para a individualização.

Até este momento temo-nos preocupado essencialmente com a previsão da regra jurídica, supondo o relacionamento do facto e/ou situação típicos com a realidade histórica. Mas é necessário não esquecer que a aplicação envolve também, necessariamente, a determinação das consequências jurídicas. E tão-pouco devemos supor que no enlace entre a estatuição abstracta e a produção de efeitos concretos nenhuns problemas surgem, como se tudo estivesse na regra e bastassem a leitura e a transposição mecânica desta para o caso singular.

Pelo contrário, é preciso frequentemente um trabalho de adaptação da consequência abstracta ao caso singular. Essa necessidade de adaptação pode ter as mais variadas causas; mas há uma tendência crescente para confiar ao momento da aplicação a modelação das consequências no caso concreto.

II – Nomeadamente, isso resulta da tendência da *individualização*. Se é impossível haver regras individuais, já é possível fixar apenas com grande generalidade as consequências jurídicas e deixar o restante para uma intervenção individualizadora. Neste caso, a incidência automática da regra, em virtude do preenchimento da previsão, não é suficiente para nos dar a consequência jurídica, que exigirá ainda um novo facto para ser concretizada.

606 *O Direito. Introdução e Teoria Geral*

Este fenómeno é uma manifestação da tendência geral para a individualização, que já tivemos atrás oportunidade de sublinhar[991]. Aqui caracteriza-se por essa individualização vir na sequência de um critério normativo de solução do caso concreto.

A individualização está sujeita às mesmas observações gerais que então fizemos, e para que nos limitamos agora a remeter.

Mas a individualização manifesta-se também em todos os processos que permitem uma escolha individualizada da consequência jurídica. Seja o caso da aplicação e fixação da pena pelo juiz, de que já falámos[992] ou da admissão de uma aplicação discricionária da consequência jurídica, seja em todas aquelas hipóteses em que se alarga a bitola valorativa no momento da fixação da consequência jurídica – uma indemnização por exemplo – sem se chegar ao recurso à equidade.

III – Supomos agora fixada também a consequência jurídica. Aplicou-se a regra: verificou-se a previsão e produziram-se consequências jurídicas[993]. Com isto surgem as *situações jurídicas individuais* ou posições jurídicas, que serão estudadas noutro lugar: um direito de *A*, uma sujeição de *B*, e assim por diante.

Por vezes descreve-se essa génese de situações individuais, a partir das regras, como uma *subjectivação* de regras jurídicas. A regra é objectiva, mas com a verificação de situações reais correspondentes à sua factispécie subjectiva-se. As situações jurídicas reconduzem-se ainda à regra jurídica, é ela que está na essência dessas situações, por aplicação do seu consequente.

Não pensamos que esta descrição seja exacta. Antes nos parece que a valia da noção de situação jurídica está no seu carácter individual, por oposição à generalidade da regra. A situação jurídica é uma situação das pessoas, portanto necessariamente de natureza diversa da regra, que é geral. A natureza da situação jurídica deve pois procurar-se fora do quadro, demasiado estreito, da subjectivação da regra jurídica.

---

[991] *Supra*, n.os 132 e 133.
[992] *Supra*, n.° 132 I.
[993] Cfr. *supra*, n.° 20 I.

A Aplicação da Regra Jurídica   607

354. A irrelevância do desconhecimento da regra

I – Que acontece quando a pessoa que vai ser atingida pela aplicação da regra a desconhecia? Vamos supor um efeito jurídico desfavorável e uma ignorância desculpável da regra de que aquele resulta. Mesmo então se dá a aplicação inelutável desta?

O problema surge com particular ênfase no Direito Penal. O cidadão dum país atrasado que se desloca ao estrangeiro incorre em responsabilidade penal se pratica um acto que, à sua sensibilidade, seria lícito ou não punível, por ignorância desculpável da lei local? O camponês que vem à cidade deverá ser multado se atravessar as ruas fora das passagens destinadas aos peões?

II – A resposta da lei a estas interrogações é categórica. A ignorância da lei pelo sujeito é irrelevante, a aplicação far-se-á em qualquer caso: art. 6 do Código Civil. Mais ainda, à ignorância se equipara a má interpretação: o facto de alguém conhecer a lei mas estar convencido que ela tem o sentido *a* de nada lhe aproveita, se na realidade ela tiver o sentido *b*. Será responsabilizado e sancionado como se tivesse ajuizado exactamente as suas vinculações.

III – *Fundamento do princípio*
O fundamento deste princípio tem sido variamente entendido.

Para a doutrina mais antiga, na sua base estaria uma *presunção de conhecimento* da norma. Dizia-se que, após a publicação da lei, se presumia (sem possibilidade de prova em contrário) o conhecimento dela por todos. Por isso viriam a receber igual tratamento o conhecimento e o desconhecimento reais.

Mas isto não tem sentido. Uma presunção baseia-se na normalidade da ocorrência de certo evento. Ora o conhecimento da lei, numa época de tão intensa produção legislativa como a nossa, é, infelizmente, um fenómeno raro: o conhecimento total das leis é até impossível. Para não falar já na boa interpretação.

Todos os dias os jornais oficiais acrescentam de várias colunas a massa das leis; e, para além das publicadas oficialmente, muitas outras fontes operam. Não se pode pensar que o legislador partiu da convicção ingénua de que todas as manhãs o jornal oficial seria leitura para o café do cidadão comum! E ainda que o fosse nada autorizaria a sustentar uma presunção de conhecimento. Tão-pouco adianta falar de uma ficção de conhecimento.

608 *O Direito. Introdução e Teoria Geral*

IV – Na realidade, na base daquele princípio estão dois elementos de índole estritamente objectiva:

– a necessidade de eficácia na aplicação
– a pretensão de racionalidade das regras.

A *necessidade de eficácia* leva, como vimos atrás, a pretender uma aplicação da regra jurídica que não seja entravada pelas resistências dos sujeitos caso por caso, pois doutra maneira toda a ordem jurídica ficaria paralisada.

A *pretensão de racionalidade* leva a supor que o conteúdo das regras jurídicas corresponde ao que os cidadãos poderiam esperar que fosse, e portanto que os erros de cálculo sobre o conteúdo das regras se restringirão a hipóteses marginais. Essa pretensão de racionalidade falha nos vastos domínios em que a legislação não é ética, mas meramente técnica[994]. Mas em compensação abrange vários casos significativos; e atingirá o seu máximo no Direito Penal, onde é máxima também a sensibilização aos valores.

É fácil de perceber que estamos aqui em zona de conflito entre a segurança e a justiça.

355. Âmbito do princípio

I – Os preceitos citados referem-se apenas à lei, mas também aqui deveremos ler "fonte do direito" onde se escreve lei. Também aquele que ignora a existência de um tratado ou que interprete erradamente o costume não poderá tirar daí qualquer benefício.

No Direito Penal, onde o problema tem uma acuidade máxima por ser aí que mais estão em jogo os bens pessoais, o art. 17 do Código Penal traz um abrandamento, pois não considera culpado quem actua sem consciência da ilicitude do facto, se o erro lhe não for censurável.

II – O princípio da irrelevância do desconhecimento da lei é comum a todas as ordens jurídicas. Apesar da sua violência, parece imprescindível à conservação da ordem jurídica como ordem objectiva da sociedade, que não pode estar sujeita à difícil prova do conhecimento da lei pela pessoa,

---

[994] Cfr. *supra*, n.º 46 II.

nem sequer pode admitir demonstrações, mais ou menos fundadas, em contrário. É esta uma das exigências fundamentais da segurança, e tanto mais notável quanto é certo que leva a postergar exigências muito relevantes da justiça.

Esta é a situação. Mas isso não quer dizer que não surjam também casos especiais. Nalguns sectores pode a lei levar em conta a ignorância, e por força dela excluir ou atenuar a responsabilidade. Em várias ordens jurídicas estrangeiras, particularmente no campo penal, surgem nesse sentido disposições prudentes.

III – Já atrás mencionámos a problemática resultante da ficção de conhecimento das leis – *maxime* nas hipóteses de aplicabilidade imediata, em que esse conhecimento por natureza não existe num período inicial[995].

Podemos todavia fazer uma distinção.

A lei assenta a obrigatoriedade na publicação.

Mas a relevância da publicação baseia-se, se não no conhecimento, pelo menos na possibilidade de conhecimento que essa publicação traz.

Se essa possibilidade não existir, o destinatário pode invocar a impossibilidade de conhecimento em que está constituído.

E assim, se provar que o jornal oficial só foi distribuído posteriormente – não apenas nas hipóteses de entrada imediata em vigor, mas em todas aquelas em que a chegada do texto foi posterior – essa impossibilidade deverá relevar. O sujeito não poderá ser responsabilizado.

Não há assim a possibilidade de provar o desconhecimento da lei; mas há a de provar a impossibilidade de conhecimento do jornal oficial. Num sistema que se baseia na cognoscibilidade do texto-papel, a acessibilidade a esse texto-papel torna-se elemento essencial[996].

Por este caminho é possível aligeirar o princípio de que a ignorância da lei a ninguém aproveita. Mas é, repare-se, um remédio individual. Cada sujeito deverá seguir o difícil caminho da invocação da sua impossibilidade de conhecimento, sem que o princípio da vigência da lei fique prejudicado.

---

[995] *Supra*, n.º 163.

[996] É muito possível que a informatização altere a breve trecho os dados do problema.

610   *O Direito. Introdução e Teoria Geral*

356. Ignorância da regra e erro na vinculação

I – Não se deve confundir a ignorância da lei com o *erro na vinculação*, que pode ser de direito.

Suponhamos que se celebra um contrato. Aqui temos um dos casos, que referimos atrás, de intervenção duma regra dispositiva[997]: o sujeito fica obrigado porque manifestou vontade nesse sentido. A regra tem entre os seus pressupostos de aplicação uma manifestação de concordância do sujeito, e essa concordância é dada através da declaração negocial. Vimos já que isto nada tira à injuntividade da norma jurídica: está-se ainda na fase da escolha dos pressupostos da previsão legal para a sua aplicação. Verificada esta, é tão obrigatória como qualquer outra regra[998].

Mas a manifestação de vontade (e portanto o consentimento do sujeito) pode estar inquinada por erro. Erro de facto, como se o sujeito compra um objecto de lata julgando que é de ouro, ou mesmo erro de direito, como se o sujeito compra uma máquina para exercer uma indústria que é proibida por lei.

O erro pode ser relevante, como motivo para anulação do contrato, desde que se verifiquem certos pressupostos cautelosamente estabelecidos; e igualmente o erro de direito pode levar à anulação do contrato.

II – Por aqui vemos que a máxima corrente "a ignorância da lei não aproveita a ninguém" não é exacta, porque afinal pode aproveitar.

Mas o problema, aqui, é diferente do que considerámos atrás. Ali, perguntava-se se, verificados os pressupostos de aplicação de uma regra, o erro de direito a pode paralisar. A resposta é: não. Aqui, está-se num momento anterior. Pergunta-se se se verificam os pressupostos de aplicação da regra quando entre eles se encontra o consentimento das partes e esse consentimento está inquinado por erro de direito. Se a resposta é negativa, isso significa que a regra não se chega a aplicar porque não se verificam os seus pressupostos, uma vez que um consentimento prestado por erro de direito não vale como consentimento. Só quando os pressupostos se verificassem entraria em vigor o princípio da irrelevância da ignorância ou erro sobre regras jurídicas.

---

[997] *Supra*, n.º 298 II.

[998] Cfr. Engisch, *Introdução*, 41-42, relacionando também com a hipoteticidade.

357. A correcção

I – A propósito da aplicação suscita-se um problema paralelo ao da interpretação correctiva[999]. Pode a aplicação da regra a um caso concreto levar a consequências chocantes, por inadequadas ou injustas. Pergunta-se se não será lícito ao intérprete corrigir o resultado, considerando que aquela consequência escapara ao legislador, que a não poderia ter pretendido se a tivesse previsto.

A situação distingue-se da interpretação correctiva porque ali se determinam regras, aqui supõe-se a aplicação da regra já determinada a um caso concreto. Ali, o labor do intérprete tendia a delimitar a regra, excluindo do seu âmbito uma categoria de casos. Agora, pressupõe-se a regra formulada, que pode supor-se inteiramente adequada, e afasta-se apenas a aplicação desta ao caso singular.

II – É invocável em abono desta posição uma genealogia ilustre. Pode pretender-se que ela teria sido tomada como ponto de partida no célebre trecho de Aristóteles que examinámos a propósito da interpretação correctiva (*supra*, n.° 239), da equidade (*supra*, n.° 129) e da integração das lacunas (*supra*, n.° 249); e pode afirmar-se que era ela que havia sido contemplada por Manuel de Andrade no trecho que, sob a epígrafe "Restrição", destinara ao art. 9 do Código Civil[1000].

No que respeita ao trecho de Aristóteles, o seu ajustamento à matéria da correcção poderia fundar-se no facto de Aristóteles tratar esta matéria conjuntamente com a da equidade, e além disso centrar a sua doutrina na suposição de que "posteriormente se verifica um *caso particular* que escapa a esta regra geral...". A referência ao caso particular indicaria que se tinha em vista o capítulo da aplicação.

Este parentesco é um facto, apesar de assim se não esgotar o conteúdo do texto de Aristóteles. Pode abranger outras figuras também, como as lacunas ocultas, e parece acenar para soluções normativas. Nomeadamente ao afirmar que se deve resolver como o legislador "teria prescrito na lei se tivesse podido conhecer o caso em questão". Restaria saber se Aristóteles pretende apenas descrever em que consiste a actuação da equidade, no caso de ser admitida, ou se vai ao ponto de conceber o recurso a esta para a correcção da lei em qualquer caso.

---

[999] Sobre esta, cfr. *supra*, n.° 239.
[1000] *Supra*, n.° 239 III e IV.

612   *O Direito. Introdução e Teoria Geral*

No que à posição de Manuel de Andrade respeita, podemos concluir que se não tem em vista este tema. Como dissemos, o art. 9 V do Anteprojecto das Fontes do Direito de Manuel de Andrade permite restringir o preceito da lei quando, para *casos especiais*, ele levaria a consequências graves e imprevistas... Na exposição de motivos fala-se mesmo em *casos particulares*. Mas ao contrário das aparências, os casos particulares que se consideram não são os casos individuais. Têm-se em vista sempre certas categorias de casos e tudo se cifra num esforço para fixar o preceito da lei. A remissão que este autor faz para Enneccerus/Nipperdey[1001] é inteiramente elucidativa a este propósito[1002].

III – *Inadmissibilidade*

Qualquer que seja porém o entendimento exacto que se deva atribuir aos textos citados, fica-nos a questão geral acima enunciada. Como proceder se o intérprete concluir que a regra, na sua aplicação ao caso individual, produz resultados inconvenientes ou injustos? Poderá afastar-se essa aplicação, corrigindo o resultado danoso?

O art. 8/2 não é directamente aplicável a este assunto: ele tem em vista o afastamento do preceito, e não a sua não aplicação a um dado caso. Mas o seu espírito conduz necessariamente a não admitir também o afastamento da lei no momento da sua aplicação. Ele exclui que o critério objectivo constante da lei seja detido pelo entendimento particular do juiz. Esta *ratio* tanto funciona quando referida ao momento da interpretação como quando referida ao momento da aplicação.

Só assim se obterá a aplicação uniforme do direito que o art. 8/3 reclama. Aliás, também o art. 4 *a* concorria no mesmo sentido, pois preceito nenhum permite o recurso à equidade, com afastamento, portanto, do preceito legal, quando a aplicação deste produzir resultados injustos ou danosos.

Mantemos pois, *mutatis mutandis*, as conclusões enunciadas para a interpretação correctiva[1003].

[1001] *Parte general*, § 54 (trad. espanhola).

[1002] Da mesma forma, as excelentes considerações que Engisch, *Introdução*, 267 a 282, dedica ao tema da "correcção" não se aplicam na realidade ao ponto que nos ocupa agora, pois Engisch encara sempre o tema numa perspectiva generalizadora e não pela incidência num caso concreto.

[1003] *Supra*, n.º 241 IV.

358. Informática e aplicação

I – Falámos atrás, no título em que referimos em geral a solução do caso[1004], do movimento que conduz a uma crescente indeterminação normativa.

Observemos agora que outra vertente, cujo peso se fará sentir poderosamente nos anos vindouros, limitará o campo da indeterminação normativa. Referimo-nos aos progressos da informática (ou informação automática) no campo do direito.

O direito não está imune à grande transformação social que está em curso através dos meios de comunicação. A informática encontra aqui numerosas aplicações, muitas já em curso. Poderá desempenhar funções auxiliares, como se um computador nos revela instantaneamente qual a jurisprudência sobre os temas seleccionados. Mas pode, ainda para além disso, ser ela própria veículo da aplicação do direito. Por exemplo, os actos do registo civil podem ser vastamente controlados e executados por computador[1005]. A penosa colecta de certidões poderá fazer-se totalmente sem intervenção humana. Fazem-se contratos inteiramente por computador. Em certos sectores o contacto pessoal desaparece. O homem só intervém na programação e na recolha dos resultados, ou eventualmente na solução de anomalias de funcionamento.

Sobre isto, o Direito da Informática constituiu-se já na prática como um ramo importante de direito[1006].

II – A intervenção da máquina pressupõe porém a exclusão de todo o elemento valorativo. A informática processa-se através de itinerários prefixados, seguindo um desenrolar que, por mais complexo que seja, é sempre unívoco. Isto significa que nos sectores do direito cuja aplicação possa ser confiada a meios mecânicos surgirá a tendência, que se tornará inevitável, para a simplificação mais acentuada possível da regra.

[1004] *Supra*, n.os 127 e 128.

[1005] Fazem-se também pesquisas importantes no campo da inteligência artificial, com os chamados sistemas-peritos.

[1006] Cfr. *supra*, n.° 201 IV. Abrangendo por exemplo a criminalidade informática, a defesa da privacidade face à informática, os direitos sobre programas de computador, as bases de dados electrónicas, a responsabilidade dos provedores de serviços em rede, a assinatura electrónica e tantos temas mais.

614   *O Direito. Introdução e Teoria Geral*

As tendências para a individualização defrontarão pois o impacto das exigências técnicas dirigidas a uma linearização da regra jurídica. A composição encontrar-se-á provavelmente numa demarcação de sectores, acentuando-se a generalização naqueles que forem reservados para o tratamento mecânico, e mantendo-se a individualização dos que exigem uma actividade humana de valoração do caso concreto, nos termos que anteriormente já sugerimos.

Representando uma tendência inelutável de racionalização, pela superação do que é meramente repetitivo na actividade de aplicação, a informática oferece por outro lado perigos consideráveis de violação da intimidade de cada um. Esses perigos têm sido acentuados por vários sectores[1007]. A demarcação dos campos que podem ser confiados à informática não é assim um problema meramente técnico.

359. Os comandos

I – Do que dissemos sobre a natureza da regra jurídica[1008] resultou já que esta não pode ser integrada na categoria dos comandos; na regra não encontramos nem quem comande, nem o destinatário de um comando. Mas na ordem jurídica há comandos; que relação têm estes com a regra?

Vamos limitar-nos ao comando judicial, a sentença, em sentido amplo. Pode perguntar-se o que acrescenta esta à ordem jurídica. Não é a sentença um juízo que aplica (referimo-nos aos casos normais, em que a existência de aplicação é indubitável) a previsão genérica da lei?

Na realidade, a sentença que reconhece um direito faz algo mais que a mera aplicação. Comummente, esse *a mais* é justamente o comando, dirigido às partes, para pautarem a sua conduta neste ou naquele sentido. É a posição corrente[1009], e é-nos impossível deter-nos nas inúmeras dificuldades que aqui se suscitam.

II – Mas subsiste a questão anteriormente enunciada. Que significado tem o comando judicial? Se havia regra, que acrescenta este?

Acrescenta, porque dirige em determinado sentido a valoração genérica da lei. A situação singular deixa de depender difusamente da ordem

---

[1007] Por exemplo, a Constituição proíbe a atribuição de um número único a cada cidadão (art. 35/5).

[1008] *Supra*, n.os 281 e 282.

[1009] Cfr. por exemplo Engisch, *Logische Studien*, 4.

A Aplicação da Regra Jurídica   615

jurídica objectiva, para passar a fundamentar-se antes de mais na própria sentença.

Com a sentença, a situação jurídica das partes não se altera. Mas o título daquela situação passou a ser diverso. A sentença ocupa agora o primeiro plano.

Não se pode todavia falar propriamente de uma novação do título[1010], pois o título anterior não foi suprimido; apenas lhe acresce um novo facto, a sentença, que fixa imperativamente o seu sentido. Nesse aspecto, mas só nesse aspecto, há uma certa semelhança com a interpretação autêntica, pois também a lei interpretativa se integra na lei interpretada, na fórmula expressa do art. 13/1 do Código Civil[1011].

Concluindo, a sentença não cria o direito no caso singular[1012], mas concretiza-o; integra-se no título da situação jurídica individual, preferindo a quaisquer outros elementos na fixação do seu sentido; e reforça-o, nos casos normais, com um comando dirigido as partes.

III – Um elemento de complicação grave é-nos dado pela possibilidade de verificação de *erros judiciários*[1013].

A sentença, que deveria exprimir a ordem normativa, pode afastar-se dela. A frequência com que os tribunais superiores revogam sentenças de órgãos inferiores mostra como são efectivas as possibilidades de ocorrência da sentença errada; também o serão nos acórdãos de tribunal superior.

Todavia, quando a sentença transita em julgado, torna-se incontestável, esteja errada ou não. O recurso de revisão, em Portugal, permite nos casos mais gritantes alterar a própria sentença transitada em julgado; mas esses casos são muito limitados. E não teria sentido ampliar ilimitadamente as possibilidades de reforma da sentença, pois assim se perpetuaria a instabilidade na vida social, sem eliminar em contrapartida as possibilidades de erro.

Como se compreende então que passe a valer entre as partes o caso julgado, divergente do estabelecido pelo direito objectivo?

A razão está ainda na presunção de conformidade de toda a sentença à ordem normativa. Verifica-se em qualquer caso a alteração do título

---

[1010] *Supra*, n.os 323 II, 343 III e 344 II.

[1011] *Supra*, n.os 322 a 324.

[1012] Fica porém de fora a problemática da sentença constitutiva.

[1013] Cfr. sobre esta matéria Castro Mendes, *Limites Objectivos do Caso Julgado*, nomeadamente a págs. 40-42.

616 — O Direito. Introdução e Teoria Geral

daquela situação jurídica e um comando dirigido às partes. Em princípio a lei deveria ser mais forte, mas a presunção que referimos torna-se uma presunção *iuris et de iure*, e não é admissível o controlo da conformidade à regra. Assim a sentença, mesmo errada, impõe-se. Tudo se passa como se ela se limitasse a dirigir para o caso concreto o foco contido na regra para a generalidade das situações.

E isto, mesmo que outras hipóteses tenham sido ou venham a ser resolvidas de maneira diversa. A solução de cada caso torna-se definitiva. Já vimos aliás a solidez que a coisa ou caso julgado reveste, tornando-se resistente mesmo à emissão de leis retroactivas[1014].

[1014] *Supra*, n.º 325.

APÊNDICE

Arts. 1 a 13 do Código Civil

LIVRO I
PARTE GERAL

TÍTULO I
DAS LEIS, SUA INTERPRETAÇÃO E APLICAÇÃO

CAPÍTULO I
FONTES DO DIREITO

Artigo 1 – *Fontes imediatas*.

1 – São fontes imediatas do direito as leis e as normas corporativas.

2 – Consideram-se leis todas as disposições genéricas provindas dos órgãos estaduais competentes; são normas corporativas as regras ditadas pelos organismos representativos das diferentes categorias morais, culturais, económicas ou profissionais, no domínio das suas atribuições, bem como os respectivos estatutos e regulamentos internos.

3 – As normas corporativas não podem contrariar as disposições legais de carácter imperativo.

Artigo 2 – *Assentos*.

Nos casos declarados na lei, podem os tribunais fixar, por meio de assentos, doutrina com força obrigatória geral.

Revogado pelo art. 4/2 do Dec.-Lei n.º 329-A/95, de 12 de Dezembro.

Artigo 3 – *Valor jurídico dos usos*.

1 – Os usos que não forem contrários aos princípios da boa fé são juridicamente atendíveis quando a lei o determine.

2 – As normas corporativas prevalecem sobre os usos.

Artigo 4 – *Valor da equidade*.

Os tribunais só podem resolver segundo a equidade:

a) Quando haja disposição legal que o permita;

b) Quando haja acordo das partes e a relação jurídica não seja indisponível;

c) Quando as partes tenham previamente convencionado o recurso à equidade, nos termos aplicáveis à cláusula compromissória.

618   *O Direito. Introdução e Teoria Geral*

CAPÍTULO II
VIGÊNCIA, INTERPRETAÇÃO E APLICAÇÃO DAS LEIS

Artigo 5 – *Começo da vigência da lei.*

1 – A lei só se torna obrigatória depois de publicada no jornal oficial.

2 – Entre a publicação e a vigência da lei decorrerá o tempo que a própria lei fixar ou, na falta de fixação, o que for determinado em legislação especial.

Artigo 6 – *Ignorância ou má interpretação da lei.*

A ignorância ou má interpretação da lei não justifica a falta do seu cumprimento nem isenta as pessoas das sanções nela estabelecidas.

Artigo 7 – *Cessação da vigência da lei.*

1 – Quando se não destine a ter vigência temporária, a lei só deixa de vigorar se for revogada por outra lei.

2 – A revogação pode resultar de declaração expressa, de incompatibilidade entre as novas disposições e as regras precedentes ou da circunstância de a nova lei regular toda a matéria da lei anterior.

3 – A lei geral não revoga a lei especial, excepto se outra for a intenção inequívoca do legislador.

4 – A revogação da lei revogatória não importa o renascimento da lei que esta revogara.

Artigo 8 – *Obrigação de julgar e dever de obediência à lei.*

1 – O tribunal não pode abster-se de julgar, invocando a falta ou obscuridade da lei ou alegando dúvida insanável acerca dos factos em litígio.

2 – O dever de obediência à lei não pode ser afastado sob pretexto de ser injusto ou imoral o conteúdo do preceito legislativo.

3 – Nas decisões que proferir, o julgador terá em consideração todos os casos que mereçam tratamento análogo, a fim de obter uma interpretação e aplicação uniformes do direito.

Artigo 9 – *Interpretação da lei.*

1 – A interpretação não deve cingir-se à letra da lei, mas reconstituir a partir dos textos o pensamento legislativo, tendo sobretudo em conta a unidade do sistema jurídico, as circunstâncias em que a lei foi elaborada e as condições específicas do tempo em que é aplicada.

2 – Não pode, porém, ser considerado pelo intérprete o pensamento legislativo que não tenha na letra da lei um mínimo de correspondência verbal, ainda que imperfeitamente expresso.

3 – Na fixação do sentido e alcance da lei, o intérprete presumirá que o legislador consagrou as soluções mais acertadas e soube exprimir o seu pensamento em termos adequados.

Artigo 10 – *Integração das lacunas da lei.*

1 – Os casos que a lei não preveja são regulados segundo a norma aplicável aos casos análogos.

2 – Há analogia sempre que no caso omisso procedam as razões justificativas da regulamentação do caso previsto na lei.

Apêndice

3 – Na falta de caso análogo, a situação é resolvida segundo a norma que o próprio intérprete criaria, se houvesse de legislar dentro do espírito do sistema.

Artigo 11 – *Normas excepcionais*.

As normas excepcionais não comportam aplicação analógica, mas admitem interpretação extensiva.

Artigo 12 – *Aplicação das leis no tempo. Principio geral*.

1 – A lei só dispõe para o futuro: ainda que lhe seja atribuída eficácia retroactiva, presume-se que ficam ressalvados os efeitos já produzidos pelos factos que a lei se destina a regular.

2 – Quando a lei dispõe sobre as condições de validade substancial ou formal de quaisquer factos ou sobre os seus efeitos, entende-se, em caso de dúvida, que só visa os factos novos: mas, quando dispuser directamente sobre o conteúdo de certas relações jurídicas, abstraindo dos factos que lhes deram origem, entender-se-á que a lei abrange as próprias relações já constituídas, que subsistam à data da sua entrada em vigor.

ABREVIATURAS

Ac	– Acórdão
AAFDL	– Associação Académica da Faculdade de Direito de Lisboa
ABPI	– Associação Brasileira da Propriedade Intelectual
AMD	– Anuário do Mestrado em Direito (Recife)
AMN	– Anuário dos Mestrados do Nordeste
BDA	– Bulletin du droit d'auteur (UNESCO)
BFDC	– Boletim da Faculdade de Direito de Coimbra
BMJ	– Boletim do Ministério da Justiça (Lisboa)
BRT	– Brotéria (Lisboa)
CH	– Ciências Humanas. Revista da Universidade Gama Filho (Rio de Janeiro)
CJ	– Colectânea de Jurisprudência (Lisboa)
CTF	– Ciência e Técnica Fiscal (Lisboa)
DA	– Le droit d'auteur (OMPI, Genebra)
DIR	– O Direito (Lisboa)
DJ	– Direito e Justiça (Lisboa)
ESMAL	– Escola Superior de Magistratura do Estado de Alagoas
ESMAPE	– Escola Superior de Magistratura do Estado de Pernambuco
EMERJ	– Escola de Magistratura do Estado do Rio de Janeiro
ESD	– Enciclopédia Saraiva do Direito
FDL	– Faculdade de Direito de Lisboa
GRUR	– Gerwerblicher Rechtsschutz und Urheberrecht (Instituto Max Planck, Munique)
IBDB	– Instituto Brasileiro de Política e Direito Bancário
IIDA	– Instituto Interamericano de Direito de Autor
IJC	– Instituto Jurídico de Comunicação (Coimbra)
INA	– Instituto Nacional de Administração (Lisboa)
IN-CM	– Imprensa Nacional – Casa da Moeda (Lisboa)
LTr	– Legislação Trabalhista
OMPI	– Organização Mundial da Propriedade Intelectual
RCGE	– Revista da Consultadoria-Geral do Estado (Porto Alegre)
RDA	– Rivista di diritto agrario (Florença)
RDC	– Rivista di diritto civile
RDComm	– Rivista del diritto commerciale e del diritto generale delle obbligazioni
RDCSP	– Revista de Direito Civil, Imobiliário, Agrário e Empresarial (São Paulo)
RDE	– Revista de Direito e Economia

RDES	– Revista de Direito e de Estudos Sociais (Coimbra)
RDM	– Revista de Direito Mercantil, Industrial, Económico e Financeiro (São Paulo)
RDPL	– Revista de Direito Público (Lisboa)
RDPSP	– Revista de Direito Público (São Paulo)
RDR	– Revista de Direito Renovar (Rio de Janeiro)
RF	– Revista Forense (Rio de Janeiro)
RFDL	– Revista da Faculdade de Direito da Universidade de Lisboa
RFDMG	– Revista da Faculdade de Direito (Minas Gerais)
RFDSP	– Revista da Faculdade de Direito (São Paulo)
RIDB	– Revista do Instituto do Direito Brasileiro (Faculdade de Direito de Lisboa)
RIDI	– Revista Interamericana de Direito Intelectual (São Paulo)
RIL	– Revista de Informação Legislativa (Brasília)
RJAAFDL	– Revista Jurídica (Associação Académica da Faculdade de Direito de Lisboa)
ROA	– Revista da Ordem dos Advogados (Lisboa)
RPDC	– Revista Portuguesa de Direito de Consumo
RTP	– Revista dos Tribunais (Porto)
RTSP	– Revista dos Tribunais (São Paulo)
RUER	– Révue de l'UER (Genebra)
SI	– Scientia Iuridica (Braga)
STJ	– Supremo Tribunal de Justiça
SPA	– Sociedade Portuguesa de Autores
TAB	– Tabulae – Revista da Faculdade de Direito da Universidade Federal de Juiz de Fora
TC	– Tribunal Constitucional
UERJ	– Universidade do Estado do Rio de Janeiro
UF	– Universidade Federal

BIBLIOGRAFIA

- Acção Finalista e Nexo Causal (dissertação apresentada no Curso Complementar de Ciências Jurídicas), Lisboa, 1956.
- As Relações Jurídicas Reais (dissertação de doutoramento), Moraes, 1962.
- Evolução do conceito de empresa – Aspectos jurídicos, *in* Empresa (Lisboa), n.ᵒˢ 5 e 6, Jun/64.
- Desnecessidade e extinção de direitos reais, Lisboa, 1964 (separata da RFDL, XVIII).
- Direito Corporativo (lições), Lisboa, 1964.
- Reordenamento agrário e propriedade privada, Lisboa, 1964 (separata do Curso de Direito e Economia Agrários, Lisboa, 1965, publicada *in* suplemento à RFDL).
- A colonização interna e os princípios reguladores da intervenção estadual, *in* DIR, Lisboa, ano 97 (1965), págs. 21 e segs.
- Observações ao Projecto de Código Civil, Coimbra, 1967 (separata da RDES, ano XIII, n.ᵒˢ 3 e 4).
- O Código Civil de 1867 vai ficar revogado?, Braga, 1967, separata de SI, tomo XVI, n.ᵒˢ 84-85, Março-Junho de 1967.
- A integração das lacunas da lei e o novo Código Civil, Lisboa, 1968, separata de DIR, ano 100 (1968), págs. 273 e segs.
- A Tipicidade dos Direitos Reais, Lisboa, 1968.
- Il nuovo codice civile portoghese e il diritto agrario, Milão, 1969, separata da RDA, ano XLVIII (1969), fasc. 3; O novo Código Civil português e o Direito Agrário (versão portuguesa), Braga, 1970, separata de SI, XIX (1970), n.ᵒˢ 101-102.
- L'attribution originaire du droit d'auteur à l'entité que finance une oeuvre ou qui la publie, *in* DA, 83.º ano (1970), n.º 1; Atribuição originária do direito de autor à entidade que custeia ou publica uma obra (versão portuguesa), Braga, 1970, separata de SI, XIX (1970) n.ᵒˢ 103-104.
- As Actuais Coordenadas do Instituto da Indignidade Sucessória, Lisboa, 1970, separata de DIR, n.º 4, 1969 e n.º 1, 1970.
- A empresa e a propriedade, Lisboa, 1970 (separata da BRT, Dez/70 e Jan/71).
- O direito de superfície referente a plantações, separata dos Scritti per il cinquantennio della RDA, ano LI, n.º 1 (1972).
- Acessão, na SI, tomo XXII (1973), págs. 324-358.
- Estudos sobre a superfície e a acessão, Braga, 1973, separata da SI que incluiu os dois estudos anteriormente referidos.
- O Código Civil de 1966 é interpretativo do direito anterior?, no BMJ, n.º 229 (Out/73), págs. 13 e segs.

624   *O Direito. Introdução e Teoria Geral*

– A violação da garantia constitucional da propriedade por disposição retroactiva, Porto, 1974, separata dos n.ᵒˢ 1883 a 1885 da RTP; RCGE, vol. 7 (18), 1977, 53-109.

– Efeitos substantivos do registo predial na ordem jurídica portuguesa, comunicação apresentada ao II Congresso Internacional de Direito Registral (Madrid, Set-Out/74), publicado na ROA, ano 74, I-IV, Jan-Dez/74, 5-46; e *in* RFDSP, vol. LXIX (1974), fasc. II, págs. 155 e segs.

– Breve Confronto do Livro III (Do Direito das Coisas) do Anteprojecto do Código Civil brasileiro com o Código Civil português, separata da RDES, ano XX, Abr-Dez/74, n.ᵒˢ 2-3-4.

– As Fontes do Direito no Sistema Jurídico Anglo-Americano, Lisboa, 1974, separata de CTF, n.ᵒˢ 175-176; RDPSP, vols. 35-36, Jul-Dez/75, 5-24, sob o título: "Fontes do Direito no Sistema de *Common law*".

– O Direito das Coisas no Projecto de Código Civil brasileiro e no Código Civil português – Ciclo de Estudos da Ordem dos Advogados do Brasil – Secção de Pernambuco, Recife, 1975; e *in* separata à RF, vol. 255.

– O depósito do preço na acção de preferência, na RTP, ano 93 (1975), págs. 147 e segs. e 195 e segs.

– Sistemas actuais de direito, no BMJ, n.ᵒ 252 (1976), págs. 5 e segs.; RFDMG, vol. 24 (Out/76), 7 e segs.

– A integração das lacunas do sistema normativo, na RTSP, ano 65, Jul/76, vol. 489, 11 e segs.

– A "obra de encomenda" nos direitos português e brasileiro, separata do AMD, 1976, págs. 187 e segs.; RDM, ano XV, n.ᵒ 23 (1976).

– Terrenos vagos e usucapião, Coimbra, separata da RDES, ano XXIII, Jan-Dez/76, n.ᵒˢ 1 a 4; e *in* A Questão das Terras em Macau, n.ᵒ especial da Rev. Jurídica de Macau, 1997, 281-316.

– Instituição de condomínio, incorporação e convenção de condomínio, tese apresentada no VI Encontro dos Advogados de Pernambuco, Novembro de 1977, em co-autoria com a Dr.ª Maria Teresa Pereira de Castro Ascensão; na ESD, vol. 17 ("Condomínio"), 405-421.

– Direito de tradução e direitos dos tradutores, no AMN, vol. I (1978); RDCSP, n.ᵒ 31, ano 9 (Jan-Mar/85), 25-36.

– O direito de superfície agrícola, na RDCSP, ano 2, n.ᵒ 4, Jan-Mar/78, 145 e segs.

– Direito de tradução e direitos do tradutor na lei portuguesa, 1978, separata do BMJ, n.ᵒ 275.

– A constitucionalidade do pré-julgado trabalhista, *in* LTr, vol. 42, págs. 1215-1222.

– Esboço de uma lei-tipo para a América Latina sobre direitos conexos, na RIDI, vol. 1, n.ᵒ 1, Jan-Jun/78, 115-136.

– Projecto de uma lei sobre direitos conexos ao direito de autor, na ROA, ano 38, Set-Dez/78, 597.

– Água-Branca – pesquisa de um direito vivo (coordenação de um trabalho de campo), Universidade Federal de Pernambuco (Recife), 1978.

– Responsabilidade e pena civil na tutela do direito de autor, na RIDI, vol. 1, n.ᵒ 2, Jul-Dez/78, 39-46; Estudos em Homenagem ao Professor Orlando Gomes, Rio de Janeiro, 1979, 3-14.

Bibliografia do Autor 625

– Domínio público remunerado: um passo em falso, *in* Expresso, 3.V.80, pág. 14.
– Direito dos juristas e direito vivo, na ROA, Jan-Abr/80, 203-207.
– Direito Autoral, 1.ª edição, Forense, Rio de Janeiro, 1980.
– Contrato aleatório, contrato comutativo e vícios redibitórios, no AMD.
– Uma inovação da lei brasileira: o direito de arena (versão portuguesa), separata de DJ, I, 1980; e na Jurisprudência Brasileira, vol. 167, Jul-Set/92, 37-43.
– Une innovation de la loi brésilienne – le droit de stade, na RUER, XXXII, Mar/81, págs. 55 e segs.
– A teoria finalista e o ilícito civil, volume de homenagem ao Prof. Doutor M. G. Cavaleiro de Ferreira, DJ, II, 1981-86, 81-97; e *in* separata da RFDL, XXVII (1986), 9-28.
– "Pesquisa de um direito vivo", RDC, v. 30, pág. 82, Out-Dez; Coimbra, separata da RDES, ano XXVI, Jan-Dez/82, n.ᵒˢ 1 a 4.
– Ilícito pessoal e responsabilidade civil, na RF, 284, págs. 17 e segs.
– La publicité et les droits intelectuels (rapport portugais), *in* La publicité-propagande, Travaux de l'Association Henri Capitant, tomo XXXII, Economia (Paris), 1983, 397-411.
– A patente de processo de fabrico de um produto novo e a inversão do ónus da prova, separata da RFDL, XXV (1984), 11-28.
– Direito de tradução e direitos do tradutor, RDCSP, ano 9, Jan-Mar/1985, 25-36.
– Programa de computador e Direito Autoral, *in* A Protecção Jurídica do Software, Forense (Rio de Janeiro), 1985, págs. 49-93.
– Responsabilidade civil e relações de vizinhança, *in* RTSP, n.º 595 (Maio/85), 21-33; CH, ano VIII, n.º 26 (Jul/85), 87-97.
– Locação de bens dados em garantia – Natureza jurídica da locação, separata da ROA, ano 45, Set/85, 345-390.
– O regime do contrato de tradução, separata da RFDL, XXVI (1985), 51-79.
– Tribunal competente – Acção de simples apreciação negativa respeitante a sentença estrangeira violadora da ordem pública internacional portuguesa, separata da CJ, tomo IV (1985), 22-31.
– Contrato de adesão, *in* CH, ano IX, n.º 27 (Jan/86), 94-107.
– Efeitos substantivos do registo imobiliário, RF 293, ano 82 (Jan-Mar/86), 31-42.
– Direitos de não-atletas participantes de espectáculo desportivo público, *in* TAB, ano XIV (Dez/84), n.º 13, págs. 23-52; RDCSP, n.º 35, ano 10 (Jan-Mar/86), 24-42.
– O exercício de actividades remuneradas por docentes e investigadores em regime de dedicação exclusiva, na RDES, ano XVIII, n.º 2 (Abr-Jun/86).
– O confisco realizado no estrangeiro e a titularidade de marca registada em Portugal, separata de CJ, II, 1986, 16-30.
– Expurgação da hipoteca, em co-autoria com Menezes Cordeiro, separata de CJ, V, 1986.
– Os acórdãos com força obrigatória geral do Tribunal Constitucional como fonte do direito, *in* Nos Dez Anos de Constituição, organizado por Jorge Miranda, I.N.-C.M. (Lisboa), 1986, 249-263; e *in* Rev. do Curso de Direito da Universidade Federal de Uberlândia, vol. 16, n.ᵒˢ 1 e 2, Dez/87, 215.
– A caducidade da expropriação no âmbito da reforma agrária, separata da RFDL, XXVII, 1987.

626   *O Direito. Introdução e Teoria Geral*

- L'enseignement du droit d'auteur au Portugal et au Brésil, BDA, vol. XXI, n.º 4, 1987, 22-26.
- Acção executiva e pressupostos da falência, Lisboa, 1987, separata de CTF, 1987, Jan--Mar/87, n.ᵒˢ 337-339, 32-49.
- Cessão de exploração de estabelecimento comercial, arrendamento e nulidade formal, com Menezes Cordeiro (Parecer), ROA, ano 47-III, Dez/87, 845.
- Os direitos conexos ao direito de autor e as situações nacionais, na RJAAFDL, n.º 8, Out-Dez/86, 7-19; RIL, n.º 97, Jan-Mar/88.
- As Operações Comerciais (introdução e coordenação dos trabalhos do curso de mestrado de 1983/84), Almedina, 1988.
- Estabelecimento comercial e estabelecimento individual de responsabilidade limitada, separata da ROA, ano 47, Abr/87; e *in* Novas Perspectivas do Direito Comercial, Almedina, 1988, 33; Estabelecimento comercial (versão brasileira), *in* TAB, XXI, Set/1987, n.º 16, 75-90.
- Das concessões de zonas de jogo, com Menezes Cordeiro (Parecer), RDPL II, n.º 3, Jan/88, 52-100.
- Direito Comercial II – Direito Industrial (lições), FDL, 1988.
- Direito à informação e direito ao espectáculo, separata de Estudos em Homenagem ao Prof. Doutor Afonso Rodrigues Queiró, II, BFDC, 1993, 285-308; e da ROA, ano 48-I, Abr/88, 15.
- Firma – Firma-nome – Confusão, CJ IV (1988), 28-37.
- Nacionalizações e inconstitucionalidade, anotação ao Ac. TC n.º 39/88, separata da RFDL, XXIX (1988), 457-553.
- O dever de pagamento de rendas por arrendatários de prédios rústicos nacionalizados (Parecer), ROA, ano 48-III, Dez/88, 931.
- O direito ao espectáculo, Lisboa, separata do BMJ 366 (Maio/87), 41; separata dos Estudos em Memória do Prof. Doutor Paulo Cunha, FDL, 1989, 133-149.
- O E.I.R.L. ou o falido rico, DIR, ano 120, I-II, Jan-Jun/88, 17; e *in* Estruturas Jurídicas da Empresa, AAFDL, 1989, 13-35.
- O urbanismo e o direito de propriedade, *in* Direito do Urbanismo (obra colectiva), INA, 1989, 319-344.
- Estudos sobre Expropriações e Nacionalizações, I.N.-C.M. (Lisboa), 1989.
- Quinhão e reforma agrária, separata da ROA, ano 49-III, Dez/89, 747-766.
- Direito Civil – Sucessões, 4.ª ed., Coimbra Editora, 1989.
- A protecção do título "24 Horas" (Parecer), na RFDL, XXX (1989), 577; e *in* Protecção de Título de Jornal (obra colectiva), SPA, 1989, 57.
- Aplicação ao título "Primeira Página" das conclusões de parecer anterior, *ibidem*.
- Palavras do Presidente do Conselho Científico, no encerramento da sessão de homenagem ao Prof. Doutor Paulo Cunha, em 6 de Maio de 1986, separata de Estudos em Memória do Prof. Doutor Paulo Cunha, FDL, 1989, 15-17.
- A protecção jurídica dos programas de computador, ROA, ano 50-I, Abr/90, 69-118.
- Territorialidade dos direitos de autor e conexos e direito comunitário, separata de ROA, ano 50-II, Jun/90, 313-334.

Bibliografia do Autor

- A "compensação" em contrapartida de utilizações reprográficas indiscriminadas de obras protegidas, separata da RFDL, XXXI (1990), 211-238.
- Direitos Reais, *in* Direito das Empresas (INA), 1990, cap. VIII (161-187).
- Subarrendamento e direitos de preferência no novo regime do arrendamento urbano, *in* ROA, ano 51-I, Abr/91, 45-73.
- Reprivatizações e direitos dos ex-titulares das empresas nacionalizadas (Parecer), *in* ROA, ano 51-I, Abr/91, 299-352.
- Direito e Bioética, *in* Direito de Saúde e Bioética, LEX (Lisboa), 1991, 7-38; e na ROA, ano 51-II, Jul/91, 429-458.
- A reserva constitucional da jurisdição, separata de DIR, ano 123, II-III (Abr-Set/91), 465-485.
- Integração empresarial e centros comerciais, separata de BMJ, n.º 407, Lisboa, 1991; e *in* separata da RFDL, XXXII (1991), 29-70.
- O anteprojecto de lei da nacionalidade de Cabo Verde, separata da RFDL, XXXII (1991), 465-513.
- Bancos de dados jurídicos e propriedade intelectual, *in* Colóquio Informática e Tribunais. Bases de Dados Administrativos e Jurídicos, Ministério da Justiça, 1991, 245-268; Documentação e Direito Comparado, n.ºs 47/48, 1991, 245-268.
- Caminho público, atravessadouro e servidão de passagem, DIR, 123 IV (1991), 535-551.
- Der Schutz von Veranstaltungen kraft Gewohnheitsrechts, *in* GRUR International, 1991/1, 20-25.
- Direito de distribuição e esgotamento, na ROA, ano 51-III, Dez/91, 625-639.
- Reforma agrária e expropriação por utilidade pública, separata da CJ, ano XVII, tomo II, 1992, págs. 27-38.
- Direito de Autor e Direitos Conexos, Coimbra Editora, 1992.
- O direito de sequência em Portugal, estudo elaborado por incumbência da Comissão da C.E.E., Bruxelas, 1992.
- O direito pessoal de autor em Portugal, estudo elaborado por incumbência da Comissão da C.E.E., Bruxelas, 1992.
- Responsabilidade civil: elementos que a integram, *in* Revista de Direito do Tribunal de Justiça do Estado do Rio de Janeiro (11), Abr-Jun/92, 360-371.
- A gestão colectiva do direito de autor e direitos conexos em Portugal, estudo elaborado por incumbência da Comissão da C.E.E., Bruxelas, 1992.
- Anotação ao acórdão do S.T.J. de 8 de Maio/91, sobre a alienação a terceiro de prédio objecto de contrato-promessa e registo da acção de execução específica, na ROA, ano 52-I, Abr/92, 183-226, com Ana Paula Costa e Silva.
- Tutela jurídica das bases de dados, na RJAAFDL, n.º 16 e 17, Jul/91 e Jun/92, 9-12.
- A segunda versão do projecto de Código da Propriedade Industrial, separata da RFDL, XXXIII (1992), 37-252.
- Direito Comercial III – Títulos de Crédito (lições), FDL, 1992.
- Teoria Geral do Direito Civil – Relações e Situações Jurídicas, vol. IV (lições), FDL, 1993.

628 *O Direito. Introdução e Teoria Geral*

- Direito Penal de Autor, *in* Estudos em Homenagem ao Professor Doutor Manuel Gomes da Silva, FDL, Coimbra Editora, 2001, 457-505; e *in* LEX (Lisboa), 1993.
- Direito Civil – Reais, 5.ª ed., Coimbra Editora, 1993.
- Títulos de Crédito (lições), Lisboa, 1993.
- O projecto de lei dos direitos autorais do deputado José Genoíno Neto, ABERT (Rio de Janeiro), 1993.
- Resolução do contrato de arrendamento – anotação ao Ac. da Relação de Lisboa de 18 de Março de 1993, com Luís Menezes Leitão, *in* DIR, ano 125, III-IV (Jul-Dez/93), 321-330.
- Preferência do arrendatário habitacional, notificação, caducidade, renúncia, ROA, ano 53-III, Dez/93, 673-708.
- Constituição de sociedades comerciais, Boletim da Faculdade de Direito de Bissau, 2, Set/93, 197-272.
- Contrato celebrado por agente de pessoa colectiva. Representação, responsabilidade e enriquecimento sem causa, com M. Carneiro da Frada, separata da RDE, anos XVI a XIX (1990 a 1993), 43-77.
- Concorrência Desleal (lições), A.A.F.D.L., 1994.
- Prefácio ao Código do Direito de Autor e dos Direitos Conexos, coordenação de Pedro Cordeiro e Lia Ramos Heleno, Arco Íris/Cosmos, 1994.
- El derecho de autor, hoy – Publicaciones periódicas y obra colectiva, na Rev. de la Facultad de Derecho de la Universidad Complutense (Madride), 82 (1994), 211; Direito de Autor, hoje – Publicações periódicas e obra colectiva (versão portuguesa), na ROA, ano 54-I, Abr/94, 5-25.
- Norma jurídica, *in* Dicionário Jurídico da Administração Pública, vol. VII, Lisboa, 1994, 140-157.
- No encerramento das I Jornadas de Direito Civil Luso-Moçambicanas, RFDL, XXXV (1994), 221-222.
- Problemas jurídicos da procriação assistida, RF, 328 (1994), 69; e *in* Arquivos do Ministério da Justiça (Brasília), ano 47, n.º 183, Jan-Jun/94, 95-119.
- Parecer sobre "Aspectos Metodológicos e Didácticos do Direito Processual Civil", do Doutor M. Teixeira de Sousa, RFDL, XXXV (1994), 439.
- Lojas em centros comerciais; integração empresarial; forma – anotação ao Ac. do S.T.J. de 24 de Março de 1992, na ROA, ano 54-III, Dez/94, 819-842.
- Resolução do arrendamento com fundamento na realização de obras não autorizadas, com Luís Menezes Leitão – *ibid.*, 417-438; e *in* A Transformação do Arrendado é Monopólio do Senhorio (coordenação de Moitinho de Almeida/Mendes Gago), Almedina, 1995, 35-49.
- Acção de reivindicação, *in* Estudos em Memória do Professor Doutor João Castro Mendes, FDL/LEX, 1995, 17-42; e na ROA, ano 57-II, Abr/97, 511-545.
- O direito de autor como direito da cultura, *in* II Congresso Ibero-Americano de Direito de Autor e Direitos Conexos – Num novo mundo do Direito de Autor?, Livraria Arco-Íris/ Edições Cosmos/DGESP, Tomo II, 1994, 1053-1060; e *in* Cadernos de Pós-graduação, UERJ (Rio de Janeiro), ano 1, Set/95, n.º 1, 57-66.
- Intervenção no "Seminário Jurídico sobre Contratos em Centros Comerciais", em 28 Nov/95.

Bibliografia do Autor 629

– Efeitos da falência sobre a pessoa e negócios do falido, na ROA, ano 55-III, Dez/95, 641; e na RFDL, XXXVI-1 (1995), 319.
– O Projecto de Código da Propriedade Industrial e a lei de autorização legislativa, RFDL, XXXVI-1 (1995), 35.
– Palavras do Presidente do Conselho Científico, na Sessão de Homenagem ao Prof. Doutor Cavaleiro de Ferreira, *in* Jornadas de Homenagem ao Professor Doutor Cavaleiro de Ferreira, Lisboa, 1995, 17.
– Sanção, *in* Dicionário Jurídico da Administração Pública, Lisboa, vol. VII (1996), 343-353.
– Die Anwendung von Art. 8 der Pariser Verbandsübereinkunft auf Länder, in denen der Handelsname eintragungspflichtig ist, *in* GRUR Int., 4/1996, April, Seiten 273-576, 413-414; A aplicação do art. 8.º da Convenção da União de Paris nos países que sujeitam a registo o nome comercial (versão portuguesa), ROA, ano 56-II, Ago/96, 439-475.
– Direitos do utilizador de bens informáticos, *in* separata de Comunicação e Defesa do Consumidor, Univ. de Coimbra, 1996, 335-359; *in* Sequência (U. F. Santa Catarina), n.º 28, Jun/94, 55-71; e *in* Estudos sobre Direito da Internet e da Sociedade da Informação, Almedina, 2001, 23-44.
– Parecer sobre o "Relatório sobre o Programa, o Conteúdo e os Métodos de Ensino da Disciplina de Direito e Processo Civil (Arrendamento)" do Doutor M. Henrique Mesquita, RFDL, XXXVII (1996), n.º 2, 603-607.
– Valor mobiliário e título de crédito, na obra colectiva Direito dos Valores Mobiliários, LEX (Lisboa), 1997, 27-54; e na ROA, ano 56-III, Dez/96, 837-875.
– Concorrência Desleal (obra colectiva: coordenação e nota introdutória), Almedina, 1997.
– O princípio da prestação: um novo fundamento para a concorrência desleal?, na obra colectiva Concorrência Desleal (v. número anterior), Almedina, 1997, 7-40; e *in* ROA, ano 56-I, Jan/96, 5-40; e *in* Revista de Direito do Consumidor, Brasilcon/RT, vol. 44, Out-Dez/02, 20-48.
– Propriedade e posse: reivindicação e reintegração, na Revista Luso-Africana de Direito, I (1997), 9-22; e na Revista Jurídica da Faculdade de Direito da Universidade Eduardo Mondlane (Moçambique), II, Jun/97, 145-158.
– Cooperação e Segurança Jurídica: A Experiência nos Países Africanos de Expressão Portuguesa, Revista Luso-Africana de Direito, I (1997), 349-356.
– Direito de Autor e direitos fundamentais, *in* Perspectivas Constitucionais. Nos 20 anos da Constituição de 1976 (coord. Jorge Miranda), II, Coimbra Editora, 1997, 181-193.
– O Direito de Autor e os Direitos Conexos no Mundo das Telecomunicações: as transmissões analógicas e digitais e os direitos exclusivos de exploração, *in* 3.º Congresso Ibero-americano sobre Direito de Autor e Direitos Conexos (Uruguai), OMPI/IIDA, 1997, 279-290; e *in* Direito da Internet e da Sociedade da Informação – Estudos (ver).
– Obra artística e modelo de utilidade, *in* 3.º Congresso Ibero-americano sobre Direito de Autor e Direitos Conexos (Uruguai), OMPI/IIDA, 1997, 383-392; *in* 1.º volume comemorativos dos 30 anos da Universidade Católica Portuguesa e dos 20 anos do seu Curso de Direito, em DJ, vol. XI, tomo 2, 1997, 35-44.

630 O Direito. Introdução e Teoria Geral

– O projecto de Código da Propriedade Industrial – Patentes, modelos de utilidade e desenhos industriais, RFDL, XXXVIII (1997), n.º 1, 133-229.
– Relatório Final de Actividade da Comissão de Acompanhamento do Código da Propriedade Industrial, RFDL, XXXVIII (1997), n.º 1, 339-350.
– Anotação ao Ac. do Tribunal de Justiça da C.E. de 5.12.96, sobre período de transição e comercialização de produtos farmacêuticos, in Colecção de Divulgação do Direito Comunitário – Os Casos Portugueses, III, 1997, n.º 25, 89-91.
– Direito Autoral, 2.ª ed., Renovar, Rio de Janeiro, 1997.
– O herdeiro legitimário, na ROA, ano 57-I, Jan/97, 5-26.
– Parecer sobre "O Ensino do Direito Comparado" do Doutor Carlos Ferreira de Almeida, RFDL, XXXVIII (1997), n.º 2, 573-580.
– Direito Civil – Teoria Geral – I – Introdução. As pessoas. Os bens, Coimbra Editora, 1997.
– Nota Introdutória a "O Código de Seabra em Goa", na ROA, ano 57-III, Dez/97, 909-911.
– Interpretação das leis. Integração das lacunas. Aplicação do princípio da analogia, na ROA, ano 57-III, Dez/97, 913-941.
– Título, marca e registo de imprensa, in ROA, ano 57-III, Dez/97, 1223-1281.
– Usucapião de propriedade resolúvel, in AB VNO AD OMNES – 75 Anos da Coimbra Editora, Coimbra Editora, 1998, 497.
– Os Direitos de Personalidade no Código Civil brasileiro, na RF, vol. 342, Abr-Jun/98, 121-129.
– Cláusulas contratuais abusivas nos serviços bancários e financeiros, in Revista de Direito Bancário – Anais do 1.º Simpósio Internacional de Direito Bancário (São Paulo), IBDB, ano 1, n.º 1, Jul-Ago/98, 239-261; e in separata da RF, vol. 347, 1999, 127-136.
– O Ensino do Direito de Autor em Portugal, RFDL, XXXIX (1998), n.º 1, 443.
– Embrião e personalidade jurídica, in Vida e Direito – Reflexões sobre um Referendo, Principia (Cascais), 1.ª ed., Jun/98, págs. 85-86.
– As Auto-Estradas da Informação e a Sociedade da Informação, in Sociedade da Informação – Estudos Jurídicos (comunicações apresentadas no Seminário sobre Sociedade da Informação), Almedina, 1999, 7-8.
– E agora? Pesquisa do futuro próximo, in Sociedade da Informação – Estudos Jurídicos (comunicações apresentadas no Seminário sobre Sociedade da Informação), Almedina, 1999, 9-30; e in Direito da Internet e da Sociedade da Informação – Estudos (ver).
– Breves observações ao projecto de substitutivo da Lei de Direitos Autorais, in separata à RF, vol. 345 (1.º trimestre de 1999), 65-73; e in Direito da Internet e da Sociedade da Informação – Estudos (ver).
– Direito Comercial – I – Institutos Gerais (lições), FDL, 1999.
– O direito de autor no ciberespaço, in Portugal-Brasil ano 2000, BFDC, 40, Coimbra Editora, 1999, 83-103; na Revista da EMERJ (Rio de Janeiro), vol. 2, n.º 7, 1999, 21-43; na RDR (Renovar), n.º 14, Mai-Ago/99, 45-64; e in Estudos sobre Direito da Internet e da Sociedade da Informação, Almedina, 2001, 149-171.
– A celebração de negócios em bolsa, in Direito dos Valores Mobiliários (comunicações apresentadas no 1.º e 2.º Curso de Pós-Graduação em Direito dos Valores Mobiliários, nos anos de 1997/98 e 1998/99), vol. I, Instituto dos Valores Mobiliários/Coimbra Edi-

Bibliografia do Autor 631

tora, 1999, 177-199; e na Revista General de Legislación y Jurisprudencia (Espanha), III Época – Ano CXLVI, Jul/Ago 1999, n.º 4, 461-479.

– Direitos de autor e conexos inerentes à colocação de mensagens em rede informática à disposição do público, na ROA, ano 58-III, Dez/98, 1063-1080; *in* Estudos Jurídicos e Económicos em Homenagem ao Professor João Lumbrales, FDL, Coimbra Editora, 2000, 411-424; e *in* Estudos sobre Direito da Internet e da Sociedade da Informação, Almedina, 2001, 105-120.

– Observações ao Projecto de Alterações ao Código da Propriedade Industrial da CIP e da CCI, na RFDL, XXXIX, n.º 2, 1998, 653-679.

– Arguição do currículo apresentado pelo Doutor António Menezes Cordeiro nas provas para obtenção do grau de professor agregado, na RFDL, XXXIX, n.º 2, 1998, 821-830.

– Publicidade enganosa e comparativa e produtos financeiros, *in* Revista da Banca, n.º 45, Jan-Jun/98, 23-44; RPDC, n.º 20, 1999, 9-29.

– Branqueamento de capitais: reacção criminal, *in* Estudos de Direito Bancário (comunicações apresentadas no Curso de Direito Bancário da F.D.L.), Coimbra Editora, 1999, 337-358.

– A recente lei brasileira dos direitos autorais comparada com os novos Tratados da OMPI, na Revista da ABPI (São Paulo), n.º 42, Set/Out 1999, 13-29; *in* RFDL, XL (1999), n.º 1 e 2, 573-596; e *in* Direito da Internet e da Sociedade da Informação – Estudos (ver).

– Direitos de utilização da terra, separata de Estudos em Homenagem a Joaquim M. da Silva Cunha, Fundação Universidade Portucalense Infante D. Henrique, 1999.

– A Sociedade da Informação, *in* Direito da Sociedade da Informação, vol. I, APDI/Coimbra Editora, 1999, 163-184; *in* Estudos sobre Direito da Internet e da Sociedade da Informação, Almedina, 2001, 83-104; e *in* Direito da Internet e da Sociedade da Informação – Estudos (ver).

– Telecomunicações e direito de autor, *in* As telecomunicações e o Direito na Sociedade da Informação (Actas do Colóquio organizado pelo IJC em 23 e 24 de Abril de 1998), Instituto Jurídico da Comunicação, FDC, 1999, 197-202; e *in* Direito da Internet e da Sociedade da Informação – Estudos (ver).

– O objecto da preferência do arrendatário, com Miguel Pedrosa Machado (Parecer), vol. XIII, tomo 3, em 1999, DJ, (251-281).

– Parecer sobre o "Relatório sobre o Programa, o Conteúdo e os Métodos de Ensino de Direito da Família e das Sucessões" do Doutor Rabindranath Capelo de Sousa, RFDL, XL (1999), n.º 1 e 2, 701-707.

– Parecer sobre o "Relatório com o Programa, os Conteúdos e os Métodos de Ensino Teórico e Prático da Disciplina de Introdução ao Direito" do Doutor Fernando José Bronze, RFDL, XL (1999), n.º 1 e 2, 717-723.

– Direito Civil – Sucessões, 5.ª ed., Coimbra Editora, 2000.

– O costume como fonte do direito em Portugal, *in* O Costume, o Direito Consuetudinário e as Tradições Populares na Estremadura e no Alentejo (comunicações apresentadas no Seminario Internacional de Estudios sobre la Tradición – Faculdad de Derecho de Cáceres, 9 e 10 de Novembro de 1998), Colección Documentos/Actas, Mar/2000, 33-38; e

632   *O Direito. Introdução e Teoria Geral*

in RTDC – Revista Trimestral de Direito Civil (Rio de Janeiro), ano 1, vol. 4, Out/Dez 2000, 39-54.

– Direitos Autorais na Internet, *in* Verba Iuris, Pontifícia Universidade Católica do Paraná – Centro de Ciências Jurídicas e Sociais – Curso de Direito, ano II, n.º 1, Ago/99, págs. 7-26; e *in* Direito da Internet e da Sociedade da Informação – Estudos (ver).

– Direito Civil – Teoria Geral, vol. I, *Introdução: As pessoas, Os bens*, 2.ª ed., Coimbra Editora, 2000.

– As acções, *in* Direito dos Valores Mobiliários, vol. II, Instituto dos Valores Mobiliários/ Coimbra Editora, 2000, 57-90.

– A legislação de Macau no termo da Administração Portuguesa, na Revista General de Legislación y Jurisprudencia (Espanha), III Época – Ano CXLVII, Jan/Fev 2000, n.º 1, 138-139.

– Procriação assistida e direito, *in* Estudos em Homenagem ao Prof. Doutor Pedro Soares Martinez, vol. I, Almedina, 2000, 645-676.

– O preenchimento pelo autor da sucessão da quota do herdeiro, *in* Boletim da Faculdade de Direito de Macau – Jornadas de Direito Civil e Comercial, Ano III, n.º 8, 1999, 183-199; e *in* DJ, vol. XIV, tomo 1 (2000), 11-31.

– As novas tecnologias e os direitos de exploração das obras intelectuais, na Revista da ABPI (São Paulo), n.º 47, Jul/Ago 2000, 3-14; na Revista da ESMAPE (Recife), vol. 5, n.º 12, Jul/Dez 2000, 403-440; *in* Estudos sobre Direito da Internet e da Sociedade da Informação, Almedina, 2001, 173-197; e *in* Direito da Internet e da Sociedade da Informação – Estudos (ver).

– Forma de livrança e formalidade – Comentário ao Acórdão do Supremo Tribunal de Justiça de 27 de Janeiro de 1998, com Pedro Pais de Vasconcelos, ROA, ano 60-I, Jan/00, 283-342.

– A liberdade das hiperconexões na Internet, *in* Jornal do INPI – Domínios e Marcas na NET –, ano XV, n.º 5, Out/00, 12.

– Gestão colectiva: síntese dos trabalhos e perspectivas futuras, *in* Gestão colectiva do Direito de Autor e Direitos Conexos no ambiente digital (Actas do Colóquio organizado pelo GDA em 23 e 24 de Março de 2000), Gabinete do Direito de Autor/Ministério da Cultura, GDA, 2001, 273-292; *in* Revista da ABPI (São Paulo), n.º 48, Set/Out 2000, 21-30; *in* Derecho de la Alta Tecnologia, Estudio Millé (Buenos Aires), ano XII, n.º 136/137, Dez/99-Jan/01, 25-35; *in* Estudos sobre Direito da Internet e da Sociedade da Informação, Almedina, 2001, 289-309; e *in* Direito da Internet e da Sociedade da Informação – Estudos (ver).

– Nova codificação dos valores mobiliários, *in* Direito em Revista, n.º 00, Nov. 2000, 4.6.

– *Hyperlinks, frames, metatags* – a segunda geração de referências na Internet, *in* Estudos sobre Direito da Internet e da Sociedade da Informação, Almedina, 2001, 199-218; *in* Direito da Internet e da Sociedade da Informação – Estudos (ver); *in* Direito, Sociedade e Informática – Limites e perspectivas da vida digital, Colecção Fundação Boiteux, Florianópolis, Nov. 2000, 135-147; e *in* Revista da ABPI (São Paulo), n.º 49, Nov/Dez 2000, 22-30.

Bibliografia do Autor 633

– Parecer sobre "A proposta de alteração ao Código da Propriedade Industrial", RFDL, XLI (2000), n.º 1, 317-335.
– Parecer sobre o Relatório apresentado pela Doutora Fernanda Palma no concurso para professor associado da Faculdade de Direito de Lisboa, RFDL, XLI (2000), n.º 1, 339-344.
– Elogio do doutorando, Sua Eminência o Cardeal Dom Alexandre do Nascimento, RFDL, XLI (2000), n.º 1, 373-379; *in* Cardeal Dom Alexandre do Nascimento – Discursos e Mensagens, Mensagem, 2002, 309; e *in* Sessões Solenes da Universidade de Lisboa, 2000 e 2001, 9-17.
– Criminalidade informática, *in* Direito da Sociedade da Informação, vol. II, APDI/Coimbra Editora, 2001, 203-228; *in* Estudos sobre Direito da Internet e da Sociedade da Informação, Almedina, 2001, 261-287; e *in* Direito da Internet e da Sociedade da Informação – Estudos (ver).
– O actual conceito de valor mobiliário, *in* Direito dos Valores Mobiliários, vol. III, Instituto dos Valores Mobiliários/Coimbra Editora, 2001, 37-60; e *in* ROA, ano 61-I, Jan/01, 5-32.
– Cláusulas contratuais gerais, cláusulas abusivas e boa fé, *in* ROA, ano 60-II, Abr/00, 573-595; e *in* separata à RF, vol. 352, 103-114.
– Obra audiovisual. Convergência de tecnologias. Aquisição originária do direito de autor, *in* O Direito, ano 133, I, Jan-Mar/01, 9-31; *in* Estudos sobre Direito da Internet e da Sociedade da Informação, Almedina, 2001, 239-259; *in* Direito da Internet e da Sociedade da Informação – Estudos (ver); e *in* Direito da Internet e da Sociedade da Informação – Estudos, Forense (Rio de Janeiro), 2002, 233-254.
– Direito de Autor e Informática Jurídica, *in* Dicionário Jurídico da Administração Pública, vol. II, 2.º suplemento, Lisboa, 2001, 220-231; *in* Estudos sobre Direito da Internet e da Sociedade da Informação, Almedina, 2001, 7-21; e *in* Direito da Internet e da Sociedade da Informação – Estudos (ver).
– Estudos sobre Direito da Internet e da Sociedade da Informação, Almedina, 2001.
– A reforma do Código da Propriedade Industrial, *in* Direito Industrial, vol. I, APDI/Almedina, 2001, 481-504.
– Os direitos de autor no domínio das telecomunicações, *in* Estudos sobre Direito da Internet e da Sociedade da Informação, Almedina, 2001, 67-81.
– A proposta de directiva relativa à harmonização de certos aspectos do direito de autor e dos direitos conexos na Sociedade da Informação, *in* Estudos sobre Direito da Internet e da Sociedade da Informação, Almedina, 2001, 139-147.
– O cinema na Internet, as hiperconexões e os direitos dos autores, *in* Creaciones Audiovisuales y Propiedad Intelectual – Cuestiones puntuales, Colección de Propiedad Intelectual, REUS (Madrid), 2001, 195-214; *in* Estudos sobre Direito da Internet e da Sociedade da Informação, Almedina, 2001, 219-237; *in* Direito da Internet e da Sociedade da Informação – Estudos (ver); e *in* RFDL, XLI (2000), n.º 2, 547-561.
– Novas tecnologias e transformação do Direito de Autor, *in* Estudos sobre Direito da Internet e da Sociedade da Informação, Almedina, 2001, 121-138.
– La liberté d'établir des hyperliens, *in* Urheberrecht. Gestern – Heute – Morgen, Festschrift für Adolf Dietz zum 65. Geburtstag, C. H. Beck, 2001, 289-305.

634 *O Direito. Introdução e Teoria Geral*

– Marca comunitária e marca nacional – Parte II – Portugal, *in* RFDL, XLI (2000), n.º 2, 563-594; e *in* Direito Industrial, vol. II, APDI/Almedina, 2002, 39-79.

– Parecer sobre o "Relatório sobre o programa, conteúdo e métodos de ensino de uma disciplina de Direito Comercial do Doutor Jorge Manuel Coutinho de Abreu", *in* RFDL, XLI (2000), n.º 2, 1139-1144.

– Direito Comercial – IV – Sociedades Comerciais – Parte Geral (lições), FDL, 2000.

– A liberdade de referências em linha e os seus limites, *in* ROA, ano 61-II, Abr/01, 499-528; *in* RFDL, XLII (2001), n.º 1, 7-27; e *in* RF, ano 97, vol. 358, Nov-Dez/01, 59-74.

– A acção popular e a protecção do investidor, *in* Caderno do Mercado de Valores Mobiliários, n.º 11, Ago/01, 63-75.

– Direito intelectual, exclusivo e liberdade, *in* ROA, ano 61-III, Dez/01, 1195-1217; e *in* Revista da ABPI (São Paulo), n.º 59, Jul/Ago 2002, 40-49.

– A marca comunitária, *in* O Direito, ano 133, III, Jul-Set/01, 511-546; *in* Estudos de Direito do Consumidor, Centro de Direito do Consumo – FDUC, n.º 3, Coimbra, 2001, 93-130; e *in* Direito Industrial, vol. II, APDI/Almedina, 2002, 5-38.

– Parecer sobre o relatório do Doutor Luís de Menezes Leitão sobre "O ensino do Direito das Obrigações", *in* RFDL, XLII (2001), n.º 1, 619-629.

– Recensão – Luis Humberto Clavería Gosálbez, La Causa del Contrato, Real Colegio de España (Bolonha), 1998, *in* RFDL, XLII (2001), n.º 1, 641-642.

– Direito Cibernético: a situação em Portugal, *in* DJ, vol. XV, T. 2 (2001), 9-26.

– Homenagem ao Prof. Doutor M. Gomes da Silva, RFDL, XLII (2001), n.º 2, 1662-1664.

– A situação da Propriedade Intelectual em Macau, RFDL, XLII (2001), n.º 2, 691-734.

– Direito da Internet e da Sociedade da Informação – Estudos, Forense (Rio de Janeiro), 2002.

– Bases de dados electrónicas: o estado da questão em Portugal e na Europa, *in* Direito da Internet e da Sociedade da Informação – Estudos (ver); e *in* RFDL, XLII (2001), n.º 2, 735-750; e *in* Revista da ABPI (São Paulo), n.º 56, Jan/Fev 2002, 6-14.

– Concorrência Desleal, Almedina, 2002.

– Direito Civil – Teoria Geral – III – Relações e Situações Jurídicas, Coimbra Editora, 2002.

– Invalidades das deliberações dos sócios, *in* Problemas do Direito das Sociedades, IDET/Almedina, 2002, 371-398.

– Titularidade de licença de emissor de televisão e direito ao espectáculo – No rescaldo do litígio S.L. Benfica/Olivedesportos, *in* Estudos em Homenagem à Professora Doutora Isabel de Magalhães Colaço, vol. II, Almedina, 2002, 295-312.

– Direito de preferência do arrendatário, *in* Estudos em Homenagem ao Prof. Doutor Inocêncio Galvão Telles, vol. III (Direito do Arrendamento Urbano), Almedina, 2002, 249-273.

– O "fair use" no Direito Autoral, *in* Revista da ABPI – XXII Seminário Nacional de Propriedade Intelectual, Anais 2002, 94-101; *in* RF, 365, Jan/Fev 2003, 73-83; e *in* Direito da Sociedade da Informação, vol. IV, APDI/Coimbra Editora, 2003, 89-106.

– As funções da marca e os descritores (*metatags*) na Internet, *in* Revista da ABPI (São Paulo), n.º 61, Nov/Dez 2002, 44-52; *in* Estudos de Direito do Consumidor, Centro de

Direito do Consumo – FDUC, n.º 4, Coimbra, 2002, 99-120; e *in* Direito Industrial, vol. III, APDI/Almedina, 2003, 5-23.

– Repressão da lavagem do dinheiro em Portugal, *in* Revista da EMERJ (Rio de Janeiro), vol. 6, n.º 22, 2003, 37-57 (versão publicada no Brasil do estudo anterior).

– Legislação de Direito Industrial e Concorrência Desleal, 3.ª ed., AAFDL, 2003.

– A corça que não quis ser leão – Homenagem ao Mercado Comum Europeu, *in* Revista da Academia Paranaense Letras Jurídicas, n.º 2, Editora Juruá, 2003, 215-216.

– Direito Civil – Teoria Geral – II – Acções e Factos Jurídicos, 2.ª ed., Coimbra Editora, 2003.

– Sociedade da informação e mundo globalizado, *in* Globalização e Direito, Universidade de Coimbra/Coimbra Editora, 2003, 163-179; *in* Revista Brasileira de Direito Comparado, Rio de Janeiro, n.º 22, 1.º semestre de 2002, 161-182; e *in* Propriedade Intelectual e Internet, Curitiba, Juruá Editora, 2002, 15-31.

– Contratação electrónica, *in* RTDC – Revista Trimestral de Direito Civil (Rio de Janeiro), ano 3, vol. 12, Out/Dez 2002, 93-117; e *in* Direito da Sociedade da Informação, vol. IV, APDI/Coimbra Editora, 2003, 43-68.

– O futuro do "direito moral", *in* En torno a los derechos morales de los creadores, AISGE/REUS, 2003, 249-271; *in* Revista de Direito do Tribunal de Justiça do Estado do Rio de Janeiro, n.º 54, Jan-Mar/03, 47-67; *in* Revista da ESMAPE (Recife), vols. 7/8, n.º 16/17, Jul-Dez/2002 – Jan-Jun/2003, 377-408; e *in* DJ, vol. XVIII, tomo I (2004), 41-63.

– Palavras proferidas na cerimónia de lançamento do Centro de Arbitragem Voluntária Institucionalizado do Instituto dos Valores Mobiliários a 26-02-02, *in* Direito dos Valores Mobiliários, vol. IV, Instituto dos Valores Mobiliários/Coimbra Editora, 2003, 9-11.

– A protecção do investidor, *in* Direito dos Valores Mobiliários, vol. IV, Instituto dos Valores Mobiliários/Coimbra Editora, 2003, 13-40.

– Derivados, *in* Direito dos Valores Mobiliários, vol. IV, Instituto dos Valores Mobiliários/Coimbra Editora, 2003, 41-68; e *in* O Direito na sociedade contemporânea – Estudos em Homenagem ao Ministro José Néri da Silveira (com o nome "Derivados de bolsa"), Editora Forense, Rio de Janeiro, 2005, 355-377.

– Os actos de reprodução no ambiente digital. As transmissões digitais, *in* Direito da Sociedade da Informação, vol. IV, APDI/Coimbra Editora, 2003, 69-88; *in* IV Congresso Iberoamericano de Direito de Autor e Direitos Conexos – La Propiedad Intelectual: Un Canal para el Desarrollo – Panamá 2002, OMPI/SGAE/AISGE/IIDA/República do Panamá, Tomo I, 2004, 201-220; e *in* Cadernos de Direito da Internet, vol. I, Lumen Juris (Rio de Janeiro), 2005.

– A reserva da intimidade da vida privada e familiar, *in* Direito Civil no Século XXI, Editora Saraiva (São Paulo), 2003, 317-334; e *in* RFDL, XLIII, n.º 1, Coimbra Editora, 2002, 9-25.

– Direitos Humanos – Uma lacuna no Tratado de Amizade Luso-Brasileiro?, *in* RFDL, XLIII, n.º1, Coimbra Editora, 2002, 27-30.

– Intervenções no genoma humano. Validade ético-jurídica, *in* Grandes Temas da Actualidade. Bioética e Biodireito. Aspectos Jurídicos e Metajurídicos, Editora Forense, Rio de

636   *O Direito. Introdução e Teoria Geral*

Janeiro, 2004, 227-249; *in* ROA, ano 63, Abr/03, 25-49; *in* RFDL, XLIV (2003), n.ᵒˢ 1 e 2, 45-64; e *in* Estudos de Direito da Bioética, vol. I, APDI/Almedina, 2001, 25-47.

– A reutilização de documentos do sector público, *in* Leyes, Actos, Sentencias y Propiedad Intelectual, Colección de Propiedad Intelectual, REUS (Madrid), 2004, 83-101; *in* Revista da ABPI, n.º 68, Jan/Fev 2004, 34-42; *in* Revista da ESMAPE, vol. 9, n.º 19, Jan/Jun 2004, 219-245; e *in* Direito da Sociedade da Informação, vol. V, APDI/Coimbra Editora, 2004, 65-82.

– O Acto Uniforme da OHADA sobre Direito Comercial geral e a ordem jurídica da Guiné-Bissau, *in* Boletim da Faculdade de Direito de Bissau – V Jornadas Jurídicas – Integração regional e a uniformização do Direito dos negócios em África, n.º 6, Jun/04, 203-253; e *in* Direito e Cidadania, ano V, n.º 16/17, Set/02 a Abr/03, Praia (Cabo Verde), 91-122.

– Prefácio a "O Comércio Electrónico em Portugal: o quadro legal e o negócio", ANACOM (Lisboa), 2004, 5-12.

– Introdução à perspectiva jurídica, *in* O Comércio Electrónico em Portugal: o quadro legal e o negócio, ANACOM, 2004, 104-116.

– Código do Direito de Autor e dos Direitos Conexos, em co-autoria com Pedro Cordeiro, 3.ª ed., Coimbra Editora, 2004.

– Prefácio ao livro "Problemas de Direito Intertemporal no Código Civil", de Mário Luiz Delgado, Editora Saraiva, 2004, XIII-XVIII.

– A transposição da Directriz n.º 01/29 sobre aspectos do direito de autor e direitos conexos na sociedade da informação, *in* RFDL, XLIII (2002), n.º 2, 915-933.

– Saudação ao Prof. Doutor Inocêncio Galvão Telles, *in* RFDL, XLIII (2002), n.º 2, 1447-1449.

– Alteração das circunstâncias e justiça contratual no novo Código Civil (brasileiro), *in* Revista CEJ do Conselho da Justiça Federal – Brasília, n.º 25, ano VIII, Abr-Jun/2004, 59-69; *in* Revista do Tribunal Regional Federal da 5.ª Região, Recife – PE, n.º 56, Abr-Jun/2004, 43-73; *in* Questões Controvertidas no novo Código Civil (coordenação de Mário Luiz Delgado/Jones Figueirêdo Alves), Editora Método, São Paulo, vol. 2, 2004, 167-190; *in* Faculdade de Direito: Debate dois anos do Código Civil, UNIVERSITAS/JUS, Revista da Faculdade de Ciências Jurídicas e de Ciências Sociais do Centro Universitário de Brasília, UNICEUB, Brasília, n.º 11, 2004, 81-103; *in* RTDC – Revista Trimestral de Direito Civil (Rio de Janeiro), ano 7, vol. 25, Jan-Mar/2006, 93-118; e *in* PENSAR – Revista do Curso de Direito da Universidade de Fortaleza, vol. 13, n.º 1, Jan/Jun-08, 7-20.

– Cláusulas contratuais gerais, cláusulas abusivas e o novo Código Civil, *in* Revista da EMERJ (Rio de Janeiro), vol. 7, n.º 26, 2004, 72-93.

– Direito de autor e desenvolvimento tecnológico: controvérsias e estratégias, *in* Revista de Direito Autoral, ABDA (São Paulo), ano I, n.º I, Agosto de 2004, 3-33.

– Electronic databases: the situation in Portugal and Europe, *in* Occasional Papers in Comparative Law, Roger Williams University (Portuguese-American Comparative Law Center), n.º 1, Abr/2004, 3-12.

– A teoria geral do negócio jurídico e o negócio testamentário, *in* Comemorações dos 35 anos do Código Civil e dos 25 anos da Reforma de 1977 – Direito da Família e das Suces-

Bibliografia do Autor 637

sões, Faculdade de Direito da Universidade de Coimbra – Centro de Direito da Família, vol. I, 2004, 871-886; e *in* RFDL, XLIV (2003), n.ᵒˢ 1 e 2, 31-44.

– Propriedade intelectual e Internet, *in* Revista da ESMAL (Maceió), ano II, n.º 3, Jul/Dez 2003, 169-192; *in* Revista de Direito do Tribunal de Justiça do Estado do Rio de Janeiro, n.º 60, Jul-Set/04, 68-86; e *in* Direito da Sociedade da Informação, vol. VI, APDI/Coimbra Editora, 2006, 145-165.

– Aspectos jurídicos da distribuição em linha de obras literárias, musicais, audiovisuais, bases de dados e produções multimédia, *in* IV Congresso Iberoamericano de Direito de Autor e Direitos Conexos – La Propiedad Intelectual: Un Canal para el Desarrollo – Panamá 2002, OMPI/SGAE/AISGE/IIDA/República do Panamá, Tomo II, 2004, 729-735; *in* RFDL, XLIV (2003), n.ᵒˢ 1 e 2, 65-71; e *in* Direito da Sociedade da Informação, vol. V, APDI/Coimbra Editora, 2004, 83-90.

– Bases para uma transposição da Directriz n.º 00/31, de 8 de Junho (comércio electrónico), *in* RFDL, XLIV (2003), n.ᵒˢ 1 e 2, 215-252.

– Palavras que proferi na homenagem que me foi prestada em sessão do Conselho Científico, *in* RFDL, XLIV (2003), n.ᵒˢ 1 e 2, 415-416.

– Convergência de tecnologias: perspectivas jurídicas, *in* IV Congresso Iberoamericano de Direito de Autor e Direitos Conexos – La Propiedad Intelectual: Un Canal para el Desarrollo – Panamá 2002, OMPI/SGAE/AISGE/IIDA/República do Panamá, Tomo I, 2004, 537-544; e *in* Direito da Sociedade da Informação, vol. V, APDI/Coimbra Editora, 2004, 91-95.

– O Direito – Introdução e Teoria Geral, 13.ª ed., Almedina, 2005 (o título das edições anteriores desta obra foi: O Direito. Introdução e Teoria Geral. Uma Perspectiva Luso-Brasileira).

– Introdução à Ciência do Direito, 3.ª ed., Renovar (Rio de Janeiro), 2005 (o título das edições anteriores desta obra foi: O Direito. Introdução e Teoria Geral. Uma Perspectiva Luso-Brasileira).

– Princípios constitucionais do Direito de Autor, *in* Argumentum – Revista Científica da Faculdade Marista (Recife), vol. 1, 2005, 9-41; e *in* Revista Brasileira de Direito Constitucional, ESDC (São Paulo), Jan/Jun-05, 429-442.

– Introdução ao módulo "Contratação Electrónica", *in* Lei do Comércio Electrónico (Anotada), Ministério da Justiça – Gabinete de Política Legislativa e Planeamento, Coimbra Editora, 2005, 177-180.

– Derecho Alternativo, *in* Derecho Penal Contemporáneo – Revista Internacional, Legis (Bogotá – Colombia), n.º 10, Enero-Marzo 2005, 75-86.

– A proposta de lei n.º 108/IX para transposição da Directriz n.º 2001/29, de 22 de Maio (Direitos de Autor e Conexos na Sociedade da Informação), *in* separata de Estudos em Homenagem ao Professor Doutor Joaquim Moreira da Silva Cunha, FDL/Coimbra Editora, 2005, 491-528; e *in* Direito da Sociedade da Informação, vol. VI, APDI/Coimbra Editora, 2006, 167-186.

– En torno al dominio público de pago y a la actividad de control de la administración en la experiencia portuguesa, *in* La duración de la Propiedad Intelectual y las obras en dominio público, Colección de Propiedad Intelectual, REUS (Madrid), 2005, 269-287.

638   *O Direito. Introdução e Teoria Geral*

– Das Recht des Unlauteren Wettbewerbs in den Mitgliedstaaten der EWG, Band VIII: Portugal, C. H. Beck (Munique), 2005.
– Contenus illicites dans internet. Une réponse originale de la loi portugaise, *in* Perspektiven des Geistigen Eigentums und Wettbewerbsrechts, Festschrift für Gerhard Schricker zum 70. Geburtstag, C. H. Beck (Munique), 2005, 123-135.
– El novísimo concepto de valor mobiliario, *in* Foro de Derecho Mercantil – Revista Internacional, Legis (Bogotá – Colombia), n.º 8, Jul/Set 2005, 56-85.
– Estilos de Arte e Direito de Autor, *in* Revista de Direito Autoral, ano II, número III, Agosto de 2005, ABDA/Lumen Juris, 151-168.
– A desconstrução do abuso do direito, *in* III Jornada de Direito Civil, Conselho de Justiça Federal (2005), 31-51; *in* Revista de Direito do Tribunal de Justiça do Estado do Rio de Janeiro, n.º 66, Jan-Mar/06, 60-82; e *in* Novo Código Civil – Questões Controvertidas, coord. Jones Figueirêdo Alves/M. L. Delgado, vol. 4 (2005), Método, 33-54.
– Evocação de Raúl Ventura, *in* RFDL, XLV (2004), n.ᵒˢ 1 e 2, 509-511.
– Insolvência: efeitos sobre os negócios em curso, *in* Themis – Novo Direito da Insolvência, edição especial da Revista da Faculdade de Direito da Universidade Nova de Lisboa, Almedina, 2005, 105-130; *in* ROA, ano 65-II, Set/05, 281-312; e *in* DJ, vol. XIX, tomo II (2005), 233-261.
– Direito de Autor *versus* desenvolvimento tecnológico?, *in* Estudos em Memória do Professor Doutor António Marques dos Santos, vol. I, Almedina, 2005, 787-795.
– Prefácio ao livro "Direitos Reais de Moçambique – Teoria Geral dos Direitos Reais. Posse", de Rui Pinto, Almedina, 2005, 5-6.
– Onerosidade excessiva por "alteração das circunstâncias", *in* Estudos em Memória do Professor Doutor José Dias Marques, Almedina, 2007, 515-536; e *in* ROA, ano 65-III, Dez/05, 625-648.
– Entrevista à RTDC – Revista Trimestral de Direito Civil (Rio de Janeiro), ano 6, vol. 23, Jul/Set 2005, 297-303.
– Obra musical e lítero-musical, telefone móvel e execução pública, *in* Estudos Jurídicos – Universidade do Vale do Rio dos Sinos, vol. 38, n.º 2, Mai-Ago/05, 100-111; e *in* Temas Atuais de Direito da Sociedade da Informação (org. Luiz Gonzaga Silva Adolfo), Edufba – Editora da Universidade Federal da Bahia (Salvador), 2015, 179-212.
– O novíssimo conceito de valor mobiliário, *in* Estudos em Honra de Ruy de Albuquerque, vol. I, FDL/Coimbra Editora, 2006, 621-641; e *in* Direito dos Valores Mobiliários, vol. VI, Instituto dos Valores Mobiliários/Coimbra Editora, 2006, 139-162.
– A função social do direito autoral e as limitações legais, *in* Direito da Propriedade Intelectual – Estudos em homenagem ao Prof. Pe. Bruno Jorge Hammes, Juruá Editora (Curitiba), 2006, 85-111.
– A pessoa: entre o formalismo e a realidade ética, *in* Revista da EMERJ (Rio de Janeiro), vol. 9, n.º 33, 2006, 93-116.
– Encomenda de roteiro para produção audiovisual e exclusividade de direitos, Argumentum – Revista Científica da Faculdade Marista (Recife), vol. 2, 2006, 77-105.
– Gemeinschaftsrecht und Recht der Mitgliedstaaten – Portugal, *in* Gemeinschaftsmarke und Recht der EU-Mitgliedstaaten, coord. Schricker/Bastian/Knaak, C. H. Beck, 2006, 506-531.

Bibliografia do Autor 639

– Questões problemáticas em sede de indicações geográficas e denominações de origem, *in* RFDL, XLVI, n.º 1, 2005, 253-269; e *in* Estudos em Homenagem ao Professor Doutor André Gonçalves Pereira, FDL, Coimbra Editora, 2006, 1009-1025.

– Intervenção no lançamento do Centro de Arbitragem da APDI, *in* Direito da Sociedade da Informação, vol. VI, APDI/Coimbra Editora, 2006, 139-184.

– Nota prévia a "Direito da Sociedade da Informação", vol. VI, APDI/Coimbra Editora, 2006, 7-8.

– Prefácio ao livro "A capacidade entre o fato e o direito", de Simone Eberle, Sergio Antonio Fabris Editor, Porto Alegre, 2006, 9-14.

– Contratação em rede informática no Brasil, *in* Revista do Tribunal Regional Federal da 3.ª Região, São Paulo – SP, n.º 78, Jul-Ago/2006, 57-85; e *in* Direitos Autorais – Estudos em Homenagem a Otávio Afonso dos Santos, Editora Revista dos Tribunais (2008), São Paulo, 178-198.

– Prefácio ao livro "Código Penal e Legislação Complementar de Moçambique", de Sílvio Alves/Luís Barbosa Rodrigues, Almedina, 2006, 5-6.

– Prefácio a "Produção Cultural e Propriedade Intelectual", organizadora Isabela Cribari, Fundação Joaquim Nabuco, Editora Massangana (Recife), 2006, 14-17.

– Os limites dos limites. A teoria dos três passos. A tensão entre os limites do direito e as medidas tecnológicas e outras relativas à informação para a gestão dos direitos, *in* Los Límites del Derecho de Autor, AISGE/ REUS, 2006, 83-108.

– O Anteprojecto do Código do Consumidor e a publicidade (Parecer), *in* Estudos do Instituto de Direito do Consumo (coord. Luís Menezes Leitão), Instituto de Direito do Consumo da FDL/Almedina, vol. III, 2006, 7-36.

– O Direito Intelectual em metamorfose, *in* Revista de Direito Autoral, ABDA (São Paulo), ano II, n.º IV, Fevereiro de 2006.

– Pessoa, direitos fundamentais e Direito da Personalidade, *in* Questões Controvertidas no Novo Código Civil (coordenação de Mário Luiz Delgado/Jones Figueirêdo Alves), Editora Método, São Paulo, vol. 6, 2006, 105-128; *in* Revista Mestrado em Direito – UniFIEO, Osasco (São Paulo), vol. 6, n.º 1, Jan-Jun/06, 145-168; *in* Revista de Direito do Tribunal de Justiça do Estado do Rio de Janeiro, n.º 78, Jan-Mar/09, 66-89; *in* Estudos de Direito da Bioética, vol. III, APDI/Almedina, 2009, 51-76; e *in* RFDL, vol. L – n.ᵒˢ 1 e 2, 2009, 9-32.

– Cláusulas gerais e segurança jurídica no Código Civil de 2002, *in* RTDC – Revista Trimestral de Direito Civil (Rio de Janeiro), ano 7, vol. 28, Out/Dez 2006, 77-92; e *in Jus Scriptum* – Boletim do Núcleo de Estudantes Luso-brasileiros da Faculdade de Direito da Universidade de Lisboa, ano II, n.º 4, Jul/Ago/Set-06, 5-13.

– Prefácio ao livro "A Revisão Judicial dos Contratos no Novo Código Civil, Código do Consumidor e Lei n.º 8.666/93. A onerosidade excessiva superveniente", de Paulo Khouri, Atlas, S. A. (São Paulo), 2006.

– O "abuso do direito" e o art. 334 do Código Civil: uma recepção transviada, *in* RFDL, Estudos em Homenagem ao Professor Doutor Marcello Caetano, vol. I, 2006, págs. 607-631.

640   *O Direito. Introdução e Teoria Geral*

- A preservação do equilíbrio imobiliário como princípio orientador da relação de vizinhança, *in* RFDL, vol. XLVI – n.º 2, 2005, 1065; *in* ROA, ano 67 – I, Janeiro 2007; e *in* Estudos em Homenagem ao Prof. Doutor Manuel Henrique Mesquita (coordenação Diogo Leite de Campos), vol. I, Faculdade de Direito da Universidade de Coimbra/Coimbra Editora (2009), 205-230.
- O artista e a cessão de direitos autorais, *in* A Evolução do Direito no Século XXI. Estudos em Homenagem ao Professor Doutor Arnoldo Wald, Almedina (2007), 271-300, e *in* Revista Forense, vol. 392, ano 103, Jul/Ago 2007, 129-147.
- A pretensa "propriedade" intelectual, *in* Direito Civil e Processo – Estudos em Homenagem ao Professor Arruda Alvim, Editora Revista dos Tribunais (2007), São Paulo, 190-201; e *in* Revista do Instituto dos Advogados de São Paulo, Editora Revista dos Tribunais, São Paulo, Nova Série, ano 10, n.º 20, Jul/Dez 2007, 243-261.
- Concorrência Desleal: as grandes opções, *in* Nos 20 Anos do Código das Sociedades Comerciais – Homenagem aos Profs. Doutores A. Ferrer Correia, Orlando de Carvalho e Vasco Lobo Xavier – I, Faculdade de Direito da Universidade de Coimbra/Coimbra Editora, 2007, 119-138; e *in* Direito Industrial, vol. VI, APDI/Almedina, 2009, 83-102.
- Direito europeu do consumidor e direito brasileiro, *in* RTDC – Revista Trimestral de Direito Civil (Rio de Janeiro), ano 8, vol. 32, Out-Dez/2007, 179-192.
- A Lei n.º 32/06, sobre Procriação Medicamente Assistida, *in* ROA, ano 67-III, Dez/07, 977-1006, e *in* Estudos de Direito da Bioética, vol. III, APDI/Almedina, 2009, 25-50.
- Prefácio ao livro "Pessoa e Direitos de Personalidade. Fundamentação Ontológica da Tutela", de Diogo Costa Gonçalves, Almedina, 2008.
- Nome de edifício: conflito com marca, insígnia ou logotipo?, *in* Direito Industrial, vol. V, APDI/Almedina, 2008, 37-68.
- O início da vida, *in* Revista do Tribunal Regional Federal da 3.ª Região – São Paulo, n.º 81, Jan/Fev-07, págs. 91-112; *in* Estudos de Direito da Bioética, vol. II, APDI/Almedina, 2008, 9-28; *in* Revista da EMERJ (Rio de Janeiro), vol. 11, n.º 44, 2008, 17-37; e *in* Dimensões Jurídicas da Personalidade na Ordem Constitucional Brasileira (organizadora: Joyceane Bezerra de Menezes), Conceito Editorial (Florianópolis), 2010, 293-314.
- Conteúdos ilícitos na internet. Uma resposta original da lei portuguesa [versão portuguesa do artigo "Contenus...", mas com alterações], *in* Direito & Internet – Aspectos Jurídicos Relevantes, vol. II (coordenação de Newton De Lucca/Adalberto Simão Filho), Editora Quartier Latin, São Paulo, 2008, 301-318.
- Direito Industrial e Consumidor, *in* SI, Tomo LVII, N.º 313, Jan-Mar/2008, 71-92; *in* Revista de Direito do Consumidor, Brasilcon/RT, vol. 68, Out-Dez/08, 195-211, e *in* Estudos em Homenagem ao Professor Doutor Paulo de Pitta e Cunha, vol. III, Direito Privado, Direito Público e Vária, Almedina, 2010, 193-208.
- A terminalidade da vida, *in* O Direito e o Tempo: Embates Jurídicos e Utopias Contemporâneas – Estudos em Homenagem ao Professor Ricardo Pereira Lira (coordenação de Gustavo Tepedino/Luiz Edson Fachin), Renovar (Rio de Janeiro), 2008, 155-178; *in* Bioética e Responsabilidade (organizadoras Judith Martins-Costa/Letícia Ludwig Möller), Forense (Rio de Janeiro), 2009, 423-445; *in* Estudos de Direito da Bioética, vol. IV,

Bibliografia do Autor 641

APDI/Almedina, 2012, 153-174; e *in* Revista do Tribunal Regional Federal da Terceira Região – São Paulo, ano XXIV, n.º 116, Jan-Mar/13, 33-48.

– Direito Civil e Direito do Consumidor, *in* Themis – Código Civil Português – Evolução e perspectivas actuais, edição especial da Revista da Faculdade de Direito da Universidade Nova de Lisboa, Almedina, 2008, 165-182; e *in* Estudos de Direito do Consumidor, Centro de Direito do Consumo – FDUC, n.º 8, Coimbra, 2006/07, 29-49.

– Aquando da entrega do grande-oficialato da Ordem de Santiago d'Espada aos Professores Oliveira Ascensão, Ruy de Albuquerque e, a título póstumo, ao Professor Castro Mendes, *in* RFDL, XLVII (2006), n.º 1 e 2, 367-368.

– O Direito de Autor e a Internete. Em particular as recentes orientações da Comunidade Europeia, *in* Direito da Sociedade da Informação, vol. VII, APDI/Coimbra Editora, 2008, 9-26.

– Direito de Autor sem autor e sem obra, *in* Direito da Sociedade da Informação, vol. VII, APDI/Coimbra Editora, 2008, 27-49; e *in* Estudos em Homenagem ao Prof. Doutor António Castanheira Neves, vol. II, Studia Iurídica 91, Boletim da Faculdade de Direito da Universidade de Coimbra/Coimbra Editora (2008), 87-108.

– Sociedade da informação e liberdade de expressão, *in* Direito da Sociedade da Informação, vol. VII, APDI/Coimbra Editora, 2008, 51-73; e *in* RFDL, XLVIII (2007), n.ºˢ 1 e 2, 9-29.

– A propriedade de bens imóveis na dialética do abuso e da função *in* Novo Código Civil – Questões Controvertidas: Direito das Coisas, Série Grandes Temas de Direito Privado – Vol. 7, Editora Método, São Paulo, 2008, 21-47.

– A questão do domínio público, *in* Propriedade Intelectual – Estudos em homenagem à Professora Maristela Basso, Curitiba, Juruá Editora, vol. 2, 2008, 203-223; e *in* Estudos de Direito de Autor e Interesse Público – Anais do II Congresso de Direito de Autor e Interesse Público (organização: Marcos Wachowicz, Manoel J. Pereira dos Santos, Fundação Boiteux, Florianópolis, 2008, 15-34.

– Direito da Propriedade Industrial – Colectânea de Textos Legislativos e Regulamentares, em co-autoria com Dário Moura Vicente, 1.ª ed., Coimbra Editora, 2008.

– Legislação sobre Direito de Autor e Sociedade da Informação, em co-autoria com Dário Moura Vicente, 1.ª ed., Coimbra Editora, 2008.

– Prefácio ao livro "Direito Autoral no Brasil", de José Carlos Costa Netto, 2.ª ed. revista, ampliada e actualizada, Editora FTD, São Paulo, 2008.

– A dignidade da pessoa e o fundamento dos direitos humanos, *in* Estudos em Homenagem ao Prof. Doutor Martim de Albuquerque (coordenação Jorge Miranda), vol. II, Faculdade de Direito da Universidade de Lisboa/Coimbra Editora (2010), 37-58; *in* ROA, ano 68-I, Jan/08, 97-124; *in* Revista Mestrado em Direito – UniFIEO, Osasco (São Paulo), ano 8, n.º 2, Jul-Dez/08, 79-101; e *in* Bioética e Direitos da Pessoa Humana (coordenadores: Gustavo Pereira Leite Ribeiro e Ana Carolina Brochado Teixeira), Editora Del Rey (Belo Horizonte), 2011, 1-26.

– Prefácio ao livro "Marcas Tridimensionais", de Maitê Cecília Fabbri Moro, Editora Saraiva, 2008, XVII-XIX.

642 *O Direito. Introdução e Teoria Geral*

– Direitos intelectuais: propriedade ou exclusivo?, *in* Themis, Revista da Faculdade de Direito da Universidade Nova de Lisboa, ano VIII, n.º 15, 2008, 117-138.
– A nova teoria contratual, *in* Revista da Faculdade de Direito da UFMG (Belo Horizonte), n.º 52 (Nova Fase – 1962), Jan/Jun-2008, 97-126.
– Modelos colaborativos em direitos autorais, *in* Ensaios sobre o Direito Imaterial – Estudos em Homenagem a Newton Silveira, Lumen Juris Editora (Rio de Janeiro), 2009, 1-18; e *in* Anais do XXVIII Seminário Nacional da Propriedade Intelectual – Inovação e Desenvolvimento, na Revista da ABPI (São Paulo), 2008, 24-31, com o título *Modelos colaborativos em direitos autorais e* creative commons.
– As "exceções e limites" ao direito de autor e direitos conexos no ambiente digital, *in* Revista da ESMAPE (Recife), vol. 13, n.º 28, Jul/Dez 2008, 315-351.
– Indicações geográficas e países em desenvolvimento, *in* Propriedade Intelectual: Plataforma para o Desenvolvimento, Instituto Dannemann Siemsen de Estudos Jurídicos e Técnicos, Renovar (Rio de Janeiro), 2009, 101-121.
– Prefácio ao livro "Propriedade Industrial e a Protecção dos Nomes Geográficos", de Marcos Fabrício Welge Gonçalves, Juruá Editora (Curitiba), 2008, 13-15.
– Prefácio ao livro "Princípio da Justiça Contratual", de Fernando Rodrigues Martins, Editora Saraiva, 2009, XV-XVIII.
– Direito Industrial e Direito Penal, *in* Direito Sancionatório das Autoridades Reguladoras, coordenação Fernanda Palma *et allii*, Coimbra Editora, 2009, 177-205; e *in* Direito Industrial, vol. VII, APDI/Almedina, 2010, 25-51.
– Portugal, *in* Internationales Handbuch des Marken- und Kennzeichenrechts, coord. Paul Lange, Kapitel 10", C. H. Beck (Munique), 2010, 779-874.
– Dispositivos tecnológicos de protecção, direitos de acesso e uso dos bens, *in* Direito da Sociedade da Informação, vol. VIII, APDI/Coimbra Editora, 2009, 101-122.
– A sociedade digital e o consumidor, *in* Direito da Sociedade da Informação, vol. VIII, APDI/Coimbra Editora, 2009, 123-154; *in* Propriedade Intelectual, Estudos em Homenagem ao Ministro Carlos Fernando Mathias de Souza, Letras Jurídicas (São Paulo), 2010, 320-345; e *in* Estudos de Direito de Autor e Interesse Público – Anais do II Congresso de Direito de Autor e Interesse Público (organização: Marcos Wachowicz, Manoel J. Pereira dos Santos, Fundação Boiteux, Florianópolis, 2008, 35-57.
– O "direito de sequência": sobre o preço ou sobre o aumento do preço?, *in* Revista da ABPI, n.º 101, Jul/Ago 2009, 41-47; e *in* DIKÉ – Revista do Mestrado em Direito da Universidade Federal de Sergipe, vol. 1, n.º 1, Jul-Dez/11, 17-27.
– Procriação medicamente assistida e relação de paternidade, *in* Direito de Família e das Sucessões, coord. Giselda Maria Fernandes Novaes Hironaka/ Flávio Tartuce/José Fernando Simão, Editora Método (São Paulo), 2009, 349-370.
– Prefácio ao livro "O Consumidor no Direito Angolano", de Raúl Carlos de Freitas Rodrigues, Almedina, 2009, 7-10.
– A jurisprudência constitucional portuguesa sobre propriedade privada, *in* XXV Anos de Jurisprudência Constitucional Portuguesa, Coimbra Editora, 2009, 399-418.
– Notas jurídicas de um civilista, entrevista à Revista Jurídica Consulex (Brasília), ano XIII, n.º 309, Nov/09, 6-8.

Bibliografia do Autor 643

– Parecer sobre a proposta de directiva da Comunidade Europeia que prolonga de 50 para 95 anos o prazo de protecção dos artistas, *in* RFDL, vol. L – n.ᵒˢ 1 e 2, 2009, 565-574.
– No falecimento do Prof. Doutor Inocêncio Galvão Telles, *in* Boletim da Ordem dos Advogados, n.º 64, Março de 2010, 9.
– Os direitos da pessoa e a Parte Geral do Direito Civil, *in* Direitos Humanos e Formação Jurídica, coord. José Renato Nalini/Angélica Carlini, Editora Forense (Rio de Janeiro), 2010, 286-298.
– Portugal, *in* International Trade Mark and Signs Protection, Chapter 10, C. H. Beck/Hart/Nomos, Fev/2010, 779-878.
– Direito Civil – Teoria Geral – I – Introdução. As Pessoas. Os Bens, 3.ª edição, Editora Saraiva (São Paulo), 2010.
– Direito Civil – Teoria Geral – II – Ações e Fatos Jurídicos, 3.ª edição, Editora Saraiva (São Paulo), 2010.
– Direito Civil – Teoria Geral – III – Relações e Situações Jurídicas, 2.ª edição, Editora Saraiva (São Paulo), 2010.
– O Direito Autoral numa perspectiva de reforma, *in* Estudos de Direito de Autor – A Revisão da Lei de Direitos Autorais, coord. Marcos Wachowicz/Manoel J. Pereira dos Santos, Fundação Boiteux (Florianópolis), 2010, 15-54.
– A desconformidade do registo predial com a realidade e o efeito atributivo, *in* separata da obra Estudos em Homenagem "Centenário do Nascimento do Professor Doutor Paulo Cunha, Almedina, 2012, 609-640; e *in* Cadernos de Direito Privado, CEJUR – Centro de Estudos Jurídicos do Minho, n.º 31, Jul/Set-2010, 3-21.
– Digitalização, preservação e acesso ao património cultural imaterial, *in* Revista General de Legislación y Jurisprudencia (Espanha), III Época, n.º 3, Jul/Set 2010, 459-478; e *in* Direito da Sociedade da Informação, vol. IX, APDI/Coimbra Editora, 2011, 9-30.
– Knowledge society and freedom of expression, *in* International Journal of Intellectual Property Management, Special Issue on International Intellectual Property Law and the Creative Industries, coord. Maristela Basso/Fabrício Polido, vol. 4, n.º 1-2, 2010, 6-22.
– A fixação dos preços dos medicamentos genéricos, em co-autoria com Luís Silva Morais, *in* Estudos em Homenagem ao Professor Doutor Sérvulo Correia, FDL/Coimbra Editora, vol. III, 2010, 389-452.
– Liberdade das ideias, factos, conceitos, sistemas, aspectos funcionais, *in* RFDL, vol. L – n.ᵒˢ 1 e 2, 2009, 33-42; e *in* Direito da Sociedade da Informação e Direito de Autor, vol. X, APDI/Coimbra Editora, 2012, 127-136.
– O Direito Civil como Direito Comum do Homem Comum, *in* Jornal Carta Forense, 2 de Dezembro de 2010, pág. A8.
– A proposta de introdução na Lei dos Direitos Autorais de uma compensação por reprografia, *in* Revista da ABPI (São Paulo), n.º 109, Nov/Dez 2010, 58-61.
– Prefácio ao livro "A Tutela dos Direitos dos Sócios em Sede de Fusão, Cisão e Transformação das Sociedades" de Domingos Salvador André Baxe, Almedina, 2010.
– Uso por terceiro não autorizado de bem intelectual protegido e sanção penal, *in* Estudos em Homenagem ao Professor Doutor Carlos Ferreira de Almeida, Almedina, 2011, 395-420; *in* Direito Penal Económico e Financeiro – Conferências do Curso Pós-Graduado de

644   *O Direito. Introdução e Teoria Geral*

Aperfeiçoamento (coordenadores: Maria Fernanda Palma, Augusto Silva Dias e Paulo de Sousa Mendes), Coimbra Editora, 2012, 281-306; e *in* Estudos em homenagem ao Prof. Zeno Veloso.

– Inovação, criatividade e acesso à cultura, *in* Direito da Cultura e do Património Cultural, Instituto de Ciências Jurídico-Políticas da FDL, AAFDL, 2011, 289-316.

– As pautas de valoração do conteúdo dos contratos no Código de Defesa do Consumidor e no Código Civil, *in* 20 Anos do Código de Defesa do Consumidor – conquistas, desafios e perspectivas (coord. Renan Lotufo/Fernando Rodrigues Martins), Editora Saraiva (São Paulo), 2011, págs. 217-236.

– Direito fundamental de acesso à cultura e direito intelectual, *in* Direito de Autor e Direitos Fundamentais (coord. Manoel J. Pereira dos Santos), Editora Saraiva (São Paulo), 2011, págs. 9-44.

– Ensaios Clínicos – ponderações ético-jurídicas, *in* Filosofia e Teoria Geral do Direito – Estudos em Homenagem a Tércio Sampaio Ferraz Júnior por seu Septuagésimo Aniversário (organização João Maurício Adeodato e Eduardo C. B. Bittar), Editora Quartier Latin, São Paulo, 2011, 619-649; e *in* Bioética e Direitos Fundamentais (organizadores: Débora Gozzo e Wilson Ricardo Ligiera), Editora Saraiva (São Paulo), 2012, 277-308.

– Cláusulas gerais de harmonização dos direitos autorais com outros diplomas legais (arts. 1 a 4 da *Proposta*), *in* Por que mudar a Lei de Direito Autoral? – Estudos e Pareceres, organizador Marcos Wachowicz, Fundação Boiteux/Editora FUNJAB (Florianópolis), 2011, 105-114.

– A supervisão da gestão coletiva na reforma da Lei do Direitos Autorais, *in* Por que mudar a Lei de Direito Autoral? – Estudos e Pareceres, organizador Marcos Wachowicz, Fundação Boiteux/Editora FUNJAB (Florianópolis), 2011, 143-158.

– A Proposta do MINC de reforma da LDA. As limitações aos direitos autorais, *in* Por que mudar a Lei de Direito Autoral? – Estudos e Pareceres, organizador Marcos Wachowicz, Fundação Boiteux/Editora FUNJAB (Florianópolis), 2011, 115-142.

– A proposta de reforma da lei dos direitos autorais do Brasil no enquadramento internacional, *in* Por que mudar a Lei de Direito Autoral? – Estudos e Pareceres, organizador Marcos Wachowicz, Fundação Boiteux/Editora FUNJAB (Florianópolis), 2011, 159-206.

– O casamento de pessoas do mesmo sexo, *in* ROA, ano 71-II, Abr-Jun/11, 391-411; *in* Problemas da Família no Direito (coordenadores: Ana Carolina Brochado Teixeira *et al.*), Editora Del Rey (Belo Horizonte), 2012, 131-144; *in* Estudos de Direito da Bioética, vol. IV, APDI/Almedina, 2012, 175-192; e *in Lex Familiae* – Revista Portuguesa de Direito da Família, Centro de Direito da Família/Coimbra Editora, Ano 8, 15, Jan/Jun 2011, 5-18.

– A "licença" no direito intelectual, *in* Contratos de Direito de Autor e de Direito Industrial (organizadores Carlos Ferreira de Almeida/Luís Couto Gonçalves/Cláudia Trabuco), Almedina, 2011, 93-112.

– O ECAD e a cobrança de direitos por execução de música integrada em obras audiovisuais transmitidas por televisão por assinatura, *in* Revista da ABPI, n.º 115, Nov/Dez 2011, 53-68; e *in* Revista de Direito das Comunicações (coordenação: Ana Luiza Valadares Ribeiro/Marcos Alberto Sant'Anna Bitelli), Editora Revista dos Tribunais (São

Paulo), Ano 2, vol. 4, Jul/Dez 2011, 261-289; e *in* Estudos em Homenagem a Oswaldo Santiago (no prelo).
– Direito de Autor e liberdade de criação, *in* Propriedade Intelectual e Internet, vol. II, Juruá – Curitiba, 2011 (org. Marcos Wachowicz), págs. 17-46.
– Liberdade de criação e Direito de Autor: uma coexistência pacífica?, *in* Estudos em Memória do Prof. Doutor Saldanha Sanches, coord. dos Profs. Doutores Paulo Otero, Fernando Araújo e João Taborda da Gama, Coimbra Editora, 2011, vol. II, "Direito Privado", 269 ss.
– O cibercrime, *in* Estudos de Combate à Pirataria em Homenagem ao Desembargador Luiz Fernando Gama Pellegrini (coordenador: Eduardo Salles Pimenta), Editora Letras Jurídicas (São Paulo), 2011, 407-428; e *in* Direito Penal Económico e Financeiro – Conferências do Curso Pós-Graduado de Aperfeiçoamento (coordenadores: Maria Fernanda Palma, Augusto Silva Dias e Paulo de Sousa Mendes), Coimbra Editora, 2012, 307-328.
– O direito da internete em Portugal e no Brasil, *in* Lusíada. Direito, Série II, n.º 8/9 (1.º e 2.º semestre), Universidade Lusíada, 2011, 83-102; e *in* Direito da Sociedade da Informação e Direito de Autor, vol. X, APDI/Coimbra Editora, 2012, 101-126.
– Mecanicismo, equidade e cláusulas gerais no Direito das Obrigações, *in* Direito das Obrigações – Reflexões no Direito Material e Processual – obra em homenagem a Jonas Figueirêdo Alves (coordenadores: Fernanda Pessoa Chuahy de Paula *et al.*), Ed. gen/ Método (São Paulo), 2012, 327-338; e *in* RIDB – Revista do Instituto do Direito Brasileiro, Faculdade de Direito da Universidade de Lisboa, Ano 3 (2014), n.º 7, 4733-4749.
– "Boas práticas" e ética nos ensaios clínicos, c. Mafalda Ascensão Videira, *in* Estudos de Direito da Bioética, vol. IV, APDI/Almedina, 2012, 193-230.
– Sugestões para um plano estratégico do INPI para os próximos 10 anos, c. António Côrte-Real Cruz, *in* Direito Industrial, vol. VIII, APDI/Almedina, 2012, 325-334.
– Questões críticas do Direito da Internete, *in* Inclusão Tecnológica e Direito à Cultura – Movimentos Rumo à Sociedade Democrática do conhecimento, Versão Digital (organizadores Marcos Wachowicz, Carol Proner), Fundação Boiteux (Florianópolis), 2012, 39-68.
– A participação popular na defesa do ambiente: uma inconstitucionalidade por omissão?, *in* Estudos de Homenagem ao Professor Doutor Jorge Miranda, vol. II, FDL/Coimbra Editora, 2012, 249-268.
– O "fundamento do direito": entre o Direito Natural e a dignidade da pessoa, *in* RFDL, LII (2011), n.ᵒˢ 1 e 2, 29-44; *in* ADVOCATUS (Publicação da Escola Superior de Advocacia Professor Ruy Antunes da OAB/PE), ano 5, n.º 9, Dez-2012, 30-37; *in* Direito Privado: Revisitações (coordenadores: Maria de Fátima de Sá, Diogo Luna Moureira e Renata Barbosa de Almeida), Arraes Editores (Belo Horizonte), 2013, 1-16; *in* Do Direito Natural aos Direitos Humanos (org. António Pedro Barbas Homem/Cláudio Brandão), Almedina, 2015, págs. 15-32; e *in* Revista do Centro de Estudos Judiciários, Brasil (no prelo).
– Panorama e perspectivas do Direito Civil na União Europeia, *in* Revista Jurídica do Instituto de Advogados de Minas Gerais, n.º 18, 2012, 35-58; *in* Anais da V Jornada de Direito Civil (Centro de Estudos Judiciários, Conselho de Justiça Federal – Brasília); e *in* Estudos em Comemoração aos 10 Anos do Código Civil (no prelo).

646   *O Direito. Introdução e Teoria Geral*

– Cópia privada e "compensação equitativa", *in* Direitos Fundamentais na Sociedade da Informação (organizador: Luiz Gonzaga Silva Adolfo), GEDAI (Florianópolis), 2012, págs. 177-192.
– Apresentação do livro de Márcio Pereira, *Direito de Autor ou de Empresário?*, Servanda Editora, Campinas (São Paulo), 2013, 11-14.
– Sociedade do risco e direito do consumidor, *in* Sociedade de Risco e Direito Privado – Desafios normativos, consumeristas e ambientais (coordenadores: Teresa Ancona Lopez, Patrícia Faga Iglecias Lemos e Otavio Luiz Rodrigues Junior), Editora Atlas (São Paulo), 2013, 357-374; e *in* Revista da ESMAPE (no prelo).
– Representatividade e legitimidade das entidades de gestão coletiva de direitos autorais, *in* Estudos em Homenagem ao Professor Doutor José Lebre de Freitas, vol. I, Coimbra Editora, 2013, 293-326; *in* ROA, ano 73-I, Jan-Mar/13, 149-184; *in* Estudos de Direito da Propriedade Intelectual (organizador: Marcos Wachowicz), GEDAI Publicações, Curitiba, 2015, 13-40; e *in* Revista "O Direito", formato digital, Faculdade de Direito de Macau (organizador: Carlos Veiga), 2015.
– Fundamento do direito autoral como direito exclusivo, *in* Propriedade Intelectual – Direito Autoral (Coordenadores: Manoel J. Pereira dos Santos, Wilson Pinheiro Jabur), Livro Série GVLaw, vol. IV, Editora Saraiva, 2013, págs. 19-57.
– Prefácio ao livro "Direito de Autor" de Carlos Alberto Bittar (atualizado por Eduardo Bittar), 5.ª ed., Gen/Editora Forense, 2013, págs. 11-13.
– Direito da Propriedade Industrial – Colectânea de Textos Legislativos e Regulamentares, em co-autoria com Dário Moura Vicente, 2.ª ed., Coimbra Editora, 2013.
– O art. 5/3 *f* da Diretriz n.º 2001/29/CE: O erro da versão em português da União Europeia, *in* Revista Jurídica do CESUCA, vol. 1, n.º 1, jul/2013, págs. 80-88; e *in* Direito da Sociedade da Informação, APDI/Coimbra Editora (no prelo).
– Um Direito de cláusulas gerais? Sentido e limites, *in* Revista Jurídica do CESUCA – Curso de Direito, vol. 1, n.º 2, dez/2013, págs. 11-19; *in* NOMOS – Revista do Curso de Mestrado em Direito da Universidade Federal do Ceará, vol. 33.2, jul-dez/2013, págs. 299-309; também destinado aos Estudos em Homenagem ao Professor Newton De Lucca (no prelo).
– A "licença" e outros negócios de disposição de bens intelectuais, *in* Estudios de Derecho Mercantil – Libro homenaje al Prof. Dr. José Antonio Gómez Segade (Coordenadora: Ana M.ª Tobío Rivas), Marcial Pons, 2013, 637-650.
– Posfácio: direito civil, inadimplemento e responsabilidade civil, *in* Responsabilidade Civil e Inadimplemento no Direito Brasileiro (Coordenadora: Fátima Nancy Andrighi), Editora Atlas (São Paulo), 2014, 303-313.
– Mudanças legislativas no âmbito do Direito Autoral: – a Resolução do Conselho de Ministros que aprova o Plano Estratégico de Combate à Violação do Direito de Autor e dos Direitos Conexos e cria a Comissão Interministerial de Orientação Estratégica para o Direito de Autor (COEDA); – o Dec.-Lei que aprova o Regulamento do Registo das Obras Literárias e Artísticas. Este texto foi publicado *in* Revista de Direito Intelectual, n.º 2, APDI/Almedina, 2014, 191-210, mas no índice desta consta *Anotação do Decreto-Lei*

n.º 143/2014, de 25 de setembro, que aprovou o Regulamento de Registo de Obras Literárias e Artísticas.

– Prefácio ao livro "Novo Direito Intertemporal Brasileiro: Da retroatividade das leis civis – Problemas de Direito Intertemporal no Código Civil – Doutrina e Jurisprudência", de Mário Luiz Delgado, 2.ª edição revista e ampliada, Editora Saraiva, 2014, 15-19.

– As disposições antecipadas de vontade – o chamado "testamento vital", *in* Revista da Faculdade de Direito – Universidade Federal de Minas Gerais, n.º 64, jan-jun/2014, 493-517.

– Princípios constitucionais do direito autoral no Brasil, *in* Revista de Direito e de Estudos Sociais, ano LV (XXVIII da 2.ª série), jan-dez/14, n.º 1-4, 7-32.

– Direito Autoral e Direito do Consumidor, *in* I Congresso de Direito do Consumo (coordenação: Jorge Morais Carvalho), Almedina, 2015, 35-38.

– Em torno do domínio público remunerado e da actividade de controlo da Administração na experiência portuguesa (no prelo).

– A marca e outros sinais distintivos do comércio (no prelo).

– Liberté des idées, faits, concepts, systèmes, aspects fonctionnels – A.L.A.I. – Rapport Général (no prelo).

– Evocação do Prof. Doutor Inocêncio Galvão Telles, *in* Memórias da Academia das Ciências (no prelo).

– A proposta de reforma da lei da cópia privada (no prelo).

– Um espírito novo no Direito Autoral (no prelo).

– Prefácio ao livro "A Tutela Jurídica das Expressões Culturais Tradicionais", de Víctor Drummond (no prelo).

– A proposta de introdução na lei dos direitos autorais de uma compensação por reprografia, *in* Revista da ABPI (no prelo).

– A confirmação de negócios nulos como instituto geral da ordem jurídica portuguesa, *in* "Estudos em Homenagem a Heinrich Ewald Hörster" (no prelo).

– "Licença" e "cessão" no Direito Autoral (no prelo).

– A "licença": uma figura no Direito Autoral (no prelo)

– Questões básicas da gestão coletiva dos direitos autorais (no prelo).

– Cópia de alegações alheias e violação do direito dos autores, destinado aos Estudos em Homenagem ao Min. Ruy Rosado de Aguiar (no prelo).

– Concorrência de fontes, "diálogo das fontes" e unidade da ordem jurídica, destinado aos Estudos em Homenagem ao Prof. Doutor Torquato Castro (no prelo).

– O "marco civil da internet", a comparação de direitos e o futuro (no prelo).

– O direito de autor sem autor e sem obra, *in* Revista de Direito das Novas Tecnologias (no prelo).

– A proteção das criações artísticas e o interesse público (no prelo).

– O Decreto n.º 320/XII da Assembleia da República em matéria de cópia privada e compensação equitativa e o veto do Presidente da República, *in* Revista de Direito Intelectual, APDI (no prelo).

– O "marco civil da Internete": A Lei brasileira n.º 12965, de 23 de abril de 2014, APDI (no prelo).

– Direito autoral e direito do consumidor (no prelo).
– Princípios constitucionais do direito autoral no Brasil (no prelo).
– Aceitação, adaptação, esperança – As coordenadas fundamentais do envelhecimento (no prelo).
– Habermas (no prelo).
– A corrupção da lei. A misericórdia também corrompe? (no prelo).

BIBLIOGRAFIA GERAL

AB UNO AD OMNES – 75 Anos da Coimbra Editora, Coimbra Editora, 1998.

ADEODATO, João Maurício Leitão – Ética e Retórica, Saraiva, 2002.

– Filosofia do Direito. Uma Crítica à Verdade na Ética e na Ciência, Saraiva, 1996.

– O Problema da Legitimidade, Forense Universitária, 1989.

– Para uma conceituação do Direito Alternativo, *in* Rev. Direito Alternativo, São Paulo, 1992, 157-174.

AGOSTINI, Eric – Droit Comparé, PUF (Paris), 1988 (há trad. port.)

ALBUQUERQUE, Martim – Da Igualdade. Introdução à Jurisprudência, Almedina, 1993.

– v. Albuquerque, Rui.

ALBUQUERQUE, Rui/Martim de Albuquerque – História do Direito Português, I, 10.ª ed., Lisboa, 1999.

ALLEXI, Robert – El concepto y la validez dês derecho (trad. Esp.), 2.ª ed., Gedisa, 1997.

ALLARA, Mario – Le nozioni fondamentali del diritto civile, I, 5.ª ed., Turim, 1958.

ALLOTT'S Judicial and Legal Systems in Africa, 2.ª ed., Butterworth, 1970.

ALMEIDA, Carlos Ferreira – Contratos – I, 2.ª ed., Almedina, 2003.

– Direitos islâmicos e "direitos cristãos", *in* Estudos em Homenagem ao Prof. Doutor Inocêncio Galvão Telles, vol. V, Almedina, 2003, 713-748.

– O Ensino do Direito Comparado (relatório), Lisboa, 1996.

– Introdução ao Direito Comparado, Almedina, 1994.

ALMEIDA, Elizabeth Accioly Pinto de – Mercosul e União Européia – Estrutura Jurídico--Institucional, 3.ª ed., Juruá (Curitiba), 2003.

ALMEIDA, José Carlos Moitinho – Direito Comunitário. A ordem jurídica comunitária, Ministério da Justiça (Lisboa), 1985.

ALVES, José Carlos Moreira – Direito Romano, I, 3.ª ed., 1971; II, 2.ª ed., 1972, Forense (Rio de Janeiro).

ALVES, J. M. Caseiro – Sobre o possível "efeito directo" das directivas comunitárias, RDE IX 1 e 2, Jan.-Dez./83, 195.

ALVIM, José Manuel Arruda – Código de Processo Civil Comentado, I, Rev. Tribunais (São Paulo), 1975.

AMARAL, Francisco – Direito Civil – Introdução, 4.ª ed., Renovar, 2002.

ANDRADE, Lédio Rosa – Introdução ao Direito Alternativo Brasileiro, Livraria do Advo-gado (Porto Alegre), 1996.

– O que é Direito Alternativo?, Ed. Obra Jurídica (Florianópolis), 1998.

ANDRADE, Manuel – Ensaio sobre a Teoria da Interpretação das Leis, 2.ª ed., 1963.

– Fontes do Direito, no BMJ, n.º 102.

650 *O Direito. Introdução e Teoria Geral*

– Teoria Geral da Relação Jurídica, 2 vols., 4.ª reimpressão, Coimbra, 1974.
ARMINJON, Pierre/Boris Nolde/Martin Wolff – Traité de droit comparé, I, Paris, 1950.
ARNAUT, André-Jean/Dalmir Lopes J.ᵒʳ (organizadores) – Niklas Luhmann: do sistema social à sociologia jurídica, Lúmen Juris, 2004.
ARNAUT, André-Jean/Maria José Fariñas Dulce – Introdução à Análise Sociológica dos Sistemas Jurídicos (trad. port.), Renovar, 2000.
ARRUDA JR., Edmundo – Introdução à Sociologia Jurídica Alternativa, Ed. Académica (S. Paulo), 1998.
ATALIBA Nogueira, Geraldo – V. Nogueira

BALAT, Jean-Christophe – La nature juridique du controle de constitucionalité des lois, Presses Universitaires de France, 1983.
BARBERO, Domenico – Sistema del diritto privato italiano, 6.ª ed. (2 vols.), UTET (Turim), 1965.
BARBOSA, Ruy – Obras Completas, vol. XXV, t. IV, Rio de Janeiro, 1948.
BARRY, Donald D. (coord.) – Soviet law after Stalin, 3 vols., Sijthoff (Leiden), 1977-1979.
BATALHA, Wilson de Sousa Campos – Introdução ao Estudo do Direito, Forense (Rio de Janeiro), 1981.
– Nova Introdução ao Direito, Forense, 2000.
– Teoria Geral do Direito, Forense (Rio de Janeiro), 1982.
BETTI, Emilio – Interpretazione della legge e degli atti giuridici, Milão, 1949.
– Interpretazione della legge e sua efficienza evolutiva, Pádua, 1959, separata de Scritti giuridici in onore di Mario Cavalieri, 184.
– Teoria generale della interpretazione (2 vols.), Milão, 1955.
BEVILÁQUA, Clóvis – Código Civil Comentado (6 vols.), I , 8.ª ed., Livraria Francisco Alves, (Rio de Janeiro), 1949; 12.ª ed., actualizada por Achilles Beviláqua e Isaías Beviláqua, Livraria Francisco Alves, 1959.
– Teoria Geral do Direito, 2.ª ed., Rio de Janeiro, 1929.
BITTAR, Eduardo C. B. – Curso de Filosofia Aristotélica, Manole (São Paulo), 2003.
BLECKMANN, Albert – Europarecht, 6.ª ed., Carl Heymann, 1997.
BOBBIO, Norberto – La consuetudine come fatto normativo, Pádua, 1942.
– Teoria della norma giuridica, Turim, 1958.
BODENHEIMER, Edgar – Jurisprudence, Cambridge (EUA), 1962 (há trad. port. com o título "Ciência do Direito", Rio de Janeiro, 1966).
BOEHMER, Gustav – Einführung in das bürgerliche Recht, 2.ª ed., J.C.B. Mohr (Tubinga), 1965.
– Grundlagen der bürgerlichen Rechtsordnung, 3 tomos, J. C. B. Mohr (Tubinga), 1950 a 1952.
BORGES, João Eunápio – Curso de Direito Comercial Terrestre, 5.ª ed., 2.ª tiragem, Forense, 1975.
BORGES, José Souto Maior – Ciência Feliz, Fundação da Cultura Cidade do Recife, 1994.
– Lei Complementar Tributária, Ed. Rev. Trib. (São Paulo), 1975.
BRANDÃO, António José – O Direito. Ensaio de Ontologia Jurídica, Lisboa, 1942.

Bibliografia Geral

BRONZE, Fernando José – – "Continentalização" do direito inglês ou "insularização" do direito continental, no BFDC, 1985, suplemento XXII, 1-234.
– Lições de Introdução ao Direito, Coimbra Editora, 2002.
– A Metodonomologia entre a Semelhança e a Diferença, Coimbra Editora, 1994.

CAETANO, Marcello – Lições de História do Direito Português, Coimbra, 1962.
– História do Direito Português, I, 2.ª ed., Verbo, 1985.
– Manual de Direito Administrativo, 10.ª ed., Coimbra Editora, 2 vols., 1973.
– Manual de Direito Constitucional, 5.ª ed., Lisboa, 1967.

CAIANI, Luigi – Analogia, na ED, II (1958).

CAMPOS, Diogo Leite – Anatocismo, in ROA, 48, Abr/88, 37.

CAMPOS, João Mota – Direito Comunitário, 5.ª ed., 2 vols., Fundação Calouste Gulbenkian, 1997.

CANARIS, Claus-Wilhelm – Die Feststellung von Lücken im Gesetz, Duncker und Humblot (Berlim), 1964.
– Pensamento Sistemático e Conceito de Sistema na Ciência do Direito (trad. port.), 2.ª ed., Fundação Calouste Gulbenkian, 1996.

CANOTILHO, José Joaquim Gomes – Direito Constitucional, 5.ª ed., Almedina, 2002.

CANOTILHO, José Joaquim Gomes/Vital Moreira – Constituição da República Portuguesa Anotada, 3.ª ed., Coimbra Editora, 1993.

CARDOZO, Benjamin Nathan – The nature of judicial process, New Haven e Londres, 28.ª ed., 1968.

CARNELUTTI, Francesco – Teoria generale del diritto, 3.ª ed., Foro Italiano (Roma), 1951.

CARVALHO, Amilton Bueno – Direito Alternativo em Movimento, 3.ª ed., Luam (Rio de Janeiro), 1999.
– Magistratura e Direito Alternativo, 5.ª ed., Luam (Rio de Janeiro), 1997.
– Teoria e Prática do Direito Administrativo, Síntese (Porto Alegre), 1998.

CARVALHO, Orlando – Critério e Estrutura do Estabelecimento Comercial, Coimbra, 1967.

CARVALHO, Salo – Direito alternativo e Dogmática Penal: tópicos para um diálogo, em "Discursos Sediciosos", Rev. do Instituto Carioca de Criminologia, ano 03, n.º 04, 1.º semestre de 1998.

CAVALCANTI, Arthur José Faveret – A Estrutura Lógica do Direito, Renovar, 1996.

CAVALCANTI, Themístocles Brandão – Teoria dos Actos Administrativos, Ed. Rev. Dos Tribunais (São Paulo), 1973.

CEREXHE, Etienne – Le droit européen, Les objectifs et les institutions, Bruylant, (Bruxelas), 1989.

CHORÃO, Mário E. Bigotte – Introdução ao Direito – I – O Conceito de Direito, Almedina, 1998.
– Temas Fundamentais de Direito, Almedina, 1991.

COELHO, Luís Pinto – Introdução ao Estudo do Direito (lições policopiadas), F.D.L., 1954.

COELHO, Luiz Fernando – Teoria Crítica do Direito, Livros HDV (Curitiba), 1987.

CORDEIRO, António Menezes – Anotação ao Ac. STJ 31.I.96, ROA 56 I, 307.

652   O Direito. Introdução e Teoria Geral

- Da aplicação da lei no tempo e das disposições transitórias, in "A Feitura das Leis", II (ver).
- Da Boa Fé no Direito Civil, 2 vols., Almedina, 1984.
- Ciência do Direito e metodologia jurídica nos finais do século XX, *in* ROA, ano 48 III.Dez/88, 697.
- Introdução à tradução portuguesa de Canaris, Pensamento Sistemático (ver).
- Noções Gerais de Direito (lições), Lisboa, 1979.
- Princípios Gerais de Direito, na Enciclopédia Pólis, vol. 4.º, 1490-1493.
- Tratado de Direito Civil Português, I – I, Almedina, 1999.

CORREIA, Eduardo H. S. – Unidade e Pluralidade de Infracções, Coimbra, 1945.

COSTA, Mário Júlio de Almeida – História do Direito Português, Almedina, 1989.

COSTA, S. – Manuale di Diritto Processuale Civile, 5.ª ed., UTET (Turim), 1980.

COSSIO, Carlos – Las lagunas del derecho, no BFDCS, ano V (1941), n.º 5.

CROSS, Rupert – Precedent in English Law, 4.ª ed., Claredon Press, 1991.

CROSS/RADDCLIFFE – The english legal system, Londres, 1937.

CRUZ, Emílio Pires – Da Aplicação das Leis no Tempo, Lisboa, 1940.

CRUZ, Guilherme Braga – A formação histórica do moderno Direito Privado Português e brasileiro, na RFDSP, L (1955), págs. 32 e segs..
- História do Direito Português, lições publicadas por A. Barbosa de Melo, Coimbra, 1955.

CRUZ, Sebastião – Direito Romano, 3.ª ed., Coimbra, 1980.
- *Ius. Derectum (Directum)*, Coimbra, 1974.

CUNHA, Paulo A. V. – Introdução ao Estudo do Direito (lições policopiadas, publicadas por António Maria Pereira), Lisboa, 1948/49.

DABIN, Jean – Théorie générale du droit, 2.ª ed., Bruxelas, 1955.

DAVID, René – Les grands systèmes de droit contemporains, 8.ª ed., Dalloz, 1982 (há trad. port. duma edição anterior).

DEKKERS, René – Introduction au droit de l'Union Soviétique et des Républiques populaires, 2.ª ed., Bruxelas, 1971.

DELGADO, Mário Luiz – Problemas de Direito Intertemporal no Código Civil, Saraiva, 2004.

DIAS, A. Jorge – Ensaios Etnológicos, Lisboa, 1961.
- Rio de Onor – Comunitarismo Agro-Pastoril, Porto, 1953.
- Vilarinho da Furna. Uma Aldeia Comunitária, Porto, 1948.

DIAS, Jorge de Figueiredo – O Problema da Consciência da Ilicitude em Direito Penal, 5.ª ed., Coimbra Editora, 2000.

DIAS, R.W.M. – Jurisprudence, 2.ª ed., Londres, 1964.

DIÉZ-PICAZO, Luis/Antonio Gullón – Sistema de Derecho Civil – I, 9.ª ed., Tecnos (Madrid), 1997.

DIREITO Alternativo na Jurisprudência, Ed. Académica (S. Paulo), 1993.

DIREITO Alternativo ou formas alternativas do Direito, tema da Rev. OAB (Pernambuco), ano 32, n.º 24 (1997).

DINIZ, Maria Helena – Compêndio de Introdução à Ciência do Direito, 11.ª ed., Saraiva, 1999.

DOTTI, René Ariel – Curso de Direito Penal – Parte Geral, Forense, 2001.

DUARTE, David et allii– Legística, Almedina, 2002.

DWORKIN, Ronald – Los derechos en sério (trad. espanhola), Ariel (Barcelona), 1999.

– O império do direito (trad. bras.), Martins Fontes, 1999.

EHRLICH, Eugen – Grundlegung der Soziologie des Rechts, Munique e Berlim, 1929 (reimpressão da edição de 1913).

EIRÓ, Pedro – Noções Elementares de Direito, Verbo, 1997.

EISERMANN, Gottfried – Allgemeine oder "reine" Soziologie, in Die Lehre von der Gesellschaft, Estugarda, 1958 (há trad. port. da 2.ª ed., Lisboa, 1973).

– Encyclopedia of Soviet Law, editada por F.J.M. Feldbrugge (2 vols.), Leida, 1973.

ENGISCH, Karl – Der Begriff der Rechtslücke, em FS Wilhelm Sauer, Berlim, 1949.

– Einführung in das juristische Denken, 8.ª ed., Kohlhammer (Estugarda), 1983 (há trad. port. de edição anterior com o título "Introdução ao Pensamento Jurídico").

– Die Idee der Konkretisierung in Recht und Rechtswissenschaft unserer Zeit, Heidelberga, 1963.

– Logische Studien zur Gesetzesanwendung, 3.ª ed., Heidelberga, 1963.

ENNECCERUS/Nipperdey – Allgemeiner Teil des bürgerlichen Rechts, 15.ª ed., Tubinga, I, 1959; II, 1960 (há trad. espanhola duma edição anterior, Parte General).

EQUITÀ (L'ÉQUITÀ) – publicado pelo Centro di Prevenzione e Difesa Sociale, Milão, 1975.

ESPÍNOLA, Eduardo – Sistema do Direito Civil Brasileiro, 2.ª ed., Rio e São Paulo, 1944--1945.

ESPÍNOLA, Eduardo/Eduardo Espínola Filho – Interpretação da lei – As chamadas interpretação autêntica e consuetudinária – no REDB, n.º 28, págs. 65 e segs..

– A Lei de Introdução ao Código Civil Brasileiro, vol. I, Freitas Bastos, 1943.

– Da Lei e sua Obrigatoriedade – Do Direito Intertemporal – Rio e São Paulo, 1939.

ESPÍNOLA FILHO, Eduardo – Codificação, no REDB, 9, págs. 83 e segs..

– Código Civil, no REDB, 9, págs. 124 e segs..

ESSER, Josef – Grundsatz und Norm in der richterlichen Fortbildung des Privatrechts, Tubinga, 1956.

FARNSWORTH, E. Allan – An introduction to the legal system of the United States, 2.ª ed., Nova Iorque, 1968.

FECHNER, Erich – Rechtsphilosophie, Tubinga, 1956.

FEITURA (A) das Leis (obra colectiva) – INA – Instituto Nacional de Administração, 2 vols., 1986.

FERRAZ Jr., Tércio Sampaio – A Ciência do Direito, 2.ª ed., Atlas (São Paulo), 1980.

– Conceito de Sistema no Direito, RT/USP (São Paulo), 1976.

– Direito, Retórica e Comunicação, 2.ª ed., Saraiva, 1997.

–Estudos de Filosofia do Direito, 2.ª ed., Atlas, 2003.

– Introdução ao Estudo do Direito, 4.ª ed., Atlas (São Paulo), 2003.

654   *O Direito. Introdução e Teoria Geral*

FERREIRA, José Dias – Código Civil Anotado, 2.ª ed., Imprensa da Universidade (Coimbra), I, 1894; II, 1895; III, 1898; IV, 1905.

FERREIRA Filho, Manuel Gonçalves – Curso de Direito Constitucional, 23.ª ed., Saraiva, 1996.

FERREIRA, Manuel Gonçalves Cavaleiro – Curso de Processo Penal, I, Lisboa, 1955; reimpressão, UCP, 1981.

– O fundamento do Direito, DJ, VI (1992), 409.

– Lições de Direito Penal, I, 4.ª ed., Verbo, 1992.

– Noções Gerais de Direito (lições), Lisboa, 1972/73.

FRANÇA, R. Limongl – Brocados Jurídicos. As regras de Justiniano, 4.ª ed., RT (São Paulo), 1984.

– O Direito, a Lei e a Jurisprudência, Ed. RT (São Paulo), 1974.

– Formas e Aplicação do Direito Positivo, São Paulo, 1969.

– A Irretroactividade das Leis e o Direito Adquirido, 3.ª ed. de "Direito Intertemporal Brasileiro", Ed. RT (São Paulo), 1982.

– Manual de Direito Civil, vol. I, 4.ª ed., RT (São Paulo), 1980.

– Princípios Gerais de Direito, 2.ª ed., São Paulo, 1971

FRIEDMAN, David D. – Law's Order, Princeton University Press (New Jersey), 2000.

FROSINI, Vittorio – La strutura del diritto, 2.ª ed., Milão, 1968.

GALVÃO, Sofia – v. Marcelo Rebelo de Sousa.

GABBA – Teoria della retroattività delle leggi, 3.ª ed. (4 vols.), Turim, 1891-1899.

GARCIA MAYNEZ, Eduardo – Introducción al estudio del derecho, 25.ª ed., Buenos Aires e México, 1975.

GAUTHIER, René Antoine/Jean-Yves Jolif – L'éthique à Nicomaque, 2.ª ed., Publications Universitaires/Béatrice - Nauwelaerts, 1970.

GELDART, William – Elements of English Law, revistos por Sir William Holdsworth e H. C. Hambury, 6.ª ed., Londres, 1963.

GÉNY, François – Méthode d'interprétation et sources en droit positif (2 vols.), 2.ª ed., Paris, 1919.

GILISSEN, John – Introdução Histórica ao Direito (trad. port. da ed. de 1979), Fundação Calouste Gulbenkian, 1988.

GOMES, Orlando – O princípio da boa fé no Código Civil português, em Jurídica, n.º 116 (Jan.-Março, 1972).

GONIDEC, P. F. – Les droits africains, 2.ª ed., L.G.D.J. (Paris), 1976.

GOUVEIA, Lúcio Grassi – Interpretação Criativa e Realização do Direito, Bagaço (Recife), 2000.

GROSSO, Giuseppe – Premesse generali al corso di diritto romano, 2.ª ed., Turim, 1946.

GUARINO, António – Il diritto privato romano, *ibid.*, 407 e segs.

– Il diritto romano, *in* Guida allo studio della civilità romana antica, I, Nápoles, 1967 (reimpressão), 381 e segs.

GUASP, Jaime – Derecho, Madride, 1971.

GUEDES, Armando Marques – A Concessão, Coimbra, 1954.

Bibliografia Geral

– Interpretação, aplicação e integração das normas jurídicas, Lisboa, 1963, separata da CTF, n.os 44-45 (1962).

GUELFI, FilomusI – Lezioni e saggi di Filosofia del Diritto, Milão, 1949.

GUENTER, Helmut/Manuel Cortes Rosa – Aspectos fundamentais da formação do jurista na República Federal da Alemanha, na RFDL, XVIII (1964), 317 e segs..

GULLÓN, Antonio – v. Diéz-Picazo

GURVITCH, Georges – Problèmes de sociologie du droit, no Traité de Sociologie, publicado sob a direcção de G. Gurvitch, II, 2.ª ed., Paris, 1963, 173 e segs.

GUSMÃO, Paulo Dourado – Introdução ao Estudo do Direito, 33.ª ed., Forense (Rio de Janeiro), 2003.

HABERMAS, Jurgen – Direito e Moral (trad. portuguesa), Instituto Piaget, Lisboa, 1999.

HART, H.L.A. – The concept of law, 11.ª ed., Oxford: At the Clarendon Press, 1981; O Conceito de Direito (trad. port.), Fundação Calouste Gulbenkian, 2.ª ed., 1994.

HARTMANN, Nicolau – Ethik, 2.ª ed., Berlim e Lípsia, 1935.

– A Filosofia do Idealismo Alemão (trad. port.), 2.ª ed., Fundação Calouste Gulbenkian, 1983.

HAURIOU, Maurice – Teoria dell'istituzione e della fondazione (trad. it.), Milão, 1967 (contém: Aux sources du droit; le Pouvoir, l'Ordre, la Liberté; Leçons sur le mouvement social).

HAZARD, John N. – Soviet socialism and the duty to rescue, in XXth Century Comparative and Conflicts Law, Estudos em honra de H. E. Yntema, págs. 160 e segs..

HAZARD/SHAPIRO/MAGGS – The soviet legal system, Oceana (Nova Iorque), 1969.

HECK, Philip – Gesetzesauslegung und Interessenjurisprudenz, Tubinga, 1914 (há trad. port. de J. Osório, Coimbra, 1947).

HEGEL – Princípios de Filosofia do Direito (trad. port.), Guimarães Editores (Lisboa), 1959.

HEIDEGGER, Martim – Introdução à Metafísica, Tempo Brasileiro, 1987.

HENKEL, Heinrich – Einführung in die Rechtsphilosophie, Munique e Berlim, 1964.

– Recht und Individualität, Berlim, 1958

HESSEN, Johannes – Filosofia dos Valores, trad. port. do Prof. Cabral de Moncada, Coimbra, 1944.

HOLDSWORTH, Sir William S. – A history of english law, I, 7.ª ed., 1956.

HOMEM, António Pedro Barbas – A Lei da Liberdade, I, Principia (Lisboa), 2001.

– O Justo e o Injusto, A.A.F.D.L., 2001.

HÖRSTER, Heinrich Ewald – A Parte Geral do Código Civil Português, Almedina, 1992.

HUBMANN, Heinrich – Wertung und Abwägung im Recht, Carl Heymans, 1977.

INTERPRETATIONS of modern legal philosophies – Essays in honour of Roscoe Pound, Nova Iorque, 1947.

INTRODUCTION aux droits socialistes (obra colectiva), Akademiai Kiadó (Budapeste), 1971.

IOCOHAMA, Celso Hiroshi – A Obrigatoriedade Imediata das Leis Ordinárias Federais, LED – Editora de Direito, São Paulo, 1997.

656 *O Direito. Introdução e Teoria Geral*

JAMES, Philip S. – Introduction to the english law, 2.ª ed., Londres, 1953.

JEANEAU, Benoit – La nature des principes généraux du droit en droit français, *in* Études de droit contemporains, Paris, 1962, 203.

JOHNSON, E. L. – An introduction to the soviet legal system, Londres, 1972.

JOLIF, Jean-Yves – v. Gauthier.

JORI, Mario – Il concetto di norma nella scienza empirica del diritto, na RIFD, XLIX, 1972, n.º 1, 55 e segs..

JUSTO, A. Santos – Direito Privado Romano – I, Coimbra Editora/BFDC, 2000.

– Introdução ao Estudo do Direito, 2.ª ed., Coimbra Editora, 2003.

KASER, Max – Römisches Privatrecht, 16.ª ed., C. H. Beck, 1992.

KAUFMANN, Armin – Teoria da Norma Jurídica (tradução de Lebendiges und Totes in Bindings Normentheorie, 1954), Ed. Rio de Janeiro, 1976.

KAUFMANN, Arthur – Analogie und "Natur der Sache", Karlsruhe, 1965.

– Rechtsphilosophie, C. H. Beck, 1997.

– Theorie der Gerechtigkeit, Alfred Metzner, 1984.

KELSEN, Hans – Positivisme juridique et doctrine du droit naturel, *in* Mélanges en l'honneur de Jean Dabin, I, Bruxelas e Paris, 1963, 141.

– Reine Rechtsslehre, 2.ª ed., Franz Deutike (Viena), 1960.

– Teoria Pura do Direito (trad. port.), 5.ª ed., Arménio Amado (Coimbra), 1979.

KINNANE, Charles Hermann – A first book on anglo-american law, 2.ª ed., Indianápolis, 1952.

KIRALFY, A.K.R. – The english legal system, 4.ª ed., Londres, 1967.

KLUG, Ulrich – Juristische Logik, 4.ª ed., Springer, 1982.

KLUNZINGER, Eugen – Einführung in das Bürgerliche Recht, 9.ª ed., Vahlen, 2000.

KÖHLER, Helmut – BGB. Allgemeiner Teil, 24.ª ed., C.H. Beck, 1998.

KÖTZ, Heinz – v. Zweigert.

LAMEGO, José – Hermenêutica e Jurisprudência, Ed. Fragmentos, 1990.

LARENZ, Karl – Metodologia da Ciência do Direito, 3.ª ed., trad. port. da 6.ª ed., Springer, 1991, Fundação Calouste Gulbenkian, 1997.

– Richterliche Rechtsfortbildung als methodisches Problem, *in* NJW, 1965, pág. 9.

– Wegweiser zu richterlichen Rechtsschöpfung, *in* FS Arthur Nikisch, J. C. B. Mohr (Tubinga), 1958, 275.

LA ROSA, Pavone – Consuetudine, *in* Enciclopedia del Diritto, IX.

LATORRE, Angel – Introdução ao Direito (trad. port.), Almedina, 5.ª reimpressão, 2002.

LECLERQ, Jacques – Leçons de droit naturel, t. I, 3.ª ed., Namur, 1957.

LEICHT, P.S. – Il diritto publico, 2.ª ed. (reimpressão), Milão, 1944.

– Storia del diritto italiano – Le fonti, Milão, 1937.

LEVEL, Patrice – Éssai sur les conflits de lois dans le temps, Paris, 1959.

LIÇÕES de Direito Alternativo, Ed. Académica (S. Paulo), 1994.

LIMA, Fernando A. Pires/João M. Antunes Varela – Código Civil Anotado, Coimbra Editora, vol. I, 1987; vol. II, 1986; vol.III, 1984; vol. IV, 1975, vol. V, 1995; vol. VI, 1998.

Bibliografia Geral

– Noções Fundamentais de Direito Civil, vol. I, 6.ª ed., Coimbra, 1965; vol. II, 5.ª ed., Coimbra, 1962.

LIMA, Hermes – Introdução à Ciência do Direito, 27.ª ed., Freitas Bastos (Rio de Janeiro), 1983.

LIMA, Mário Franzen – Da Interpretação Jurídica, 2.ª ed., Rio de Janeiro, 1955.

LOPES, Miguel Maria de Serpa – Comentários à Lei de Introdução ao Código Civil (3 vols.), 2.ª ed., Freitas Bastos (Rio de Janeiro), 1959.

LOSANO, Mário G. – Os Grandes Sistemas Jurídicos (trad. port.), Lisboa, 1979.

LUHMANN, Niklas – Legitimation durch Verfahren, Suhrkamp, 1983 (há tradução brasileira).

LUNDSTEDT – Law and Justice: a criticism of the method of Justice, *in* Interpretations of modern legal philosophies, Essays in honour of Roscoe Pound, Nova Iorque, 1947 (há trad. castelhana na obra colectiva "El hecho del derecho", Buenos Aires, 1956).

MACHADO, João Baptista – Âmbito de Eficácia e Âmbito de Competência das Leis, Almedina, 1970.

– Sobre a Aplicação no Tempo do Novo Código Civil, Almedina, 1968.

– Introdução ao Direito e ao Discurso Legitimador, Almedina, 2000 (reimpressão).

MACHADO NETO, A. L. – Compêndio de Introdução à Ciência do Direito, 6.ª ed., Saraiva (São Paulo), 1987.

– Sociologia Jurídica, 6.ª ed., Saraiva (São Paulo), 1987.

MAGALHÃES, José Maria Barbosa – As sociedades unipessoais, Lisboa, 1951, separata do Jornal do Foro, anos 14.º e 15.º.

MAGGS, Peter B. – v. Hazard.

MARCUSE, Herbert – O Homem Unidimensional (trad. port. com o titulo "A Ideologia da Sociedade Industrial", Rio de Janeiro, 1967).

MARQUES, José Dias – Código Civil, Lisboa, 1973.

– Introdução ao Estudo do Direito, 5.ª ed., Danúbio, 1986.

– Noções elementares de Direito Civil, 7.ª ed., Lisboa, 1992.

MARTINEZ, Pedro Soares – Filosofia do Direito, 3.ª ed., Almedina, 2003.

– Textos de Filosofia do Direito, Almedina, 1993.

MARTINS, José Pedro Fazenda – A jurisprudência dos interesses em Portugal, RJAAFDL, n.os 11-12, Jan-Jun/89, 5-36.

MAXIMILIANO, Carlos – Direito Intemporal, 2.ª ed., Freitas Bastos (Rio de Janeiro), 1955.

– Hermenêutica e Aplicação do Direito, 18.ª ed., Rio e São Paulo, 2000.

MEDEIROS, Rui – A Decisão da Inconstitucionalidade, Universidade Católica Portuguesa, 1999.

MEIRA, Sílvio A. B. – História e Fontes do Direito Romano, Saraiva/EDUSP (São Paulo), 1966.

MEIRELLES, Hely Lopes – Direito Administrativo Brasileiro, 19.ª ed., Ed. RT (São Paulo), 1994.

MELLO, Celso António Bandeira – Natureza e Regime das Autarquias, Ed. RT (São Paulo), 1968.

658   *O Direito. Introdução e Teoria Geral*

MELLO, Oswaldo Bandeira – Princípios Gerais de Direito Administrativo, 1.ª ed., vol. I, 1974, Forense (Rio de Janeiro).

MELO, Celso Albuquerque – Direito Internacional da Integração, Renovar, 1996.

MENDES, João de Castro – Algumas notas sobre codificação, *in* JF, ano 24 (1960), n.º 131, 113 e segs..
– Direito Comparado (lições), F.D.L., 1982-83.
– Introdução ao Estudo do Direito (lições), Lisboa, 1984.
– Limites Objectivos do Caso Julgado em Processo Civil, 1968.
– Manual de Processo Civil, 1963.

METCALFE, P.K. – General principles of english law, 3.ª ed., Londres, 1955.

MIRANDA, F. Pontes – Comentários ao Código de Processo Civil, tomo VI, Rio e São Paulo, 1975.
– Tratado de Direito Privado.

MIRANDA, Jorge – Contributo para uma Teoria da Inconstitucionalidade, Lisboa, 1968.
– Manual de Direito Constitucional, Coimbra Editora, I, 7.ª ed., 2003; II, 5.ª ed., 2003; III, 4.ª ed., 1998; IV, 3.ª ed, 2000; VI, 2001.

MONCADA, Luís Cabral – A caminho de um novo Direito Natural, em Estudos Filosóficos e Jurídicos, I, 1958, 250 e segs.
– Filosofia do Direito e do Estado, reimpressão da 2.ª ed., Coimbra Editora, 1995.
– Lições de Direito Civil, 4.ª ed., Almedina, 1995.

MONCADA, Luís S. Cabral – Ensaio sobre a Lei, Coimbra Editora, 2002.
– Lei e Regulamento, Coimbra Editora, 2002.

MONTEIRO, Jorge Sinde – Análise Económica do Direito, *in* BFDC LVII (1981), 245 e segs..

MONTORO, André Franco – Introdução à Ciência do Direito, I, 25.ª ed., 2.ª tiragem, Ed. RT (São Paulo), 2000.

MORAES FILHO, Evaristo – Da incompatibilidade e ilegalidade do prejulgado 52/75, em RTr, ano 40, 1976, 277 e segs.

MORAIS, Alexandre – Direito Constitucional, Atlas (São Paulo), 1999.

MORAIS, Carlos Blanco – Justiça Constitucional – I, Coimbra Editora, 2002.
– As Leis Reforçadas, Coimbra Editora, 1998.

MOREIRA, Adriano – Ciência Política, Lisboa, 1979.

MOREIRA, Guilherme – Instituições de Direito Civil (2 vols.), 2.ª ed., Coimbra, 1925.

MOREIRA, José Carlos Barbosa – Comentários ao Código de Processo Civil, vol. V, 7.ª ed., Forense, 1974.

MOREIRA, Vital – v. Canotilho.

NADER, Paulo – Introdução ao Estudo do Direito, 23.ª ed., Forense (Rio de Janeiro), 2003.

NEVES, António Castanheira – A Crise Actual da Filosofia do Direito no Contexto da Crise Global da Filosofia, Coimbra Editora, 2003.
– Digesta, 2 vols., Coimbra Editora, 1995.
– O Instituto dos "Assentos" e a Função Jurídica dos Supremos Tribunais, Coimbra, 1983.

Bibliografia Geral

– Lições de Introdução ao Estudo de Direito, Coimbra, 1968-1969 (lições policopiadas em curso de publicação).

– Metodologia Jurídica. Problemas Fundamentais, BFDC/Coimbra Editora, 1993.

– O papel do jurista no nosso tempo, Coimbra, 1968, separata do BFDC, vol. XLIV (1968).

– O Problema da Constitucionalidade dos Assentos, Coimbra Editora, 1994.

– Questão-de-facto – Questão-de-Direito, ou o Problema Metodológico da Juridicidade, I, Coimbra, 1967.

– O sentido actual da Metodologia Jurídica, *in* BFDC – 75 anos, 2002.

– A unidade do sistema jurídico: o seu problema e o seu sentido, em Estudos em Homenagem ao Prof. Doutor J. J. Teixeira Ribeiro, II, Iuridica, Coimbra, 1979, 73-184.

NEVES, Joaquim Carreira das – A Justiça dos Homens e a Justiça de Deus, Braga, 1965, separata de Itinerarium, anos X e XI, n.os 46 e 48.

NIPPERDEY, Hans Carl – v. Enneccerus.

NOGUEIRA, Geraldo Ataliba – O Decreto-Lei na Constituição de 1967, RT (São Paulo), 1967.

– Lei Complementar na Constituição, São Paulo, 1971.

NOGUEIRA, José Artur Anes Duarte – Direito Romano. Relatório, supl. RFDL, 1999.

NORONHA, E. Magalhães – Direito Penal, I, 23.ª ed., Saraiva (São Paulo), 1985.

OEKONOMIDIS, Demetrios – Die Zitierfreiheit im Recht Deutschlands, Frankreichs, Grossbritaniens und der Vereinigten Staaten, Vahlen, 1970.

OLIVECRONA – Law as Fact, em Interpretations of modern legal philosophies, em Essays in honour of Roscoe Pound, Nova Iorque, 1947 (há trad. castelhana na obra colectiva "El hecho del derecho", Buenos Aires, 1956).

OLIVEIRA, J. M. Leoni Lopes – Introdução ao Direito, Lumen Juris, 2004.

ORLANDO, Vittorio Emanuele – Metodo e tecnica nella dottrina sovietica, em Scritti Salandra, Milão, 1929.

OTERO, Paulo – Ensaio sobre o Caso Julgado Inconstitucional, Lex (Lisboa), 1993.

– Lições de Introdução ao Estudo do Direito, I vol., Lisboa, ed. do autor, 1.º Tomo, 1998; 2.º Tomo, 1999.

PACE, GAETANO – Il diritto transitorio, Milão, 1944.

PARSONS, Talcott – The social system, Routlege e Kegan Paul, 1979.

PASUKANIS, E. – Teoria do Direito e Marxismo (trad. port.), Coimbra, 1972.

PAUPÉRIO, A. Machado – Introdução à Ciência do Direito, 3.ª ed., Forense (Rio de Janeiro), 2001.

– Teoria Geral do Estado, 7.ª ed., Rio de Janeiro, 1979.

PAWLOWSKI, Hans Martin – Introduzione alla Metodologia Giuridica, Giuffrè, 1993 (trad. ital. da ed. alemã, C. F. Müller, 1986).

PEREIRA, André Gonçalves/Fausto de Quadros – Manual de Direito Internacional Público, 3.ª ed., Almedina, 1993.

660   *O Direito. Introdução e Teoria Geral*

– A revisão constitucional de 1971 e as fontes de direito internacional, *in* RFDL, XXIV (1972), 85.

PEREIRA, Caio Mário da Silva – Instituições de Direito Civil, vol. I, 19.ª ed., Forense (Rio de Janeiro), 1999.

PEREIRA, Lafayette Rodrigues – Direitos de Família – 5.ª ed., Rio de Janeiro, 1956.

PERELMAN, Chaïm – Ética e Direito (trad. da edição de 1990), Martins Fontes (São Paulo), 4.ª tiragem, 2002.

PERLINGIERI, Pietro – Perfis do Direito Civil (trad.), Renovar (Rio de Janeiro), 1997.

PERROUX, François – Economia e Sociedade (trad. port.), Lisboa, 1962.

PINTO, Carlos Alberto da Mota – Cessão da Posição Contratual, Coimbra Editora, 1985.

– Teoria Geral do Direito Civil, 3.ª ed., Coimbra Editora, 1983.

PITTA, Paiva – Questões Transitórias do Direito Civil, Coimbra, 1870.

POPPER, Karl – A lógica das Ciências Sociais (trad.), 2.ª ed., Tempo Brasileiro (Rio de Janeiro), 1999.

PORTANOVA, Rui – Motivações Ideológicas da Sentença, 4.ª ed., Ed. Livraria do Advogado (Porto Alegre), 2000.

POSNER, Richard – Economic Analysis of Law, 6.ª ed., Aspen (Nova Iorque), 2003.

– The Economics of Justice, Haward University Press, 1981.

POUND, Roscoe – Introduction to american law, *in* Studying the law, edit. por Arthur L. Vanderbilt, Nova Iorque, 1955, págs. 379 e segs.

PRINCIPES de droit soviétique (obra dirigida por P. Romachkine), Moscovo, s.d.

QUADROS, Fausto – v. Pereira, André Gonçalves.

QUEIRÓ, Afonso Rodrigues – Codificação. Código, em VERBO.

RADBRUCH, Gustav – Filosofia do Direito (trad. port. de Cabral de Moncada), Coimbra, 1934.

RADCLIFFE – v. Cross.

RAMOS, Rui Moura – As comunidades europeias – enquadramento normativo-institucional, sep. de DDC, 1986, n.os 25-26, 7.

RÁO, Vicente – O Direito e a Vida dos Direitos, vol. I, 2.ª ed., São Paulo, tomo I, 1976; tomo II, 1977; tomo III, 1978.

RAWLS, John – A theory of justice, Harvard University Press (Massachusetts), 1971.

REALE, Miguel – O Direito como Experiência, Saraiva (São Paulo), 1968; 10.ª ed. revista, Almedina, 1982.

– Estudos de Filosofia e Ciência do Direito, São Paulo, 1978.

– Filosofia do Direito, 7.ª ed. (2 vols.), Saraiva (São Paulo), 1975.

– Fundamentos do Direito, 3.ª ed., fac-símili da 2.ª ed. (1972) revista, RT, 1998.

– Horizontes do Direito e da História, 2.ª ed., Saraiva (São Paulo), 1977.

– Lições Preliminares de Direito, 25.ª ed., Saraiva (São Paulo), 2000; 10.ª ed. revista, Almedina, 1982.

RECASENS SICHES, L. – Nueva filosofia de la interpretación del derecho, 3.ª ed., Porrúa (México), 1980.

Bibliografia Geral

REHBINDER, Manfred – Einführung in die Rechtswissenschaft, 8.ª ed., de Gruyter, 1995.
– Rechtssoziologie, 4.ª ed., C. H. Beck, 2000.

REHFELDT, B. – Einführung in die Rechtswissenschaft, Berlim, 1962.

REINACH – Los fundamentos aprioristicos del derecho civil (trad. castelhana), Barcelona, 1934.

REIS, José Alberto – Processos Especiais, 2 vols., Coimbra Editora, 1982 (reimpressão).

RIBAS, António Joaquim – Consolidação das Leis do Processo Civil, Rio de Janeiro, 1879.
– Curso de Direito Civil Brasileiro, I, Rio de Janeiro, 1880.

RIBEIRO, Joaquim de Sousa – O Problema do Contrato, Almedina, 1999.

RIGAUX, François – A Lei dos Juízes (trad. da ed. francesa de 1997), Martins Fontes, 2000.

RIPERT, Georges – Le déclin du droit, Paris, 1949.
– La règle morale dans les obligations civiles, Paris, 1925.

ROCHA, Leonel Severo – Epistemologia Jurídica e Democracia, Unisinos, 1998.

RODRIGUES, Sílvio – Direito Civil, I, 29.ª ed., Saraiva (São Paulo), 2002.

ROMANO, Santi – Frammenti di un dizionario giuridico, Milão, 1953.
– L'ordinamento giuridico, Florença, 1951 (reimpressão da 2.ª ed., 1946).

ROSA, Manuel Cortes – v. Guenter, Helmut.

ROSAS, Roberto – Comentários ao CPC, vol. V, São Paulo, 1975.

ROTONDI, Mário – Analogia, *in* Studi di diritto comparato e teoria generale, Cedam, 1972, págs. 339 e segs..
– Istituzioni di diritto privato, 8.ª ed., Milão, 1965.

ROUBIER, Paul – Les conflits de lois dans de temps, 1.ª ed. (2 vols.), Paris, 1933; 2.ª ed., sob o título: Le droit transitoire, Dalloz e Sirey, 1960.

SALMOND – Jurisprudence, 13.ª ed., por P. J. Fitzgerald, Londres, 1966.

SAMPAIO, Nelson de Sousa – O Processo Legislativo, Saraiva (São Paulo), 1968.
– Sociedades sem Juizes, *in* Estudos Jurídicos em Homenagem ao Professor Orlando Gomes, Rio de Janeiro, 1979, 639 e segs.

SANDULLI, Aldo – Legge (Diritto Costituzionale), no NDI, IX, 632.

SANTOS, Carlos Maximiliano Pereira – v. Maximiliano, Carlos.

SANTOS, João Manuel de Carvalho – Código Civil Brasileiro Interpretado, Freitas Bastos (Rio de Janeiro).

SARAIVA, José Hermano – Apostilha Crítica ao Projecto de Código Civil, Lisboa, 1966.
– Lições de Introdução ao Direito, Lisboa, 1963.

SAVIGNY, Friedrich Carl von – System des heutigen römischen Rechts, 1, Weit und Comp. (Berlim), 1840.
– v. Thibault.
– Traité de droit romain (trad. francesa), Paris, tomo I, 1855; tomo VIII, 1851.

SCHELER, Max – Der Formalismus in der Ethik und die materiale Wertethik, Halle, 1927.

SCHMIDT, Walter – Abschied von "unbestimmtem Rechtsbegriff", na NJW, 28, fasc. 39 (24.IX.75), págs. 1753-1758.

SCHNITZER, Adolf – Vergleichende Rechtslehre (2 vols.), 2.ª ed., Verlag für Recht und Gesellschaft (Basileia), 1961.

662   *O Direito. Introdução e Teoria Geral*

SHAPIRO, Isaac – v. Hazard.

SILVA, Eduardo Norte Santos – Introdução ao estudo do Direito, I, Sintra, 1998.

SILVA, José Afonso – Aplicabilidade das normas constitucionais, 3.ª ed., Malheiros, (São Paulo), 1999.

SILVA, Manuel Gomes – Direito da Família (lições policopiadas), I, Lisboa, 1967.
   – Esboço de uma Concepção Personalista do Direito, Faculdade de Direito de Lisboa, 1965.

SILVA, Nuno José Espinhosa Gomes – História do Direito Português. Fontes do Direito, 3.ª ed., Fundação Calouste Gulbenkian, 2000.

SILVEIRA, Alípio – Analogia, no REDB, 3, págs. 221 e segs..
   – Hermenêutica no Direito Brasileiro, 2.º vols., São Paulo, 1968.

SOUSA, Marcelo Rebelo – Introdução ao Estudo do Direito, Europa América, 1991 (com a colaboração de Sofia Galvão).
   – Valor Jurídico do Acto Inconstitucional, I, Lisboa, 1988.

SOUSA, Marcelo Rebelo/Sofia Galvão – Introdução ao Estudo do Direito, 5.ª ed., Lex, 2000.

SOUSA, Miguel Teixeira – Sobre a constitucionalidade da conversão do valor dos assentos, ROA 56 II, 707.

SOUTO, Cláudio – Fundamentos de Sociologia Jurídica, 1968.
   – Tempo do Direito Alternativo. Uma fundamentação substantiva, Ed. Livraria do Advogado (Porto Alegre), 1997.

SOUTO, Cláudio / Solange Souto – Sociologia do Direito, LTC/USP, 1981.

SOUTO, Solange – v. Souto, Cláudio.

STAMMLER – Die Lehre von dem richtigen Rechte, Darmstadt, 1964 (reprodução da edição de 1926).

STEIN – Die verfassungsrechtlichen Grenzen der Rechtsforbilgung durch die Rechtsprechung, NJW, 1964, 1752.

STOYANOVITCH – Le régime de la propriété en U.R.S.S., Paris, 1962.

STRECK, Lenio Luiz – Jurisdição Constitucional e Hermenêutica, Livraria do Advogado (Porto Alegre), 2002.

SZABÓ, I. – Le droit socialiste (introduction), *in* Introduction aux droits socialistes, 7.

TALLON, Denis – Existe-t-il encore un système de droit socialiste?, *in* Festschrift für Peter Schlechtriem, Mohr Siebeck, 2003.

TEIXEIRA, Sálvio de Figueiredo – As tendências brasileiras rumo à jurisprudência vinculante, RFDL, XL (1999), n.os 1 e 2, 223-239.

TELES, Miguel Galvão – Eficácia dos tratados na ordem interna portuguesa, Lisboa, 1967, separata da CTF, n.os 83, 84 e 106.

TELLES, Inocêncio Galvão – Direito das Sucessões (Noções Fundamentais), 6.ª ed. (reimpressão), Coimbra Editora, 1985.
   – Introdução ao Estudo do Direito, Coimbra Editora, vol. I, 11.ª ed., 1999; vol. II, 10.ª ed., 2000.

TELLES JÚNIOR, Godofredo – Filosofia do Direito, 2 vols., Max Limonad (São Paulo), s.d.

Bibliografia Geral 663

TENÓRIO, Oscar – Lei de Introdução ao Código Civil Brasileiro, 2.ª ed., Borsoi, (Rio de Janeiro), 1955.

TEUBNER, Gunther – O Direito como Sistema Autopoiético (trad. port. da ed. de 1989), Fundação Calouste Gulbenkian, 1993.

THIBAULT e SAVIGNY – Codificación (trad. castelhana), Madride, 1970.

THON, Augusto – Norma giuridica e diritto soggettivo (trad. ital.), Turim, 1939.

TRUYOL Y SERRA, António – Compêndio de História da Filosofia do Direito, Lisboa, 1954, separata da RFDL, vols. IX e X.

– Fundamentos do Direito Natural, Lisboa, 1952, separata do BMJ, n.os 28, 29 e 30.

– Noções Fundamentais de Direito Internacional Público, 2.ª ed., Coimbra, 1962.

TSIEN TCHE-HAO – La République Populaire de Chine – Droit Constitutionnel et Institutions, Paris, 1970.

VALLET DE GOYTISOLO, Juan – El mito de la desaparición del derecho, in Los mitos actuales (obra colectiva), Speiro, 1969, 195.

– Sociedad de massas y Derecho, Madrid, 1969.

– Voluntarismo y formalisno en el Derecho, ed. da Real Academia de Ciencias Morales y Políticas, Madride, 1986.

VARELA, João de Matos Antunes – Do Projecto ao Código Civil, Lisboa, 1966 (esta comunicação está também publicada no BMJ, 161).

– v. Lima, Fernando A. Pires.

VASCONCELOS, Arnaldo – Teoria da Norma Jurídica, 5.ª ed., Malheiros, 1996.

VASCONCELOS, Pedro Pais – Contratos Atípicos, Lisboa, 1994.

VECCHIO, Giorgio del – La giustizia, Roma, 1946 (há tradução portuguesa, publicada nos n.os 15, 16 e 17 do BMJ).

– Lições de Filosofia do Direito, trad. port. de António José Brandão, 3.ª ed., Coimbra, 1959.

VENOSA, Sílvio de Salvo – Introdução ao Estudo do Direito, Atlas (São Paulo), 2004.

VENTURA, Raúl – Manual de Direito Romano, I, Lisboa, 1964.

VERDROSS, Alfred – Derecho Internacional Publico (trad. castelhana), 5.ª ed., 1972 (reimpressão).

VILANOVA, Lourival – Causalidade e Relação no Direito, OAB-PE (Recife), 1985.

– As Estruturas Lógicas e o Sistema do Direito Positivo, Ed. RT/EDUC (São Paulo), 1977.

– Lógica Jurídica, São Paulo, 1976.

– Teoria da Norma Fundamental, in Estudos em Homenagem a Miguel Reale, São Paulo, 1977.

VILLAR PALASI, José Luís – Derecho Administrativo, I, Madrid, 1968.

VILLELA, João Baptista – Auf der Suche nach einem sprachlich gemeinsamen Nenner bei nationalbezogenen Wissenschaften, in Rechtstheorie, vol. 27, 1996, n.° 4.

VITAL, Domingos Fezas – Hierarquia das Fontes de Direito, Lisboa, 1944 (separata da ROA, ano 3.°).

VON SAVIGNY, Friedrich Karl – v. Savigny.

664   *O Direito. Introdução e Teoria Geral*

WEBER, Max – Economia y sociedad (trad. castelhana), México, 1944.

WELZEL, Hans – Die Frage nach der Rechtsgeltung, Westdeutscher Verlag (Colónia e Opladen), 1966.

– Naturrecht und materiale Gerechtigkeit, 4.ª ed., Vandenhoeck und Ruprecht (Gotinga), 1962 (há trad. castelhana).

WIEACKER, Franz – História do Direito Privado Moderno (trad. port.), Fundação Calouste Gulbenkian, 1980.

WIEHWEG, Theodor – Tópica e Jurisprudência (trad. port.), Ministério da Justiça/Univ. de Brasília, Brasília, 1979.

WOLKMER, António – Pluralidade Alternativa no Interior do Direito Oficial, *in* Rev. de Direito Alternativo, n.º 3, 1994, 39-43.

ZWEIGERT, Konrad/Heinz Kötz – Einführung in die Rechtsvergleichung, 3.ª ed., J.C.B. Mohr (Tubinga), 1996.

ÍNDICE IDEOGRÁFICO

(Não se referem as páginas, mas os números das epígrafes e suas divisões)

Acção directa – 43 V
Acórdão com força obrigatória geral – 178, 338 III
Acto jurídico – 5, 349
  – ilícito – 34 III
  – v. ineficácia
  – passado – 320, 321
  – valores negativos – 34 a 36
Análise económica do direito – 278
Analogia – 84 III, 85, 229 V, 252, 253, 348 II
  – e interpretação extensiva – 247
  – *iuris* – 258 a 260
  – proibições – 253
  – e regra excepcional – 254 III a 256
  – e tipologia legal – 257 III
Anarquia – 24
Anti-legalismo – 271
Aplicação – 123, 215 III, 346 a 359
  – acto jurídico e autor – 349
  – automática – 350
  – coerciva privada – 41 a 43
  – comando – 359
  – correcção – 357
  – determinação da consequência jurídica – 353
  – e informática – 358
  – e interpretação – 346, 351
  – inter-relação regra/caso – 348
  – e equidade – 131 II
  – da lei no – espaço – 332 a 335
  – tempo, v. sucessão de leis
  – qualificação – 352
  – e solução do caso – 123

A contrario sensu – 267
Autarquias locais – 154, 339 II e III
Autonomia privada – 5 II, 34 I, 36 II e III
Auto-tutela, v. justiça privada
Auto-poiesis – 114 III

Bem comum – 47 I, 232 II, 339 III
Bibliografia – **6**

Caducidade da lei – 165 IV
Caso julgado – 200 I, 317 I, 326 II
Causalidade jurídica – 350 III
Ciência do Direito – 2, 48, 50 III, 117 a 126
  – caracterização – 117
  – espírito jurídico – 120, 121
  – formação jurídica – 118
  – o jurista – 118, 120, 121
Ciências – auxiliares – 2
  – que estudam o Direito – 48 a 52
Classificações legais – 294 II
Cláusulas gerais – 131 III, 347 IV
Codificação – 203 a 211
  – causas – 205
  – história – 207, 208
  – vantagens e inconvenientes – 206
Código – 203 a 211
  – Civil – 208
    – português – de 1867 – 208
    – português de 1966 – 208
  – e estatuto – 211 II
  – e lei – 203 I
  – de Napoleão – 205 III
  – noção – 203, 204 I, 210, 211
Coercibilidade – **37** a 43, 46 III

666 *O Direito. Introdução e Teoria Geral*

– e coacção – 37 I
– na ordem estatal – 40
Coisa julgada, v. caso julgado
Comando – **285**, 359
Communis opinio doctorum – 138 I, 176 I
e III
Compilação – 203 I, 204 **II**
Comunidade Europeia – 136
Conceitos indeterminados – 128 III, 347 IV
Consolidação – 204 III
Contra-ordenação, v. Direito de mera ordenação social
Contrato social – 7 II e III, 81 II
Contravenção – 197 IV
Controlo social – 27 III
Correcção – 357
Costume – 139 a 149, 251, 338 II
– aplicação pelos órgãos públicos – 146
– convicção de obrigatoriedade – 139
III, 174 IV
– no Direito Romano – 58
– espontaneidade – 140 IV
– jurisprudencial – 174
– e lei – 142 a 144, 145 I
– racionalidade – 140 III, 146 IV
– requisitos – 139, 140
– *secundum*, *praeter* e *contra legem* –
142 I, 145 I
– no sistema socialista – 84 I
– valia efectiva – 141 II
– vantagens e inconvenientes – 141 I
– e usos – 147 a 149, 174 IV
Crime – 197
Cultura – 8 IV

Danos – 31
– não patrimoniais – 31 IV
De iure constituto/de iure constituendo –
50 II
Definição legal – 294 II
Despotismo – 23
– esclarecido – 92 II
Desuso – 142 II
Determinação das regras – 212 a 267

– noção – 212
Direito – Administrativo – 183 II
– adquirido e expectativa – 318 II, 319,
320, 325 III
– Agrário – 196
– Alternativo – 240 III, 242 IV, 276, 277
– e anarquia – 24
– dos animais – 7 I
– de Autor – 191
– Autoral, v. Direito de Autor
– Canónico – 39 I
– de citação – 110 II
– Civil – 184 a 190
– classificação germânica – 185
– e princípios gerais do direito – 184 II
– normas sobre normas – 184 II
– Comercial – 192
– Comparado – 69 a 85
– caracterização – 70
– conteúdo – 71
– Direito chinês – 85
– macrocomparação – 72 I, 73 a 85
– critério – 73, 74
– direitos primitivos – 75
– sistema ocidental – 78
– precedente – 80 II a IV, 81 I
– subsistema anglo-americano –
80, 81
– subsistema romanístico – 79
– sistemas civilizados – 76, 77
– microcomparação – 72 II
– dos países da África negra – 82
– significado – 69
– socialista ou soviético – 83, 84
– Comum e Institucional – 180
– conceito – 1, 19
– consuetudinário, v. costume
– Constitucional – 183 I
– Criminal – 132 I, 197, 201 I, 310 II,
314 I, 353
– Desportivo – 182 IV
– e despotismo – 23
– e Estado – 25, 26
– estrangeiro – 70 II, 124 II

Índice Ideográfico

– Fiscal – 183 III
– Industrial – 195
– Internacional Privado – 184, 295 I, 311 III, 333 a 335, 352
– Internacional Público – 39 II, 181, 338 I
– de mera ordenação social – 197 V
– natural – 86 III, 87, 104 a 111, 205 II, 234 IV
  – e historicidade – 98 I, 106, 107, 110, 111
– objectividade – 108
  – positivo e natural – 106, 107
  – primário e secundário – 89 II, 111 II
  – e princípios gerais do direito – 235 II, 260 II
– necessidade – 23
– objectivo – 17, 18
– e ordem jurídica – 19
– v. ordem jurídica
– dos organismos intermédios – 182, 339
– dos particulares – 197 I, 200 II
– Penal, v. Direito Criminal
– da Personalidade – 190
– da Previdência Social – 194
– Processual – 199, 314 I
  – Civil – 199 II, 200
  – Penal – 132 I, 199 II, 201
– e regra jurídica – 19 I e III
– de resistência – 43 IV
– de retenção – 29 III, 42 I
– da Segurança Social, v. Direito da Previdência Social
– subjectivo – 17
– das Sucessões – 189, 331
– do Trabalho – 193, 194
– transitório – 295 II, 314
– Tributário, v. Direito Fiscal
Discricionariedade – 128 III, 132 I, 248 IV, 265 I e II
Dogmática – 54 IV, 233, 268 II, 273 III
Doutrina – 138

Eficácia – 28 II, 35, 112 II, 141, 164 II

Ensino do direito – 118
Ente intermédio – 153, 161 154, 339
Equidade – 63 I, 66 III, 80 III, 129 a 131, 137, 244 239 II, 248 a 250, 357,
  – e aplicação de lei – 131 II
  – complementar – 131 I
  – e complemento de cláusulas gerais – 131 III
  – e correcção de lei – 130
  – como critério exclusivo de solução – 130 I
  – e fonte do direito – 137
  – e integração de lacunas – 248 a 250, 262 II
  – e lacuna – 131 II
  – e medida da consequência jurídica – 131 IV
  – noção – 129
  – e substituição de lei 131 II
Erro – de direito – 356
  – judiciário – 359 III
Escola – do direito livre 271 I
  – histórica do Direito – 93, 205 III
  – pura do direito – 332
  – de Viena, v. escola pura do direito
Espírito do sistema – 263
Estado – 3 I, 25, 26
  – e coercibilidade – 41 IV
  – função de realização do direito – 119
  – legitimidade – 113
    – e legitimação formal – 114
    – e legitimação substancial – 115, 116
  – de natureza – 7 II e III, 24
  – de necessidade – 43 I
  – e organismos intermédios – 182
Etnologia Jurídica – 52
Execução específica – 30 II

Factispécie – 283
Facto – jurídico – **5**
  – norma e valor – 112
  – passado – 320, 321
Fenomenologia – 271 II
Filosofia do Direito – 49 III e IV, 86 a 98

668   *O Direito. Introdução e Teoria Geral*

– Antiguidade – 88
– Escola Histórica – 93, 205 III
– Fenomenologia e correntes afins – 97
– Hegelianismo – 96
– história – 87 a 98
– Kantismo – 95
– Neo-kantismo – 95 II a IV
– Neo-liberalismo – 190 98 II
– Nominalismo, humanismo e reforma – 90
– objecto – 86
– Patrística e escolástica – 89
– Positivismo – 94, 332
– Racionalismo – 91, 92
Fim do direito – 112, 116
Fontes do direito – 21, 22, 134 a 178, 220
– comunitárias – 136, 160 V
– conceito – 21, 135
– v. costume
– v. doutrina – 148
– v. e equidade – 147
– formação e revelação das regras – 22
– história – 54 II
– individuais – 128 II
– intencionais – 150 I
– internacional – 181 III
– v. jurisprudência
– v. lei
– novação – 343 III
– e ordem social – 134
– no sistema socialista – 84 I e II
– no subsistema anglo-americano – 80, 81
Função do direito – 112 a 116, 215

Grupo – 9
– de pressão – 115, 116

Hermenêutica – 223 I
Hierarquia – – abstracta e concreta – 342
– de fontes – 336 a 340, 342 a 345
– de normas, v. hierarquia de regras
– de regras – 336 a 345
– posição do problema – 336
– título – 343

História do Direito – 49 III e IV, 53 a 57
– Brasileiro – 53 I, 57 IV
– conteúdo – 54
– e Direito Comparado – 70 I
– importância – 57
– método – 56
– objecto – 53 a 55
– Português – 57 III
– Romano – 57 II, 58 a 68
– constituições imperiais – 61
– *Corpus Iuris Civilis* – 64
– costume – 58 II
– Digesto – 64 III
– edictos dos magistrados – 63
– estudo actual – 68
– fontes – 58, 64
– *Ius civile* – 66 I e II
– *Ius gentium* – 66 II a V
– Periodificação – 65
– pessoas – 67
– respostas dos jurisconsultos – 62
– senatusconsultos – 60

Ignorância da lei – 163, 354 a 356
Igualdade – 101 II
Imperatividade – **16**, 27
Imperativo – 16 II e III, 284 a 286
– hipotético – 16 II, 27 II, 284
– e regra de conduta – 285
Indemnização específica – 30 IV
Individualização – 127, 128, 132, 133, 353 II
Ineficácia – 28 II, 34 a 36
– da lei – 159 IV
– modalidades – 35
– e sanção – 36
– em sentido estrito – 35 IV
Inexistência – 35 II, 36 I
– da lei – 159 II, 164 II
Informática – 358
Instituição – 12, 180
Instrução – 170
Integração de lacunas – 214 III, 215, 216, 217 III, 235 III, 243 a 265, 270 III
– e costume – 251

Índice Ideográfico

– dever de integrar – 243
– e interpretação – 246
  – extensiva – 247
– e *ius singulare* – 256
– a norma que o intérprete criaria – 262
  – o agente e o critério da integração – 263 II
– objectividade – 265
– e obstáculo técnico insuperável – 264 IV
– e plenitude do ordenamento jurídico – 264
– princípios gerais do direito – 258 a 261
– processos – extra-sistemáticos – 248, 249
    – equidade – 249, 250
  – intra-sistemáticos – 251 a 265
– e regra excepcional – 254 a 256
Interpolações – 56 V
Interpretação – 213, 215 a 217, 219 a 242, 344, 345
– doutrinal e autêntica – 217, 322, 344
– enunciativa – 212 II, 215 I, 216 I, 266
  – argumento *a contrario sensu* – 267
  – e regra excepcional – 267
– historicismo – 225
– independência da solução do caso – 123, 124
– indispensabilidade – 219
– letra – 222, 223, 227
– objectivismo – 224, 225
– e ordem social – 220
– *ratio legis* – 232
– redução teleológica – 240
– regras legais sobre – 221
– restritiva – 238
– em sentido amplo e restrito – 215
  – sentido restrito – 219 a 242
– ab-rogante – 220 III, 241, 242
  – lógica – 242
  – e valorativa – 241
– actualismo – 225

– e aplicação – 346, 351
– correctiva – 239
  – e correcção – 357
– declarativa – 236
– elementos formalmente incluídos na fonte – 228 II e III
  – histórico – 230
  – lógicos – 228
  – sistemático – 229
  – teleológico – 231
– espírito – 222, 224 a 232
– evolutiva – 226
– exegese – 223
– extensiva – 237
  – e analogia – 247
– e fonte do direito – 220
– por fonte hierarquicamente inferior – 345
– gramatical e lógica – 227
– subjectivismo – 224, 225
Introdução ao Direito – 2 a 6
Invalidade – 35 III, 36 IV
– da lei 159 III
Irrectroactividade, v. não rectroactividade
Ius publice respondendi – 62, 138 I
Ius singulare – 256

Jurisdição – 41 I
Jurisprudência – 171 a 177
  – assento – 176
  – dos conceitos – 268
  – constante – 174 IV
  – costume jurisprudencial – 174
  – elaboração jurisprudencial – 172
  – função – 171
  – dos interesses – 269, 270
  – obrigatória, v. acórdãos com força obrigatória geral
    – e lei – 178
  – relevância – 172, 173
  – uniformizada – 175
Justiça – 101, 104, 274 a 277
  – privada – 41 a 43
    – desforço – 42 II

670 O Direito. Introdução e Teoria Geral

Lacuna – 214, 216 III, 241 IV, 242 III, 244, 245
– determinação – 245
– noção – 245
– oculta – 246 II
– de previsão e de estatuição – 244 III
– rebelde à analogia – 260 I, 264 III
– e situação extra-jurídica – 244
Legalidade, v. princípio da legalidade
Legítima defesa – 43 II e III
Legitimidade – 113 a 115
Lei – 150 a 170
– e acórdão com força obrigatória geral – 178
– aproveitamento ou conservação das leis – 241 II
– caducidade – 165 IV
– central – 154 I
– cessação ou termo de vigência – 165
– e código – 203 I
– comum ou não solene – 156, 157, 340 III
– central – 157
– constitucional – 152, 340
– e costume – 142 a 145
– desvalores – 159
– Direito Romano – 59
– disposições de entes intermediários – 153, 339
– entrada em vigor – 162, 163, 312 IV
– do Estado – 340
– injusta – 89 III
– interpretativa – 322 a 324
– material e formal – 151
– não escrita – 152 III
– noção – 150, 158
– ordinária – 340
– publicação – 160 a 164
– rectificações – 161
– regras internas: instruções – 170
– remissão para lei revogada – 166 III
– retroactiva – 315, 317, 323, 325
– solene – 155, 342 III
– valia efectiva – 169

Lex mercatoria – 145 II
Liberalismo – 92 II

Máxima de decisão – 171, 282 I
Medida de segurança – 33 I, 198 Método jurídico – 48 I, 117, 123, 218, 268 a 278
– e determinação das regras – 218
– v. jurisprudência dos conceitos
– v. jurisprudência dos interesses
– valores – 269
– ordem e sistema – 273
– tendências antilegalistas e fenomeno-logistas – 271
– tópica – 272
– verdade e opinião – 98 III a V
Mínimo ético – 46 II
Monismo e pluralismo de ordens jurídicas – 332, 333

Não retroactividade – 315 a 317, 323 a 325
Natur der Sache – 270 II
Natureza – 8, 105
– das coisas – 105 II
Norma – corporativa – 153, 154, 182
– e diplomas das autarquias locais – 154
– e lei – 153
– jurídica – 125 III
– e regra jurídica – 125 III
– sobre normas, v. regras – sobre regras

Obrigação natural – 40 III
Ontologia – 98
Ordem – ética, v. ordem normativa
– individual – 128 I
– jurídica – 14, 15 V, 16 a 47
– bilateralidade – 46 IV
– características – 44
– distinção da ordem moral – 46, 47
– eficácia, vigência, validade – 112 II
– empirismo – 14 II
– exclusividade – 332, 333
– exterioridade – 45, 47

Índice Ideográfico

- fundamento – 99, 104, 112
- heteronomia – 44 II
- infra-estatais – 26 II, 38 II e III
- noção – 15 V, 112 I
- pluralidade – 333
- realismo – 14 III
- sem coercibilidade – 38, 39
- supra-estatais – 39
- valor da – 99 a 112
- lógica – 8 II
- moral – 15 III, 45 a 47
- da natureza – 8
- normativa – 10 III, 11, 15, 16 a 47
- pública internacional – 299 IV, 335 IV
- religiosa –15 II
- social – 1 II, 7 a 15, 134, 220
  - determinismo – 8 III
  - elementos fácticos – 10 II
  - evolução – 13
  - organicismo – 8 III
  - e regra natural – 110
- técnica – 11
- do trato social – 15 IV

Organismo intermediário, v. ente intermediário

Pandectística – 54 V
Pena – 32, 198, 317 III
- civil – 32 II
Pensamento legislativo, v. interpretação em sentido estrito – espírito
Plano de exposição – 125
Plenitude do ordenamento jurídico – 264, 332
Política Legislativa – 50, 69 II
Positivismo – 25, 36 II, 94, 108 II, 223 II, 268 II, 332
Posse – 30 I
Postura – 154
Preceito negocial – 287 I e IV
Presunção absoluta – 297
Princípios gerais do direito – 233 a 235, 249 II, 258 a 261
- materiais e formais – 235

Princípio da legalidade – 84, 85 III, 197 III, 253 II
Privilégio – 304 I
Processo – Civil, v. Direito Processual Civil
- Penal, v. Direito Processual Penal
Prova – 349 III
Prudência – 1 III
Publicação – 160 a 164
- efeitos – 164

Qualificação – 352

Ramos do direito – 3 II, 125 III, 179 a 202
- comum e institucional – 180
- Privado – 179, 180, 182, 184
- comum, v. Direito Civil
- especial – 184, 191 a 196
- Público – 179 a 183
Regimento – 157 II
Regra jurídica – 19 a 22, 25, 37, 125, 126, 212 a 359
- aplicação – 346 a 359
- autónoma e não autónoma – 294
- caracterização – 279 a 289
  - abstracção – 288
  - bilateralidade – 289 I e II
  - destinatários – 286
  - essência – 281
  - estrutura – 283
  - como expressão individualizada da ordem – 281, 282
  - generalidade – 287
  - hipoteticidade – 284
  - e imperativo – 284 a 286
  - meramente qualificativa – 280 II
  - noção – 279 III
  - e norma – 126 II
  - permissiva – 285 IV
  - que produz automaticamente efeitos – 280 III
  - a regra como critério – 279
  - e regra de conduta – 280
  - sobre regras – 184 III, 280 IV, 294 III
  - sociabilidade ou alteridade – 289 III

672   *O Direito. Introdução e Teoria Geral*

– classificação – 290 a 308
– importância – 290
– e coercibilidade – 40
– comum e particular – 304
– concurso – aparente – 310
  – e conflito – 309 a 312
  – de leis – 310
  – de regras – 311
– de conflito – 332 a 335
– de direito natural – 109 III, 110
– destinatário – 286
– dispositiva – 300
  – interpretativa – 300 II
  – permissiva – 300 I
  – supletiva – 300 III, 301
– especial – 303
– excepcional – 254 a 256, 302
  – e argumento *a contrario sensu* – 257 II, 267
  – formal – 255, 267 IV
  – e *ius singulare* – 256
– factispécie – 20 II
– geral e especial: revogação – 307 , 308
  – especialidade territorial – 308 II
– geral, especial e excepcional – 302
– independência da solução do caso – 123, 124, 215 III, 346 III e IV
  – v. determinação das regras
– injuntiva – 298, 299
  – e imperativa – 299 I e II
  – e dispositiva – 298
  – e direito público e privado – 298 III
– de interesse e ordem pública – 299 III
– interpretativa e inovadora – 293
– preceptiva, proibitiva e permissiva – 292
– previsão e estatuição – 20 I
– principal e derivada – 291
– e princípio geral do direito – 234 II
– remissiva – 294 III a 297
  – de devolução – 295
  – ficção – 296
  – presunção absoluta – 297
– sobre a produção jurídica – 22 III, 341, 342

– sobre regras – 280 IV, 294 III
– universal, geral e local – 305, 306
Regulamento – 156, 157
Relação jurídica, v. situação jurídica
Repristinação – 166 II
Resultado do direito – 116
Revogação da lei – 165 V a 168, 209
  – expressa e tácita – 167
  – global e individualizada – 168, 209
  – de instituto e de ramo de direito – 209
  – regime – 166
  – em resultado da aprovação de novo código – 209
  – total e parcial – 168

Sanção – 27
  – jurídica – 28 a 37
  – e coacção – 37
  – compensatória –31
  – compulsória – 29
  – noção – 28
  – premial – 28 III
  – preventiva – 28 IV, 33
  – punitiva – 32
  – reconstitutiva – 30
Segurança – 103
Sentido da lei, v. interpretação – em sentido restrito – espírito
Sistema jurídico – 122
Sistemas de Direito, v. Direito Comparado
Situação jurídica – 3, 353 III
  – conteúdo – 274 a 277
Sociedade – 9
  – geral – 26 II
Sociologia do Direito – 48 49 II, 51
Solução do caso – 1 III
  – cláusulas gerais – 132 I, 347 IV
  – conceitos indeterminados – 132 I, 347 IV
  – crítica – 133
  – generalizadora – 130
  – individualizadora – 130 a 133, 353, 358
  – não normativa – 128 a 133
  – e equidade – 129 a 131

Índice Ideográfico

– modalidades – 128
– e regra jurídica – 123 a 125
Subsunção – 347
Sucessão de leis – 313 a 331
  – aplicação imediata – 316
  – caso julgado – 318 I, 325
  – critérios gerais – 315
  – determinações constitucionais sobre irretroactividade – 317, 318
  – Direito das Coisas – 329
  – Direito da Família –330
  – direito transitório – 314
  – direitos e expectativas – 318 I, 319, 320, 325
  – em especial – 327 a 331
  – facto passado – 320, 321
  – lei interpretativa – 322 a 324, 326
  – Obrigações – 328
  – relação lei nova/lei antiga – 313
  – retroactividade – 315 a 318, 323 a 325
  – situações constituídas no passado – 320

Talião – 41 II
Teoria – Geral do Direito – 94 III, 125 a 359

– Pura do Direito – 50 III, 332
Territorialidade – 334
Tipo – 271 III
  – v. tipologia
Tipologia – 257, 271 III
Título – 343
  – executivo – 30 II, 200 **II**
Tópica – 272
Tridimensionalismo – 112
Tutela jurídica, v. aplicação efectiva

União Europeia – 136
Uso alternativo do Direito – 275
Usos – 139 II, 147 a 149
  – e costumes – 143 III
  – e fonte do Direito – 148 V e 149 IV
  – função – 148 e 149
  – sociais – 15 IV
Usus modernus pandectarum – 54 V

Vacatio legis – 162, 163, 164 III e IV
Validade – 112 II
Valores – 100 a 103
Vigência – 112 II, A 162 a 165
  – cessação ou termo – 165
Voluntarismo – 274 II

ÍNDICE GERAL

Prefácio à 13.ª edição 7
Advertências 9

PARTE I
INTRODUÇÃO AO ESTUDO DO DIREITO

TÍTULO I
PRELIMINARES

1. Introduzir ao Direito 13
2. As ciências auxiliares do Direito 15
3. Matérias de índole jurídica 16
4. As situações jurídicas 17
5. O facto jurídico 18
6. Bibliografia sumária 19

TÍTULO II
A ORDEM JURÍDICA

CAPÍTULO I
A ORDEM SOCIAL

7. Natureza social do homem 23
8. Ordem social e ordem da natureza 25
9. Grupo e sociedade 27
10. As componentes fáctica e normativa da ordem social 29
11. A ordem técnica 31
12. As instituições 33
13. A evolução social 36
14. A redução do Direito ao facto. Empiristas e realistas 37
15. Modalidades: ordens do trato social, religiosa, moral e jurídica 39

CAPÍTULO II
A ORDEM JURÍDICA COMO ORDEM IMPERATIVA

16. Imperatividade 43
17. Direito objectivo e direito subjectivo 45
18. Direito objectivo e ordem normativa 47
19. Direito e ordem jurídica 48
20. As regras jurídicas 50
21. A expressão "fontes do Direito" 51
22. A formação e a revelação das regras 54
23. O Direito, ordem necessária. O despotismo 56
24. A anarquia 57
25. Direito e Estado 59
26. A pretensa estatalidade do Direito 60
27. Imperatividade e sanção 62
28. Sanções jurídicas 64
29. Sanções compulsórias 66
30. Sanções reconstitutivas 68
31. Sanções compensatórias 71
32. Sanções punitivas 73
33. Sanções preventivas 74
34. Valores negativos do acto jurídico 75
35. Modalidades de ineficácia 76
36. Valor negativo e sanção 78
37. Noção de coercibilidade 80
38. Ordens jurídicas sem coercibilidade 82
39. Ordens supra-estatais 84
40. A coercibilidade nas ordens jurídicas estatais 85
41. Meios de tutela jurídica 89
42. A justiça privada 92
43. Manifestações 93
44. Características da ordem jurídica 96
45. Exterioridade 97
46. Direito e moral. Critérios de distinção insuficientes 100
47. Distinção do direito e da moral 102

TÍTULO III
CIÊNCIAS QUE ESTUDAM O DIREITO

CAPÍTULO I
NOÇÕES GERAIS

48. Ciências que estudam o Direito e Ciência do Direito 105

Índice Geral 677

49. Outras ciências que estudam o Direito 106
50. Política Legislativa 108
51. Sociologia do Direito 109
52. Etnologia Jurídica 113

CAPÍTULO II
HISTÓRIA DO DIREITO

SECÇÃO I
CARACTERIZAÇÃO

53. Generalidades 115
54. Conteúdo da História do Direito 116
55. A função explicativa da história 118
56. Método da História do Direito 119
57. Importância da História do Direito 121

SECÇÃO II
HISTÓRIA DO DIREITO ROMANO

58. Fontes do Direito Romano. O costume 125
59. Leis 125
60. Senatusconsultos 127
61. Constituições imperiais 127
62. Respostas dos jurisconsultos 128
63. Edictos dos magistrados 129
64. O *Corpus Iuris Civilis* 131
65. Períodos do Direito Romano 132
66. *Ius civile* e *ius gentium* 134
67. As pessoas no Direito Romano 135
68. Tendências actuais do estudo do Direito Romano 136

SECÇÃO III
HISTÓRIA DO DIREITO PORTUGUÊS

Omissis 139

CAPÍTULO III
SISTEMAS ACTUAIS DE DIREITO

69. O significado do Direito Comparado 141
70. Caracterização 143

678   *O Direito. Introdução e Teoria Geral*

71. Conteúdo do Direito Comparado 144
72. Macrocomparação e microcomparação 145
73. A determinação de sistemas jurídicos 146
74. Critério adoptado: as civilizações 147
75. Os Direitos primitivos 148
76. Os Direitos civilizados 149
77. Sistemas em confronto 151
78. Sistema ocidental 152
79. Subsistema romanístico 154
80. Subsistema anglo-americano: a formação 155
81. O funcionamento 157
82. Direitos dos países da África negra 160
83. Sistema socialista ou soviético 162
84. Fontes e conteúdo do sistema soviético 164
85. Direito Chinês 166

CAPÍTULO IV
FILOSOFIA DO DIREITO

86. Conteúdo da Filosofia do Direito 169
87. A História da Filosofia do Direito 171
88. A antiguidade 172
89. A filosofia cristã pré-renascentista 173
90. A descrença na razão 176
91. O advento do racionalismo 177
92. Caracterização e crítica 178
93. Escola histórica 180
94. Positivismo 181
95. Kantismo 184
96. Hegelianismo 186
97. Fenomenologia e correntes afins 186
98. O nosso tempo 189

TÍTULO IV
CARACTERIZAÇÃO DA ORDEM JURÍDICA

CAPÍTULO I
O VALOR DA ORDEM JURÍDICA

99. A busca de pontos fixos que fundem a ordem jurídica 193
100. Os valores 195
101. Justiça 196

Índice Geral

102. Manifestações 198
103. Segurança 199
104. A busca de um critério suprapositivo 200
105. A "natureza" e o "Direito natural" 210
106. A ordem natural como ordem social concreta 203
107. A ordem que é 205
108. Objectividade e relativismo 207
109. A ordem do ser valioso 209
110. Direito natural e observância efectiva 210
111. O núcleo permanente da ordem natural 213
112. Conclusão. Facto, norma e valor 214

CAPÍTULO II
A FUNÇÃO DO DIREITO

113. A legitimidade 217
114. A legitimação formal 218
115. A legitimação substancial e os grupos de pressão 220
116. O fim e o resultado 221

CAPÍTULO III
CIÊNCIA DO DIREITO

117. Caracterização 225
118. A formação jurídica 226
119. A realização do direito como função do Estado 228
120. O espírito jurídico 229
121. Juristas – ainda hoje? 230
122. O sistema como categoria central 232
123. Direito e solução do caso 234
124. Direito histórico e Direito estrangeiro 236
125. Sequência. Plano de exposição 237
126. A regra e a sua aplicação 238

PARTE II
TEORIA GERAL DO DIREITO

TÍTULO V
A SOLUÇÃO DO CASO POR VIAS NÃO NORMATIVAS

127. A dialéctica generalização/individualização 243
128. Modalidades de soluções individualizadoras 244

680   *O Direito. Introdução e Teoria Geral*

129. A equidade 245
130. A equidade como critério exclusivo de solução 247
131. A equidade complementar 248
132. Processos de individualização 249
133. Crítica 251

TÍTULO VI
FONTES DO DIREITO

CAPÍTULO I
MODALIDADES

134. Fonte do direito e ordem social 255
135. Noção de fonte do direito 256
136. As fontes comunitárias (Portugal) 257
137. A equidade é fonte do direito? 261
138. A doutrina é fonte do direito? 262
139. O costume: requisitos 264
140. Pretensos requisitos 266
141. Valia efectiva 268
142. Relação costume/lei 269
143. Regras legais sobre o costume 270
144. Não submissão do costume à lei 272
145. Manifestações 275
146. Aplicação pelos órgãos públicos 276
147. A admissão dos usos 278
148. Função dos usos por remissão legal 280
149. Os usos complementares de negócios jurídicos 282
150. A lei: noção 283
151. Leis materiais e formais 285
152. Lei constitucional. Lei não escrita 286
153. Disposições de entes intermediários 287
154. Leis dos Estados e dos Municípios. Posturas e outros diplomas emanados das autarquias locais 289
155. Tipos de leis solenes 292
156. Leis comuns ou não solenes. Regulamentos 293
157. Tipos de leis comuns centrais do Estado 294
158. Sentido das referências legais à lei 295
159. Desvalores do acto legislativo 297
160. Publicação 299
161. Rectificações 302
162. Entrada em vigor. Vigência 303
163. Entrada imediata em vigor? 304

Índice Geral 681

164. Problemática dos efeitos da publicação 307
165. Cessação ou termo da vigência 309
166. Revogação 310
167. Revogação expressa e tácita 312
168. Revogação global ou individualizada; revogação total ou parcial 314
169. Valia efectiva da lei 316
170. Fontes de regras internas: as instruções 317
171. A jurisprudência. A máxima de decisão 318
172. A elaboração jurisprudencial do direito 321
173. Quadros possíveis de relevância 322
174. O costume jurisprudencial 323
175. A jurisprudência uniformizada 325
176. Os antigos assentos 326
177. A actual situação portuguesa 328
178. Acórdãos com força obrigatória geral 329

CAPÍTULO II
RAMOS DO DIREITO

179. Direito Privado e Direito Público 333
180. Direito comum e direito institucional 335
181. Direito Internacional Público 337
182. Direito dos organismos intermédios 339
183. Ramos do Direito Público. Direito Constitucional e Direito Administrativo . 342
184. Direito Privado e Direito Civil 343
185. A classificação germânica dos ramos do Direito Civil 344
186. Direito das Obrigações 345
187. Direito das Coisas 345
188. Direito da Família 346
189. Direito das Sucessões 346
190. Direito da Personalidade 347
191. Direito de Autor 347
192. Direitos privados especiais. O Direito Comercial 348
193. Direito do Trabalho 350
194. Direito da Previdência Social 350
195. Direito Industrial 350
196. Direito Agrário 351
197. Direito Criminal ou Penal 351
198. Penas e medidas de segurança 354
199. Direito Processual 355
200. Processo Civil 357
201. Processo Penal 358
202. Ramos emergentes do direito 359

682   *O Direito. Introdução e Teoria Geral*

CAPÍTULO III
CODIFICAÇÃO

203. Noção de código 363
204. Código, compilação, consolidação 365
205. Causas da codificação 366
206. Conveniência da codificação 369
207. Códigos existentes 372
208. Códigos civis e códigos posteriores 373
209. A revogação resultante da aprovação de um novo código 375
210. A disciplina fundamental 377
211. Aspectos complementares 378

TÍTULO VII
A DETERMINAÇÃO DAS REGRAS

CAPÍTULO I
GENERALIDADES

212. Noções prévias 381
213. Interpretação 382
214. Lacunas 382
215. Interpretação, integração e aplicação 384
216. Aspectos comuns 386
217. Interpretação doutrinal e autêntica 387
218. Determinação das regras e método da Ciência do Direito 388

CAPÍTULO II
INTERPRETAÇÃO

219. A interpretação é sempre necessária 391
220. Interpretação e ordenamento 392
221. Regras legais sobre interpretação 394
222. A letra e suas limitações 395
223. A exegese 398
224. O "pensamento do legislador". Objectivismo 399
225. Actualismo 402
226. A "interpretação evolutiva" 404
227. As pretensas interpretação gramatical e lógica 407
228. Elementos lógicos 407
229. Sistemático 409
230. Histórico 412

Índice Geral

231. Teleológico 414
232. A *ratio legis* 415
233. A dogmática 416
234. O debate sobre os princípios gerais de direito 418
235. Caracterização 419
236. A interpretação declarativa 421
237. A interpretação extensiva 423
238. A interpretação restritiva 424
239. A interpretação correctiva 425
240. Redução teleológica 427
241. A interpretação ab-rogante 428
242. A interpretação ab-rogante lógica 430

CAPÍTULO III
A INTEGRAÇÃO DAS LACUNAS

243. O dever de integrar as lacunas 433
244. Lacuna e situação extrajurídica 434
245. A lacuna e a sua determinação 435
246. Integração e interpretação 437
247. Integração e interpretação extensiva 438
248. Processos extra-sistemáticos de integração 440
249. A equidade 442
250. Aplicabilidade no direito actual 443
251. Processos intra-sistemáticos de solução. O costume 445
252. A analogia 446
253. Proibições do uso da analogia 447
254. As regras excepcionais 448
255. Justificação 450
256. O *ius singulare* 451
257. O significado das tipologias legais 452
258. A *analogia iuris* 454
259. Admissibilidade 455
260. Princípios gerais do direito e *analogia iuris* 457
261. Concepção adoptada 459
262. A norma que o próprio intérprete criaria... 461
263. O agente e o critério de integração 462
264. A chamada "plenitude do ordenamento jurídico" 464
265. A objectividade 466

684   *O Direito. Introdução e Teoria Geral*

CAPÍTULO IV
INTERPRETAÇÃO ENUNCIATIVA

266. Identificação da categoria 469
267. Regra excepcional e argumento *a contrario* 470

CAPÍTULO V
MÉTODO JURÍDICO

268. Jurisprudência dos conceitos 473
269. Jurisprudência dos interesses 475
270. Apreciação 476
271. Tendências antilegalistas e fenomenologistas e afins 478
272. Tópica, verdade e ponderação 479
273. A ordem e o sistema 480
274. A justiça no conteúdo das situações jurídicas 482
275. O uso alternativo do direito 484
276. O Direito Alternativo 486
277. Apreciação 488
278. Análise económica do direito 490

TÍTULO VIII
A REGRA JURÍDICA

CAPÍTULO I
CARACTERIZAÇÃO

279. A regra como critério 493
280. Regra jurídica e regra de conduta 494
281. Essência 496
282. A norma como expressão da ordem 498
283. Estrutura 499
284. Hipoteticidade 500
285. Imperativo e regra de conduta 501
286. Destinatários da norma e jurisdicionalização da vida corrente 503
287. Generalidade 505
288. Abstracção 508
289. Bilateralidade e alteridade 510

Índice Geral 685

CAPÍTULO II
CLASSIFICAÇÃO DAS REGRAS JURÍDICAS

290. Interesse deste capítulo 513
291. Regras principais e derivadas 514
292. Regras preceptivas, proibitivas e permissivas 514
293. Regras interpretativas e inovadoras 515
294. Regras autónomas e não autónomas 516
295. As regras remissivas. A – Regras de devolução 518
296. B – Ficções 519
297. C – Presunções absolutas 520
298. Regras injuntivas e dispositivas 520
299. Regras injuntivas 522
300. Regras dispositivas: permissivas, interpretativas e supletivas 524
301. Regras supletivas 526
302. Regras gerais, especiais e excepcionais. Referência a esta última categoria .. 527
303. Regras especiais 528
304. Regras comuns e particulares 529
305. Regras universais, gerais e locais 530
306. Relações entre estas categorias de regras 532
307. Lei geral não revoga lei especial 534
308. Uma noção ampla de especialidade 536

CAPÍTULO III
CONCURSO E CONFLITO DE REGRAS

309. Introdução 539
310. Concurso e conflito de fontes 539
311. Concurso e conflito de regras 542
312. Sequência 543

CAPÍTULO IV
SUCESSÃO DE LEIS: ÂMBITO DA LEI NOVA E DA LEI ANTIGA

313. Equação 545
314. Direito transitório 547
315. Critérios gerais 548
316. A aplicação imediata da lei 550
317. Determinações constitucionais sobre irretroactividade 552
318. Continuação. O sentido da evolução constitucional 553
319. Os direitos adquiridos 556
320. O facto passado 557

686   *O Direito. Introdução e Teoria Geral*

321. Concretização do critério geral da lei portuguesa. Os factos e os seus efeitos   559
322. A lei interpretativa 561
323. A lei interpretativa é retroactiva 563
324. Regime da lei interpretativa 564
325. A lei retroactiva 565
326. Confronto dos arts. 12 e 13 do Código Civil 567
327. Sucessão de leis em especial 568
328. Obrigações 568
329. Direito das Coisas 569
330. Direito da Família 569
331. Direito das Sucessões 570

CAPÍTULO V
APLICAÇÃO DA LEI NO ESPAÇO

332. A pretensa exclusividade das ordens jurídicas 571
333. A pluralidade das ordens jurídicas 573
334. A pretensa aplicação da lei no espaço 574
335. O Direito Internacional Privado 575

CAPÍTULO VI
HIERARQUIA DAS FONTES E DAS REGRAS

336. Posição do problema 579
337. Sentido da expressão "hierarquia das fontes" 580
338. Fontes internacionais, costume, acórdãos com força obrigatória geral 581
339. Disposições de entes intermediários e diplomas de autarquias locais 582
340. Leis do Estado. As leis ordinárias 584
341. A hierarquia das normas 585
342. Hierarquia das fontes e conteúdo normativo 586
343. O título. O acto normativo concreto 588
344. Interpretação autêntica e hierarquia das fontes 589
345. O significado da interpretação contida em fonte hierarquicamente inferior .. 590

TÍTULO IX
A APLICAÇÃO DA REGRA JURÍDICA

346. Aplicação e interpretação 593
347. A insuficiência da mera subsunção 595
348. A inter-relação da regra e do caso 597
349. Acto jurídico e autor na aplicação 599

Índice Geral

350. Aplicação automática da regra 600
351. A osmose da aplicação para a interpretação 602
352. Qualificação 604
353. Determinação da consequência jurídica 605
354. A irrelevância do desconhecimento da regra 607
355. Âmbito do princípio 608
356. Ignorância da regra e erro na vinculação 610
357. A correcção 611
358. Informática e aplicação 613
359. Os comandos 614

APÊNDICE

Arts. 1 a 13 do Código Civil português 617

ABREVIATURAS 621
BIBLIOGRAFIA DO AUTOR 623
BIBLIOGRAFIA GERAL 649
ÍNDICE IDEOGRÁFICO 665
ÍNDICE GERAL 675